# JARDINIER DU MONDE

*GEORGES DELBARD*

# JARDINIER DU MONDE

*PRÉFACE*
*DU PROFESSEUR JEAN BERNARD*
*de l'Académie française*

HACHETTE

*À tous les miens présents et disparus*
*À tous ceux que j'aime*

*À L'OCCASION*
*DU JUBILÉ D'OR DE MA FIRME*
*ET POUR*
*MES QUATRE FOIS VINGT ANS*

# *PRÉFACE*

*Dans les circonstances importantes de la vie, il faut ouvrir le dictionnaire. Avant d'écrire cette préface, j'ai consulté le dictionnaire. Au mot « fleur ». La seule liste alphabétique des fleurs d'ornement est un long poème !*

*— achillée, aconit, adonide, ageratum, amarante, amaryllis, ancolie ;*

*ou :*

*— cyclamen, cytise, dahlia, datura, edelweiss, églantine, éphémère, filipendule ;*

*ou encore :*

*— saponaire, sauge, saxifrage, scabieuse, seringa, silène, soleil, souci, spirée.*

*Ainsi, le livre de Georges Delbard est d'abord le livre d'un poète avant d'être le livre d'un paysan horticulteur, le livre d'un homme de science.*

*Paul Valéry nous a souvent donné la rose :*

> *« Offrez, ombre vermeille, au cœur qui se devine*
> *La tendresse et le poids d'une rose sanguine. »*

*Georges Delbard nous offre toutes les fleurs, l'orchidée libre enfin dans l'arbre, le gardénia mort dans son marbre. Il sait bien que des fleurs la grâce est si brève, que les fleurs ne durent qu'un printemps. Mais il sait aussi que les fleurs nous apportent la beauté. Georges Delbard est ainsi créateur de beauté. Un des grands bonheurs de la vie est de marcher lentement dans un jardin, d'admirer les fleurs qui bordent les allées tantôt fleurs rustiques et modestes, tantôt fleurs nobles et glorieuses. Chaque heure presque, chaque saison nous font le don de beautés différentes.*

*De tels bonheurs, de telles beautés, nous les devons à Georges Delbard, qui, tout au long de sa vie, n'a cessé de progresser, qui, tout au long de ce beau livre, n'a cessé de nous expliquer, de nous commenter ses démarches. Avec bonne grâce, avec bonhomie. Avec esprit.*

*L'homme de notre temps se voudrait immortel. Il interpelle les médecins : « Vous avez triomphé de la tuberculose, des septicémies, de nombreuses maladies. Encore un effort, et vous empêchez la mort. » Rien de plus absurde qu'un tel sentiment. La vie et la mort sont intimement liées, sont définies l'une par l'autre. Le destin éphémère des fleurs le montre assez. Mais Georges Delbard va plus loin. Il évoque la sagesse, la sérénité des paysans quand la mort survient. Eux savent bien que la mort est naturelle, attendue.*

*Cette sagesse, cette sérénité survivent en dépit de la transformation, du bouleversement du monde rural pendant le dernier demi-siècle. Georges Delbard, qui a vécu cette transformation, nous la dépeint par petites touches successives. C'est un portrait du paysan français, du paysan horticulteur qui nous est ainsi proposé. Avec la révolution des moteurs et de la télévision. Avec la persistance de méthodes, de techniques, de recettes, souvent efficaces, mais souvent encore empiriques.*

*Provisoirement empiriques, car une deuxième révolution s'annonce, celle des biotechnologies.*

*Depuis plus d'un siècle, l'étude des végétaux a largement contribué au progrès de notre connaissance des phénomènes de la vie. C'est en croisant des pois que le moine morave Gregor Mendel a découvert en 1865 les lois de l'hérédité. La culture des cellules végétales, grâce aux remarquables travaux de Roger Gautheret, a été très féconde en enseignements. Et, bien que les tumeurs des plantes soient assez différentes des tumeurs animales, leur étude apporte de précieuses informations aux chercheurs qui se consacrent aux cancers de l'homme.*

*Mais ce sont les grandes découvertes du génie génétique qui vont être, qui sont déjà à l'origine de la deuxième révolution, de la révolution biologique. Il est désormais possible, et c'est un très grand événement, de modifier le patrimoine héréditaire d'un être vivant. Lorsqu'il s'agit de l'homme, ces découvertes sont ambiguës. Elles permettront de limiter le malheur des grandes maladies héréditaires, mais elles poseront de sérieux problèmes d'éthique.*

*Dans le monde végétal, les conséquences heureuses de ces découvertes l'emporteront de beaucoup sur leurs éventuels inconvénients. Alliance de la science et de la poésie qui permettent d'accroître encore la beauté des fleurs qui nous entourent. Alliance de la science et de la générosité qui permettront d'accroître les productions d'aliments indispensables en Asie, en Afrique, en Amérique du Sud, et de diminuer ainsi le malheur de ces populations dont le destin a justement ému Georges Delbard.*

*C'est tout à la fois un trésor d'informations variées et une grande leçon de sagesse, de raison que nous apporte ce livre émouvant, subtil, alerte, généreux.*

*JEAN BERNARD*
*de l'Académie française*

# *Prologue*

## *... Jusqu'à mon départ pour l'horticulture active*

# Une rencontre mémorable

*L'IMPÉRATRICE ET LE JARDINIER*

*Ce pourrait être le titre d'un conte. Ce fut le point de départ d'une confiante complicité pour le développement horticole accéléré de l'Iran, particulièrement en fructiculture. Audience de S.M.I. Farah Pahlavi Shabanou d'Iran. Palais du Trianon, juin 1974.*

# Écrire un bon livre : entreprise longue et redoutable

Je l'écris comme je le ressens : créateur de roses — le plus beau des métiers — est un titre auquel s'attache un prestige certain. J'apporte la preuve de la fascination quasi magique qu'il exerce, aussi bien sur les grands de ce monde que sur le plus humble amateur, puisqu'une nouvelle rose est à l'origine de l'audience que m'a accordée S.M. Farah Pahlavi, Shabanou d'Iran.

Plus avant dans cet ouvrage, je relaterai le déroulement de cette entrevue... impériale. C'est la raison pour laquelle je me contenterai de souligner, en ce début de récit, qu'elle a conditionné l'événement — de portée considérable pour notre firme — dont les développements, une année plus tard, sont aussi à l'origine de ce livre. En voici la synthèse.

*Lundi 22 septembre 1975* : un jour faste pour Georges Delbard ! Nous venons, mes fils et moi, de signer avec le Gouvernement iranien le marché qualifié de *contrat du siècle de la pépinière*, qui prévoit la création d'un verger intensif géant de 6 000 (six mille !) hectares d'un seul tenant, le plus grand du monde, à l'extrême nord de l'Iran, sur la frontière soviétique.

L'A.F.P. diffuse l'information. Les mass media s'en emparent : toute la presse, bien sûr, et également la radio. Le rédacteur en chef de R.T.L. téléphone à mon fils Henri, à Malicorne, et retransmet presque aussitôt sur les ondes l'enregistrement fidèle de la communication. A la télévision, Antenne 2 provoque une rencontre avec mon fils François, pour une interview dans nos roseraies d'Évry : la séquence sera projetée le même jour. Ce 22 septembre toujours, Yves Mourousi, dans le journal de 13 heures de T.F.1, annonce la projection d'un film sur le « Conquérant du jour » dans la tribune du même nom (1).

Ce même jour encore, à 17 heures, Jacques Chancel me convoque pour une de ses « Radioscopies ». A l'issue de cet éprouvant face à face (2), ce qu'il me dit m'étonne plus encore que certaines de ses questions, faussement naïves, devant le micro :

— **Vous devez écrire un livre, votre vie en vaut la peine.**

Cette opinion est approuvée par toute l'équipe de techniciens qui nous entoure. Ecoutant cette déclaration inattendue, je crois bien avoir rougi.

Miracle des ondes : le soir même, le P.-D.G. d'une très importante maison d'éditions me propose un contrat pour la sortie rapide du livre : « Vous avez un sujet en or », dit-il... Le lendemain, deux autres éditeurs me sollicitent ! Tous estiment qu'il faut faire vite : « Parlez seulement, quelqu'un écrira pour vous » : c'est le leitmotiv général. A chacun de mes interlocuteurs, j'exprime tout l'honneur et toute la joie que me causent ces offres flatteuses... et inattendues, mais je fais observer que je n'ai encore jamais songé à rassembler les matériaux nécessaires à une biographie, et qu'en plus, je n'en ressens, pour lors, nulle motivation immédiate. Je précise : ou bien, un jour, j'aurai le courage et la persévérance d'écrire, fidèlement, honnêtement, sans affabulation, ce que j'ai à dire... c'est-à-dire mes souvenirs, largement illustrés, axés sur le déroulement d'une vie de travail passionné et qui colle avec l'évolution horticole fantastique des cinquante dernières années ; ou bien, je m'abstiendrai de le faire plutôt que de signer une "mixture" rapide, donc plus ou moins fantaisiste, fruit de la rédaction d'un "nègre".

Toutefois, dès cet instant, le terrain est préparé et sans doute même emblavé. La germination sera anormalement longue. Car, pendant les cinq années qui vont suivre, accaparé que je suis par la création de rosiers toujours plus performants, je me pose sans relâche la question sans trouver de réponse : n'est-il pas prétentieux et téméraire de postuler, de surcroît, un brevet de "jardinier-écrivain" ? Et puis, un certain jour...

*(1) Voir exposé p. 633.* *(2) Je raconte cette confrontation p. 652 à 655.*

# Mes réalisations me donnent

*Ce livre (format : 27 × 36), qui a obtenu un grand succès auprès de très nombreux lecteurs, est en cours de réédition.*

*Georges Delbard montrant la longueur des tiges — un mètre — des roses, variété « Mme Delbard », présentées à Montréal.*

*Vue d'ensemble l'année suivante.*
*A remarquer la qualité et l'homogénéité des roses, et aussi leur densité.*

Ce 25 juin 1980, je suis dans l'avion, en route pour le Canada. Le vol silencieux au-dessus du plafond moutonné des nuages est propice à la réflexion et au rêve... Perdu dans mes pensées, je réagis soudain et m'interroge. Pourquoi ne pas tenter, moi aussi, de rédiger mes mémoires, comme tant d'autres le font aujourd'hui ?

Après tout, du courage, ne m'en a-t-il pas fallu beaucoup plus en 1944-1946 pour rédiger, composer et éditer *Les Beaux Fruits de France*, "best-seller" de l'édition horticole de l'après-guerre ?

C'était là, en effet, un pari — un défi même — autrement important, pour différentes raisons :

— d'abord, j'avais trente-cinq années d'expérience professionnelle en moins et j'étais seul pour diriger mon entreprise ;

— ensuite, sans un sou vaillant en caisse, j'avais dû prendre le risque insensé de signer des traites pour une valeur, colossale à l'époque, de trois millions cinq cent mille francs (1946) à l'imprimeur Draeger, ayant décidé — folie — de l'éditer à compte d'auteur ;

— enfin, quasiment inconnu alors, il était impossible de prévoir l'impact commercial qu'aurait ce livre que je voulais luxueux. Ce fut pourtant un succès total, extraordinaire, clef de voûte de mon ascension horticole. Il est vrai, par ailleurs, que cet ouvrage de grande vulgarisation était purement technique, tandis que celui-ci !...

Voilà donc ce qui, tout à coup, et en vrac, me passe par la tête, en survolant l'Atlantique.

Aux Floralies internationales de Montréal, je dois faire une conférence avec projections sur le processus de culture en laboratoire des tissus végétaux — particulièrement des rosiers — appelé du néologisme savant : "micropropagation *in vitro*". (Nous nommons plus simplement les plants de rosiers issus de cette culture bien spéciale : *Vigorosa*.) Il s'agit là d'un procédé d'avant-garde, incroyable, passionnant : une technique révolutionnaire de multiplication de tous les végétaux par culture de tissus, sur milieu nutritif approprié, que nous appliquons industriellement dans les laboratoires de nos pépinières à Commentry. Découverte géniale du professeur Roger Gautheret (1), mise au point par Georges Morel et Claude Martin à l'Institut de physiopathologie de Dijon.

J'ai tout lieu d'être confiant puisque, pour un semblable exposé, l'année précédente, à Pretoria, en Afrique du Sud, j'ai obtenu un franc succès. Je ne peux oublier, d'ailleurs, que j'emporte en bagage la preuve tangible de la valeur agronomique et économique de cette invention, que, dans le genre rosiers, Delbard aura été le premier à mettre en œuvre à l'échelle industrielle : un énorme carton de cent roses, variété « Mme Georges Delbard », grandes comme des assiettes à dessert, portées sur des tiges d'un mètre ! Ces fleurs proviennent des premiers "rosiers-éprouvettes", âgés d'un an et demi, que j'ai amoureusement cultivés sous tunnel plastique (2). Ces plants originaux ont été produits à Dijon par l'équipe du professeur Claude Martin.

Le bouillonnement de pensées s'intensifie...

*(1) Le professeur Roger Gautheret, qui m'honore de son amitié, m'a dédicacé ses discours et exposés à l'Institut de France (1979) et à l'Académie des sciences (1979-1980), au cours de ses présidences.*
*(2) Après avoir gaillardement supporté le voyage Paris-Montréal, ces roses resteront exposées sur la scène surchauffée de la salle de conférences et fleuriront les tables du banquet de clôture, encore en parfait état de fraîcheur.*

# Ma famille réunie (1)

*A NOTRE DOMICILE (NOËL 1983)*

*Georges Marie*

*François-Françoise Henri-Anne Guy-Annie*

*Guillaume Julie Benoît Arnaud. Laurent*

*Nicolas Céline Matthieu*

*(1) On dit que, pour bien réussir sa vie, il faut d'abord avoir : réussi dans son métier, ensuite construit sa maison, enfin écrit un livre. A partir de ces données, je crois la mienne déjà réussie.*

*Mais ces trois critères en appellent un quatrième, autrement important : celui de la famille. « Réussir » dans sa descendance est sans conteste, pour le couple, le but capital à atteindre. Celui qui procure fierté légitime et bonheur total. Voici une famille heureuse : la nôtre.*

Soudain, je revis l'effort déployé dans mes jeunes années (il y a près de soixante-dix ans !) pour arracher les églantiers des *bouchures* (1), afin de greffer quelques rosiers tiges. J'établis un parallèle entre ce processus de multiplication ancien et classique, aux résultats quantitatifs fort limités — mais ô combien merveilleux alors pour ma jeune vocation — et ceux, fantastiques en tous ordres, de la découverte que je viens d'évoquer et que je me propose d'expliquer dans le second tome de *Jardinier du monde*, avec ses prolongements en biotechnologie.

Contentons-nous pour l'heure des résultats bruts : en partant d'*une poussière* (méristème, ou minuscule bourgeon), on peut "fabriquer" deux cent mille rosiers en douze mois... en n'importe quelle saison et par n'importe quel temps ! Cela m'amène à une réflexion sur le chemin parcouru en horticulture, dans les disciplines qui sont les nôtres, du début du siècle à ce jour, période qui correspond à mon activité professionnelle. Toute modestie mise à part, Delbard n'est-il pas un acteur important de ce progrès ? Sa participation y est, ce n'est pas douteux, considérable sur le plan technique, aussi bien pour les arbres fruitiers que pour les rosiers.

Tout me paraît maintenant évident : pareille contribution, pareille aventure, doit se raconter. Mais rien ne presse. Après cinq années d'hésitations, pourquoi ne pas s'accorder un autre délai de cinq années pour la rédaction et la publication ? Justement, il serait tout à fait indiqué que la parution du livre ait lieu en 1985-1986, coïncidant avec le "Jubilé d'or" de mes établissements... et les "quatre fois vingt printemps" de son fondateur.

Eh bien, c'est décidé ! Je prends mon bloc et mon stylo, et je commence. Je recommencerai trois fois, cinq fois le même chapitre ! Ce n'est pas tout. Désireux d'illustrer mon texte au maximum, pour l'authentifier par des clichés formant une succession de pages vivantes, come je l'ai fait pour *Les Beaux Fruits de France*, il me faudra, à maintes reprises, tout reprendre pour que le texte rentre : un vrai carcan ! « Vingt fois sur le métier... » C'est vrai, je dois me faire une raison, je ne suis qu'un jardinier-auteur, plus habitué à cultiver les roses que les fleurs de rhétorique... Je me jette pourtant à l'eau et j'essaierai de ne pas perdre pied : je sais trop bien qu'on peut couler, faute d'avoir pris des leçons de natation ! Mais, après tout, il m'est arrivé si souvent de relever le gant au cours de ma vie professionnelle... Pourquoi pas une fois de plus ?

## Ce que je crois

S'agissant de notre destinée, le facteur chance existe-t-il ? Et si oui, est-il prépondérant ? Pour moi, je réponds résolument par l'affirmative : dès la naissance, nous sommes fondamentalement conditionnés par les facteurs génétiques et l'environnement. Chez tous les êtres vivants — donc les plantes, bien sûr — l'hérédité d'abord, le milieu ensuite sont déterminants. Je n'ai pas échappé à cette règle : là réside ma vraie chance... Sinon, comment expliquer ma réussite dans une carrière horticole à laquelle rien ne me préparait au départ ? Quelle pulsion irrésistible me pousse, après *Les Beaux Fruits de France*, à écrire *Jardinier du monde* ?

La lecture de l'ouvrage répondra, j'espère, à ces questions. En préliminaire, je tiens à exprimer ma profonde satisfaction de voir cette chance de métier se poursuivre à travers mes trois fils qui continuent mon œuvre. Et, déjà, certains parmi mes petits-fils manifestent, tout jeunes, un penchant marqué pour le jardinage. La relève est assurée... La photo ci-contre en témoigne.

*(1) Haie vive.*

# Notre arbre : un chêne tricentenaire

*... bien enraciné dans le bocage de la Combrailles bourbonnaise.*
A droite : *l'église de Malicorne et ma maison au second plan.*

Notre généalogie a été reconstituée par mon cousin, le père Michel Delbard (1), qui a pu remonter la branche Delbard jusqu'en 1690.

C'est Augustin Delbard, chirurgien-juré à Doyet, qui est notre plus ancien ancêtre connu.

Le titre de "chirurgien-barbier" était donné aux XVII^e^ et XVIII^e^ siècles à celui qui, en plus de son travail de coiffeur, pratiquait certaines petites interventions chirurgicales, comme les saignées. Il portait robe courte et faisait partie de l'élite locale.

Le Larousse précise que, dans les corporations, le "chirurgien-juré" avait prêté les serments requis pour la maîtrise. De ce fait, il devenait "maître" et tenait une place à part dans la société rurale. Il faisait partie de la bourgeoisie et portait robe longue...

Le fils d'Augustin, Louis-Augustin, marié à Damoiselle Pailheret dont nous parlons p. 19, deviendra "Sieur Louis-Augustin", après avoir quitté Malicorne pour s'installer à Préveranches, département du Cher, en tant que chirurgien-juré, lui aussi, et fermier de la seigneurie de Boueix, où il meurt le 1er août 1785.

Mais... grandeur et décadence ! Il semble bien, en effet, que ce fut le cas pour son fils, Gilbert. A la suite de quelle circonstance ? Difficile à savoir. Cependant, le cas était fréquent à l'époque, lorsque les parents mouraient jeunes (Louis-Augustin n'avait que cinquante-deux ans !), de voir les enfants déclassés par l'impossibilité de poursuivre les activités paternelles.

Toujours est-il que, rétrogradant dans la hiérarchie sociale, Gilbert revient à Doyet pour se marier... à dix-neuf ans ! Fait rare au XVIIIe siècle, époque où les hommes convolaient généralement entre vingt-cinq et trente ans. Gilbert s'installe ensuite à Malicorne, comme laboureur, avec sa femme : Magdeleine Mathonat, de cinq ans son aînée. Elle mourra dix ans après. Gilbert se remarie alors avec Catherine Beaudon, plus âgée de quatre ans, qui décède au bout de dix mois ! Mais, entre-temps, sans doute très attristé par les maladies de ses épouses, Gilbert se consolera auprès de sa jeune servante, Pétronille Dechery : elle venait d'avoir dix-sept printemps !

Le fruit de cette union "illicite", Jean — "l'enfant du déshonneur", comme disaient jadis les personnes bien pensantes, en milieu rural surtout — mourra le 17 février 1808, dix-sept jours après sa naissance ; deux semaines après ce nouveau deuil, Gilbert régularise sa liaison en épousant Pétronille. Un an plus tard, le 30 mai 1809, vient au monde Louis-Gilbert. Ce fils qui, lui, était "bien né", épousera Marie Fauconnier : ce sont mes arrière-grands-parents.

La généalogie m'amènera à parler d'eux pour situer le départ d'événements familiaux, dont je dois le souvenir à mes grands-parents.

Lorsque nous commentions ensemble notre généalogie, le père Michel Delbard me disait avec humour, évoquant les avatars de Gilbert : « Tu vois quelle chance nous avons eue d'avoir un ancêtre "entreprenant", associant le sang des Delbard à celui de Pétronille : sinon, nous étions tous fichus ! »

*(1) Curé actuel de Chantelle (Allier).*

*La pierre-enseigne de Pailheret le jeune, notaire royal.*

*Georges Delbard consulte les registres d'état civil à la mairie de Malicorne.*

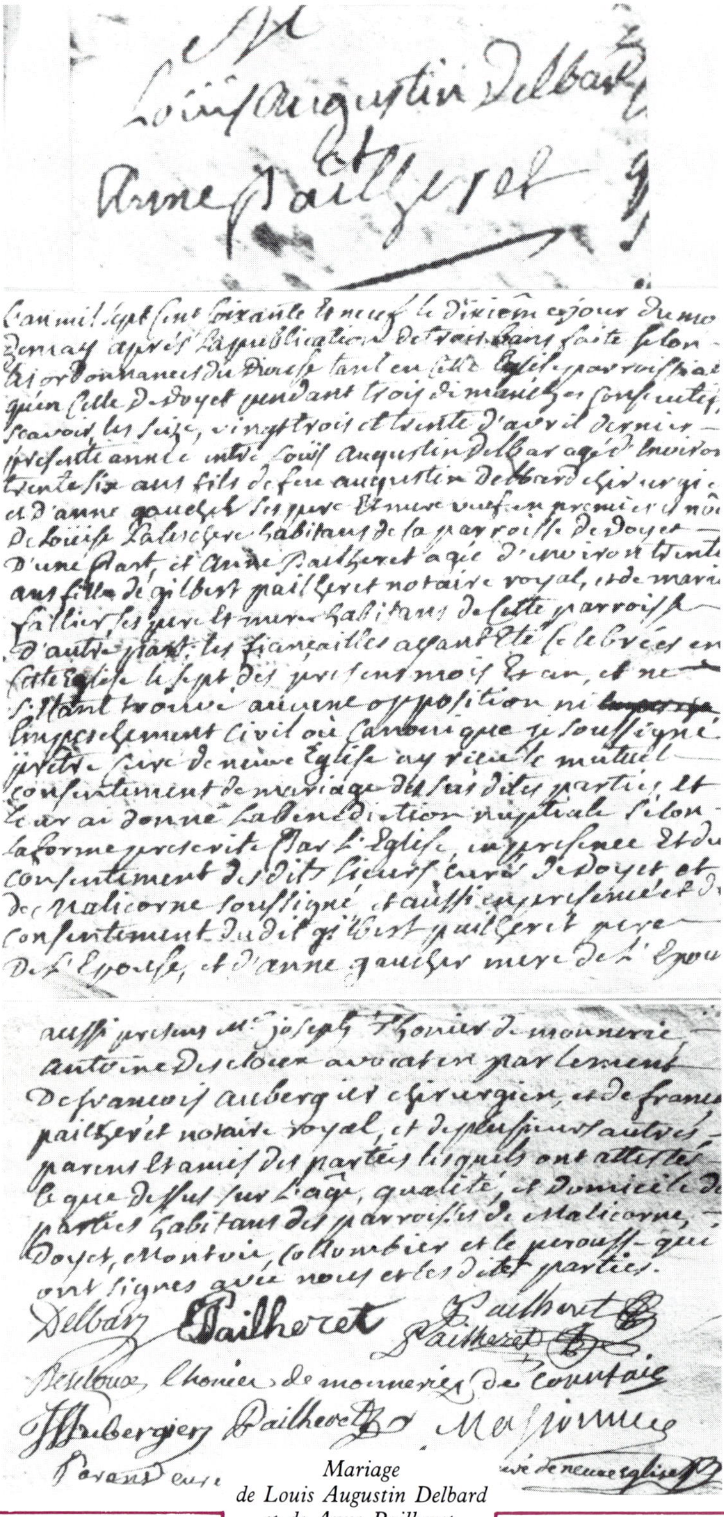

Mr
Louis Augustin Delbart
et
Anne Pailheret

L'an mil sept cent soixante et neuf le dixième jour du mois de may après la publication de trois bans faite selon les ordonnances du diocèse tant en cette église paroissiale qu'en celle de Doyet pendant trois dimanches consécutifs savoir les seize, vingt trois et trente d'avril dernier présente année entre Louis Augustin Delbar âgé d'environ trente six ans fils de feu Augustin Delbard chirurgien et d'anne gaucher ses père et mère veuf en premières noces de Louise Laleschere [?] habitant de la paroisse de Doyet d'une part, et Anne Pailheret âgée d'environ trente ans fille de gilbert pailheret notaire royal, et de marie fallier, ses père et mère habitans de cette paroisse d'autre part, les fiançailles ayant été célébrées en cette église le sept des présent mois et an, et ne s'étant trouvé aucune opposition ni ~~empêchement~~ empêchement civil ou canonique je soussigné prêtre curé de neuve église ay reçu le mutuel consentement de mariage des susdites parties et leur ai donné la bénédiction nuptiale selon la forme prescrite par l'église en présence et du consentement des dits sieurs curés de Doyet et de Malicorne soussigné et aussi en présence et du consentement dudit gilbert pailheret père de l'épouse, et d'anne gaucher mère de l'époux

aussi présens Mr joseph Thonier de monnerie antoine Descloux avocat en parlement de françois aubergier chirurgien, et de françois pailheret notaire royal, et de plusieurs autres parens et amis des parties lesquels ont attesté ce que dessus sur l'âge, qualité, et domicile des parties habitans des paroisses de Malicorne, Doyet, Montvic, Colombier et le peroux [?] qui ont signés avec nous et les dites parties.

Delbart Pailheret Pailheret Pailheret
Descloux Thonier de monneries de Contaie [?]
Aubergier Pailheret [illegible]
Perand curé [illegible] curé de neuve église

*Mariage de Louis Augustin Delbard et de Anne Pailheret.*

*Oublier ses ancêtres, c'est être un ruisseau sans source, un arbre sans racines* (proverbe chinois).

J'ajouterai : les découvrir, c'est un grand bonheur comme l'exprime excellemment Jean-Louis Beaucarnot. Dans son livre *Chasseur d'ancêtres* (1), il traduit parfaitement l'état d'esprit qui m'a motivé, dès le début de ce livre, à rechercher mes origines.

« L'homme a toujours éprouvé le besoin d'être relié à quelque chose. Il lui faut des racines qui le fixent quelque part, qui font de lui l'élément d'un ensemble vivant, d'un ensemble auquel se rattacher...

« Autrefois, dans cette France à dominance rurale, l'homme était vraiment enraciné au sol. Chaque jour, il côtoyait le passé : le champ au sud avait été acquis par le grand-père, l'autre, à l'est, hérité d'un grand-oncle, tel outil était l'œuvre de tel aïeul ; les habitudes, enfin, héritées de toute la lignée qui l'avait précédé et qui les avait constamment pratiquées... (2) Rien d'étonnant à ce que l'on veuille retrouver le chemin de ses ancêtres et les racines oubliées au fond d'une province où l'on ira se regreffer au vieux tronc. Et puis, la généalogie n'est-elle pas finalement une manière concrète d'appréhender l'histoire à partir de celle de sa propre famille ?... Il suffit dès lors d'une occasion, d'un vieux papier de famille ou d'un souvenir remué pour que l'on ressente à son tour ce besoin pressant de *savoir d'où l'on vient.* »

Il est bien vrai que la généalogie peut aussi procurer des joies connexes, imprévues. En voici un exemple personnel et concret. Sur la façade de la maison que j'ai achetée à M. Jean Fournier — une des plus vieilles habitations de Malicorne, mon village natal de l'Allier — était encastrée une pierre sur laquelle on peut lire, gravée au burin (3), l'inscription suivante (voir reproduction ci-contre) :

*Cette maison a été faite bâtire par Gilbt Pailheret le jeune notaire royal et Marie Farlier son épouse en 1751. Loué soit à jamais le Très Saint Sacrement. Où est la paix Dieu y est.*

Bien sûr, un tel vestige-souvenir ne se détruit pas.

Je décidai donc, en 1976, de remettre la pierre-enseigne en bonne place, sur la façade de ma nouvelle maison, construite exactement à la place de l'ancienne, ne voyant dans cette idée que la sauvegarde d'un témoignage du passé. Bien m'en prit. Oh ! surprise pour les Delbard, la généalogie révèle une information surprenante, inattendue, se rapportant à cette inscription : Damoiselle Anne Pailheret, mariée à Sieur Louis-Augustin Delbard, est — comme nous le voyons ci-contre — la fille de Gilbert Pailheret le jeune, notaire royal ! Louis-Augustin, mon aïeul, est donc venu faire la cour à sa future dans la maison qu'un de ses descendants a acquise deux siècles plus tard.

Voilà un double héritage, familial et sentimental, découvert grâce à la généalogie. La reproduction de leur acte de mariage, tiré des registres paroissiaux de Malicorne, précise la date : 10 mai 1769. Ce fut un grand mariage... Les signatures en font foi !

Mais à ce stade de nos investigations, nous devons commenter notre arbre généalogique.

(1) *Éd. Mengès. Réédité au Livre de Poche sous le titre* Comment retrouver vos origines.
(2) *C'est tout à fait mon cas à Malicorne.*
(3) *Cette inscription est citée par Édouard Garmy dans* Le Canton de Commentry, *1912.*

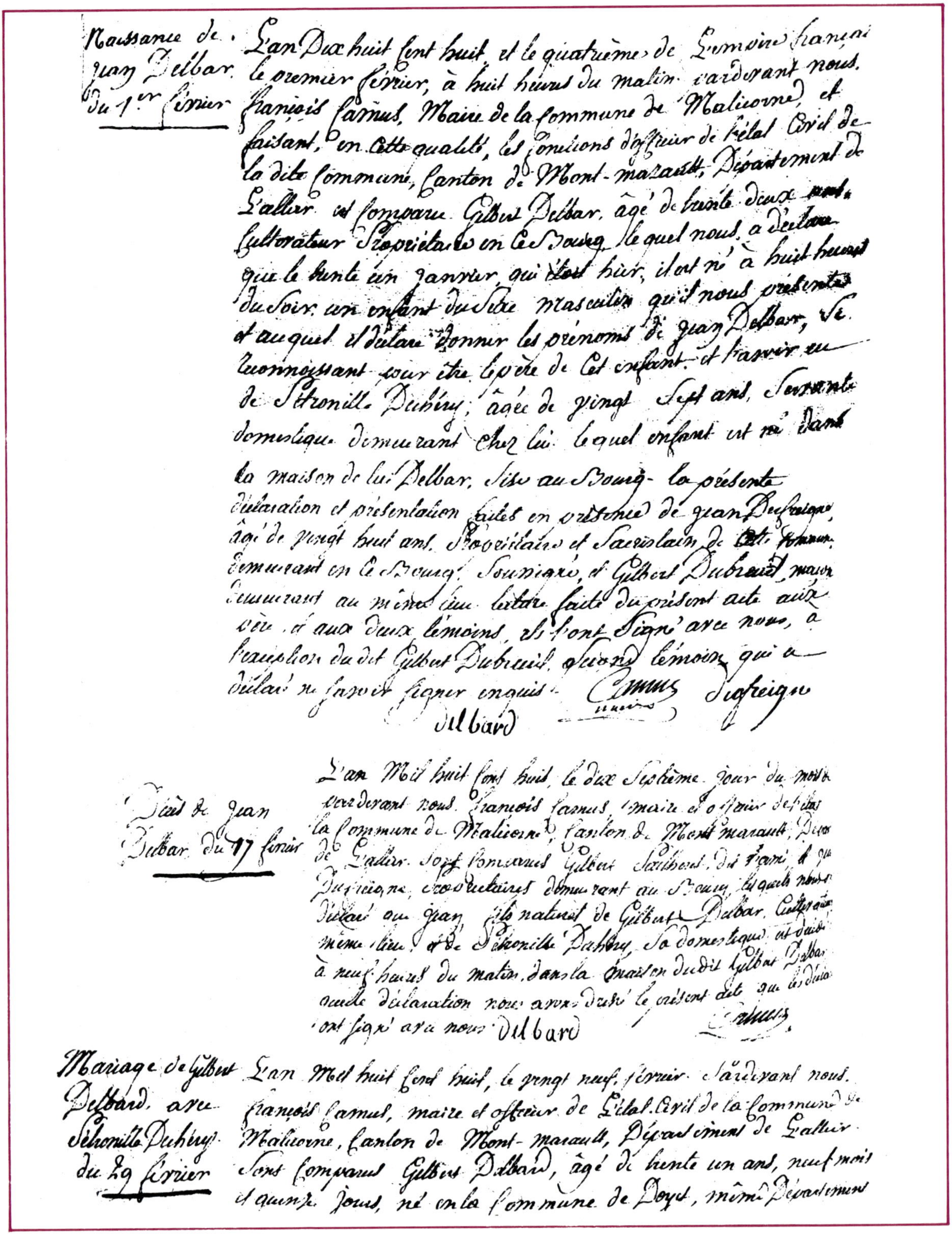

Naissance de Jean Delbar. Du 1er février

L'an Dix huit cent huit, et le quatrième de l'empire français le premier février, à huit heures du matin. pardevant nous François Camus, Maire de la commune de Malicorne, et faisant, en cette qualité, les fonctions d'officier de l'état civil de la dite commune, Canton de Mont-marault, Département de L'allier est comparu Gilbert Delbar, âgé de trente deux ans, Cultivateur Propriétaire en ce Bourg, lequel nous a déclaré que le trente un janvier, qui était hier, il est né à huit heures du soir un enfant du sexe masculin qu'il nous présente et auquel il déclare donner les prénoms de Jean Delbar, se reconnaissant pour être le père de cet enfant et l'avoir eu de Petronille Dubény, âgée de vingt sept ans, servante domestique demeurant chez lui, lequel enfant est né dans la maison de lui Delbar, sise au Bourg. la présente déclaration et présentation faites en présence de Jean Dufreigne, âgé de vingt huit ans, Propriétaire et Sacristain de cette commune, demeurant en ce Bourg, Souniaré, et Gilbert Dubreuil, maçon demeurant au même lieu. lecture faite du présent acte aux père et aux deux témoins, ils ont signé avec nous, à l'exception du dit Gilbert Dubreuil, second témoin qui a déclaré ne savoir signer enquis. Camus Dufreigne

Delbard

Décès de Jean Delbar du 17 février

L'an Mil huit cent huit, le dix septième jour du mois pardevant nous François Camus, maire et officier de l'état de la commune de Malicorne, canton de Mont-marault, Dépt de L'allier, sont comparus Gilbert Sarthoux, dit Pani, et Jn Dufreigne, propriétaires demeurant au Bourg, lesquels nous ont déclaré que Jean, fils naturel de Gilbert Delbar, Cultivateur même lieu, et de Petronille Dubény, sa domestique, est décédé à neuf heures du matin, dans la maison dudit Gilbert Delbar sur laquelle déclaration nous avons dressé le présent acte que les déclarants ont signé avec nous Delbard Camus

Mariage de Gilbert Delbard avec Pétronille Dubény du 29 février

L'an Mil huit cent huit, le vingt neuf février. Pardevant nous. François Camus, maire et officier de l'état civil de la commune de Malicorne, canton de Mont-marault, Département de L'allier Sont comparus Gilbert Delbard, âgé de trente un ans, neuf mois et quinze jours, né en la commune de Doyet, même Département

A partir de mon grand-père Jean (1837-1919), l'arbre émet deux charpentières poussantes constituées par mon père Jean-Louis et mon oncle Alphonse — des jumeaux —, leur aîné (Félix) avait choisi l'état ecclésiastique. A la génération suivante (la mienne), trois nouvelles branches mâles ; mon cousin Maurice, mon frère Robert et moi-même. De là se constitue et s'étale une belle couronne aux ramifications nombreuses et poussantes où l'élément mâle est important. C'est bien reparti, l'avenir du nom est assuré !

L'examen plus approfondi de l'arbre montre que les jumeaux réapparaissent régulièrement, ce qui, dans ce cas, confirme la croyance à la transmission de gènes à caractère dominant. On remarque aussi que la mortalité infantile était effroyable, de l'ordre de 50 à 70 %.

Côté mâles, l'accroissement de la durée de vie est réel chez les Delbard ! Nos quatre plus lointains ancêtres connus ont vécu respectivement, Augustin 46 ans, Sieur Louis-Augustin 52 ans, Gilbert 53 ans, Louis-Gilbert 53 ans : on ne dépassait guère la cinquantaine au XVIIIe siècle. Pour les épouses, la longévité était bien moindre encore, puisque nous savons que Sieur Louis-Augustin et Gilbert se sont mariés trois fois !

A partir du grand-père Jean, la durée de vie s'accroît : lui-même décède à 82 ans ; mon père Jean-Louis à 86 ; son frère jumeau, l'oncle Alphonse, à 93. Mais hélas ! une exception : son fils Maurice nous quitte à 76 ans. Étant, en 1986, le doyen mâle des Delbard (80 ans), serai-je le premier des centenaires ? Après celles qui ont jalonné ma vie, ce serait bien là ma dernière chance...

A ce point de mon récit, je voudrais vous faire partager ma joie d'avoir découvert mes ancêtres. Il me semble qu'après avoir tant parlé d'eux je les ai vraiment connus, que j'ai vécu avec eux, partageant leurs joies et aussi leurs nombreux deuils. De plus, j'ai pu acquérir la certitude que je suis le descendant d'une ancienne famille terrienne de Malicorne, ayant toutes ses racines au pays. J'évoquerai donc ce qu'est Malicorne, ce que ce terroir représente pour moi, et ce que j'y ai fait, avec encore plus de chaleur et de passion.

Mais, auparavant, j'aimerais revenir à Gilbert (1776-1829), laboureur à Malicorne, pour faire ressortir que c'est lui qui inaugure, dans notre lignée, la tradition des paysans-ouvriers d'usine et des paysans-mineurs. En effet, le registre d'état civil révèle qu'il est mort *propriétaire-journalier*, travaillant à l'"établissement", c'est-à-dire à la verrerie-glacerie de Commentry, laquelle se trouvait à l'emplacement de l'actuelle usine de la Forge (1). Après Gilbert, mon bisaïeul Louis-Gilbert (1809-1862), puis le grand-père Jean (1837-1919) furent paysans-mineurs.

Cette double activité professionnelle s'est terminée avec ce dernier. Mon père, Jean-Louis, n'a fait que changer de "titre", chacun cadrant bien avec l'évolution de la paysannerie : laboureur, puis cultivateur, enfin agriculteur, et cela sans jamais déroger au seul travail de la terre.

*(1) La verrerie de Commentry fut installée en 1822-1824, sur l'initiative de la duchesse d'Angoulême, fille de Louis XVI, laquelle (nous dit le docteur A. Mony) l'inaugurait en 1826 et posait également, à cette époque, la première pierre des thermes modernes de Néris.*

# Paysans-mineurs

*Mineur-laboureur à Malicorne en 1930.*

*Paysans-mineurs.*

*Jardinier et paysan bourbonnais d'autrefois.*

*A huit ans devant la maison natale*

Depuis mon trisaïeul, Gilbert Delbard (1776-1829), tous mes ascendants sont donc terriens... Leur titre premier : laboureur, c'est-à-dire paysan propriétaire de quelques hectares, travailleur déjà évolué pour l'époque, possédant bovins et charrue. Leur chance : celle d'être enracinés dans la Combrailles (1) bourbonnaise, bénéficiant ainsi, en plus de leur salaire à l'usine, de la vente directe de leurs produits agricoles aux consommateurs citadins, possibilité donnée par le formidable essor industriel des mines et des forges de Commentry, ville à peine distante de trois kilomètres de Malicorne.

Comme la majorité des laboureurs de la région — et jusqu'à mon père —, ils ont donc fait double journée de travail : une à la mine ou aux forges, l'autre à la ferme, aidés de la femme et des enfants. Cet amalgame "agro-industriel" de travail épuisant, grâce à la relative aisance financière qu'il apportait, a certainement contribué à l'émancipation agricole et humaine de notre région et même aussi... à son prolongement horticole, dont j'ai bénéficié, comme nous le verrons plus loin.

A partir de là encore, on pourra juger de ma chance : si j'étais né fils de métayer à Ygrande (à 50 km de là), tel Émile Guillaumin (2), je n'aurais pu — même avec une vocation horticole bien établie — qu'espérer, au mieux, devenir jardinier du châtelain. J'ai donc hérité de racines terriennes, profondément terriennes, très anciennement terriennes. J'aime la terre — charnellement — depuis mon plus jeune âge et chaque jour davantage.

Aux questions suivantes, qui m'étaient posées par Jacques Chancel lors de ma "Radio scopie", j'ai répondu :

J.C. — Entre vous et les plantes, c'est une passion qui est vieille de combien d'années ?

G.D. — Depuis ma naissance, depuis que j'ai commencé à marcher.

J.C. — C'est la passion de la terre ?

G.D. — C'est la passion des fleurs d'abord, qui est devenue fatalement la passion de la terre, parce que pour avoir de belles fleurs, il faut avoir une bonne terre...

J.C. — Votre honneur, c'est d'être fils d'agriculteur.

G.D. — Ah ! oui, c'est certain.

J.C. — Tout a commencé par là ?

G.D. — Tout a commencé par là.

J.C. — Vous vous plaisez à dire, et je me demande si ça n'est pas un petit trait de snobisme : « Je me sens un vrai cul-terreux. »

G.D. — Ah ! oui, oui, ça c'est vrai, je ne me sens à l'aise que lorsque je suis dans mes champs. Si l'entretien que nous avons aujourd'hui dans ce studio, qui est presque un confessionnal public, avait eu lieu dans mes champs, ça se serait sûrement mieux passé qu'ici...

Toute ma vie active ayant été consacrée à l'horticulture, il est bien certain que c'est grâce à ma profession (assimilable à celle d'un "paysan de luxe") que j'ai pu rester, dans mes terres, simple paysan parmi les paysans. J'ai toujours raisonné en paysan, avec, je crois — fort heureusement — le bon sens paysan, celui de mon père et de mes aïeux cultivant la petite ferme familiale de Malicorne, point de départ des pépinières : « l'honneur d'être fils d'agriculteur », comme a dit Jacques Chancel.

*(1) On peut écrire Combrailles avec ou sans "s". M. M. Génermond, lorsqu'il était président de la Société d'émulation du Bourbonnais, m'a recommandé de l'écrire ainsi.*

*(2) Émile Guillaumin,* La Vie d'un simple.

# Deux jardiniers de grand talent

*Le jardinier*
*Jean-Baptiste Chapelier*

*Son frère, le jardinier*
*Félix Chapelier*

*Ce pourrait être Jean-Baptiste Chapelier,*
*montrant une poire « Conférence ».*

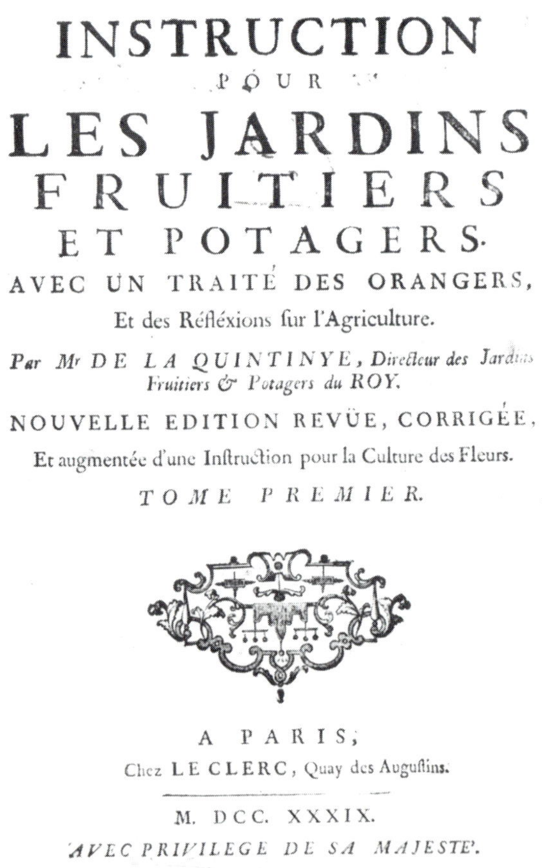

INSTRUCTION
POUR
LES JARDINS
FRUITIERS
ET POTAGERS.
AVEC UN TRAITÉ DES ORANGERS,
Et des Refléxions sur l'Agriculture.
*Par Mr DE LA QUINTINYE, Directeur des Jardins Fruitiers & Potagers du ROY.*
NOUVELLE EDITION REVÜE, CORRIGÉE,
Et augmentée d'une Instruction pour la Culture des Fleurs.
*TOME PREMIER.*

A PARIS,
Chez LE CLERC, Quay des Augustins.

M. DCC. XXXIX.
*AVEC PRIVILEGE DE SA MAJESTÉ.*

*Page de garde du tome I*
*« Les jardins fruitiers et potagers »*

# Malicorne, milieu fruitier d'exception

Dans l'environnement rural du canton de Commentry, Malicorne, mon village natal, a ceci de particulier qu'il n'a jamais compté de châtelains, aucun notable même, cela depuis plusieurs siècles. De ce fait, une assez grande uniformité de situations sociales (1) ; peu ou pas de métayers, quelques fermiers, mais surtout des laboureurs, propriétaires-exploitants, bénéficiant souvent de l'apport du salaire d'ouvrier-mineur d'un membre de la famille. Dans cette enclave agricole, favorisée par la ville industrielle proche, chaque petite ferme, chaque habitation, avait son jardin potager-fruitier. Mais il y avait plus encore...

Il y avait, au bourg de Malicorne, la présence et l'activité de deux jardiniers quatre branches de grand talent, que j'admirais. En effet, mon grand-oncle, Jean-Baptiste Chapelier, et son frère Félix étaient tous deux ex-chefs jardiniers retraités des Rambourg, propriétaires des Mines de Commentry, et du directeur S. Mony. Cela, encore une fois, grâce à l'atavisme familial puisque Michel, leur père, était ouvrier-jardinier à Malicorne : bon sang ne saurait mentir !

Experts en formation et taille des arbres fruitiers à la fin du XIXe siècle et au début du XXe, ils étaient sûrement des disciples fervents, inconditionnels, de *M. Jean de la Quintinye, Grand-maître des jardins-fruitiers et potagers du Roy Louis XIV.* L'humanité entière est redevable à cet horticulteur de génie d'avoir, le premier au monde, conçu et mis au point la formation et la taille des arbres fruitiers. Cela, d'ailleurs, grâce au génie, en toutes choses, du "Roy Soleil", lequel voulait que ses arbres « architecturés » soient aussi beaux à voir l'hiver que l'été. M. de la Quintinye ne s'est pas contenté de mettre en œuvre ses propres théories ; il les a exposées dans un livre magistral : *Instruction pour les jardins fruitiers et potagers*. Sans nul doute, les frères Chapelier, autodidactes, avaient-ils lu — et bien assimilé — les directives exposées dans les deux tomes de ce traité, soit chez MM. Mony ou Rambourg, soit à la bibliothèque de la Mine, pour être devenus aussi compétents en arboriculture fruitière. La retraite venue, ils appliquèrent leurs connaissances horticoles à la mise en œuvre de neuf jardins du bourg de Malicorne, propriétés de parents ou d'amis

D'une part, ils implantèrent de magnifiques *contre-espaliers à branches obliques*, impeccablement dirigés, décorant l'allée centrale, chez Alphonse Delbard, laboureur, mon oncle ; d'autre part, dans cinq autres, *la forme en « pyramide »* avait été préférée. Ces pyramides avaient un grand développement, elles étaient parfaitement équilibrées grâce à leur symétrie rayonnante. On pouvait les admirer : au presbytère ; dans les jardins des deux écoles communales ; dans le jardin personnel de Victor Murat, instituteur ; enfin chez mon grand-oncle Gilbert Delbard, dont le jardin était contigu à celui de mes parents.

Jean-Baptiste et Félix Chapelier "suivaient leurs arbres", exécutant ponctuellement tous les travaux de taille, pincements herbacés, éclaircissages des fruits, etc. Ils appliquèrent la "taille Lorette" à la lettre, bien avant que Georges Truffaut ne la découvre à Wagnonville et ne publie son livre (2).

A côté de ces amateurs possédant des arbres taillés, chaque laboureur, chaque commerçant ou artisan, chaque ouvrier, entretenait dans son jardin, son ouche ou son *chaumat* (3) une collection, souvent importante, d'arbres fruitiers hautes tiges "plein-vent", comme celle du jardin paternel.

*(1) C'est au cimetière qu'à cette époque les différences étaient le plus accusées. A Malicorne, toutes les tombes ont toujours eu une grande uniformité. Dans les communes rurales de la région moulinoise, au contraire, la chapelle imposante du châtelain dominait l'ensemble des modestes sépultures des métayers et ouvriers agricoles.*

*(2) Georges Truffaut,* La Taille Lorette.

*(3)* Chaumat *: pâturage situé près des étables dont il reçoit les écoulements.*

# Malicorne... place forte ?

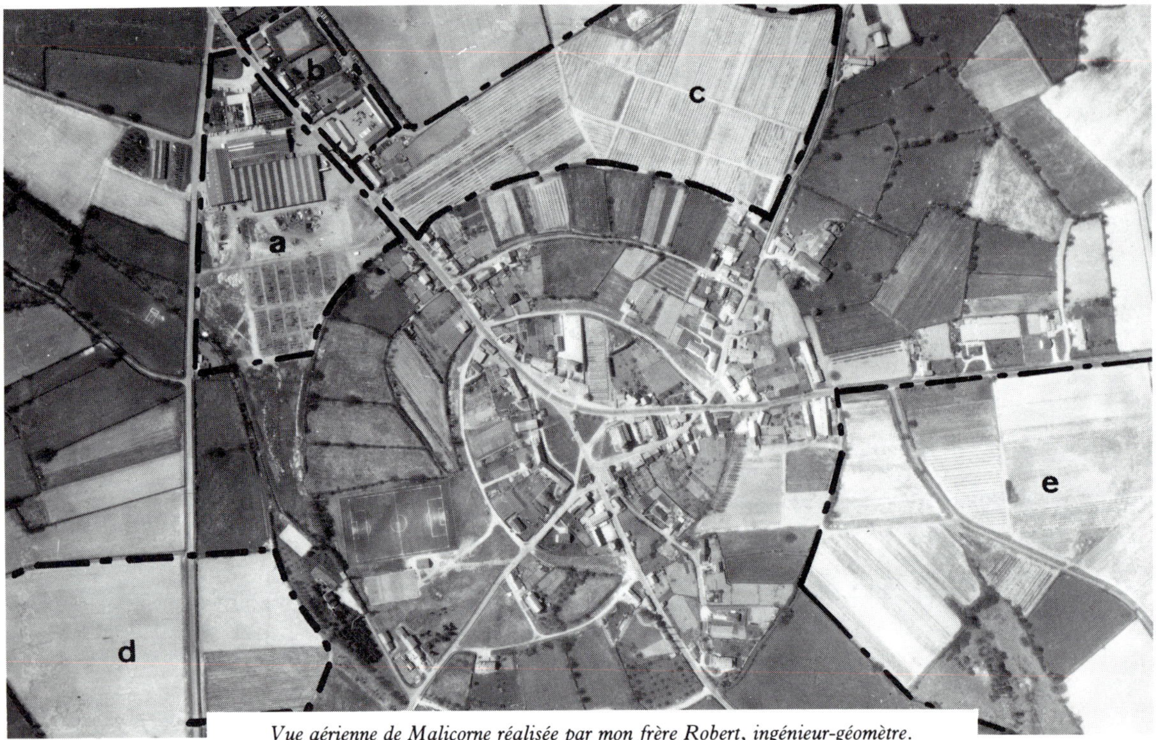


*Vue aérienne de Malicorne réalisée par mon frère Robert, ingénieur-géomètre. Le tracé des trois rangées de fossés circulaires – parcellaire en roue de voiture – ceinturant le bourg est bien visible. Localisation des Pépinières et Roseraies Georges Delbard autour du bourg : a) centre administratif et commercial - b) ateliers - c) verger expérimental - d,e) terrains de pépinières.*

*Emplacement de la tour.*

*Les blocs de pierre de son assise.*

Malicorne... place forte datant du néolithique ? (1) Oppidum romain ?... On se perd en conjectures. Ce qui est certain, c'est que les trois larges fossés circulaires, bien visibles sur la photo ci-contre — plus les douves — (2) avaient forcément, à l'origine, une destination caractérisée de défense et de protection... Protection pour la partie centrale, mais aussi pour les parcellaires en roue de voiture, lesquels étaient sans doute réservés à la production de nourriture pour les humains et les animaux.

Mais je ne suis pas historien. De plus, il ne me paraît pas convenable de me livrer au petit jeu de démarquage des nombreuses publications traitant du sujet qui me tient à cœur, pour en extraire la matière d'un texte à prétention savante. Je crois donc plus honnête, et en fin de compte plus intéressant, de citer fidèlement quelques textes d'auteurs de talent.

Voici d'abord quelques précisions sur les origines de Malicorne, extraites de *Paroisses bourbonnaises* (3) de J.-J. Moret, curé doyen de Saint-Menoux (Allier) :

« *Malicorne — Malicornia* (XIII^e siècle). — Vocable, saint Prix ou Prejet. — Patron, le prévôt d'Evaux ou le prieur de Notre-Dame de Montluçon. — Cette paroisse avait un prieuré.

« *1366.* — Isabeau de Valois, duchesse douairière de Bourbonnais, reçoit du duc Louis, son fils, à titre viager, les ville et prévôté de Malicorne, en échange des ville et châtellenie de Souvigny qu'elle lui abandonne. Malicorne avait une mesure pour les grains qui portait son nom. "Il y avait autrefois, dit Nicolas de Nicolay, à Malicorne, chastel fort appartenant à Monseigneur le duc, qui est à présent en ruine."

« *1432* (8 nov.) — Pierre Chauveton (4), de Malicorne, constitue plusieurs procureurs pour agir en toutes les affaires. Malicorne était un siège de justice (de sept communes dont Commentry). »

Édouard Garmy, dans *Le Canton de Commentry* (5), écrit pour sa part :

« Le château n'existait déjà plus au XVI^e siècle. C'était un puissant manoir — dont la chapelle prieurale, aujourd'hui transformée et agrandie, sert d'église paroissiale — entouré d'une triple enceinte garnie de fossés remplis d'eau. On en aperçoit encore certains vestiges... Vers 1890, on voyait encore dans la propriété Peyrot, route de Doyet, à cent mètres du bourg, les débris d'une poterne, ou tour flanquante du château... »

Or, en 1980, au cours de travaux de nivellement exécutés au bulldozer dans le champ de "la Tranchée", à l'endroit indiqué par Éd. Garmy, nous avons mis au jour un groupement d'énormes roches, bien individualisées, avec une face externe aplatie, qui formaient certainement l'assise de cette tour. Son emplacement, à cent mètres du clocher au sud du château, au bord de la troisième couronne de fossés, semble confirmer qu'il s'agissait bien là du dernier des vestiges dont parle Garmy : probablement la poterne sud, constituant la défense avancée de la place forte qu'était Malicorne.

Enfin, le creusement d'une tranchée d'adduction d'eau sur la place, en juillet 1981, a permis la mise au jour des fondations du château (voir pages suivantes).

Malicorne existe donc depuis des temps très reculés et a été doté, dès son origine, d'un plan d'urbanisme assez remarquable.

*(1) Mlle Soyer, professeur d'archéologie à la faculté d'Aix-Marseille, n'exclut pas cette hypothèse et signale la rareté de ce dispositif en paysage rural.*
*(2) Fossé ceinturant les murs du château.*
*(3) Imprimerie Bourbonnaise, Moulins, 1902.*
*(4) L'étang très ancien, actuellement appelé « Chauvaton », était celui de « Chauveton ».*
*(5) Librairie historique du Bourbonnais, Moulins, 1912.*

# Mise au jour archéologique

*L'équipe de fouilles du stage national d'archéologie de Néris-les-Bains (Société archéologique* Aquae Nerii *M.J.C. de Montluçon, et ligue de l'Enseignement) nettoie la tranchée sous la direction de mon cousin Michel Desnoyers. J'observe les recherches (au pied de la croix).*

*Évacuation de l'eau, à l'aide d'une pompe immergée. Cette eau provient du comblement du fossé entourant le château médiéval et qui forme drain.*

*Voici le mur de 2 m de largeur de la première enceinte du château, bordé par le fossé.*

*Second mur d'enceinte du château médiéval (photographies : Michel Desnoyers, Société archéologique* Aquae Nerii.*)*

# Le passé de Malicorne

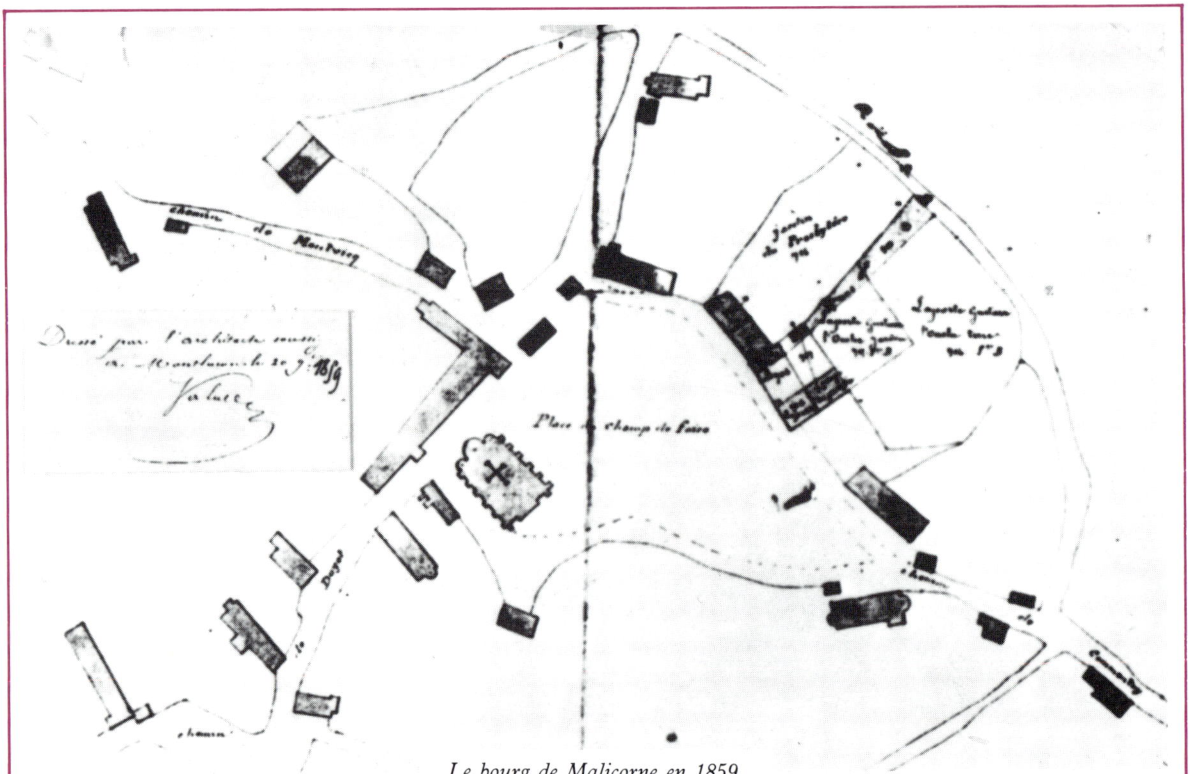

*Le bourg de Malicorne en 1859.*
*(Archives départementales, Moulins)*

*La foire de Malicorne en 1892.*

Sur le plan ci-contre, de 1859, on remarque que les routes actuelles qui traversent le bourg — et qui l'ont éventré — n'existaient pas à cette époque. Quel dommage qu'on n'ait pas songé, jadis, à réaliser une rocade sur le « chemin circulaire des fossés » : tout le bourg de Malicorne serait devenu zone piétonnière !...

Éd. Garmy, dans le livre déjà cité, résume l'activité des foires en ces termes :

« Malicorne était autrefois un centre important du point de vue des foires qui avaient une très grande renommée ; il en existait six annuelles, dont la création remontait au Moyen Age. Elles ont disparu vers 1900, détrônées par les apports considérables d'animaux à Commentry, dont la gare proche facilitait l'embarquement.

« Le champ de foire (*de Malicorne*) rapportait naguère de 1 200 à 1 500 francs de revenu par an. »

J'ai voulu en savoir plus, et voici ce que m'ont révélé les archives départementales.

La première adjudication à la bougie eut lieu le 29 décembre 1811 ; Jacques Martin fut déclaré adjudicataire pour la somme de 121 francs. Il était dit dans le cahier des charges que :

« L'adjudicataire ne pourra percevoir plus de cinq centimes et demi par mètre de terrain occupé par chaque bœuf, vache et son suivant (*son veau*), cheval, jument avec son suivant (*son poulain*) ; deux centimes et demi par mètre de terrain occupé par un cochon, une truie et ses suivants, une brebis ou mouton et chèvre. De plus, il sera perçu de chaque marchand de toute espèce de marchandises, dix centimes par chaque mètre de superficie de terrain qu'il occupera sur les places ou voies publiques. »

Cinquante années après exactement, l'affiche (reproduite ci-dessous) en vue de l'adjudication montre que les prix ont évolué ! Certains ont doublé, celui applicable aux marchands, triplé... (déjà l'inflation !). On y ajoute paniers et hottes... C'était la période euphorique qui devait durer encore cinquante ans.

Le chemin de fer économique, dont la création a débuté en 1880, était à voie étroite. Cela obligeait à un transbordement des marchandises à Commentry, dont la gare de Malicorne n'était distante que de 3,5 km. Cette petite gare ne pouvait donc avoir aucune influence sur une quelconque reprise d'activité économique. Le trafic cessa d'ailleurs en juin 1939.

**TARIF**

**DES DROITS A PERCEVOIR**

***SUR LA PLACE DE MALICORNE.***

Il sera perçu 1° par chaque Bœuf, Cheval ou Jument, 10 cent. (2 sous); 2° pour une vache et son suivant, 15 cent. (3 sous); — 3° Pour chaque Bouc, Chèvre, Cochon et Veau de lait, 5 cent. (1 sou); — 4° Pour chaque Mouton ou Brebis, 2 cent. 1/2 (2 liards); — 5° Il sera également perçu sur chaque marchand, pour toutes espèces de marchandises, 30 cent. (6 sous), par mètre de terrain qu'il occupera sur la place ou voie publique non compris les tréteaux, planches et perches; — 6° Pour panier il sera perçu 5 cent. (1 sou); 7° Par chaque hotte, 10 cent. (2 sous).

Malicorne, le 1er Janvier 1851.

Le Maire de Malicorne,
*Signé* : **PEYROT.**

*L'affiche des droits de place.*

*La gare du chemin de fer économique.*

# Les Malicornais veulent un nouveau clocher

*Premier projet insensé de l'architecte Moreau.*
*Le clocher sur la façade ouest !*

# Tout clocher doit avoir une flèche !

L'histoire — quelque peu burlesque — du clocher de l'église de Malicorne ne présente qu'un intérêt local, régional au plus. Et pourtant, dans combien d'autres villages de France et de Navarre paraîtrait-elle déplacée ? Qui peut croire que nos grandes villes, la capitale elle-même, vivent à l'abri de méfaits semblables ? Rappelons-nous Victor Hugo et son article virulent : « Guerre aux démolisseurs ! »

En cette année 1877, le clocher, en bois, de notre belle église des XII^e^ et XIII^e^ siècles avait besoin de réparations. De plus, il était très modeste (1) et, sûrement, les Malicornais éprouvaient-ils un complexe d'infériorité vis-à-vis de celui, imposant, de la "moderne" église proche de Doyet, toute neuve, puisque livrée au culte le 23 décembre de cette même année. Les plans de celle prévue à Montvicq (2) étaient aussi connus, puisque l'architecte Moreau, de Moulins, avait été choisi comme maître d'œuvre dans ces trois paroisses.

L'affaire a ainsi débuté à Malicorne. Le 7 mai 1878, le conseil municipal est d'avis qu'un plan et un projet de clocher doivent être élaborés le plus tôt possible. Il sollicite du préfet l'agrément de M. Moreau, architecte à Moulins. Le 11 août 1878, le maire Jean Fournier fait préciser au conseil municipal un point important : « donner son avis sur le projet de construire *la flèche* du clocher de l'église ». Le conseil, après en avoir pris connaissance, est d'avis de la construire au même endroit où se trouve l'ancien clocher.

On remarque que, dès le premier jour, les habitants avaient décidé que leur clocher comporterait *une flèche*. On va voir par ce qui suit avec quelle constance, quelle ténacité, en dépit de tous les garde-fous (le terme prend ici tout son sens), ils arriveront à leurs fins. Il faut croire que l'architecte, soucieux d'imposer ses vues, est intervenu immédiatement pour faire modifier le choix — pourtant judicieux — de l'emplacement.

En effet, le 18 décembre 1878, nouvelle réunion du conseil. « Neuf voix pour que la flèche du clocher soit construite *aux grand'portes de l'église*, sur la façade principale ; deux voix pour la place actuelle (celle de l'ancien clocher). » Cette orientation étant prise, le 22 mai 1879, le maire présente au conseil le projet ci-contre du nouveau clocher.

Moreau était sûrement un fanatique du clocher-tour flanqué en saillie sur la façade principale de l'édifice, paré d'une flèche et d'une horloge. Ce type de construction, caractéristique d'une époque, permettait, en outre, d'ériger une tribune à l'intérieur de l'église. Moreau avait pu produire ses solides références toutes proches, dont le côté artistique très discutable — surtout à Montvicq — n'affectait cependant, dans les deux cas, que des constructions neuves...

Pourquoi, dès lors, ne pas persévérer dans cette même voie à Malicorne ? Qu'importe le fait que notre édifice puisse se prévaloir de six ou sept siècles d'ancienneté ? Justement, le nouveau clocher, posé sur la façade principale, "rajeunirait", mettrait au "goût du jour" cette trop vieille église...

Il est heureux pour le patrimoine que le ministère de tutelle, le comité diocésain — et aussi notre maire — soient tombés d'accord pour empêcher pareille infamie. En refusant la construction du clocher sur la façade principale ouest, on a évité le pire. Mais quelle bagarre !

*(1) Le plan n° 2 — page suivante — a le grand mérite de nous restituer l'aspect de l'ancien clocher.*
*(2) Elle fut construite de 1878 à 1881.*

# Querelles de clochers

Le devis pour le projet n° 1 se montait à 17800 francs. La commune, ne disposant que de 13644 francs, sollicitait une subvention de l'État pour la différence, soit 4156 francs.

Le comité diocésain ayant demandé à l'architecte un nouveau projet *s'harmonisant avec l'édifice*, Moreau présenta le dessin ci-dessous le 20 septembre 1880.

« Un clocher sans flèche... sans horloge... ce n'est plus un clocher... on se moque de nous », telle a dû être la réaction explosive des habitants face à ce projet n° 2. Cependant, le maire et son conseil furent probablement contrariés par la réaction négative de l'administration à l'égard du projet n° 1 accolé à la façade. A nouveau réunis le 14 octobre 1880, les édiles malicornais cèdent sur le choix de l'emplacement...

Le conseil est d'avis de demander à l'administration de présenter un projet plaçant le clocher au lieu et place de l'ancien... mais en ajoutant que « le plan serait conforme au croquis n° 1 »... c'est-à-dire que le clocher aurait une flèche !...

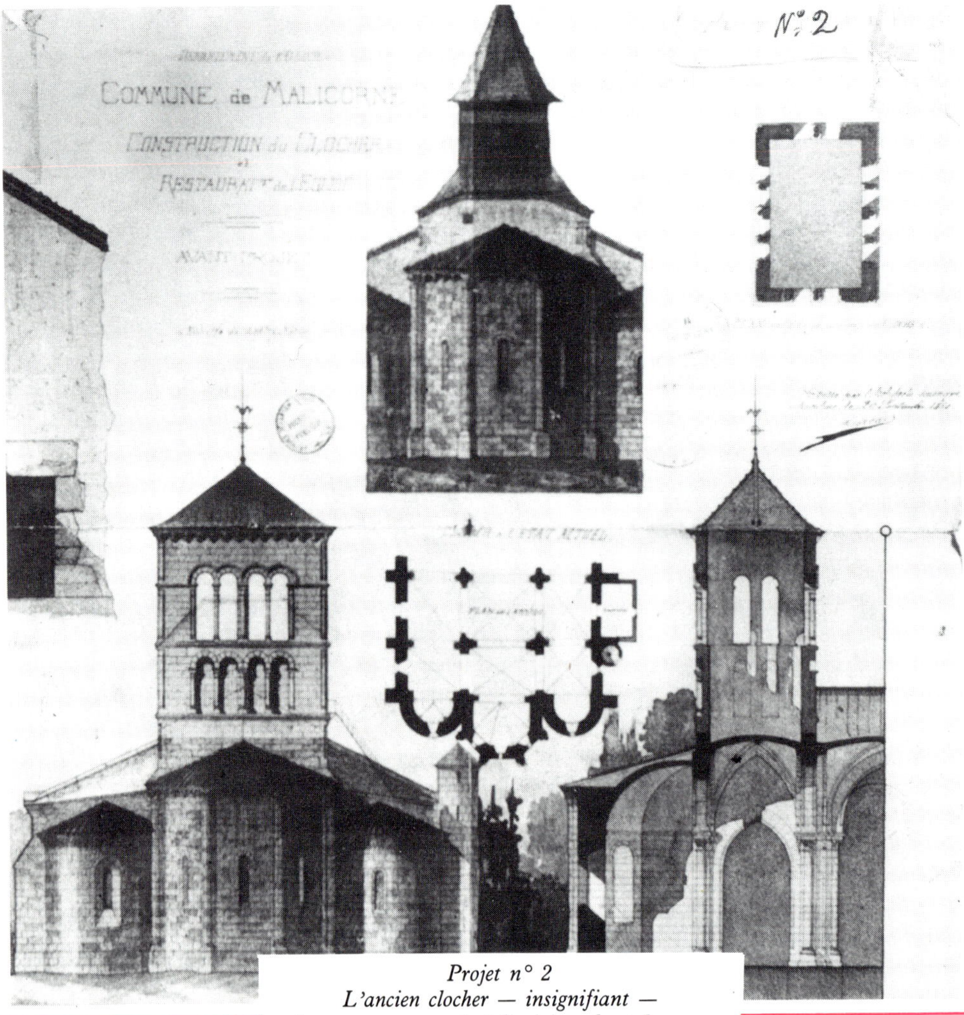


*Projet n° 2*
*L'ancien clocher — insignifiant —*
*et le nouveau proposé, à l'origine, de style roman.*

# Les Malicornais gagnent la partie

L'architecte présente alors le projet n° 1 modifié — n° 1 bis — qui donne satisfaction aux Malicornais mais que la Commission d'architecture départementale rejette à nouveau. Après sept années d'un combat — précurseur de Clochemerle — nos aïeux gagnaient la partie ; eux, et malheureusement les générations futures, auraient désormais un clocher avec une flèche au lieu du clocher de style roman s'harmonisant avec l'édifice.

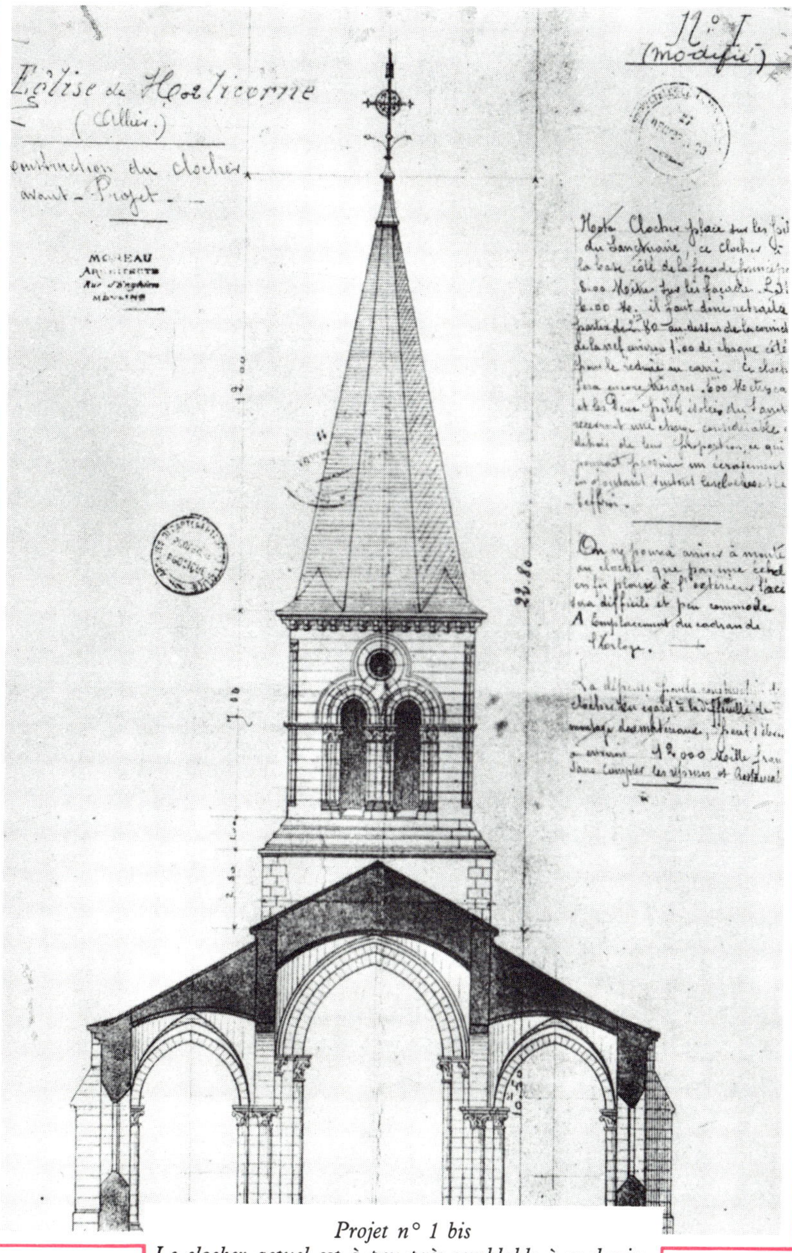


*Projet n° 1 bis*
*Le clocher actuel est à peu près semblable à ce dessin.*

# Tout clocher doit avoir son horloge

Dans cette affaire, les Malicornais prenaient à leur compte la plus grande partie de la dépense, qui s'élevait à 23707,39 F, dont : 17626,74F pour la maçonnerie, 4080,65 F pour la charpente, 2000 F pour l'horloge.

Cette horloge à quatre cadrans, qui fonctionne depuis le 16 août 1885, allait dorénavant régler la vie des autochtones. Elle devenait aussi symbole de puissance, de préséance dans la commune. Qui, du maire ou du curé, allait détenir désormais, avec les clefs, la haute main sur l'horloge? Six lettres, dont la lecture est fort savoureuse, ont été échangées : chacune des deux parties, restant sur ses positions, revendiquait la propriété de l'horloge. Finalement, le jugement de Salomon fut appliqué par le sous-préfet : le maire et le curé auraient chacun une clef, car, disait la sentence, « l'église appartenant à la commune, le maire doit pouvoir pénétrer aussi au clocher en tout temps et même faire, en certains cas, sonner les cloches de l'église à usage civil ». Les temps ont bien changé; actuellement, on a grand-peur de ne plus trouver de volontaire pour remonter l'horloge.

Les cloches installées par la suite ont marqué quotidiennement, et continuent à le faire, les joies et les deuils, comme aussi le tocsin de la Grande Guerre, en 1914, et l'armistice du 11 novembre 1918 dont je garde le souvenir. Encore aujourd'hui, à Malicorne, on sonne le glas pour chaque décès.

Épilogue : le 15 décembre 1979 à 15 h15, me trouvant devant la façade vitrée de ma maison, je vois l'ouragan déchaîné emporter la flèche du clocher qui s'écrase au sol. La nouvelle flèche (identique) a été exécutée par Albert Méritet, maître charpentier à Montvicq, pour le prix de 149 106 F entièrement remboursés par l'assurance. *Errare humanum est...* Une occasion unique de redonner à l'église son harmonie romane a été gâchée. Hélas!

*Vendredi 20 novembre 1981 à 14 h 30, la grue soulève la flèche (3,5 t et 13,60 m de hauteur) pour la poser avec précision sur sa base ajourée.*

# La belle église de Malicorne

L'église n'était pas encore classée en 1880. Sa magnifique façade ouest, de proportions imposantes et harmonieusement équilibrées — pur joyau du Moyen Age avec son porche roman du XIII^e^ siècle au tympan polylobé —, a donc bien failli être souillée, dénaturée à jamais... On en frémit d'indignation!

*La façade ouest*

*Le beau porche roman*

*L'église de Malicorne : intérieur.*
*Pour le mariage de chacun de mes trois fils, l'église a été ainsi fleurie de roses. Les deux grands vases médicis de l'autel ont 4 m de haut!*

# Le village d'Urcies

Depuis bien longtemps, chacun se pose la question de savoir pourquoi la chapelle d'Urcies, placée dans le cimetière, était aussi distante des villages actuels du Petit-Charry, de Chambouly et également du château d'Ancinet. Il est fort probable que les choses se présentaient différemment il y a des centaines d'années.

Je serais assez d'accord avec le docteur Piquand (1) qui, évoquant le village d'Urcies, situe normalement l'église paroissiale -- la chapelle du peuple — au milieu du cimetière, l'église actuelle du bourg étant l'église prieurale. Cette hypothèse est d'autant plus plausible que nos aïeux chrétiens se faisaient enterrer près de l'église. Cet emplacement central renforçait le culte des morts : à l'occasion des nombreux offices, les fidèles venaient s'incliner sur les tombes de leurs proches.

Mais il y a d'autres raisons, plus probantes, de croire au peuplement antique de Malicorne, et particulièrement dans la zone proche du cimetière, jusqu'au château d'Ancinet. En effet, les récents travaux de mise en valeur des sols — dérochements, défoncements, drainages — que nous avons effectués partout, particulièrement au "champ de la Chapelle", ont permis la mise au jour de meules gallo-romaines et de nombreux débris de poteries, tuiles, culot d'amphore, boulets de pierre de frondeur, etc., tous objets qui attestent la présence en ces lieux de très anciennes colonies humaines. Des pièces similaires ont été aussi exhumées au bourg, la plus intéressante étant une tête de lance en fer forgé du Moyen Age, dégagée d'une gangue de glaise par notre charrue-balance.

Remontent plus loin encore les nombreux silex de toutes formes, tous chanfreinés de façon semblable. Près du cimetière, les fouilles ont livré une pointe de flèche également en silex. Fait beaucoup plus rare : la découverte, dans notre verger expérimental, d'une hache polie en serpentine, roche très dure et légère, plus connue sous la dénomination de « marbre vert antique ». Les décorations architecturales des portes et des arcades du cloître de la chartreuse de la Verne, à Collobrières (Var), utilisent cette même serpentine, provenant du massif des Maures.

Certains de ces vestiges du passé trouvés à Malicorne, amoureusement collectionnés par notre collaborateur Louis Valette, attestent bien — d'après MM. Maurice Piboule et Michel Desnoyers — la présence sur ces emplacements de peuplades du néolithique, il y a plusieurs millénaires.

*(1)* Légendes bourbonnaises, *Arrault imp., Tours.*

*Meules gallo-romaines, boulets de pierre, culot d'amphore, tête de lance en fer forgé, hache en serpentine, silex chanfreinés, découverts dans nos champs.*

Mais revenons à la chapelle d'Urcies. Mon grand-père me parlait souvent des foires qui se tenaient jadis près du cimetière et permettaient aux filles de se faire couper les cheveux pour quelques sous. Signe de l'évolution des mœurs, ces assemblées profanes s'étaient progressivement substituées aux pèlerinages à Notre-Dame d'Urcies.

Il y a quelque soixante-quinze ans (nous sommes en 1985), étant enfant de chœur, j'assistais, lors des enterrements, aux dernières prières que le prêtre récitait face au cercueil placé devant le maître-autel avant l'inhumation. Chaque famille tenait beaucoup à cette ultime cérémonie dans la chapelle d'Urcies, où parents et amis plaçaient leur défunt sous la garde consolatrice de la Vierge miraculeuse — survivance d'un rite séculaire. Voici, d'ailleurs, ce que rapporte notre compatriote et ami Georges Michard (1), après avoir évoqué les célèbres pèlerinages d'autrefois :

« La chapelle était aussi un lieu de culte funèbre : sa situation au milieu du cimetière la prédisposait à accueillir sous son toit les défunts et leurs familles, lors de chaque inhumation. Le soir de la Toussaint, on y anticipait les vêpres des morts, suivies de procession pour le chant du *Libera* sur chaque tombe, jusqu'à la nuit tombée. Tous les "anciens" sont unanimes sur ce point : jusqu'aux dernières années où la toiture percée devint trop dangereuse, on ne "glissait" jamais un mort dans la tombe à Malicorne sans le faire entrer dans la chapelle, le temps d'un *Libera*. »

Cette chapelle du Xe-XIe siècle a été abattue en 1932, ce qui est regrettable en raison de son ancienneté et du caractère affectif dont elle était investie. Nul doute que, de nos jours, on aurait tout fait pour conserver ce témoignage du passé. La statue qui s'y trouvait de Notre-Dame d'Urcies (également appelée Notre-Dame de Pitié, des Sept Douleurs, de Compassion) est placée, depuis 1910, dans l'église de Malicorne. C'est une sculpture en noyer de grande qualité du XVIe ou du XVIIe siècle, œuvre d'un sculpteur anonyme ; l'expression de tristesse infinie qui se dégage du visage de la Mère du Christ est émouvante de pathétique et de réalisme. Je suis heureux de dédier ces lignes, en souvenir affectueux, à ma mère qui avait une dévotion profonde pour la "Bonne Dame de Pitié". Elle l'a si souvent implorée pendant la guerre 1914-1918 pour le retour de mon père !

La chapelle d'Urcies a aussi légué à l'église paroissiale de Malicorne un bénitier en granit et un très beau christ en noyer, probablement du XIIe siècle, mesurant 1,10 m de la tête aux pieds et 1 m d'une main à l'autre.

*(1) Communication à la société « Les Amis de Montluçon ».*

*Silhouette de la chapelle d'Urcies*
*d'après l'aquarelle de Maurice Vignier en 1926 et d'après L. Viriat en 1916.*
*Son clocher-mur à deux baies surmontait le porche de la façade ouest.*

# Château d'Ancinet, avant et après !...

*Avant les travaux de réfection.*

*Le château, rénové — au centre des pépinières — et le bocage bourbonnais.*

Nous ne savons pas grand-chose de l'histoire du château et guère plus de ses occupants successifs. Les archives départementales se contentent de mentionner plusieurs "seigneurs d'Ancinay" jusqu'au XIIIe siècle, ce titre étant souvent placé à la suite de quelques autres — ce qui tendrait à prouver que nous sommes en présence de la résidence agricole fortifiée de vassaux dépendant des seigneurs du donjon de la Souche ou du château de Bord à Doyet.

L'origine de la construction remonte au XIIIe siècle, mais sa rénovation en gentilhommière au XVIIe siècle est probable. Un historien émet l'idée que le propriétaire a sans doute été dépossédé de sa demeure par la Révolution.

Deux tours sur trois et les murs crénelés sont vraisemblablement tombés sous la pioche des révolutionnaires. Les armoiries martelées des blasons de la porte d'entrée et des cheminées renforcent cette éventualité.

Les outrages du temps, conjugués avec les moyens financiers réduits des différents exploitants agricoles qui l'ont occupé ensuite, expliquent sa vétusté jusqu'à ce que nous en ayons fait l'acquisition et la rénovation.

Ancinet est bâti sur un piton granitique. Le mur de la façade chevauche l'énorme rocher, taillé en aplat vertical à l'intérieur; la partie extérieure du rocher, restée à l'état naturel, est creusée d'une tranchée de vingt centimètres par les eaux pluviales déversées de la toiture pendant sept siècles!

Construit pour la vie d'une famille, le château se caractérise — fait assez rare — par ses faibles dimensions intérieures, 19 m × 6,50 m (1) et ses proportions harmonieuses. Il a fière allure avec son profil élancé que flanquent trois tours maintenant reconstruites. Il abrite plusieurs cheminées, dont une monumentale (2), en grès du pays, formant fond de la plus grande pièce. On accède à l'ancien grenier, parfaitement aménagé en salle de jeux, par un escalier en colimaçon, dont les marches de pierre, fortement usées, attestent le va-et-vient continuel des habitants qui se sont succédé pendant sept siècles (2).

La charpente d'époque, en châtaignier, très bien conservée (quoique ayant été faite avec des éléments de récupération), se présente comme une quille de bateau renversée (2). On trouve nombre de charpentes semblables en Bourbonnais. Il se pourrait qu'elles aient été imaginées et réalisées par des charpentiers spécialistes en construction navale, venus exploiter, pour leurs chantiers, les châtaigniers et les chênes qui abondaient alors dans la région. Un rapport s'établit immédiatement avec la double nef en forme de vaisseau de l'église Sainte-Catherine de Honfleur, si célèbre dans le monde entier...

Le château d'Ancinet — voir photos pages suivantes — est actuellement la résidence de mon fils Henri, de son épouse Anne (née Courtial) et de leurs trois fils : Arnaud, Benoît et Nicolas. Nous l'avons acquis en 1962, en même temps que la ferme de M. et Mme Rémy Michard dont il constituait l'habitation.

*(1) En plus les murs de 0,90 m d'épaisseur et les trois tours.*
*(2) Voir pages suivantes.*

# Ancinet aujourd'hui : façades

*Le château, façade est.*

*Le château, façade ouest.*
*Dans le champ de roses, stagiaires de différentes nationalités.*
*Au centre (accroupis) trois de nos cadres : Jean Clément (1), Gérard Guillier (2).*
*Derrière eux : Jean-Pierre Barbe (3).*

*La superbe charpente, réalisée avec des bois de récupération, est probablement due à des ouvriers italiens, constructeurs de navires, travaillant en forêt de Tronçais.*

*La cheminée monumentale en grès du pays. Remarquez l'écusson probablement martelé à la Révolution.*

*L'escalier hélicoïdal.*

# Travaux agricoles au début du siècle

*En 1950, près du verger expérimental, on laboure encore avec les vaches bouvières.*

*Fauchage de l'herbe à la "daille" en 1910.*

*Retour du labour dans le mauvais chemin raviné de la Font-Merlon à Malicorne en 1930.*

Malicorne, ville et prévôté importante, échangée en 1366 contre les ville et châtellenie de Souvigny, cela paraît incroyable aujourd'hui.

Encore au XVIIIe siècle, l'étude notariale de notre aïeul Gilbert Pailheret était importante, probablement même la plus importante de la région, puisque beaucoup d'actes se rapportant aux mines de Commentry y furent passés, notamment l'inventaire de la succession du château des Forges, en 1780, en vue d'une donation-partage (1). Cette étude disparut en 1836, pour être rattachée à celle de Me Bertholet à Beaune, commune distante de 10 km.

Malicorne, commune agricole rurale traditionnelle de la Combrailles bourbonnaise, l'est donc restée jusqu'en 1950, date du développement accéléré des pépinières. Mais avec cette particularité que les agriculteurs ont pu bénéficier jusqu'au début du XXe siècle — à un degré moindre actuellement — de l'apport financier des salaires des paysans-mineurs et paysans-ouvriers d'usine.

Or, justement — et heureusement pour notre région — c'est à cette époque (fin du XIXe siècle, début du XXe) que s'est réalisé le "bond en avant" de l'agriculture française. Le premier cadastre terminé, c'est en effet à partir de 1850 et jusqu'à 1914 que se sont instaurées ou développées de nouvelles techniques agricoles :

— le drainage des terres cultivées et l'irrigation des prairies ;

— le labour : la charrue remplaçant l'araire ;

— l'emploi de la *daille* (faux), qui chasse le *volant* (faucille), pour la coupe de l'herbe ;

— l'utilisation du *râteau* (la *daille*, à laquelle on ajoutait quatre pions retenant les tiges) pour la moisson.

Aussi l'apport d'engrais chimiques :

- les superphosphates, venant après la pratique bienfaisante du chaulage,
- les scories Thomas découvertes à Montluçon en 1871,
- le nitrate de soude du Chili utilisé à partir de 1900,
- la potasse, seulement à partir de 1908, en provenance d'Alsace, allemande à cette époque.

Le grand-père Jean a donc pu, "en s'économisant", faire partie des bénéficiaires de cette révolution favorable au développement économique agricole.

Il n'a pas laissé passer sa chance, comme nous le verrons ; il installa ses deux fils comme agriculteurs au bourg de Malicorne, chacun devenant propriétaire d'une ferme de 10-12 hectares. Leur frère Félix (curé) fut indemnisé pour sa part d'héritage par mon oncle Alphonse ; leur sœur Marie-Eugénie par mes parents.

Un autre aspect significatif de l'évolution au début du XXe siècle, dans ma commune, me semble être confirmé par ce qui suit, concernant le changement vestimentaire de la paysanne.

Dans *Histoire des paysans français* (2), nous pouvons lire : « Après 1900, la modiste apparaît et impose les habitudes urbaines. La plupart des femmes nées après 1880 abandonnent les bonnets et vont nu-tête (ou avec le fichu), ne mettant plus guère que pour aller à la messe, le dimanche, des chapeaux qui viennent des grands magasins de Paris. »

*(1) La ville actuelle de Commentry n'existait pas alors. C'est seulement en 1859 que Commentry est devenu chef-lieu de canton.*

*(2) Éd. Horvath, Roanne.*

*Marie Auzel : dix-sept ans en 1912 !*

*Marie Pailheret (née Auzel), quatre-vingt-dix ans en 1985 ! habite face à nos bureaux.*

**MALICORNE**

Population : 844 habitants. — Superficie : 1183 hectares.

Cette commune est desservie par la ligne de Varenne à Marcillat (Ch. de fer économique) ; gare à 300 mètres du bourg.

*Foires* : 22 janvier ; — 26 février ; — 26 avril ; — Jeudi après la Pentecôte ; — 7 septembre ; — 14 décembre.

*Fête patronale* : 1er dimanche de septembre.

*Maire* : M. Fournier Jean.

*Adjoint* : M. Maureau Jean-Baptiste.

*Conseillers* : MM. Confesson A., Confesson J., Sancerme A., Courtaudon J., Michard A.-T., Chavenon M., Pailheret P., Confesson J., Mathonat J., Faurichon L.

*Secrétaire de mairie* : M. Murat.

*Bureau de poste* : Commentry. *Facteur* : Berthon.

*Perception* : Commentry.

*Instituteur* : M. Murat ; *institut.-adjoint* : M. Chopin.

*Institutrice* : Mlle Robin ; *Institutrice-adjointe* : Mme Chopin.

*Curé* : M. Beaulaton.

*Sacristain* : M. Ducros.

*Marchand de vins en gros* : M. Confesson E., au Bourg.

*Boulanger* : M. Confesson, au Bourg.

*Boucher* : Mme Vve Decroix, au Bourg.

*Receveur-buraliste* : Pailheret, au Bourg.

*Débitants* : Confesson E., Vve Raynaud, Triboulet F., Chanier J.-F., au Bourg. Mme Chavenon, à La Faye, Vve Méloux, à Jeux.

*Maréchal-ferrant* : Fournier L., au Bourg.

*Voiturier* : Bernard Antoine, au Bourg.

*Charrons* : Bernard, Descorcier, au Bourg.

*Menuisier ébéniste* : Aufauvre F., —

*Epiciers* : Pailheret, Chanier et Déchery, au Bourg.

*Marchand-tailleur* : Pailheret, au Bourg.

*Sabotier* : Barthoux, —

*Cordonniers* : Guillot, Pinel, —

*Maçon* : Jacquet Jacques, —

*Couturières* : Mlle Duranthon, Mlle Portier, Mlle Michard, Mlles Cluzeau, Mme Germain, au Bourg.

*Repasseuses* : Mlles Michard et Paillasse, au Bourg.

*Entrepreneurs de battages* : Jacquet Jacques et Jacquet Louis, au Bourg.

*Scierie à vapeur* : Jacquet Louis, au Bourg.

*Meuniers* : Durin, Michard, à Beaufrancon.

*Syndicat agricole* : Président : Déchery Jean-Baptiste, à Jeux ; — Vice-Président : M. Delbard Jean-Louis, au bourg ; — Secrétaire-trésorier : M. Murat, instituteur, au Bourg ; — Membres : M. Mathonnat Gilbert-Patrocle, à Chambouly ; M. Vénuat Pierre, à l'Algaude.

*L'almanach-annuaire de 1903 de J. Laurent, éditeur à Commentry, indique 844 habitants et donne le recensement professionnel que nous avons voulu reproduire fidèlement (cliché du texte original)*

En voici un exemple. Voyez comment se campe en 1912, avec une allure tout aristocratique, Marie Auzel à dix-sept-ans — elle est née le 25 mars 1895. Choisie pour marraine, elle portait, pour la cérémonie, son premier chapeau acheté 20 francs... sur ses économies. Son salaire annuel s'élevait — si l'on peut dire — à 250 francs (et nourrie, tout de même !). Un mois de salaire pour un chapeau — en soie, il est vrai — c'est inimaginable aujourd'hui !... Cette dépense lui avait été vivement reprochée par sa mère.

— Toi, une servante-domestique chez Gilbert Roudier, tu t'habilles maintenant comme une princesse ?

Ce fait est d'ailleurs en totale conformité avec ce que disait mon père :

— Enfin, de mon temps, quand on allait "à la connaissance", les garçons cultivateurs pouvaient espérer fréquenter des filles en chapeau...

Je me félicite d'avoir l'occasion de présenter au lecteur Marie Pailheret — Marie Auzel —, notre voisine et amie. Elle comptait quatre-vingt-sept printemps en 1982, lorsqu'a été prise la photo ci-contre où elle a gardé son bon sourire. Marie Pailheret fut de celles qui ont apporté à ma mère une aide et une assistance de tous les instants. Pendant de nombreuses années, en effet, elle était toujours présente pour battre le beurre, chauffer le four à pain, laver le linge en poussant la brouette jusqu'à l'étang de Chevaton, etc. Toutes ces tâches, accomplies avec le sourire, pour un litre de lait par jour et une livre de beurre par semaine. Cette notion de service, d'entraide paysanne, quelle belle chose du passé !... hélas ! bien disparue.

Au cours du XIXᵉ siècle, la population de Malicorne a toujours avoisiné les 900 habitants. Par la suite, en 1906 : 846 ; en 1911, avant la Grande Guerre : 799 personnes. La chute a continué avec l'hémorragie due à la guerre — 24 jeunes hommes tués à l'ennemi — et le ralentissement des naissances qui s'ensuivit. C'est ainsi qu'en 1921 notre commune ne comportait plus que 656 habitants. Une stabilisation relative s'opère de 1936 (517 h.) à 1968 (485 h.), et en 1975 (528 h.). Le recensement de 1982 donne 524 habitants et, en 1983, remontée spectaculaire par suite de l'implantation du "village de la Brande" (1) portant la population à 672 personnes.

Le maintien — puis l'accroissement — de la population malicornaise a été rendu possible grâce à la création d'emplois aux usines de Commentry, à l'expansion importante et rapide des pépinières Georges Delbard et à la création du cabinet d'ingénieur-géomètre de mon frère Robert, repris par son fils Philippe en 1976.

En raison du phénomène du développement de l'automobile, la plupart des communes rurales, surtout celles proches de la ville, n'ont pu échapper au processus dévorant de la concentration dans les centres urbains (2) des activités de toutes sortes — en particulier commerciales et de services. Si René Fallet n'avait déjà publié sa *Soupe aux choux* (3), mes propres considérations sur la disparition de l'artisanat et des commerces ruraux à Malicorne, comme partout ailleurs, auraient trouvé place ici. J'y renonce puisque les dix premières pages du célèbre roman développent ce thème bien mieux que je ne saurais faire. J'en donne la conclusion, qui résume tout : « ... Au village, il n'y avait plus rien, plus rien de rien !... »

*(1) Voir plus loin.*

*(2) Il arrive même que l'implantation inconsidérée des grandes surfaces (trois à Commentry, ville de 10 000 habitants) prolifère au point de contaminer la campagne. Un Intermarché s'est installé en 1984 à Malicorne !... à la limite ouest de la commune, au nouveau village de la Brande... Coïncidence amusante : à l'emplacement où se trouvaient les pépinières Coulangeon dans mon jeune âge.*

*(3) Denoël édit.*

# Jadis : les trois piliers d'une commune rurale

M. J. Fournier : maire

Abbé G. Beaulaton : curé

M. V. Murat : instituteur et secrétaire de mairie.

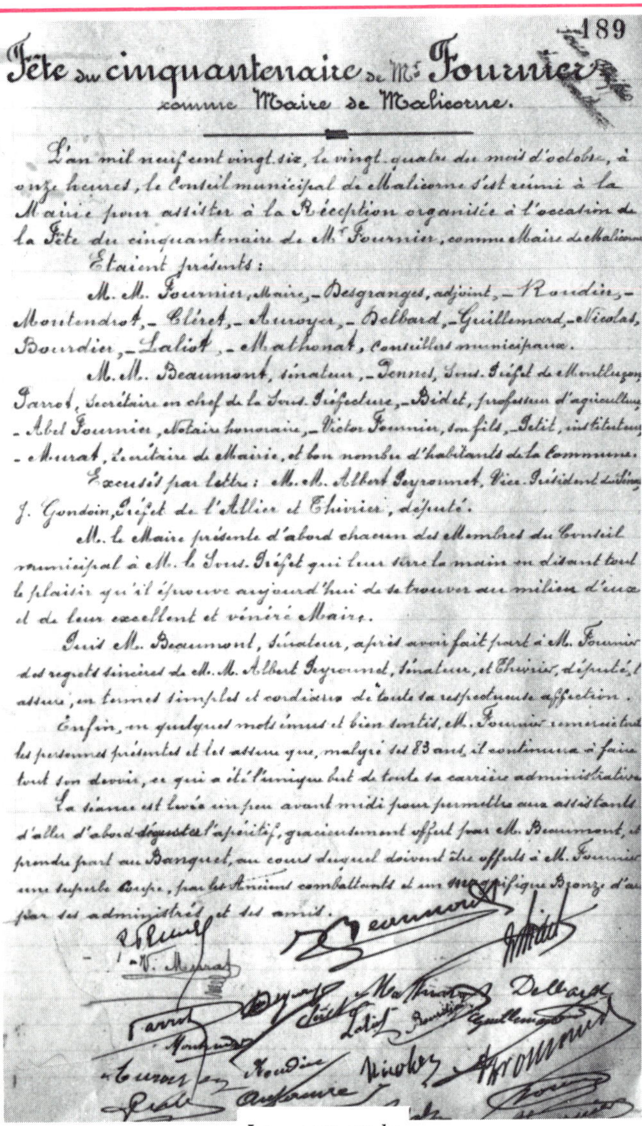

189

Fête du cinquantenaire de Mr Fournier comme Maire de Malicorne.

L'an mil neuf cent vingt-six, le vingt-quatre du mois d'octobre, à onze heures, le Conseil municipal de Malicorne s'est réuni à la Mairie pour assister à la Réception organisée à l'occasion de la Fête du cinquantenaire de Mr Fournier, comme Maire de Malicorne.

Etaient présents :

M. M. Fournier, Maire, – Desgranges, adjoint, – Roudier, – Montendrot, – Cléret, – Auroyer, – Delbard, – Guillemard, – Nicolas, Bourdier, – Laliot, – Mathonat, conseillers municipaux.

M. M. Beaumont, sénateur, – Tonnet, Sous-Préfet de Montluçon, Parrot, secrétaire en chef de la Sous-Préfecture, – Bidet, professeur d'agriculture, – Abel Fournier, Notaire honoraire, – Victor Fournier, son fils, – Petit, instituteur, – Murat, secrétaire de Mairie, et bon nombre d'habitants de la Commune.

Excusés par lettre : M. M. Albert Peyronnet, Vice-Président du Sénat, J. Gondoin, Préfet de l'Allier et Thivrier, député.

M. le Maire présente d'abord chacun des Membres du Conseil municipal à M. le Sous-Préfet qui leur serre la main en disant tout le plaisir qu'il éprouve aujourd'hui de se trouver au milieu d'eux et de leur excellent et vénéré Maire.

Puis M. Beaumont, sénateur, après avoir fait part à M. Fournier des regrets sincères de M. M. Albert Peyronnet, sénateur, et Thivrier, député, l'assure, en termes simples et cordiaux de toute sa respectueuse affection.

Enfin, en quelques mots émus et bien sentis, M. Fournier remercie toutes les personnes présentes et les assure que, malgré ses 83 ans, il continuera à faire tout son devoir, ce qui a été l'unique but de toute sa carrière administrative.

La séance est levée un peu avant midi pour permettre aux assistants d'aller d'abord ~~déguster~~ l'apéritif, gracieusement offert par M. Beaumont, et prendre part au Banquet, au cours duquel doivent être offerts à M. Fournier une superbe Coupe, par les Anciens combattants et un magnifique Bronze d'art par ses administrés et ses amis.

Le compte rendu

**BANQUET**
**du 24 OCTOBRE 1926**

en l'honneur du Cinquantenaire de
M. FOURNIER
comme Maire de Malicorne

**HORS D'ŒUVRES**

Jambon Galantine Truffée
Tête de Veau Sauce Verte

**ENTRÉE**

Croutes Mignonnes à la Montglas
Saumon du Lac à la Mayonnaise
Poularde Régence au Champagne
Petits Pois à la Française

**ROTI**

Dindonneau au Cresson
Salade de Saison

**DESSERT**

Croquembouche
Crème Anglaise
Biscuit de Savoie
Tarte aux Fruits
Fruits Variés

VIN - BORDEAUX
Café - Liqueurs

Le menu

# A Malicorne, la stabilité !

Malicorne a eu aussi la chance d'échapper à l'agitation sociale régionale de la fin du XIX^e^ siècle et du début du XX^e^, caractérisée par les luttes politiques particulièrement âpres à Commentry, comme nous le verrons plus loin. Les électeurs de ma commune ont toujours voté "modéré", jusqu'en 1929, où la tendance socialiste l'a emporté pour la première fois, avec alternance par la suite. Cette stabilité est due d'abord au tempérament pondéré spécifique des ruraux. Ensuite — et peut-être davantage — à la présence continue, et de longue durée, des trois notabilités communales : le maire, le curé, le secrétaire de mairie (1).

M. Jean Fournier est resté maire de Malicorne, sans discontinuer, du 8 octobre 1876 au 16 avril 1927. Doyen des maires de France, il avait été promu chevalier de la Légion d'honneur, officier d'Académie, officier du Mérite agricole. Il fut aussi président de la Fédération régionale des syndicats agricoles et de la Commission régionale du ravitaillement pendant la guerre de 1914-1918. Foncièrement honnête, expert-agricole compétent, aimé et respecté de ses administrés, il fut, sa vie durant, le conseiller écouté lors des partages familiaux.

Je donne ci-contre le compte rendu de la réunion du conseil municipal du 24 octobre 1926, tenue pour fêter le cinquantenaire de son mandat de maire. Il m'a été donné d'assister au banquet — de rigueur — qui a suivi, préparé par "la Mélie" Triboulet et dont le Sous-Préfet a vanté la qualité : je n'oublierai jamais son éloge de la poularde Régence au champagne, véritable morceau d'anthologie.

Au dessert, mon père, en sa qualité d'adjoint, devait lire le discours rédigé par l'instituteur-secrétaire de mairie, M. Victor Murat (2). Mais avait-il déjà trop bien arrosé ce banquet ? Étreint par l'émotion, il fut pris d'un chagrin comparable à celui d'un enfant auquel on retire son jouet préféré... et ne put continuer sa lecture. Victor Murat prit la relève, et tous les participants s'amusèrent beaucoup de cet intermède imprévu... Bien vite consolé, mon père reprit son "tour de chant" légendaire, et il ne fut jamais meilleur...

L'abbé Gabriel Beaulaton est resté curé de Malicorne de 1883 au 20 février 1926, date à laquelle il prit sa retraite à Montluçon. Ainsi a-t-il pu administrer les sacrements (baptêmes, communions, mariages) aux parents aussi bien qu'à leurs enfants et même à leurs petits-enfants. Vivant en bonne harmonie avec le maire et l'instituteur laïque, il n'y eut jamais "problème" entre eux. Chacun se respectait, sans chercher à empiéter sur les attributions de l'autre. Passionné de jardinage qu'il était, je dois beaucoup à ce prêtre.

Comme dans de nombreuses autres communes rurales de France, M. Victor Murat cumulait les fonctions d'instituteur et de secrétaire de mairie. Du 31 mai 1891 au 7 août 1927, il fut, à ce titre, le conseiller local écouté de ses concitoyens pour tout ce qui touche à la vie quotidienne. Son rôle a été surtout utile et efficace pendant la guerre 1914-1918. La paix revenue, il se mit au service des familles pour remplir les formalités requises par le retour des corps des soldats morts pour la France. Victor Murat était vraiment la doublure du maire. Leur entente fut toujours parfaite. Ci-contre le procès-verbal qu'il rédigea pour la commémoration du cinquantenaire du mandat de M. J. Fournier.

*(1) M. J. Fournier a été maire pendant 51 ans; M. l'abbé G. Beaulaton, curé pendant 43 ans; M. V. Murat, secrétaire de mairie pendant 36 ans; Jean-Louis Delbard, mon père, conseiller municipal pendant 25 ans; Alphonse Delbard, mon oncle, sacristain pendant 45 ans. C'était bien la stabilité à Malicorne!*
*(2) Je parlerai plus loin (p. 83) du rôle éminent qu'il a joué dans ma vie en tant qu'instituteur.*

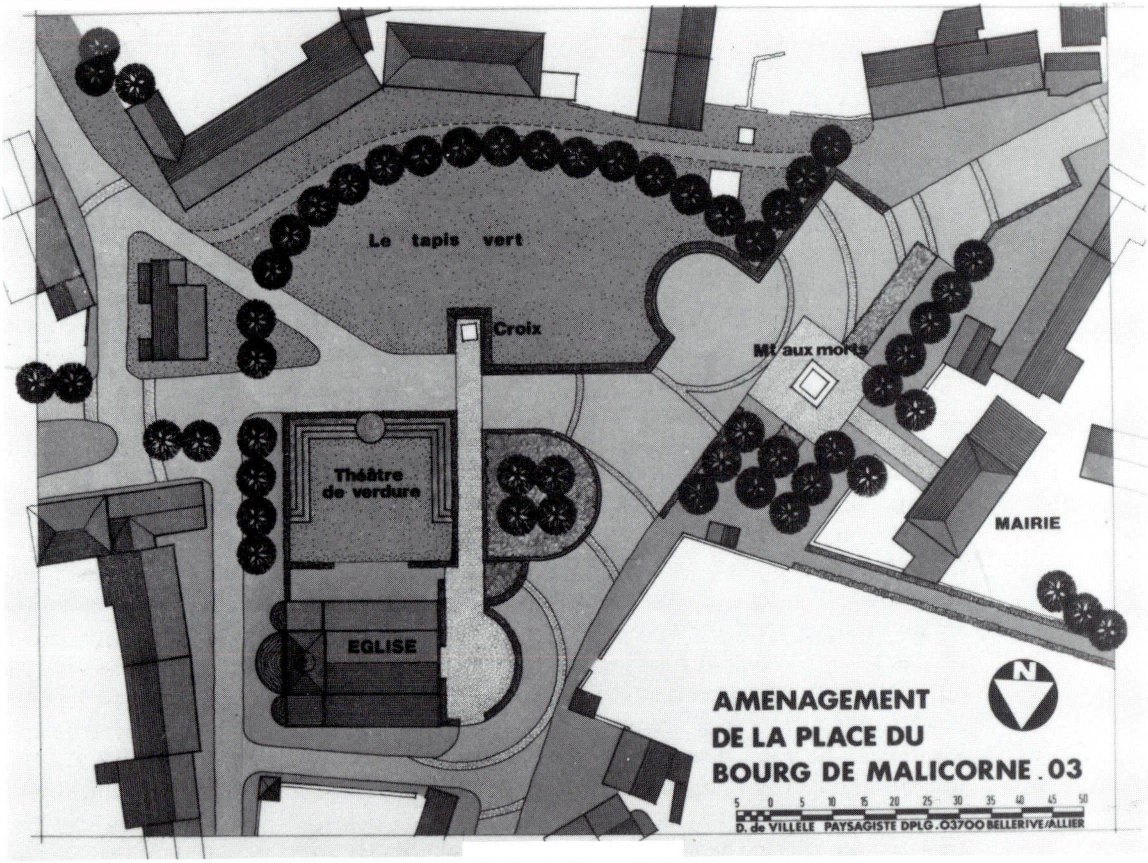


*Projet établi en 1983.*

*La foule des amateurs de jardins à notre jardinerie de Malicorne. La jardinerie est ouverte tous les jours. C'est un lieu privilégié pour les amateurs de jardinage désirant faire leurs achats en toute tranquillité, parmi un choix important de produits horticoles, avec possibilité de bénéficier de conseils judicieux donnés par des spécialistes.*

L'augmentation récente des rémunérations — depuis juin 1968 — a permis aux salaires agricoles de s'aligner pratiquement sur ceux de l'industrie. Le logement a été le grand bénéficiaire de cette nouvelle aisance, avec l'appoint des prêts bancaires qui facilitent grandement les acquisitions immobilières. Que ce soit du neuf ou de l'ancien, chaque famille ou presque, à Malicorne, est propriétaire de son habitation. Toutes les maisons sont dotées du dernier confort, bien entretenues, fleuries, accueillantes avec leur jardin d'agrément et souvent le potager-fruitier. On peut dire qu'il fait bon vivre dans notre commune, d'autant plus que la plupart des travailleurs ont eu la chance d'échapper jusqu'ici aux angoisses du chômage (1). Ne regrettons donc pas le passé, car les conditions de vie y étaient bien difficiles, comme en témoignent les souvenirs de mon enfance. Malgré certains côtés positifs vécus grâce à nos parents, personne ne voudrait aujourd'hui revenir au "bon vieux temps".

Signalons, dans le présent, les réalisations communales achevées ou en cours. L'électricité a été installée en 1921. L'eau sous pression coule dans chaque foyer depuis plusieurs années. Les abonnés au téléphone sont au nombre de 182 en 1985 : un poste pour quatre habitants ! Le tout-à-l'égout a été mis en place dans toute la zone du bourg, les conduites de gaz également. Le nouveau village de la Brande, qui comportera, dans sa phase finale, 120 maisons individuelles avec jardins de 600 à 1000 m², est en cours de réalisation. Il est probable que cette "ZAC", venant en plus des constructions individuelles du bourg et des villages, va permettre de doubler le nombre des habitants dans les années à venir. Le stade est livré aux ébats des jeunes sportifs depuis le 24 juillet 1982.

Il reste à mettre en œuvre la chose la plus simple et sûrement celle qui donnerait le plus grand prestige à notre commune historique. Je suis de ceux qui rêvent, depuis longtemps, de voir un jour des plantations végétales orner cette magnifique place d'un hectare de superficie, unique en zone rurale, que nous a léguée le château fort disparu. Transformer cet emplacement nu en espace vert et fleuri, agreste en tout cas, voilà qui ajouterait au charme de Malicorne et mettrait en valeur notre belle église, comme le montre le plan ci-contre de M. D. de Villèle. La "nécessité" de placer là les manèges de jeux pour la fête patronale a empêché jusqu'ici toute décision de changement. Nous souhaitons que le terrain du stade soit choisi pour accueillir dorénavant les divertissements d'une journée annuelle de fête, afin que tous, jeunes et moins jeunes, puissent profiter, toute l'année, d'un cadre de verdure de qualité, sur l'ancienne "place du champ de foire".

Heureusement une autre décoration végétale — exceptionnelle — est en cours. L'emprise millénaire que représente un des fossés du château va devenir un jardin-promenade ceinturant le bourg. Un beau projet, où des végétaux divers et des rosiers géants accentueront l'effet original, en roue de voiture, de cette promenade circulaire (2).

En terminant, je ne peux passer sous silence l'attrait permanent qu'exerce l'accès — tout à fait libre — des pépinières Georges Delbard : chaque jour (particulièrement le dimanche), du printemps à l'automne, des centaines de voitures sillonnent l'exploitation à allure réduite. Les visiteurs en admirent la parfaite ordonnance et la qualité des productions. En général le premier week-end de septembre, se tient notre grande exposition de fleurs et de fruits ; le thème varie chaque fois. A cette occasion, les 15000 à 20000 visiteurs provoquent une animation incroyable et transforment le bourg de Malicorne en un gigantesque parking.

*(1) Alors que Montluçon est très touché, Commentry avec ses industries, Malicorne avec les pépinières ont, heureusement, pu conserver leur potentiel humain.*
*(2) Je ferai le développement de cette heureuse initiative dans le second tome avec photos à l'appui.*

# Commentry et sa mine

*Tranchée de l'Espérance — La sortie des mineurs.*

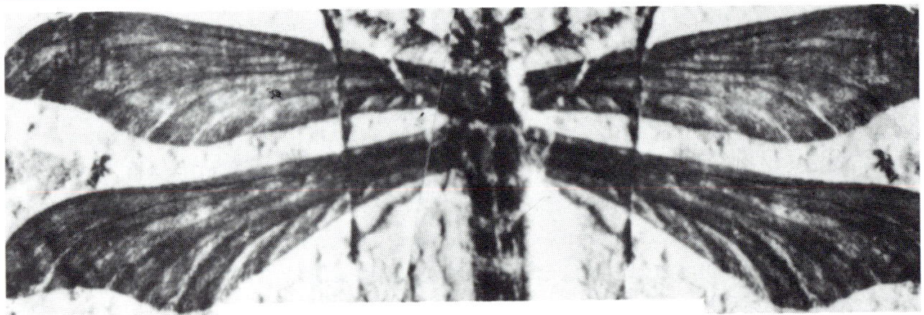

*La libellule géante dans sa gangue schisteuse.*

*Nicolas Rambourg (1757-1827)*

*Henri Fayol (1841-1925)*

Le lecteur intéressé trouvera dans l'ouvrage du docteur A. Mony, *Histoire d'une mine : Commentry* (1), une excellente documentation sur cette grande affaire qu'a été la mine. Mes grands-parents paternels et maternels y ont participé, pour une modeste part, par leur travail.

Il est intéressant, du point de vue agraire, de savoir que les terrains de la mine, d'origine agricole avant de devenir terrains industriels avec l'exploitation de la houille, ont été reconvertis ensuite par nos pépinières en terrains horticoles. Curieuse destinée, curieux renouveau : la passion aidant, le petit-fils cultive les plantes ornementales, à l'échelle industrielle, là où son grand-père a pioché, chargé, roulé manuellement le charbon ! (p. 357)

De nombreux fossiles : plantes, poissons, insectes, y furent découverts — vestiges pétrifiés de la période houillère. La collection, importante, fut transférée à l'école des Frères de Commentry, dans la bibliothèque, où j'ai pu l'admirer pendant quatre années. Le fossile animal le plus extraordinaire — et le plus connu — trouvé à Commentry est la libellule géante *Meganeura Monyi*, mesurant 70 centimètres d'envergure. Dans le groupe des plantes primaires figuraient de nombreuses fougères géantes, mais aussi le *Lepidodendron*, arbre gigantesque des zones marécageuses de l'ère primaire dont les fossiles ont permis de déterminer qu'il pouvait atteindre 30 m de hauteur et 2 m de diamètre à la base... De quoi faire beaucoup de charbon !

S'il existe de très nombreux écrits sur la lutte ouvrière et ses militants à Commentry, plus rare est la documentation concernant les "capitaines d'industrie", qui ont tout de même été les "têtes pensantes", les animateurs aussi, de la révolution industrielle qui a profité à Commentry et à sa région. Des maîtres de forges qui se nommaient : les Martenot du château des Forges, qui, en 1843, transforment la manufacture de verreries et glaces en usine métallurgique ; les Rambourg de Montassiégé, mais aussi de Saint-Front, patrons de la mine et associés de la forge.

De grands directeurs aussi... ! Nous n'en citerons que deux.

Stéphane Mony est certainement celui dont le nom se trouve le plus étroitement associé à la vie même de la mine. En effet, son diplôme d'ingénieur en poche, il participe d'abord à la réalisation du chemin de fer Paris-Versailles, une des premières lignes françaises. Appelé par Nicolas Rambourg, il deviendra son homme de confiance pendant quarante-trois années, de 1840 à sa mort en 1883. Écrivain, homme politique — auquel les militants socialistes reprochaient la construction de son château de Blomard (2) —, son action fut déterminante sur l'économie régionale. Avec celle — capitale — des Rambourg et des Martenot, elle peut se résumer dans le constat suivant pour ce qui concerne Commentry : environ 1000 habitants en 1840, à l'arrivée de S. Mony ; plus de 12000 à sa mort, en 1883 ! Une *ville champignon* qu'un auteur a comparée à certaines villes américaines.

Autre grande figure de l'industrie commentryenne, bien oubliée de nos écrivains locaux et de nos contemporains : l'ingénieur Henri Fayol. Entré à 19 ans aux mines de Commentry, il en devient directeur général en 1888. Il est le pionnier mondial de l'organisation du travail (3). Les cinq principes qu'il a énoncés (le fayolisme) : *prévoir*, *organiser*, *commander*, *coordonner* et *contrôler*, sont encore enseignés dans toutes les universités du monde. (Trente-huit lignes au Larousse encyclopédique et sa photo !)

*(1) Hachette édit.*
*(2) Actuellement centre de vacances de la Caisse centrale d'action sociale E.D.F.-G.D.F.*
*(3) Bien avant les Bedaux, Taylor et Stakhanov, autres personnalités ayant apporté plus tard leurs théories à l'organisation du travail.*

Le 4 juin 1882, Christophe Thivrier "le Christou" était élu premier maire socialiste du monde. La plaque commémorative de cet événement, dans le hall de la mairie de Commentry, a été photographiée plusieurs fois par les délégations soviétiques visitant les pépinières. Je leur disais chaque fois avec humour : « Voyez qu'ici nous avons été en avance sur vous !... »

Cette première victoire socialiste était le résultat de dix années de terribles luttes ouvrières, commencées dès 1872. La société secrète La Marianne avait été l'élément de base pour la réussite. A "la Marianne" avaient adhéré très jeunes le grand-père de mon épouse, le "p'tit" Jean Thévenin, et mon grand-père maternel, Antoine Lafleurière, tous deux ouvriers mineurs.

*La commémoration du centenaire a eu lieu le 12 novembre 1982.*
*M. Pierre Mauroy, Premier ministre, et M. Georges Rougeron, maire* (à droite).

*M. Ch. Thivrier*
*expulsé de la Chambre des députés.*

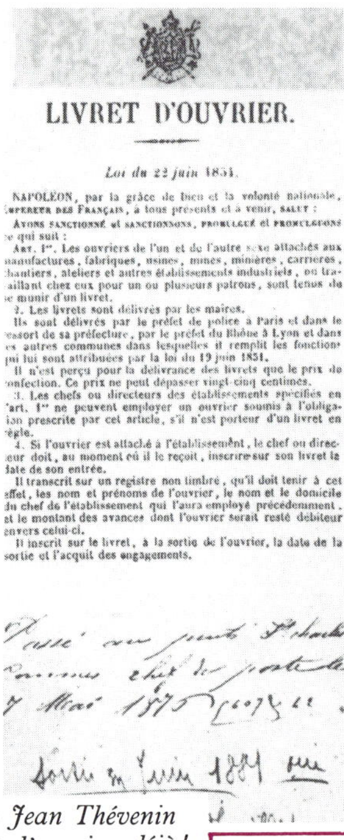

LIVRET D'OUVRIER.

*Loi du 22 juin 1854.*

NAPOLÉON, par la grâce de Dieu et la volonté nationale, EMPEREUR DES FRANÇAIS, à tous présents et à venir, SALUT :

AVONS SANCTIONNÉ et SANCTIONNONS, PROMULGUÉ et PROMULGUONS ce qui suit :

ART. 1er. Les ouvriers de l'un et de l'autre sexe attachés aux manufactures, fabriques, usines, mines, minières, carrières, chantiers, ateliers et autres établissements industriels, ou travaillant chez eux pour un ou plusieurs patrons, sont tenus de se munir d'un livret.

2. Les livrets sont délivrés par les maires.

Ils sont délivrés par le préfet de police à Paris et dans le ressort de sa préfecture, par le préfet du Rhône à Lyon et dans les autres communes dans lesquelles il remplit les fonctions qui lui sont attribuées par la loi du 19 juin 1851.

Il n'est perçu pour la délivrance des livrets que le prix de confection. Ce prix ne peut dépasser vingt-cinq centimes.

3. Les chefs ou directeurs des établissements spécifiés en l'art. 1er ne peuvent employer un ouvrier soumis à l'obligation prescrite par cet article, s'il n'est porteur d'un livret en règle.

4. Si l'ouvrier est attaché à l'établissement, le chef ou directeur doit, au moment où il le reçoit, inscrire sur son livret la date de son entrée.

Il transcrit sur un registre non timbré, qu'il doit tenir à cet effet, les nom et prénoms de l'ouvrier, le nom et le domicile du chef de l'établissement qui l'aura employé précédemment, et le montant des avances dont l'ouvrier serait resté débiteur envers celui-ci.

Il inscrit sur le livret, à la sortie de l'ouvrier, la date de la sortie et l'acquit des engagements.

*Le « p'tit » Jean Thévenin*
*et son livret d'ouvrier, déjà !*

L'âge mûr arrivé, le "p'tit" Jean déclarait : « Ah ! je n'ai pas été toujours très fier de ma participation à la politique (1) !... » Quant à Antoine Lafleurière, à l'époque de son adhésion à la société secrète, il habitait avec ses parents, près du château des Forges : c'est dans ce périmètre, au pré-Gigot d'abord — que nous exploitons actuellement en pépinière — et aussi dans le bois proche, que se tenaient les réunions clandestines des « marianneux ».

Mon grand-père maternel était venu par la suite, avec sa famille, s'établir comme laboureur au village des Balladiers près du pont du Soleil, commune de Hyds. Voilà qui explique son mariage avec Célina Aujay, ma grand-mère maternelle, à la Chabanne de Hyds, village proche, où il devint cultivateur. C'est là qu'Antoine fut l'animateur du groupe local de "la Marianne" de Hyds dont les réunions se tenaient chez lui, dans une vieille maisonnette toute proche.

Pour mon grand-père paternel, Jean Delbard, c'était bien différent. Ayant un fils prêtre, il ne pouvait qu'être classé dans le parti des "réactionnaires"... celui des curés, parti qu'on appelait encore celui des "blancs", par opposition aux "rouges" qu'étaient les "sociaux". Adversaire politique du député à la blouse, il disait en patois, quand il parlait avec animosité de ce dernier : « Ton Christou, je le connais bien, il a travaillé plus de quinze ans avec moi, jeune mineur à un et deux francs par jour... Après son départ de la mine, il a fait trente-six métiers (2), mais la politique a bien failli lui faire "lever le cul" (3) plusieurs fois : il a même fallu des souscriptions pour payer ses dettes !... Et puis, écoute-moi bien, s'il a porté la blouse à Paris, c'est qu'il avait quelque chose de pas beau à cacher !... » Allez donc aujourd'hui distinguer le vrai du faux... Toutefois, des ouvriers qui travaillent longtemps ensemble n'ignorent rien de leur semblable, et puis "il n'y a pas de fumée sans feu !". En effet, autre son de cloche à ce sujet : l'article du journal *L'Éclair*, qui suggéra que la blouse pouvait dissimuler quelque difformité (4). La blouse légendaire n'a pas fini de faire jaser, comme on disait à la Chambre des députés en ce temps-là...

Le grand-père ajoutait encore, concernant les fils Thivrier : « Avec la politique, ses gars ont "attrapé" les châteaux, les bois et les huit ou dix domaines des Rambourg et des Martenot. Mais, "pôve frère", les Thivrier, devenus les plus gros capitalistes de la région, sont quand même restés, avec le vote des Commentryens, de "vrais bons socialistes" défenseurs du peuple. Je vais t'en donner une preuve : leur premier travail de propriétaire, ç'a été de faire passer dans leurs nouveaux domaines les bounhoumes-fermiers de "l'exploiteur" Rambourg en métayers des "sociaux" Thivrier. » Et il concluait : « Vive la sociale ! »

Cette dernière anecdote de l'histoire paysanne régionale vaut d'être signalée pour clore ce chapitre de l'histoire locale parce qu'elle advint justement après que Michel Bernard eût fondé à Bourbon-l'Archambault le premier syndicat paysan-socialiste prônant la suppression du métayage et des fermiers généraux de nos régions, au rôle souvent néfaste...

*(1) Pendant l'activité des mines, il avait fait construire l'immeuble situé près de l'octroi (actuellement le n° 51 rue Christophe-Thivrier, affecté au foyer des jeunes). Il tenait là café-hôtel.*
*(2) Ouvrier au chemin de fer, boulanger, briquetier, entrepreneur de construction, débitant de boissons.*
*(3) "Lever le cul" : ne pas pouvoir faire face à ses engagements financiers, faire faillite.*
*(4)* Dictionnaire biographique du mouvement ouvrier français *(Les Éditions ouvrières).*

Le mineur-paysan, de F. Dubreuil

Type de paysanne venant à la foire avec sa "benne" (hotte).

Maison de mineurs, par F. Dubreuil. (Village des Marceaux à Doyet.)

# Mineur-paysan du canton de Commentry

Pour cerner "le profil du mineur-paysan" (comme nous dirons un siècle plus tard) de mes deux grands-pères, voyons le rapport de Louis Reybaud à l'Académie des sciences morales et politiques (1868), cité dans *Histoire d'une mine : Commentry*. En effet, mis à part une petite touche de flatterie à l'adresse de la toute-puissante autorité patronale du moment, ce texte — un peu longuet, je le concède — m'apparaît véridique et colle parfaitement à la personnalité de mes grands-parents.

Aussi un extrait du rapport a-t-il sa place tout indiquée dans cette recherche du temps passé et de mes origines.

« Ces mineurs, si fermes au besoin, sont, dans les rapports habituels, les plus maniables des hommes : l'esprit de discipline est inséparable d'un métier exposé à tant d'accidents; la vie souterraine y aide aussi, elle isole l'individu des fermentations populaires qui ont pour siège les carrefours. A Commentry du moins, l'obéissance aux chefs est rarement enfreinte et ce qu'a dit l'ingénieur équivaut à un article de foi...

« ... Son autre passion est son logis, quand il en a un bien à lui, avec un petit jardin contigu. L'instinct du mineur est de fouiller la terre; aussi, la culture d'un potager est-elle pour lui une jouissance et une distraction; il y emploie ses heures libres au lieu de les donner au cabaret. Nulle part ce moyen de diversion n'a échoué; à Commentry, il commence à s'introduire. Pendant la période de croissance, les maisons étaient rares et les loyers chers; on ne monte pas impunément de 1000 âmes à 10000; aujourd'hui (*en 1868*) l'équilibre tend à se rétablir; on construit beaucoup et de tous côtés, de préférence de petites maisons plutôt que des casernes, comme un instant la mode en a prévalu. Le loyer, pour un ménage comprenant deux chambres et souvent un peu de jardin, est de 5 à 8 francs par mois. Le seul luxe de ces logements est la propreté, et le métier de ceux qui les occupent ne s'y prête guère; c'est déjà beaucoup que celle du corps soit maintenue par des ablutions d'eau chaude à chaque rentrée de la mine, les femmes y veillent d'ailleurs et administrent de leurs mains les douches salutaires...

« ... Dans ces logis de mineurs, il n'y a point de misère proprement dite, pas même de privations apparentes. Les premières nécessités de la vie sont défrayées chez tous; chez quelques-uns règne une certaine aisance. Le pain qu'on y mange est un pain de seigle pur et presque blanc, valant de 24 à 30 cent. le kilogramme; ou bien un pain mélangé de seigle et de froment, pain excellent, très substantiel, et valant, suivant l'état des récoltes, de 28 à 41 cents. Il y a vingt ans, ce pain eût passé pour un pain de luxe, à l'usage des ménages bourgeois. L'ouvrier faisait alors moudre son seigle en y laissant la moitié du son et en réservant pour des gâteaux (1) la fleur de farine; avec le résidu il fabriquait un pain mou et gluant qui moisissait vite et devait durer de quinze à vingt jours. Aujourd'hui, c'est chez le boulanger que l'ouvrier se fournit et il s'y procure un pain de farine un peu bise, mais bien travaillé et bien cuit, presque au même prix qu'il payait autrefois un pain détestable... Pour lui, le dernier mot d'un régime alimentaire, c'est que le pain soit bon, il ne voit rien au-delà; la viande ne figure sur sa table que dans les grandes occasions, par exemple la Sainte-Barbe, jour de fête des mineurs... »

*(1) Le pâté aux pommes de terre (pâté aux treffes) ou aux poires et la "pompe" (galette) aux grattons.*

Note de G. D. :
*Je remercie très sincèrement Mme F. Dubreuil de m'avoir spontanément autorisé à reproduire les dessins de son mari (accompagnés de leurs légendes) tout en formant des vœux pour le plein succès de mon livre.*

# Mineurs de Doyet et Commentry

*Ils passent devant Auroyer, comme une suite de fantômes fatigués, moitié énivrés par l'air du dehors et aveuglés par la lumière du jour. Avant de se séparer, ils esquissent un dernier geste de la main : au revoir, à demain, adi Frère (1).*

*Groupe de mineurs à Commentry*

*(1) Les hommes dans ce pays s'abordent ou se quittent en s'appelant Frère ou P'tit frère, c'est une marque de grande amitié ou d'affection. (Texte de F. Dubreuil)*

« ... On a pourtant de la viande passable pour 70 cent. le kilogramme; mais c'est trop cher encore pour des hommes qui regardent à un centime et sont d'une sobriété exemplaire. A peine, comme supplément, se permettent-ils de temps à autre un peu de porc, quelques salaisons, des pommes de terre ou des légumes qu'ils cultivent. Les ménagères font de tout cela des amalgames qu'elles assaisonnent fortement et dont la saveur se relève encore par la vigueur des appétits. Dans les maisons un peu à l'aise on arrose cette pitance avec un vin de 25 cent. le litre, un peu dur mais naturel et sain...

« Entre ce qu'un ouvrier dépense pour son ménage et ce qu'il gagne annuellement, M. Reybaud estime qu'il y a une marge très raisonnable pour l'épargne ou des placements immobiliers. Or, cette épargne se forme à Commentry, lentement mais sûrement, comme l'attestent des dépôts nombreux faits dans la caisse de la mine...

« ... Avec le maintien du travail à la journée, le seul mode en vigueur autrefois, jamais ce mouvement en avant ne se fût produit. Le travail à la journée est le triomphe de l'inertie... Avec le travail à la tâche, cet intérêt naît de lui-même et s'atteste par un profit immédiat; l'ouvrier alors prend goût à ce qu'il fait... se sent investi d'un droit dès qu'il prélève sur elle un tribut proportionnel. Aucune révolution n'a été plus profonde et nulle part les effets n'en ont été plus marqués qu'à Commentry. Qu'on en juge par le rapprochement suivant : il y a vingt-quatre ans (*en 1868*), la journée moyenne de tous les ouvriers concourant à l'extraction, mineurs, chargeurs, rouleurs, receveurs, trieurs, représentait comme produit utile trois hectolitres et quart de houille montée au jour. Elle en représente aujourd'hui quatorze, soit 1 120 kilogrammes de houille au lieu de 280... Il y a ceci de changé que l'ouvrier, en agissant beaucoup pour autrui, agit un peu pour lui-même... (1) L'idée était bien simple et d'une justice élémentaire : rétribuer les gens en raison de leurs œuvres, et pourtant il a fallu des siècles avant de l'introduire sérieusement dans l'économie du travail manuel...

« ... Lorsque l'on songe à l'existence de l'ouvrier houilleur dans les entrailles du sol, on est conduit à se demander si ce n'est pas là une trop grande violence faite à la nature et comment la constitution de l'homme peut y résister. La vue d'une population de mineurs répond à ces craintes. Elle se compose en général de sujets robustes, ayant tous les dehors de la santé et rangés dans la catégorie qui fournit au recrutement de l'armée le moins de non-valeurs. Au fond, la vie sous terre n'a rien qui puisse altérer la santé quand les conditions d'aérage sont ce qu'elles doivent être. A Commentry, rien n'a été épargné pour cela; les galeries sont hautes, larges, bien ventilées; le sol est étanché sur presque tous les points; le travail en lui-même n'a rien d'excessif, il n'y a de pénible que le travail de nuit. Les courses (*a*) au charbon terminées, les courses au remblai commencent. Cette partie du travail a pour objet de remplacer par des matériaux inertes, pierre et terre, les vides faits dans le charbon. Ces courses ne peuvent donc se faire qu'entre quatre heures du soir et quatre heures du matin, condition assez pénible puisque les habitudes de vie sont renversées... »

*(1)* Note de G.D. : *A Commentry, on connaissait le "stakhanovisme 1935" sans le savoir... depuis 1868!*
*(a) Les piqueurs au charbon travaillent « à la course », c'est-à-dire qu'ils doivent fournir par jour au puits dont ils dépendent un nombre déterminé d'hectolitres de houille. Ces ouvriers, généralement, font leur course en huit heures, les habiles en sept heures, les très habiles en moins de temps encore...* (Note de A. Mony).

# Le grand-père Jean et son frère

*Ce mineur — vu par F. Dubreuil — ressemble au grand-père Jean.*

*Gilbert-Félix, frère de mon grand-père.*

*La ferme paternelle, bâtie par mon grand-père. On aperçoit à droite une petite partie du toit de celle du frère de mon grand-père (Gilbert-Félix), laquelle était de même importance.*

En décidant de se marier, le grand-père Jean et son frère — le grand-oncle Gilbert-Félix — savaient fort bien qu'il leur faudrait quitter sans retard la maison familiale de la rue des Cannes. Celle-ci, ne comportant qu'une cuisine, une chambre et une souillarde, ne pouvait à l'évidence suffire à abriter deux ménages supplémentaires.

Force était donc de bâtir. Or, le travail épuisant de la mine ne représentait en tant que salaire ni plus ni moins que l'appoint pour une meilleure économie de subsistance. Aussi, alors que l'époque aspirait au mieux-vivre, mes aïeux — comme leurs semblables — cherchaient-ils en toute occasion à économiser au maximum : cela devenait une impérieuse nécessité face à la dépense exorbitante que représentait la construction d'une maison.

Après mûre réflexion, les deux frères eurent l'idée d'édifier un seul corps de bâtiment tout en longueur. On le séparerait en deux parties égales par un simple mur de refend. Cette disposition, supprimant deux coûteux pignons, permettrait une grosse économie. Et puis moitié-moitié aussi pour le puits, qui serait foré à frais communs, à cheval sur la haie d'aubépine séparative (toujours bien taillée) des deux jardins contigus. L'argent qu'on ne dépense pas est le premier gagné !

« Cinq mille francs, clés en main, qu'elle m'a coûté ma maison » (avec grange et écurie attenante et quelques dépendances), a dit bien des fois, avec fierté, le grand-père Jean. C'est qu'en effet, couvrir une telle dépense avec un salaire de 3 francs par journée de dix heures représentait un engagement financier assez exceptionnel, même avec le petit appoint de quelques vaches, de chèvres et de moutons dont la grand-mère s'occupait.

J'ai essayé d'établir le parallèle des coûts de construction — sur la base du salaire horaire entre cette époque et la nôtre — pour déterminer le nombre d'heures de travail nécessaire au financement de la construction dans les deux cas (1) :

*1860.* — Coût construction : 5000 F
Salaire horaire manœuvre : 0,30 F
Nombre d'heures de travail nécessaire : 16660 h

*1983.* — Coût construction : 200000 F
Salaire horaire manœuvre : 26 F
Nombre d'heures de travail nécessaire : 7692 h

On comprend ainsi pourquoi aujourd'hui, les ouvriers peuvent, beaucoup plus facilement qu'autrefois, devenir propriétaires de leur maison. De plus, il faut ajouter au salaire actuel l'appoint des avantages sociaux et des prêts : un progrès réel !

Revenons aux deux frères bâtisseurs. Les jardins, situés à l'arrière et dans le prolongement des bâtiments, furent divisés chacun par moitié dans le sens de la largeur. Dans les deux cas, la première devint le potager-fruitier, cultivé manuellement, qui jouxtait les bâtiments. L'autre partie, plus éloignée, constitua l'ouche (2), plantée de deux lignes de fruitiers hautes tiges dont le sol labouré assurait la production de fourrage pour les animaux.

Je ne ferai pas spécialement le portrait de mes grands-parents paternels. Étant donné la constance de nos rapports au cours de ma jeunesse, j'aurai bien des occasions, plus avant, d'évoquer leur personnalité et leur comportement.

*(1) Pour 1983, l'estimation a été calculée par M. René Vertadier, entrepreneur ami, avec comme base le bâtiment existant. Ces comparaisons de prix ne s'appliquent qu'au gros œuvre car, jadis, les maisons rurales étaient construites sans aménagement intérieur.*
*(2) Bonne terre située près de la maison.*

*Devant la maison : au village de la Chabanne de Hyds (*de droite à gauche) *:*

Assis : *mon grand-père, Antoine Lafleurière (le Touène)*
*ma grand-mère, née Célina Aujay*
Debout : *ma mère, Marie-Christine*
*son frère cadet, Alexandre*
*sa jeune sœur, Louise*
*Ce cliché jauni a probablement été pris par un ami photographe amateur, au début du siècle, juste avant les fiançailles de ma mère.*
*En ce temps-là, poser (ici pour la postérité, aucun n'aurait pu le penser !) était une affaire sérieuse !*
*Seule, Louise, ma tante et marraine, esquissait un timide sourire. Les trois femmes avaient des yeux bleu-acier.*

Le père Aujay (père de ma grand-mère Célina, que tous appelaient "la Mémée") fabriquait de petits instruments ménagers et même des vielles au village de la Chabanne, commune de Hyds.

Côté Lafleurière, les parents du grand-père Antoine — "le Parrain" — étaient en ce temps-là laboureurs au village proche des Balladiers (je l'ai déjà dit).

Après leur mariage, Antoine Lafleurière et Célina Aujay reprirent l'exploitation de la ferme à la Chabanne, gardant près d'eux, sa vie durant, Marie-Reine, la sœur (restée célibataire) de ma grand-mère, dont j'évoque la mémoire plus loin.

Tout jeunes, ma sœur Julie et moi (et plus tard mon frère Robert) aimions beaucoup les séjours à la Chabanne. C'est qu'en effet l'ambiance y était si libre, si agréable, si gaie, si sereine, qu'elle contrastait fort avec celle, rude, tendue, insupportable parfois, des grands-parents Delbard de Malicorne. A la Chabanne, tout nous était permis. A titre d'exemple, je me rappelle qu'après le dîner notre jeu favori était de grimper sur la maie, de nous asseoir sur le bois de lit tout proche, et de nous laisser choir en arrière sur l'édredon. Un jour arriva... ce qui devait arriver : l'édredon se déchira et tout le duvet d'oie envahit la maison en un ballet digne de la danse hivernale des gros flocons de neige !

Que croyez-vous qu'il en advint ? Rien de dramatique. Quelques exclamations du genre : « *Oh ! Pôre dô bon Dieu n'y vion pu rin dô tout... oué pâ Dieu possible, ouen aura tant dé la soupe que dé lô froumages !* » (1) Il faut dire que la laiterie se trouvait derrière la porte de cette grande pièce commune. Braves grands-parents !

Le grand-père Antoine — le "père Touène" pour tous, "le Parrain" pour nous — était (à l'inverse des grands-parents paternels) un laïque, un "républicain" (2). Il avait reçu pour l'époque une assez bonne instruction, étayée par un grand bon sens. Aussi était-il devenu, dans un rayon de cinq à huit kilomètres, le confident, le conseiller, le sage, respecté et écouté de tous, réglant les conflits familiaux — problèmes de succession surtout — et les différends ruraux, de voisinage ou autres. Jamais sa décision ne fut contestée. En trinquant avec un *canon* (3), la réconciliation était faite... et la note d'honoraires réglée.

Le père Touène était aussi très adroit de ses mains, très *fazillou*, autrement dit un bricoleur de génie, comme son beau-père. Je conserve son fauteuil — bois et siège de paille — fabriqué de toutes pièces par ses soins : il y a passé ses dernières années près de l'âtre, et l'on s'y trouve fort bien assis. C'est également lui qui a façonné le davier en fer forgé décoré d'incrustations de cuivre dont il se servait pour arracher les dents d'une "clientèle" nombreuse et pas du tout exploitée ! Ma nièce Raymonde Martin, chirurgien-dentiste à Domérat, a hérité de cet instrument, souvenir de son arrière-grand-père... mais ne l'a guère utilisé, je m'empresse de le dire. Enfin il a enté (4) de nombreux sauvageons fruitiers, *les croyers* (5) des bouchures — presque tous en canada gris —, les pommes bures (robe de bure) que l'on conservait au grenier, enfouies dans le tas de blé.

Autre personnalité : Marie-Reine — "la Marraine" pour tous — bien que simple belle-sœur du chef de famille, occupait une place prépondérante chez les grands-parents. C'est elle qui tenait la bourse ! Cela est assez exceptionnel pour être souligné. En conséquence, elle était devenue une sorte de "majordome rural" du foyer.

*(1) Oh ! Pauvres du bon Dieu, on n'y voit plus rien du tout... ce n'est pas Dieu possible, il y en aura autant dans la soupe que dans les fromages !*

*(2) Ce qui ne lui interdisait pas de faire le geste classique de la croix, avec son couteau, sur la tourte de pain avant de l'entamer.*

*(3) Verre de vin.* *(4) Greffé.* *(5) Pommiers sauvages ou sylvestres.*

# Quatre générations

*Au village de la Chabanne de Hyds en 1949.*
*La Mémée au centre avec sa chèvre. Ma mère à gauche avec son bon sourire.*
*Jeune père avec mes trois garçons. Mon épouse prenait la photo.*

Du fait de cette marque de considération — et parce que restée célibataire —, ses attributions étaient multiples et exclusives : haute main sur la basse-cour et le laitage ; travail et responsabilité du jardin potager et des fleurs. Et surtout, surtout elle était grand-maître de la cuisine. Pour ces travaux, la marraine ne cédait sa place à sa sœur — la Mémée — que lorsqu'elle était sollicitée pour être la merveilleuse, l'étonnante "cuisinière en chef" de toutes les fêtes chez les membres de la famille, de la batteuse (également du repas des enterrements).

Parmi ses spécialités culinaires, il me faut évoquer : son pâté à la viande (lapin et porc), ses abattis aux carottes mijotés pendant cinq heures ! De même sa brioche mousseline en couronne, si légère et si bonne : la pâte était pétrie, battue et élevée jusqu'au-dessus de sa tête pour retomber dans la *mailuire* (1) pendant dix à quinze minutes. De sa tarte aux prunes séchées, je dois aussi vous entretenir. Au jardin, deux vieux quetschiers produisaient de grandes quantités de fruits qui, bien mûrs, étaient mis au four après la sortie des tourtes de pain. Les prunes éclataient et cuisaient légèrement. A leur sortie, placées sur des claies, en plein soleil, elles séchaient rapidement. Leur saveur dépassait celle de tous les pruneaux d'Agen et des french'prunes californiennes ! Et je n'aurai garde d'oublier son *millat* (clafoutis) confectionné, soit avec des merises sauvages, petites et noires, soit avec de petites prunes, les *balottes* ; dans les deux cas, les fruits n'étaient pas dénoyautés... Un régal ! Que de bonnes recettes campagnardes réalisées autrefois avec les moyens du bord... (2) mais que de peine pour les réussir !

La mémée Célina est morte en 1953, âgée de quatre-vingt-seize ans. Elle a quitté ce monde tout naturellement — presque joyeusement — avec le bon sourire qu'elle a conservé sa vie entière (sauf sur les photos, où l'on devait "faire sérieux"). Ce comportement exceptionnel, presque incroyable aujourd'hui, atteste quelle fut sa sérénité tranquille jusqu'à la fin (3). Quelques heures avant de s'éteindre, comme une chandelle, elle faisait à sa fille Louise — ma tante et marraine —, toujours avec le sourire, ses dernières recommandations pour ses obsèques, comme s'il s'était agi d'une fête familiale. « Tu chercheras le gros cierge au fond de l'armoire : il est là depuis plus de cinquante ans !... Tu commanderas une messe très simple. Tu n'oublieras pas d'inviter au repas (tradition rurale bien établie) les cousins un tel... *Qué dô si bon monde é pi é son pas bien hardis* » (4). Comme j'aimerais, à mon dernier jour, affronter la camarde avec la même "force tranquille" que la Mémée. (Voir p. 634 la conclusion de l'article de J.P. Allaux.)

Et pourtant elle avait vécu trois guerres, la Mémée... En 1870-1871, elle avait quinze ans. Celui qui allait être son mari, mon grand-père, avait subi le siège de Paris où il avait mangé les chats et les rats. En 1914-1918, son fils et ses deux gendres furent mobilisés. En 1939-1945, son petit-fils, Marcel Lafleurière, fut fait prisonnier, ce qui la tourmenta beaucoup. Quand, en 1946-1947, on évoquait avec elle les difficultés de ravitaillement de l'après-guerre, elle disait en patois, avec sa bonne philosophie paysanne : « Mais, mon pauvre petit, c'était absolument pareil après les guerres de 1870 et de 1914 », et sa mémoire étonnante lui permettait de faire des comparaisons précises entre les événements vécus de ces trois conflagrations et leurs tristes séquelles.

*(1) Grande planche à pâtisserie, avec rebords, qu'on plaçait sur la table.*
*(2) Henriette Dusourd, dans* Les Secrets de ferme, *Berger-Levrault édit., en donne de nombreuses.*
*(3) Sûrement, la prise en charge de la « gestion du foyer » par sa sœur a été pour une grande part dans cet état d'âme puisqu'elle ne paraissait avoir aucun souci.*
*(4) Plutôt timides, effacés.*

# Les frères jumeaux

Mon père en chasseur à cheval.

Mon oncle Alphonse
frère jumeau de mon père.

La journée de batteuse est terminée.
Les "bounhoumes" soufflent.
On place le bouquet.

Sur la route non encore asphaltée
devant (actuellement) notre verger d'essais,
mon père "rume" (change) la machine à battre.
Au fond, les maisons bâties par mon grand-père et son frère.

Jean-Louis, mon père, et son frère Alphonse eurent une jeunesse relativement heureuse, car, vers la fin du XIXe siècle, la vie rurale devenait plus facile. On n'était d'ailleurs pas très exigeant à la campagne, en ce temps-là.

Munis du certificat d'études, ils prirent en main la gestion de la ferme créée par leur père. Travailleurs et intelligents, ils réalisèrent à cette période — et cela s'est continué depuis — des travaux importants de mise en valeur des terres :

— drainages : avec des conduits constitués de pierres plates grossièrement équarries, une de chaque côté posée de chant et une sur le dessus, qu'il fallait auparavant extraire de la carrière des Signats ;

— baisse de niveau des *tauvelles* (tournières), par décapage manuel et roulage des terres dans les points en creux des parcelles : les sillons en travers des *tauvelles* rehaussés par les terres d'érosion, au bas des champs, empêchaient l'écoulement naturel des eaux de ruissellement canalisées par le labour de l'ensemble du terrain en billons ;

— chaulage, fumures organiques et minérales, avec l'utilisation récente des engrais chimiques, complétaient cet ensemble de travaux des sols au caractère progressiste.

Avec l'appoint de quatre fortes vaches charollaises, bien dressées, répondant chacune à son nom : la Grande, Gamine, Frisée et Blanchette, la nouvelle charrue à versoir fixe, plus performante, et d'autres outils aratoires mieux adaptés, permettaient un bon travail du sol. Aussi les rendements agricoles s'accrurent-ils fortement.

Le battage des céréales "à la machine" (1) commençait à faire disparaître le dur labeur au fléau.

Bref, les frères jumeaux Jean-Louis et Alphonse Delbard, dans cette période évolutive de l'agriculture, "avaient le moral", et ils étaient beaux garçons — ce qui ne gâtait rien.

Mon père, Jean-Louis, fit son service au 10e chasseurs à cheval à Moulins. Voici ce qu'écrit sur ce régiment Edmonde Charles-Roux dans sa biographie de Coco Chanel, *L'Irrégulière* (2) : « Moulins n'était pas une ville triste. Plus d'un régiment y était cantonné. Mais il n'y en eut qu'un — et cela de 1889 à 1913 (3) — qui tint le haut du pavé : le 10e chasseurs à cheval. Difficile d'être plus sélect, c'était à la fois le faubourg Saint-Germain et la plus fine fleur du terroir. » (*Suit le nom de vingt-cinq officiers figurant sans doute au Gotha*...) « Parcourir l'annuaire des officiers du 10e chasseurs, c'est s'exposer à la sensation d'être revenu au temps du roi Louis appelant ses chevaliers à la croisade...

« Voilà donc, une fois encore, les cavaliers mêlés au destin de Gabrielle (*Chanel*), la voilà, à peine majeure, mêlée à la vie de garnison... »

Mon père — vous me le concéderez au vu de sa photo — avait fière allure en uniforme de chasseur. S'il n'avait fait son régiment dix ans trop tôt, peut-être aurait-il pu bénéficier des faveurs de Coco Chanel, qui, cependant, au dire d'Edmonde Charles-Roux, « chassait » surtout parmi les officiers au portefeuille bien garni, alors que mon père, qui cachait mal son aversion pour la discipline militaire, put tout juste terminer son service comme première classe... et toujours sans le sou !

*(1) Il fallait une vingtaine de cultivateurs aux différents postes de travail. Comme on se "rendait les journées", mon père devait donc pendant trois semaines "suivre la batteuse" dans chaque ferme. C'était chaque jour la fête recommencée, avec un travail dur, certes, mais où les deux repas, surtout celui du soir, véritable festin, donnaient lieu au tour de chant.*

*(2) Grasset édit.*

*(3)* Note de G.D. : *Mon père était de la classe 1893.*

# Les talents de comédiens des frères jumeaux

Dans leur ferme, les deux frères, Jean-Louis et Alphonse, prenaient du bon temps. Les soirs à la veillée, et chaque dimanche en soirée, ils donnaient libre cours à leur « joie de vivre », véritables animateurs de l'épanouissement de la jeunesse régionale.

Pleins d'entrain, très gais, bons danseurs, tous deux étaient doués, de surcroît, d'une voix exceptionnelle. A chaque réunion, chacun faisait son numéro, alternant monologues, dialogues et chansons, sans se faire prier le moins du monde, pour terminer par des duos.

Mon oncle était du genre classique. A son répertoire : *J'ai deux grands bœufs dans mon étable* ou encore *La Yoyette*. Son "tube" était le *Credo du paysan*, qui permettait aux assistants de reprendre en chœur le refrain.

Mon père faisait souvent un numéro de fantaisiste. C'était un vrai comédien de la chanson. Ses deux succès étaient *Crachefer* (ou « le dernier adieu à un ami ») et *le Lavement du curé de Nouhant*. Pour le premier, il éclatait d'abord en sanglots, et, plaquant son mouchoir sur son visage, il prononçait un véritable panégyrique abracadabrant... « Nous avons vu le jour la même nuit. Nous étions presque jumeaux, car ton père et ma mère ça ne faisait qu'un, et mon père et ta mère c'était la même chose... Nous avons fait ensemble la campagne d'Italie — pays où pousse le macaroni — et là tu n'as pas attrapé d'égratignures, ni moi non plus. Nous nous sommes mariés le même jour et, là encore, tu n'as pas attrapé d'égratignures, ni moi non plus », etc., etc.

*Le Lavement du curé de Nouhant* était son morceau de bravoure en patois local, chaque fois réclamé ; c'était le bouquet final. Je peux le déclamer de mémoire car je l'ai entendu mille fois.

Nous avons fêté en famille — en 1953 — les quatre-vingts ans des frères jumeaux. Pour la dernière fois ils ont fait leur "show" — notamment le duo des deux orphelins — avec le même entrain et sans aucun trou de mémoire.

*MENUS DU MARIAGE DES PARENTS DE MON ÉPOUSE DE SAINT-GERVAIS-d'AUVERGNE (PUY-DE-DÔME)*

*Trois banquets : deux le jour de la noce, un le lendemain !*

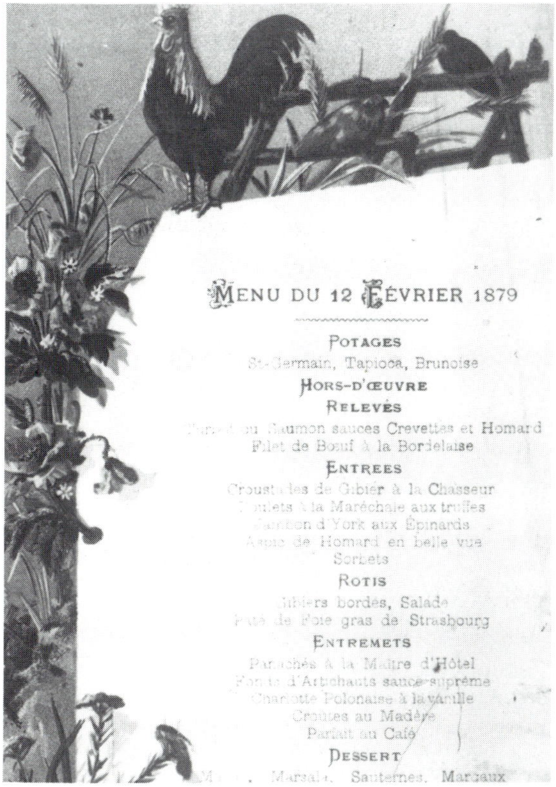

MENU DU 12 FÉVRIER 1879

POTAGES
St-Germain, Tapioca, Brunoise
HORS-D'ŒUVRE
RELEVÉS
[illegible] au Saumon sauces Crevettes et Homard
Filet de Bœuf à la Bordelaise
ENTREES
Croust[illegible]les de Gibier à la Chasseur
[illegible]ulets à la Maréchale aux truffes
[illegible]on d'York aux Épinards
Aspic de Homard en belle vue
Sorbets
ROTIS
[illegible]ibiers bordés, Salade
[illegible] de Foie gras de Strasbourg
ENTREMETS
Panachés à la Maître d'Hôtel
Fonds d'Artichauts sauce suprême
Charlotte Polonaise à la vanille
Croûtes au Madère
Parfait au Café
DESSERT
M[illegible], Marsala, Sauternes, Margaux

MENU

Lunch du 16 Avril 1914

| | |
|---|---|
| Haut Sauternes 1898 | HORS-D'ŒUVRE<br>Radis beurre d'Isigny<br>Bouquet de Crevettes |
| | Truite Saumonée sauce Nantua |
| | Noisette de Paullac, Béarnaise et Pommes Nouvelles |
| Nuits St-Georges 1906 | Pâté de Foie gras en Bellevue |
| | Suprême de Dindonneau Victoria |
| | Langouste à la Parisienne |
| | Asperges à l'huile |
| | Faisan truffé<br>Barbe de Capucin |
| Moët & Chandon Frappé | ENTREMET<br>Bombe pralinée |
| | DESSERTS<br>Petits-Fours variés<br>Fruits assortis |
| | Café & Liqueurs |

MENU

DINER
DU 5 JUIN 1894

Potage perlé
RELEVÉ
Turbot sauce hollandaise
ENTRÉES
Filet de bœuf Richelieu
Vol-au-vent Toulouse
Gigot façon chevreuil
LÉGUMES
Petits pois à la française
Pâté Paris
ROT
Pintade truffée
Buisson de crustacés
PIÈCES MONTÉES
Nougat, Gâteau breton, Croquembouche
DESSERTS
VINS
CHANTURGUE, MADÈRE, BORDEAUX
CAFÉ & LIQUEURS

DINER
du 24 SEPTEMBRE 1901

Menu

Consommé Royal
Feuillantines à la Montglas
Saumon sauce Hollandaise
Filet de bœuf printanière
Cuissot de chevreuil grand veneur
Buisson d'écrevisses
Cèpes à la Bordelaise
Faisan truffé rôti
Salade de saison
Bombe Cyrano
Gâteau d'ananas
Nougat
Fruits et desserts

MADÈRE, ST-ESTÈPHE 1884
Moët et Chandon

(1) *Plusieurs m'ont été aimablement communiqués par Mme J. Picandet*

# Les grands-parents paternels

C'est longtemps après le décès des grands-parents que je me suis posé la question : pourquoi, alors que toutes les petites fermes de Malicorne comportaient une chambre, pourquoi dans notre maison familiale n'y avait-il qu'une grande pièce, avec une souillarde ? Une petite pièce adjacente, bâtie plus tard, plein nord, et réservée pour les visites en été du tonton curé... et pour lui seul, servait de penderie et de fruitier en temps normal.

Pourtant chez le grand-oncle Gilbert-Félix, dans un corps de bâtiment exactement de même importance que celui du grand-père, la chambre existait depuis l'origine. Une énigme résolue beaucoup plus tard.

En fait, au départ de la construction en commun, les deux frères avaient des objectifs d'avenir différents en dehors de leur travail à la mine. Le grand-oncle était voiturier à ses heures libres, puis à temps complet après sa mise à la retraite. Le grand-père, lui, continuait la lignée des paysans-mineurs. Des enfants naîtraient dans chacune des deux familles. Ceux du grand-oncle étaient destinés à se placer (1) ; grand-père, lui, rêvait d'avoir au moins un fils cultivateur. Voilà donc qui expliquait la répartition et l'affectation de la surface bâtie.

Le grand-oncle voiturier n'avait besoin que d'une écurie de faible dimension pour loger (avec la chèvre) le gros âne du Poitou qui servait à "rouler" le charbon de la mine.

Au contraire, le grand-père, ayant déjà acquis quelques terres, avait l'ambition de constituer une ferme de huit à dix hectares... ou plus. Il lui fallait donc plus de place, dans la partie réservée à l'écurie, pour loger huit à dix bovins au lieu d'un âne et d'une chèvre. La seule possibilité pour lui — la largeur du *battant* (2) de la grange étant immuable — était de réduire l'habitat des humains. C'est ainsi que mes grands-parents ont d'abord vécu avec leurs enfants : trois fils et une fille (seuls survivants de huit naissances) dans cette unique pièce.

A l'instar des ambitions bourgeoises d'alors, ce serait une bénédiction du ciel si cette famille de travailleurs pouvait donner :

- un fils pâ le bon Dieu : il convenait, au moment de rendre l'âme, de s'assurer quelque garantie pour le repos éternel ; et puis c'était une promotion sociale pour celui qui accédait à la prêtrise ;
- un fils pâ la France : ce serait un fonctionnaire (militaire ou gendarme), qui bénéficierait d'une bonne retraite, donc bien "casé" ;
- un fils pâ la famille : il assurerait la continuité de la ferme et des coutumes familiales et, sur leurs vieux jours, les parents ne seraient pas "mis dehors", hantise de tous les ruraux âgés autrefois.

Cela commença bien : l'aîné, mon oncle Félix, choisit le sacerdoce.

Mon père, Jean-Louis, jumeau de mon oncle Alphonse, fut, de ce fait, seul à faire son régiment. Mais il n'avait pas l'âme militaire. Au lieu de rester dans l'armée comme on l'aurait souhaité, sitôt son "temps" terminé, il revint à la ferme. Il est sûr que cela fit problème. Deux fils cultivateurs en âge de se marier, et, bien que jumeaux, de caractère et de tempérament très différents, ne pouvaient cohabiter. Ils devaient avoir chacun leur ferme. Ce fut donc un nouvel engagement financier pour le grand-père que l'installation de mon oncle sur la place, face à l'église de Malicorne.

*(1) Des trois fils, morts sans survivance, Jean, Jean-Baptiste et Eugène-Jean-Baptiste, le premier fut cocher à Paris, le deuxième cheminot, le troisième ouvrier d'usine.*
*(2) Aire.*

La grande et belle maison bourbonnaise avec toiture à quatre pans sur la place de Malicorne appartenait au presbytère, ainsi que la ferme y attenant, avant 1789. Par suite des lois révolutionnaires, elle fut vendue en deux lots : est et ouest.

La commune fit l'achat en mai 1841, pour la somme de 2550 francs, de la partie est au profit du presbytère (1). En 1887 les propriétaires du moment de la partie ouest la vendirent au desservant, l'abbé Beaulaton, avec toutes les dépendances, bâtiments agricoles et terrains proches.

C'est ainsi qu'en 1898 le grand-père Jean put acheter cet ensemble à l'abbé Beaulaton pour la somme de 5000 francs afin d'y installer son fils Alphonse comme cultivateur. L'une des clauses du marché comportait-elle l'engagement de mon oncle Alphonse comme sacristain ? Toujours est-il qu'il remplit cette fonction pendant quarante-cinq ans ! Et, pendant tout ce temps, l'Angélus a réglé la vie des Malicornais : le régime d'été à cinq heures, midi, vingt heures; celui d'hiver à six heures, midi, dix-neuf heures. Le premier tintement de la cloche faisait toujours chorus avec le premier coup de l'heure à l'horloge du clocher.

Contiguë à celle du presbytère, l'habitation acquise comportait trois grandes pièces. Dans les actes de partage, il était bien stipulé que l'une d'elles, avec entrée indépendante, était réservée aux "vieux" afin de libérer la maison mère pour mes parents, qui prenaient la suite de l'exploitation familiale. C'est nantie de cette garantie que ma mère épousa mon père.

L'arrangement, quoique passé devant notaire, ne fut jamais qu'un vœu pieux... « *La 'n'sin chiez nous*, dit la grand-mère Julie, *n'voulin pas nous z'en nâ !* » (« Là nous sommes chez nous, nous ne voulons pas partir. »)

Voilà donc — après leur mariage — mes parents intégrés avec les "vieux", obligés d'en passer par la décision sans appel du matriarcat. Ma sœur aînée, Julie, et moi-même sommes donc nés et avons vécu toutes nos jeunes années dans cette unique pièce, où mon père avait vu le jour. Ce n'est que dix-sept ans après leur mariage, à la naissance de mon frère Robert (les grands-parents étaient alors décédés), que ma mère prit la décision de faire construire deux chambres. Situation unique dans notre petite commune de Malicorne : trois générations, six personnes, dans une pièce à vivre de 32 m². Peut-on imaginer aujourd'hui — alors que le confort tient une si grande place — quelle tolérance, quelle abnégation de tous les instants il fallait — à ma mère surtout — pour que cette vie communautaire à l'excès soit possible ? Peut-on imaginer aussi ce que pouvait être l'intimité du jeune couple, malgré les rideaux tombant du ciel-de-lit ?...

Le feu de l'âtre a servi jusqu'en 1913 (date où la première cuisinière en fonte est apparue) pour chauffer la pièce et cuire les aliments. Pour économiser bois et charbon, et conserver le feu la nuit, on utilisait la terre de charbon, dite "terre noire", boue provenant du lavage du charbon (2). La mairie de Malicorne la fournissait gratuitement à tous les indigents. Chaque maison avait son tas de terre noire : délayée dans l'eau, elle constituait une sorte de mortier dont on recouvrait la braise. Le feu se maintenait ainsi à l'étouffée, notamment pendant la nuit, et lorsqu'on voulait l'activer, il suffisait de faire éclater la calotte avec le tisonnier et de mettre bois et charbon, pour obtenir un feu vif.

*(1) Voir p. 88.*
*(2) A l'emplacement où on la prenait, près de "l'installation" à la mine de Commentry, nous cultivons actuellement les plantes ornementales en conteneurs.*

# Mariage de mes parents

C'est au cours d'un de ses « tours de chant » à l'auberge Maillard, à Hyds, que mon père fit la conquête de Christine Lafleurière, celle qui devait être ma mère. Cette jolie fille brune aux yeux bleu acier, d'une vivacité d'expression extraordinaire, avait reçu une bonne instruction — niveau du brevet élémentaire — grâce aux cours des institutrices laïques de Hyds, les demoiselles Nini. Le "père Touène", catalogué "républicain", quoique nullement sectaire, s'opposa à ce que ses enfants fréquentent l'école libre des religieuses, pourtant bien cotée à cette époque. Cette décision eut, en tout cas, une conséquence heureuse et inattendue pour le bonheur des deux jeunes demoiselles institutrices, comme nous le verrons bientôt.

Jeune fille, Christine venait chaque dimanche au bourg de Hyds aider à servir les clients à l'auberge de sa cousine, Louise Maillard, qu'elle considérait comme sa sœur. C'est qu'en ce temps-là il n'existait ni cinéma, ni stade, ni — à plus forte raison — de télévision. Les seuls lieux de distraction étaient les réunions familiales, les veillées entre amis ou le café pour les hommes. L'auberge Maillard — où "la Louise", très belle femme, enjouée, savait tout à la fois rire, bien cuisiner et accueillir les clients à bras ouverts — était l'endroit où beaucoup de jeunes de notre région aimaient se rencontrer. Ayant croisé le regard de Christine, mon père devint un habitué dominical de l'auberge ; il arrivait avec son frère, très fiers tous deux sur la carriole toute neuve, que "Grégoire", demi-sang noir, bien lustré, acheté par mon père — qui s'y connaissait en chevaux — tirait à vive allure.

Tout naturellement, ce qui devait arriver arriva. Le frère aîné — l'abbé — pressenti comme *gourlaud* (1), se rendit à la Chabanne : les grands-parents ont toujours reconnu qu'il avait excellemment présenté la demande.

Ce fut un mariage d'amour, un mariage réussi. Combien de fois mes grands-parents Lafleurière ont-ils évoqué cette noce, sans omettre aucun des titres — chanson ou monologue — du répertoire des deux "artistes". Même le frère aîné, jeune vicaire à Montmarault, avait lui aussi fait son numéro, car il n'était pas le dernier pour rigoler ! Conformément à la tradition des noces campagnardes, la fête dura trois jours ; les convives furent nombreux, et surtout les couples de jeunes. Mon père invita, entre autres, son cousin Édouard Chapelier et un ami, Auguste Confesson. Ils servirent de cavaliers aux jeunes institutrices, Marie et Annette Nini. C'était coutume courante autrefois de chercher à faire se rencontrer plus intimement garçons et filles à l'occasion d'un mariage, car la jeunesse n'avait pas la liberté de mœurs que nous lui connaissons actuellement. Le choix du cavalier et de sa partenaire était donc important. On en discutait des mois durant : un tel avec une telle, ça irait bien. On évoquait pour cela la situation des parents, les qualités réciproques et les sujets d'attirance des deux jeunes gens... mais aussi, très souvent, la possibilité de « marier » les champs !

En tant qu'institutrices, les demoiselles Nini ne pouvaient épouser un cultivateur. C'est donc en toute connaissance de cause qu'Édouard Chapelier et Auguste Confesson, qui travaillaient à l'usine, furent les élus. Le choix était judicieux, puisque les deux mariages se conclurent rapidement. C'est ainsi que Mlle Marie Nini, institutrice de ma mère à Hyds, devint mon institutrice de la petite école de Malicorne, sous son nouveau nom de Mme Marie Chapelier (2).

*(1) Celui qui fait les demandes en mariage.*
*(2) Voir photos p. 78.*

En ce beau dimanche du 20 mai 1906, jour d'élections générales et de l'inauguration du tunnel du Simplon par le roi d'Italie, Victor-Emmanuel III, et le président du Conseil fédéral suisse, M. Forrer, je vis le jour — sous le signe du Taureau — dans la maison familiale où mon père était né lui-même, trente-trois ans avant moi. Ceci grâce aux bons soins de la "femme-sage", encore appelée vulgairement "mère saute-au-trou". Même pour les voisins, parents et amis, la nouvelle passa quasiment inaperçue, mêlée à celles de la vie quotidienne. D'ailleurs, en ce premier semestre de l'année 1906, d'autres événements infiniment plus importants retenaient l'attention. D'abord, un mois auparavant, le tremblement de terre qui dévasta San Francisco : 700 morts, 3500 blessés, 28000 maisons détruites, la plupart incendiées. Mais cela s'était passé si loin qu'un simple article dans *l'Écho de l'Allier* du dimanche n'avait pas dû produire un gros impact sur la paysannerie régionale.

Plus sûrement, la catastrophe minière de Courrières (Nord) — 1100 morts ensevelis — survenue deux mois avant, le 10 mars 1906, alimentait encore, beaucoup plus que ma venue en ce monde, les conversations des mineurs de chez nous, exposés aux mêmes risques du travail. Cela est si vrai que le conseil municipal de Malicorne, dont mon père faisait partie, votera, dans sa séance du 18 mars 1906, une subvention de quarante francs pour venir en aide aux familles éprouvées par cette catastrophe. A titre local, signalons aussi, en 1906, la participation active de notre maire, Jean Fournier, comme membre fondateur, avec quelques notables bourbonnais, de la Caisse régionale du Crédit Agricole de l'Allier.

Je n'ai ni la « mémoire » — et encore moins le talent — de Pierre Jakez Hélias (1) pour conter l'accouchement de ma mère, "la Christine", comme cet écrivain l'a fait pour sa propre naissance et son baptême : force m'est de constater, une fois de plus, qu'il y a loin du certificat d'études à l'agrégation... De plus, les mœurs des paysans-pêcheurs du pays bigouden que décrit Hélias ressemblent tellement à celles des paysans-mineurs de la Combrailles bourbonnaise de jadis que j'aurais l'impression de faire un mauvais plagiat en m'étendant davantage.

Bref, pour moi, cela a dû se passer très simplement. Probablement, la paille de seigle de la paillasse du lit conjugal avait-elle été remplacée, au dernier moment, par la balle d'avoine — plus moelleuse — dont on se servait aussi pour garnir l'enveloppe de grosse toile au fond du *crosset* du nouveau-né.

*Le berceau de bois mobile du* crosset *reposait sur deux pivots. Cette disposition permettait d'effectuer son balancement. Pour cela, on lui fixait une corde qui était utilisée différemment. Le jour, elle était rattachée à un pédalier, pour que le mouvement puisse se faire avec le pied, laissant les mains libres pour tricoter. La nuit, une poignée permettait le balancement manuel par un des parents couché dans son lit.*

*La première grande pendule (poids-pendule) de Malicorne, acquise par mon arrière-grand-père.*

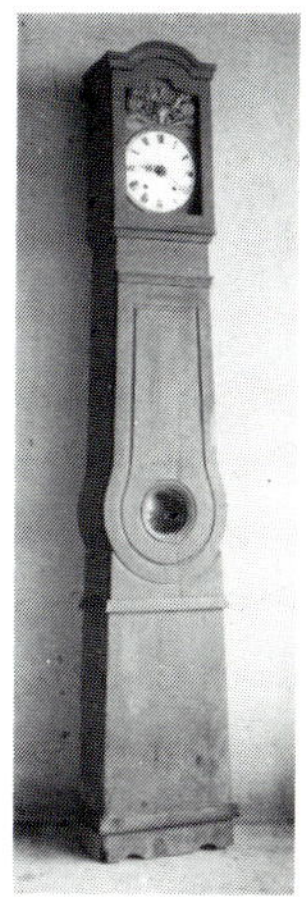

*(1)* Le Cheval d'orgueil, *Plon édit.*

# De jeunes années difficiles

Dès ma naissance, on m'a passé la brassière tricotée par la grand-mère avec la "laine de marchand", alors que pour ses enfants, à la génération précédente, celle-ci avait utilisé la laine filée par elle-même à la quenouille et au fuseau. La couche, appelée *drapeau,* était récupérée, à la campagne, dans des draps usagés ; c'était évidemment, assez raide... et les fesses bien rouges du gamin en étaient fréquemment la démonstration concrète. Une *bourrasse* de grosse étoffe de laine épaisse et chaude, enveloppant étroitement le corps et les jambes de l'enfant, formait un cylindre bien serré autour du petit être.

De plus, on lui emprisonnait fréquemment les bras. En effet, bon nombre de bébés étant atteints de la *râche* — impétigo des nourrissons —, il fallait les empêcher de s'arracher les croûtes purulentes qui provoquaient des démangeaisons effroyables ; je fus moi-même sujet à cette infection. Ajoutons que souvent, dans notre région, pour obtenir la guérison, on allait en pèlerinage implorer la *Bonne Dame de la Rasche* à Domérat.

Me voyant si menu, les parents et voisins venus prendre des nouvelles disaient en chœur : « *O lé mâ gros qu'ma un grelet* » (1)... C'était gentil. Mais une personne s'exprima autrement. La tante Marie (sœur de mon père), très brave femme par ailleurs, mais au langage aussi fruste et direct que celui de sa mère (ma grand-mère donc), se serait exclamée, si j'en crois ma mère : « *Oué mâ un bouinas !* » (2). Très fière de son fils unique, mon cousin Edmond Gidel, d'un an mon aîné, qui était extraordinairement fort et beau — il faut le reconnaître —, la tante Marie ne manquait pas une occasion d'établir un parallèle blessant pour ma faible anatomie. Comme elle "n'envoyait pas dire" ce qu'elle pensait, elle vexa ma mère plus d'une fois, sans même s'en rendre compte. Hélas ! le destin lui réservait la plus cruelle des épreuves, comme nous le verrons plus loin.

Ce fut une période bien difficile que celle de mes jeunes années : sans appétit, maigrelet, je fus la cible de toutes les maladies infantiles.

En 1909, à trois ans, je me casse le fémur en m'entravant dans la chemise de nuit du grand-père, laquelle avait été mise à sécher sur la bouchure du champ de devant. Bien que cela puisse paraître peu probable à certains, je m'en souviens encore fort bien. En effet, plus tard, sur place, j'ai été en mesure de raconter avec force détails les moindres circonstances de l'accident. Comme le plan incliné de l'entrée — cause de ma dégringolade sur le talus en contrebas, empêtré dans la chemise grand-paternelle — a été arasé immédiatement après, on peut en déduire que j'ai été doté, dès le plus jeune âge, d'une excellente mémoire visuelle.

Mais, dans cette affaire, le plus intéressant sera de montrer comment se pratiquaient les soins médicaux à la campagne, en ces temps-là. Le téléphone étant inconnu, mon père passe sans tarder les harnais au cheval et part pour Commentry ramener le docteur E. Brunat, notre cousin. Cet excellent médecin-paysan, qui sait à quoi s'en tenir, a pris soin d'apporter les attelles, une ficelle solide, plus une poulie fixée à un léger socle de bois (cette poulie existe toujours et Mme Brunat a tenu à m'en faire cadeau). Dès son arrivée à la maison, le docteur s'adresse à ma mère (son amie d'enfance) :

*(1) Il n'est pas plus gros qu'un grillon.*

*(2) "Ce n'est qu'un avorton." Chez les oiseaux, le* bouinas *est le dernier de la nichée, le plus petit, celui qui, tout ridé, a du mal à disputer sa part de la becquée.*

Tu sais, une fracture chez un enfant, ça se soude très vite, après une réduction bien faite; mais il faut veiller à ce qu'il n'y ait pas raccourcissement. Pour cela, il faut exercer une petite traction continue. Voici mon plan : je vais ajuster les attelles, afin qu'elles embrassent en sangle les faces latérales de la cuisse et forment un étrier sous la plante du pied. A cet étrier, je fixerai une corde avec un poids tenseur.

A mon père :

— Mais il faut que je fasse un trou dans le bois du lit; apporte-moi un vilebrequin, et aussi quelques clous pour fixer au bois du lit la poulie supportant la ficelle. Ah! il me faut encore le "poids" pour tenir la jambe tendue... Zut! j'ai oublié ça!

Le docteur regarde autour de lui et, s'adressant à ma mère :

— Tiens, voilà, j'ai trouvé ce qu'il me faut. Tu as trois fers à repasser sur le coin de la cheminée : deux te suffisent; il y en a un petit, apporte-le, et tout ira bien!...

Et tout alla bien.

Naturellement, c'est ma mère qui, bien des fois, m'a conté dans le détail le déroulement et le dialogue de cette intervention à domicile. Celle-ci a été parfaitement réussie et à moindres frais... grâce à l'intelligence pratique qui obligeait autrefois les médecins généralistes ruraux à faire face à toutes les situations. Le docteur E. Brunat a été l'un des meilleurs praticiens de notre région, particulièrement en petite chirurgie.

*Le docteur E. Brunat adorait jardiner. Après la taille en vert de ses fruitiers, le repos du sage... et quelle sérénité! Sur le tablier bleu, les deux chats persans. A ses pieds « Caïd », superbe setter irlandais.*

*En 1943,* (de droite à gauche) : *G.D., ma femme, docteur J. Perremond, docteur E. Brunat, Mme E. Brunat, docteur Maurice Brunat, leur fils, décédé tragiquement dans un accident d'automobile.*

# De jeunes années (encore) difficiles

Je continue la série de mes déboires infantiles. La jambe à peine réparée, je contracte la rougeole, puis une bronchite, et broncho-pneumonie après broncho-pneumonie... Une fièvre persistante à 40° ! Pour la faire baisser — Sir Alexander Fleming n'ayant pas encore découvert la pénicilline — on me trempait, matin et soir, dans un baquet d'eau tiède placé à côté de l'âtre, où l'eau apportée du puits avait été réchauffée par celle de la marmite suspendue à la crémaillère. Avec mes 40° de fièvre, ces bains à 25° n'étaient pas faits pour me réjouir ! Ils m'étaient souvent administrés en présence du docteur Brunat, qui passait chaque jour devant notre maison en allant de son cabinet de Bézenet à celui de Commentry.

Comment en suis-je sorti ? C'est presque un miracle. Pendant ces moments difficiles, notre brave médecin a répété à ma mère, à maintes reprises : « Si tu l'amènes jusqu'à sept ans, peut-être qu'il fera un homme... Mais il faut y parvenir ! » Combien de fois ai-je dû dire à ma mère — comme Alain Souchon dans sa chanson : « Allô maman bobo... maman comment tu m'as fait, j'suis pas beau ».

Sans le total dévouement de ma mère serais-je encore là pour lui rendre hommage ? Les yeux brûlés par le soufre des nombreuses allumettes frottées l'une après l'autre pour allumer la pâle bougie, elle restait sur la brèche, pour me soigner vingt-quatre heures sur vingt-quatre : fort heureusement les grands-parents, à ce moment-là, pouvaient encore aider. Quelle chance — et quel agréable devoir — de pouvoir manifester ici ma reconnaissance !

*Le grand-oncle Gilbert et la tante Nanette en 1916.*

*Se faire photographier était chose sérieuse et rare autrefois à la campagne. Il a donc fallu une circonstance exceptionnelle pour réaliser ce document. Il résulte du désir exprimé par leur fils Jean-Baptiste, mobilisé sur le front des Dardanelles, d'avoir avec lui le portrait de ses parents. Leur expression attristée traduit bien les tourments de cette période tragique.*

# Une opération chirurgicale peu banale

Ayant relaté cette réduction de fracture, après tout assez simple, je vais anticiper sur la chronologie de mon récit pour conter une autre opération chirurgicale, plus extraordinaire, pratiquée également à domicile ; j'avais alors douze ou treize ans.

Ma grand-tante, la mère Nanette — cliché ci-contre — qui habitait le même corps de bâtiment que le nôtre, souffre d'une boule douloureuse au sein. Le docteur Brunat, appelé, diagnostique une tumeur "pas bien catholique" (le mal n'est pas nouveau). Que faire ? il n'y a pas assez d'argent pour payer une opération en clinique. « Alors, mère Nanette, il ne nous reste plus qu'à mander le docteur Piquand ; lui et moi nous allons vous opérer chez vous... » Et c'est ainsi que la patiente (c'est bien le cas de le dire) fut opérée sur sa table de cuisine ! Tout se passa si bien qu'elle vécut encore plus de quinze ans et fut emportée par une tout autre maladie... à quatre-vingt-cinq ans.

Mais là n'est pas le plus "piquant" (sans jeu de mots facile) de l'histoire. N'ayant été endormie que localement, la patiente, après avoir braillé un bon coup, dit au chirurgien, en plaisantant, quand tout fut fini :

— *Faudra pas me charcha in na place qu'ma nourrice à Paris au re* (Il ne faudra pas me chercher une place comme nourrice à Paris maintenant) ! *Et combe qué vous deve ?* (Combien vous dois-je ?)

Docteur Piquand. — Vingt-cinq francs, ma bonne dame (huit journées de travail).

— *Yié mâ une pièce de cent sous au re.* (Je n'ai qu'une pièce de cent sous actuellement.)

— Oh ! ça ne fait rien, je repasserai dans quelque temps, vous paierez le tout à la fois.

Bien plus tard, la tante Nanette disait avec son air malicieux :

— *E be, olé jamain passâ, é lé jamain payâ.* (Eh bien ! il n'est jamais passé, je ne l'ai jamais payé.)

Pourquoi, dans cette affaire, ne pas soupçonner le docteur Piquand, fantaisiste à ses heures, d'avoir voulu faire mentir le proverbe : « Dieu guérit, le médecin encaisse ! »

Cette intervention "rustique" — réussie d'ailleurs... et à peu de frais — nous ramène soixante-dix ans en arrière et nous permet de mesurer l'évolution fantastique de la médecine dans notre pays. Mais j'imagine qu'une équipe comme "Médecins sans frontières" ou d'autres organisations médicales philanthropiques doivent se trouver confrontées tous les jours à de telles situations dans les pays du Tiers monde.

Autres anecdotes amusantes concernant la tante Nanette. Juste avant son opération, femme de précaution, elle avait préparé sa toilette mortuaire au cas où... N'en ayant pas eu besoin, elle la rangea bien précautionneusement, et les années se succédèrent. Pour la conserver en bon état et éviter les dégâts des mites, elle installait tout l'ensemble, chaque année, sur la bouchure qui entourait sa courette, dès les premiers rayons du soleil printanier. Et les passants, qui tous la connaissaient, de l'interpeller sur le seuil de sa porte : « Brave mère Nanette, vous n'êtes quand même pas une femme ordinaire. Avec toute la peine que vous prenez pour vous faire belle pour le grand voyage... Vous irez tout droit au paradis... »

Elle était aussi connue et renommée dans toute la région pour son "onguent de la brûlure" qui avait des vertus certaines pour soulager la douleur et guérir les accidentés. Elle en a fait distribution bien des fois contre une livre de beurre et un demi-litre d'huile d'olive, produits qui entraient dans cette pommade avec un ingrédient spécial dont elle a emporté le secret dans la tombe... et c'est dommage !

# Photos scolaires

*La petite école de Malicorne en 1910*

*Bien peu d'élèves figurant sur ces deux photos pourraient répondre "présent" à un rassemblement en 1985... Parmi eux, Georges Chapelier dans les bras de sa mère (1); puis, au 2ᵉ rang à droite, ma cousine Marthe Mialot (2), née Delbard; Marie Deschèry (3), née Beaudon, quatre-vingt-trois ans en 1985, à laquelle je dois ce document; ma sœur Julie (4), derrière moi au premier rang tout à fait à droite.*

*Et en 1912!...*
*Je suis le deuxième au premier rang en partant de la droite*

J'ai un souvenir assez précis de mon arrivée à la "petite école" de Mme Chapelier, avec ma sœur Julie, accompagnés par une voisine plus âgée; j'avais juste quatre ans et demi.

Le premier à droite, assis au premier rang sur la photo du haut, prise dès la rentrée, en octobre 1910, c'est moi. Je n'étais pas un athlète, et je n'avais pas l'air tellement réjoui avec mes cheveux longs. Je portais des bottines, mais la plupart des écoliers avaient des *sabotes* : dessus cuir et semelle bois; le tablier pour tous. Derrière moi, ma sœur Julie, de deux ans mon aînée — décédée, hélas, en 1980 — ne me quittait pas d'un pouce, véritable mère poule prête à me protéger en toute occasion.

Mon cousin Georges Chapelier — soixante-quinze ans en 1985 — âgé de quelques mois, est dans les bras de sa mère, l'institutrice. Cette photo ainsi que la suivante, prise deux ans après — en 1912 —, donnent une idée de mon tempérament timide, effacé, inquiet et craintif, découlant sans nul doute de ma faible constitution physique. De ce fait je me tenais à l'écart des jeux violents.

Ces premières années ne m'ont pas laissé de souvenirs scolaires très précis à signaler, sinon, en fin d'année, la fête de l'école, où les élèves — parmi lesquels se distinguaient les demoiselles Desgranges, de Goutte-de-Bord — donnaient une représentation théâtrale.

Des chanteurs extérieurs prêtaient leur concours : mon père évidemment, et aussi notre proche voisin, François Germain, à la voix juste et forte de baryton, dans sa chanson dont le refrain était :

— J'suis bibi-lolo, bibi-lolo de Saint-Malo, et dans la capitale je suis à la recherche d'une po... d'une po... d'une position sociale...

En sortant de la petite classe, à quelques mètres de l'école, nous allions patiner en hiver (on disait "glisser") sur la glace de la *pouénate* (poinate). Ce creux d'eau faisait partie des anciens fossés ceinturant, jadis, le château de Malicorne et qui vont être convertis en promenade circulaire.

En hiver 1911, j'avais cinq ans et demi : le tonton curé — toujours lui, toujours généreux — avait offert à mon cousin Maurice, trois ans de plus que moi et l'aîné de ses neveux et nièces, un beau tricycle. Jamais on n'avait vu pareil jouet dans le canton. Nous, les quatre autres qui, estimions-nous, avions les mêmes droits, étions bien un peu jaloux, chacun de nous n'ayant reçu, en effet, qu'un beau diabolo vert, jouet cependant prestigieux, inconnu alors au pays (1).

Étant donné la différence de traitement, nous avions fait promettre à l'aîné, trop favorisé à notre idée, de nous faire monter à tour de rôle sur l'essieu arrière pour "faire un tour". Sur la patinoire de la *pouénate*, pensez si le tricycle roulait bien!

Mon tour arrive : je me cramponnais au conducteur; c'était grisant. Et puis, tout d'un coup, la glace se brise; nous voilà barbotant dans l'eau glacée, par bonheur peu profonde à cet endroit. Très léger, je réussis à m'en sortir assez rapidement, grâce à ma sœur et à ma cousine Marthe. Maurice, lui, ne voulait pas lâcher son tricycle qu'il tenait d'une main tandis que de l'autre il s'accrochait à la couche de glace, qui se brisait par morceaux.

Heureusement, nos cris alertèrent la tante Victoire Roudier qui passait. Elle put sortir le conducteur et nous emmener chez nos parents respectifs, claquant des dents et encore paralysés par la peur.

*(1) Cela était d'ailleurs très exceptionnel. En fait d'étrennes, je recevais normalement d'Alphonse, mon oncle et parrain, une pièce de cent sous (en argent!); une pipe en sucre (rouge) et une "pomme d'orange" de la tante Nanette.*

# L'instituteur Victor Murat

M. Victor Murat

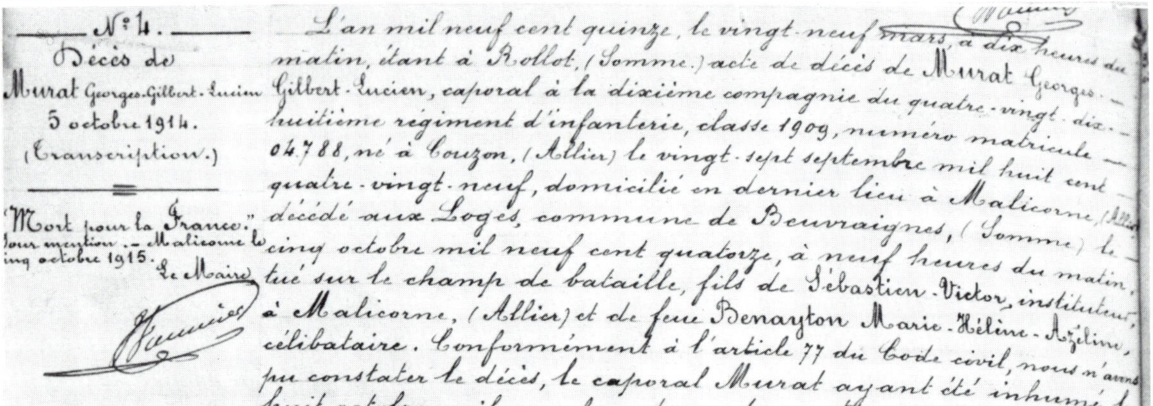

N° 4.
Décès de
Murat Georges-Gilbert-Lucien
5 octobre 1914.
(Transcription.)

"Mort pour la France."
Pour mention. – Malicorne le cinq octobre 1915.
Le Maire,
Fournier

L'an mil neuf cent quinze, le vingt-neuf ~~mars~~, à dix heures du matin, étant à Rollot, (Somme.) acte de décès de Murat Georges-Gilbert-Lucien, caporal à la dixième compagnie du quatre-vingt-dix-huitième régiment d'infanterie, classe 1909, numéro matricule 04788, né à Couzon, (Allier) le vingt-sept septembre mil huit cent quatre-vingt-neuf, domicilié en dernier lieu à Malicorne, (Allier) décédé aux Loges, commune de Beuvraignes, (Somme) le cinq octobre mil neuf cent quatorze, à neuf heures du matin, tué sur le champ de bataille, fils de Sébastien-Victor, instituteur, à Malicorne, (Allier) et de feue Benayton Marie-Hélène-Azéline, célibataire. Conformément à l'article 77 du Code civil, nous n'avons pu constater le décès, le caporal Murat ayant été inhumé le huit octobre mil neuf cent quatorze. Dressé par nous Bécherat Etienne, capitaine chargé des détails au 98e Régiment d'infanterie, Officier de l'Etat civil, sur la déclaration de Sardin Gabriel, caporal-fourrier à la 10ème Compagnie du 98e Régiment d'infanterie, classe 1913, domicilié à Vichy, (Allier) rue Desbret, et de Bizebard Louis, sergent à la 10e Compagnie du 98e Régiment d'infanterie, classe 1911, domicilié à Beaune-Montmarault, (Allier) témoins qui ont signé avec nous, après lecture. Suivent les signatures. – L'acte de décès ci-dessus a été transcrit le neuf mai mil neuf cent quinze, dix heures du matin, par Nous, Jean Fournier, maire de Malicorne.

Fournier

*... et son écriture si bien calligraphiée...*
*même pour l'acte de décès de son fils, mort pour la France.*

A sept ans, en 1913, je passais à la "grande école", dans la classe de M. Victor Murat.

Lors d'une émission de FR3 Auvergne : "Portrait de Georges Delbard", j'ai dit ce que je devais à cet excellent instituteur rural.

Il fut ma seconde chance horticole (après celle du grand-oncle Jean-Baptiste), s'érigeant en mentor de mes jeunes années — période où l'influence de l'éducateur est souvent déterminante sur la vie de l'élève. Une étude graphologique de son écriture étonnamment calligraphiée reproduite ci-contre (il fut secrétaire de mairie pendant trente-six années) permettrait sûrement de cerner les qualités de l'homme.

Dans ses *Souvenirs*, Lucien Lamoureux, grand parlementaire, plusieurs fois ministre, rend hommage aux instituteurs bourbonnais de l'époque. Mais, puisque j'évoque celui qui fut mon ami, ce n'est pas sans nostalgie que je me souviens des longues conversations en patois que je menais avec son épouse, pour la plus grande joie des deux complices... Voici donc ce qu'écrit Lucien Lamoureux :

« C'étaient des maîtres qui connaissaient bien leur métier et qui l'aimaient. Ils ne se bornaient pas à nous instruire. Ils voulaient faire de leurs élèves des hommes bien élevés, droits, honnêtes, aimant leur pays et la République qui avait répandu l'enseignement primaire. Pour eux, la formation morale et civique était aussi importante que l'instruction qu'ils nous donnaient » (1).

Victor Murat était tout cela et plus encore. Il faisait partie de cette cohorte d'instituteurs de campagne qui avaient une haute idée de leur mission d'éducateur et des responsabilités qui en découlent, notamment en milieu rural.

Comme le dit Lucien Lamoureux, chaque matin il y avait alternance entre leçon de morale et instruction civique (2); de plus, pendant la Grande Guerre 14-18, lecture journalière et commentée du communiqué officiel. Le cahier de cours était préparé et écrit la veille avec beaucoup d'attention et de précision.

Tout était motif pour glorifier l'effort (3). La leçon d'écriture, tracée au tableau noir avec pleins et déliés, c'était la copie de maximes : « Vouloir c'est pouvoir », ou « Victoire veut dire volonté » (devise de Napoléon, je crois); ou bien encore : « Aide-toi, le ciel t'aidera » et « Fais ce que dois, advienne que pourra ».

On comprend d'autre part que, travailleur, soigneux, appliqué, méticuleux comme l'était Victor Murat, le travail, l'ordre, la présentation impeccable de nos devoirs, tout cela était chose primordiale.

L'effort était récompensé par la distribution de bonbons, la paresse combattue avec sévérité. Régulièrement, le maître d'école nous posait la question : « Que veux-tu faire comme métier plus tard ? »

J'ai toujours répondu, sans aucune hésitation : « Jardinier ».

*(1) Ce passage est cité dans* Le Bourbonnais, *ouvrage de Jean-Charles Varennes paru aux Éditions France-Empire, Paris.*

*(2) On y revient !*

*(3) Dans le concept de l'effort et de la volonté, Jean Fourastié, dans son livre* Ce que je crois *(Grasset édit.), lance cette définition moderne que je trouve très subtile et très vraie : « La volonté est l'énergie cérébrale qui amplifie le micro en macro... »*

# Expérimentateurs efficaces : les instituteurs ruraux

Expérience sur Blé, à Aiton (Savoie).

Engrais incomplet. Engrais complet.

Communiqué par M. Borivent, instituteur.

Expérience sur Blé, à Parly (Yonne.)

Communiqué par M. Lavallée, instituteur.

Effet du nitrate dans la culture des roses.

Communiqué par M. Touratier, instituteur à Brion (Indre).

*Expérience sur carottes, faites à Brion (Indre).*

Communiqué par M. Touratier, Instituteu

Une visite au champ d'expériences

Communiqué par M. Touratier, instituteur à Brion (Indre).

Les engrais chimiques ayant fait leur apparition, Victor Murat comprit aussitôt que son rôle d'instituteur rural était de faire assimiler à ses élèves tout le parti bénéfique que les parents cultivateurs pourraient en tirer immédiatement pour l'augmentation des rendements agricoles, conditionnant l'amélioration des conditions de vie de la paysannerie.

Voulant frapper notre imagination, il mit en place, de sa propre initiative, à l'aube du XXe siècle, un ingénieux processus expérimental, dans le grand jardin de l'école communale, promu jardin de démonstration.

La première action de ce pédagogue-expérimentateur pratique visait l'augmentation de la production du froment (ici, le mot "blé" désignait le seigle). La tendance n'allait-elle pas vers l'abandon, après le pain de seigle, du pain bis (seigle et froment) au profit du pain blanc qu'on appelait le "pain du boulanger" ?

M. Murat divise donc un carré de froment (variété "Bon fermier", je crois) en six parcelles. L'une reçut du nitrate de soude, l'autre de la potasse, une autre des scories : les trois autres bénéficièrent de la combinaison de deux éléments en quantités variables. Le résultat fut spectaculaire.

Je n'ai connu cet essai d'avant-garde — réalisé à mon entrée à la grande école — que par un document photographique, mais ô combien évocateur ! La différence de croissance des tiges et des épis formait une parfaite découpe, à la grecque, des parcelles parfaitement identifiées par des pancartes donnant toutes précisions utiles... Cette photo qui "parlait" à nos jeunes intelligences est restée affichée des années durant, dans la classe. Je regrette vivement de n'avoir pu la retrouver pour illustrer ce livre ! J'ai pu heureusement me procurer un agenda de 1903 contenant des photos montrant les résultats d'applications d'engrais réalisées par plusieurs instituteurs ruraux de même qualité.

Nouvelle leçon de choses, lorsque l'oncle Baptiste Chapelier venait tailler les arbres au jardin de l'école. Dès cette époque, je m'étonnais déjà de la suppression de tant et tant de boutons à fleurs : la taille trigemme (à trois yeux) n'épargnait même pas les brindilles couronnées de vingt centimètres de longueur ! Il fallait, disait sur son échelle double, le fier et consciencieux praticien, que « le fruit soit toujours le plus près possible de la branche porteuse, afin qu'il soit convenablement nourri par l'apport de sève ».

Une telle sévérité était nécessaire pour que, le nombre de fruits étant programmé, leur calibre soit uniforme, et qu'une récolte surabondante n'épuise pas l'arbre pour l'année suivante. De ce fait, on ne connaissait pas le phénomène d'alternance, dénomination récente : seuls les arbres plein-vent, non taillés naturellement, y étaient soumis. Comme l'on disait alors, c'était "l'année oui, l'année non".

Sacrés bons principes, que je n'ai jamais oubliés, et que feraient bien de méditer les partisans de la non-taille.

Je gage que peu de vergers ont eu des productions aussi régulières, véritables guirlandes de fruits au calibre homogène, se chevauchant partiellement comme les tuiles du toit de la maison. Bien sûr, actuellement les spécialistes amoureux de l'arbre font défaut et le coût de la main-d'œuvre change aussi les données du problème...

Ce travail de spécialiste se faisait pendant les belles journées de fin d'hiver. Cette période de repos végétatif était favorable à l'arrachage des églantiers, appelés ici *aguolliers*, que l'on trouvait dans les bouchures et les talus. J'allais donc le jeudi, quelquefois le dimanche après-midi, muni d'une large pioche et de la *gouyarde* — grande et grosse serpette forgée, fixée au bout d'un long manche —, récupérer le maximum de belles tiges droites, dans des conditions toujours difficiles et éprouvantes pour ma faible musculature. Les mains, sans protection, griffées, écorchées, en portaient le cuisant témoignage. Parfois je trouvais aussi quelques aigrins de poiriers et des *croyers* (pommiers sauvages), ou des pruniers *balottes*, appelés encore (pourquoi ?) *prunes pissouses* — peut-être à cause de leur jus abondant ? Cette espèce demi-naine avait une certaine ressemblance avec le prunier Saint-Julien.

En fonction de l'abondance de ma récolte et des considérations du moment, je faisais une savante répartition entre M. Murat, l'abbé Beaulaton et le jardin familial : le dosage résultait de critères tout à fait personnels. L'instituteur était intéressant, car il dispensait en été les leçons de greffage en écusson, réalisé soit sur les nouvelles pousses de l'année pour les tiges d'églantier les plus âgées, soit directement sur le fût pour les plus jeunes. La bonne reprise : c'était deux bonbons.

Intéressant, le curé ne l'était pas moins, car il possédait de nombreuses variétés de roses : il était ainsi à la base de l'approvisionnement facile en rameaux-greffons, et il nous donnait des rosiers nains-buissons issus de bouturage. J'aurai l'occasion de vous faire connaître son beau jardin. Mais, auparavant, il me reste à signaler un autre trait tout à fait spécifique des qualités d'expérimentateur-pédagogue de notre instituteur.

Victor Murat avait semé un carré de froment devant un groupe de cages à lapins, desservies par une allée de contournement. Pour gagner du temps, à chaque distribution de nourriture — on appelait cela le "pansage" —, Mme Murat "Nathalie !" traversait en diagonale la pièce de froment. Évidemment, le sentier était bien marqué en fin d'hiver. Un jour, M. Murat se fâche tout rouge et Nathalie, à partir de ce moment, fait le détour. Mais, ô surprise, quelques semaines après — avec le printemps — les plants de froment piétinés émettent de nombreuses pousses vigoureuses et trapues. Attendons !...

A la récolte, on voyait encore l'emplacement du chemin. Mais, cette fois, avec une production bien meilleure, portée sur des tiges plus denses et plus fortes ; j'ai eu l'occasion d'expliquer cela au tableau noir de l'école de Malicorne, devant les jeunes élèves, dans le cadre de l'émission de FR3.

Que s'était-il passé ? expliquait M. Murat dans sa leçon de choses. Simplement ceci : la base des tiges des plantules adhérant fortement au sol, celles-ci avaient émis de nouvelles pousses munies de racines adventives qui avaient fourni un supplément d'alimentation à la plante. Et sa conclusion géniale : « Eh bien, jeunes gens, cette opération de fixation de la plantule au sol, avec pour résultat la formation de nouvelles pousses, réalisées ici par le piétinement de Nathalie, et en grande culture par le rouleau, s'appelle le tallage. »

Transformer un incident banal — inhérent à la nourriture des lapins ! — en démonstration expérimentale d'une technique agricole primordiale, inusitée jusque-là, n'est-ce pas le fait d'un pédagogue exceptionnel dont le grand bon sens pratique atteint à la science ?

Si mes souvenirs, soixante-quinze ans après, sont toujours si précis, c'est sans nul doute, d'abord, parce que j'étais très réceptif à tout ce qui se rapportait à la vie végétale, mais c'est aussi et surtout en raison de la simplicité, du caractère facilement assimilable parce que visuel, de cette expérimentation empirique. Si, en grande culture, cette opération est pratiquée depuis longtemps, ce n'est pas toujours le cas encore aujourd'hui chez les petits fermiers. Même dans notre exploitation, il m'a fallu le rappeler de nombreuses fois à mes collaborateurs.

D'autres "trouvailles" de Victor Murat seraient à relater, notamment le semis des haricots à l'aide d'une pige, mais il faut bien me limiter. Je ne peux omettre pourtant la décoration florale de l'école, réalisée bien avant que la publicité (appelée "réclame" au début du siècle) n'ait sollicité la participation des administrations, collectivités et autres écoles, par des campagnes nationales sur le fleurissement.

Les murs de la cour de récréation étaient garnis d'une importante collection de dahlias pour la plantation desquels les élèves du bourg devaient fournir les brouettées de fumier nécessaire. Fallait-il que nous soyons disciplinés (et aussi quelque peu motivés) pour respecter dans nos jeux ces fleurs fragiles ! Un tel civisme — et j'emploie ce mot à dessein — est impensable de nos jours.

Allez donc chercher ailleurs, au tout début du XX^e^ siècle, semblable engouement horticole en milieu rural...

La vocation était bien ancrée au départ : voilà pourquoi, bénéficiant d'un pareil environnement, j'ai tout fait pour devenir jardinier.

Enfin, les leçons de politesse. Quoique étant foncièrement laïque, si nous n'avions pas enlevé notre casquette pour dire bonjour au curé, le maître d'école nous gratifiait d'une heure de retenue. « Ah ! mes gaillards — ou mes voyous — disait-il, fin janvier les jours allongeront d'une heure... Alors, ce sera facile de vous faire copier les cent lignes ! »

Sa plus grande gloire, la récompense suprême convoitée : avoir le candidat le plus jeune reçu premier au certificat. Pour cela, cet homme, au demeurant scrupuleux, foncièrement honnête, n'hésitait pas à déroger quelque peu à ses principes de moralité. Plus d'une fois, étant tout à la fois secrétaire de mairie et instituteur, il a pris des libertés avec l'état civil de ses meilleurs élèves. C'est ainsi que Georges Aufauvre et Jean Deschery, tous les deux reçus premiers du canton, furent diplômés à dix ans, le premier en 1903, le second en 1913. Mon frère Robert le sera lui aussi à cet âge en 1930, grâce au même petit truquage de l'instituteur-secrétaire de mairie du moment, M. Petit.

# Jardin de l'abbé Beaulaton

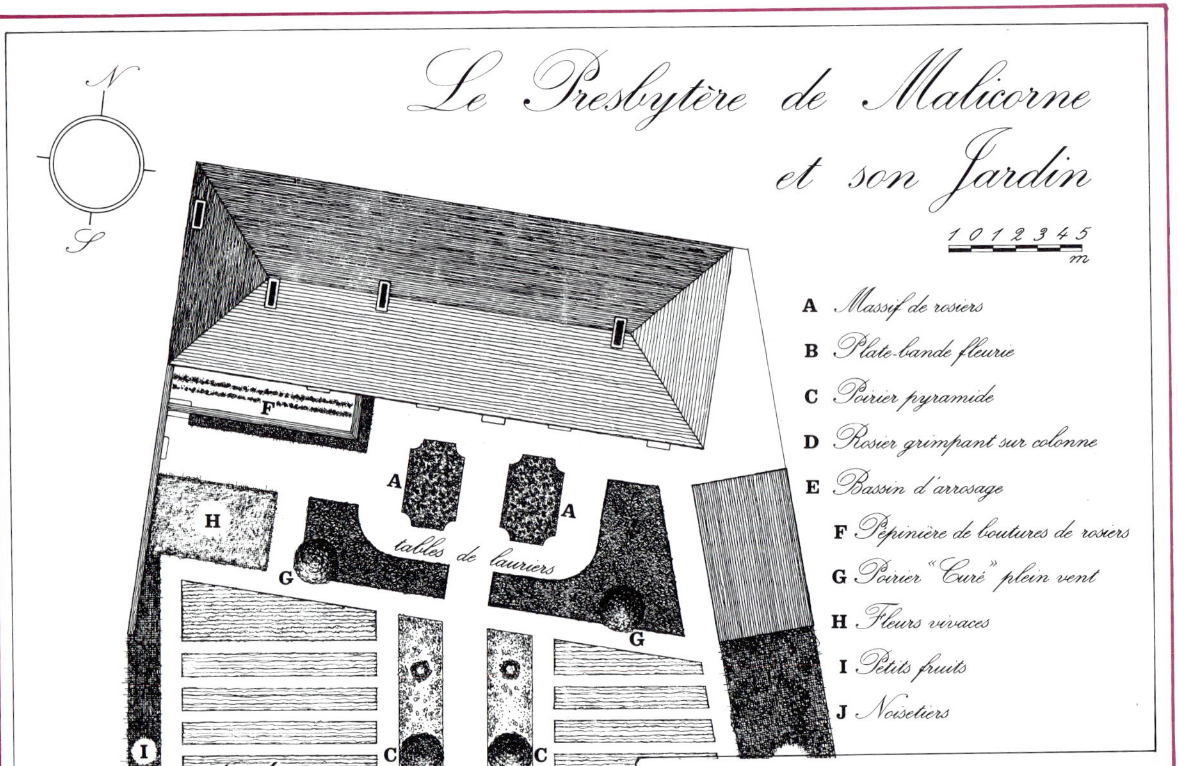


Le jardin du presbytère.

L'abbé Beaulaton et sa sœur Estelle.

Mme Murat — Nathalie — ne le cédait en rien à son mari pour la passion des fleurs. Dans le jardinet, devant l'entrée de la mairie-école, elle cultivait des giroflées bisannuelles *Empereur Kiris* de toute beauté, avec 100 % de fleurs doubles. Son secret ? Le voici : il résulte d'une sélection des plants au repiquage ; les jeunes plants qui donneront des fleurs doubles ont des feuilles très longues, vert blond, velues et frisées sur les bords ; ceux à fleurs simples ont les feuilles vert foncé, arrondies au sommet. Cela, je le savais, mais j'ai appris, il n'y a pas bien longtemps, qu'on pouvait aussi faire la sélection d'une autre manière, assez inattendue : la dégustation du premier bouton ! Celui des plants à fleurs simples est plus ferme et plus croquant que celui des doubles. Il y a bien des goûteurs d'eau ; pourquoi pas des goûteurs de giroflées ?

Ce travail dans la joie que notre instituteur nous faisait partager, n'allait pas durer. Le 5 octobre 1914, tombe une nouvelle terrible. Nous étions en récréation quand le facteur apporta une dépêche ; ce petit papier gris bleu n'était utilisé jadis que pour annoncer un décès... C'était bien de cela, hélas, qu'il s'agissait : Georges Murat, instituteur à Domérat, fils de Victor Murat, venait d'être tué à l'ennemi. Je revois la scène, atrocement douloureuse, comme si elle avait eu lieu hier... A partir de ce jour, notre maître d'école ne fut plus le même... Deux ans après il prenait sa retraite. Notre nouvelle institutrice, Mlle Chanier (devenue plus tard Mme Forichon) présenta au certificat d'études, à la fin de l'année studieuse qui suivit, les deux premiers de la classe, mon camarade de toujours Gaston Nicolas et moi-même.

Il me faut maintenant décrire le grand, le beau jardin du presbytère de Malicorne, tel qu'il est reproduit ci-contre, tel que je l'ai gravé dans mon esprit (toujours ma mémoire visuelle très fidèle...). L'appellation actuelle de "jardin de curé" — fouillis de plantes et d'arbustes plus ou moins broussailleux — ne pouvait, certes, s'appliquer à celui de l'abbé Beaulaton, qui, bien au contraire, était de tracé géométrique parfaitement équilibré, avec ses divisions nettement délimitées par les allées. Nul doute que là aussi l'influence du tracé régulier du jardin à la française avait été prépondérante.

Une allée centrale, large de plus de deux mètres, divisait ce jardin en deux parties sensiblement égales jusqu'au pré-verger de son extrémité (voir le plan reproduit ci-contre). Partant de l'axe de la porte de sortie de la maison, flanquée de deux massifs de rosiers (A), une belle perspective avait été créée. Cette allée principale était bordée de chaque côté de deux plates-bandes fruitière et florale (B), où avec les poiriers pyramides (C) alternaient les rosiers grimpants sur colonne (D).

Dans ces plates-bandes fleuries, le mélange de fleurs vivaces et annuelles, où dominaient les rosiers-buissons, formait une composition multicolore et fascinante : j'ai donc découvert cette disposition au début du XXe siècle. J'ai appris, bien plus tard, que l'on ne pouvait l'appeler autrement que "mixed-border" !... De là date, probablement, mon aversion pour les anglicismes qui ont envahi notre langue — même en horticulture — alors que nous avons des appellations françaises parfaitement adaptées... Pour résumer, disons que ces plates-bandes fleuries étaient fort jolies, car très bien entretenues grâce à l'aide de Mlle Estelle — « Ma pôvre sœur », comme la nommait l'abbé Beaulaton.

Les rosiers-buissons étaient reproduits par l'abbé Beaulaton : c'étaient des "francs de pied" qu'il multipliait lui-même avec succès (1). Il faut spécifier que, dans les premières années du XXe siècle, la collection de rosiers de jardin était surtout composée de variétés du type « hybride remontant », telles que : *Paul Neyron* (Levet 1869), *Souvenir de la Malmaison* (Behize 1842), *Cardinal de Richelieu* (Laffay 1840), *Reine des Neiges* (Lambert 1901), *Conrad Ferdinand Meyer* (Muller 1897), *Ulrich Brunner* (Livet 1853), *Baron Girod de l'Ain* (Reverchon 1897).

Toutes ces variétés pouvaient être traitées en buissons par tailles basses ou, *a contrario*, être conduites sur colonne en conservant et palissant les branches dans l'intégralité de leur longueur (2). Du fait de leur grande vigueur, la reprise au bouturage et la végétation étaient bonnes (ce qui est plus difficile avec nos rosiers modernes hybrides de thé). Je dis bien "modernes", car la variété « La France », découverte par Guillot fils en 1867, considérée comme le prototype de la classe des hybrides de thé, se multipliait remarquablement bien par bouturage et aussi marcottage : c'était la plus estimée et la plus populaire.

Il me faut maintenant expliquer les raisons du succès de notre curé-rosiériste. Comme toujours, elles se rattachent à la clairvoyance et au bon sens du jardinier-paysan.

Le conseil municipal de Malicorne, propriétaire du presbytère depuis 1841, avait, en 1852, fait élever un mur de 2,80 m de hauteur à une distance de 2,15 m des deux baies de la maison voisine qui donnaient sur le jardin du curé. Ceci « pour laisser au desservant la libre jouissance du jardin et empêcher que, de la maison Laporte contiguë, la vue ne s'étendît trop indiscrètement sur le jardin du presbytère (3). » Dans cet espace de dix à quinze mètres carrés, l'abbé Beaulaton avait fait apport de sable humifère, support favorable à l'enracinement : les boutures étaient placées, par ailleurs, en situation très privilégiée. En effet, leur plantation fin septembre-début octobre se faisait dans cette petite pépinière (F) : à l'ombre, au nord, grâce au mur "anti-voyeur" ; mais réchauffées par le mur d'en face de la maison, exposé, lui, plein sud. Un microclimat idéal qui explique le taux élevé de reprise. A douze ans, j'ai bien essayé de copier... Je plaçais les boutures sur le palier en bas de l'escalier de notre cave, mais cet endroit était exposé plein nord, très humide et sans réchauffement... Vu ces mauvaises conditions, je ne pouvais battre les records... ecclésiastiques !

L'abbé Beaulaton était un brave homme mais de tempérament coléreux. Lorsque, selon lui, nous dépassions les bornes qu'il s'était fixées de la *ch'tivrie* (4), il prenait son trousseau par l'anneau et nous passait les énormes clés "par les oreilles" ! C'était là le moindre mal, car un jour, au catéchisme, sans doute poussé à bout, il décolla le pavillon de celle du jeune Fernand Auclair, justement fils du jardinier de Malicorne, en tirant dessus... un peu trop fort, jusqu'à le projeter contre un pilier. Le "confrère jardinier", encore plus violent et qui ne fréquentait guère les offices, s'en vint s'expliquer violemment au presbytère. Le résultat fut que le jeune Auclair ne fit pas sa communion, malgré les nombreuses visites que Mlle Estelle rendit à la mère pour essayer d'arranger les choses !

*(1) Ce récit peut avoir un intérêt pour l'information de certains amateurs éclairés.*

*(2) Comme l'a réalisé magnifiquement, ces dernières années, mon grand ami le professeur Gianfranco Fineschi dans sa propriété de Toscane.*

*(3) J'ai retrouvé aux archives départementales les documents et pièces de procédure se rapportant à cette affaire.*

*(4) On dit* chéti *d'un enfant malicieux qui fait des niches.*

Ce furent des années relativement tranquilles pour notre famille que celles qui précédèrent la déclaration de guerre de 1914. Le grand-père Jean, retraité de la mine, avait la charge du jardin. Comme je commençais à "marcher dans ses plates-bandes", notre cohabitation n'a pas toujours été facile — nous le verrons par la suite. Sa pension permettait de payer le vin, qui représentait une dépense importante pour le budget familial, car, outre la consommation aux repas, la maison était accueillante : on payait fréquemment un *canon* à des connaissances qui nous "donnaient le bonjour" en passant sur la route.

La grand-mère Julie, en *varassant* (1), apportait une aide à la maison. Elle servait à table, mais elle n'y prenait jamais place. Une seule exception : à Noël. Ce seul jour-là elle buvait aussi du vin, car pour Noël « le vin fait du sang ».

Les grands-parents, pourtant braves et bons, étaient très *maros* (2), ce qui entretenait un climat d'irritation dans la vie de tous les jours. Ma mère en a beaucoup souffert, d'autant que ma sœur et moi — comme beaucoup d'enfants — ne faisions rien, bien au contraire, pour que cette vie en commun soit plus sereine.

Les enfants heureux n'ont pas d'histoire : il me reste peu de souvenirs marquants de cette période d'avant-guerre. Pourtant si. Voici deux faits qui comptent dans la vie d'un jeune campagnard de ce temps-là.

La venue à Malicorne de Mgr l'évêque pour la confirmation fut une grande première. J'avais été choisi pour réciter le compliment d'usage, devant les grandes portes de l'église, à "Sa Grandeur", revêtue d'ornements somptueux que je voyais pour la première fois. Je représentais les garçons, Valentine Confesson les filles. Le texte étant appris par cœur, je ne m'en tirai sans doute pas trop mal, puisque notre curé me félicita pour ma diction.

Autre événement local : un grand mariage à Malicorne — du jamais vu avant cette année 1914 : celui d'un cousin éloigné, Gustave Raynaud (3), avec Mlle Aufaure (décédée en 1983 à quatre-vingt-treize ans), fille de l'horticulteur commentryen bien connu. Un cortège de quinze landaus attelés de deux chevaux véhiculant les invités de Commentry à Malicorne : aujourd'hui encore, je revois parfaitement ce spectacle impressionnant de voitures hippomobiles de luxe et de belles dames en grande toilette, sur la place de Malicorne.

A cette occasion j'évoquerai un autre souvenir émouvant pour moi. Mes parents étaient invités au dîner. Ma mère revêtit la robe en taffetas de soie noire (4), avec ses bottines à talon Louis XV ; je ne l'avais jamais vue ainsi habillée, telle une reine, aussi belle, aussi rayonnante d'un bonheur qui s'exprimait dans ses yeux bleu acier (des yeux si expressifs, dont on disait qu'ils "parlaient"). Ah ! que j'étais heureux d'avoir une mère comme celle que je découvrais, parée en grande dame, dans une toilette froufroutante. On n'oublie pas ces instants.

*(1)* Varasser *: remuer, bouleverser, en faisant de petits travaux.*
*(2)* Marouner *: grogner sourdement, se plaindre à voix basse, avec mauvaise humeur* (dixit *le docteur Piquand).*
*(3) Mort pour la France un an après.*
*(4) Ma mère portera la même toilette lorsque nous irons tous les trois, avec ma sœur, nous faire photographier en 1916, pour répondre à la demande de mon père, combattant des tranchées en Alsace, désireux "d'avoir les siens" (voir photo p. 98).*

# Enfant de chœur

Tout naturellement, je fus enfant de chœur jusqu'à l'âge de douze ans, au moment de mon entrée à l'école des Frères de Commentry. Aux offices, l'oncle Alphonse et plus tard son fils Maurice, chantres du grégorien, s'accompagnaient au vieil harmonium poussif... La "Messe des anges", lors des grandes cérémonies, avait toutes nos faveurs ; il fallait voir notre ardeur et notre joie dans les invocations du *Kyrie*... Je suis de ceux qui ont gardé une certaine nostalgie du cérémonial religieux d'antan. Aussi mes obsèques seront accompagnées des chants latins de mon enfance... Enfant de chœur, on était payé dix sous par semaine pour servir la messe de sept heures. Lorsque le tonton curé venait en vacances, en septembre, il me donnait dix sous par jour — une fortune — plus le bon chocolat qui suivait chez tante Alphonsine, servi sur une nappe brodée... De quoi réjouir pour la journée le petit paysan que j'étais. A ce sujet, l'oncle curé disait à ma mère : « Votre belle-sœur, Alphonsine, s'y entend pour le cérémonial. Vous, Christine, vous êtes du genre rustique : il vous va bien, conservez-le... »

Autre souvenir vraiment présent à ma mémoire : celui des derniers sacrements administrés au domicile du malade, ce qu'on traduisait par « porter le bon Dieu ». Le curé, en surplis et étole, tenait le ciboire ; l'enfant de chœur, en soutane et rochet, portait le bénitier et la clochette qu'il faisait tinter sur le parcours devant chaque personne rencontrée et devant chaque maison. Les femmes s'agenouillaient, les hommes se découvraient, tous se signaient. Arrivant au domicile du mourant, tous les proches étaient présents. Plus d'une fois, j'ai vu celui-ci, ayant reçu le secours qu'apporte la religion en cet ultime instant, regarder l'assistance, esquissant un sourire paisible, dire avec sérénité : « Mes bottes sont cirées, je peux partir pour le grand voyage ! » Expression candide, privilège réservé aux croyants au moment de rendre l'âme, entourés des leurs. De cette tradition de foi, je garde aussi le souvenir de la mort de notre camarade de classe : Georgette Bourdier, que je vis mourante alors que le prêtre lui administrait les derniers sacrements. Elle venait de faire sa première communion quand elle fut ravie à l'affection des siens. Mourir à douze ans nous paraissait trop injuste, à nous ses camarades de classe. Elle fut ensevelie dans sa robe de communiante que nous lui voyons sur cette photo. Tous les enfants des écoles étaient présents pour l'accompagner à sa dernière demeure. Un bouquet de fleurs à la main, en file indienne — garçons d'un côté, filles de l'autre —, nous marchions de part et d'autre du corbillard, tiré par le cheval noir, sur les trois kilomètres du parcours de la maison mortuaire du village de Jeux à l'église et, de là, au cimetière ; nous pleurions la disparition que nous ne pouvions ni comprendre ni accepter, d'une camarade aussi gentille. Les grands chagrins d'enfant sont de vrais chagrins...

*Georgette Bourdier peu avant son décès.*

En revanche, pour les personnes âgées, la mort était un acte de la vie — le dernier bien sûr — mais il était accepté avec sérénité. De quelqu'un qui dépassait soixante-cinq ans, on disait : « Il a fait son temps ! » De celui qui dépassait quatre-vingts ans : « Il a *bien* fait son temps ! » Au cours de l'émission télévisée du "Grand Échiquier" du 30 avril 1981, où Jacques Chancel recevait le commandant Cousteau et le professeur Jean Bernard, ce dernier confirmait : « Autrefois on acceptait sa mort. »

Je veux rappeler comment les choses se passaient à la campagne après un décès et comment je les ai vécues. La grand-mère Julie est morte d'une crise cardiaque alors que j'étais à l'école ; le soir, en rentrant, je l'ai vue sur son lit de mort. Le grand-père Jean a rendu le dernier soupir à cinq heures du matin dans l'unique pièce où tout se passait ; je fus donc témoin de ses derniers moments (1). Pendant plusieurs journées et plusieurs nuits, les râles affreux de l'emphysème s'étaient succédé à intervalles de plus en plus éloignés. La nuit fatale, j'entendais mes parents dire : « Cette fois, c'est la fin !... » et puis le moteur repartait. Angoissante ambiance pour un garçon de treize ans ! Après le dernier, l'abominable râle de l'agonisant, la toilette du défunt commence. Pour le rasage, on va quérir Alexandre Bernard, qui, en plus de son métier de charretier, exerçait celui de coiffeur. Quelqu'un part à la poste envoyer les dépêches à la famille. On passe au défunt l'habit noir du mariage — l'habit de toutes les cérémonies sa vie durant. Entre les mains jointes, on place le chapelet de la première communion. Sur le lit, un drap immaculé. Le cierge est allumé. On voile les glaces et on arrête la pendule. On ferme les volets. Tout doit être en ordre lorsque les pratiques viendront chercher le lait, et les premières visites des parents et amis qui vont se succéder pendant deux jours, jusqu'à l'inhumation.

La veillée mortuaire commence à vingt et une heures. Deux équipes sont prévues avec relais à trois heures du matin, afin que les proches puissent se reposer. Naturellement, on prie, mais on cause aussi — à voix basse, car la famille dort tout près — et on boit le café. Le menuisier ébéniste, Gilbert Aufauvre, qui, en temps normal, fabrique de beaux meubles, a confectionné un cercueil sur mesure, car il connaît parfaitement la taille de chacun de ses clients. C'est lui qui, après vingt-quatre heures, procède à la mise en bière. On a apporté de l'église le drap noir des morts, bordé d'un galon argent, deux chandeliers et le bénitier... Jusqu'au moment de la levée du corps, parents et amis défileront. Tout ce rituel n'empêche nullement la vie de continuer. Il faut bien travailler, manger, dormir... et tout cela chez nous, dans l'unique pièce, près du cercueil. C'est on ne peut plus vrai pour mes grands-parents : leur mort a fait partie de notre vie (2). On a aussi prévenu les sonneurs pour le glas, lequel permet, par un tintement final marqué, de connaître l'âge du défunt. Après l'office religieux, tous les participants iront à pied au cimetière distant de mille cinq cents mètres, en bavardant de tous les sujets intéressant les ruraux. Puis un repas réunit dans la grange de la ferme (ou à l'auberge pour les plus aisés) tous les membres de la famille. Le traditionnel pot-au-feu, qui permet de servir un bouillon chaud accompagné du bouilli et des légumes, est suivi d'un autre plat de viande, porc ou volaille. On boit un bon coup. Bien souvent certains parents éloignés ne se rencontrent qu'en ces occasions. Cela devient donc rapidement une réunion familiale semblable à d'autres, surtout lorsque le défunt est âgé. On se quitte à regret en disant bien souvent : « Au prochain coup »... ou bien : « Si c'était pas une occasion comme ça, on aurait pu en chanter une ! » Répétons-le : à la campagne, autrefois, en toutes circonstances, la vie et la mort suivaient leur cours en symbiose.

*(1) Mourir dans son lit, entouré des siens, privilège du passé que bien peu de mourants connaissent de nos jours !*
*(2) Émile Guillaumin, dans* La Vie d'un simple, *précise qu'en 1920, en Bourbonnais, le rite de la mort était le même qu'en 1848.*

# Le tonton curé

Le tonton curé avait une forte personnalité, fondée sur des dons tout à fait spécifiques. Il était tout à la fois :
— prêtre de campagne toujours dévoué,
— prêtre généreux pour sa famille,
— prêtre-jardinier compétent par goût inné de l'horticulture,
— prêtre mondain quand il le fallait.

Les quelques intérêts provenant du placement de l'argent reçu pour sa part d'héritage étaient répartis en cadeaux entre ses proches. C'était une grande joie pour lui de faire plaisir. Pour chaque mariage, le beau service de vaisselle en porcelaine de Limoges était de tradition. Pour les enfants — ses neveux et nièces — des jouets et aussi des habits. Pour sa sœur et ses deux belles-sœurs, le manteau de fourrure en poulain. Pour ses frères et son beau-frère, la peau de chèvre bien doublée et chaude.

Ayant décelé très tôt ma vocation horticole, il s'est constamment employé, lors des vacances scolaires, à parfaire mes connaissances intuitives et celles dispensées par l'instituteur, Victor Murat. Pris en main toute l'année par l'instituteur ou par l'oncle curé, je ne pouvais échapper au métier qui m'attirait si fort.

Lors de l'émission de FR3 (1), les techniciens de la télévision se sont transportés à Neuilly-le-Réal pour filmer une séquence sur l'environnement de l'abbé Delbard et interviewer Henri Baron (2), quincaillier, qui fut un des préférés parmi ses enfants de chœur. Ce brave homme sut parler en termes émus du « bon prêtre », pourtant décédé depuis 1942, mais dont le souvenir, chez les anciens, est resté très vivace (3). Il était, par ailleurs, le symbole même du parfait amateur de jardinage, parvenu à la maîtrise grâce à un amour inné, à la lecture de livres spécialisés et à la pratique intelligente et constante de tout ce qui touche à ce métier, à cet art...

*Jeune vicaire à Montmarault.*

*Peu de temps avant sa mort en 1942.*

*(1) « Portrait de Georges Delbard » (1980)*
*(2) Ses ouailles ont fait graver sur la pierre tombale : « Regretté de tous ses paroissiens. »*

Lorsqu'il passait le tablier bleu sur la soutane, il devenait le parfait jardinier "trois branches" (1) que je voudrais définir ici. Ne cultivait-il pas déjà, en 1910-1920, les légumes rares, inconnus dans nos campagnes ? Dans le haut du jardin, abrité et exposé plein sud, un carré de couche en planches : meules tassées de fumier de cheval et feuilles sèches bien mélangés, dont la chaleur dégagée par la fermentation permettait la production des légumes primeurs et des plants de fleurs. Prenant la place des radis, salades et carottes, apparaissaient les melons (sucrin de Tours et cul-de-singe), les aubergines violettes, les tomates (on ne mangera la première produite au jardin, à Malicorne, qu'en 1921), les concombres, les céleris côtes et raves, les tétragones cornues originaires de Nouvelle-Zélande et les crosnes du Japon. C'était un travail d'innovateur, de spécialiste, d'expérimentateur-vulgarisateur éclectique.

Dans chaque paroisse où il exerça son ministère (La Ferté-Hauterive, Toulon-sur-Allier, Bessay-sur-Allier, Neuilly-le-Réal), son premier soin dès sa nomination fut de trouver une parcelle de terre pour planter un clos de vigne avec arbres fruitiers associés. Un cultivateur complaisant — il n'en manquait pas — était sollicité pour la préparation du sol et les binages avec les chevaux, mais tous les travaux manuels étaient exécutés par lui-même. Dans le jardin de la cure, les arbres fruitiers, bien formés, bien taillés, me permettaient de suivre les travaux essentiels, particulièrement la taille d'été, l'éclaircissage des fruits... et même les traitements antiparasitaires que mon oncle a innovés dans cette région et « qu'il fallait bien faire si on voulait ne pas avoir de fruits véreux ! »

Les fleurs : à Neuilly-le-Réal, sa dernière cure, dans le jardin d'ornement en contre-bas, entre la maison et la route, deux grands massifs réguliers étaient plantés de plusieurs centaines de rosiers-buissons et tiges.

A la demande de Jacques Chancel, lors de ma « Radioscopie » : « Quel est le souvenir qui vous a le plus marqué dans votre vie d'amoureux des fleurs ? » j'ai répondu, sans hésitation : « La vue, à dix ans, de la rose *Juliet*, première rose bicolore aux coloris pastel. » Fait curieux, je la vois dans ma mémoire (et je l'ai décrite ainsi) avec des pétales rose clair, revers argenté. Or, le manuel *Modern-roses*, répertoire des roses commercialisées dans le monde, indique : « riche coloris rose rouge, revers foncé doré, feuillage curieux, ourlé. » S'agissait-il, chez le tonton curé, d'une mutation naturelle ? Pourquoi pas ? Ou plus simplement d'une erreur matérielle du livre cité, ou bien d'un étiquetage erroné du rosier ? En tout cas, je ne crois pas me tromper, car la vision de cette rose m'a trop marqué...

Chaque année, l'oncle curé faisait venir de chez Pernet-Ducher, célèbre obtenteur lyonnais du début du siècle, les dernières nouveautés de roses : véritable bénédiction pour accroître la collection de mes variétés nouvelles à Malicorne. Je rapportais les rameaux-greffons par chemin de fer, à la fin des grandes vacances. De quels soins n'étaient-ils pas entourés ! Enveloppés de mousse très humide, dans le panier de Nice récupéré des arrivages d'œillets du Midi pour les fêtes religieuses, j'étais persuadé que ces précautions étaient insuffisantes pour leur survie. Aussi, portant mon panier d'une main, je descendais à chaque station (il y en avait dix de Moulins à Commentry) pour demander au chef de gare où se trouvait le point d'eau et procéder à un bassinage rapide... Fallait-il être "mordu" et y croire !

*(1) Il ne pouvait pratiquer la quatrième, qui est celle de la culture de serre.*

# Le tonton curé

A chaque élection législative, on venait solliciter la candidature du brave curé. Le résultat positif n'aurait fait aucun doute tant il était populaire... Mais, comme moi, la politique ne l'intéressait pas. Ce fut peut-être dommage, car, traditionaliste en matière de religion, il eût été sûrement progressiste pour la défense des déshérités.

N'est-ce pas lui qui déclara au prône, un dimanche — j'étais présent —, que l'esclavage était aboli depuis longtemps, voulant ainsi, publiquement, prendre la défense d'un métayer renvoyé par le nobliau qui assistait à la messe.

Quelques mots encore pour évoquer le "curé mondain". Cette épithète lui convenait vraiment lorsqu'il recevait à sa table des donateurs auxquels il devait un grand merci (le chèque pour l'école libre) ou des personnalités qu'il voulait honorer. Il savait, dans ces circonstances, se transformer en maître de maison "de classe" : table dressée par lui avec nappes et serviettes brodées par sa sœur, beau service de porcelaine, argenterie de qualité, trois à cinq verres en cristal, avec décoration florale dans les grandes occasions.

La réception de loin la plus importante était celle réservée à Mgr l'évêque, le jour de la confirmation. Alors là, le curé-doyen mettait "les petits plats dans les grands" : la belle nappe de vingt-deux couverts (dont mon épouse a hérité) et tout ce qu'il possédait de plus beau pour la table. Le menu était conservé chaque année, afin qu'on ne serve pas les mêmes mets deux années consécutives. Il fallait le voir, assis, découper à table, devant les convives, la volaille rôtie, la reconstituant ensuite dans un grand plat ovale.

C'est une tradition : partout où l'évêque est invité, il prend la place du chef de maison, à plus forte raison à la cure!... Ce banquet se muait d'ailleurs en déjeuner-débat, car tous les responsables des œuvres paroissiales, les prêtres du doyenné et les plus importantes personnalités étaient invités, afin que Monseigneur puisse se rendre compte du potentiel religieux et donner en conséquence les directives nécessaires à son épanouissement.

Tout cela a fait que, nous, ses cinq neveux et nièces, petits campagnards, avons été, durant nos vacances, éduqués dans le respect des principes d'obéissance, de politesse, de bonne tenue à table, etc. : l'oncle, bon et large d'esprit en maintes occasions, était intraitable sur la discipline et le respect des traditions, comme pour tout ce qui se rapporte aux bonnes manières.

Lui qui — toujours — attendait à la sacristie que le premier coup de l'heure de la messe sonne au clocher pour officier, n'admettait absolument pas qu'on soit en retard.

En contrepartie, je le répète, il n'avait pas les idées étroites. Par exemple, lorsque nous allions à la fête patronale de Neuilly-le-Réal, mon cousin Jean Bramat, élève de l'École des mines de Paris, et moi, il nous disait : « Allez danser un bon coup, et si vous trouvez de charmantes cavalières, amenez-les ici, après le bal : le couvert et un goûter vous attendront »; ce qui a été fait à deux reprises!

Il est vrai qu'il était très fier de nous deux : « Jean Bramat, mon cousin, disait-il, qui sera bientôt grand ingénieur » — il l'est devenu — et : « Georges, mon neveu, bien parti pour être le grand horticulteur parisien. » Cela explique pourquoi, plus tard, je n'ai eu nul complexe à prendre ce titre.

Le jardin d'agrément du presbytère comportait une belle plate-bande de bégonias tubéreux, énormes bulbes conservés en cave, l'hiver, dans du sable sec d'année en année et qu'on plantait chaque printemps — après les avoir fait débourrer sous châssis — en terre très humifère à l'exposition nord, au bas du mur de soutènement de la route.

Faisaient face, en plein midi, les plantes rares craignant le gel : aristoloche, passiflore, fuchsia et surtout une magnifique touffe de *Musa ensete* (bananier d'Abyssinie), très décoratif par ses grandes feuilles. Mon oncle en était particulièrement fier, en raison des régimes de fruits — malheureusement non comestibles — qu'il portait souvent. Tous ces végétaux sensibles au froid étaient enfouis en fin d'automne jusqu'aux beaux jours, sous un amas de feuilles sèches, chaque groupe de plantes coiffé d'un épais chapeau de paille de seigle les gardant au sec.

Ajoutons, pour confirmer l'éclectisme de mon oncle, que ce fut aussi un apiculteur éclairé : toute sa famille, tous ses meilleurs amis, recevaient en cadeau annuel un pot ou un seau de miel.

Dans la région est de Moulins, il y avait, au début du siècle, de nombreux châteaux et gentilhommières, dont les propriétaires jouissaient alors de bonnes ressources financières. Nous partions souvent en visite, à bicyclette, et pendant que l'oncle faisait la parlote au salon de la châtelaine, fréquemment pour exposer les problèmes de trésorerie que lui posait le financement de l'école libre, je demandais l'autorisation de rencontrer le jardinier. Là encore je me suis instruit, en me frottant à ces praticiens éclairés, souvent âgés, de nombreux secrets et trucs de métier, fruits de leur longue expérience.

D'autres fois, nous partions aux champignons : le tonton curé était un mycologue averti. Nous en avons cueilli, et mangé, de ces champignons de toutes formes et couleurs, dont certains d'aspect franchement repoussant. A chaque sortie, nous faisions étape chez un ou plusieurs métayers. Dès l'arrivée, après la manifestation de joie des paysans, que notre visite enchantait, la fermière s'empressait d'aller chercher une poignée de grain, pour attraper le plus gros poulet et lui tordre le cou. Elle le mettait à rôtir *illico* et le servait accompagné des champignons sautés fraîchement cueillis... Quel régal ! Après le souper, le fermier attelait la grosse jument poulinière au break ; les vélos étaient placés dans la caisse des sièges arrière, tandis que nous nous installions sur le grand siège élevé de l'avant... « parce que, la nuit, il y a danger à rouler en vélo », disait notre hôte attentionné.

Dans cette région moulinoise, la paysannerie était beaucoup moins évoluée que dans notre Combrailles. La superstition, les envoûtements , les sorts étaient monnaie courante. Aussi, dès que dans un hameau, l'arrivée de "môssieu le curé" était annoncée, il n'était pas rare de voir un paysan arriver tout essoufflé, disant : « Oh ! môssieu le curé, je vous en prie, venez vite jusque chez nous, on nous a jeté un sort (1) : nos cochons grimpent après les murs. » Ou encore : « Nos vaches ne veulent pas remplir. » Et bien d'autres ennuis se rapportant toujours au bétail. Alors le bon curé s'excusait : « Ce n'est pas possible aujourd'hui, je n'ai pas d'eau bénite... Dans deux ou trois jours je reviendrai... » Parole toujours tenue. Et ces pauvres gens, confiants, auraient donné leur chemise en remerciement, après la prière d'exorcisme et l'aspersion d'eau bénite. Cette confiance n'était pas imméritée, car souvent le résultat était positif ! On pouvait le penser à juste titre, puisque, quelques jours plus tard, une paire de poulets étaient apportés à la cure...

*(1) Il existe toujours, dans chaque diocèse, un exorciste pour "lever les sorts".*

# Avec ma sœur en 1913

*Dans mon jeune âge, ici à sept ans : toujours l'air inquiet...*

Certains films ou clichés stéréotypés montrent des trains de jeunes soldats qui partaient au front, en août 1914, en chantant, "la fleur au fusil". Tel n'était pas, en tout cas, le contexte à Malicorne, lorsque a retenti le tocsin, attendu dans l'inquiétude après la pose des affiches annonçant la mobilisation générale.

J'étais avec mes parents, occupé à faucher le froment dans le champ de l'Étang. Selon l'habitude, mon père utilisait le *râteau*, ma mère ramassait la javelle, ma sœur et moi nous glanions. Rien, en ce temps-là, ne devant se perdre, il s'agissait de ramasser les quelques épis épars pour les mettre en *grenées* : grosses poignées de tiges formant un beau bouquet d'épis, qu'on faisait lier au père en disant chaque fois : « En voilà une belle ! »

Ce travail, qui nous était payé deux sous la *grenée*, continuait lors des différentes façons de la moisson : liage des gerbes, mise en *treiziaux* (tas de treize gerbes) et chargement sur la *chassine* (char avec timon, tiré par deux vaches attelées au joug). Nous arrivions à collecter ainsi un sac de grain réservé à l'élevage des volailles. Les choses ont bien changé depuis. « Quel gaspillage ! » s'écrieraient nos aïeux s'ils pouvaient voir le résultat de la mécanisation et le gâchis de notre société de consommation, même en milieu rural.

Mais revenons à la déclaration de guerre. Mon père faisait partie des quatre millions d'agriculteurs actifs mobilisables ; en tant que réserviste, il fut appelé trente jours plus tard, comme son livret militaire le lui enjoignait. Que sa tristesse était grande d'abandonner sa famille, son foyer, sa ferme, les travaux de la moisson non encore terminés ! Le grand-père, qui souffrait violemment d'asthme — héritage du travail à la mine —, était bien incapable de faucher. Ma mère essaya à plusieurs reprises : avec ses quarante kilos, il n'en était guère question. Alors le père Boutonnet et le père Dubœuf, ce dernier mineur retraité, malgré, respectivement, leurs soixante-quinze et soixante-douze ans, animés par la présence et le courage sans faille de ma mère, se relayèrent, pendant les quatre années que dura le conflit, pour assurer la permanence des travaux agraires.

Curieux personnage, le père Boutonnet, qui n'a travaillé que les dernières années de sa vie, pour aider ma mère. Il avait été le plus riche propriétaire du bourg de Malicorne. Tous les terrains de la Croix-Magnet à la place du Bourg, la ferme Fournier et combien d'autres, lui appartenaient. Se plaçant en dehors de la société — ni travail, ni famille —, il a tout vendu pour boire, morceau de terre par morceau de terre. Quand je l'ai connu, ruiné, il vivait dans une petite pièce de la rue des Cannes — véritable tanière — comme un vrai clochard... campagnard.

Nous prenions, ma sœur et moi (quoique fort jeunes), notre petite part de travail à la ferme et à la maison. Julie avait la charge de la basse-cour, surveillait la cuisson des légumes pour les bêtes ; à la maison, elle lavait la vaisselle et chaque samedi *éguassait* (1) les carreaux de terre cuite de la pièce à vivre.

Quant à moi, malgré ma frêle constitution physique (2), je devais soigner les poules, les lapins, les pigeons. Le dimanche, avant la messe, je cirais les chaises et la partie basse des bois de lits. Chacun à notre tour — c'était bien noté — nous passions la mine de plomb sur le poêle en fonte, nouveau venu prestigieux... ce n'était pas un travail passionnant car après il fallait *décœurer* (3) nos mains !

Et tout ça était normal en ces temps difficiles.

*(1) Mouiller à grande eau. Une "éguasse" est une trombe d'eau.*
*(2) J'avais bien du mal à l'accepter. Combien de fois me suis-je posé la question à l'âge ingrat de l'adolescence : pourrai-je faire un homme ? Etat d'âme douloureux envers ce qui m'apparaissait alors comme l'injustice de la trop grande différence, particulièrement avec mon cousin, et que j'expose plus avant.*
*(3) Nettoyer fortement.*

# Avec ma mère et ma sœur en 1917...

*... pour que mon père, au front, ait une photo des siens.*
*Ma mère, qui s'efforce de sourire, porte la même robe de taffetas de soie qu'au mariage dont j'ai parlé p. 89.*

# Travail épuisant de ma mère en 1914-1918

Quelles difficultés de toutes sortes cette guerre n'apporta-t-elle pas dans la campagne ! Les publications ne manquent pas pour situer et glorifier l'effort fourni par les femmes des mobilisés. Voici ce qu'en dit, avec lyrisme, Emmanuel Labat : « Dans cet immense effort, les femmes tiennent le premier rang, avec honneur et entrain qui est beauté ! »

Je me bornerai donc à rappeler ce que j'ai personnellement vécu pendant ces années douloureuses.

Il est bien vrai, d'abord, que rien ne peut être comparé au courage, à l'effort physique extraordinaires de ma mère, soutenue par un moral d'acier au-dessus du commun (1) ; à son sens du devoir, à ses privations aussi, pour que ma sœur et moi (mon frère Robert est né en 1920) ayons, avec un peu plus d'instruction, une vie meilleure ; car « les difficultés du moment ne devaient être que passagères ». Je pourrais consacrer un livre entier à ce sujet, mais ce n'est pas ici mon propos.

Je me contenterai donc de donner un aperçu des contraintes du labeur quotidien de ma mère, aidée quelquefois d'un de ses vieux qui *traînait la jarre* (2), et plus souvent seule !

— Lever avec l'angélus : cinq heures l'été, six heures l'hiver : le feu est allumé (par la grand-mère quand elle le peut, le café mis à chauffer. Il faut panser les bêtes, mettre le foin dans le râtelier ; les légumes (betteraves et carottes fourragères), coupés la veille par le grand-père (3), doivent être portés dans les auges dans de lourds paniers. Pendant ce temps, le père Dubœuf ou le père Boutonnet, qui vient d'arriver, abreuve les bovins. Il faut aller "tirer" l'eau au puits avec deux seaux, suspendus au "joug", balancier que l'on place en travers des épaules.

— Retour à la maison pour activer le feu, boire le café et porter une tasse aux vieux s'ils sont fatigués ou malades.

— Ma mère continue : elle prend la *potte* (4) et les deux *jadeaux* (5), car l'aide *ajoute* (6) lui aussi, pour recueillir le lait des cinq vaches. Il faut pour cela s'asseoir sur la *selle* (7). Retour à la maison pour passer le lait dans la passoire. En certaines périodes, au lieu de six heures en hiver, on s'est levé à cinq heures, car Mme Martinat qui, elle, se lève à quatre heures pour aller vendre son lait à Commentry, fait étape chez nous, pour prendre au passage un complément d'approvisionnement.

— Immédiatement après, quelques voisins viennent avec leur bidon chercher le lait frais pour le petit déjeuner : il faut les servir. On met les sous de bronze dans une boîte de dragées "serrée" entre les cuillères et les fourchettes, dans le tiroir de la table, laquelle sert à tout : c'est vraiment la table de travail.

*(1) Je reconnais volontiers que bien d'autres ont été aussi courageuses.*
*(2) Qui marche mal, en traînant les pieds.*
*(3) Habituellement, le grand-père les préparait dans la grange, mais, quand il faisait froid, il faisait ce travail dans la pièce commune : imaginez le nettoyage qui en résultait avec la terre des betteraves et des "topines" (topinambour).*
*(4) Grand seau à lait en fer-blanc.*
*(5) Petits pots, vases où l'on recueille le lait de la traite.*
*(6)* Ajouter : *traire.*
*(7) Siège bas, en bois, reposant sur trois pieds.*

# Ma mère pendant la guerre 1914-1918

La soupe est mise au feu. Il faut donner à manger aux cochons : éventuellement l'aide s'en charge... Mais ma mère doit panser les poules et les lapins. Retour aux bovins des écuries pour sortir le fumier et faire la litière : on s'y met à deux... quand le deuxième est là ! Vivement à la maison pour le petit déjeuner. Lavage de la vaisselle, celle des repas et du laitage, que la grand-mère essuie. On continue les travaux ménagers : lits à faire, rangements divers, balayage. Il faut songer au repas de midi. Si le grand-père n'est pas trop poussif, il va cueillir les légumes au jardin, sinon c'est encore à ma mère de s'y rendre, de les nettoyer, de les mettre à cuire avec le lard du saloir. Puis vient le travail de la laiterie : fromages à faire, beurre à battre chaque semaine, les sous-produits étant mis de côté pour les cochons.

Mais, pendant cette matinée de travail intense, il a fallu trouver le temps pour s'occuper des gamins qui vont à l'école. Les vieux, il faut aussi les "respecter" : lorsque le grand-père, catarrheux en diable, gardera le lit, et que la grand-mère ne sera plus assez vaillante, il faudra les soigner, s'occuper d'eux quotidiennement, tels des enfants !

A midi, il faut mettre la table : ce sera vite fait, une assiette creuse suffit à tout ; on la retourne s'il y a dessert : miel, fruits, brioche ou tarte, flan chaque dimanche soir. Dépêchons-nous de faire la vaisselle avant de partir travailler aux champs pendant les beaux jours, ou, si le temps n'y est pas, mettre à cuire les pommes de terre pour les cochons, ou encore faire la *bujeau* (1) : le linge sera ensuite rincé à l'étang de Chevaton, transporté soit dans le tombereau à cheval, soit dans la brouette qu'il faut pousser dans le chemin cahoteux épouvantablement dégradé de la Font-Marlon. Marie Pailheret "prêtera la main".

Quand le temps est favorable, tous les travaux agricoles d'une ferme de dix hectares sont à exécuter. Fumier à charger, rouler et épandre : ma mère ne rechignait pas même à cette tâche. Les labours, les vieux domestiques pouvaient s'en charger en se laissant traîner par la charrue. Puis, semailles, foins, moissons et tous autres travaux. En hiver, l'arrachage des topinambours se faisait souvent le jeudi, pour que nous apportions notre aide au ramassage. Malgré les gants tricotés, quelle onglée !...

Retour, suivant la saison, entre seize et dix-huit heures. Il faut songer à soigner les bêtes, comme le matin : bovins, cochons, poules, lapins, etc. Il faut les nettoyer. Il faut faire la traite du soir, distribuer le lait. Il faut préparer le dîner. Il faut... il faut... A quoi ma mère répond toujours avec fermeté : « Faut bien que tout se fasse !... » Rien à ajouter à cette conclusion péremptoire.

Mais, après le repas du soir, il faut encore s'intéresser aux devoirs scolaires des enfants, souvent jusqu'à 22 heures... Eux, au moins, ne doivent pas souffrir de cette guerre, des privations, du travail de forçat des parents. Il faut qu'ils aient une vie meilleure. Pour cela il faut (toujours il faut) veiller à leur instruction et à leur éducation. Femme de devoir, en dépit de toutes ces contraintes éreintantes, ma mère assurera pleinement, en plus, son rôle d'éducatrice.

Presque chaque jour, il est vrai, Marie Pailheret, notre bonne voisine, a donné un coup de main d'une heure ou deux (2). « Quelle chance d'avoir du "si bon monde" près de chez soi », dit ma mère que ce service amical et apprécié aide à supporter son sort.

*(1) La grande lessive des draps se faisait deux ou trois fois par an dans un grand cuvier* (bujeau) *en terre cuite noire. On mettait les cendres de bois dans une grosse toile appelée* bourrat. *On arrosait à intervalles réguliers avec le liquide chaud (lessi) qui était récupéré du trou de vidange grâce à une mâchoire d'âne placée devant le trou, à l'intérieur, pour empêcher l'obstruction par le linge.*
*(2) En particulier pour chauffer le four... tout cela dans la pièce à vivre !*

Voyant s'amonceler les difficultés dans lesquelles leur *gendresse* (1) se débattait, craignant le pire pour la fin de leurs jours, c'est-à-dire de ne pas mourir dans leur lit (la vieillesse est souvent égoïste), les grands-parents devenaient de plus en plus ronchonneurs, pénibles, difficiles à supporter. Lorsque, en été 1917, après le certificat, ma mère déclara qu'elle allait prendre conseil de "l'abbé" (le tonton curé) pour envoyer ma sœur en pension, ce fut une levée de boucliers — terrible —, non pas une discussion âpre, mais une dispute acerbe, avec éclats de voix "qu'on entendait de la route".

Claude Michelet, dans son roman *Les Palombes ne passeront plus* (2), fait tenir ce langage au grand-père Jean-Édouard Vialhe, s'adressant à son fils Pierre-Édouard et à sa belle-fille Mathilde, à propos de leur décision de mettre leurs deux fils en pension à Brive :

« ... "S'ils font des études, il seront foutus pour la terre... ils seront devenus tellement fiers qu'ils ne me connaîtront plus ! Et vous non plus d'ailleurs. Voilà ce qui vous attend, je vous le prédis : des enfants qui vous mépriseront et des terres en friches... Ça te portera pas chance, je te dis, c'est ton malheur que tu prépares !" prédisait-il à son fils. »

Le grand-père Jean ne parlait pas autrement. Il ajoutait : « *In a forte fille qu'ma vous avez, al s're pas mieux à sa place à vous soulageâ, qu'à faire le demoiselle à Moulins, vous que pourrez biaube pas tenir le coup ?* » (Une forte fille comme vous avez, ne serait-elle pas mieux à sa place à vous soulager qu'à faire la demoiselle à Moulins, vous qui ne pourrez peut-être pas tenir le coup ?). La grand-mère Julie, avec sa rudesse paysanne naturelle et son franc-parler patoisant et vengeur, fut plus méchante encore : « *Vote fille et vote gars, voulez-vous qué vous ô dise : un jou é vous chiaront su le nâ !* » (3)

Pareil anathème aurait de quoi, sur le coup, briser la volonté la mieux établie. Celle de ma mère était plus forte encore. Le tonton curé put obtenir la quasi-gratuité des études au pensionnat Notre-Dame à Moulins, où ma sœur Julie fut sans doute mise, comme l'écrit Edmonde Charles-Roux (4), « dans le groupe des orphelines et nécessiteuses parquées (*à la grand-messe*) dans les bas-côtés, alors que les jeunes filles des classes payantes occupaient la travée centrale... » Quoi qu'il en soit, ma sœur fit deux années de pensionnat. Elle s'y trouvait donc quand, le 2 février 1918, la poudrière de Moulins explosa (2 400 tonnes de poudre et explosifs partis en fumée !) Cette catastrophe fit trente-deux morts et plus de deux cents blessés. Je crois me rappeler que c'était un dimanche matin vers huit heures, car, dans l'attente des nouvelles, tous les habitants de Malicorne apeurés, avec mes parents paniqués, s'étaient retrouvés à l'église pour prier. Pendant ce temps, toutes les pensionnaires avaient été évacuées, un manteau passé en hâte sur la chemise de nuit, vers l'abri — tout relatif — de l'église d'Avermes.

Le grand-père, décédé en 1919, la grand-mère en 1920, se sont-ils rappelé, à leurs derniers moments, leurs propos, véritable malédiction, tandis que ma brave sœur, revenue du pensionnat, aidait notre mère à les soigner avec dévouement, jusqu'au bout, prêtant même la main à leur toilette funèbre ? Peut-on savoir ?... Ce sens du devoir envers les parents apparaissait si normal et si naturel autrefois malgré les vexations subies.

*(1) Belle-fille.*
*(2) Éd. Robert Laffont.*
*(3) Votre fille et votre fils, voulez-vous que je vous le dise : un jour ils vous déféqueront sur le nez.*
*(4)* L'Irrégulière (Coco Chanel), *Grasset édit.*

*LES « POILUS » DE L'ARMÉE TERRITORIALE.*
*Sur le front d'Alsace en 1915, l'escouade de mon père :*
*(1) Mon père. (2) Adjudant-chef Gourichon. (3) Sergent Fournet.*
*(4) Caporal Eugène Bernard (notre cousin). (5) Un « pays », Boutin.*

## Le rôle merveilleux des femmes paysannes pendant la Grande Guerre

Après sa journée de travail épuisant, lorsque tout le monde était couché et que régnait dans la salle commune un calme tout relatif en raison de l'asthme du grand-père, trois fois par semaine ma mère écrivait. A mon père d'abord, pour lui donner, avec les nouvelles de la famille et de la vie courante, le compte rendu précis de tous les travaux effectués : ainsi, mon père pouvait suivre par la pensée le rythme de la vie de sa ferme. Mais aussi à ses proches, pour, disait-elle, "soutenir le moral".

Voici, reproduite ci-contre, une lettre de ma mère à sa sœur Louise Martin au village du Cluzeau, commune de Lapeyrouse (Puy-de-Dôme), qui, mieux que toute rédaction de ma part et dans la touchante simplicité du parler familier, montre les difficultés réelles, les soucis de toute sorte, le courage et le moral d'acier des femmes paysannes pendant la Grande Guerre, tous critères illustrés par cette missive :

# Lettre de ma mère à sa sœur Louise

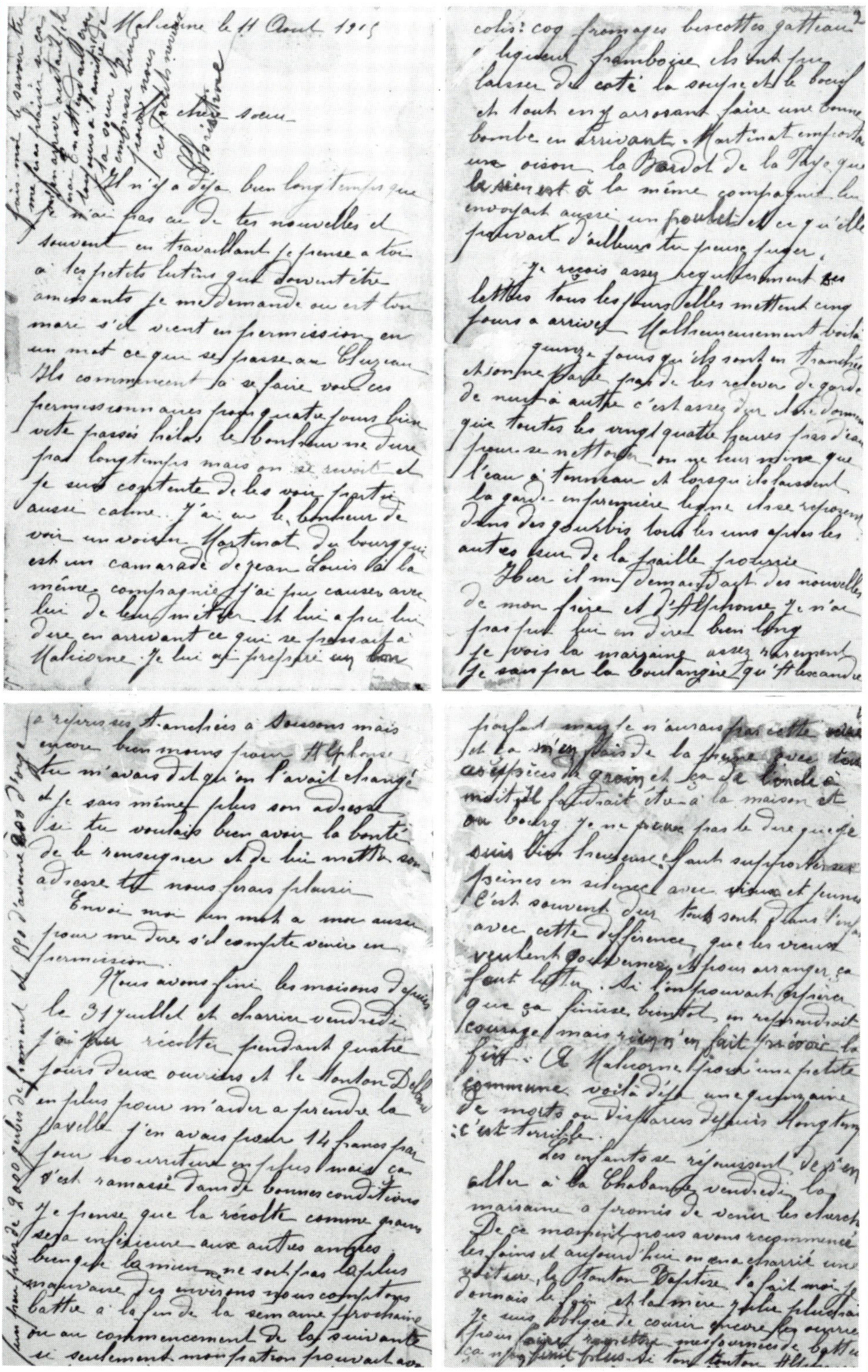

Malicorne le 11 Aout 1915

[illegible] mot [illegible] savoir [illegible] plaisir [illegible] [illegible] embrasse bien fort nous [illegible] ces petits neveux Christine

Ma chère soeur

Il n'y a déja bien longtemps que je n'ai pas eu de tes nouvelles et souvent en travaillant je pense a toi a tes petits lutins qui doivent être amusants je me demande ou est ton mari s'il vient en permission en un mot ce qui se passe au Cluzeau Ils commencent [illegible] se faire voir ces permissionnaires pour quatre jours bien vite passés hélas le bonheur ne dure pas longtemps mais on se revoit et je suis contente de les voir partir aussi calme. J'ai eu le bonheur de voir un voisin Martinat du bourg qui est un camarade de Jean Louis [illegible] la même compagnie j'ai pu causer avec lui de leur [illegible] Il lui a pu lui dire en arrivant ce qui se passait à Malicorne Je lui ai préparé un bon

colis: coq fromages biscottes gatteau liqueur framboise ils ont pu laisser de coté la soupe et le boeuf et tout en l'arrosant faire une bonne bombe en arrivant. Martinat emporta une oison la Bardot de la Haye que le sien est à la même compagnie leur envoyait aussi un poulet et ce qu'elle pouvait d'ailleurs tu peux juger.

Je reçois assez régulièrement ses lettres tous les jours elles mettent cinq jours a arriver Malheureusement voila quinze jours qu'ils sont en tranchée et on ne parle pas de les relever de garde de nuit à autre c'est assez dur [illegible] que toutes les vingt quatre heures pas d'eau pour se nettoyer on ne leur sert que l'eau à tonneau et lorsqu'ils laissent la garde en première ligne il se reposent dans des gourbis tous les uns après les autres sur de la paille pourrie

Hier il me demandait des nouvelles de mon frère et d'Alphonse je n'ai pas pu lui en dire bien long je vois la marraine assez rarement je sais par la boulangère qu'Alexandre

a repris ses tranchées à Soissons mais encore bien moins pour Alphonse tu m'avais dit qu'on l'avait changé et je sais même plus son adresse si tu voulais bien avoir la bonté de le renseigner et de lui mettre son adresse tu nous ferais plaisir

Envoi moi un mot a moi aussi pour me dire s'il compte venir en permission.

Nous avons fini les moissons depuis le 31 juillet et charrier vendredi j'ai pu récolter pendant quatre jours deux ouvriers et le Tonton Dellac en plus pour m'aider a prendre la javelle j'en avais payé 14 francs par jour nourriture en plus mais ça s'est ramassé dans de bonnes conditions Je pense que la récolte comme grains sera inférieure aux autres années bien que la mienne ne soit pas la plus mauvaise des environs nous comptons battre à la fin de la semaine prochaine ou au commencement de la suivante si seulement mon patron pouvait [illegible]

[illegible] 9000 [illegible] 1900 [illegible]

[illegible] mais je n'aurais pas cette [illegible] la m'en plaisd de la page avec tous [illegible] de grain et [illegible] à midi il faudrait être à la maison et au bourg Je ne peux pas te dire que je suis bien heureuse il faut supporter ses peines en silence avec vieux et jeunes c'est souvent dur tous sont dans l'[illegible] avec cette différence que les vieux veulent gouverner et pour arranger ça font la [illegible]. Si l'on pouvait espérer que ça finisse bientôt on reprendrait courage mais rien n'en fait prévoir la fin. A Malicorne pour une petite commune voila déjà une quinzaine de morts ou disparus depuis longtemps c'est terrible.

Les enfants se réjouissent de s'en aller à la Chabanne vendredi la marraine a promis de venir les chercher De ce matin nous avons recommencé les foins et aujourd'hui on en a charrié une voiture, le Tonton Baptiste l'a fait moi je donnais le foin et la mère y était plus [illegible] Je suis obligée de courir encore les ouvriers pour faire remettre mes journées de battre ça n'en finit plus. Si ton tonton [illegible]

# Mon père au front

Malgré le réconfort moral que lui apportaient les lettres de Malicorne, tant attendues, mon père ne pouvait supporter cette séparation d'avec les siens. La santé de ma mère l'inquiétait beaucoup : pourrait-elle tenir le coup ? La rude et pénible vie des tranchées d'Alsace était insoutenable pour un homme ayant largement dépassé la quarantaine ; elle dura pourtant deux longues années — de 1915 à 1917 : il ne fut nommé brancardier que le 8 mars 1917.

Ces souffrances physiques, et plus encore morales, furent le lot de millions d'autres combattants. Malgré tout ce qui a été dit et écrit, on ne répètera jamais assez la dette de reconnaissance contractée à leur égard par l'humanité entière.

Nous possédons un bien modeste carnet de poche, où mon père a noté au crayon, dans les tranchées, les événements quotidiens de la période de guerre du 12 avril au 17 juin 1916.

La tenue de ce livret, intitulé « Carnet d'observation — 3e section », était probablement obligatoire, car mon père, à quarante-trois ans, angoissé, souffrant des exigences de la discipline militaire, n'aurait sûrement pas pris l'initiative d'écrire chaque jour, heure par heure, ce "journal du feu".

Voici deux exemples de ces annotations fidèlement rapportées :

« 29 avril 1916 — Rude journée ! qui commence tôt... et finit tard ! 4 h 30 : un avion ennemi survole nos lignes sans être inquiété. — 12 h15 : l'artillerie ennemie tire 170 obus de tous calibres dans les environs de nos réserves, deux blessés, dont un grièvement. — 15 h : un de nos avions survole près des lignes ennemies pendant une heure, il est vigoureusement canardé ! — 21 h à 23 h 15 : plus de 1000 obus tirés de plusieurs directions sur la cote 426... »

« 31 mai 1916 — de 4 à 6 h : violent bombardement depuis la tranchée 34 jusqu'à Sippois, de 1200 à 1500 obus, deux hommes tués, un mitrailleur et un brancardier. Les Allemands atteignent la cote 486, prennent pied dans un bout de tranchée qu'on reprend de suite. — 14 h : ils lancent 5 crapouillots sur une de nos mitrailleuses qui tire à gauche du poste 45. — 15 h 30 : nous tirons 10 obus, calibre 75, sur une mitrailleuse ennemie : une qui tire en face des postes 43 et 44... nous tirons, ce jour-là, à l'attaque de la cote 426, plus de 1500 obus, une dure journée ! Accalmie le lendemain, 1er juin : rien à signaler. »

En mai 1917, alors qu'il croyait venir en permission pour notre communion, mon père est gravement commotionné par l'explosion toute proche d'un obus, dont les éclats, ô miracle, ne l'atteignent pas. Evacué à l'hôpital militaire de Nancy à la suite de ce choc qui affecte son équilibre psychique, il reste plusieurs mois dans un état de prostration très grave, refusant de s'alimenter et ne parlant presque plus, se contentant de dire : « Je voudrais voir ma femme. » Début août 1917, ma mère reçoit une lettre de son médecin-chef, disant en substance : « Je crois que si vous pouviez venir près de votre mari, cela pourrait être favorable à son rétablissement... sinon !... » Mais Nancy était en zone des armées, d'où le « si » du médecin-chef...

Ma mère, comme toujours, réagit sur-le-champ. L'instituteur-secrétaire de mairie, M. Murat, lui ayant laissé peu d'espoir d'obtenir un laissez-passer, elle part dès le lendemain pour la sous-préfecture de Montluçon, d'où, à force de supplications, de ténacité, elle revient avec une promesse. Trois ou quatre jours plus tard, l'inespéré laissez-passer lui est remis. Entre-temps, elle avait alerté l'oncle curé pour qu'il l'accompagne, lui disant : « Vous, l'abbé, avec toutes vos relations à Moulins, vous l'aurez plus facilement que moi ! De ce fait, si je ne pouvais l'obtenir à Montluçon, vous iriez seul. »

# Mon père est démobilisé

En ce début d'août 1917, j'étais en vacances chez l'oncle curé à Bessay-sur-Allier. Une dépêche arrive à la cure, demandant d'aller chercher ma mère à Moulins. Quelques heures après avoir eu son autorisation elle avait pris le train. Je l'attendais avec mon oncle à la gare. On s'embrasse; premières paroles :

— Vous avez votre "papier", l'abbé ?

— Non, pas encore, et je ne suis pas sûr de l'obtenir.

— Comment ! vous qui fréquentez toutes les notabilités départementales, vous n'avez rien pu faire ! Ce n'est pas possible. Allons ensemble à la Préfecture...

Et à force d'intercessions, de supplications encore, montrant à tous la lettre du médecin-chef et son laissez-passer personnel, nous revînmes à Bessay avec le second laissez-passer. Telle était l'énergie farouche et irrésistible de ma mère.

A l'hôpital militaire de Nancy, la visite obtint l'effet escompté. Quand on annonça à mon père que son épouse et son frère curé l'attendaient au parloir, il ne fit qu'un bond pour se rendre au-devant d'eux. Par sympathie spontanée pour les deux visiteurs, le médecin-major promit d'accorder un passe-droit dès que le malade irait mieux, se chargeant de le faire accompagner jusque chez nous.

Il tint parole. Quelques semaines après, mon père arrive à Malicorne, en permission libérable, accompagné d'un infirmier. Inutile de dire que ce dernier fut choyé pendant les deux jours qu'il passa à la maison !

Ce n'était pas encore la fin du cauchemar, puisque la guerre se poursuivait. Mais, par force, une certaine forme d'égoïsme s'installe chez ceux qui ont subi de grandes épreuves. Ainsi la vie reprit son cours. Nombreux furent les cas où les femmes de mobilisés ruraux, ayant assumé seules les initiatives et les responsabilités pendant plusieurs années, continuèrent à tenir ce rôle même après le retour du mari. Il en alla ainsi chez nous.

Avec beaucoup de tact et d'amour cependant, ma mère est restée le "chef" jusqu'à la fin. Décidant de tout : acquisition de terres, orientation des productions, programmes d'emblavements, vente des bêtes (elle évitait la réquisition qui "payait mal"), etc. En exemple : voici ce qu'elle écrivait bien plus tard à mon père, le 2 mars 1950, de la clinique Blomet, à Paris, à la veille de la grave opération intestinale (cancer) qui devait l'emporter peu après. Après l'avoir rassuré sur son état : « ... Continue à faire ton petit travail [il était alors en retraite]. Si le temps le permet, tâche de jardiner un peu : petits pois, salades, carottes, etc. J'espère en manger, tu vois. Tu mettras aussi un peu de nitrate sur le froment et l'herbe : ce doit être le moment... » Quelques mois après, elle n'était plus !

Bien évidemment, c'est elle qui, sa vie durant, a "tenu la bourse". Tant qu'il restait un billet de mille francs enfoui sous la pile de draps, la famille était parée, mais lorsqu'il fallait utiliser "les dernières cartouches", c'était la peur constante de la maladie ou d'un accident quelconque avant la nouvelle rentrée d'argent. Quelquefois, d'ailleurs, la soudure ne pouvait se faire ; alors on allait chez la cousine et amie de toujours, Marie Chapelier — l'institutrice — pour un prêt temporaire à taux préférentiel. Peur de manquer d'argent pour finir leurs jours, crainte d'être à charge ou d'être rejeté à l'hospice : voilà le cauchemar des ruraux jusqu'à ces dernières années. Convenons honnêtement que les Assurances sociales, puis la Sécurité sociale, et autres dispositions d'aide à la vieillesse ont été un réel bienfait, particulièrement apprécié de la paysannerie.

# La communion solennelle

Ma sœur Julie avait deux années de plus que moi. Elle aurait dû faire sa communion en 1916. On était en guerre depuis deux ans déjà, et cela ne pouvait durer, disaient en chœur le brave curé Beaulaton et les parents des communiants, dont ma mère. Il fut donc décidé, d'un commun accord, de repousser d'une année cette cérémonie, si importante, si marquante en ce temps-là, de la vie religieuse et familiale. Il fallait bien, en effet, que les pères — ceux qui auraient la chance d'en réchapper — soient présents.

Mais, fin 1916, il y avait eu Verdun, l'enfer de dix mois de combats acharnés ; bilan : 362 000 soldats français tués ou blessés, contre 336 000 allemands. Verdun, Douaumont, la Tranchée des baïonnettes, le Fort de Vaux, c'étaient des noms d'épouvante dont on évoquait chaque jour la tragédie en pertes humaines.

L'année 1917 voit se lever une lueur d'espérance avec l'entrée en guerre des États-Unis d'Amérique. Cependant, la tuerie continue, en particulier au Chemin des Dames où plusieurs soldats malicornais mourront pour la France. Le conflit s'étend à l'Orient ; Jean-Baptiste Delbard, cousin germain de mon père, part pour Salonique. Bref, en dépit de certaines rumeurs auxquelles tous voulaient se raccrocher par haine de la guerre meurtrière, l'espoir d'une paix prochaine s'était évanoui. Aussi, après bien des atermoiements, la cérémonie de la communion solennelle se déroula finalement en 1917, dans un climat de grande tristesse : ma sœur était alors âgée de treize ans. Comme beaucoup d'autres dans ce cas, mon père, hélas, ne put être des nôtres...

Tout de suite ma mère lui fit parvenir la photo ci-dessus. Très fier de sa fille, solide au physique comme au moral, mon père la montra à ses copains, qui lui dirent tous : « Mais ta fille, ce n'est pas une communiante... c'est une mariée ! »

Il fut heureusement présent pour ma communion en 1918. Cette année-là, un mois après, on put fêter aussi ma réussite au certificat d'études primaires. Ce sera mon seul diplôme...

*Julie Delbard*

*Georges Delbard*

En épilogue à ces douloureux événements de la Grande Guerre, je dois conter un épisode assez extraordinaire et beaucoup plus récent.

A la suite de ma « Radioscopie » par Jacques Chancel, le 22 septembre 1975, je recevais une carte de Mme Alice Pierron — 18, route Nationale à Roche-lès-Beaupré 25220. Frappée par le nom de Delbard de Malicorne, cette brave dame voulait savoir si je n'étais pas le fils de Jean-Louis, soldat au 98ᵉ Régiment territorial à Montluçon, qui, fin 1917, avait logé chez son père (M. Coché) à Roche-lès-Beaupré. En raison de la grande probabilité du fait, mon frère lui demanda des précisions complémentaires.

La réponse que nous reçûmes en retour suscita une vive émotion dans notre famille. Je donne ci-après le fac-similé de la belle lettre de Mme Pierron (quatre-vingts ans en 1976), dont on ne sait ce qu'il faut admirer le plus de sa mémoire si fidèle — après soixante-deux années, elle se souvenait encore du prénom de ma mère — ou de sa profonde humanité. Ce document exceptionnel figure ici en témoignage de piété filiale et en gage de reconnaissance à l'égard de notre correspondante.

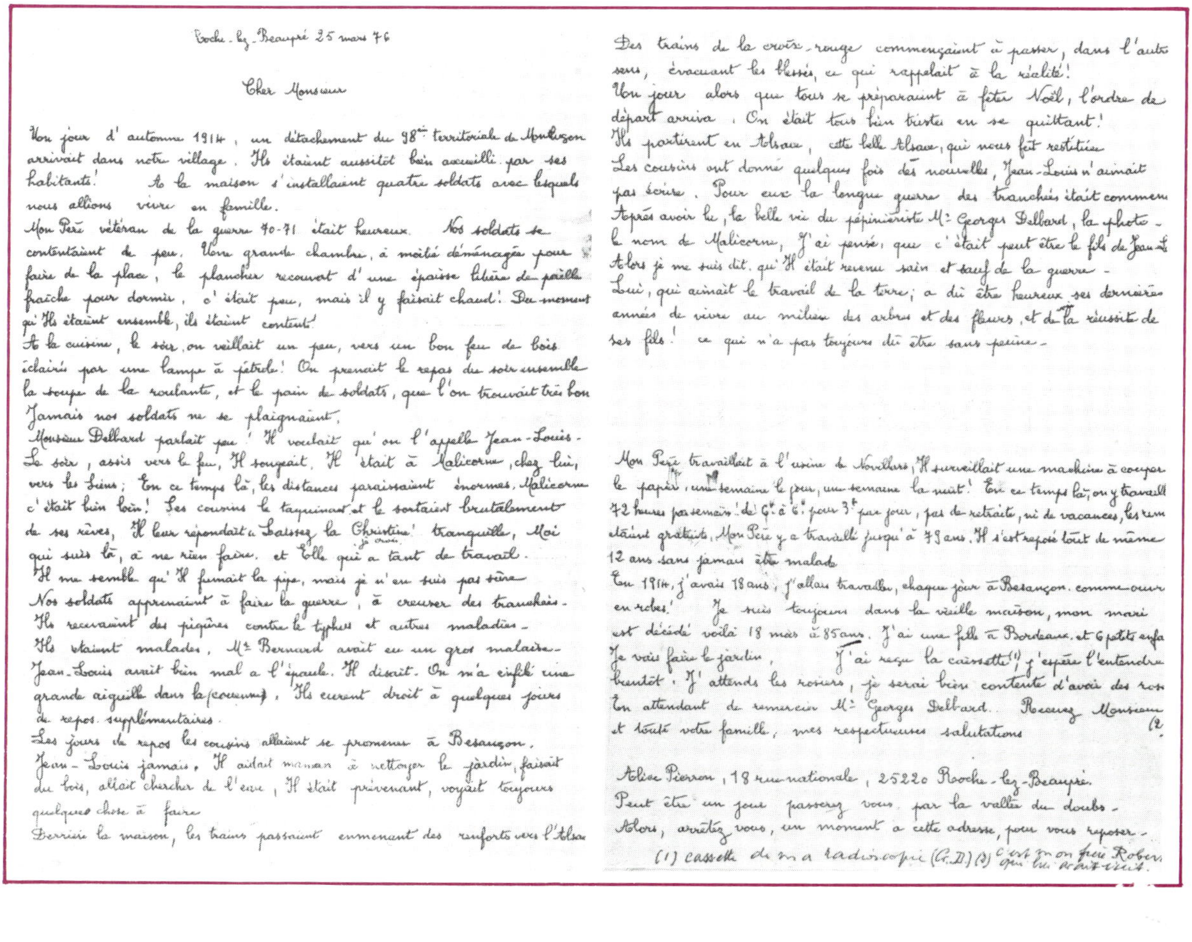

Roche-lez-Beaupré 25 mars 76

Cher Monsieur

Un jour d'automne 1914, un détachement du 98ème territoriale de Montluçon arrivait dans notre village. Ils étaient aussitôt bien accueilli par ses habitants! A la maison s'installaient quatre soldats avec lesquels nous allions vivre en famille.

Mon Père vétéran de la guerre 70-71 était heureux. Nos soldats se contentaient de peu. Une grande chambre, à moitié déménagée pour faire de la place, le plancher recouvert d'une épaisse litière de paille fraîche pour dormir, c'était peu, mais il y faisait chaud! Du moment qu'ils étaient ensemble, ils étaient contents!

A la cuisine, le soir, on veillait un peu, vers un bon feu de bois éclairés par une lampe à pétrole! On prenait le repas du soir ensemble la soupe de la roulante, et le pain de soldats, que l'on trouvait très bon. Jamais nos soldats ne se plaignaient.

Monsieur Delbard parlait peu! Il voulait qu'on l'appelle Jean-Louis. Le soir, assis vers le feu, il songeait. Il était à Malicorne, chez lui, vers les siens; En ce temps là, les distances paraissaient énormes, Malicorne c'était bien loin! Ses cousins le taquinait et le sortaient brutalement de ses rêves, il leur répondait « Laissez la Christine (je crois) tranquille, Moi qui suis là, à ne rien faire. et Elle qui a tant de travail.

Il me semble qu'il fumait la pipe, mais je n'en suis pas sûre.

Nos soldats apprenaient à faire la guerre, à creuser des tranchées. Ils recevaient des piqûres contre le typhus et autres maladies. Ils étaient malades, Mr Bernard avait eu un gros malaise. Jean-Louis avait bien mal a l'épaule. Il disait. On m'a enfilé une grande aiguille dans la (couenne). Ils eurent droit à quelques jours de repos supplémentaires.

Les jours de repos les cousins allaient se promener à Besançon. Jean-Louis jamais. Il aidait maman à nettoyer le jardin, faisait du bois, allait chercher de l'eau, Il était prévenant, voyait toujours quelques chose à faire.

Derrière la maison, les trains passaient emmenant des renforts vers l'Alsace

Des trains de la croix-rouge commençaient à passer, dans l'autre sens, évacuant les blessés, ce qui rappelait à la réalité!

Un jour alors que tous se préparaient à fêter Noël, l'ordre de départ arriva. On était tous bien tristes en se quittant!

Ils partirent en Alsace, cette belle Alsace, qui nous fut restituée

Les cousins ont donné quelques fois des nouvelles, Jean-Louis n'aimait pas écrire. Pour eux la longue guerre des tranchées était commen[cée]

Après avoir lu, la belle vie du pépiniériste Mr Georges Delbard, la photo - le nom de Malicorne, J'ai pensé, que c'était peut être le fils de Jean-L[ouis]

Alors je me suis dit. qu'il était revenu sain et sauf de la guerre -

Lui, qui aimait le travail de la terre; a dû être heureux ses dernières années de vivre au milieu des arbres et des fleurs, et de la réussite de ses fils! ce qui n'a pas toujours dû être sans peine.

Mon Père travaillait à l'usine de Novillars, Il surveillait une machine à couper le papier, une semaine le jour, une semaine la nuit! En ce temps là, on y travaill[ait] 72 heures par semaine! de 6h à 6h pour 3f par jour, pas de retraite, ni de vacances, les rem[èdes] n'étaient gratuits, Mon Père y a travaillé jusqu'à 79 ans. Il s'est reposé tout de même 12 ans sans jamais être malade

En 1914, j'avais 18 ans, j'allais travailler, chaque jour à Besançon. comme ouvr[ière] en robes! Je suis toujours dans la vieille maison, mon mari est décédé voilà 18 mois à 85 ans. J'ai une fille à Bordeaux. et 6 petits enfa[nts]

Je vais faire le jardin, J'ai reçu la cassette(1), j'espère l'entendre bientôt. J'attends les rosiers, je serai bien contente d'avoir des ros[es]

En attendant de remercier Mr Georges Delbard. Recevez Monsieur et toute votre famille, mes respectueuses salutations (2).

Alice Pierron, 18 rue nationale, 25220 Roche-lez-Beaupré.

Peut être un jour passerez vous par la vallée du doubs -

Alors, arrêtez vous, un moment a cette adresse, pour vous reposer.

(1) cassette de ma radioscopie (G. D.) (2) C'est mon frère Robert qui lui avait écrit.

# Après la Grande Guerre

*INAUGURATION EN 1921 DU MONUMENT AUX MORTS DE LA GUERRE 1914-1918*
*1 : J. Fournier — 2 : Tabard-Robert — 3 : Descloux — 4 : Thivrier — 5 : Lamoureux — 6 : Beaumont — 7 : Soulier — 8 : Murat — 9 : Gaston Nicolas (pupille) — 10 : G. Delbard.*

*BANQUET DES ANCIENS COMBATTANTS (DÉCEMBRE 1924)*
*1 : Henri Michard, président — 2 : H. Soulier, secrétaire général — 3 : J. Fournier, maire — 4 : Mon père.*

# Monument aux morts

L'érection sur la place publique d'un monument à la mémoire des soldats de Malicorne « morts pour la France » pendant la Grande Guerre 1914-1918 fut décidée par le conseil municipal dans sa séance du 24 août 1919 (1).

Un an après, le 15 août 1920, le conseil, après délibération et à l'unanimité, approuvait les dits plan et devis établis par M. Nuret, architecte à Commentry, pour la somme de 14 106,08 francs. Les étapes se succèdent à une cadence métronomique, et, le 14 août 1921, le conseil nommait une commission composée de Desgranges, Roudier, Delbard (mon père), chargée d'organiser la cérémonie d'inauguration du monument qui venait d'être érigé. Celle-ci eut lieu le dimanche 25 septembre 1921 à onze heures.

Le journal *Le Progrès de l'Allier* du 26 septembre 1921 en rend compte en ces termes :

« Nos populations bourbonnaises, en plus des qualités admirables de labeur et de volonté tenace qui leur sont propres, ont encore des qualités de cœur qui les honorent au plus haut degré. Le culte qu'elles ont voué aux disparus de la Grande Guerre en est une preuve. Pour l'arrondissement de Montluçon, dimanche dernier c'était Saint-Victor qui inaugurait son monument aux morts, aujourd'hui c'est Malicorne. Dimanche prochain ce sera Cérilly.

« En pierre de Volvic, du monument élevé sur la place de Malicorne il se dégage de sa grisaille tout à la fois une impression de mélancolie et de force. Les trop nombreux noms gravés dans la pierre attestent l'héroïsme, la vaillance et l'esprit de sacrifice des enfants de cette commune.

« Des écoles où rendez-vous avait été pris à onze heures, le cortège précédé des enfants des Ecoles et de la Société des Anciens Combattants se dirige vers le monument.

« En face de ce monument tour à tour prennent la parole :

« Le sympathique M. Fournier, l'un des doyens des maires du département ; son allocution sobre tire bien des larmes de l'assistance.

« M. Soulier, instituteur, grand mutilé de guerre, chevalier de la Légion d'honneur, qui a eu pour chacun de ses anciens camarades le mot plein d'émotion et vrai, en évoquant la jeunesse de ceux qu'il avait suivis dans leur enfance.

« M. Isidore Thivrier, conseiller général, M. Lucien Lamoureux, notre jeune et actif député, M. Descloux, notre député, M. Beaumont, notre sénateur si accueillant, si dévoué.

« M. Tabart-Robert, sous-préfet, dont l'action intelligente et l'abord affable sont déjà si appréciés dans l'arrondissement, prend alors la parole. Avec éloquence, il glorifie les enfants de Malicorne morts pour la patrie, il exprime les devoirs de la France nouvelle qui sont ceux de la France d'hier, c'est-à-dire la paix, mais la paix dans la sécurité, dans la dignité nationale et dans l'union de tous ses enfants.

« Tous ces discours sont soulignés par l'approbation de tous les assistants.

« M. Henri Michard, président, et M. Soulier, secrétaire général de l'Association des anciens combattants de Malicorne, font l'appel des morts, puis, dans un défilé qui impressionne et émeut tout le monde, les enfants des écoles, fillettes et garçons, viennent jeter des fleurs au pied du monument. Ensuite, eut lieu le banquet d'une centaine de couverts. »

*(1) Dans sa lettre du 10 septembre 1920, l'ingénieur en chef des travaux à Moulins, membre de la Commission des monuments commémoratifs, regrette le choix du lieu en ces termes : « Le projet du monument est constitué par une colonne supportant une urne funéraire. Il semblerait qu'en raison de cet emblème, ce monument serait mieux placé dans le cimetière communal que sur une place publique... »*

# Adolescent et jeune homme

*A l'école libre de Commentry. A droite, le directeur : Louis Vincent.*
*Je n'étais peut-être pas le plus petit (X) mais sûrement pas parmi les « grands ».*
*Roger Michard (XX) est au 1er rang.*

*J'ai vingt ans.*

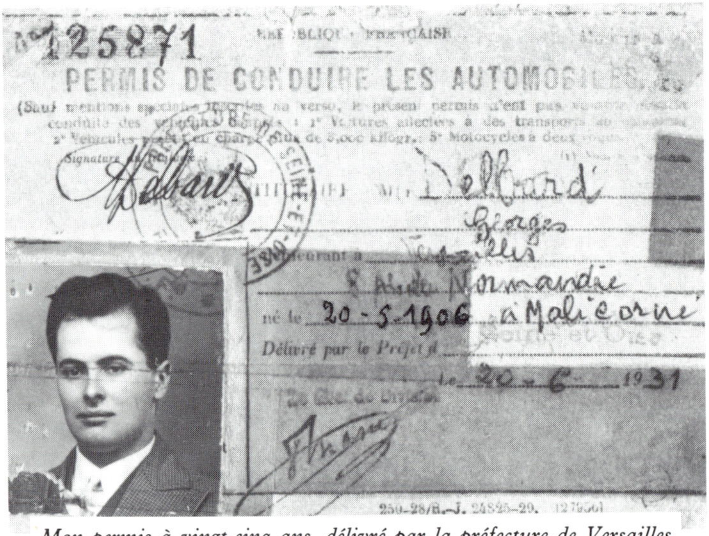


*Mon permis à vingt-cinq ans, délivré par la préfecture de Versailles.*
*55 années de conduite sans accident.*

# A l'École des frères des écoles chrétiennes

Ayant obtenu le certificat d'études primaires le 20 juin 1918, j'entrai à l'Ecole des frères des écoles chrétiennes à Commentry, dans la classe de primaire supérieur de "Monsieur" Vincent, le 1er octobre suivant :

Bien qu'il s'agisse du même ordre religieux, je puis témoigner qu'à Commentry il en allait tout autrement qu'à Ambert, où, nous dit Antoine Sylvère (1) :

« L'Ecole des frères fournissait ainsi à la bourgeoisie locale une ample provision d'adolescents préparés à leur futur rôle d'ouvriers et de métayers sans exigences, silencieux, soumis, craintifs. Les coups, administrés à tout propos et hors de propos, imposaient à l'enfant une sorte de fatalisme sombre qui, joint à tout un système d'humiliations dégradantes, en faisait peu à peu un être veule et lâche... »

« Tout ce qui est excessif est sans importance » nous assure Talleyrand. Pour ma part, je ne puis que m'étonner des jugements outranciers de l'auteur ci-dessus cité, et je suis absolument certain que, si les milliers d'élèves formés à l'école de la mine de Commentry pouvaient témoigner, le nombre serait bien restreint des mécontents ou des "ratés" vilipendant leurs maîtres.

Nombreux sont encore les survivants qui affirment le contraire — comme le fait Roger Michard, camarade d'école, ingénieur retraité près de chez moi, à Montvicq, dans une lettre qu'il m'adressait en 1983 avec la photo ci-contre :

« En ce qui concerne le frère Vincent, je dois t'avouer qu'il m'a toujours inspiré une certaine crainte. Bien qu'imprécise alors, il me semble maintenant qu'elle reposait d'abord sur *le respect et plus encore sur le savoir de l'homme.* »

Oui, le frère Vincent a fait de nous des Hommes (avec un H majuscule) et, dans bien d'autres écoles de cette institution, il en est allé et il en va encore de même.

Alors, pour moi, Ambert ne peut être que l'exception. Exception (également avec un E majuscule) qui permettrait par là même à l'auteur de montrer qu'ayant fréquenté cette école damnée, son mérite personnel s'en trouve accru.

Voici la brève histoire de l'école libre de Commentry écrite par le docteur A. Mony en 1911 (2) : « C'est fin 1850 que trois frères des écoles chrétiennes viennent à Commentry pour ouvrir l'école de la mine. Quelques années plus tard, ils étaient déjà douze, avec un effectif de 682 élèves en 1869... »

(1) Toinou. Le cri d'un enfant auvergnat, *Plon édit.*
(2) Histoire d'une mine : Commentry, *Hachette édit.*

# L'école libre de Commentry

L'auteur continue :

« Combien éloquente serait la liste des ingénieurs, architectes, chefs de services, contremaîtres, chefs mineurs, dessinateurs et employés, qui, à Commentry, Brassac, Decazeville, Montluçon, Tuquenieux, etc., sortent, et depuis bien des années déjà sont sortis de l'école de la mine. »

Et il ajoute :

« Les frères de Commentry ne se sont pas bornés aux expositions locales, ils ont eu aussi la hardiesse d'affronter le brio des expositions universelles : et chaque fois des médailles et des diplômes d'honneur leur ont montré que leurs travaux (ceux de dessin surtout) avaient été goûtés et appréciés. Ainsi en a-t-il été aux expositions universelles de Vienne 1873 (médaille d'argent) — de Londres 1884 (diplôme d'honneur) — de Chicago 1893 (diplôme d'honneur) — de Paris 1900 (diplôme de participation). A cette dernière exposition, l'institut des frères a obtenu, pour l'ensemble des travaux de ses écoles, 60 récompenses diverses (4 grands prix, 13 médailles d'or, 22 médailles d'argent, 14 médailles de bronze et 7 diplômes d'honneur). L'école de Commentry a contribué pour sa part à l'obtention de ces nombreuses récompenses. »

Le 29 juillet 1908, dernière distribution des prix. Le décret du 6 juillet ayant fermé l'école des frères, plusieurs enseignants partirent pour l'étranger : Italie, Belgique, Syrie. Le 3 octobre 1908, l'école libre, subventionnée par la mine et la forge, rouvrait sous sa nouvelle forme, c'est-à-dire avec des maîtres ayant déposé l'habit de l'ordre interdit.

Le frère Pierre, établi depuis onze ans à Commentry, reprit son nom de Louis Vincent et devint directeur de l'école.

Quand il m'accueillit, avec sa grande bienveillance, en 1918 — il était alors commentryen depuis vingt et un ans — je me sentis tout de suite en total accord de pensée, en parfaite confiance avec lui. Quel merveilleux éducateur il fut ! Enthousiaste, toujours souriant, vif et pétillant d'esprit, à la démarche rapide. Un homme dynamique, irradiant de bonté et de volonté.

Il avait aussi beaucoup d'humour, ce qui plaît aux jeunes. Avec son sourire malicieux, il disait à Pierre Gidel (de Colombier) : « Toi, t'es le "gros Piarre", moi je suis le "p'tit Piarre". »

Il sortait par la porte, côté cour, et aussitôt le chahut commençait ; il faisait le tour des bâtiments et, côté jardin, mettait la tête à la fenêtre ; pouffant de rire, il avertissait : « Les gars, faites gaffe... voilà le singe ! »

Monsieur Vincent voulut me présenter au concours d'entrée des Écoles préparatoires d'arts et métiers de Reims et Cluny, où l'école des frères obtint de nombreux succès. Admissible au 132e rang sur plus de 500 candidats, je fus par la suite éliminé, le nombre des admis ayant été limité à 120. Échec qui, sur le coup, m'affecta profondément, mais qui, en fin de compte, s'avéra porteur de chance.

A mon retour de Moulins, où avait eu lieu l'examen, Monsieur Vincent me demanda le sujet des compositions. En orthographe d'abord. Je ne me rappelle plus aujourd'hui le titre de la dictée, mais je me souviens parfaitement du début : « *Considérez que la terre est la plus ingrate des marâtres : elle cache dans ses entrailles...*, etc.

*(1)* Histoire d'une mine : Commentry, *Hachette édit.*

Il ne me laissa pas achever. Je le vois encore bondir, saisi d'une colère soudaine :
— Quelle honte pour notre éducation nationale d'inculquer pareille erreur, pareille ineptie, à de jeunes garçons ! Oui, c'est trahir la vérité. Tu ne le crois pas, toi, Georges, ce qu'on t'a fait écrire ?

— Oh ! non, je ne le crois pas, m'sieur. Je sais bien que, si on soigne la terre, elle est, au contraire, reconnaissante de ce qu'on a fait.

— Quand tu fais de bons composts pour tes chrysanthèmes, reprend Monsieur Vincent, est-ce que tu n'as pas de plus belles plantes ?...

— Oh ! si, m'sieur, c'est fondamental le compost pour les chrysanthèmes ; d'ailleurs le livre du chrysanthèmiste J. Lochot le dit bien (1).

— Alors tu vois, au fond, c'est peut-être mieux que tu n'aies pas été reçu. Comme ça tu pourras peut-être, en continuant d'aimer la terre, être plus heureux dans le métier de jardinier qui t'attire.

Prémonition de bon aloi, preuve certaine de sa compétence d'éducateur — sondeur des âmes.

Monsieur Vincent aimait beaucoup ma mère : il était en admiration devant son énergie, son bon sens, son réalisme. Il venait assez souvent, le dimanche, déjeuner en toute simplicité à la maison, seul d'abord, puis, les dernières années, avec son frère qui résidait à Commentry. Un jour, "la Christine" lui ayant confié qu'elle venait de m'annoncer la future naissance d'un petit frère ou d'une petite sœur (ce sera mon frère Robert), M. Vincent me convoqua peu après dans son bureau pour m'en parler.

Comme je voudrais avoir la mémoire assez fidèle pour transcrire textuellement les phrases émouvantes qu'il trouva pour me préparer à ce grand événement familial ! Je me refuse à reconstituer ses propos : tout ce que je pourrais écrire ne serait qu'un pâle reflet de sa haute pensée. Sachez seulement que, soixante-cinq ans plus tard, me remémorant l'entrevue, je me sens encore tout ému... et je songe à l'influence primordiale que tout pédagogue exerce sur les adolescents qu'il a charge d'éduquer. Effrayante responsabilité !

Après son décès, Monsieur Vincent fut remplacé par M. Goutayer, avec lequel, en ce qui me concerne, le courant ne put jamais passer (2).

Aussi, quelques mois plus tard, début 1922, quand, dans notre école, l'Administration des forges annonça un concours destiné au recrutement de cinq jeunes employés de bureau auxiliaires, ma décision fut vite prise d'y participer ; je fus reçu premier, je crois.

Ma mère, tout en regrettant que je ne pusse, de ce fait, passer le brevet élémentaire, m'avait encouragé des deux mains. « Tu gagneras ta vie, tu resteras avec nous. » C'était une décision, en fait, qui lui convenait parfaitement, car, si je n'étais pas assez "costaud" pour faire un agriculteur, je pourrais du moins continuer à m'intéresser aux "bouquets". De plus, j'apporterais un petit courant d'argent frais chaque mois, bien nécessaire pour la période difficile de la soudure. Promu paysan-employé d'usine, je continuais ainsi la tradition... interrompue par mon père.

*(1)* Le Chrysanthème, *Maison rustique édit.*

*(2) L'école périclita rapidement faute de moyens financiers, mais aussi de valeurs pédagogiques. Elle fut définitivement fermée et reprise par la municipalité de Commentry en 1924 pour devenir l'école laïque. Les bâtiments ont été abattus en 1985, pour faire place au nouvel hôtel des postes et télécommunications.*

# Jusqu'à mon départ de Malicorne

Pendant les quatre premières années scolaires, à l'École des frères, je parcourais à pied les 3 km séparant Malicorne de Commentry. J'étais protégé par la *capiche* (1) et son capuchon de drap noir, de bonnes galoches aux pieds, le sac d'écolier au dos et, au bras, le panier noir à couvercle contenant la gamelle de midi, que je portais chaque matin chez la "mère Ecker" qui se chargeait de la réchauffer.

Une femme étonnante que cette dernière. Aux petits soins pour moi et pour mon cousin Edmond Gidel (nous déjeunions ensemble) : à quatre-vingts ans, elle était d'une gaieté inaltérable. Sa spécialité : elle pétait à volonté. Aussi, dès qu'une personne qui l'ennuyait par ses histoires personnelles était partie, elle attendait un moment derrière la porte, puis, lâchant deux ou trois pets sonores, elle s'exclamait : « Tiens, voilà pour toi et pour les riches, les gueux s'en passeront ! » La rigolade à chaque coup !

Très éprouvée par la vie, beaucoup d'autres à sa place auraient capitulé depuis longtemps. Elle était restée veuve, très tôt, avec treize enfants à charge : le plus jeune n'avait que deux ou trois ans, les deux filles aînées étant heureusement placées comme bonnes à Paris. Dans cette situation tragique, cette femme à la volonté farouche réussit à élever sa nombreuse famille sans autres ressources que celles qu'elle tirait de la livraison du pain quotidien au domicile des adhérents de la boulangerie-coopérative de la forge, poussant une petite voiture à quatre roues, du genre "caïfa" ! On a peine à croire aujourd'hui que des situations semblables aient pu exister il n'y a guère plus d'un demi-siècle...

La "mère Ecker" mourut dans son lit, avec le sourire, choyée par sa petite-fille Germaine Garnier, devenue Mme Fradier.

La cinquième année, pour mes débuts de "travailleur", j'eus droit à une magnifique bicyclette rouge "De Dion-Bouton". Le roi n'était pas mon cousin !... cela me permettait de venir déjeuner à midi chez mes parents, sauf pendant l'hiver. En quinze à vingt minutes le trajet était avalé. Ce fut encore mieux quand, deux années plus tard, le tonton curé me fit cadeau de son vélo à moteur de marque "Alcyonnette". Il venait juste de l'acquérir. A son premier parcours, la soutane, pourtant fixée aux mollets par un extenseur, s'était prise dans les rayons : une chute brutale dans le fossé le persuada immédiatement de rejeter cet engin diabolique. De ce fait, j'ai été, dès 1924, un des premiers de la région à ne plus pédaler. Aussi quel orgueil lorsque, klaxonnant à l'entrée de la forge, devant les concierges ébahis, je faisais un salut de condescendance...

Depuis mon plus jeune âge, tout mon temps disponible était consacré au jardin. J'ai vraiment eu la vocation puisque, tout jeune, je collectionnais déjà les variétés de fleurs rangées par coloris : les phlox, les iris, les dahlias et d'autres, que j'allais chercher dans les jardins du bourg.

Pour leur plantation, je devais affronter la rigueur rustique et bourrue du grand-père Jean : « *Tô bouquets, ça se minge pas* » (2), disait-il.

Souvent aussi il me répondait, lorsque je lui faisais une demande qui lui paraissait impossible à satisfaire : « *T'vo diâ bio qué zane te décrochâ la lune ?* » (3)...

Eh oui, grand-père, on y est allé : N. Armstrong et E. Aldrin ont "aluni" le 16 juillet 1969 (M. Collins n'avait pas quitté Apollo 11). En les voyant évoluer sur le petit écran, j'ai pensé à toi !

*(1) Ample manteau de drap.*

*(2) Tes bouquets, ça ne se mange pas.* *(3) Tu voudrais peut-être que j'aille te décrocher la lune ?*

Le jour où, par surprise et avec un certain culot, je pris possession de la petite parcelle située au nord, juste derrière le bâtiment, il fit une colère terrible : « *Qué mâ la qué pouille fare lô plants de chô rabes* (choux-navets) *t'vâ arrivâ à nous fare crevâ de faim !* » (1).

Aujourd'hui, je reconnais que le grand-père avait quelque raison de rouspéter, car c'était le seul endroit — parce qu'à l'ombre — où les jeunes plants résistaient aux attaques des altises. Avec le temps, cette occupation illicite du terrain devait devenir définitive, mon entêtement commençant sérieusement à se manifester (2).

J'avais donc rêvé de faire trois massifs de fleurs — et ce rêve devenait réalité. L'un d'eux, ovale, le plus important, fut planté en rosiers-buissons francs de pied donnés par l'abbé Beaulaton. Les variétés dominantes étaient *La France*, rose satinée extrêmement remontante, et *Madame Herriot*, cuivrée, plus fragile. Ces massifs étaient entourés d'une bordure de briques recouverte par le gazon d'Espagne. Ainsi, en sortant de la maison, on était dans les fleurs. Le puits, tout proche, permettait un arrosage facile... Tant pis pour les choux-raves !

Mais je dois aussi conter le « drame des roses ».

Dès 1916 — à dix ans — j'avais greffé mes premiers rosiers-tiges. L'hiver suivant — le fameux hiver 1916-1917 — la température battit tous les records de froid, et la neige aussi (3). Tout, tout fut détruit par le gel. Une catastrophe !... Il n'est pas difficile d'imaginer quels ont pu être la déception et le chagrin d'un gamin de dix-onze ans devant l'anéantissement de tant d'efforts déployés ! Cette première "tuile" sera suivie de bien d'autres, tant il est vrai que l'horticulture de plein air exige que l'on ait l'âme chevillée au corps pour résister aux pertes occasionnées par les accidents climatiques.

Ce premier échec cuisant ne fit que décupler ma passion. L'hiver 1918 — j'avais douze ans et demi —, je décide de flanquer l'allée centrale de notre potager-fruitier de cent tiges d'églantiers. Parmi celles-ci, un pied rarissime trouvé dans le talus du pré des Robineaux (4). Cinq belles tiges (cannes), toutes semblables, partaient de la même souche. Sur chacune j'avais écussonné trois variétés de roses, plaçant en bas la plus vigoureuse. La "tête", de plus d'un mètre de diamètre, était donc formée de quinze variétés qui s'entrecroisaient. Quel spectacle ! Quelle réussite personnelle !

Mais un malheur ne vient jamais seul : en 1920-1921, nouvelle catastrophe hivernale. Le thermomètre descend à − 19° à Malicorne... quarante-deux jours de gel de décembre à février... et cette fois sans couverture de neige. Tous les rosiers sont détruits, sauf un « Reine des Neiges » (*Frau Karl Druschky*)... Après un tel désastre, sans nul doute beaucoup d'enfants à ma place auraient abdiqué... J'ai continué. Ceci a eu pour résultat postérieur qu'ayant fait de ma passion mon métier, très tôt j'ai été vacciné contre les aléas de la profession de pépiniériste. Bref, le grand-père étant décédé en 1919, mes parents laissèrent désormais libre cours à mes "fantaisies" pourvu qu'il y eût toujours assez de légumes pour la famille.

*(1) C'est seulement là que je peux faire les plants de choux-raves ; tu vas arriver à nous faire crever de faim.*

*(2) Parlant de mon caractère à ma fiancée, Marie Thévenin, ma mère dira plus tard : « Quand Georges a quelque chose dans la tête, rien ne peut le faire céder, vous êtes bien prévenue ! »*

*(3) Vingt-trois jours de neige, soixante-quatre jours de gel avec des minima dépassant − 20° sous abri.*

*(4) Aujourd'hui emplacement du verger expérimental.*

# Fier de mes chrysanthèmes...

*Cette potée de chrysanthème* Tokio *fut très remarquée à l'exposition de l'hôtel de ville de Montluçon : c'est un quadruple standard. Au retour, je l'ai fait photographier dans une classe désaffectée de l'école communale de Malicorne.*

*Deux standards* Tokio. *Au centre un* Alba Bruant ; *celui-ci avait plus de 100 fleurs. J'étais chaussé de "sabotes" (semelle bois, dessus cuir), qui reviennent à la mode... (octobre 1929).*

C'est en 1921 que, en plus des fleurs décoratives de toutes sortes, j'établis un programme de production de chrysanthèmes.

Écolier à Commentry, les devoirs et le trajet ne me laissaient pas de temps disponible les jours de classe ; aussi les résultats furent-ils modestes au début, car je ne pouvais guère m'y consacrer que le jeudi et le dimanche. Le 6 avril 1922, j'entrais à la Société des Forges de Commentry comme employé de bureau. N'ayant plus de devoirs à faire, je pouvais travailler au jardin chaque jour ouvrable le matin jusqu'à 7 h 30, et le soir après 18 heures ; le dimanche, presque toute la journée. De plus, salarié modeste — ô combien ! —, je disposais néanmoins de quelque argent personnel pour acheter des boutures chez Lochot ou Truffaut.

Je faisais des progrès grâce à la lecture passionnante de l'ouvrage de J. Lochot (1), *Le Chrysanthème*. C'était mon livre de chevet : j'en connaissais par cœur les chapitres importants. Je rêvais de devenir un super-Lochot. Je pensais bien aussi tirer un profit financier de la vente des potées fleuries pour la Toussaint, ce qui me permettrait de réaliser quelques voyages : à vingt ans, je n'avais jamais dépassé Moulins-sur-Allier (mis à part le déplacement exceptionnel à Royan avec la musique de la Forge).

Pour obtenir des plantes géantes, j'ai cru alors aux effets miraculeux des composts très riches où la crotte de poule n'était pas ménagée, j'ai cru aussi aux vertus du purin dilué dans l'eau... et j'ai bien souvent brûlé mes sujets ! Ce n'est qu'à partir de 1927 et jusqu'en 1929, année où je quittai Malicorne, que vint le plein succès. Mon but était d'obtenir — en plus de plantes commerciales classiques — de véritables petits arbres appelés standards, dont j'avais vu de magnifiques spécimens sur des photos des stands Lochot et Vilmorin aux expositions d'horticulture du Cours-la-Reine à Paris.

Mais cette culture exige de "partir" très tôt en saison, comme le recommande J. Lochot :

« Le bouturage se fait dès l'automne, sous châssis, légèrement à chaud, voire en serre à multiplication, sous cloche ou sous bâche fermée, et toujours avec un choix de bourgeons fortement constitués. Il faut qu'en un mois nos boutures soient reprises et bonnes à sevrer. Ce travail s'effectue en godets, fin décembre-début janvier ; ces godets sont aussitôt placés sur une couche tiède pouvant donner 12 à 15°. En cas d'intempéries, ils sont conservés en serre et sous cloche, jusqu'au moment propice de les replacer sur la couche. En fait, ces jeunes boutures doivent avoir un départ de végétation rapide et continu... »

Tout cela était clair, mais il fallait posséder des châssis chauffés... ou une serre ! Or, je ne possédais que de rustiques châssis froids, aux planches bien mal jointoyées, recouverts de vieilles croisées de récupération. Comment faire pour que la végétation en mars-avril soit suffisante pour provoquer l'allongement de la tige et permettre de commencer les pincements en mai ?

Je fis un essai : j'en ferai toute ma vie ! L'idée consistait à creuser mon châssis jusqu'à un mètre de profondeur. Je mis du fumier frais de cheval au fond et autour de la partie aérienne du coffre pour un petit apport de chaleur. A l'intérieur je plaçai mes jeunes boutures et les entourai de branchages de houx qui les dépassaient. Comme les arbres dans la forêt, mes chrysanthèmes durent s'allonger pour profiter de la lumière... Il en résulta bien un étiolement partiel, mais qu'importe, un mois après j'obtins des tiges de 60 à 75 cm de hauteur.

*(1) J. Lochot, ingénieur horticole, ancien directeur des Jardins royaux de Bulgarie, commandeur du Mérite agricole, chrysanthémiste à Pierrefitte (Seine), a obtenu des exemplaires sur tiges portant 250 à 300 fleurs !*

# Mon premier concours horticole

A ce stade, ils pouvaient être placés en pleine terre, étant solidement tuteurés. Les pincements (émouchetages) pour la formation de la couronne pouvaient débuter deux semaines après. Il fallait alors redoubler d'attention et de soins. Tout l'été, la corvée d'arrosage — l'eau était prise au "creux noir" (mare le long de la route) dans deux arrosoirs placés sur la brouette — constituait un sport quotidien... Mais puisque j'y croyais et que je le voulais, il « fallait bien que ça se fasse », comme disait ma mère. Le succès vint récompenser mes efforts.

En 1927, mes ventes s'élevèrent à 1200 francs (trois mois de salaire). Cela me permit de faire mon premier voyage à Paris, dont je conte plus loin les péripéties. En 1928, mes gains atteignirent 1500 francs et, en 1929, 1800. Comme j'étais embauché chez Truffaut depuis le 1er octobre, je demandai quelques jours de congé dès la fin de ce mois pour liquider ma production. J'en profitai aussi pour faire une exposition de dahlias Truffaut à l'hôtel de ville de Montluçon, en même temps que ma propre présentation de chrysanthèmes.

J'étais parvenu à un degré de qualification assez élevé. Cela est visible sur les photos de la page précédente, bien que j'aie abandonné la culture de mes plantes un mois durant. Ce résultat me valut le premier prix de standards, à l'exposition de Montluçon, du groupe horticole d'Athénée. L'amitié du président d'alors, M. L. Mondon, ne fut peut-être pas totalement étrangère à cette récompense flatteuse. Déclaré champion, je fus condamné à faire preuve de mon savoir au cours d'une conférence sur le thème « La prise du bouton ».

# Mon premier voyage à Paris

La vente de ma production de chrysanthèmes (on évoquerait aujourd'hui le « travail au noir ») ne posait pas de grandes difficultés : bien entendu, la clientèle de Malicorne, nos relations, nos amis m'accordaient la préférence. Il y avait tout de même un excédent les dernières années où, encouragé par les satisfactions que me procuraient les compliments (mais aussi par le gain), j'avais développé la production. Il fallait trouver un autre débouché. Je résolus le problème ainsi : chaque vendredi (encore maintenant), se tenait un marché des produits du sol sur la place Martenot, devant la forge de Commentry, autour de la statue en bronze de saint Éloi, patron des forgerons. Je présentais mes potées aussi bien que je le pouvais « parmi les femmes de la campagne, accroupies près de leur panier » (1) de légumes et de fruits (2).

Je subissais bien les moqueries humiliantes de mes collègues et supérieurs de travail de la forge lorsqu'ils passaient... mais peu importe : j'appliquais déjà, sans le connaître, le proverbe que j'ai cité bien souvent depuis : « Les chiens aboient, la caravane passe ! » En effet, tout s'est finalement bien passé, et cela a été un bon stage préliminaire à mes ventes "à la sauvette" sept années plus tard, quai de la Mégisserie. Le montant de ma vente de chrysanthèmes en 1927 me permit donc de faire enfin mon premier voyage à Paris, à l'occasion des fêtes de fin d'année. Mon cousin Jean Bramat, de Saint-Angel, élève de l'Ecole des mines, avait gentiment accepté de passer avec moi ses vacances dans la capitale, plutôt que dans sa famille.

Arrivé à dix-sept heures en gare d'Austerlitz, la densité de la circulation fut mon premier sujet d'étonnement. A vingt heures, le petit paysan de Malicorne se retrouvait... à l'Opéra-Comique, où l'on donnait *La Tosca*. Un monde nouveau, totalement inconnu, s'ouvrait devant moi. Aujourd'hui la télévision, formidable élément de vulgarisation populaire, apporte jusque dans le plus petit village ces images de tous les divertissements : théâtre, cinéma, ballets, variétés, musique, etc. En 1927, mes connaissances en matière de spectacle se limitaient à *La Fille de Madame Angot* et aux *Cloches de Corneville*, opérettes interprétées à la salle des fêtes de Commentry par les tournées Barret, lors de la soirée du gala annuel de l'Harmonie des forgerons.

*(1) Jean-Charles Varennes,* Le Député en blouse, *Ed. Horvath.*

*(2) Les pommes se vendaient alors au « quarteron » : vingt-six fruits pour vingt-cinq. Ce vocable des « gens de chez nous » connaîtra plus tard, dans une autre acception, une fortune que nul ne pouvait soupçonner.*

# A Paris, la vie est belle!

Aussi, l'ambiance du théâtre de l'Opéra-Comique, la mise en scène, les costumes... et surtout la qualité des artistes furent une révélation extraordinaire. Et lorsque Cavaradossi chanta « Le ciel luisait d'étoiles dans la nuit sans voile... », éclatant en sanglots à la fin de cet air célèbre que je connaissais par l'interprétation toute personnelle qu'en faisait mon cousin Maurice, je suis resté longtemps comme pétrifié, envoûté par le chant du ténor... Plusieurs soirées qui suivirent furent consacrées au spectacle : Comédie-Française, Opéra et, naturellement, les Folies-Bergère. Mais aussi Luna-Park porte Maillot; le bal Bullier tout en haut du Boul'Mich', alors que le caveau à l'enseigne suggestive *Les Cénobites tranquilles* était place Saint-Michel au deuxième sous-sol. Voilà les premières grandes joies culturelles — et égrillardes — que la "culture" des chrysanthèmes m'a permis de vivre.

Ces premières vacances parisiennes furent aussi l'occasion de découvrir — en y participant — les joies estudiantines du quartier Latin. C'était la période d'euphorie d'après-guerre (je précise : la Grande), où la jeunesse s'en donnait à cœur joie. Ma chambre, à l'hôtel des Mines, boulevard Saint-Michel, était celle d'un étudiant en vacances, camarade de Jean Bramat. Nous étions en face du restaurant *Le Michelet*, tenu par nos cousins communs — les Bustelli. Bien entendu, nous y prenions nos repas, à prix réduits. Quelle ambiance ! De nombreux étudiants de toutes disciplines, la plupart du Val-de-Grâce — futurs médecins et pharmaciens militaires —, formaient une clientèle qui ne pensait qu'à « rigoler ». A peu près chaque soir, la ritournelle des chansons de corps de garde avait droit de cité. Pour les réveillons de Noël et du 1er janvier, ce fut du délire, avec la beuverie traditionnelle et les chansons "salées". Une étape marquante de ma vie de petit provincial... En quinze jours, j'en appris autrement plus qu'en vingt et un ans à Malicorne!

Un avocat célèbre, Me M..., animait cette joyeuse équipe. Il épousa son amie (et complice de ces festivités) peu de temps après. A cette occasion, les nouveaux mariés invitèrent toute la bande des copains à venir ovationner le couple qu'ils formaient désormais, à la sortie de la mairie du cinquième, place du Panthéon. Alors se produisit un spectacle peu banal. Voyant tous leurs acolytes devant eux, les mariés entonnent, en battant la mesure, une des chansons paillardes au titre évocateur : « Nous sommes unis par la vérole plus que par le lien conjugal », etc.

Tous les assistants deviennent sur-le-champ membres actifs de cette chorale assez spéciale. Même dans la truculence des années folles, pouvait-on voir spectacle aussi dément, lors d'épousailles, ailleurs qu'au quartier Latin ? Puisque je vivais cette époque de libertinage, je me dois d'évoquer une autre découverte parisienne qui a contribué, comme on dit, à "m'affranchir".

*Le Sphinx* a été une "maison de tolérance" vraiment particulière de cette époque. C'était tout un immeuble important (un vrai complexe), dont on disait qu'il appartenait à une riche famille méridionale de journalistes-parlementaires-ministres fort connus. Peu importe, les propriétaires ne sont pas en cause ici... si ce n'est pour la "bonne cause". Ce qu'il faut bien appeler "bordel de très haut luxe" avait ceci de particulier : c'est que même les "gens bien" pouvaient s'y rendre... en famille. C'est ainsi que j'y suis allé, la première fois, avec mes cousins parisiens et d'autres membres de la famille venus de province. C'était une découverte extraordinaire à plus d'un titre : d'abord par le luxe inouï de la décoration suggestive de l'ensemble, ensuite par la jeunesse et la beauté des nombreuses "pensionnaires"; enfin par la qualité de l'accueil.

Dans la grande salle commune, où était aménagée une piste centrale de danse, on pouvait s'asseoir à une table pour consommer sans être "inquiété".

En fait, on pouvait jouir à loisir d'un spectacle bien plus plaisant que dans un dancing !

Ces demoiselles, bien élevées, respectueuses de l'état d'âme de chaque client, ne venaient "câliner" le consommateur qu'après y avoir été conviées ou, bien sûr, à la suite d'une invitation à danser un slow. Avec cela, vêtues de jolies petites (plutôt très petites) robes fort légères dont la particularité — combien pratique ! — était d'être fendues des deux côtés jusqu'à la taille. Indiscutablement, ce spectacle mondain ne faisait pas "porno". Il ne pouvait être reconnu comme tel que des timorés ou des anormaux.

Qu'une Marthe Richard ait cru devoir, au début de l'autre après-guerre, utiliser ses années de la courbe "sexi-dégringolante" pour obtenir la fermeture des maisons déjà "closes" par définition — au demeurant hygiéniques et instructives pour les jeunes hommes — ne constitue sans doute pas une initiative heureuse si l'on en juge par la prolifération des affaires de délinquance sexuelle qui ont suivi.

De nos jours, heureusement, tout, en matière de sexualité, a bougrement évolué. Les informations nombreuses, variées, suggestives, "fleurissent" de toute part. Les livres spécialisés, le cinéma et l'audiovisuel, mais aussi les sex-shops, font assaut d'ingéniosités croustillantes à l'usage des adultes et aussi des adolescents. Mais cela va jusqu'aux gamins... C'est pourquoi je ne résiste pas à vous faire part de ma stupéfaction lors de la découverte à soixante-quinze ans d'un livre (de classe) pour enfants de sept à neuf ans.

Ma belle-fille — le docteur Françoise Delbard —, qui a fait choix de la médecine scolaire et d'orientation à Paris, s'occupe de l'éducation sanitaire auprès des écoliers. Il m'est arrivé de compulser un ouvrage éducatif qui traînait sur son bureau ; il s'agit de l'*Encyclopédie de la vie sexuelle.* « *De la physiologie à la psychologie* » (1), dont j'extrais ce passage :

« Quand ils sont tous les deux (*garçon et fille*), ils parlent, mais ils prennent aussi grand plaisir à s'embrasser.

» Ils voudront vivre ensemble et chercheront à être encore plus près l'un de l'autre, ils seront heureux de sentir le corps de l'autre et de le caresser. Un jour, ils voudront s'unir, ils s'approcheront plus encore, le jeune homme mettra sa verge dans le vagin de la jeune femme et ils éprouveront un plaisir nouveau. Ce plaisir-là s'appelle le plaisir sexuel.

» Au moment où leur bonheur est le plus vif, les spermatozoïdes sortent de la verge de l'homme. Ils entrent dans le vagin de la femme, ils suivent le petit tube et quelquefois un spermatozoïde rencontre un ovule. C'est de cette façon que l'on peut, si on le désire, avoir un bébé. »

A l'appui de ce texte, le schéma parfait, suggestif, du couple en pleine action.

Je ne chercherai pas à vous décrire mon effarement... Mais si je réfléchis aux inhibitions provoquées par les tabous en vigueur au cours de mon enfance et tout au long de mon adolescence, j'en arrive à penser, tout bien réfléchi, que l'éducation sexuelle précoce et la libération des mœurs — véritable révolution — présentent sans doute des aspects globalement positifs...

*(1) Hachette édit.*

# Délassements de ma jeunesse

Les écrits sont nombreux qui font part des distractions des villageois, dont les veillées étaient un élément important. Chez mes parents, il y avait un cérémonial à respecter chaque saison hivernale. D'abord les notabilités : une veillée chez le curé : l'abbé Beaulaton; une chez le maire : M. Jean Fournier; une chez l'adjoint : M. Courtaudon.

Ces trois visites ne nous étaient pas rendues.

Plusieurs fois, en revanche, nous allions veiller chez chacun de nos parents, amis et voisins qui nous rendaient la politesse. Pour aller du bourg de Malicorne au village des Granges de Hyds chez l'oncle et la tante Gidel, il nous fallait parcourir à pied, et de nuit, près de trois kilomètres (quel effort pour un petit garçon!). Pourtant ces réunions étaient attendues avec le plus grand plaisir. Entre gens qui avaient les mêmes problèmes, les mêmes besoins, le même état d'âme, elles permettaient une communication utile et bienfaisante... et donnaient lieu à de substantiels casse-croûtes, toujours agrémentés de quelques friandises pour les gamins.

Le vendredi, jour de marché à Commentry, on apprenait les chansons nouvelles, en écoutant un petit groupe de chanteurs ambulants! L'accordéoniste-accompagnateur criait au refrain : « Allons-y les chœurs! » Une dame à la voix perçante, ou quelque autre chanteur, nous faisaient découvrir le dernier succès vraiment populaire : « A présent qu'ils sont revenus nos soldats, nos petits poilus », « Sous le soleil marocain », « Zaza, c'est une blonde », « Oh, dis chéri, ah! joue-moi z'en, d'la trompette », « Monte là-d'sus », etc.

Du jour où, entré à l'usine, je perçus un salaire, j'eus droit à sortir le dimanche avec les "grands". Cet emploi du "temps libre" était réduit à la partie de cartes du dimanche après-midi et au bal de nuit dans les communes environnantes, après le bon casse-croûte de "la Mélie". Quelques amourettes se nouaient qui, pour les plus âgés, menaient souvent au mariage. Mais les plus jeunes devaient rester sages, parce que, nous disaient les parents, si une fille "se laissait faire" il pouvait en découler tellement d'ennuis... Et puis, d'ailleurs, on ne devait pas penser à ces choses défendues par les commandements de l'Eglise, appris par cœur : « L'œuvre de chair ne désirera qu'en mariage seulement! »

Autre sujet recherché de divertissement : les réunions politiques. Quand elles étaient "publiques et contradictoires", on ne les aurait pas ratées pour un empire. L'intérêt d'en parler ici n'est pas évident; pourtant, j'ai en mémoire une anecdote qui mérite d'être rapportée, car elle me paraît caractéristique de ce qui se passait en province, alors qu'aucun media audiovisuel n'existait.

A Commentry, je l'ai dit au début de ce livre, il existait deux clans : celui des "blancs" et celui des "rouges"; ils se sont affrontés un jour pour le plus grand plaisir des assistants, et c'est cette empoignade que je veux vous narrer.

L'abbé Desgranges, député du Morbihan (1), annonce une conférence à la salle des fêtes de Commentry sur le thème : « Le rôle social du christianisme. »

Un curé qui ose venir dans la première ville socialiste du monde pour faire une conférence publique sur un tel sujet, c'était marcher dans les plates-bandes de la sociale : une agression! Alors tout se mobilise, on fait venir Jean Bon, député de Paris et (je crois) président de la Ligue des droits de l'homme, pour apporter la contradiction.

*(1) Le chanoine Jean-Marie Desgranges était originaire de Limoges, où il fut vicaire et où il fonda en 1906* Le Sillon limousin. *Aumônier militaire courageux de 1914 à 1918, il fut élu député du Morbihan de 1928 à 1940.*

La salle est pleine à craquer. Le clergé de Commentry et de la région au premier rang des fauteuils. L'abbé Desgranges entre et stupéfie l'auditoire par son mètre quatre-vingt-dix et sa carrure d'"armoire à glace" renforcée par la soutane : aussitôt éclate une *Internationale* "maison". Le conférencier grimpe sur la table et, prenant la posture du Christ du Corcovado de la baie de Rio, se met à battre la mesure, chantant à pleins poumons, tonitruant quand le ton baisse un peu : « Les gars, je la connais mieux que vous ! » Vous voyez l'ambiance.

Jean Bon arrive, du haut de son mètre cinquante-cinq (sûrement pas plus). Quelqu'un crie : « Nectar et Gouglou » — c'étaient les deux livreurs de la fameuse affiche des vins Nicolas. Ça siffle de tous côtés, et puis un calme relatif s'installe. L'abbé Desgranges, conférencier de très grand talent, entame un exposé — plein d'humour — qui lui était sûrement familier. Voici un passage que j'ai beaucoup apprécié : la "prière au député" et son identification avec celle faite à Dieu dans un "Notre père", fabrication de l'orateur : « Notre père qui êtes au Palais-Bourbon, faites entrer mon fils dans la police, fleurissez ma boutonnière, faites pleuvoir sur nous les sinécures et les bureaux de tabac », etc., etc.

Coups de sifflet. L'abbé : « J'en ai un dans ma cage qui siffle autrement mieux ! » Autre invective méchante d'un participant ; le conférencier demande : « Qui est-ce celui-là ? » Réponse : « Léon Lanusse... » Aussitôt : « Ah ! il paraît que c'est Lanusse qui vient de m'interrompre : c'est pas à prendre en compte, camarades, parce que tout ce qui sort de l'anus... » Un point marqué !

Jean Bon réplique : « L'Eglise, c'est l'Eglise des riches ; celui qui a beaucoup d'argent a un bel enterrement. »

L'abbé Desgranges : « Savez-vous, camarade, combien a coûté le catafalque du socialiste Jaurès ? Je vais vous l'apprendre : soixante-dix mille francs-or. » Bravo des "blancs".

Quelqu'un attaque Thivrier, député socialiste de Commentry. La Phonsine, telle la Pasionaria, se lève d'un bond : « Toi, ferme-la, va donc d'abord payer le vin que tu lui dois, à Thivrier... ». Cloué, le pauvre bougre interpellateur n'a qu'à se rasseoir.

Vous voyez d'ici la chaude ambiance digne des meilleurs moments d'un match du Tournoi des cinq nations.

Mais, puisque j'ai nommé "la Phonsine", il me faut donner quelques traits de ce personnage commentryen typique. La Phonsine portait le bol aux enterrements, c'est-à-dire qu'elle le tenait au cimetière, avec le buis — le rameau — et l'eau bénite, pour la bénédiction rituelle du cercueil ; cela lui valait, bien sûr, une petite rétribution. Le 1er janvier, elle allait souhaiter la bonne année dans les "bonnes maisons", offrant deux sous en guise de porte-bonheur... et elle sollicitait aussitôt le remboursement du capital et des intérêts. Mais son occupation principale était de "crier les enterrements" (1). Pour ce faire, la Phonsine passait dans les rues de la ville, s'appuyant sur sa canne ; et, de son pas claudicant, elle allait criant : « Vous m'écoutez-t'y, les Dames d'en haut et les Dames d'en bas : l'enterrement de X aura lieu... », etc. Ensuite, et chaque fois, suivaient la généalogie du défunt et la liste de sa parenté ; ça durait un bon moment, parce qu'elle répondait aussi aux demandes de renseignements complémentaires.

*(1) Dans* L'Allée du Roi, *Françoise Chandernagor rapporte que le roi Louis XIV avait institué une charge de "crieur d'enterrement". Sans doute la "charge" de la Phonsine découlait-elle de cette origine.*

# La citrouille phénomène...

*La devanture de Jules Debizet que j'avais aidé à décorer.*

*... arrosée avec le sabot du grand-père!*

# Concours agricole de Commentry 1927

Le Concours agricole et commercial de septembre 1927, à Commentry, me fournit l'occasion de faire ma "première grande exposition" d'horticulture ; j'avais vingt et un ans. L'élément vedette, le "clou" de ma présentation : une énorme citrouille de cinquante-cinq kilos (dix de plus que mon propre poids), cultivée spécialement dans mon jardin, parmi d'autres légumes et fleurs.

Mais on a beau s'y préparer sérieusement, il est souvent difficile de réussir la production de spécimens de concours de toutes variétés ; c'est pourquoi j'avais fait appel aux voisins et amis. Je me souviens très bien des six betteraves géantes de Félicien Camus, au Grand-Charry, qu'il avait cultivées dans son jardin près de la *pelote* (1) : ce qui explique que les "*blettes* (2) en avaient eu pour leur compte". Dommage qu'aucun document photographique ne subsiste de l'exposition horticole réalisée à l'Ecole des frères, où je figurais en bonne place. Mais nous avons heureusement la vitrine de Jules Debizet que j'avais aidé à réaliser et où figurait, avec des panneaux de graines collées, un encadrement de légumes à racines.

## Le "truc" de la citrouille phénomène

Quelqu'un m'avait dit : « Si tu veux obtenir une grosse citrouille, il faut l'arroser régulièrement et peu à la fois ». C'était parfaitement exact.

D'ailleurs, j'en avais la preuve chez mon oncle Alphonse Martin, agriculteur au Cluzeau, commune de Lapeyrouse, dont il était maire. Exploitant agricole intelligent et évolué, il avait capté une source dans un terrain situé plus haut que la ferme, ce qui, grâce à une conduite enterrée, lui permettait d'avoir l'eau courante par simple gravité, près des étables, il y a de cela soixante-cinq ou soixante-dix ans... Qui dit mieux ? L'oncle (ou son père) avait dévié un mince filet d'eau près d'un tas de *tarraille* (3), sur lequel on semait les graines de citrouille. Chaque année, j'y voyais pousser des citrouilles géantes, dont on faisait une soupe délicieuse avec du lait sucré et salé. J'étais donc convaincu de la valeur du procédé.

Mais comment faire chez moi ? A Malicorne, notre sol d'origine granitique ne laissait suinter qu'un faible ruissellement d'eau stockée en profondeur ; il fallait donc aller la chercher au fond du puits. Alors, une idée : le *bezizi* (4) qui passait à Malicorne avait installé au-dessus de sa meule, pour la garder humide, une boîte de conserve d'où s'écoulait un mince filet d'eau. Le voilà mon "truc" ! J'avise un sabot de bois du grand-père, je le perce au bout du bec, j'introduis une paille dans le petit trou et je fixe mon sabot sur un bon pieu, planté sur le haut du tas de compost où je sème les citrouilles. Chaque matin, je remplissais le sabot, qui se vidait goutte à goutte pendant la journée. Résultat : ma citrouille phénomène...

Alors, quand les Israéliens annoncent fièrement qu'ils ont découvert l'irrigation des sols par goutte-à-goutte, je dis : « Halte-là ! » A chacun son dû : vous l'avez porté au stade industriel par les goutteurs incorporés dans un tuyau de plastique, mais Georges Delbard en a découvert le principe bien avant vous... dès 1927 ! Plus de vingt ans avant l'indépendance de votre pays !

*(1) Tas de fumier.*
*(2) Betteraves.*
*(3) Boue ramassée dans la cour de la ferme.*
*(4) Rémouleur. Ne pas confondre avec* fare bezizi *: porter un enfant à califourchon sur les épaules (docteur Piquand).*

# Mon cousin Edmond Gidel

*... en costume civil*

*... et en militaire*

*Au centre, je suis parmi les conscrits.*

Peut-être se souvient-on de la tante Marie, qui avait tant vexé ma pauvre mère en comparant ma faible constitution au "beau gars" qu'était son fils. Pendant dix années, Edmond et moi fûmes en contact permanent : à l'école d'abord, puis — ayant été engagés en même temps à la forge — chaque jour au déjeuner. De plus, nous faisions tous deux partie de l'Harmonie des forgerons. J'étais deuxième hautbois (on était deux !); mon cousin était un saxo de talent. Jouant dans les bals, il rencontrait beaucoup de succès auprès du beau sexe, et ses "conquêtes" étaient nombreuses — ce qui n'allait pas sans provoquer en moi un ressentiment pénible et une certaine jalousie. Ce fut encore pis au conseil de révision. Quand l'apollon Edmond Gidel se présenta en costume d'Adam, le médecin-major ne put s'empêcher de s'écrier : « Bon Dieu, le beau gars ! » Cette appréciation flatteuse fut évidemment exploitée dans la famille, et la tante Marie tira un légitime orgueil de la consécration de son fils comme le plus beau gars du pays.

L'année suivante, ce fut mon tour. Le gringalet perturbé, complexé, écrasé par le cousin magnifique athlète, accusa quarante-deux kilos sur la bascule ! Ajourné pour faiblesse de constitution; quel camouflet (1) !

Mais je n'avais plus lieu d'être jaloux : un grand malheur venait d'arriver. En garnison à Trèves, en Allemagne occupée, le régiment de mon cousin avait reçu l'ordre de se replier sur Metz, à pied, alors que sévissait une terrible épidémie de rougeole. Une quinzaine de jeunes soldats — tous les plus costauds — en moururent (hélas, Edmond fut un de ceux-là). Un scandale : articles de presse, interpellation à la Chambre des députés, tout y passa. Ce fut atroce pour ma tante. Son fils unique, "son dieu", lui était ravi. Assistée de l'oncle curé, elle resta cinq jours au chevet du moribond, à l'hôpital de Metz, où cet athlète, dévoré par une fièvre de cheval, devait être maintenu au lit par plusieurs infirmiers, si grande était sa force. La mort ayant fait son œuvre, le wagon plombé arriva quelques jours après en gare de Hyds. Une foule énorme attendait. L'Harmonie des forgerons de Commentry prit la tête du cortège. Au pas lent des deux chevaux, tout au long du kilomètre qui sépare la gare de Vergnaud de l'église, les accents déchirants de la *Marche funèbre* de Chopin arrachaient les tripes... La tante acheta tout de suite une maison au bourg pour vivre tout près du cimetière, où elle se rendait matin et soir, prostrée dans une douleur inconsolable, les yeux fixés sur la photographie de son fils.

Cette tragédie — cruellement ressentie par la famille entière et par moi particulièrement — la ramena à un sentiment d'humilité et de contrition. Peu de jours après l'inhumation, elle vint trouver ma mère et lui dit : « Christine, je me rappelle ce que j'ai dit pour Georges, j'ai été trop orgueilleuse de mon Edmond... le bon Dieu m'a punie; vous, vous avez encore votre gars. »

Après ce geste, il n'était nul besoin de pardon, mais, au contraire, de réconfort. Je crois lui en avoir apporté une grande part grâce à mes fournitures de graines, plantes et bulbes de fleurs, accompagnés de mes conseils de culture. Je suis heureux d'avoir pu contribuer à l'étonnante compétence acquise par ma tante en ce domaine : le caveau où reposait son fils disparaissait sous un amoncellement permanent de belles potées fleuries résultant de ses soins assidus.

*(1) Je le serai encore l'année suivante, puis exempté pour faiblesse de constitution la troisième fois. Il faut se rappeler que "ne pas faire son régiment", en ce temps-là, était quasiment considéré comme une tare.*

# Ma sœur Julie

Ma sœur Julie jouissait d'une bonne santé et d'une excellente forme physique. De retour du pensionnat, elle apporta à la ferme une aide considérable à mes parents, jusqu'à son mariage en 1924. Son cas est tout à fait typique de l'évolution du milieu rural, après 1918, et illustre parfaitement le phénomène de la désertion des campagnes. Mon beau-frère, Édouard Merlin (1), fils d'un agriculteur de Malicorne, exploitait, juqu'à son mariage, avec l'aide de ses parents et de son frère, la plus grosse ferme du bourg. Tout naturellement, c'est dans un champ proche du nôtre, le soir, après le travail, que le prétendant vint demander à mon père la main de sa dulcinée.

— Écoutez-moi, Jean-Louis, j'aime votre fille ; je le lui ai dit à la fête de Malicorne. Julie m'a semblé d'accord. Si vous ne voyez pas d'inconvénient à ce qu'on se marie, je peux vous garantir que, désirant avant tout la rendre heureuse, je veux lui éviter de faire le métier de mercenaire de ma mère et de la Christine.

— Quoi ? dit mon père, toi, le meilleur *bounhoume* (2) de Malicorne, tu voudrais, si je comprends bien, abandonner la terre après ton mariage ? Tu sais, Julie, elle est forte, et puis le travail ne lui a jamais fait peur : continue le métier, elle t'épaulera, tu peux y compter.

— Jean-Louis, vous ne m'avez pas bien compris : c'est pas pour moi, c'est pour le bonheur de ma future femme que j'ai pris cette décision. J'en ai parlé à Julie, qui m'approuve : je viens de faire une demande pour entrer dans la gendarmerie.

Notre mère, qui avait trimé toute sa vie, était tout à fait de cet avis.

— Notre fille n'aura que son ménage à s'occuper. Elle tiendra bien son budget, économe et organisée comme elle est. Des deux côtés on leur fournira quelques produits de la ferme : ils seront heureux. Plus tard ils ne seront à la charge de personne. Édouard aura une retraite...

C'était là l'argument sans appel — devenir un jour pensionné de l'Etat — auquel il n'y avait plus rien à objecter. Mon père accorda son consentement. Julie et Édouard formèrent un couple très uni, parfaitement heureux et estimé de tous. D'une grande bonté tous les deux, ils étaient toujours prêts à venir en aide à n'importe qui (3). Sa vie durant, ma sœur fit aussi preuve des plus hautes qualités de tolérance et de compréhension.

Mes débuts de pépiniériste à Malicorne furent grandement secondés par leur travail assidu et l'intérêt que tous deux portaient à la gestion de mon affaire : ils n'auraient pu mieux faire s'il s'était agi de leur propre entreprise.

*Dernière sortie de ma bonne sœur Julie le 1er janvier 1979, dans les serres de roses Delbard chez notre ami Maurice Sassi à Vallauris.*
De droite à gauche :
*Georges Delbard, Guy Delbard 3e fils (en retrait), Docteur J. Thévenin (mon beau-frère), Geneviève Delbard (ma belle-sœur), Julie Delbard (ma sœur), Madeleine Thévenin (ma belle-sœur), Marie Delbard (mon épouse).*
*Le cliché a été pris par mon frère.*

*(1) Décédé en 1962.*
*(2) Forme patoisante — couramment utilisée dans notre région — de « Jacques Bonhomme » : surnom des paysans d'autrefois.*
*(3) Je n'oublierai jamais la remise spontanée — avant même que j'en aie fait la demande — de la totalité de leurs économies, soit trente mille francs, pour me permettre de démarrer en 1935.*

# Mon frère Robert

La naissance de mon frère Robert, le 21 janvier 1920, appelle quelques informations — en dehors de l'allusion que j'y ai faite précédemment, à propos de mon maître d'école, monsieur Vincent.

Le grand-père Touène — le Parrain —, bon vivant, et qui avait l'esprit de famille, décida fin 1918 que son fils Alexandre et ses deux gendres Alphonse Martin et Jean-Louis Delbard "s'en étant tirés" de cette maudite guerre, il fallait fêter ça... sérieusement. Rendez-vous fut pris pour le mois d'avril 1919, avant les grands travaux. Un dimanche de sacrée bombance : la qualité et la quantité des mets étaient dignes des riches noces d'antan. Il est vrai que "la Marraine" s'était surpassée à cette occasion. Pour le coup (raffinement alors exceptionnel à la campagne), le champagne coula à flots, d'autant que tout le village était venu prêter main-forte au dessert... Ce qu'il en advint : le petit frère en janvier suivant... Mon père a bien souvent dit au parrain : « Père Touène, le Robert, c'est votre coup de champagne ». Mes parents n'étaient plus tout jeunes : mon père avait quarante-sept ans, ma mère quarante-trois, ma sœur seize et moi quatorze.

La jeunesse d'autrefois était souvent innocente et ignorait tout — moi en tout cas, je l'ai déjà dit — des choses de l'amour et de la vie : ce n'est que deux mois avant l'heureux événement que j'appris la nouvelle. Voici comment. Nous revenions de Hyds avec "le Négro". C'est ma mère qui conduisait notre bon vieux cheval, ma sœur et moi à ses côtés. En passant devant notre champ des Méchardounes, elle me posa une question étrange :

— Sais-tu ce que je suis allée faire à Hyds ?

— Nous promener, bien sûr, et voir nos parents.

— Oui, mais j'ai aussi demandé à notre cousine Louise Maillard si elle voulait être marraine pour ton petit frère, ou ta petite sœur, avec toi pour parrain !

— Qu'est-ce que tu dis ?

— Que nous serons un de plus à la maison en janvier prochain.

Là s'arrête le dialogue, qui me laisse tout pantois. Ma sœur n'a pas prononcé un mot. A peine arrivée à la maison, je la prends à part :

— Tu le savais, toi, que maman était enceinte ?

— Oui, depuis septembre.

— Pourquoi tu ne m'en as jamais parlé ?

— Parce que ces choses-là, on n'en parle pas !

Le 21 janvier 1920, le petit frère vient au monde dans la maison familiale, que j'avais quittée à sept heures trente, comme chaque matin, pour aller à l'école, fort inquiet de voir ma mère terriblement souffrir. Le soir, je découvrais le nouveau venu au foyer... C'était aussi simple que cela à la campagne. Pour ce petit frère, notre sœur Julie fut une seconde mère. Robert ne fit pas mentir le proverbe : « Le dernier venu est le mieux aimé. » Présenté au certificat à dix ans (grâce au petit trucage de son état civil dont j'ai parlé), il entrera au lycée de Montluçon, d'où, son bac en poche, il intégrera l'Ecole spéciale des Travaux publics de Paris. Il en sortira major. Externe, il bénéficia de la vie de famille à notre foyer et des petits soins de sa belle-sœur. Ayant épousé Geneviève Raynaud, originaire de Malicorne elle aussi, ils ont eu cinq enfants.

# Le cadastre vert

*LE CADASTRE VERT (Extrait d'une mission animée par Robert DELBARD)*
*A partir de photographies aériennes en infra-rouge couleur (clichés I.R.E), nous établissons un inventaire des essences des arbres et un diagnostic des états sanitaires. C'est la photo-identification appliquée à la biologie végétale, qui permet de mieux connaître et de mieux gérer les plantations.*
*La reproduction du document n'a pu être faite ici qu'en deux couleurs*

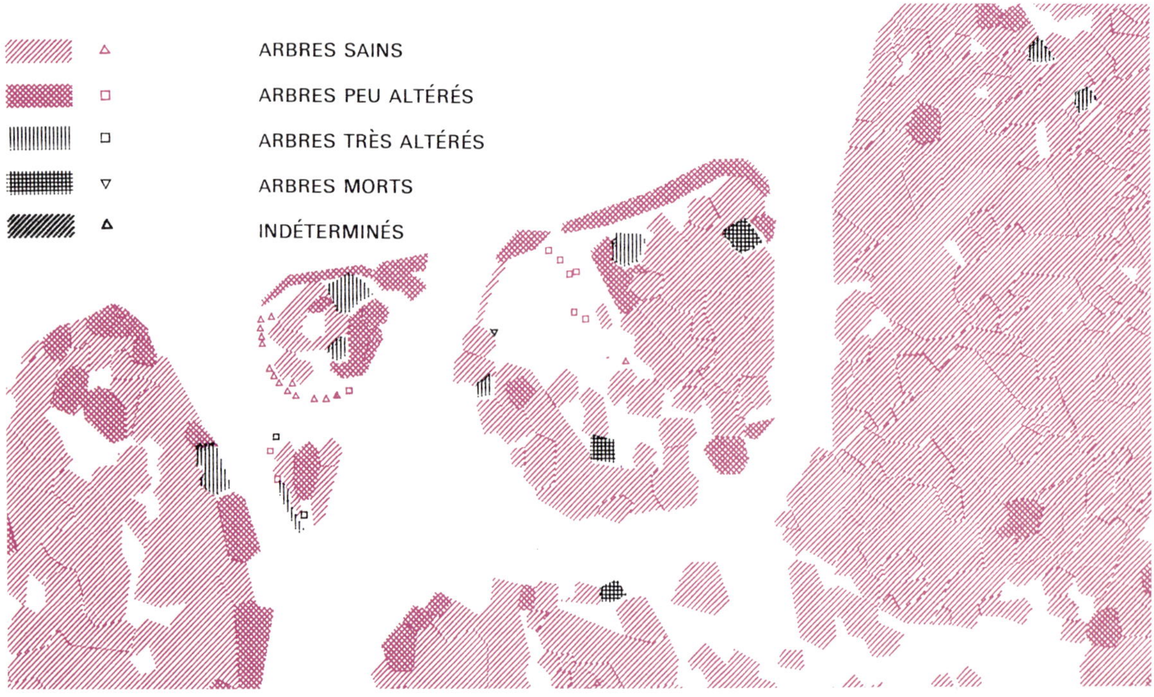

# La carrière de mon frère Robert

L'École des Travaux publics de Paris constituait, à l'époque, une orientation que j'avais inspirée. J'avais en effet imaginé, dès 1938, que Robert pourrait animer une entreprise paysagiste aménageant des stades, des espaces verts, prolongement logique de nos activités horticoles de production de végétaux. Mais la guerre était là et ce projet ne put se concrétiser.

En raison de la guerre également, l'École des Travaux publics fut fermée en 1939, année pendant laquelle Robert devint professeur de mathématiques au cours complémentaire de Commentry (on dirait aujourd'hui au C.E.S.). Agé de dix-neuf ans, il enseigna à des élèves qui avaient de quatorze à dix-huit ans : cela développa en lui une passion pédagogique qu'il pratiqua d'une manière annexe mais constante, dans divers lycées et grandes écoles. Actuellement il est encore professeur technique à l'Ecole spéciale des Travaux publics de Paris. Aussitôt après la guerre, en 1945, il fondait un cabinet de géomètre-topographe qui ne cessa de se développer. Sa carte de visite mentionne : « Robert Delbard, Ingénieur E.T.P., Géomètre Expert diplômé par le Gouvernement ». Quant à ses activités, je lui ai demandé d'en parler lui-même...

« Le métier du géomètre-topographe est très varié et concerne diverses spécialités différentes mais complémentaires :

« D'abord la topographie, c'est-à-dire l'art de dresser les plans et cartes du terrain, à différentes échelles. A cet effet, nous faisons largement appel à la "photogrammétrie", science très moderne qui utilise les progrès les plus récents de l'optique, de l'électronique et de l'informatique.

« Ensuite, l'aménagement rural et urbain, et tout particulièrement le remembrement rural. C'est sans doute dans ce domaine que mon équipe et moi-même avons rendu les plus grands services. Oh ! certes, le remembrement est très contesté. Il a même été soupçonné parfois de désordres écologiques, mais il faut observer que le remembrement n'est qu'un outil : on s'en sert bien ou mal ! C'est un moyen d'adapter le support foncier aux besoins agricoles économiques modernes. Aujourd'hui il permet aussi de prendre en compte d'autres objectifs, et notamment le développement des bourgs et des villages, l'amélioration des circulations, l'organisation d'espaces de loisirs. C'est notre fierté d'avoir réussi de nombreuses opérations dans l'Allier, mais aussi dans le Puy-de-Dôme, le Loiret, la Seine-et-Marne, la Corrèze, la Corse. Notre contribution à l'aménagement, c'est aussi la grande part que nous prenons comme topographes de chantiers gigantesques, par exemple pour la construction du parc départemental de La Courneuve, mais aussi pour le projet "Expo 89", hélas ! abandonné... projet pour lequel nous avions été promu lauréat lors du concours national.

« Notre troisième spécialité concerne l'activité de bureau d'études en infrastructures, notamment pour l'alimentation en eau potable. C'est ainsi que nous avons été chargés des études et directions de travaux pour l'important syndicat intercommunal de la région minière qui regroupe quarante-trois communes de notre région de l'Allier.

« Enfin, il convient d'évoquer une activité originale, car nous sommes aussi à notre manière "médecin des arbres" » (*voir page ci-contre*).

Ainsi parle mon frère Robert ; ce qu'il ne dit pas, je l'écris. Son cabinet de Cachan (Val-de-Marne), celui aussi de Malicorne, dirigé par son fils Philippe, sont connus pour leur avance technologique, laquelle est aussi le fait de collaborateurs sérieux et de haut niveau, dotés d'un matériel important et moderne. Quoi qu'il en soit, Robert Delbard (officier des Palmes académiques, officier du Mérite agricole, chevalier dans l'ordre national du Mérite) est toujours resté pour nous "le p'tit frère".

# Aux forges de Commentry

Me voici aux forges de Commentry de la Compagnie « Chatillon-Commentry-Neuves Maisons » (1). Je suis affecté comme employé auxiliaire au bureau de la "quinze cent", service assurant la production des tôles de toutes natures. Dès mon arrivée, le chef de bureau, René Bardet, m'indique en quoi consiste mon travail : report, sur les carnets individuels des ouvriers, des heures de travail dont le contremaître donnait la liste. La totalisation du salaire était établie pour la paie de chaque quinzaine. Travail simplet et quelque peu abrutissant que je ferai pendant mes six années de présence !

Mon chef me donna aussi, dès le premier jour, la directive suivante :

— Si le téléphone sonne en mon absence, p'tit, tu devras répondre.

— Mais, m'sieu, je n'ai encore jamais téléphoné, je ne saurai comment faire et quoi répondre...

Un moment après, mon nouveau maître sort, se rend dans un autre bureau et compose le numéro de son poste.

Me voici complètement désemparé, tremblant de peur, obligé de décrocher cet appareil d'épouvante. Je m'y résous... et j'éclate en sanglots sans pouvoir prononcer un seul mot ! Incroyable, n'est-ce pas, d'avoir chialé à seize ans, en 1922, par peur de répondre au téléphone, alors qu'on voit aujourd'hui des enfants de deux ou trois ans le faire si naturellement... Simple affaire de conditionnement !

De temps à autre, j'allais porter le tableau de laminage à l'atelier. C'était, munie d'une poignée, une tôle vernie noire sur laquelle étaient indiqués le nombre et les dimensions des tôles à laminer. Pour ceux qui ne le sauraient pas : le laminage consiste à faire passer entre des cylindres des "largets" de métal portés à très haute température. Travail de forçats à cette époque où tout était réalisé manuellement (aujourd'hui, les trains continus ont heureusement bien changé les choses). Les ouvriers — les gueules noires —, torse nu, étaient blancs d'écume, tels les chevaux après un rude effort. Souvent Pierre Dumas, contremaître très sympathique, m'attrapait par les épaules et me maintenait deux ou trois secondes devant la gueule du four. Là, j'ai compris que le feu... c'était chaud !

De mon passage à l'usine comme gratte-papier, je garde un souvenir plutôt mitigé, et cela pour plusieurs raisons. Au bout de deux années, je n'avais plus qu'une idée en tête : sortir au plus vite de ma médiocre condition de pointeau-scribouillard. Mais quel espoir d'avancement pouvais-je caresser ? Ma mère me disait : « Tu vois, "le Patou" (Ernest Mazuel, qu'elle avait bien connu à Hyds), il a été nommé sous-ingénieur (2)... Pourquoi pas toi ? » Pour elle, c'était là le modèle à suivre — et à juste titre. Malgré le handicap de ma faible constitution, j'ai donc insisté à de multiples reprises pour être muté du bureau à l'atelier, quitte à faire les trois postes si nécessaire... Mon rêve : être nommé chef d'équipe — peut-être même contremaître — situation qui m'apparaissait alors comme l'apogée d'une carrière d'honnête homme dans notre région.

*(1) C'était en avril 1922. A cette époque arrivaient à l'usine les premiers contingents d'ouvriers polonais. La plupart, naturalisés français, habitent la région et viennent en aide à leurs parents restés en Pologne.*
*(2) Par la suite Ernest Mazuel deviendra chef de service tôlerie à l'usine d'Isbergues, où il décède en avril 1935.*

Si j'ai dit, au début de ce chapitre, que je gardais un mauvais souvenir d'ensemble du temps passé aux forges, c'est en raison de l'indifférence totale (je pourrais aussi bien dire "désinvolture" ou "je m'en-fichisme") des deux ingénieurs dont je dépendais. Je ne pouvais m'adresser à eux que fort rarement, et chaque fois je me trouvais "remballé" par un catégorique : « C'est impossible ! » Oui, cela m'a fait mal, souvent...

Une autre péripétie a fait déborder le vase. Chaque fois que mon chef de bureau s'absentait, c'était moi qui le remplaçais. Un jour, je crois ma chance arrivée. René Bardet, mon chef, est muté aux usines Saint-Jacques de Montluçon. Chouette ! me dis-je. Ayant tenu la place par intérim à la satisfaction de mes supérieurs, elle me revient d'office... Ce ne fut pas le cas. J'appris bientôt la nomination à ce poste d'un nouvel embauché. Fortement désappointé, j'exprimais mon étonnement à l'ingénieur, lequel me répondit que j'étais trop jeune : je venais d'avoir vingt et un ans (1).

Ces deux barrages successifs m'ont persuadé que je n'avais pas grand-chose à espérer de l'usine en fait de promotion. Si tel n'avait pas été le cas, je serais au mieux — aujourd'hui — retraité comme chef de bureau des forges de Commentry... La chance devait sans doute continuer !

L'expérience enseigne que, même lorsque les choses paraissent le plus négatives, il y a toujours un côté positif. Ce dédain de l'ingénieur à l'égard du petit employé que j'étais, j'en ai souffert en de multiples occasions : par exemple, lorsque je retirais mon chapeau pour le saluer sans qu'on daignât me répondre. Devenu « patron », j'ai tiré profit de ces humiliations : j'ai compris combien étaient indispensables, pour marquer l'estime que l'on porte au travailleur, même au bas de la hiérarchie, quelques paroles aimables, le salut de la main, même en passant en voiture, même à deux cents mètres, à l'ouvrier qui peine au fond d'un champ. Ainsi naissent et se maintiennent l'entente et la compréhension réciproques. C'est de ça qu'est né "l'esprit d'équipe" de la maison Delbard, que beaucoup de confrères horticulteurs-pépiniéristes nous envient.

*L'entrée des forges telle que je l'ai connue.*

*(1) Le désir actuel de prise de responsabilité d'une fraction de jeunes fortement motivés ne date pas d'hier. Cette expérience personnelle m'a été profitable par la suite dans mon entreprise, où j'ai cherché à faire de la promotion interne au maximum.*

# Les rapports sociaux...

Se donner le bonjour fait partie de l'héritage paysan. C'est Camille Gagnon qui l'écrit dans son *Folklore bourbonnais* (1), au chapitre des "Rapports sociaux". Il poursuit : « Il serait très malhonnête de croiser quelqu'un de connaissance en ne s'arrêtant pas et sans causer un instant de la santé, du travail, du temps ; même si l'on est très pressé, il est bienséant de lancer un mot sur ces sujets en passant. »

Sur ce sujet des rapports humains je voudrais évoquer d'abord quelques anecdotes amusantes, puis d'autres qui le sont moins, en ces premières années de ma vie de travail aux forges de Commentry.

L'ingénieur des "Services généraux", M. Pagès — très abordable celui-là — avait, entre autres attributions, celle de distribuer les bons pour l'achat des tôles-rebuts. Les uns pour faire un garage de fortune, moi pour mes cabanes à lapins, c'était une procession à son bureau, voire des interpellations directes et répétées chaque fois que le dit ingénieur circulait dans l'usine. Je n'étais pas le dernier à l'importuner. Un soir, après dix-huit heures, je frappe à son bureau, et toujours le même refrain :

— Monsieur Pagès, pourrais-je avoir, s'il vous plaît, un bon de tôles ?

Avec son accent méridional :

— Non, pas en ce moment, nous n'en avons pas assez, tout le monde m'en réclame, alors je ne cède qu'à la dix-septième demande.

Je ferme la porte, je frappe à nouveau, je rentre et pose la même question.

— Mais je viens de vous dire que je ne peux vous en donner actuellement.

— Oui, c'est vrai, mais vous m'avez dit aussi, monsieur Pagès, que vous donnerez le bon après la dix-septième demande ; alors je vais encore frapper quinze fois de suite et, comme cela, je suis sûr que vous tiendrez parole.

— Eh bien ! vous, vous êtes tenace... Eh bien ! vous l'aurez !...

C'est ainsi que je pus faire un bon abri au lapin "étalon" (géant gris normand) que j'avais fait venir d'un élevage réputé pour le présenter au concours du Comice agricole de Commentry. Ce fut un "fameux lapin", qui eut droit aux faveurs gratuites et reconnaissantes de toutes les lapines de Malicorne, ce qui a dû lui assurer une sacrée descendance...

Le même M. Pagès, s'adressant au contremaître, M. Mesotten, pour lui faire compliments de son fils, en stage dans son service :

M. Pagès. — Votre fils, monsieur Mesotten, il est bien, il est encore plus intelligent que son père !

M. Mesotten (avec son accent belge). — Et moi, que je le suis encore beaucoup plus que vous !

Tous les ouvriers avaient des surnoms et, bien souvent, ne connaissaient même pas — au début tout au moins — le nom de leurs collègues de travail. Peu de temps après mon embauche arrive au bureau un ouvrier qui, s'étant blessé, demandait l'établissement d'un bulletin d'accident. Je prends tous les renseignements, et j'arrive aux deux dernières questions :

— Combien avez-vous d'enfants ?

— J'ai cinq z'enfants et la mère pleine.

— Quels sont les témoins ?

— Eh bien ! m'sieu, y'avè : Becquée, Carcasse et Jarret-de-Jô (coq).

— Mais c'est pas leur nom...

— Ah, bin dame ! y a pas longtemps que je suis là, j'en connais pas d'autres... Vous le leur demanderez quand ils viendront signer.

*(1) Ed. Horvath, Roanne.*

Le père Durand faisait les commissions. Sexagénaire, il avait perdu le bras droit dans un accident de travail, mais avait un moral d'acier. Sa prestance d'« aristocrate » à soixante ans témoignait qu'il avait dû être fort bel homme, aux multiples succès féminins qu'il aimait à me raconter : la partenaire étant souvent une ouvrière de l'usine... Il appelait tout le monde "chef", moi y compris. Immanquablement, lorsqu'il avait terminé son histoire amoureuse, il concluait :

— Ah ! chef, quand le bon Dieu *dôte* la force, il devrait bien *dôter* l'envie.

Pour tout dire, je suis entré à la forge, en 1922, aux appointements mensuels de 280 francs. Lorsque j'en suis sorti, en 1928, mon salaire avait juste doublé : 560 francs (1). Pendant ces six années, je suis toujours resté "auxiliaire", avec trois ou quatre garçons de mon âge. Ne pas être titularisé, cela voulait dire que la direction pouvait nous renvoyer du jour au lendemain, sans préavis, ni indemnité aucune. Et pour éviter toute ambiguïté à ce sujet, la prime annuelle de fin d'année des titulaires était transformée pour nous en gratification mensuelle, variant de 5 % à 15 %. Faites le compte : 5 % de 280 francs égal 14,40 F ! C'était l'ingénieur de chaque service qui en définissait le taux. Naturellement, chaque fin de mois, les auxiliaires ouvraient nerveusement leur enveloppe pour connaître — au travers du pourcentage — l'indice de valeur qu'ils étaient censés représenter vis-à-vis du chef de droit divin. A plusieurs reprises, alors que je remplaçais le chef de bureau ou un employé malade, je fus gratifié du minimum. Une demande d'explication à l'ingénieur, en fin de journée (pour ne pas le déranger), était reçue de la manière suivante :

— C'est tout ce que j'ai pu obtenir.

— Mais, monsieur, vous n'êtes donc pas content de mon travail ?

— Laissez-moi travailler tranquille.

Il n'y avait plus qu'à sortir du bureau en maugréant contre ce qui blesse le plus le salarié : l'injustice (2). En outre, cette gratification mensuelle faisait qu'en fin d'année, lorsque nous allions présenter nos vœux au bureau de la Direction avec le personnel titulaire payé au mois, celui-ci recevait l'enveloppe des étrennes. Nous, pauvres auxiliaires, nous en revenions les mains vides... Il faut l'avoir subi pour comprendre ce que pareille situation avait d'humiliant (3).

Je garde cependant un excellent souvenir des directeurs de l'usine, que, malheureusement, nous ne pouvions approcher qu'une fois par an, quand l'Harmonie des forgerons (4) allait leur présenter ses vœux à domicile, ce qui donnait lieu à une réception, quelque peu protocolaire en général. Je me souviens de la "classe" de M. Gassies et de sa famille. Mme et Mlles Gassies (5) (de même que leur frère) savaient, avec une grande simplicité et une amabilité souriante, s'entretenir avec chacun de nous, tout en servant champagne et gâteaux. Notre reconnaissance leur était acquise, en même temps que notre respectueuse déférence.

*(1) J'ai été embauché chez Truffaut, à Versailles, à 1100 francs par mois. Mon salaire doublait...*

*(2) Dans mon cas, ce fut une bonne école.*

*(3) Encore des "leçons" qui m'ont été très utiles quand je suis devenu patron.*

*(4) J'ai fait partie pendant plusieurs années de la société de musique "l'Harmonie des forgerons" dirigée par M. Lavest de Montluçon. Le sous-chef, M. Bourgerie, était mon professeur de solfège. Aimé Garnier, premier hautbois, était naturellement le "maître" du deuxième hautbois Georges Delbard. La participation de l'Harmonie des forgerons au festival de Royan m'a permis de voir la mer pour la première fois à dix-huit ans.*

*(5) Je suis heureux de rendre ce témoignage particulièrement à Mlle Madeleine Gassies, devenue, par son mariage, Mme Motais de Narbonne, que nous avons toujours plaisir à rencontrer, ma femme et moi.*

# Toujours aux Forges de Commentry

*Voici la « photo de famille » du personnel mensualisé (ingénieurs et employés) et des musiciens. Ceci à l'occasion du départ à la retraite du directeur M. Gassies* (X), *le 3 juillet 1927. (Près de moi* (XX), *debout, M. Ed. Garmy, juge de paix* (XXX), *auteur du livre :* Le canton de Commentry.

*Gilbert Aufaure (1857-1929), horticulteur à Commentry, avec sa fille : Mme G. Raynaud (1890-1983)*

*Jean Beaumont (1870-1966), sénateur de l'Allier de 1919 à 1940.*

# Tentatives pour en sortir...

Il fallait donc que ça craque, il fallait en sortir, car je ne pouvais être "petit rond-de-cuir" toute ma vie. Prisonnier du système, je ne pensais qu'à m'évader; oui, mais comment? Très souvent le soir, à la sortie, j'allais acheter quelques plants de fleurs, tomates, etc., chez M. Aufaure, horticulteur à Commentry. C'était un "grand monsieur" que Gilbert Aufaure. Il évoquait le type parfait du "maître-jardinier" par ses connaissances, sa prestance, sa belle barbe blanche et son grand tablier bleu. Je me plaisais en sa compagnie, et je suis sûr qu'il était heureux de discuter avec moi. Lui succéder en devenant mon propre maître dans ce métier rêvé, quelle belle perspective!... Mais, encore une fois, comment faire? Entrer comme apprenti? Je perdais alors mon salaire de la forge, et puis ce sacrifice serait inutile, puisque je ne disposais pas des capitaux nécessaires à l'achat du fonds : une voie merveilleuse mais à abandonner... Il me fallait donc trouver une autre issue.

J'avais la chance de bien connaître M. le sénateur Jean Beaumont (1), secrétaire de la Commission de l'agriculture au Sénat, ami d'enfance de ma mère.

Il me faut spécifier que le sénateur Beaumont partageait la même passion que moi pour l'horticulture. Lorsque j'étais employé à la forge, j'allais fréquemment visiter son jardin, admirant ses espaliers remarquables. Il était très fier de ses pêchers en U, variétés « Le Vainqueur », « Amsden », « Grosse Mignonne ». Les poiriers palmettes quatre branches « Doyenné d'hiver » se couvraient de fruits de grande qualité, contre le mur bien exposé au midi. Voici une preuve de son enthousiasme pour les fruitiers.

A l'une de mes visites je trouve le sénateur au champ, tout réjoui, exubérant.

— Je reviens, me dit-il, d'une mission parlementaire en Belgique. Nous avons visité les serres pour la production de raisins forcés. Quelle merveille!... et aussi quelle bonne affaire financière ça doit être!... Une bonne partie de la production s'écoulant en France, pourquoi ne ferions-nous pas des serres de vignes ici ou à Malicorne?

On discute : j'étais subjugué et ravi par cette idée qui était une révélation pour moi.

— Le point délicat, me dit mon hôte, c'est le risque de grêle dans cette région.

— Mais il doit y avoir du verre résistant...

— Renseignez-vous!

Le lendemain, j'écris aux Verreries du Centre à Montluçon. M. Ch. Delooz, directeur, vient voir mes parents à Malicorne, qui ne peuvent évidemment rien dire. Etrangers à ces contingences, ils l'invitent à aller me contacter au bureau des forges! Appelé à la loge du concierge, j'essaie, confus et bien malhabile, d'avoir des garanties sur la résistance du verre cathédrale!... Le fournisseur éventuel a dû voir tout de suite, à ma mine et à mes connaissances sur le sujet, que le projet (comme le raisin)... était loin d'être mûr... On en est resté là pour cette affaire.

Tous ces espoirs tombant à l'eau (et pour cause), le plus simple était encore de tenter ma chance au premier degré : au besoin entrer comme simple apprenti jardinier rémunéré dans un grand établissement horticole car, côté situation, je n'avais pas grand-chose à perdre.

A la forge, j'avais formé, avec quelques collègues épris de jardinage, un petit club que j'animais, pour regrouper les commandes de graines et de végétaux; j'étais, de ce fait, en relation avec Vilmorin et Truffaut.

*(1) Son domicile était situé à Forest, quartier sud-est de Commentry, au centre des terrains miniers. Notre laboratoire pour la production de plants* in vitro *jouxte la propriété de la famille.*

# Un espoir réel se fait jour

Un beau soir, n'y tenant plus, je me rends à nouveau au domicile de M. Beaumont.

— Vous qui me connaissez bien, monsieur Beaumont, pourriez-vous, lui dis-je à peu près, me faire deux lettres de recommandation, une pour Vilmorin, une autre pour Truffaut : je désirerais me faire embaucher par l'un ou l'autre de ces grands établissements horticoles pour tenter de m'y faire une situation... Mais attention ! n'en parlez surtout pas à ma mère.

Les lettres en poche, il fallait trouver un moyen pour "monter à Paris" : plutôt que de formuler une demande écrite, je préférais me présenter avec la recommandation, pensant déjà que le contact humain était déterminant. Justement, mon tailleur et ami Marcel Bertrand m'avait annoncé qu'il allait prochainement passer quelques jours chez son neveu, à Puteaux.

— Pourriez-vous me prendre un billet pour faire le voyage avec vous ?

— Oui, c'est possible, et même, si tu veux, tu pourras coucher chez mon neveu, sur un lit de camp, dans l'entrée : c'est un bon gars !

Quelle aubaine ! Je donnai immédiatement mon accord. Je vins ensuite annoncer ma décision à ma mère, la mettant devant le fait accompli : « Un billet, ça ne se rembourse pas... Il faut donc absolument que je parte. » Bien qu'âgé de vingt-deux ans, je suis persuadé que la pauvre femme dut ressentir la terrible appréhension de perdre à jamais le gamin qu'elle avait réussi à élever à si grand-peine... Lors du départ, je me vois encore installé sur la voiture, tirée par le vieux "Négro". Ma mère conduisait, répétant comme une litanie à toutes les personnes rencontrées sur le parcours de notre domicile à la gare de Commentry : « Mon gars s'en veut travailler à Paris... mon gars est perdu ! »

Voici le début de cette aventure qui a forgé ma destinée. J'avais en poche, pour tout viatique, ma dernière paie : six cents francs ! Il est vrai qu'au dernier moment, en m'embrassant, ma mère me remit, en plus, un talisman : son chapelet... celui qu'on mettra dans mes mains jointes, pour le grand voyage...

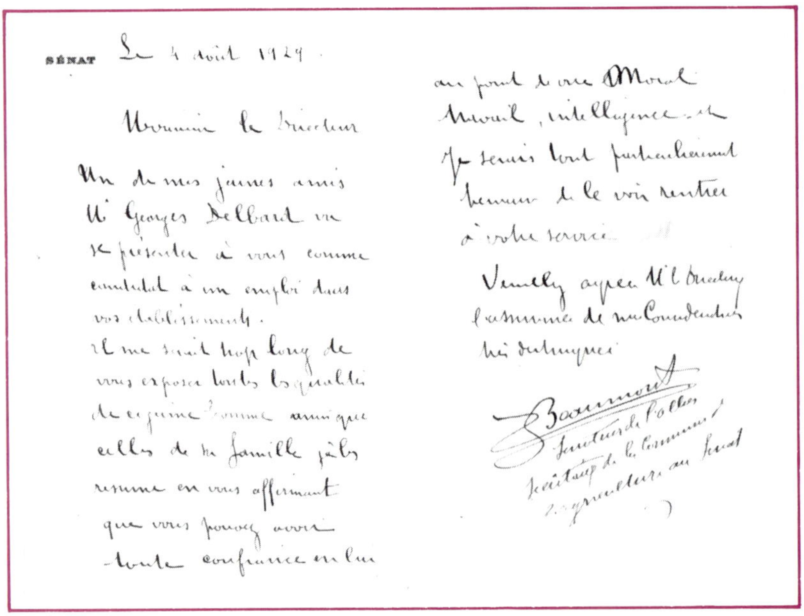

SÉNAT Le 4 août 1929

Monsieur le Directeur

Un de mes jeunes amis M. Georges Delbard va se présenter à vous comme candidat à un emploi dans vos établissements.

Il me serait trop long de vous exposer toutes les qualités de ce jeune homme ainsi que celles de sa famille je les résume en vous affirmant que vous pouvez avoir toute confiance en lui au point de vue Moral travail, intelligence et je serais tout particulièrement heureux de le voir rentrer à votre service.

Veuillez agréer M. le Directeur l'assurance de ma considération très distinguée

Beaumont
Sénateur de l'Allier
Secrétaire de la Commission d'agriculture au Sénat

*Six années aux*
*Ets Georges Truffaut*
*Le Chesnay-Versailles*

# Mon entrée dans l'horticulture active

J'arrive à Paris — ou plutôt à Puteaux, chez le neveu (accueillant) de mon ami. Je me rends d'abord quai de la Mégisserie, chez Vilmorin. Je dois faire assez bonne impression, car on me propose tout de suite — après un stage d'initiation — un poste de représentant pour la province. Je remercie et promets de donner ma réponse rapidement.

Le lendemain visite à Georges Truffaut, avenue de Paris, à Versailles, où je suis reçu par le directeur commercial, M. Barbier. Je remets ma lettre de recommandation, et le dialogue s'engage. Je précise que j'ai quelques notions de comptabilité et un amour fou de l'horticulture.

— Je crois que vous êtes l'homme de la situation, me dit M. Barbier : nous désirons justement embaucher quelqu'un pour seconder le chef des services horticoles (secrétariat) et, en même temps, lui confier la mission de réaliser une étude de prix de revient (*on dirait aujourd'hui une comptabilité analytique*) pour certaines productions végétales... Vous me semblez avoir les atouts pour ce poste. Je serai votre avocat auprès de M. Georges Truffaut et du chef de service intéressé.

— Au point de vue salaire ?

— Probablement autour de mille francs par mois : c'est ce qu'avait le jeune homme qui est parti au régiment.

Quelle affaire ! Presque le double de ce que je gagnais à la forge ! Je repars, gonflé à bloc par la perspective de bien gagner ma vie dans le métier dont j'avais toujours rêvé. C'était inespéré et enthousiasmant. Je me disais : « J'ai eu raison de passer outre aux craintes de ma mère. »

Revenu à Malicorne, un long mois se passe. Chaque soir, je demandais, en rentrant du travail : « Pas de lettre de Truffaut ? » Rien, toujours rien. Enfin, le 20 septembre 1929, arrive le courrier tant attendu, me proposant l'embauchage immédiat, dès le 1er octobre, au salaire mensuel de mille cent francs. J'exulte de joie, je demande à l'ingénieur de la forge l'autorisation de ne pas accomplir de préavis — puisque j'étais auxiliaire — ce qui m'est accordé. Le 25 du mois, je pars donc pour Versailles-Le Chesnay avec mes six cents francs en poche. Logé d'abord au café-restaurant Foucauld, boulevard Saint-Antoine, le dépaysement fut total. L'atmosphère de bistrot, une chambre minuscule avec une literie douteuse, tout ça n'était pas réjouissant... Bien vite, je quittai ce milieu, vraiment trop quelconque à mon gré, pour celui très "collet monté" d'une pension de famille versaillaise. Je n'eus droit qu'à une mansarde, mais l'ambiance "bon chic bon genre", comme l'on dit actuellement, m'apprit beaucoup sur le milieu de la grande bourgeoisie. Et, ce qui ne gâtait rien, la cuisine y était excellente... Il y aurait tout un roman à écrire à propos de ces personnes fortunées du troisième (et même du quatrième) âge, de nationalités les plus diverses, que les vicissitudes de l'existence ou les aléas politiques avaient ainsi contraintes à cohabiter (1). Certaines anecdotes sur le "grand monde" ne manqueraient pas d'intérêt — ni même de sel — ... mais cela n'entre pas dans le cadre de notre sujet.

Cette digression faite, on notera que j'étais tellement heureux de mon changement de travail que j'étais arrivé cinq jours avant la date requise ! Pendant ce temps, le chef du service horticole participait à une exposition de dahlias à Haubourdin, dans le Nord. J'étais donc livré à moi-même.

*(1) Parmi les pensionnaires, en général âgés, une exception : un homme dans la force de l'âge. Avocat belge, condamné à la prison pour le meurtre de sa femme, puis libéré, il était interdit de séjour dans son pays. Il s'enorgueillissait du titre de champion au jeu de dames. Cela me permit de faire de nombreuses parties dont je sortais gagnant lorsque mon partenaire le voulait bien.*

# La roseraie Georges Truffaut...

*... telle que je l'ai découverte en me présentant avenue de Paris à Versailles.*

# Une première vente mirifique

Le 28 septembre, une grande limousine s'arrête devant le bureau. Quatre messieurs de grande allure se présentent à moi. « Je suis, dit l'un d'eux, ambassadeur du Pérou à Paris. J'accompagne notre ministre des Affaires étrangères, qui désire acquérir mille espaliers, poiriers Verrier quatre branches : nous voudrions les voir. »

J'avais déjà parcouru la pépinière ornementale Truffaut, et j'avais bien remarqué qu'il n'y avait pas d'arbres fruitiers : ceux-ci étaient cultivés, par contrat, avec la firme Moser dans un terrain voisin, de l'autre côté de l'avenue Dutartre. Je dis à ces acheteurs : « Je vais vous emmener faire votre choix. » Mais, à peine arrivés sur place, ces messieurs me déclarent : « Nous sortons justement de cet établissement ! » Heureusement, le contremaître, Rondeau, m'avait expliqué la veille les liens familiaux qui unissaient les deux affaires : Mme Moser étant la sœur de Georges Truffaut, je pus faire ressortir le côté "affaire de famille".

Le groupe se concerte, dans sa langue, et me remercie ! Je sens échapper cette vente exceptionnelle — sinon celle du siècle, tout au moins celle de mes débuts ! Je prie le Ministre, qui parlait fort bien le français, de me recevoir à Paris, après avoir pu étudier avec le responsable le montant de l'emballage. « Bien, dit-il, venez me voir dans deux jours à l'hôtel Ritz. » Je crois nécessaire de rappeler au lecteur que j'arrivais de mon "trou" de Malicorne et que, bien entendu, je n'avais pas plus de connaissance des affaires que de Paris...

Après le court voyage en train qui me cause inquiétude et appréhension, je prends un taxi pour le *Ritz*. Le groom me conduit à l'appartement de Son Excellence. Je me trouve en face d'un homme fort décontracté, occupé à faire du charme auprès d'une jolie vendeuse venue lui essayer de nombreuses paires de chaussures. Ma présence ne semblait d'ailleurs le gêner en rien. J'attendais patiemment, fort intéressé, comme cela se comprend ! Ayant tout mis au point avec la séduisante vendeuse, Son Excellence rédige tout de go la lettre du marché, me recommande l'emballage, en caisses solides et garnies d'abondante mousse humide, etc., etc., car le trajet devait se faire par bateau. Ravi, je promets tout. Mon auguste client me reconduit jusqu'au couloir et, voyant mon embarras devant l'ascenseur, vient lui-même appuyer sur le bouton d'appel. J'entre dans la cabine et mets le doigt sur le dernier bouton, croyant ingénument que cet engin, nouveau pour moi, n'allait pas plus bas que le rez-de-chaussée... Quand la porte s'ouvrit, je me trouvais au deuxième sous-sol, bien entouré parmi les prestigieuses bouteilles... Mais l'ascenseur se referme et remonte : me voici perdu... prisonnier des meilleurs millésimes. Que faire ? Tout simplement crier. Un sommelier vient à mon secours. Je lui explique mon cas et, après vérification à la réception, je me vois reconduit vers la sortie principale de la place Vendôme.

Cette première initiative, ce "coup de maître", me valut une augmentation immédiate. Malheureusement, un mois et demi plus tard, un autre coup (d'État celui-là) renversait le gouvernement, et l'ambassadeur annulait la commande... Jamais l'expression populaire ne pouvait être mieux employée et à plus juste titre : « Ce n'était donc pas le Pérou ! »

Si j'ai donné force détails sur cette affaire, c'est pour montrer combien la mutation d'employé-pointeau à la forge en vendeur horticole-qui-en-veut avait été rapide... avant même l'embauche officielle !

Six années passées chez Georges Truffaut, au Chesnay, dans cette firme en pleine expansion, m'ont indiscutablement marqué, m'initiant aux avantages et aux difficultés du métier horticole.

# Chez Georges Truffaut

*Georges Truffaut*
*(1872-1948)*

*Au parc de Versailles :* de gauche à droite
*René Lamoine, Georges Delbard, Louis Chavenon.*

*"L'équipe" du service horticole Georges Truffaut en 1931 pendant le travail. Moins de trente personnes ! Deux administratifs. « Lucie » (a) et moi-même (b); le père Petit (c), dont j'évoque la « verdeur » (p.147).*

*(1) J'allais fréquemment en Belgique. Des contrats de culture de rosiers, par centaines de mille, étaient en effet passés chaque année avec les principaux rosiéristes de ce pays.*
*(2) Henry Fusch — décédé en 1984 —, ingénieur horticole, était son dévoué et compétent collaborateur à ce poste.*
*(3) Dans le même état d'esprit, mes fils et mes collaborateurs me "mettront en boîte" en m'attribuant la formule : « Donnez-moi votre avis à condition que ce soit le mien... » Le mimétisme a joué là aussi !...*

Mon emploi de secrétaire-acheteur-vendeur me mettait en contact direct avec des chefs jardiniers compétents et les plus grands horticulteurs français et étrangers (1). J'eus la chance (encore) de pouvoir discuter avec eux de tout ce qui concerne les tours de main de cette belle profession. Mon intérêt, ma soif d'apprendre, devaient sûrement apparaître rapidement à mes interlocuteurs. Immédiatement, en effet, je me suis fait des amis de la plupart d'entre eux et je pus ainsi bénéficier de leur savoir. Ma "formation professionnelle" s'est faite ainsi, sur le tas. Je puis dire, sans forfanterie, que Georges Truffaut appréciait mes qualités. En l'absence du chef de service, les promenades en la compagnie du patron, dans l'établissement qu'il avait créé de toutes pièces, étaient un régal pour moi, grâce au feu d'artifice d'idées nouvelles jaillissant à chaque pas... et de l'intérêt qu'il me portait. Un exemple : certain jour regardant le carré de couche traditionnel constitué de fumier de cheval mélangé de feuilles sèches, il me dit :

— Pourquoi ne pas remplacer cette chaleur de fond de courte durée par des résistances électriques enterrées ? Elles procureraient la chaleur voulue pendant le temps désiré...

— Mais, monsieur Truffaut, ces couches nous permettent aussi d'avoir un bon terreau l'année suivante. Comment fera-t-on sans cela ?

— Le terreau, il y a cent manières de le produire.

Au ton, je compris qu'il ne fallait pas insister et aller plus loin dans la controverse... (il en sera d'ailleurs toujours ainsi). Le chauffage électrique du sol est né ce jour-là.

Georges Truffaut, ingénieur agricole, avait un enthousiasme irradiant. Au frontispice de l'entrée principale de son laboratoire un seul mot : "Efficiency", car c'était d'abord un homme de laboratoire. A ce niveau, dans ses recherches, il sut s'entourer de conseillers éminents, qui tous ont fait de grandes carrières scientifiques. Je citerai :

R. Heim, futur président de l'académie des Sciences, directeur du Muséum d'histoire naturelle, qui a écrit l'avant-propos de la parasitologie fruitière de mon livre : *Les Beaux Fruits de France* ; G. Viennot-Bourgin, ingénieur agronome, professeur de phytopathologie à l'Institut national agronomique ; A. Balachowsky, ingénieur agronome au Laboratoire d'entomologie ; I. Pastac, docteur ès sciences, ingénieur chimiste ; P. Hampe, qui ne quittait jamais le "patron".

Parmi les découvertes personnelles de Georges Truffaut, citons : la première culture hydroponique (en 1930) de pieds de tomates de plus de trois mètres de haut, couverts de fruits, et la mise au point des colorants nitrés (elgétol) pour le traitement hivernal des arbres fruitiers contre les mousses et les parasites.

Le talent publicitaire du patron était également remarquable. Il avait des idées originales pour chaque catalogue et il en suivait de très près la réalisation (2). Il "pensait" la couverture plusieurs années à l'avance, et sa joie était grande de nous montrer l'énorme chou qui devait faire la "une" du catalogue de graines de semence, ou la fille superbe, les bras chargés de roses, du catalogue de végétaux. A la question : « Qu'en pensez-vous ? » il fallait toujours répondre : « Parfait, génial, magnifique (3)... » C'était surtout indispensable pour la demoiselle, car nous savions bien qu'il s'agissait d'une personne qui lui était chère... Je me souviens d'avoir ajouté, ce que je pensais vraiment d'ailleurs : « Elle est très belle ; en plus, elle est simple tout en possédant beaucoup de charme... Toutes les clientes s'identifieront à elle. » Ce fut, en effet, un grand succès, car cette présence féminine sur un catalogue horticole était une grande première.

# Les expositions...

*Jardin de dahlias, où j'ai œuvré, à l'exposition du Cours-la-Reine à Paris.*

*M. Albert Lebrun s'entretient avec Georges Truffaut. En ce temps-là, le président de la République inaugurait — non seulement les chrysanthèmes — mais aussi les dahlias!*

Georges Truffaut, fin psychologue, doué pour les affaires, super-enthousiaste, avait bien saisi les deux ressorts commerciaux importants de notre métier : le catalogue et les expositions. Ce sont ces moyens, immédiatement perçus par les clients, qui influent fortement sur l'image de marque de l'entreprise : c'est pourquoi cet horticulteur progressiste y apportait toute son attention.

Il savait d'instinct que le catalogue est le lien fondamental entre une firme horticole et ses clients. C'est en effet la gamme, la sélection des produits proposés et leur présentation agréable qui attirent et apportent confiance à l'acheteur. La conception artistique du catalogue, les nouveautés offertes, les conseils pratiques sont autant d'éléments indispensables pour la motivation des commandes.

Je pus juger aussi, lors de mon séjour à Versailles de 1929 à 1935, combien Georges Truffaut attachait d'importance aux expositions. Il nous incitait vivement à y participer le plus souvent possible et à donner à nos stands un caractère personnalisé. Assez souvent on eut recours à ma collaboration, ce qui constitua un excellent apprentissage, conforme à mon tempérament. J'eus même à assumer la responsabilité d'une de ces expositions !

C'était au Mans, aux alentours de 1932. Notre stand était composé de fleurs vivaces et de dahlias présentés en vases importants. Pour que les fleurs exposées "tiennent", il fallait les couper en fin de journée et jusqu'à vingt et une heures ; ensuite on les faisait "boire" (1) dans des bacs profonds. Vers minuit, on les mettait à plat dans des caisses de contre-plaqué pour partir au petit jour, afin d'éviter la chaleur. La présentation sur place commençait aussitôt et durait un jour et une nuit. Autant dire trois jours et deux nuits d'affilée sans repos. Nous acceptions ces contraintes avec joie, car l'exposition en elle-même était déjà une chose fort agréable à réaliser. De plus, tout en imposant notre image de marque, elle permettait de nous mesurer aux autres... Enfin, une fois le jury passé, on avait une grande liberté pour les réjouissances.

Au Mans, Georges Truffaut arrive le jour de l'inauguration. Très satisfait de son stand, il nous félicite et assiste le soir au banquet. Pour cette circonstance, il avait fait le voyage dans sa toute nouvelle limousine Renault Vivastella coupé 15 CV 6 cylindres, voiture exceptionnelle dotée d'un capot "qui n'en finissait plus". Pendant que le grand patron était au banquet, mes trois collègues et moi allons avec son chauffeur dîner dans un restaurant sympathique. On mange et on boit bien. Mais après, que faire ? Le chauffeur suggère le circuit des Vingt-Quatre Heures pour tester les performances de la nouvelle auto. Je vous donne à penser si cette course grisante, souvent sur les chapeaux de roues, pouvait nous être agréable ! Deux heures du matin : on ne va pas se coucher si tôt ! Où aller au Mans à deux heures du matin, sinon au quartier réservé ?...

Je dois vous dire ce qu'on affirmait à l'époque : cet ensemble, à l'ombre de la cathédrale, aurait appartenu à... l'évêché. Je n'ai jamais vérifié si Mgr Grente, qui deviendra académicien en 1936, percevait des droits... Là n'est pas mon propos. Nous arrivons donc joyeux dans cette maison hospitalière, probablement de dernier ordre, car les pensionnaires étaient plus près du troisième âge que du deuxième... Boissons, grosses plaisanteries. Seul le plus âgé d'entre nous, le père Petit, soixante-deux ans, éprouve le besoin de profiter jusqu'au bout de la situation. Rien de plus banal en soi, mais attendez la fin... Comme nous le félicitions de sa verdeur, notre camarade eut cette repartie inattendue : « Eh ! que voulez-vous, mes amis, ce n'est pas tous les jours qu'on a de la chair fraîche à sa disposition ! »

*(1) Il est indispensable, si on doit transporter des fleurs — particulièrement des roses —, de les placer dans un endroit frais et de laisser tremper les tiges dans l'eau (jusqu'à la fleur) pendant plusieurs heures, pour que celles-ci se gorgent d'eau, évitant ainsi leur déshydratation.*

*La maison du maître et le jardin rénové en 1985.*

*Le pont japonais.*

Au temps où je travaillais chez Georges Truffaut à Versailles, j'étais allé — en 1930 je crois — effectuer une livraison de plantes à Giverny, dans la propriété de Claude Monet. J'étais curieux de connaître ces beaux jardins dont un article publié en 1924 dans la revue *Jardinage* (1), sous la signature de Georges Truffaut, faisait grand éloge. Ce fabuleux ensemble fleuri — impressionnant jardin de curé — était encore très beau à cette époque, grâce au dévouement, à l'attachement quasi viscéral du jardinier-chef Lebret, qui continuait à prodiguer toutes ses attentions à l'œuvre du Maître, décédé depuis décembre 1926.

Jusqu'à ma nouvelle visite en juin 1985, je n'avais conservé qu'un très vague souvenir de ces jardins — débordant de fleurs et de plantes de toutes espèces — tels que les avait imaginés et réalisés Claude Monet, pour son plaisir d'abord, mais aussi pour servir de modèles à ses compositions picturales paysagères et florales.

Cinquante-cinq ans après, je viens de redécouvrir un Giverny... ressuscité ! Pilotés, ma femme et moi, par le conservateur-magicien qu'est M. Gérald Van der Kemp, membre de l'Institut, nous y avons passé quelques heures délicieuses au cours de la visite commentée des jardins et de la demeure : ensemble totalement et parfaitement restauré. Il s'agit, en fait, d'un autre sauvetage (pleinement réussi) à mettre à l'actif du talentueux conservateur déjà sauveur de Versailles.

Hélas ! la constatation des dégâts provoqués par les dures gelées du terrible hiver 1984-1985 vint quelque peu assombrir notre plaisir. L'importance des pertes est affligeante, plus particulièrement pour l'amateur de certaines espèces rares groupées là, en ce lieu au passé chargé d'histoire. Voyez plutôt : rosiers grimpants centenaires (les opulents Mermaid et combien d'autres) qui envahissiez les arceaux et colonnes ; nombreux rosiers-tiges âgés, jadis alignés comme à la parade dans leur utilisation très caractéristique du XIXe siècle au centre des plates-bandes ; arbustes de collection à feuillage et à fleurs ; végétaux rares importés du monde entier et plantés par le Maître pour la plupart... vous avez payé un lourd tribut au froid !

Évoquant ces dommages, il est curieux de remarquer, me disait un de mes collaborateurs à la retraite, Ernest Giraud, paysan philosophe, combien la nature sait se montrer implacable dans la sélection du vivant. Ce sont, en effet, un peu partout, les végétaux les plus âgés qui ont payé le plus lourd tribut au gel. Au contraire, les plus jeunes ont, en général, mieux résisté ; et l'on peut même observer que leur végétation au printemps s'en est trouvée renforcée : c'est là, probablement, l'effet de ce qu'on pourrait nommer « réactivité acquise » de l'espèce. Cette constatation, parfaitement vérifiée à Giverny, est sans doute amplifiée *in situ* par le trouble végétatif résultant de la longue période où les jardins sont restés à l'abandon.

Mais la volonté farouche de l'homme d'exception qui a osé prendre la responsabilité — et la charge financière — de sauver Giverny (bâtiments et jardins) de la ruine a fait qu'en 1985 ce temple de l'art pictural français aura vu communier dans la même ferveur admirative plus de 200 000 visiteurs...

Le domaine étant aujourd'hui « ressuscité », je conseille à tous les admirateurs de Claude Monet, à tous les amateurs de jardins abondamment fleuris, de visiter Giverny, de préférence début juin, pour le festival des iris et pivoines. L'excellente plaquette de Gérald Van der Kemp : « Une visite à Giverny », très bien illustrée, procurera toutes informations complémentaires sur ces jardins « différents des autres » parce que voulus, imaginés, réalisés par un peintre de génie, de surcroît grand amoureux des fleurs.

*(1) J'en donne de larges extraits pages suivantes.*

*Georges Truffaut (*à gauche*), en compagnie de Claude Monet (*à droite*), dans les jardins de Giverny en 1924, deux ans avant la mort du grand peintre. C'était l'époque de la floraison des pivoines en arbre.*

*Les fameux nymphéas de son jardin d'eau, « véritable enchantement de Giverny », immortalisés par les vastes compositions léguées à l'État en 1923.*

La revue *Jardinage* de Georges Truffaut, tirée en héliogravure, était parfaite de présentation et de qualité ; Henry Fuchs, ingénieur horticole, en était le rédacteur en chef.

Il me semble intéressant pour le lecteur de reproduire l'essentiel de l'article de Georges Truffaut (1) concernant Giverny, car il restitue fidèlement l'historique — et aussi l'âme — des jardins de Claude Monet au temps de leur splendeur première.

« Le célèbre peintre Claude Monet a créé en 1883, à Giverny, près de Vernon, un ensemble de jardins qui sont devenus justement célèbres et qui lui ont permis de composer ses tableaux les plus connus, malheureusement dispersés, aujourd'hui, en Amérique et en Allemagne.

« Les jardins de Giverny comportent trois groupes : le Clos Normand, le Jardin d'eau et le Jardin potager.

« C'est dans la riante vallée de l'Epte que Claude Monet, séduit par la grâce des collines calcaires arrondies, les trembles qui croissent vigoureusement en encadrant la rivière l'Epte, souvent enchâssée entre de vieux saules rameux et serpentant au milieu de prairies argileuses, conçut et réalisa un rêve de grand artiste.

« Il détourna la rivière, creusa un vaste étang, alimenté par une eau claire et rapide, et aménagea quelques bras aux méandres capricieux. Il planta en encadrement un certain nombre de saules de Babylone à rameaux dorés dont les longs rameaux flottent légèrement au-dessus des eaux.

« Les fonds furent, d'un côté, garnis d'une masse de plantes de terre de bruyère, en particulier de Fougères, de Kalmias, de Rhododendrons, d'Azalées, de Houx. Les bords des eaux furent ombragés de Rosiers à très forte végétation ou grimpant le long des arbres déjà existants, et en particulier il utilisa à cet effet une Rose d'une vigueur extraordinaire nommée « La Belle Vichyssoise » (2) qui pousse jusqu'à une hauteur de 4 à 6 m et produit de longues grappes de petites Roses roses parfumées.

« Cet étang fut planté de toutes les variétés connues de Nénuphars, et quand, à partir de juin, ce miroir ombragé de saules, encadré de hauts trembles, est couvert de fleurs de toutes couleurs, c'est le véritable enchantement des jardins de Giverny.

« Les berges de l'étang sont abondamment garnies d'Iris de toutes sortes. Au printemps ce sont les Iris Siberica et les Iris de Virginie aux longs pétales à reflets de velours ; plus tard, les Iris du Japon, les Iris Kaempferi y abondent et donnent à ce jardin un caractère de l'Extrême-Orient accentué par des végétaux tels que les Pivoines en arbre du Japon dont Claude Monet a reçu directement de nombreux spécimens, il y a déjà une vingtaine d'années, et qui se sont parfaitement acclimatés en Normandie.

« Fin mai, quand les Pivoines herbacées à grandes fleurs déchiquetées, dont les couleurs varient du blanc taché de jaune au rouge violacé vif, sont en fleurs, surmontées des groupes dorés des Cytises, on se croirait transporté dans la banlieue de Yokohama. Une importante plantation de Bambous très variés contribue à accentuer cette illusion. Ces Bambous sont devenus de véritables arbres de 7 à 8 m de hauteur et forment un bois dense où le peintre a su réserver d'heureuses perspectives...

*(1) Paru en 1924 dans cette revue.*
*(2) Il en existe de beaux exemplaires à la roseraie de L'Haÿ-les-Roses.*

# Les jardins de Claude Monet

« Ce qui frappe le plus le visiteur, c'est l'harmonie qui résulte de l'association des couleurs les plus opposées et du goût qui a présidé à l'encadrement de ces merveilles florales.

« ... C'est un véritable feu d'artifice qui est tiré de mai à fin octobre dans ces jardins, et l'impression de ces masses de couleurs est telle, sur tous les passants qui circulent sur la route qui sépare de deux parties de la propriété de Claude Monet, que tous, sans exception, s'arrêtent pour admirer, avec le violent désir de visiter une création véritablement féerique.

« Il y a forcément très peu d'élus, car le maître est âgé et ce serait la cohue, et il convient de respecter son repos, mais c'est un des coins de France les plus attrayants et peut-être un des plus somptueux. En tous les cas, en ce qui me concerne, j'ai tiré bien bas mon chapeau au grand artiste qui, un des premiers, a montré à ses compatriotes qu'il n'y avait pas que les Anglais pour concevoir des décorations faites avec des fleurs, surpassant tout ce que l'esprit pouvait imaginer au point de vue du bariolage des couleurs. Bien des présentations qui ont fait sensation, en particulier dans les jardins du Champ-de-Mars, ne sont que des copies très pâles des conceptions de Claude Monet.

« C'est un grand artiste peintre, et certainement le premier des décorateurs au point de vue floral, et il serait à souhaiter que beaucoup d'amateurs de jardins aient le sens de la couleur et de la disposition et l'amour des plantes elles-mêmes, caractérisé par une connaissance technique parfaite des variétés, de leur perfectionnement et de l'utilisation des types végétaux appropriés au climat et au mauvais sol des jardins de Giverny.

« La plus belle œuvre de Claude Monet est, à mon avis, ses jardins. Dans tous les cas, c'est celle qu'il savoure avec volupté depuis quarante ans et à laquelle il doit ses joies les plus grandes. »

*Georges Truffaut (1) en visite aux cultures du Chesnay : Pierre Hampe (2), Jean Piat (3), Georges Delbard (4).*

Le trait de génie commercial de Georges Truffaut reste d'avoir prévu, dès ses premiers balbutiements, en 1924, l'impact publicitaire de la Radio naissante — la T.S.F., comme on disait alors — qui ne devint "opérationnelle" que vers 1928-1930.

Dès cette époque, Georges Truffaut s'est arrangé pour obtenir l'exclusivité des causeries horticoles hebdomadaires, très instructives d'ailleurs. Est-il nécessaire de préciser que le sujet et sa présentation étaient toujours orientés vers la promotion des produits horticoles de la maison !

Le patron venait me voir au Chesnay.

— Delbard, je veux faire une causerie sur les fleurs vivaces : qu'est-ce qui ne se vend pas ?

— Il nous reste en stock beaucoup d'iris, monsieur Truffaut.

— Alors, faites-moi parvenir dans deux jours la liste des variétés et leurs caractéristiques...

Quelques jours après la conférence, tout était vendu !

Le comble de ces bonnes affaires commerciales, c'est que, de surcroît, Georges Truffaut était payé comme conférencier... Etre rémunéré pour faire sa propre publicité, voilà qui mérite considération !

Ces succès indiscutables, dus à sa forte personnalité d'homme d'affaires et de scientifique toujours en avance sur son temps, lui ont permis de porter sa firme au plus haut niveau de la renommée. Il en avait tiré beaucoup d'orgueil — et même quelque vanité. De ce fait, il avait peu d'amis parmi ses confrères, qu'il traitait de haut... Lorsqu'il venait dans les cultures et qu'il me voyait discutant avec des clients importants, il commençait par me demander :

— Vous leur avez dit que c'était *moi*, Georges Truffaut (1) ?

— Bien sûr, monsieur, cela a été fait en m'excusant d'avoir à les quitter...

Alors, sans transition, ce gros homme hautain devenait d'un seul coup le plus charmant, le plus disert — et même le plus simple — des patrons... Vous pensez combien cela était exaltant de l'entendre demander à son collaborateur, après avoir jeté la toute dernière nouvelle idée :

— Delbard, qu'est-ce que vous en pensez ?

Hélas, au bout de six années de travail intense et passionné — même le dimanche —, une profonde incompatibilité de tempérament, et une totale divergence en matière de conceptions professionnelles et de principes de gestion, provoquèrent une situation conflictuelle entre le chef de service et moi : je fus "démissionné" en juin 1935.

Je suis certain que Georges Truffaut, en son for intérieur, n'était pas d'accord avec la décision qu'on lui avait arrachée. J'en ai eu la preuve éclatante lors de la publication de mon livre *Les Beaux Fruits de France*. Lui ayant adressé un exemplaire en hommage pour ce que je devais au "maître", Georges Truffaut m'écrivit une lettre chaleureuse de remerciements, me disant : « Je vous félicite de tout cœur. Vous avez réalisé une œuvre exceptionnelle que j'aurais été fier de signer. »

*(1) Notre clientèle était alors le gratin de la société. S.M. la reine Amélie de Portugal, qui résidait au plateau Saint-Antoine, au Chesnay (et devant laquelle chacun s'inclinait lors de son entrée à l'église pour la messe dominicale) et la maréchale Joffre, qui habitait Louveciennes, venaient en voisines. Mme Segond-Weber, de la Comédie-Française, venait chaque samedi en se rendant à sa propriété de Neauphle-le-Château. Joséphine Baker, toujours généreuse, distribuait de gros pourboires aux jardiniers... et combien d'autres célébrités !*

*Vue de la partie droite du temple d'Angkor-Vat.*

# Départ de chez Georges Truffaut

Parmi mes "souvenirs Truffaut", il en reste un très présent à ma mémoire. C'était en 1931, l'Exposition coloniale de Vincennes battait son plein. C'était une grande réussite, dont le commissaire général, le maréchal Lyautey, avait été l'artisan talentueux.

Il y eut, à cette occasion, de nombreuses rencontres de scientifiques et de savants. L'une des plus importantes fut celle des "Journées médicales coloniales". Le banquet traditionnel de clôture enregistra la participation de plus de mille convives de grande qualité.

Les organisateurs demandèrent à Georges Truffaut de prendre en charge le fleurissement des tables contre une publicité au menu.

Je fus chargé de cette décoration, réalisée avec l'aide du père Guyot, brave horticulteur-fleuriste à Versailles.

Les couleurs choisies furent l'orange vif et le bleu pastel. Nous avions justement en fleurs les tout premiers rosiers *Gloria Mundi* découverts en Hollande. Chacune des petites fleurs arrondies rouge orangé (qui ressemblaient à des renoncules doubles) fut montée avec des fleurons bleu pastel (périanthe) détachés de la hampe des delphiniums.

Ce chemin de table, délicat, aristocratique, que les nappes blanches, les porcelaines et les cristaux mettaient en valeur (et réciproquement), fit sensation. Nous eûmes droit aux festivités dans les coulisses de la scène, bénéficiant de la charmante compagnie des ballerines indochinoises qui apportaient aux convives la note exotique de circonstance et un divertissement des plus apprécié ; un spectacle qu'on ne peut oublier.

Lorsque j'ai quitté Truffaut, peu après moi sont partis, dans un mouvement de solidarité, trois remarquables employés — tous ingénieurs horticoles — qui étaient mes camarades et sont devenus mes amis. Tous se sont fait de brillantes situations :

— Maurice Augagneur, paysagiste et fleuriste à Bry-sur-Marne ;

— Maurice Coutanceau (décédé en 1981), qui fut professeur d'arboriculture fruitière à l'École nationale d'horticulture de Versailles ;

— Jean Piat, sélectionneur de maïs (déjà !), puis directeur technique d'une importante coopérative du Midi toulousain, où il participa activement au renouveau agricole de cette région dans les années 1945-1965.

Je crois fermement encore aujourd'hui que, si le directeur du service horticole avait cru à la valeur du potentiel humain, technique et commercial de cette jeune équipe dynamique, les établissements Georges Truffaut auraient connu une tout autre destinée.

Mon départ me laissa désorienté : j'ai vraiment cru, pendant un temps, que tout était perdu, ne connaissant pas encore le proverbe arabe : "C'est par la chute qu'on apprend à marcher." Finalement, je n'ai eu qu'à me louer, plus tard, de cette interruption de carrière. En effet, en plus des trois amis déjà cités, un quatrième quittait Georges Truffaut pour souder sa vie à la mienne. Son nom : Jacques Breton. Une formidable aventure allait commencer. Une double chance mutuelle nous était réservée : celle de la réussite professionnelle, jointe à une entente amicale, affectueuse et sans faille.

Ceci sera développé dans la troisième partie. Mais auparavant, puisque nous parlons jardins, attardons-nous quelques instants encore dans le plus grand et le plus beau du monde.

# Jardin égyptien au temps des pharaons

Le lecteur excusera — et appréciera, du moins je le pense — cette digression dans ma biographie que constitue l'échappée dans ce haut lieu de l'horticulture versaillaise (et mondiale), d'autant qu'il a terriblement marqué ma destinée en ces premières années de ma vie professionnelle, où tout était pour moi *émerveillement*.

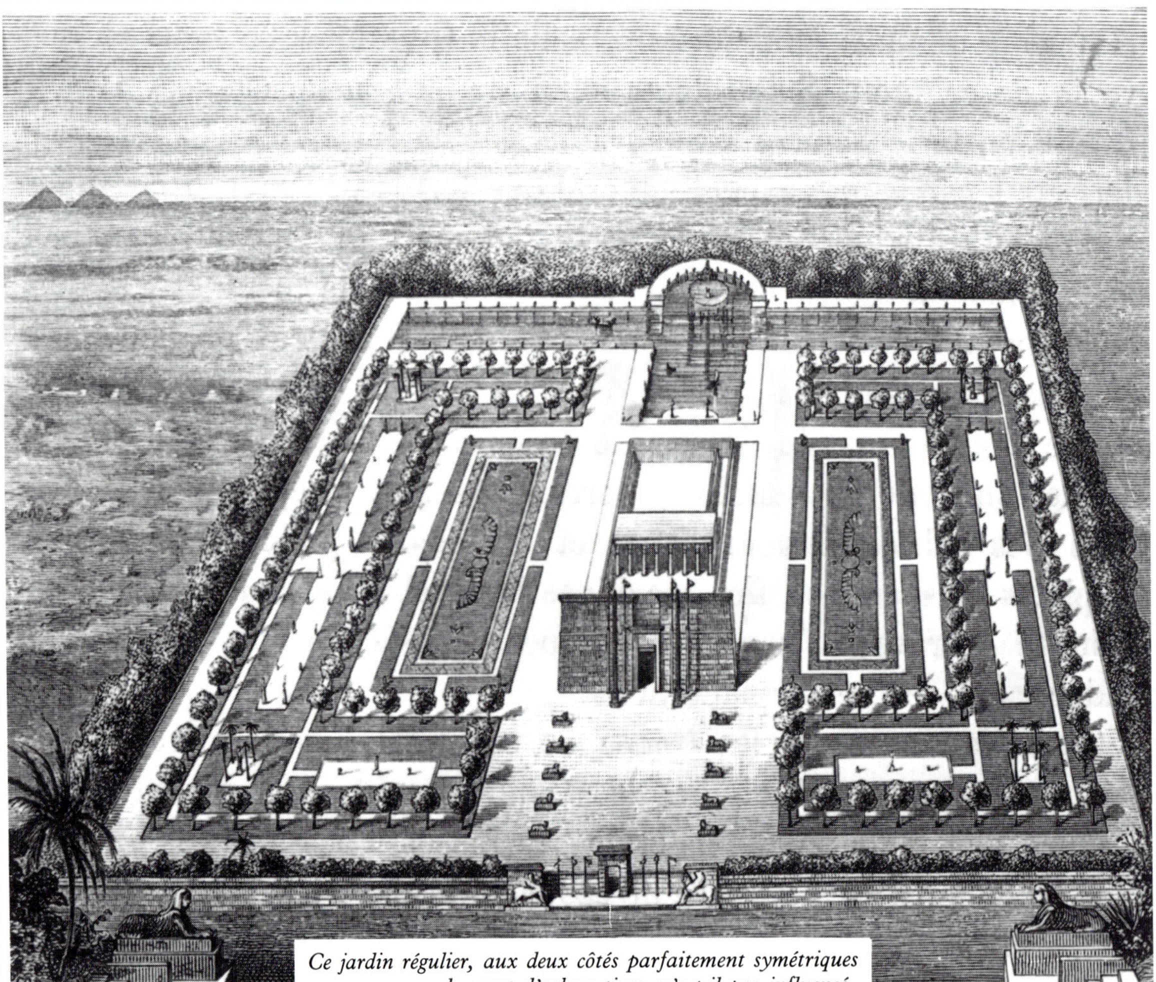

*Ce jardin régulier, aux deux côtés parfaitement symétriques avec son encadrement d'arbres tiges, n'a-t-il pas influencé notre grand paysagiste Le Nôtre?*

# Le jardin du Moyen Âge au XVIIe siècle

Il n'y a qu'un Versailles dans le monde, répétait des dizaines de fois par jour une lady nonagénaire et radoteuse à la pension de famille où je résidais.

Cela est vrai, et c'est pourquoi nous ne pouvons donc quitter ce paradis horticole d'Ile-de-France sans évoquer les somptueux jardins du château et le ''potager du Roy''.

En introduction à ces chapitres, je crois utile de proposer un joli texte condensé sur l'évolution en France du jardin (1).

« ... Comme tout phénomène de l'activité humaine, le jardin traduit dans son évolution les événements religieux, politiques et sociaux de son époque. Il est, certes, le reflet d'un moment historique, mais il ne faut pas oublier qu'il répond avant tout à satisfaire les besoins de l'homme en plantes vivrières ou décoratives. Il convient donc à cet égard de bien distinguer les jardins d'agrément des jardins d'utilité.

« Lieu généralement clos, le jardin n'a pas cessé d'évoluer au cours des siècles.

« Après la période troublée des invasions barbares et de la promulgation en 313 de l'Édit de Milan qui reconnaît la religion chrétienne, les monastères se multiplient en France, donnant naissance aux jardins monastiques remplis de plantes utiles et servant en même temps de lieux de repos et de méditation pour les moines. Car ceux-ci, soucieux de préserver leur foi contre les atteintes de l'extérieur, ne négligeaient pas pour autant la science des plantes et des herbes.

« Ces enclos monastiques offraient quatre parties essentielles : le verger, le potager, le jardin floral et le jardin des plantes médicinales. Ces diverses parties étaient séparées par de petits canaux dont les eaux servaient à l'arrosage ainsi qu'à l'alimentation d'un vivier contenant la réserve des poissons destinés à la nourriture des religieux.

« L'intérieur du cloître était généralement agrémenté d'une fontaine centrale entourée de terre gazonnée et de quelques bancs de pierre. Telle fut, en fait, l'origine des premiers jardins en France.

« Pendant la période du Haut Moyen Age, on assiste à la séparation des jardins d'agrément des jardins utilitaires. En effet, les premiers jardins privés, dépendant du château féodal, apparaissent à l'intérieur même des murs en ce qui concerne la partie d'agrément, tandis que le jardin utilitaire (potager ou verger) se trouvait rejeté à l'extérieur pour permettre aux serfs de le mieux cultiver.

« Mais il convient de souligner le caractère rudimentaire de l'art du jardin d'agrément à cette époque. On se contentait d'entretenir quelques petits carrés de gazon, ainsi que des parterres plantés de fleurs très parfumées et de plantes médicinales. On y trouvait assez souvent une fontaine ou un petit puits hérités des cloîtres monastiques. Par la suite, le jardin d'agrément est complété par une longue treille cintrée, établie le long d'un côté de l'enclos que l'on appelait le courtil (devenu la courtille).

« Avec les Croisades, les chevaliers rapportent des terres saintes le goût des jardins orientaux, leurs enchantements et leurs bizarreries. C'est ainsi que progressivement les jardins français se peuplent de jeux d'eau, d'automates, de miroirs déformants et de multiples fantaisies à l'imitation des jardins du château d'Hesdin que le comte d'Artois s'était fait aménager à la fin du XIIIe siècle.

*(1) Publication de l'E.N.S.H.*

# Le jardin personnel de M. Georges Truffaut...

*... qui fut un des premiers jardins modernes inspirés de l'antiquité : J. Evrard et moi l'avons pris comme modèle pour plusieurs de nos réalisations.*

# Le jardin du Moyen Âge au XVIIe siècle

« Les très Riches Heures du Duc de Berry sont révélatrices de l'art du jardin en France au début du XVe siècle. Elles montrent que le courtil est devenu un élément très important du jardin d'agrément tandis que le verger est situé en dehors de l'enceinte du jardin ; tradition qui se perpétuera jusqu'à la Renaissance.

« Ce n'est qu'à la fin du XVIe siècle que l'art du jardin en France est influencé par la Renaissance italienne, sans que la tradition gothique perde tout à fait ses droits. Certaines dispositions inspirées des jardins en terrasse des villas italiennes apparaissent, mais les thèmes médiévaux : pelouses, treilles, charmilles, fontaines ornées de statues, n'ont pas disparu pour autant. Ces thèmes sont utilisés dans des ensembles plus vastes disséminés sur des terrasses aux vastes perspectives. Le jardin en France perd alors le caractère fermé et intime qu'il avait gardé des premiers enclos monastiques. La prolifération des statues antiques, la division géométrique du terrain et l'aménagement systématique des terrasses donnent alors au jardin d'agrément les caractéristiques de ce que l'on a appelé par la suite : *le jardin à la française.*

« Contrairement à une opinion très répandue, on n'assista pas à cette époque à une véritable révolution dans l'art du jardin, mais plutôt à une évolution progressive mariant les thèmes nouveaux de la Renaissance italienne avec les traditions médiévales françaises.

« Du jardin médiéval furent conservés les allées en berceaux du courtil gothique, la fontaine centrale et les massifs taillés évoluant vers des parterres de broderies plus élaborées. Même les terrasses d'origine italienne se superposent sans communiquer entre elles. Les exemples les plus édifiants de ce nouvel art des jardins sont ceux des châteaux de Blois, Amboise et Gaillon.

« C'est au XVIIe siècle qu'apparaissent les premiers jardins classiques dits *à la française* dont les lignes géométriques sont accordées avec celles de la demeure dont ils constituent le cadre et la continuation. Axé sur le château, lié à lui sans séparation, ouvert sur l'horizon et fait pour être vu d'une terrasse, le jardin à la française, qui débute au château d'Anet, va trouver à Vaux-le-Vicomte sa consécration et imposer partout son style si particulier réalisant la synthèse des éléments français et italiens.

« Mais c'est finalement sous l'impulsion de Louis XIV que Le Nôtre, à partir des principes définis par lui à Vaux-le-Vicomte, réalisa à Versailles dans toute sa plénitude le chef-d'œuvre des jardins à la française. L'articulation des niveaux, les proportions des plans, les eaux plates qui servent de plan de réflexion aux rayons lumineux, sont contenus dans un plan relativement simple mais qui s'étend sur un immense espace.

« Bien que le développement de l'espace donne au jardin le caractère d'un parc, celui-ci n'apporte aucun élément nouveau par rapport à Vaux-le-Vicomte, si ce n'est une harmonisation supérieure et géniale.

« Telle a été l'évolution du jardin d'agrément en France. »

André Le Nôtre, le plus grand architecte de jardin de tous les temps, repose en l'église Saint-Roch à Paris. Sur son tombeau une longue épitaphe où, après ses titres, on peut lire entre autres : ... « la force et l'étendue de son génie le rendaient si singulier dans l'art du jardinage qu'on peut le regarder comme en ayant inventé les beautés principales et porté toutes les autres à leur dernière perfection... ».

# Versailles et ses jardins

Versailles était dans les années 1930 un centre horticole très important. Les établissements Royer et F.A. Truffaut (1) étaient les chefs de file nationaux dans la production de plantes d'appartement vertes et fleuries. J'ai beaucoup appris au contact de ces deux éminentes personnalités horticoles amènes et bienveillantes.

Mais Versailles, c'est avant tout le château et ses jardins.

Françoise Chandernagor, auteur à succès de *L'Allée du Roi* (2), m'a dédicacé son ouvrage d'une façon flatteuse. Ceci a rapport à mon sujet :

« A Georges Delbard, providence des jardiniers, cette "allée" qui, à travers les bosquets du plus grand de nos architectes de jardins M. Le Nôtre, et les vergers de M. de La Quintinie, le mènera dans les coulisses du Grand Siècle... Avec toute ma sympathie. »

Je me dois donc d'évoquer les parterres de M. Le Nôtre et les jardins fruitiers de M. de La Quintinie.

Pendant six années, j'ai parcouru cent fois, mille fois, les jardins du Trianon et du château de Versailles, car de nombreux parents et amis venaient me voir lors d'un voyage à la capitale. Chaque fois, on traversait le parc pour se rendre au château.

D'autre part, mes collègues-amis de chez Truffaut et moi prenions nos repas au restaurant de la Porte Saint-Antoine, près de l'entrée du parc sur la route de Saint-Germain, à quelques pas du petit Trianon. A la belle saison, nous allions presque chaque jour au parc. Toujours aussi étonnés, aussi éblouis.

Évoquant Trianon, Charles Maricheau-Beaupré, conservateur en chef, écrit (3) :

« ... Trianon était le palais de Flore. Louis XIV y avait transporté, si l'on peut dire, le charme et l'intimité du premier Versailles, avec son jardin de fleurs, à l'heure où il décidait d'y bâtir une grande maison. Trianon, parmi des chaumières, avait un assez beau domaine avec de grands arbres. Le Nôtre en fit ses parterres en terrasses, son bosquet des sources.

« ...Le jardin, des parterres qu'on maintenait fleuris en toutes saisons à l'aide de serres démontables en faisaient le principal ornement... »

Bien sûr, cette magnificence n'était vraie qu'au temps du Roi Soleil, car Trianon devint ensuite ce palais de marbre rose que nous connaissons, avec ses parterres, ses fontaines et surtout ses bosquets d'arbres décoratifs dont S. M. Farah Pahlavi, Shabanou d'Iran, me disait, en contemplant, du salon de musique où elle m'avait donné audience, le tableau idyllique du parc :

— Quelle magnificence que toutes ces essences d'arbres ! Je vous en prie, monsieur Delbard, aidez-moi à doter mon pays d'une telle parure végétale.

Elle ajoutait :

— Quand vous viendrez à Téhéran, vous ne verrez, hélas ! que platanes et pins alternés...

Et c'est malheureusement vrai (4) !

*(1) Frère de Georges Truffaut, propriétaire d'un important établissement de serres, spécialisé dans les azalées fleuries, avenue de la République à Versailles. Ces deux maisons ont disparu.*

*(2) Julliard édit.*

(3) Versailles, *Draeger et Verve édit.*

*(4) Phrases reprises au chapitre de l'Iran (p. 631).*

*Les parterres de Trianon*
*... tableau de Cotelle.*

# Versailles à l'heure des grandes eaux

*Perspective du bassin des lézards (parterre de Latone) s'étendant jusqu'au château. A cette composition, si grandiose, à ce décor végétal et minéral si riche peut s'appliquer l'expression de Saint-Simon : « le superbe plaisir de forcer la nature ».*

« Il faut venir à Versailles pour avoir une idée du rayonnement de la France dans les grands siècles de sa monarchie. En se promenant dans ce cadre superbe, on comprend mieux, devant ces architectures, ces décors et ces jardins, l'admiration des visiteurs de jadis. »

Ainsi s'expriment Gérald Van der Kemp, membre de l'Institut, inspecteur général honoraire des musées, et Simone Houg et Daniel Meyer, conservateurs au Musée national des châteaux de Versailles et de Trianon (1).

La visite du château terminée, on garde à l'esprit la magnificence de la galerie des glaces entièrement rénovée. On y a surtout admiré le plafond voûté en berceau peint par Le Brun, qui est le plus vaste ensemble pictural existant en France. Les quarante et un lustres et torchères et autres ornements enchantent maintenant tout un chacun.

Parcourant cette immense et “royale” galerie, on ne peut manquer de s'extasier, devant chaque fenêtre (il y en a dix-sept !), sur la vue des jardins.

En premier lieu la perspective du tapis vert et du grand canal, mais aussi la découverte des grands parterres de broderie du nord et du midi, bourrés de fleurs multicolores à la belle saison.

Essayons d'en décrire l'importance et la qualité.

Ce seul décor floral des grands parterres du nord et du midi qui s'offre aux yeux éblouis des promeneurs de juin à octobre nécessite cent cinquante mille plants cultivés en pots. Nous admirons cette ornementation en cette fin du XX$^{e}$ siècle, mais qu'en était-il au temps du grand roi ?

« Ces fleurs par leur variété et leur fraîcheur, dues aux soins jaloux des jardiniers et botanistes, étaient un des luxes les plus admirés de Versailles au dix-septième siècle » (1).

Pourtant le catalogue rédigé par l'École nationale supérieure d'horticulture pour son centenaire donne une liste assez réduite des plantes décoratives utilisées par Le Nôtre. On n'en compte guère plus de cinquante espèces !

Voici d'ailleurs ce que disent les auteurs (2) :

« La présence du Roi-Soleil et l'épanouissement du jardin classique s'y trouvent étroitement liés. Louis XIV a été admirablement secondé mais il a donné beaucoup de lui-même, rien ne se réalisant sans son accord et tout particulièrement dans les jardins.

« Le Nôtre a su faire d'une campagne médiocre un des plus beaux paysages du monde, personne n'ignore la perspective du Grand Canal, mais si le cadre est connu, les fleurs qui le composaient le sont moins.

« Les idées sur la décoration florale des jardins sont souvent très vagues ; tantôt on l'imagine avec nos fleurs actuelles, tantôt on la limite aux fleurettes qui composent le fond des tapisseries et des tableaux du quinzième et du seizième siècle. Les ouvrages de jardinage de l'époque sont très discrets, leurs auteurs étant plus épris de paysage que de floriculture ; les plantes citées sont surtout celles qui forment la charpente du jardin — les haies, les berceaux, les broderies —, les fleurs y sont qualifiées de noms peu compréhensibles. Il faut faire appel au témoignage des artistes de l'époque pour restituer la composition des massifs du Grand Siècle.

*(1)* Versailles, *Bussière édit., Paris.*

*(2) “Les fleurs dans le jardin au XVII$^{e}$ siècle”, publication de juin 1974 à l'occasion du centenaire de l'E.N.S.H.*

# Versailles : parterre du Midi

*VUE DU CHÂTEAU.*
*Ce jardin-terrasse, au bas duquel on aperçoit l'orangerie, est bordé à droite par l'escalier des cent marches que Louis XIV empruntait pour se rendre à son potager-fruitier dont la grille d'entrée se situe à gauche de la pièce d'eau des Suisses. (A droite, pot à feu).*

*VUE INVERSE FACE AU CHÂTEAU.*
*Broderies de buis, aux entrelacs précieux, servant d'écrin aux riches compositions florales : seul décor de grande qualité pour encadrer les deux bassins circulaires très simples (cliché du haut).*

Toujours concernant les fleurs :

« Trois provenances de fleurs s'y trouvent :

Celles cultivées de longue date que les jardiniers ont améliorées, dont ils ont fixé les variations de couleur et de forme. Ce sont des fleurs indigènes ou du pourtour de la Méditerranée et qui ont lentement gagné nos contrées (*l'Ile-de-France*) au hasard des voyages, des guerres ou des croisades : le Lis Candide, les Pivoines, l'Ancolie, l'Anémone, la Renoncule, l'Iris — emblème de la royauté — et l'Œillet des fleuristes. On peut y ajouter d'autres plantes indigènes dont on peut s'étonner qu'elles n'aient pas été cultivées plus tôt : le Muflier (par exemple).

« Celles apportées d'Orient. En effet, les relations qu'entretiennent les Vénitiens avec Constantinople, les pèlerinages aux lieux saints sont autant d'occasions de rapporter des plantes, surtout des bulbes seuls capables de survivre après de longs voyages : Tulipe, Fritillaire, Colchique, Lis.

« Celles d'Amérique envoyées par les Français établis au Canada. Là encore ce sont les bulbes et les tubercules qui traversent en premier l'Atlantique : le Lis du Canada, le Canna Indica. On découvrira plus tard les grandes composées : Hélianthus, Rudbeckia. Les plantes grasses supportent mal les longs voyages, seuls l'Agave et l'Opuntia figurent dans les collections...

« Le visiteur pourra remarquer que l'amateur de plantes, comme le botaniste, ne faisaient pas de distinction entre les fleurs récoltées dans la nature et celles des jardins.

« L'identification des espèces dans les recueils de l'époque est un problème ardu. Il suffit de regarder le texte des gravures pour voir qu'étaient confondues Clématite et Bignone, Primevère et Renoncule, Perce-neige et Ravenelle. Le polynome décrit et désigne la plante mais chacun travaille en ordre dispersé, la plus grande confusion règne. Pour cette unification, il faudra attendre Tournefort (1656-1708) qui prépare ainsi le travail de Linné. Ce dernier reprendra beaucoup chez ses prédécesseurs, on pourra se rendre compte que nombre d'espèces ont gardé leur nom, partiellement ou en totalité.

« Les jardins sont en pleine mutation. Les Français ont rapporté d'Italie le goût des vastes perspectives mais aussi des fantaisies, voire des excentricités comme les jeux d'eau à surprise qui arrosaient le visiteur, ou encore les formes les plus compliquées d'arbustes taillés. Le végétal se modèle comme la pierre. Le dessin est essentiel et les parterres de broderies se compliquent à l'infini. Le Nôtre donne au jardin des dimensions grandioses même lorsqu'il travaille dans des hôtels particuliers où le terrain est mesuré.

« Parallèlement l'horticulture fait des progrès considérables sous l'impulsion des Mollet et La Quintinie.

« On reste confondu quand on voit l'ampleur alors donnée à certaines cultures délicates : l'Iris de Suse ou la Tubéreuse. Il est vrai que pour la table du Roi, des prodiges sont réalisés. Il aime les asperges, on lui en force tout l'hiver. Il raffole des Tubéreuses, on en achète à profusion ; les parterres sont garnis à tel point que l'odeur en incommode les courtisans. Pour répondre aux fantaisies du Roi, on cultive en pots ; il y en a des millions dans les pépinières, ce qui permet de modifier la décoration des massifs à la demande, parfois deux fois par jour (1).

« La plupart des plantes qui ornaient les massifs de Versailles se retrouvent actuellement dans nos "mixed-borders", mais elles sont de plus en plus rares, détrônées par d'autres espèces dont la floraison est exceptionnellement longue. »

*(1) Aujourd'hui, deux plantations suffisent dans l'année.*

# Versailles : parterre du Nord

*Le décor floral des deux grands parterres du Nord et du Midi nécessite 150 000 pieds de plantes molles. Les coloris : roses des bégonias, rouges des salvias, mauves des ageratums, parmi lesquels se fond le feuillage panaché des abutilons... cet ensemble constitue une harmonie chatoyante que renforcent les taches jaune d'or des roses d'Inde.*

Le lecteur peu familiarisé avec la botanique, s'étonnera sûrement que la gamme des plantes décoratives à massifs, si variée aujourd'hui, ait été aussi réduite au temps de Louis XIV.

Il me semble donc bon de signaler que la presque totalité des espèces florales estivales qui décorent actuellement nos parterres étaient inconnues au XVII^e^ siècle.

Probablement ne connaissez-vous pas l'origine des principales espèces de plantes à massifs, encore appelées "plantes molles" ? En voici quelques exemples :

Le *Pélargonium zonale* — géranium — n'a été introduit de l'Afrique australe (région du Cap) qu'au début du XVIII^e^ siècle.

La *Sauge* — Salvia splendens — qui nous est venue du Brésil en 1822, était, à l'origine, un véritable petit arbuste de un mètre à un mètre vingt de haut. Par hybridations successives, on a obtenu les plantes naines avec épis longs et très colorés que nous connaissons aujourd'hui.

L'*Agératum* — du Mexique — et les *Pétunias* — originaires du Brésil et d'Argentine — n'ont été connus, eux aussi, et hybridés qu'au début du XIX^e^ siècle.

Les *Bégonias* : à part trois ou quatre variétés connues à cette époque, la plupart des quelque deux cents espèces répertoriées au *Dictionnaire d'horticulture* de G. Nicholson — le genre en comprend quatre cent vingt ! — n'ont été importées (1) qu'à la fin du XIX^e^ siècle.

En cette période d'activité intense — et de gloire — de l'horticulture, un très important travail d'hybridation a permis d'obtenir "les parents" des variétés naines très florifères dont nous disposons aujourd'hui.

Ce survol rapide de l'évolution florale à partir du XVII^e^ siècle permet, actuellement, au visiteur des jardins de Versailles et de Trianon d'apprécier la richesse de la palette des coloris des parterres résultant de l'assemblage judicieux des nombreuses espèces et variétés.

Charles Maricheau-Beaupré (2) l'exprime excellemment pour ce qui concerne les grands parterres de broderie du nord et du midi. « Vue du dehors, la galerie des glaces prend à cette heure une transparence inimaginable ; dans cette quotidienne apothéose, la lumière semble percer les murs et le tain des glaces se fondre, tant les emplissent de leurs reflets les eaux, les statues et le ciel même. Les jardins sont-ils dans la galerie ou la galerie n'est-elle plus qu'un péristyle à jour ouvrant de plain-pied sur les jardins ? »

De ces compositions grandioses on retrouve le chatoiement, la beauté : à Paris, aux jardins du Luxembourg et des Tuileries en particulier. A partir de ces réalisations, les amateurs ont toute possibilité de concevoir des décorations de massifs au jardin d'agrément, des groupements de plantes sur les terrasses et balcons qui s'inspirent de ces arrangements et amalgames de coloris.

A la trinité des couleurs primaires (celles utilisées en imprimerie) : le bleu, le rouge et le jaune, il faut en floriculture ajouter le blanc, qui met en valeur les couleurs primaires ou complémentaires. Enfin la botanique nous permet aussi de mettre à profit le support du vert de la chlorophylle, qui est un modulateur pour la rétine humaine.

Il existe donc en floriculture une immense variation de tonalités, permettant les compositions les plus variées.

*(1) D'Amérique tropicale, d'Asie, d'Afrique et des îles de l'océan Pacifique.*
*(2) Conservateur en chef, auteur du livre* Versailles, *Draeger et Verve édit.*

# Versailles : le jardin du Roi

*Pour qui aime les jardins anglais, il ne faut pas quitter Versailles sans admirer le «JARDIN DU ROI».*
*Peu de visiteurs s'y rendent, et c'est dommage. Ce parc paysager est un lieu paisible dont le tracé naturel contraste fort avec l'ordonnancement géométrique et la somptuosité de la décoration des jardins à la française.*

QUELQUES PLANTES POUR UN THÈME MONOCHROME (1)

| *Thème* | *Rose* | *Rouge* | *Orangé* | *Jaune* | *Bleu* |
|---|---|---|---|---|---|
| *Au soleil* | • *Géraniums roses et pétunias roses*<br>• *Œillets de poète*<br>• *Œillets de Chine*<br>• *Reines-marguerites*<br>• *Lavatère "Aurore"*<br>• *Phlox de Drummond* | • *Géraniums écarlates*<br>• *Pétunias "Cascade"*<br>• *Sauges rouges*<br>• *Verveines hybrides*<br>• *Zinnias "Tom Pouce"* | • *Rose d'Inde*<br>• *Œillets d'Inde*<br>• *Erysimums*<br>• *Soucis en tapis*<br>• *Némesias en tapis*<br>• *Zinnias*<br>• *Gaillardes peintes*<br>• *Eschscholtzias* | • *Rose d'Inde "Gerbe d'Or"*<br>• *Œillets d'Inde "Globe Citron"*<br>• *Calcéolaire "Triomphe du Nord"*<br>• *Tagètes miniatures*<br>• *Giroflées jaunes*<br>• *Zinnias* | • *Agératums*<br>• *Lobélias*<br>• *Buglosses*<br>• *Centaurées*<br>• *Pensées bleues*<br>• *Myosotis*<br>• *Héliotrope*<br>• *Pieds d'alouette* |
| *A l'ombre* | • ***Bégonia semperflorens** "Trophée", rose*<br>• ***Bégonia gracilis** "Beauté" rose*<br>• *Bégonias tubéreux* | • *Impatients "Roméo"*<br>• ***Bégonia gracilis** "Perle rouge"*<br>• *Bégonias tubéreux*<br>• *Capucine "Globe écarlate"* | • *Bégonias tubéreux* | • *Bégonias tubéreux* | • *Myosotis*<br>• *Pensées* |

*(1) d'après "Jardins de France"*

# Mariage de coloris dans mon jardin de Malicorne

Voici quelques conseils sommaires d'associations.

Le rouge et le blanc "se marient" fort bien. Il n'est que de voir en Suisse les splendides balcons décorés de pétunias blancs et géraniums rouges — couleurs du drapeau helvétique — pour s'en convaincre. Le jaune et le bleu "s'opposent" mais cependant "s'accordent" : œillets ou roses d'Inde font "bon ménage" avec les agératums ou lobélias. Le bleu et l'orange vif forment un contraste heureux. Le rose et le mauve "s'aiment"... tendrement. On voit que nombreuses sont les combinaisons binaires possibles. Il suffit d'y ajouter une autre couleur si on les veut ternaires.

Ma préférence va à l'association généralisée des teintes les plus diverses pour les fleurs annuelles et vivaces. Dans ce chatoiement de coloris, je rappelle que le blanc ne devra jamais être oublié, qui fait paraître plus vives toutes les autres tonalités. Voyez mon jardin personnel ci-dessous. Quoi de plus harmonieux qu'un tapis de bégonias roses et blancs, sur-lequel on apporte des touches de jaune avec les œillets d'Inde, de rouge avec les sauges, de bleu avec les agératums, d'orange avec les impatiens très naines, de blanc avec les pétunias nains...

Ces conseils d'association de couleurs pour la décoration des massifs sont également valables pour embellir les appartements avec des compositions florales variées.

Alors à vous de choisir : puisqu'il est vrai que « des goûts et des couleurs on ne peut discuter » !

*Mon jardin de Malicorne pendant la belle saison.*

# Le potager du Roy

Louis XIV, aussi épris d'horticulture que le sera plus tard Louis XVI de serrurerie, visitait régulièrement son potager-fruitier.

Sa Majesté prenait des leçons de taille des arbres fruitiers que lui donnait, ravi et honoré, M. de La Quintinie. Témoin ce "Préambule au Roy" tiré de l'ouvrage du "grand jardinier", *Instructions pour les jardins fruitiers et potagers* : « Comme mon bonheur ne vient que parce que Votre Majesté est assez touchée des divertissements du jardinage, peut-être n'est-il pas hors de propos qu'on connaisse qu'Elle sait quelques fois descendre de ses plus grandes occupations pour goûter les plaisirs de nos premiers pères. »

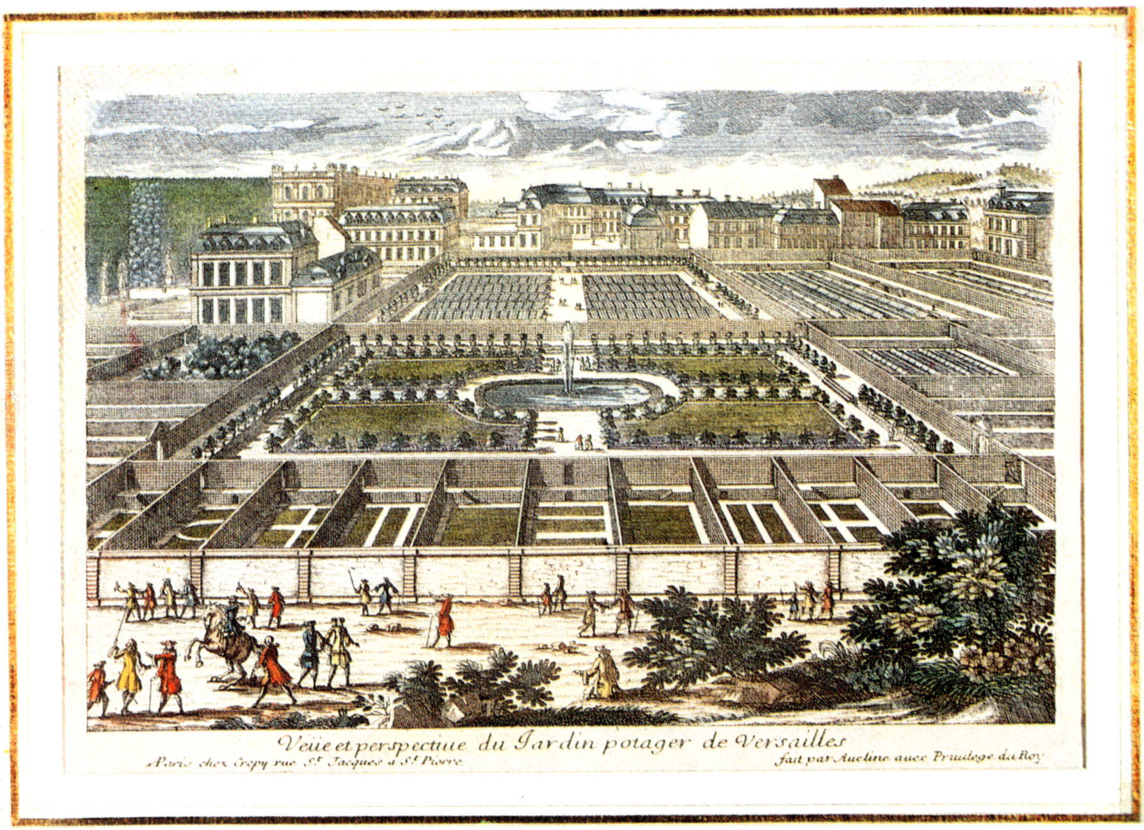

Une publication de l'École nationale supérieure d'horticulture précise :

« Le Potager du Roy fut créé par Jean-Baptiste de La Quintinie (1), de 1678 à 1683, sur une surface de 25 arpents, en remplacement de l'ancien potager de Louis XIII, bien plus petit, qui était situé à peu près à l'emplacement de la Bibliothèque municipale de Versailles, ancien hôtel des Affaires étrangères. Il comprenait un "Grand Carré" central, partagé en seize carrés, le tout entouré de terrasses tel qu'il est encore de nos jours.

« Le pourtour comprenait vingt-huit compartiments, presque tous en creux. Trois au nord, dont deux sont aujourd'hui comblés, étaient : la *Figuerie*, la *Melonnière*, et, dans l'actuelle cour du Foyer des élèves, les *Trois Jardins*, où l'on cultivait les concombres et les "herbes à salade". A l'est, le long de la rue de Satory (aujourd'hui rue du Maréchal-Joffre), se trouvaient les trois enclos qui existent encore, dont l'un, la *Prunelaye*, était consacré à toutes sortes de pruniers, et les deux autres aux asperges dont le roi était très friand.

« Au midi, onze jardins en creux, appelés justement *les Onze*, mais dont le nombre a été ramené à cinq au XVIII^e^ siècle, par suppression de plusieurs murs, et dans lesquels on cultivait toutes espèces de fruits et légumes.

« Enfin à l'ouest, le long de la pièce d'eau des Suisses, on voyait le *Jardin biais*, ainsi nommé parce que coupé par des murs élevés en biais permettant toutes les expositions des arbres fruitiers au soleil, et un autre enclos dit *les Quatre Jardins* où étaient cultivés fraises, abricots et cerises.

« L'ensemble du Potager (actuel) recouvre une surface de 9 ha 40 dont 3 ha pour le seul *Grand Carré*. Les fleurs, fruits et légumes qu'il produit sont vendus en partie aux Halles de Rungis, mais aussi au détail certains matins, dans la salle de vente spécialement aménagée dans un local de l'établissement. »

Au potager de l'École d'horticulture on a pendant longtemps pratiqué le forçage des fruitiers pour la production des fruits primeurs :

— les fraisiers sous châssis entourés de "réchauds" de fumier de cheval;

— les vignes en serres spéciales;

— les arbres fruitiers nains en grands pots : pruniers, pêchers et surtout cerisiers, ce qui permettait de les placer, chargés de fruits... sur la table. Chaque convive pouvait cueillir ses fruits au moment du dessert. De vrais fruits frais ! Parent, à Rueil-Malmaison, était un forceur réputé d'arbres fruitiers en serre.

Cependant ce qui m'a le plus étonné, c'est, sans conteste, la culture d'ananas (2), qui depuis Louis XIV, désirant que sa table en fût toujours garnie, a été pratiquée jusqu'en 1940 à Versailles.

On peut qualifier de culture "riche" celle de l'ananas, car sous notre climat la température aérienne de la serre devait être maintenue en toute saison à 20-25°, tandis que la chaleur de fond atteignait 30 à 35° ! Autre culture pour une autre époque !

La facilité du transport aérien, s'ajoutant au coût prohibitif du carburant, ont fait cesser ces cultures "riches" que j'ai vues pratiquées encore vers 1930 chez le comte de Fels au château de Gazeran à Rambouillet.

*(1) Il a été tout d'abord avocat !* (note de G.D.*)*

*(2) Versailles avait fait école : Xavié Misserey signale, dans* Particularités horticoles dans le département de l'Allier au cours de la seconde moitié du XIX^e^ siècle : ... *Il nous faut faire mention des ananas cultivés en serre. Les premiers introduits dans le département de l'Allier mûrissent chez le baron de Veauce ! » (Texte rappelé par François Treyve.)*

# Un grand commis de la royauté

*M. de La Quintinie, Directeur des jardins fruitiers et potagers du Roy (statue en bronze) dans le potager actuel de l'E.N.S.H.V.*

*Maison d'habitation de La Quintinie. (Actuellement bureaux de la direction de l'école).*

# L'École nationale supérieure d'horticulture

Dans sa préface : « L'E.N.S.H., un siècle d'histoire » (1), Jean Pasquier, ingénieur horticole, directeur adjoint de l'E.N.S.H., écrit :

« ... Mais le monde rural aspirait à l'établissement d'un enseignement agricole organisé et l'Empire se décida en 1866 à instituer une commission, présidée par le célèbre chimiste Dumas et chargée d'étudier cette importante question. Les conclusions de cette commission furent reprises après la guerre 1870-1871 pour aboutir finalement à la loi du 30 juillet 1875, créant les écoles pratiques et modifiant le fonctionnement des fermes-écoles, ainsi qu'à la loi du 9 août 1876, instituant sous le nom d'Institut National Agronomique "une école destinée à l'enseignement des sciences dans leurs rapports avec l'Agriculture"...

« C'est dans ce contexte que Joigneaux et trois autres députés déposèrent la proposition de loi dont il est parlé plus haut et qui fut adoptée par l'Assemblée Nationale dans sa séance du 16 décembre 1873. L'Assemblée vota un crédit de 25000 francs pour la création de l'Ecole d'horticulture de Versailles dont 17000 pour le fonctionnement et 8000 pour les premiers aménagements. Le 1er décembre 1874, moins d'un an après le vote de la loi de finances qui l'avait instituée, l'Ecole put ouvrir ses portes.

« Dès 1872, le député Guichard s'était fait un "supporter" de la création de l'Ecole, on lit (*J.O.* du 10 juillet 1872) :

« ... Nous demandons, en conséquence, à une école spéciale, de nous former des jardiniers éclairés qui soient aptes, après deux années d'études théoriques et pratiques, à propager, à vulgariser dans nos départements les bonnes méthodes et les bonnes explications. Les écoles normales primaires y puiseront des professeurs; les administrations y trouveront des conférenciers pour l'enseignement nomade; l'industrie privée y recrutera des praticiens intelligents... »

« Depuis 1976, l'E.N.S.H. de Versailles est une école de spécialisation du troisième cycle; elle reçoit :

« — Les étudiants de toutes les E.N.S.A. qui désirent se spécialiser en horticulture et aménagement paysager. Ceux-ci obtiennent, après un an d'étude, le diplôme d'Ingénieur Agronome, puis s'ils accomplissent la deuxième année, celui de l'école même.

« — Des maîtres-es-sciences recrutés sur concours qui suivent obligatoirement les deux années d'enseignement.

« Les ingénieurs sortis de l'Ecole nationale supérieure d'horticulture s'orientent vers divers types d'activités liés à l'horticulture, où leur vocation est de jouer un rôle de plus en plus important, tant dans l'élaboration de procédés scientifiques et techniques d'innovation, que dans l'amélioration du cadre de vie.

« Les débouchés se situent principalement dans les secteurs suivants : Organismes professionnels ou interprofessionnels, instituts techniques, coopératives, enseignement, recherche, services régionaux, départementaux ou municipaux; entreprises florales, fruitières ou maraîchères, pépinières; établissements de sélection et de production de semences, entreprises commerciales, sociétés s'occupant d'équipement...

« Les emplois peuvent être proposés dans le secteur public et dans le secteur privé, en France ou à l'étranger. »

En 1985, le directeur de l'E.N.S.H. (inspecteur général d'agriculture) est M. R. Chaux.

*(1)* 100 ans d'horticulture : 1874-1974, *plaquette du centenaire éditée par l'Association amicale des Ingénieurs horticoles et anciens élèves de l'E.N.S.H.*

EL/FF

RÉPUBLIQUE FRANÇAISE
MINISTÈRE DE L'AGRICULTURE

**ÉCOLE NATIONALE SUPÉRIEURE D'HORTICULTURE**

**ÉCOLE NATIONALE SUPÉRIEURE DU PAYSAGE**

EXTRAIT DU PROCES-VERBAL DE LA REUNION
DU CONSEIL D'ADMINISTRATION DE L'ECOLE NATIONALE D'HORTICULTURE DE VERSAILLES
DU 22 DECEMBRE 1950

* * * *

" Le conseil d'administration de l'école nationale d'horticulture s'est réuni le 22 décembre 1950 à 15 heures au siège de l'école, sous la présidence de M. MARGARIT, inspecteur général de l'agriculture qui remplaçait M. l'inspecteur général de l'agriculture VEZIN empêché.

ETAIENT PRESENTS :

MM. MARGARIT, inspecteur général, président,
René RICHARD, maire-adjoint de Versailles,
CHAUMIER, secrétaire général de l'association des anciens élèves,
AUBIN, Guy CHARON, DELBARD, MOSER, ROGER de VILMORIN, LENFANT directeur de l'école nationale d'horticulture.

S'ETAIENT EXCUSES :

M. le Préfet de Seine et Oise,
MM. DEVILLERS et ROYER.

ETAIT ABSENT :

M. MOREUX.

En ouvrant la séance, M. le Président rappelle le décès de M. FRANCOIS, président de l'association des anciens élèves de l'école, membre du conseil. Il prie le directeur de l'école d'adresser à Madame FRANCOIS les condoléances du conseil. D'autre part, il annonce la nomination de MM. DELBARD et MOREUX, en remplacement de MM. THIEBAUT et Albert TRUFFAUT décédés. Il souhaite la bienvenue à M. DELBARD présent.(1)

.......................................................................................

VERSAILLES, le 22 décembre 1950
LE PRESIDENT
signé : M. MARGARIT ".

(1) Fonctions exercées jusqu'au 17 juin 1970.

FAIT A VERSAILLES, le 31 janvier 1983
L'INSPECTEUR GENERAL
DIRECTEUR,

4. RUE HARDY. 78009 VERSAILLES · TÉL. 950 60-87 · C.C.P. PARIS 9133-70
PARKING : 10. RUE DU MARÉCHAL-JOFFRE

# Mes attaches avec l'E.N.S.H.

Au cours de mes six années passées à Versailles, j'ai eu souvent l'occasion de me rendre à l'Ecole nationale supérieure d'horticulture pour l'achat de plantes décoratives, de fruits pour les expositions ou pour tout autre motif — au besoin, je m'évertuais à en provoquer un.

Les dialogues avec les chefs de culture, chargés des cours pratiques, étaient très enrichissants pour le passionné que j'étais. Il y avait même quelquefois — déjà ! — confrontation d'idées !...

Je me souviens avec satisfaction — et bonheur — de ceux que j'ai le mieux connus :

— Adrien Sevestre : floriculture de serres ;

— Baptiste Lasalmonie : culture potagère ;

— Gabriel Bach : floriculture de plein air ;

— Jacques Chaisemartin : arboriculture fruitière ;

— Robert Talbot : pépinière fruitière, mon ami... pendant cinquante années, décédé en octobre 1985.

Lorsque je fus parvenu à la situation de chef d'entreprise, M. Lenfant, directeur, me fit l'honneur de me proposer pour faire partie du conseil d'administration de l'école. J'y suis resté pendant vingt années.

En 1969, mon ami Étienne Le Guelinel, alors directeur, me demanda de venir "parler du métier d'horticulteur" aux élèves en fin d'année scolaire. J'ai cru utile de reproduire cette causerie, car elle a un rapport direct avec notre métier. Quinze ans après, je ne vois guère de modifications à lui apporter. Mieux, l'évolution de l'horticulture a été tout à fait dans le sens où je l'indiquais à ce moment-là. C'est pourquoi je n'hésite pas à en imprimer le texte dans les pages qui suivent.

*Cerisiers en pots chargés de fruits. Il était nécessaire de les cultiver trois années en pots à l'extérieur avant de les rentrer en serre pour un bon forçage. Les fruits étant mûrs, on plaçait l'arbre sur la table afin que les invités puissent picorer au cours du repas.*

# Conférence du mardi 18 février 1969...

Vous pouvez "faire une croix à la cheminée", chers jeunes amis de l'horticulture, puisque vous pourrez témoigner qu'il y a des choses qui changent dans l'enseignement !...

En effet, cette estrade (réservée à un corps professoral doté de parchemins universitaires) est occupée aujourd'hui par un ancien de la profession que vous avez choisi. Or celui-ci peut, tout juste, aligner ici son certificat d'études primaires...

Ceci pour vous situer d'emblée la portée de mon propos, essentiellement axé sur l'aspect économique de la profession horticole.

Aussi, plutôt que de m'improviser "conférencier", souhaiterais-je établir avec vous le "dialogue" (à l'honneur actuellement) à l'issue de mon exposé sur le sujet que je me propose de traiter devant vous :

## Évolution ou révolution... en horticulture ?

N'allez pas croire, pourtant, que ce titre a été choisi en fonction de l'actualité pour paraître "être dans le vent" en face d'étudiants (1)... Simplement, mon exposé voudrait aborder les questions qui me sont posées, en tant que responsable d'un établissement horticole et de pépinières (qui a l'insigne honneur d'être le plus important cotisant au Comité National Interprofessionnel de l'Horticulture), questions qui se posent aussi aujourd'hui à toute l'horticulture française, et demain à vous-mêmes :

— d'abord, l'industrialisation de la production ;

— ensuite, au stade de la commercialisation, l'élargissement du marché à l'échelle mondiale.

Je ne suis d'ailleurs pas le seul que ces problèmes préoccupent puisque le dernier numéro (701) de la revue *Entreprise* présente une enquête sur le thème suivant : « Il est grand temps que l'agriculture devienne une industrie comme les autres ! »

Le fait d'avoir accepté de dialoguer sur un sujet d'une aussi brûlante actualité aura, au moins, eu l'avantage de m'obliger à mettre "noir sur blanc" quelques idées résultant du passage d'une horticulture nationale à l'horticulture européenne et aux perspectives qui se dessinent pour "le saut" à l'échelon mondial : cela mis en évidence par mes nombreux voyages à l'étranger. C'est pourquoi :

— en réfléchissant à la mutation extraordinaire qui s'est produite dans notre profession en dix ans ;

— en supputant ce qu'apporteront comme chambardement, plus important encore, les prochaines décennies — celles où vous aurez des responsabilités effectives —,

je vous propose, toujours pour "être dans le vent", d'aller d'abord jusqu'à contester l'appellation "horticulture" (un terme qui nous est cependant toujours très cher !) pour désigner les productions industrialisées actuelles qui n'ont plus rien à voir, ce me semble, avec cette "science des jardins" dont M. de La Quintinie fut, jadis, en ces lieux, le premier "grand maître".

*(1) C'était au lendemain des événements de mai 1968.*

L'horticulture — jadis réservée aux jardins — prend, à mon avis, présentement, un tout autre aspect de par son importance, quand on évoque les productions industrialisées des fruits, des légumes et des fleurs, ne voulant aborder que les trois branches principales de notre activité, où s'inscrivent également les productions grainières et de pépinières, l'architecture paysagiste : tous secteurs, eux aussi, en pleine mutation et expansion.

## Les productions fruitières

Il y a trente-cinq ans, quand j'accueillais chez Truffaut, pour son stage de fin d'études de l'École nationale supérieure d'horticulture, votre professeur d'arboriculture fruitière actuel, mon ami Maurice Coutanceau, nous n'en étions guère l'un et l'autre, en cette matière, qu'aux données de La Quintinie : une production fruitière familiale et commerciale, surtout localisée autour des centres de consommation.

C'est tout juste si, à cette époque, le chemin de fer ayant déjà permis le transfert des pêchers de Montreuil-sous-Bois à Valence — en climat plus favorable —, on pouvait compter sur les doigts de la main les vergers importants. Mais, depuis vingt ans (en 1969), le verger français particulièrement a fait un bond prodigieux en importance comme en organisation.

Et je vous le dis très honnêtement, n'allez pas chercher en dehors de nos frontières des réalisations meilleures que les nôtres. Tous les étrangers que j'ai pu accueillir en France ont reconnu que nous étions à la pointe du progrès dans ce domaine ! C'est pourquoi, si mon action personnelle s'accroît dans plusieurs pays, je le dois sans nul doute aux très beaux vergers dont nous sommes les promoteurs — et novateurs — qui jalonnent les vallées de la Loire, de la Garonne et du Rhône !

Au verger familial "classique" de quelques hectares d'arbres en palmettes ou fuseaux — dont nous voyons quelques survivants encore en région parisienne — se sont donc substituées, rapidement, d'immenses "usines à fruits", dont la capacité de production et de stockage en stations frigorifiques adjacentes représente bien de véritables "usines", puisque les plus importantes exploitations du Sud-Ouest et du Sud-Est arrivent, maintenant, à produire le chiffre fabuleux de 10000 à 15000 tonnes de pommes, qui s'explique facilement par la simple multiplication de 30 à 50 tonnes à l'hectare par 300 hectares !

Votre professeur, Maurice Coutanceau, et moi-même avons participé activement à cette évolution — disons même révolution — qui a conduit à une augmentation spectaculaire de la productivité. Mais l'augmentation non moins spectaculaire des charges de toutes sortes et des frais financiers énormes découlant de l'énormité des capitaux investis, conjugués sur le plan de la commercialisation à une concurrence mondiale qui s'accroît chaque jour et fait baisser les prix... tout cela fait que les bénéfices de ces "usines à fruits" ne sont pas forcément proportionnels à leur standing et aux capitaux engagés.

*Il y a donc là un point d'interrogation pour l'avenir !*

## Les productions légumières

Votre professeur, M. Bry, "grand maître" de la culture sous verre, triomphait, il y a seulement cinq ans, devant les résultats financiers spectaculaires des productions de concombres et de tomates provenant des "usines" que représentent les serres-chapelles !

Devant leur pullulation, il en vient, maintenant, dans chaque congrès, à prodiguer des conseils de prudence... M. Bry est beaucoup plus qualifié que moi pour vous donner des statistiques précises, mais je voudrais simplement évoquer la Hollande, pays qui est passé de 1 200 hectares de serres pour le maraîchage en 1950 à 4 ou 5000 actuellement... 5000 hectares vitrés (1). Quand on songe que le coût actuel d'un hectare de serre automatisée coûte 100 millions d'anciens francs, la simple multiplication de 100 millions par 5000 hectares donne pour la Hollande, et pour cette seule spécialité, le chiffre fabuleux de 500 milliards d'anciens francs (1969) d'investissements pour l'infrastructure et le chauffage... sans tenir compte des frais d'acquisition des terrains, de la viabilité, des constructions annexes et des végétaux plantés !

Pourtant, si l'on veut, sous nos climats, soustraire les productions "riches" de primeurs et de fleurs aux caprices des conditions climatiques, si l'on veut les "industrialiser", il n'y a pas d'autre issue !

Donc, nouveau point d'interrogation pour l'avenir de cette spécialité en France et en Europe ! souligné par M. Robert Brun dans son article de la revue *Pépiniéristes — Horticulteurs — Maraîchers* de février 1969.

## Les productions florales

Votre professeur, M. Bossard, connaît bien celles de l'Europe et il a, aussi, visité les États-Unis il y a quelques années. Il a donc pu vous dire que, partout, leur importance augmente... ce qui a comme corollaire, là encore, d'accentuer la concurrence de jour en jour !

Mais je délaisserai le problème de la production pour ne vous parler que de celui de la commercialisation. N'assiste-t-on pas, là encore, à une véritable "révolution" ? J'en veux pour preuve l'article de M. E. Debroise, président de la Fédération Nationale des Producteurs de l'Horticulture et des Pépinières, article paru dans le numéro de janvier 1969 de *La France horticole*, intitulé "La chaîne et le robot". Je vous conseille de le lire, si vous ne l'avez déjà fait.

Le président des professionnels de l'horticulture n'hésitant pas, *in fine*, à avouer qu'*il a peur*... y aurait-il donc, là encore, un nouveau sujet d'inquiétude ?

Alors, pensez-vous, comment se continuera cette évolution (ou "révolution") de l'horticulture... car on ne saurait arrêter le progrès !

N'étant ni prophète, ni grand économiste, et n'ayant pour tout bagage, en matière de prospective, que "le bon sens paysan", je me garderai bien de faire des pronostics. Cependant, pour terminer et afin de pouvoir mieux discuter de tous ces problèmes, je voudrais attirer votre attention sur deux aspects de cette conjoncture : l'un touchant les zones de production, l'autre vous concernant plus directement.

Pour ce qui est du premier point, le marché évoluant vers de puissants organismes de distribution va amener, tout naturellement, un regroupement, une localisation de plus en plus poussée des productions permettant d'alimenter le marché de façon continue.

*(1) Nous sommes toujours en 1969.*

Mais, à mon sens, l'élément déterminant de l'évolution pour les productions riches sera réalisé par l'avion. L'avion doit apporter rapidement des bouleversements très importants dans la répartition actuelle des zones de production. Particulièrement pour les productions précoces. Il en coûtera moins, pour approvisionner les marchés européens en fleurs, en légumes ou en fruits de primeurs, de faire des installations rationnelles dans le Sud marocain, par exemple, que sur la Côte d'Azur ou dans le Roussillon !

Cela, d'abord, parce que les produits mûrissent plus tôt, que les installations moins élaborées et la main-d'œuvre y sont bien moins coûteuses : l'exemple des fraises d'Israël envahissant l'Europe est là pour nous convaincre !

Ce "défi", tous les pays d'Afrique du Nord, le Kenya et, je crois, la Colombie veulent le relever !

De ce fait, l'avion me semble donc devoir apporter dans un proche avenir une perturbation des marchés bien plus grande encore que celle que nous connaissons. Ces productions riches permettent en effet de supporter le coût du fret avec possibilité d'approvisionnement d'un hémisphère à l'autre.

Dans huit jours, je serai au Brésil pour la récolte des pommes. En novembre, j'y suis arrivé pour déguster les premières pêches et nectarines. Et, naturellement, on pouvait — depuis octobre — couper toutes sortes de fleurs d'été en plein champ ! Un essai de commercialisation à Paris de roses de plein air que j'ai rapportées de São Paulo a été relativement satisfaisant !

Rio de Janeiro est à douze heures de Paris actuellement sans escale. Demain, avec les supersoniques, le durée du trajet sera de trois à cinq heures ! N'y a-t-il pas là matière à réflexion pour un proche futur ?

Personnellement, je crois qu'il est bon de ne pas perdre de vue cette éventualité à laquelle les plus progressistes pensent déjà !

Mais je ne dois pas oublier que je suis devant de futurs ingénieurs horticoles pour lesquels se pose, comme pour tous les jeunes, le problème de leur avenir, de leur devenir.

Sur le plan humain, il est vrai que ces données chamboulent les anciennes conceptions et structures.

En effet, la création de ces entreprises géantes de production nécessite des capitaux énormes, excluant ainsi de plus en plus la possibilité pour l'individu de devenir "patron".

De plus, je l'ai déjà dit, le secteur de la commercialisation se transformera, nécessairement, par l'apport des fortes productions de nouvelles régions éloignées.

Enfin, la distribution est à l'heure "de la chaîne et du robot" pour l'approvisionnement d'une nouvelle clientèle importante, celle des supermarchés, "véritables usines de vente".

Dans une telle situation, le besoin de cadres supérieurs scientifiques, techniques, commerciaux sera très grand. De plus, cette activité en pleine mutation et expansion (tous les sondages révèlent que 55 % des Français désirent consacrer leurs loisirs au jardinage) laisse entrevoir pour les jeunes de l'horticulture "qui en veulent" de grandes raisons d'espérer.

Après cette conclusion optimiste, je serais heureux de répondre de mon mieux à vos questions.

*Cette allocution terminée, le dialogue s'engagea, animé, en fonction des perspectives envisagées qui se sont trouvées confirmées par les faits.*

*Voler de mes propres ailes*

# Chômeur à vingt-neuf ans !

Après ce détour par les merveilleux jardins du Grand Roi, je reprends le fil de mon récit. Au lendemain de ma "démission" de chez Truffaut, me voilà brutalement sur le carreau, sans situation. D'un seul coup : l'abîme ! Pis que cela — l'avilissement — pour les miens, hier encore si fiers de ma percée dans les hautes sphères parisiennes de l'horticulture. Ma mère s'interrogeait : « Comment ton directeur, que nous avons reçu à Malicorne, heureux de notre cordiale hospitalité, ayant apprécié mon menu — il m'a même demandé de ne pas oublier de servir un même pied de cochon aux haricots lors d'une visite éventuelle de M. Georges Truffaut (1) —, comment a-t-il pu modifier si fort sa position à ton égard ? » Ne te fais pas de soucis, maman... A la fin de l'explication orageuse qui précéda mon départ, je lui ai lancé l'anathème : "On se retrouvera dans la vie" (2). Tout juste un peu de baume sur la plaie !...

Certes, très connu des milieux horticoles pour mon dynamisme (j'ajoute : mon sérieux), je pouvais facilement trouver un "job". Mais cette expérience malheureuse, qui brisait une carrière où j'assumais des responsabilités de premier plan, me posait problème. Et si ça recommençait ailleurs ? Dès lors, il me fallait réfléchir sur le bien-fondé du dicton : « Un petit chez soi vaut mieux qu'un grand chez les autres. »

Cruel dilemme ! Pour m'inciter à "plonger", j'avais l'exemple du bon départ commercial de deux magasins parisiens de vente des produits Truffaut. Créés, *sur mes conseils* (3), par deux cousins, nouveaux venus dans ce métier — l'un près de la gare du Nord, l'autre à la gare de Lyon —, leur réussite paraissait assurée. Pourquoi ne ferais-je pas aussi bien... pourquoi pas mieux même, étant donné mon bagage horticole ? Hélas, l'aspect dissuasif était plus difficile à résoudre : où prendre l'argent pour m'installer à mon compte ?

Cela est si vrai que maintenant encore, quand on me pose la question : « Comment avez-vous pu débuter quai de la Mégisserie pratiquement sans capitaux ? » je réponds toujours : « C'est une aventure romanesque si extraordinaire, si embrouillée, si longue à conter qu'il m'est difficile de l'expliquer en schématisant. » En effet, je fus plongé — à mon corps défendant — dans les méandres les plus tortueux de la procédure juridique. Même si l'issue en fut heureuse, le déroulement des opérations n'est pas facile à résumer, ni peut-être d'un très grand intérêt pour le lecteur. J'en retracerai pourtant les étapes principales en m'excusant par avance de ce que mon récit pourra avoir d'aride. Je voudrais que l'on retienne surtout la somme d'énergie et de courage — je puis le dire — qu'il me fallut déployer pour survivre aux difficultés en cette période pénible pour moi, angoissante pour tous les miens. C'était en plus la guerre civile espagnole, le réarmement hitlérien, les menaces du fascisme italien. En France, 1935 est une année où beaucoup d'événements graves annoncent des lendemains difficiles. C'est le début des grandes confrontations ouvrières et politiques qui aboutiront en 1936 au Front populaire et aux grèves.

Par ses perspectives angoissantes, l'ensemble de cette situation tragique formait une toile de fond bien sombre face à mon activité de commerçant débutant exerçant son activité sur des bases précaires.

*(1) Le patron était gourmet et gourmand ! et m'avait fait part qu'il comptait venir à Malicorne.*
*(2) Notre brave instituteur Victor Murat, lors des fameuses leçons de morale de notre époque, ne manquait jamais de nous rappeler le rôle essentiel de la volonté pour se sortir des situations difficiles. Son exemple préféré était celui de l'historien Michelet qui, grelottant dans sa mansarde, écrivait, les mains crevassées par le froid : « Je jure de devenir quelqu'un. » Tout au long de ma vie, cette phrase a été pour moi une incitation à me surpasser.*
*(3) La création de ces deux affaires n'a pas arrangé les discordes avec mon chef de service, qui suivait ces initiatives avec mécontentement et un certain sentiment de jalousie.*

# Le Marché aux Fleurs de la Cité

*Ici, au début du siècle. Il est encore en activité actuellement le long de la Seine...*

*... et sous les halles de la place du Marché aux Fleurs*

J'avais économisé quinze mille francs chez Truffaut : c'était là tout le montant de mes "fonds propres". Vous avouerez que c'était bien maigre pour vouloir voler de ses propres ailes... Cela demandait, en tout cas, un supplément de réflexion... C'est pourquoi, pendant six mois, j'acceptai le poste de garçon de café au restaurant "Le Michelet", boulevard Saint-Michel, chez mes cousins Bustelli. J'étais ainsi occupé et en famille, ce qui m'évitait de broyer du noir (1). Bien mieux, j'avais la possibilité, grâce aux après-midi libres, de prospecter dans Paris. Depuis longtemps, j'avais, en effet, la conviction intime que c'était de loin la meilleure place pour l'horticulture. D'abord à cause du prestige de la capitale, mais aussi du grand nombre d'acheteurs fortunés; eu égard, enfin, à l'énorme potentiel de clientèle intéressée avec les jardins de sa banlieue. Donc tout devenait clair. Comme bien d'autres avant moi, je lançai le défi : "A nous deux Paris."

Un premier emplacement possible répondait peut-être à mon désir de percer : celui du Marché aux Fleurs de l'île de la Cité. Je commençai donc ma quête de ce côté, et bien m'en prit. La place affectée à ce commerce par décision de Catherine de Médicis est toujours restée fidèle à sa destination première. Du fait de cette ancienneté, ce "joli cœur" de Paris est connu de longue date des acheteurs de fleurs de la capitale. C'est donc là que je vins immédiatement prospecter.

Mon heureuse initiative me procura la chance d'y rencontrer une boutiquière hors pair : Mme Alice Marsin, la plus représentative des fleuristes du marché (nous dirions aujourd'hui "le leader"). Celle que tout un chacun appelait Alice était — professionnellement et... physiquement — une « forte » personnalité du monde horticole. Entre nous deux, le courant passa sur-le-champ. Après quelques minutes de conversation, Alice me tint ce langage direct : « P'tit, si vous voulez faire du bon commerce, venez quelques semaines ici avec moi. » Je ne me le fis pas dire deux fois. J'arrivai tout de suite et fut le chouchou de cette femme, bonne, généreuse, le cœur toujours sur la main. Sans enfant, elle me considérait un peu comme son fils. J'eus droit, en effet, à m'asseoir dans la cabine de la caisse, aussi étroite qu'une cabine téléphonique : je n'étais pourtant pas épais, mais je devais m'y tenir de biais. Ma patronne ne sortait de son réduit que pour recevoir les clients de marque. Là, tout en l'aidant de mon mieux, j'ai pu observer ses qualités de femme d'affaires, étayées par une puissance de travail incroyable (2). Entre chaque encaissement, le montage des fleurs continuait pour les couronnes mortuaires. On déjeunait "sur le tas", dans la cabine, d'un plat chaud apporté par un restaurateur proche. Alice profitait de la moindre accalmie, à l'heure de midi, pour confectionner à une vitesse déconcertante trois ou quatre belles corbeilles — si grands étaient ses dons artistiques innés.

Ceux-ci furent bien vite remarqués par plusieurs ambassades. Notre infatigable et talentueuse fleuriste en devint fournisseur attitré. On lui donnait un budget en déclarant chaque fois, comme toujours : « Vous ferez au mieux, vous êtes mieux placée que quiconque pour interpréter nos désirs et en tirer le meilleur parti. » Quand on en arrive à ce stade des relations commerciales, la partie est gagnée... à condition, bien sûr, d'être toujours égal à soi-même.

*(1) Pendant cette période, j'ai eu ainsi une toute petite idée des affres du chômage.*

*(2) Deux fois par semaine, elle se levait à une heure du matin pour collecter les meilleures plantes des producteurs au marché de gros du Pont au Change, examinant les lots en baissant le hayon de chaque camionnette avant le déchargement. Les autres jours ouvrables, elle se rendait aux Halles à quatre heures pour l'achat de fleurs coupées. Son titre de meilleure cliente lui permettait d'être exigeante, d'avoir la première qualité et la quantité qu'elle désirait. « Je dois rafler tout ce qui est le plus beau et qui risque de manquer », disait-elle souvent. Pour sûr, il fallait "avoir de la santé" pour seulement accompagner ce bourreau de travail pendant quinze-dix-huit heures, chaque jour ouvrable. Je n'y aurais pas tenu longtemps...*

# Le Marché aux Fleurs de la Cité

*Sous les halles, déjà, le libre-service de la fleur.*

*Remarquez, au premier plan, les ananas produits en serre en région parisienne.*

## Mme Alice Marsin, fleuriste au Marché aux Fleurs

Mme Alice Marsin — devenue très riche — aimait à raconter ses débuts fort modestes. Donnons-lui la parole : « J'ai commencé à vendre des fleurs rue de Rivoli, dans une voiture des quatre-saisons. Un jour, j'y vais au culot, je frappe à la porte du directeur des Grands Magasins du Louvre. Je lui dis : "Vous m'avez sans doute vue vendre des fleurs devant vos magasins, je ne suis qu'une midinette (*elle précisait* : j'étais très jolie fille !), mais j'ai beaucoup de goût, et si vous étiez d'accord je pourrais prendre en charge la décoration florale de vos magasins, qui n'a rien d'artistique présentement. Faites un essai avec moi." Le directeur, désarmé — soufflé — par l'aplomb, mais aussi le côté sérieux et candide à la fois de cette jolie jeune fille, accéda aussitôt à mon désir. Voilà, ajoutait-elle, comment j'ai pu "percer". Avec mes économies, j'ai acheté ici une, puis deux, puis six places (1), devenant — et de loin — la boutique la plus importante du Marché aux Fleurs. »

Mme Marsin m'a dit, après mon installation quai de la Mégisserie, que l'offre qu'elle m'avait faite, spontanément, d'effectuer un stage près d'elle n'était pas complètement désintéressée : ayant jugé sur ma mine que je devais être un bon commerçant, elle avait pensé à moi comme successeur possible. Une affaire évidemment irréalisable, à l'époque, par manque de capitaux. Ce stage fut néanmoins pour moi une révélation des grandes possibilités de vente de végétaux dans un magasin horticole bien placé, bien achalandé, avec des vendeurs dynamiques et expérimentés. Je vais en donner un exemple. Pendant ma dernière semaine chez Truffaut, j'avais reçu un client potentiel, fort difficile et exigeant, qui désirait acquérir quarante cèdres bleus de trois-quatre mètres exactement semblables, pour encadrer la grande allée d'accès de sa propriété. L'affaire ne s'était pas conclue. J'avais appris, par la suite, qu'il était allé chez tous les pépiniéristes de la région versaillaise sans se décider. « Un acheteur impossible », disait-on. Or, confiné dans la cabine Marsin, qui vois-je arriver ? Mon amateur de cèdres ! Vite, j'explique ce que représente le visiteur. Alice se lève d'un bond, va au-devant du quidam et le questionne. La réponse tombe : « Je recherche quarante cèdres bleus, fortes plantes exactement semblables. — J'ai ce qu'il vous faut. — Où puis-je les voir ? — Ici, je vous en présenterai deux après-demain et vous en garantis trente-huit exactement semblables. — Je reviendrai après-demain. »

Le jour même, nous allons à Fontenay-aux-Roses et rapportons deux cèdres échantillons. Nous marquons les autres. Le client se présente le surlendemain comme convenu : il se montre satisfait. Mme Marsin lui fait le "baratin" et exige une totale confiance pour l'ensemble : elle l'obtient. Ce fut donc Mme Marsin qui bénéficia de cette commande, uniquement par sa persuasion "enveloppante". L'acheteur fut d'ailleurs ravi à la vue des quarante conifères aux branches attachées, bien alignés sur le macadam. Il faut avouer que l'effet en était bien plus impressionnant ainsi qu'en place, dans un environnement de différents végétaux de pépinière.

Le fait d'avoir vécu cette transaction, que je croyais seulement possible dans une pépinière, m'a convaincu qu'en croyant à son métier, en se montrant persuasif, on pouvait — même à partir d'un magasin — réaliser des affaires dans la vente des végétaux.

*(1) Ayant cédé ses places, Mme Marsin rêva d'installer, immédiatement après la guerre, le plus beau magasin de fleurs du monde aux Champs-Élysées, à la place d'une importante marque d'automobiles. Elle vint me demander conseil. Je lui répondis qu'évidemment ce serait la consécration de sa carrière : après avoir débuté avec la petite voiture rue de Rivoli, le superbe magasin aux Champs-Élysées... quelle réussite ! Mais ce n'est peut-être pas, en cet endroit, la meilleure situation pour une fleuriste, ajoutai-je. Elle écouta mon conseil et créa "Les Jardins d'Alys" au n° 18 de la rue Lafayette.*

# Le quai de la Mégisserie autrefois

*ÉTALAGES ET CONTRE-ÉTALAGES DE PLANTES ET DE GRAINES DE SEMENCES DEVANT LE N° 16 QUAI DE LA MÉGISSERIE.*

*... côté Pont-Neuf.*

*... côté Châtelet.*

# Je décide de m'établir à mon compte

Après ce stage fort instructif, il me fallait continuer mes recherches pour un autre emplacement commercial, décidé plus que jamais à tenter ma chance dans la capitale.

Pour ce faire, pendant cinq mois, chaque après-midi, j'ouvris toutes les portes des magasins de commerce dans le périmètre des gares parisiennes.

Celle de Saint-Lazare, où transitent journellement quatre cent mille voyageurs, me semblait le point de chute idéal. L'étude de marché était simple : quarante clients sur quatre cent mille banlieusards quotidiens — toute une ville comme Nice — cela faisait tout juste 0,1 pour mille acheteurs possibles; un pour mille, cela en représentait quatre cents... Entre ces deux pourcentages, il paraissait y avoir place pour un bon courant d'affaires. Quelle ville de province offre pareille concentration de clientèle potentielle en un même endroit?

Naturellement, je ne pouvais me montrer trop ambitieux. Je cherchais un petit stand dans l'entrée d'une porte cochère, une portion d'étalage ou toute autre situation où il me suffirait d'acquitter un loyer sans avoir à faire de débours pour le pas-de-porte. Quasiment la quadrature du cercle!

En dehors des gares, je passais presque chaque jour quai de la Mégisserie, un quartier dont je connaissais bien la grande valeur commerciale horticole. En effet, pendant plusieurs années, j'avais été chargé de la décoration florale des deux magasins Truffaut, tout proches, avenue Victoria. Or, pas une seule fois je ne serais reparti à Versailles sans avoir examiné attentivement les étalages du quai. Il fallait bien se tenir au courant et voir ce que les concurrents proposaient...

Je dois spécifier que le quai de la Mégisserie est sans équivalent dans le monde par sa spécialisation; on devrait le nommer : "quai du Jardinage". Dans aucun autre pays, en effet, on ne trouve une telle concentration de dix firmes horticoles qui se côtoient, dont les deux plus importantes de ce temps : Vilmorin et Truffaut.

Espérer s'intégrer commerçant dans ce milieu privilégié, pour un jeune homme de vingt-neuf ans n'ayant pour tout capital que sa rage d'arriver, cela paraissait du domaine du rêve. Pourtant, quiconque visite la Samar toute proche, peut se rendre compte que ce n'est point là une utopie. Un certain Ernest Cognacq, fondateur de cet empire commercial qu'est la Samaritaine, n'a-t-il pas débuté sans le sou? Son histoire du déballage sous un parapluie rouge sur le Pont-Neuf est bien connue. Le diorama visible à la Samar raconte la vie d'Ernest Cognacq. Son succès est venu, précise le commentaire, de ce qu'il avait parfaitement conscience de ses qualités de vendeur : attirer les passants et, disert, les persuader d'acheter, telle fut l'origine de son succès... Je pensais posséder ces mêmes atouts : quelle référence pour moi!

Un après-midi, fin octobre 1935, je déambulais sur le quai de la Mégisserie avec ma cousine Marie-Louise Bustelli, comme nous le faisions assez souvent, en quête d'un hypothétique emplacement disponible. Euréka! Ma persévérance était récompensée. Sur la seule ancienne boutique existante (une bonneterie), je lisais à hauteur de l'entresol : «Création d'une galerie marchande, stands à louer.» Voilà mon affaire... Dès le lendemain, je demande rendez-vous à la propriétaire.

Je me présente à son domicile; un hôtel particulier apparemment cossu du dehors, mais bien singulier à l'intérieur.

Un valet, gilet vert rayé jaune, vient ouvrir.

# Le quai de la Mégisserie côté Châtelet

*Un grand nombre de jardiniers amateurs sur le trottoir.*

*Ce quai prit forme sous le règne de Charles V et porta d'abord le nom de quai de la Saulnerie, en raison de la proximité de la maison de la marchandise du sel. Puis celui de Vallée de Misère, probablement à cause des nombreux vagabonds qui venaient s'y réfugier. Puis encore de quai de la Pouillerie ou de la Volaille. Et enfin celui de quai de la Ferraille quand les marchands et récupérateurs de vieux métaux s'y installèrent. Les mégissiers ou tanneurs de peaux lui donnèrent son nom actuel » (1).*
*Une affluence record d'amateurs du jardinage (depuis le XV^e siècle). Dix magasins d'horticulture au coude à coude. Devant la pancarte Truffaut (magasin que nous avons repris), on « devine » celle de Georges Delbard de 1935, près du tourniquet de graines.*
*Côté Seine, les bouquinistes, qui ont, eux aussi, leur clientèle attitrée de promeneurs.*

*(1)* Les Rues de Paris, *Ed. Denoël.*

Dans l'immense salon du rez-de-chaussée sombre et malodorant où je suis introduit, vingt chats blancs poursuivis par deux énormes chiens se précipitent. Dans une volte-face savante, ils prennent d'assaut les tentures et tapisseries dépenaillées — et pour cause —, réalisant une démonstration d'alpinisme acrobatique avec escalades naturelles de haute technique. Ayant annoncé mon arrivée, le valet m'invite à monter au premier étage, suivi des chiens et des chats. Je suis en face d'une "fée Carabosse" vêtue de blanc — toujours —, aussi large que haute, défigurée par un maquillage outrancier, avec sourcils très marqués partant des narines... de quoi faire peur ! Le décolleté généreux laisse voir une énorme poitrine du "type pendula".

J'essaie cependant de garder le sourire aux lèvres. Étant le premier candidat, j'assure que je porterai bonheur. Je remercie de l'accueil favorable et indique que je passerai le lendemain pour prendre l'engagement de location contre versement d'un dédit. Le soir même, je fais porter au domicile de la bailleresse une belle plante fleurie. Une initiative qui se révélera payante envers cette femme au comportement bizarre. Les fleurs produisent leur effet. Le lendemain, j'avais un "papier" signé, me donnant droit, contre versement de mille francs par mois, d'établir un étalage de plantes sur le trottoir du n° 16 quai de la Mégisserie. Toutefois il était bien spécifié que cette autorisation se limitait à la façade du magasin de la bonneterie Ropital et qu'elle était donnée *à titre précaire*, pour la durée des travaux de transformation.

Je téléphone la bonne nouvelle à l'ami Jacques Breton, lequel, je le rappelle, avait quitté Truffaut en même temps que moi. Pendant cet intervalle, il avait été embauché comme chef d'équipe du "service Rosiers" aux pépinières Defresne de Vitry-sur-Seine. A ma question : « Jacques, es-tu prêt pour tenter l'aventure ? » la réponse fut immédiate : « J'arrive. »

Au cours de la semaine suivante, précédant la "grande première", je déployai une activité fébrile pour réunir le minimum de matériel nécessaire à l'ouverture d'un embryon de commerce horticole. D'abord les pancartes : il fallait bien que l'on sache que Georges Delbard était là ! La bonne présentation des articles proposés (rosiers, fruitiers, bulbes à fleurs), leur qualité, leur prix, devaient pouvoir soutenir une concurrence positive face à ceux de mes collègues. Tout cela, selon ma profonde conviction, était capital pour fixer l'attention du passant. Mettre à profit ces quelques secondes d'arrêt des clients des firmes concurrentes pour que l'un des deux compères — Jacques Breton ou moi — puissions nous approcher, entamer le dialogue, "savoir parler", "accrocher" comme le faisait Ernest Cognacq... Voilà qui me semblait important au départ pour réussir.

Une petite table, papier kraft, ficelle, sécateur, serpette constituaient tout le matériel d'exploitation. Le cliché de la page suivante donne une idée du déballage d'ouverture.

Pendant cette semaine agitée de ma "rentrée", je demande aussi un rendez-vous à mes amis Jacques et Maurice Maingot-Thuilleaux, pépiniéristes à La Celle-Saint-Cloud. Le jeudi est choisi comme de coutume, puisque, pendant plusieurs années, chaque jeudi mes amis sont venus me chercher pour participer au déjeuner familial dont je voudrais vous parler.

Les pépinières Thuilleaux sont plusieurs fois centenaires. Un aïeul a fourni les arbres pour le parc de Versailles. On conserve pieusement à cet établissement les lettres de commandes du grand architecte Le Nôtre.

# Mon premier déballage de plantes

*Ce document qui "parle" a été pris par mes deux voisins — immédiatement après notre déballage — comme pièce justificative au procès éventuel. On avait fait arrêter toute circulation. Remarquez les rails du tramway. Jacques Breton est à droite, tout emmitouflé et songeur, se demandant ce qui se passe !*

De cette continuité professionnelle terrienne découle, sans nul doute, la continuité des traditions ancestrales de cette famille. Elles étaient plus particulièrement affirmées entre 1932 et 1935 par le déjeuner hebdomadaire du jeudi. Toute la famille se réunissait ce jour-là. Le grand-père Jules Thuilleaux présidait; à plus de quatre-vingt-cinq ans, il faisait vraiment figure de patriarche. Ce repas apparaissait tout à fait comme une survivance du passé, presque une scène biblique. Grande était donc l'amitié qu'on me témoignait, puisque — comme je l'ai dit — chaque jeudi Jacques ou Maurice venaient me chercher pour participer à ce repas de la communauté familiale. J'en étais évidemment très touché et même honoré. J'appréciais cette ambiance soudée de grande bourgeoisie terrienne où le tonton curé aurait, lui aussi, bien aimé se trouver.

A l'issue du repas de ce jour, j'exprime le motif de ma visite : je désire commander quelques beaux arbres fruitiers pour mon compte, car je veux constituer de toute urgence un étalage de vente à Paris. Le grand-père Thuilleaux admire mon courage, car en 1935 l'optimisme commercial n'était pas de rigueur, les affaires marchant plutôt mal!... Maurice s'absente quelques instants et revient avec une lettre qu'il me tend. Je suis surpris d'y lire que mon ancien employeur menaçait de retirer sa propre clientèle si on me fournissait un jour. De toute évidence, on me poursuivait (et ce n'était qu'un début!).

Je suis vite rassuré, car mes hôtes déclarent qu'ils n'ont cure de cette menace. « Nous avons voulu simplement vous tenir au courant, disent-ils, mais nous sommes à votre disposition pour vous fournir tout ce dont vous avez besoin... En toute priorité! »

Deux jours après, le samedi 9 novembre 1935, les arbres qui avaient été présentés à l'exposition de Rueil-Malmaison par les pépinières Thuilleaux nous sont livrés. Jacques Breton et moi étions là pour les réceptionner. Il y avait, en particulier, le fameux cerisier tige transplanté de la photo ci-contre — Jacques Breton, à droite, donne l'échelle — payé seize francs (prix spécial en raison du gros stock à écouler), vendu vingt-huit (1). Ce seul cerisier a permis de vider le carré de cet article en pépinière et d'"accrocher" bon nombre de clients : un témoignage de valeur de la bonne présentation des produits et du facteur qualité-prix.

Ce premier jour "à mon compte", il faisait froid. Avec Jacques Breton, sous nos manteaux, nous étions un peu comme deux clochards auxquels on refuse un secours. Recette quasiment nulle. Le soir, nous demandons à M. et Mme Lamiot — successeurs de Ropital — la permission de rentrer notre "barda" dans le magasin de bonneterie de gros encore en activité. Autorisation accordée. Le dimanche est occupé à faire les étiquettes et la liste des articles de base absolument indispensables, même pour un commerçant vendant à la sauvette! Comme nous espérons faire quelques ventes, il faut aussi ouvrir un livre de caisse, mettre au point un carnet de commandes "clients" et un autre "fournisseurs". Le lundi matin nous sommes les premiers au travail pour sortir notre maigre achalandage, confiants en des lendemains meilleurs. Ça n'allait pas durer bien longtemps. Dès ce jour-là, en effet, les choses devaient commencer à se gâter. La photo montre bien que notre "fonds de commerce" était pris en sandwich entre celui du *Coq Hardi* à gauche (maison presque bicentenaire à l'époque et qui a disparu du quai depuis) et le magasin *Truffaut-Moser* à droite (que nous avons racheté quarante-cinq ans plus tard, en 1981).

Inutile de préciser que notre apparition du samedi n'avait pas été sans faire jaser... En particulier, mes deux concurrents attenants ne voyaient pas arriver avec le sourire les étalages et contre-étalages de ce jeune intrus "culotté".

*(1) On appellerait cela aujourd'hui "vente promotionnelle".*

# La vente... à la sauvette

Une concertation immédiate des deux compères s'établit pour mettre au point une stratégie de refoulement. Il faut dire que notre situation n'était pas bâtie sur le roc, mais seulement sur le macadam d'un trottoir... La situation paraissait s'établir ainsi juridiquement.

Primo : une loi dit qu'on ne peut établir deux commerces identiques dans un même immeuble... (Heureusement une jurisprudence retrouvée nous sauvera par la suite, qui admet que, dans une rue spécialisée dans une même activité, il y ait exception.)

En second lieu le trottoir appartient à la ville. L'occupation du sol et le droit à un étalage dépendent, à Paris, du bureau des concessions des affaires domaniales de la ville, laquelle, bien entendu, est seule habilitée à l'autoriser et à faire payer un droit d'occupation au locataire régulier du magasin, et à lui seul, face à sa vitrine.

Dans notre candeur naïve, nous ignorions tout cela et pensions bien être en règle avec, en poche, notre petit "papier" signé de la propriétaire. Le réveil fut très douloureux. Nos deux voisins se rencontrent, vont au poste de police et, forts des règlements ci-dessus, demandent au commissaire principal d'intervenir pour nous chasser. Ce ne fut pas long. Juste avant midi, deux inspecteurs se présentent : « Montrez-nous votre autorisation d'étalage ! — La voici », et je l'exhibe fièrement. « Elle ne vaut rien. — Comment, vous allez peut-être nier les droits de Mme V. sur cet immeuble ? — Il ne s'agit pas de ça. L'autorisation d'étalage, ce n'est pas le propriétaire qui la donne, c'est la ville... » Après dix minutes de palabres : « Vous avez l'air de bonne foi, rentrez tout votre matériel — et tout de suite —, autrement nous sommes obligés de verbaliser. » Que faire, face à la force publique, sinon obéir ? Nous rentrons le "barda" en plein midi, sous l'œil vengeur et narquois de nos deux "confrères".

L'après-midi, on ne montra pas le bout du nez. Je vais demander conseil à un ami bourbonnais, Me Albert Gautrat — célèbre avocat d'assises, qui fut notamment, par la suite, le défenseur de Marie Besnard, « la bonne dame de Loudun » (1). Plusieurs fois, il m'avait donné des consultations très amicales... puisque gratuites, m'invitant même à sa table. Épaulé par lui, je me sentais en sécurité. « Tâchez, me dit-il, d'avoir dès que possible un engagement de location ferme pour une partie du local commercial. Avec cela, vous pourrez obtenir votre autorisation d'étalage de la ville de Paris. Quant à vos méchants voisins, laissez-les venir. Laissez-les faire un procès : je me charge d'eux ! » Rassuré quant à leurs menaces, je n'avais plus maille à partir qu'avec... les "flics" ! Alors, le mardi matin, on ressort l'étalage : pas d'intervention ce jour-là. Le lendemain, deuxième descente policière, deuxième rentrée ; à nouveau on nous oblige à remballer, mais cette fois, aussitôt la police partie, on ressort le matériel. Cette vente à la sauvette se répéta plusieurs fois les jours suivants. Il nous est arrivé pendant ce temps d'enregistrer des commandes livrables une semaine plus tard. Chaque fois, nous nous demandions avec Jacques Breton : serons-nous encore là dans huit jours ?

Après deux ou trois semaines environ, un engagement de location me fut accordé. Ce n'était pas encore suffisant, me dit le préposé aux affaires domaniales parisiennes : à la base, un bail en bonne et due forme était nécessaire. Je discute jardins avec lui, je lui explique mes soucis... je l'attendris ! « Après tout, déclare-t-il au bout d'un moment, en vous donnant cette autorisation, en faisant entrer de l'argent dans la caisse de la sous-direction des affaires économiques, je ne fais que mon devoir, puisque jusqu'ici cette portion de trottoir ne rapportait rien. » J'obtiens le reçu du versement. Un pas venait d'être franchi. Dorénavant, je n'aurai plus peur de la police.

*Je suis à droite. Jean Fort au centre, Jack Blanc à gauche.*

*(1) Pour la petite histoire, Me Albert Gautrat obtint un acquittement inattendu pour sa cliente, accusée d'avoir empoisonné à l'arsenic plusieurs maris (et quelques parents) afin, prétendait la rumeur publique, reprise par l'accusation, de profiter de leur héritage.*

*Lors du procès, le défenseur avait comme principal adversaire un éminent expert qui faisait autorité en matière de toxicologie, lequel affirmait que ses examens lui permettaient de certifier que Marie Besnard s'était servie de ce poison pour exterminer tous ses proches. On avait, en effet, trouvé d'assez fortes doses d'arsenic dans les restes de plusieurs cadavres exhumés. La défense, elle, avait pu prouver que la terre du cimetière de Loudun contenait un pourcentage inhabituellement élevé de ce poison.*

*Dans un effet de manches resté célèbre au barreau, Me Albert Gautrat, brandissant un flacon de poudre blanche dans chaque main, interpelle l'expert :*

*— Etes-vous capable, monsieur l'expert, lui dit-il, de reconnaître l'arsenic d'une autre poudre blanche ?*

*— Mais pour qui me prenez-vous ? rétorque l'interpellé offusqué.*

*— Alors, de ces deux fioles, laquelle contient de l'arsenic ?*

*Sans hésiter, l'expert répond :*

*— Celle de gauche...*

*— Malheureusement pour vous, jubile Me Gautrat, vous n'avez aucune connaissance de votre métier. Ces flacons renferment tous les deux... de la poudre de talc !*

*Et c'est en grande partie sur cette flagrante carence de l'expertise — fondement de l'accusation — que Marie Besnard fut acquittée au bénéfice du doute.*

# La façade de la galerie marchande

*La galerie est terminée. En haut, éclairé au néon, on lit « La Galerie Marchande ». La propriétaire désirait louer l'entresol pour un restaurant. A gauche, dans mon premier stand, on remarque des sachets de graines et des plantes ; à droite, seulement des produits chimiques pour le jardin.*

Le directeur commercial Truffaut ne se tint pas battu pour autant. Un procès fut intenté contre la propriétaire, laquelle me mit en cause pour me faire condamner en son lieu et place. De par ses fortes connaissances du code civil et bien soutenue par ses avocats, cette dame, ravie de me jouer un mauvais tour, n'eut pas de mal à s'en tirer dans un premier temps. Cela au motif que, m'ayant loué le côté gauche, le passage central équivalait à une rue. De plus, à ce moment, le stand de droite était loué à M. Biard, pâtissier-brioleur : ces deux précautions réunies isolaient manifestement mon commerce de celui de Truffaut, affirmait ma propriétaire. Une pause fut ainsi obtenue.

Au départ, cette idée de "galerie marchande" était une aberration en raison de l'exiguïté de la façade et du manque de surface intérieure. Décision irréfléchie résultant de la conjonction d'une lubie de l'extravagante propriétaire avec la mégalomanie — rendue manifeste par le plan mirifique — d'un architecte en mal d'honoraires. Le cliché ci-contre en donne une idée précise.

Les travaux de transformation durèrent plus d'un an. Au départ, pour un loyer annuel de vingt mille francs (1), je devais avoir à ma disposition, côté gauche de l'entrée, le stand de dix mètres carrés dont le bail interdisait l'étalage. Le service du contentieux de la ville de Paris, consulté, affirma que cette disposition était nulle. J'étais en droit de faire un étalage en face de mon stand, puisque le trottoir appartenait à la ville. Ayant reçu l'autorisation nécessaire et Me Gautrat se déclarant d'accord, les végétaux apparurent immédiatement sur le trottoir (voir page précédente).

Deux années après nos débuts et quelques mois après son ouverture, le pâtissier-brioleur installé à droite m'offrit l'achat de son pas-de-porte. C'était un homme avisé... Dans son bail, il avait pris soin de faire ajouter la vente possible de tous produits nécessaires pour la maison et *le jardin*. Cela fut notre chance. Après accord sur le prix (je n'étais pas riche !), je décidai donc de ne vendre là que des engrais et produits divers (voir photo) pour le jardin. Notre étalage doublait de surface et j'occupais toute la façade de la "galerie", ce qui hypothéquait quelque peu la location des stands intérieurs. Dans ce nouvel emplacement, j'incorporai la caisse commune aux deux stands pour dégager de quelques mètres carrés la surface de celui d'en face !... Mal m'en prit. Les constats d'huissier se mirent alors à pleuvoir, émanant de mes deux opposants. Puisque j'encaissais à droite le montant des végétaux vendus à gauche, je contrevenais aux termes du bail.

Pendant ce temps, Me Gautrat put retrouver la jurisprudence attestant que, sur le quai de la Mégisserie, très spécialisé en jardinage, il peut se trouver plusieurs commerces horticoles dans un même immeuble. Après en avoir informé les parties adverses, nous décidons de "laisser courir". Mes adversaires, s'étant consultés, et voyant la partie perdue de ce côté, abandonnent le procès, mais s'entendent pour une opération machiavélique sur mon dos. La propriétaire loue à Truffaut le deuxième stand à droite... à la suite du mien, à l'intérieur de la galerie. Et Truffaut s'y installe. Les stands n'étant séparés que par une cloison de deux mètres de haut, il s'ensuivait des quiproquos comiques : les clients allaient payer chez Truffaut les achats effectués chez Delbard, et *vice versa*... Le cirque ! Heureusement, cela ne dura que quelques mois. Une tentative de conciliation de nos avocats permit de résoudre provisoirement cette situation. Contre abandon à mon profit de son stand intérieur, je cédais à Truffaut deux mètres linéaires d'étalage dans la partie droite jouxtant le sien. Autre arrangement extravagant : à mon tour, je donnais en échange quelque chose qui ne m'appartenait pas.

*(1) C'était un prix énorme pour une surface aussi exiguë.*

# Avant, et après, la transaction

*Avant la transaction : les végétaux à gauche, les produits pour le jardin à droite.*

*Après : nos plantes et nos graines s'imbriquent avec celles de Truffaut.*

Je passe sous silence les ennuis que cette nouvelle transaction amena avec les clients qui offraient cette fois de payer chez Delbard des produits pris à l'étalage Truffaut, pour la partie située face à notre magasin. Cette situation burlesque se prolongea plusieurs années...

Un certain jour, le contrôleur de la voirie s'arrête et m'interpelle : « Qu'est-ce que vous avez fait là ? Vous avez sous-loué à votre voisin une partie de votre étalage que vous nous payez entièrement ? Vous êtes en infraction grave avec notre contrat. » J'imagine des explications, mais je dois quand même admettre la justesse du propos. Voyant ma bonne foi, mon interlocuteur me dit : « Revenez dès demain matin à la situation antérieure — normale —, je fermerai les yeux. » Je réponds : « Faites-moi une lettre comminatoire cet après-midi, je vous promets qu'après-demain tout sera en ordre. » Ayant reçu la lettre recommandée, dès le lendemain, à six heures du matin, tout mon personnel était là pour garnir la totalité de l'étalage, récupérant les deux mètres cédés illégalement. Branle-bas chez Truffaut : accrochage direct, cette fois, des deux parties. Ayant pu produire la lettre, je marquai un point. Réflexion faite, la partie adverse, voyant sans doute la situation compromise, me demande en contrepartie le versement de quelques millions de l'époque, pour en finir avec cette affaire rocambolesque. Le chèque scella le traité de paix.

Mes ennuis d'exploitation n'étaient pas terminés pour autant. Au lieu d'ouvrir le passage sur la rue Saint-Germain-l'Auxerrois, la propriétaire se mit en tête de construire dans le fond un petit cinéma douteux. Les banlieusards jardiniers avaient autre chose à faire que d'y entrer, mais les "belles" du quartier profitèrent de l'aubaine, provoquant devant nos stands les allées et venues d'une drôle de clientèle... La nuit il fallait tout boucler. Avec ça, une musique assourdissante, les enseignes lumineuses intermittentes à l'intérieur et l'"aboyeur" sur le trottoir : ce n'était pas là un environnement propice au développement d'une affaire horticole sérieuse ! Ce que mes voisins traduisaient d'ailleurs à maintes reprises au bistro proche (des Vandran), où nous étions bien accueillis : « Ils n'en ont pas pour longtemps, ils vont bientôt se casser la gueule. » Après quelques semaines à peine, la déclaration de guerre, début septembre 1939, mit fin à l'activité de ce cinéma d'un genre spécial : le gérant partit les menottes aux mains le jour de la mobilisation générale...

Toutefois, restait le principal sujet de friction : les stands intérieurs ne pouvaient être loués à cause de mes étalages — c'est du moins ce que ma propriétaire prétendait à haute voix à chacune de ses visites. Rendue furieuse par cet échec, elle fit procéder presque chaque semaine à des constats d'huissier pour occupation illégale. Chaque fois qu'un article quelconque était déposé dans le passage commun, entre mes deux stands, chaque fois il y avait "papier bleu" : une montagne d'exploits d'huissier qu'il m'a fallu porter à M^e^ Gautrat ! Les transactions commerciales devenaient bien difficiles... il fallait tenir à la main le paquet du client pour le lui remettre à la sortie !

Ajoutez à cette situation l'imprécation de la bailleresse lors d'une visite inopinée. S'adressant à moi, elle me lança, agressive, furieuse, devant mes étalages — cause, à ses dires, de tous ses maux : « Sachez que ma plus grande jouissance (elle en avait tellement d'autres !) c'est de traîner mes adversaires devant les tribunaux, de les réduire à néant : voilà ce qui vous attend ! » Le souvenir de ces scènes grand-guignolesques me fait sourire aujourd'hui, la réussite étant venue couronner ma ténacité. Mais le tout jeune commerçant que j'étais alors vivait dans des affres quotidiennes, partagées au début avec mes collaborateurs, puis, à partir de fin 1938, avec ma femme, à laquelle je ne rendrai jamais assez hommage pour son soutien de chaque instant.

# Une proposition alléchante

Il est utile de rappeler ici que mes "capitaux propres" avaient été plus qu'engloutis par ce début d'installation. Ma sœur mit sur-le-champ toutes ses économies (30 000 francs) à ma disposition. Des parents me firent quelques prêts pour un montant du même ordre. C'était infime.

En effet, un simple pas-de-porte quai de la Mégisserie, avant guerre, atteignait les cinq cent mille francs. Si l'on ajoute une somme à peu près équivalente pour l'aménagement et le stock, on arrive au million (1935). Combien cela représentait-il de rosiers à trois francs ? Faites le calcul... De quoi donner le vertige aux plus téméraires !

Et cependant, je m'en suis tiré, mon fonds de roulement a été constitué dès le début par la totale confiance de mes fournisseurs. Dans cette période où les affaires étaient quasiment nulles, je représentais pour les producteurs à l'aise financièrement un bon débouché, un client à "chouchouter". Aussi, connaissant bien ma situation de trésorerie, les Thuilleaux, les Delaunay, les Dufay et plusieurs autres me faisaient une année de crédit sans agio. Voilà comment a été constitué mon fonds de roulement.

Ma plus grande satisfaction (je la ressens encore aujourd'hui), c'est d'avoir toujours honoré ma signature. Jamais une traite tirée sur Georges Delbard n'est repartie impayée (1). C'était quand même bien difficile et souvent angoissant.

Il fallait pourtant faire fi de cette situation précaire et parfois dramatique. Il fallait, dans la tempête, ne pas lâcher le gouvernail. Sombrer eût été pire que tout : le déshonneur face au défi que j'avais lancé en quittant Truffaut.

Puisqu'on y croyait vraiment, la tension de notre effort ne permettait aucune minute de relâchement. C'est dans ces conditions que se place un intermède qui a bien failli tout faire basculer.

La banque Lévy venait de prendre pied dans la maison Vilmorin. Un certain jour, M. Lévy me fit appeler et me tint ce langage : « Nous avons remarqué votre venue près de chez nous, nous voyons votre dynamisme, nous pensons aussi que vous n'êtes pas sans rencontrer de grandes difficultés de tous ordres. C'est pourquoi nous avons cherché à vous contacter. Nous vous offrons la direction de notre service d'horticulture. »

Fort étonné de cette proposition inattendue, je remercie et pose une première exigence : en cas de réponse affirmative, mon collaborateur Jacques Breton deviendra mon second. Accordé. Je promets alors de donner une réponse ferme et définitive dans un délai de trois ou quatre jours.

Discutant de cette offre, Jacques Breton et moi posons le problème sous forme de bilan : à l'actif, la tranquillité d'esprit, une revanche excitante et exaltante de concurrence vis-à-vis de notre ancien employeur ; au passif, la honte d'avoir capitulé, et rien de plus sur le moment. J'étais bien prêt d'accepter, quand une idée germa dans mon esprit.

Pourquoi, dans un moment aussi crucial, ne pas aller solliciter l'avis d'une personnalité compétente et désintéressée ? Justement, M. Charley Drouilly (2) me semblait être l'homme de la situation. Riche homme d'affaires, grande figure parisienne, client important qui m'honorait de son estime : voilà bien des titres garantissant un conseil éclairé et impartial.

*(1) La fiche d'escompte de Georges Delbard à la Banque de France est vierge...*
*(2) Un chapitre sera consacré à cet homme hors du commun — et surtout à son épouse, Mme Sarah Charley de Drouilly.*

# Réponse négative : on relève le gant !

M. Drouilly m'accueille, me prie de faire le point de la situation et me demande immédiatement : « Avez-vous l'impression qu'en dehors de vos difficultés actuelles avec votre propriétaire, vous tenez bien votre affaire en main ? » Je réponds par l'affirmative : nos premiers clients semblent contents de nos services, ils reviennent malgré le handicap de nos conditions difficiles d'exploitation et font de la publicité de bouche à oreille ; c'est ainsi que, ayant débuté avec un employé, j'en occupe déjà trois.

« Alors, me dit mon conseiller, je vous engage à rester votre maître. » Il continue en faisant ressortir d'autres points positifs auxquels nous n'avions pas pensé : « En développant votre propre entreprise, vous ressentirez des joies autrement grandes qu'en travaillant pour autrui. De plus, avec l'âge, le risque est grand pour le chef de service d'une grosse affaire de se voir chapeauté par un jeune, souvent nouveau venu pistonné à caser... C'est une situation pénible. Réfléchissez à tout ça. » Eh bien, j'ai réfléchi — nous avons réfléchi. Banco !... On relève le gant, on continue... Ce sera non à Vilmorin (1).

Ce dilemme crucial de ma carrière n'était certainement pas connu de notre talentueux écrivain bourbonnais Jean-Charles Varennes, lorsqu'il s'exprimait à mon sujet dans une chronique régionale (2) : « Aussi l'enfant de Malicorne a-t-il voulu être fidèle à ce qu'il savait être son destin. Il ne s'est pas contenté de la sécurité d'un emploi et du travail à sa porte, mais il a tenté la grande aventure, celle qui est le plus en accord avec la nature, avec la vie : celle de l'horticulture. Oui, c'est un aventurier. La chance l'a servi, mais il a mérité sa chance qu'il a su ne pas laisser passer, la saisissant au moment opportun, l'exploitant correctement. La chance. N'est-ce pas tout simplement ce qu'on nomme l'intelligence et qu'on devrait plus encore appeler le courage ? »

L'ami Varennes sera sûrement heureux de découvrir cet épisode confirmant ce qu'il a écrit, eu égard à mes seules origines, qu'il connaît bien. Pour rester objectif, je dois préciser à nouveau que sans le soutien total, déterminé, affectueux, de mes collaborateurs au début, renforcé encore par le dévouement de ma femme ensuite, tout se serait sans doute passé autrement. Des tonnes de cachets d'aspirine ont fait le reste !

Nous avions pour tout bureau une portion de cave de 2,50 × 2,50 m au premier sous-sol. On y accédait par une échelle de meunier dissimulée sous le meuble à étages mis en place par le pâtissier-brioleur. Il fallait voir chacun de nous, et particulièrement la caissière, Mme G. Bordet, de bonne taille, s'engouffrer à tour de rôle par le portillon d'accès. C'était une bienfaisante gymnastique d'assouplissement qui faisait se tordre de rire les clients. Tout "l'administratif" se passait dans cette cellule sans lumière du jour, ventilée par un petit soupirail. C'est là que je recevrai, en 1937, ma future belle-mère, à laquelle j'ai voulu ouvrir toutes grandes (façon de parler) les portes de mon petit business avant le "oui" définitif... Je crois dur comme fer que cet entassement, ce travail fébrile au coude à coude, la rage d'arriver de cette jeune équipe ont été les catalyseurs de la réussite. Sans le vouloir, nous avons ainsi devancé Jean Prouvost (3) lorsqu'il affirmait : « Une équipe ne naît pas dans des bureaux isolés ».

*(1) Risque plus facile à prendre quand on est célibataire.*
*(2) « De Malicorne à Babylone : la grande aventure de la rose. »*
*(3) Philippe Boegner :* Oui, Patron, *Julliard édit., 1976.*

# Une jeune équipe souriante

De gauche à droite : *Raymond Carral, Jacques Breton, Jean Fort, Jean Blanc (frère de Jack), Georges Delbard. Autres employées absentes : Mmes Geneviève Bordet et Marguerite Breton.*

Dans une autre partie du sous-sol, près du "bureau", nous avions un local de douze mètres carrés pour le stockage et l'emballage. Le soir, la nuit, on préparait les commandes de végétaux. On emballait avec de la paille celles à expédier. Le lendemain matin, Jacques Breton chargeait le "diable" (1) et conduisait les colis à l'agence S.N.C.F. du boulevard Sébastopol : un kilomètre à pousser ce lourd chargement dans le flot des taxis, voitures et camions des halles, aidé de Jean Fort, "le gamin". Une prouesse chaque fois renouvelée...

Pour les compères (Jean Blanc n'a été employé que quelques mois), chaque soir, à l'issue de la fermeture — bien après nos collègues — les veillées studieuses nous conduisaient à quitter le "boulot" après vingt heures. Souvent, en plus, on emportait du travail pressé que nous faisions, après le dîner, au restaurant accueillant de mes cousins Bustelli, boulevard Saint-Michel. Le triage des oignons de Mulhouse échauffés (qui dégageaient un drôle de parfum) est resté présent dans toutes les mémoires.

Le dimanche était consacré à la livraison des commandes des clients. La nuit même, je n'étais pas le seul à penser : échéances, investissements, agencements, nouvelles activités à créer, catalogue, etc. Au total, travail ardu, effort de tous, incroyable aujourd'hui, soutenu par la rage de vaincre mais aussi par le fait de voir nos clients — satisfaits de nos services et de nos conseils — venir de plus en plus nombreux.

La seule détente que nous nous accordions était le bon souper du samedi soir à la brasserie *La Maxéville*, où, bercés par l'orchestre, nous faisions le point. Nous allions aussi quelquefois au *Dupont Latin*, boulevard Saint-Michel : dans ce cadre agréable, où mon ami René Lepan, fondateur du vivarium rue de Rennes, et leader des aquariophiles, avait installé, dans de merveilleux décors sous-marins, une trentaine d'aquariums de poissons exotiques d'espèces rares.

De temps en temps, une soirée de détente au spectacle. En 1936, nous étions là pour les débuts de Tino Rossi à l'*A.B.C.* : nous en avons tous conservé un souvenir très fidèle. En 1937, le film *La Grande Illusion* nous avait spécialement attirés, car nous connaissions déjà Pierre Fresnay comme client (2). Nous fréquentions le cinéma *Le Rex*, avec son immense salle comme en plein air, son ciel étoilé et les nuages qui défilaient : tout cela créait une ambiance toute nouvelle. Chez les chansonniers, c'étaient les années fastes ; citons Charpini-Brancato, les célèbres duettistes. Au *Théâtre de Dix Heures*, Martini et l'un de ses compères (dont j'ai oublié le nom) jouaient un sketch du plus pur comique troupier : à la suite de nombreux ordres et contrordres de l'autorité militaire supprimant ou rétablissant les permissions de Noël, on y voyait nos deux "tourlourous" écrire, chacun dans sa chambre, l'un : « Chers parents, les permissions sont rétablies, tortillez le cou à la dinde » ; l'autre : « Chers parents, les permissions sont supprimées, détortillez le cou à la dinde. » C'était sans méchanceté et franchement délassant... Qu'on veuille bien me pardonner cette concession à des souvenirs nostalgiques de jeunesse.

Je reviens à mon propos : j'aimerais citer quelques anecdotes et traits de caractère relatifs aux fidèles pionniers qui ont œuvré à mes côtés, quai de la Mégisserie, tout au long de cette période héroïque 1935-1940. Il s'agit particulièrement de : Jacques Breton et sa femme ; Raymond Carral ; Jack Blanc, remplacé à son départ au régiment par son frère Jean (voir photo) ; Mmes Geneviève Bordet et Adrienne Bonnet.

*(1) Lourde voiture à bras, à deux roues, servant naguère au transport des denrées aux halles de Paris.*
*(2) Je réserve à cet artiste, que j'ai bien connu et approché, un chapitre spécial dans le second tome.*

# Jacques Breton...

Je viens d'exprimer en raccourci ses incomparables qualités humaines. C'est bien insuffisant. C'est pourquoi, au risque de me répéter, je veux citer quelques extraits de mon allocution du 18 janvier 1981, lors de la remise des insignes de chevalier dans l'Ordre national du Mérite qu'il venait d'obtenir.

« ... Tu es marqué dès ta naissance par l'horticulture, à Orléans d'abord, où ton père était cheminot... à Angers ensuite où ta famille s'installe. Sans aucun doute, cet environnement horticole influencera ton avenir. En effet, le certificat d'études obtenu, tu te diriges — grâce à une bourse — vers l'école d'horticulture d'Objat, en Corrèze, d'où tu sors diplômé deux ans après.

« Tu n'avais pas seize ans lorsque commence à Angers la série des stages de formation pratique horticole. Mais, durant toute cette période de travail, oh ! combien active — quarante-huit heures par semaine et souvent plus à la pépinière — tu suivais parallèlement les cours du soir de la Société d'horticulture du Maine-et-Loire. C'est grâce à ce travail exténuant, à cette conjonction bienfaisante de la pratique et de la théorie — à cette soif d'apprendre pour s'élever — que tu obtins le brevet professionnel et le diplôme de *maître-jardinier*.

« C'est une étape importante dans la vie d'un jeune passionné d'horticulture.

« A cette époque, en Anjou, comme partout en France, les jeunes ouvriers agricoles et horticoles avaient véritablement des salaires de misère. Tu décides donc de tenter ta chance en région parisienne.

« En 1932, tu viens d'avoir vingt ans. Par l'intermédiaire de notre ami commun Jean Piat — sélectionneur, devenu un des "pères" des maïs hybrides —, tu entres chez Georges Truffaut au Chesnay. Après un intermède d'un an pour le service militaire que tu effectues à Tours dans l'aviation, tu reviens chez Truffaut jusqu'en 1935. C'est au Chesnay que tu fais la connaissance de Georges Delbard et aussi d'une jeune secrétaire du bureau prénommée Marguerite.

« Ces rencontres seront capitales dans ton existence : Georges Delbard deviendra ton patron et ami ; Marguerite, ta femme !

« Et puis, un jour, après "l'appel historique"... de 1935 celui-là : « Jacques es-tu prêt ?... », nous voilà tous les deux sur le trottoir du quai de la Mégisserie.

« Peu après, un certain samedi de février 1936, tu n'es pas là. Ce sera ton seul jour d'absence, et ceci pour une cause bien valable : pour épouser Marguerite, qui est immédiatement embauchée et arrive avec toi dès le lundi. Votre voyage de noces sera le cheminement journalier le long de la Seine, de votre petite chambre sous les toits du boulevard Saint-Germain au quai de la Mégisserie. Marguerite Breton, jeune mariée, est très polyvalente. Elle a comme affectation : la caisse ; comme violon d'Ingres, les premières écritures comptables, la dactylographie du courrier patronal et... l'ensachage des graines ! Elle cesse son travail en mai 1937 pour mettre au monde votre fille Monique. Elle reprendra son poste au début de la guerre jusqu'à ton retour de captivité.

« Septembre 1939 : c'est la guerre. Tu es mobilisé et pars immédiatement pour ne revenir qu'en juin 1945, après cinq années de captivité en Allemagne, où tu m'as dit au retour avoir perdu tes illusions (ce qui n'était pas vrai) et tes cheveux (ce qui était exact).

« Août 1945 : la Libération marque ton retour quai de la Mégisserie. Tout de suite tu reprends ton travail acharné à la place que je t'avais conservée.

« Prenant la suite de Carral à ce poste, durant des années, de février à mai-juin, tu allais deux fois par semaine acheter les clayettes au Marché aux Fleurs de la Cité dès 3-4 heures du matin afin de "rafler" les plus belles plantes. Puis, dès 7 heures, tu ouvrais

*Ladowitz (Allemagne) Stalag IVC. Août 1942.*
*Dans une mine... Jacques Breton est le premier à droite tenant sa pelle.*

la boutique et commençais l'étalage. Ensuite l'ouverture du courrier. Enfin la vente au magasin, où ta connaissance du métier, ta courtoisie et ton dévouement à la cause font que tous les clients (et clientes) te réclamaient.

« Plus tard, à la suite de l'agrandissement des locaux du quai de la Mégisserie, tu "montes au premier" pour remplir le rôle de directeur commercial. A cette place où tu as donné le meilleur de toi-même, ta part dans le développement de notre firme a été prépondérante. Passer de 0 à 100000 clients fidèles, répertoriés à notre fichier — trente-cinq années plus tard — ne se fait pas sans effort, sans réflexion et sans une stratégie commerciale intelligemment inspirée. Nous ne connaissions pas les "prospects" à l'époque — le nom est nouveau —, mais il a bien fallu qu'on "prospecte" quand même pour en arriver là... et tu t'acquittais fort bien de ce rôle.

« En outre, tu as toujours été prêt à faire plus que le maximum, à me conseiller discrètement et efficacement, à pratiquer le "*Oui, mais*" bien avant qu'il n'ait été inventé en haut lieu. Ta modestie devrait-elle en souffrir, j'affirme que Georges Delbard ne serait pas aujourd'hui ce qu'il est s'il n'avait eu la chance de trouver près de lui, à tout moment, pendant quarante-cinq ans à ce jour, et cela sans aucune faille, un ami dévoué, unique, de la trempe de Jacques Breton.

« En présence de mes trois fils que tu as vus naître et grandir, et ensuite prendre les rênes à pleins bras pour que continue l'évolution de la firme que nous avons fondée, je suis bien heureux d'ajouter :

« Après avoir reçu la médaille d'or du Travail, puis la rosette du Mérite agricole, tu peux, cher Jacques, jouir pleinement de cette nouvelle décoration qui est ta part, bien légitime, dans la reconnaissance des mérites que, fort justement, l'ordre national du Mérite récompense, pour ta contribution à la "mise sur orbite" d'une des plus performantes firmes horticoles mondiales.

« Bravo ! Jacques, tu es, nous sommes tous, heureux avec toi et ta famille pour l'attribution de cette décoration dont je vais te remettre les insignes. »

# Jack Blanc arrive ensuite

J'ai connu Jack Blanc chez Truffaut, en 1934, où il était jardinier après avoir fait son apprentissage dans une importante pépinière d'Angers. A l'époque, on faisait "son apprentissage" !

Nous avons quitté notre emploi à Versailles en même temps. Je lui trouvai une place au magasin Truffaut, rue Lafayette à Paris, où mon cousin Louis Bustelli avait besoin d'un technicien. Anecdote amusante : en ce temps-là, l'on comptait les pièces de monnaie en francs et centimes, qu'il était fastidieux d'additionner ; aussi, chaque soir, Louis Bustelli — homme pratique — faisait sa caisse à la pesée — c'est-à-dire que le nombre d'hectogrammes représentait x francs ! C'était rapide et astucieux.

Vint le moment où, Jacques Breton et moi n'y suffisant plus, je fis appel à Jack Blanc. Et voilà comment à deux, puis à trois et à quatre, ont débuté les établissements Delbard, quai de la Mégisserie.

Pendant les premières années, nous étions — cela se comprend — très près du client. Cela nous a permis de vivre certaines situations cocasses. Un peu comme chez le coiffeur, les clients s'adressaient à leur vendeur attitré. Il y avait les fidèles qui prenaient les plants défraîchis — les rossignols — à prix réduits. Il y avait le célibataire endurci, M. M..., qui ne voulait être servi que par l'adolescent Jean Fort... car il avait horreur des femmes !

Il y avait les "gros" clients, tel M. Clemenceau — homme délicieux —, frère du "Tigre", auquel il ressemblait... comme un frère.

Il y avait une empoisonneuse, Mme F... (qui portait le nom d'un insecte), toujours vêtue d'un vieux manteau-cape de fourrure mité, qui aurait eu besoin d'une forte dose d'*air-wick* ! Pour me jouer un tour, quelqu'un criait, dès qu'elle arrivait : « Patron, on vous demande. » Voyant cette espèce de chauve-souris étalant les bras, j'aurais bouffé le rigolo qui se tordait de rire en regagnant le sous-sol.

Et puis notre super-cliente, dont je vous parlerai — Mme Charley de Drouilly — qui me disait : « Envoyez-moi M. Jack Blanc, c'est un homme du monde avec lequel j'aime beaucoup discuter. » Il est juste d'ajouter que c'était, en plus, un très beau garçon...

Le temps passe, le personnel augmente, Jack Blanc part pour le service militaire à Toul, au 403e d'artillerie. Grâce à qui, grâce à quoi fut-il expédié en Tunisie en mars 1938 ? Mystère ! A cette époque, la durée du service militaire était de deux ans.

A Tunis, la température était tout de même plus agréable qu'à Toul. Et puis... il y avait à la résidence de France l'ambassadeur Eirik Labonne et Madame, qui avaient comme intendante une amie intime de la famille Blanc. De ce fait, Jack fut appelé au secrétariat militaire de la résidence, où l'ambassadrice le prit en grande sympathie.

Eirik Labonne, personnage d'exception, prit lui aussi mon ancien collaborateur en telle considération qu'ayant été nommé ambassadeur à Moscou il voulait l'y emmener. Intention irréalisable dans ce cas puisque son secrétaire d'ambassade ne put se rendre.. qu'à Ankara ! Aussi longtemps qu'il fut en poste à Moscou, l'ambassadrice résidait dans leur propriété familiale du Cher à Lury-sur-Arnon, près de Massay.

Jack Blanc, de son côté, étant libéré à Oran, peu après Mers-el-Kébir, débarque à Hyères — zone dite libre — où sa tante l'accueille.

Je lui cède la place pour évoquer son "retour à la terre" qui ne manque pas d'intérêt. A ce stade, il est d'ailleurs nécessaire d'anticiper sur le déroulement normal des événements pour la continuation du récit personnel de Jack Blanc.

« Je reçus un jour une lettre de Mme Labonne me demandant si je voulais bien gérer sa propriété de Lury-sur-Arnon près de Massay — à 10 kilomètres de Vierzon — en zone libre, très près de la ligne de démarcation. Or pendant mon court séjour à Hyères, j'avais fait connaissance d'une jeune fille que j'épousais huit mois après. Son acceptation de résider dans le "froid Berry" était la condition *sine qua non* de la mienne. L'amour aidant, la réponse fut positive, malgré le sacrifice qu'imposait à une Hyéroise le fait de "monter" dans le Nord, en ces années de pénurie surtout. C'est ainsi que nous avons débarqué à Issoudun en passant par Toulouse... Là nous attendait un vieux car à gazogène qui nous conduisit jusqu'à Massay.

« Dès notre arrivée, Mme Labonne nous fit faire le tour du propriétaire dans une petite voiture à cheval, très élégante. Un ancien moulin, entouré d'eau... d'une froideur ! — mais a-t-on froid quand on est jeunes mariés ? — nous était destiné. Mme Labonne nous énumère ce qu'elle souhaitait que nous réalisions : en plus de la mise en valeur du potager d'un hectare, par moi, un élevage de canards, de lapins, des ruches... pour "occuper" ma femme. Elle ajoutait : "Il y a trois hectares de terrain en buttes, je désirerais qu'ils soient plantés en arbres fruitiers." Pour réaliser un programme aussi ambitieux, j'avais pour tout matériel d'exploitation un vieux cheval et un âne du Poitou têtu comme un âne qu'il était. En avant !

« Je transmets à Georges Delbard la première grosse commande d'arbres fruitiers qu'il ait eue pendant la guerre. Il avait pu avoir son *Ausweis* et vint donc plusieurs fois à Massay, souvent accompagné de Mme Delbard, pour l'implantation de ce verger un peu spécial. L'ambassadeur, revenu de Moscou, invitait chaque fois à déjeuner les ménages Delbard et Blanc. Le menu ne variait guère. Son épouse étant souvent à Paris, notre hôte arrivait avec la gamelle remplie d'une ratatouille infâme de haricots secs avec du lard, qu'on mettait à réchauffer sur le feu de bois de l'âtre plusieurs jours de suite.

« Mais, en contrepartie de ce repas frugal de bûcherons, sa conversation était passionnante. Pour les Delbard et nous, c'était le régal du verbe, plus important que celui de la table... Il nous parlait de tout. De son naufrage du côté de Corfou au cours du voyage qui devait le conduire à Moscou. De nombreuses anecdotes vécues dans ses différents postes, notamment ses entrevues orageuses avec Staline au moment du Pacte germano-soviétique.

« Il exposait aussi ses idées sur l'agriculture en général et ce qu'il attendait de moi en particulier. C'est ainsi qu'il voyait ses prairies irriguées à l'eau tiède (1), décrivait l'élevage industriel des escargots et une foule d'autres activités de ce genre. Il me disait : "Ecoutez-moi bien, je veux vous faire profiter de ce que j'ai pu découvrir, ou imaginer de par le monde, faites-en votre profit." Certaines de ces vues étaient prophétiques.

« D'autres, telle celle concernant l'implantation de vergers sur butte, plus discutables. Il voyait ses arbres munis d'une machinerie compliquée, comportant des ventouses en caoutchouc pour cueillir les fruits, théorie qu'il nous exposait à chaque visite de Georges Delbard. Ceci relevait sans doute plus du domaine de la fiction que de la réalité ! Néanmoins, il faut reconnaître la justesse de ses vues novatrices en de nombreux domaines de l'économie agricole.

« Il refusait que nous l'appelions "Monsieur l'ambassadeur". Simplement "Monsieur Eirik"... Et si, à Tunis, il avait une Hispano-Suiza, à Lury il circulait à bicyclette avec guidon de course et knickerbockers.

*(1)* Note de G.D. *: C'était là une excellente idée, que je m'efforce de faire appliquer aux rosiéristes-serristes.*

# Eirik Labonne et Madame Labonne

*Eirik Labonne dans ses terres. Le "gentleman" très britannique (avec col cassé) est là, tel que le représente Jean Lacouture.*

*Mme Labonne* (à gauche).

*Le vieux moulin.*

*Le vieux cheval.*

*L'âne du Poitou.*

*Le déchargement de mes arbres fruitiers.*

*L'équipe de plantation.*

« Les Allemands venant d'occuper toute la France, le service de la garde des voies de chemin de fer fut instauré. Tous les hommes étaient "invités" à passer les nuits le long des voies ferrées armés d'un gourdin, contre les "terroristes". Nous allions donc à tour de rôle au "combat", avec force casse-croûtes et pinard du Cher pas toujours fameux... Comme tout le monde, l'ambassadeur arpentait le ballast : le spectacle valait la peine...

« Après le débarquement en Normandie, nous rentrons à Hyères, et c'est ainsi que je devins vigneron varois. Ce m'est une joie d'avoir fait revivre, avec les débuts de l'ami Georges Delbard et mes années de jeunesse, les heureux souvenirs qui les ont marquées. »

Tout cela a été écrit par mon ami Jack en 1982. Hélas ! une crise cardiaque l'emportait un an après. Je dois ajouter *in fine* que le tempérament enjoué, le moral d'acier, cette façon bien à lui de toujours prendre les choses du bon côté, ont été pour moi, dans les vicissitudes de mes débuts, un réconfort bienfaisant, équilibrant. Merci ami Jack Blanc pour tout. Je n'oublierai pas.

Merci également à Jean Lacouture pour son article faisant suite au décès de M. Eirik Labonne (1). Ce dernier trouve sa place dans la série que je fais, dans ce livre, des portraits de personnalités d'exception qu'il m'a été donné d'approcher au cours de ma vie professionnelle. Laissons s'exprimer Jean Lacouture dans quelques extraits sur l'"inventeur du sous-sol saharien" :

« ... Son apparence, d'abord, retenait l'attention : dans son maintien, son vêtement, ses styles, parlé ou écrit, il y avait à la fois quelque chose de médiéval et de futuriste. Il ressemblait aussi bien à quelque hautain conseiller des chroniques shakespeariennes, venu des Highlands pour sauver la couronne, qu'à un grand inquisiteur quaker, au découvreur d'un continent baroque, ou à l'un de ces derricks qu'il fit surgir du désert. Immense et désinvolte, avec une silhouette de pin maritime et un visage de silex taillé qu'éclairaient des yeux transparents d'une candeur d'enfant, il aimait tout ce qui — redingotes, hauts-de-forme, cols cassés, cravates en forme d'oriflamme — était un défi aux commodités du temps. Il sortait tout droit d'une illustration de Dickens par Daumier et s'amusait gravement de l'effarement des fonctionnaires et des badauds. Il avait bien des traits communs avec Charles de Gaulle, pour autant qu'un élève de l'École des sciences politiques pût ressembler à un saint-cyrien et un diplomate à un militaire.

« ... A vingt-cinq ans, au début du siècle, il arpente la steppe sibérienne et passe ses vacances à Moukden pour considérer de plus près l'ascension du monde japonais. Sept ans plus tard, il continue de négliger superbement sa carrière et publie son premier article visionnaire dans une revue spécialisée : "Le feu couve sous la cendre iranienne". Le voilà déjà attiré, fasciné même, par le pétrole qui sera l'une des sources d'énergie de sa vie dévorante. (...) Résident général au Maroc en 1946, il fonde le bureau minier, amorce de nationalisation du sous-sol saharien dont le développement eût pu faire l'économie de quelques crises entre Paris et Alger. (...) Dès lors, ce grand serviteur de l'État fut voué à des fonctions dans les organismes sahariens, où il promenait sa haute silhouette prophétique. Vingt ans plus tôt, contemplant la hamada, du côté de Colomb-Béchar, il avait laissé tomber, de sa voix saccadée : "Rien dessus. Tout doit être dessous. Des trous, messieurs, des trous : là est l'avenir" ! »

En 1958, l'ambassadeur Eirik Labonne était élevé à la dignité de grand-croix de la Légion d'honneur.

*(1)* Le Monde, *16 novembre 1971 : « Ambassadeur de France, M. Eirik Labonne est décédé à 83 ans. L'inventeur du sous-sol saharien. »*

# Raymond Carral renforce l'équipe

Il a été le premier ingénieur horticole de ma firme. Ce titre n'est pas incompatible avec celui de "bourreau du travail", à un degré tel qu'on a grand-peine à l'imaginer aujourd'hui. Voyez plutôt.

Raymond Carral était devenu mon parent par son mariage avec Germaine Robin, ma cousine (1).

Non seulement, deux fois par semaine, il était présent à trois heures du matin sur les quais de la Seine pour les achats de plantes au marché de gros... Non seulement il accomplissait avec entrain la tâche de technico-commercial toute la journée au magasin... mais il tenait en plus le rôle de maître d'hôtel aux repas de midi et du soir au restaurant *Le Michelet* appartenant à son beau-frère Louis Bustelli. Ce poste ne lui permettait pas de "débrayer" avant onze heures du soir ! Faites le calcul des heures de travail que tout cela représente...

Chez Delbard, Raymond Carral était l'homme des missions délicates ou difficiles. Il me faut en conter deux assez savoureuses. Pour capter l'intérêt d'un maximum de chalands potentiels, nous placions à l'étalage des végétaux de collection, dont l'*Araucaria imbricata* (2) était parmi les plus représentatifs. La conversation engagée, il revenait à mes collaborateurs de tirer le bénéfice de leur savoir convaincant par une commande en bonne et due forme.

Parmi les passants, voici un jour un homme à la barbe noire, frisée, d'une élégance discrète mais de bon aloi. Il s'enquiert auprès de Raymond Carral du nom de ce végétal bizarre qu'est l'*Araucaria*, de son prix, de ses exigences climatiques. Mais donnons la parole au cousin vendeur :

« Désirez-vous une cigarette ? propose cet amateur intéressé. Elles sont agréables, je les commande à Londres, elles sont frappées à mes initiales. La conversation s'engage sur l'art des jardins, nos possibilités en la matière, nos références. L'homme était fort intéressé ; une demi-heure plus tard, un rendez-vous était pris pour une visite de sa propriété dans l'Oise. Il était prévu un jardin d'agrément de type anglais avec allées dallées en *opus incertum*. En plus une roseraie. Adresse personnelle rue Royale à Paris !...

« Quelques mois plus tard les travaux étaient avancés, les plantations en cours. Le client, satisfait, avait versé plusieurs acomptes, toujours réglés en *billets neufs sentant l'imprimerie*. Mais le solde — important — tardait à venir. La correspondance n'apportait rien de positif, hormis une seconde adresse, avenue d'Orléans, devenue depuis l'avenue du Général-Leclerc. Or, la trésorerie Delbard était serrée, il fallait honorer les traites acceptées. Aussi, le débiteur ne venant pas à nous, Georges Delbard me dit : "Tu vas aller à lui."

« D'accord. Rue Royale, rien ; la concierge reste muette malgré une botte de roses. Avenue d'Orléans, le dialogue avec la gardienne des lieux semble tourner court. Une générosité supplémentaire fait que, sans être prolixe, la dame me confie que le locataire qui m'intéresse "rentre très tard, ou plutôt très matin". Le chauffeur, au volant d'une grosse voiture américaine, le dépose et repart. Il n'attend jamais et ne stationne pas à proximité. "Si vous désirez voir M. Ancelin, soyez matinal ; surtout ne dites rien, et ne m'oubliez pas..."

*(1) Décédée en 1985.*

*(2) Appelé aussi « Désespoir du singe » pour ses feuilles imbriquées, coriaces, fortement mucronées. De 1938 à 1941, mon frère Robert, alors étudiant à l'École des Travaux publics, vivait avec nous. Pour se rendre utile, il effectuait quelques livraisons, le soir, avec la vieille camionnette Hotchkiss à gazogène. Il ironise actuellement sur ses connaissances en botanique, affirmant qu'il connaît particulièrement bien l'araucaria imbricata. Cela en raison du souvenir "piquant" qu'il en a conservé lorsqu'il devait le hisser sur la terrasse au 5e ou au 8e étage...*

« Trois jours de suite j'ai arpenté le trottoir d'en face. Heureusement le temps était clément. Enfin, à la quatrième répétition, j'assiste à l'arrivée de la belle américaine. Descente de M. Ancelin. Départ du chauffeur, qui ne se retourne même pas. Un instant plus tard, je vois la lumière aux fenêtres de l'étage qui m'a été indiqué. J'arrive sur le palier; je sonne, je salue et m'excuse de ma démarche aussi matinale. L'accueil est sympathique, l'homme attentif, il écoute. "Combien voulez-vous?" Vu l'importance des échéances, la totalité est nécessaire. "Bien, asseyez-vous, je vais vous remettre cette somme." Mon cher client disparaît, j'en profite pour regarder autour de moi. Très bel intérieur, beaux meubles et tableaux de prix, bibelots bien choisis. Mais ce qui surprend le plus, c'est la quantité de dossiers bien rangés, ficelés avec des numéros. Ils occupent tous les meubles; il y en a aussi sur les tapis. "Voici ce qui vous est dû." M. Ancelin me donne comme de coutume un paquet de coupures que je considère comme sortant de la Banque de France.

« Je les compte, remercie et saute dans le 38 (autobus Porte d'Orléans-Gare de l'Est). Je suis en retard, car c'est jour de marché, et Mme Alice Marsin m'aura précédé pour rafler les nouveautés et plantes les plus rares. A cet instant ceci m'apparaît comme un détail, car je sais qu'en remettant cette somme assurant le renflouement de la caisse, toute l'équipe Delbard sera aussi heureuse que moi.

« A ce stade, je laisse la parole à Georges Delbard pour la suite du récit. »

L'exposition de 1937 fermait ses portes. L'architecte du pavillon de la Roumanie, M. Marco Duiliu, me propose la vente de toutes les plaques de marbre blanc veiné qui "habillaient" son pavillon. Il y en avait pour trois cent mille francs, somme colossale à l'époque. Je me dis : voilà qui ferait bien l'affaire de M. Ancelin pour le dallage de ses allées, en même temps qu'un bénéfice non négligeable pour nous.

Justement notre distingué client arrive au magasin où je le reçois. Comme toujours, ma proposition est acceptée d'emblée. Cependant, la récupération hasardeuse de notre crédit antérieur m'avait rendu prudent. Je précisai :

— Il faudrait que vous me versiez l'argent, car je ne possède pas cette somme pour assurer le règlement (ce qui était tout à fait vrai)...

— Je vous l'apporterai sous quelques jours.

Je prends près du responsable roumain une option valable une semaine.

Deux ou trois jours plus tard, nous apprenons par les journaux l'arrestation de M. Ancelin, receveur municipal de Champigny, charmante cité des bords de Marne.

A l'aide d'écritures comptables très subtiles et embrouillées, notre fonctionnaire avait, depuis plusieurs années, fait un trou d'un nombre respectable de millions lourds... Une énorme affaire, dont la peine encourue donne une idée.

M. Ancelin fut jugé et condamné à la prison à vie. Il mourut au cours de sa détention, après avoir tenu de nombreuses années le poste de chef-comptable de la centrale, à la satisfaction de toute l'administration pénitentiaire.

Avec lui disparaissait non seulement un bon client pour nous, mais le bienfaiteur de sa petite commune de l'Oise, pour laquelle ses largesses étaient légendaires.

Le corps des pompiers utilise peut-être encore la très belle pompe offerte par le philanthrope... bienveillant et désintéressé!...

# Une vedette fantasque...

Autre péripétie commerciale : Raymond Carral et Jack Blanc rivalisaient d'empressement auprès des jeunes personnes du beau sexe. Une jeune femme, petite, aguichante et fort élégante, avec des yeux magnifiques, s'arrête. Les passants la reconnaissent, Raymond Carral aussi : c'est A. C., l'actrice réputée autant par ses succès au théâtre que par ses nombreuses liaisons.

Elle a été enthousiasmée par notre jardin tout en glaces (marmorites et marbrites) de l'exposition des arts et techniques. Elle veut que nous garnissions les nombreuses jardinières de son appartement, face au bois de Boulogne, de conifères nains et arbustes rares. Tout ce qu'il y a de plus beau et de plus solide pour une décoration permanente ! Nous promettons de faire un devis. La célèbre interprète de *Phi-Phi* revient peu après avec son imprésario, Roger Capgras (dont *Paris Match* précise qu'il avait le sens du bluff... et 700 000 francs de dettes !) En mon absence, le couple s'adresse à Raymond Carral. Mais à ce point du récit, je suis amené à faire une digression pour situer le couple, très bien campé par un auteur de talent.

Edgar Faure écrit dans ses *Mémoires* (1) :

« Roger Capgras était ce que l'on appelle une personnalité bien parisienne avec un corps menu, une grosse tête, des cheveux longs ondulés, un nez de pallikare (2) et des yeux de braise, animé d'un mouvement perpétuel, doté d'un cœur innombrable, escorté d'un ballet de femmes intelligentes, fines et jolies.

« Roger Capgras avait obtenu une notoriété fracassante dans deux activités : le commerce des légumes (3) et le monde des théâtres, et il se consacrait à une troisième pour laquelle il respectait scrupuleusement la discrétion qu'exigent le bon ton et aussi l'instinct de survie : le service secret de sa Très Gracieuse Majesté la reine d'Angleterre.

« J'avais fait sa connaissance (*écrit Edgar Faure*) au cours de mes pérégrinations professionnelles dans un lieu sévère, situé au cœur d'un théâtre naturel de verdure et symboliquement dénommé Fort-Barraux (4)... Il me chargeait de transmettre d'innombrables messages, notamment à l'adresse d'A.C., dont il avait été le protecteur et pour qui il avait acquis le Théâtre des Ambassadeurs. La prestigieuse vedette m'accueillait toujours au téléphone par des explosions d'ironie : "Mais voyons, Maître Faure, pourquoi ce langage alambiqué ? Vous n'êtes pas en zone libre. Ici, il n'y a pas de table d'écoute, on peut dire ce qu'on veut !" ou : "Répétez bien à Roger ce que je vais vous dire : la poire des ambassadeurs, c'est terminé, *n - i, ni*, c'est fini !" »

Après cette citation savoureuse, je reviens à A. C. et Roger Capgras. Je laisse encore Raymond Carral s'exprimer, puisqu'il était leur interlocuteur :

« Le commanditaire accepte de payer d'avance, disant : "Comme aux halles : tu me fais un rabais de 30 % et je paie cash." Joignant le geste à la parole, il sort de sa poche-revolver un tas de grosses coupures flambant neuf. "Impossible, répondis-je, le Patron ne me permet qu'une remise de 10 %, ce qui correspond à la commission versée aux jardiniers." Discussion de marchands de tapis... l'actrice, faisant preuve de beaucoup de détermination, tranche : "J'accepte, je paierai après la mise en place."

*(1) Plon édit. Tome I :* Avoir toujours raison... c'est un grand tort.

*(2) Pour ceux qui ne le sauraient pas, un "pallikare" (du grec moderne* palikari *: brave) était un soldat de la milice grecque, dans la guerre d'Indépendance contre les Turcs. Nom donné aujourd'hui à tous les Grecs qui sont restés fidèles aux vieilles mœurs et au costume national (Larousse encyclopédique).*

*(3) Ses bureaux se trouvaient rue du Pont-Neuf, tout près de l'agence J de la Société Générale, où je le rencontrais souvent chez le directeur, M. de Féline. (*Note de G.D.*)*

*(4) Où se retrouvaient internés les contrevenants économiques du marché noir et les opposants politiques.*

Le travail étant terminé, Georges Delbard se rendit avec la facture à son domicile, où il eut droit à la visite détaillée de l'appartement. En particulier d'une petite « pièce, réplique d'une cabine de bateau, où, affirmait-on, l'hôtesse faisait tout pour assurer le règlement de ses factures... Hélas ! à l'époque, nos disponibilités (financières s'entend) ne nous permettaient pas de sacrifier l'argent au plaisir... fût-ce avec une bien gente damoiselle (1) !

« A chaque réclamation, toujours la même réponse : Roger devait payer. Mais jamais de chèque. La banque demandant que notre découvert soit réduit, Georges Delbard me dit : "Va voir chez A. C. ; elle donne une grande réception. Son bienfaiteur sera là, il ne pourra pas se défiler."

« A vingt-deux heures, je sonnais. Un valet m'ouvre. Le maître d'hôtel annonce : M. Raymond Carral. Aussitôt la maîtresse de maison vient me souhaiter la bienvenue et, me prenant par le bras, me conduit jusqu'à une table où deux jeunes et jolies femmes en tenue de soirée étaient assises. Malgré mon complet prince-de-galles et mon nœud papillon, je n'étais guère à l'unisson. En si bonne compagnie, que faire, sinon bavarder joyeusement en faisant honneur au buffet ?

« Au bout d'un moment, notre débitrice revient vers moi. "Je suis fort heureuse de votre visite, me dit-elle, mais le motif m'en échappe... Roger m'a affirmé avoir posté un chèque à votre intention. Il ne peut s'agir que d'un contretemps dû à une erreur du service des postes." Sur ces entrefaites, le commanditaire arrive, débordé, n'ayant même pas eu le temps de passer son habit. "Je suis désolé, dit-il, je pensais cette affaire terminée, je vous règle tout de suite." Sur ce, il sort plusieurs chéquiers de différentes banques, et libelle un chèque pour le solde dû. Puis, d'un geste très théâtral, il lève sa coupe et porte un toast au succès des jeunes et sympathiques Établissements Delbard.

« Comment ne pas repartir très heureux et satisfait, accompagné de surcroît par les maîtres de céans ! En effet, récapitulons : bien traité, compagnie fort agréable, Georges Delbard et le banquier rassurés, voilà une bonne fin. L'euphorie fut de courte durée, car dès le lendemain la banque faisait savoir que le chèque était... sans provisions ! Un commandement adressé aussitôt par huissier pour le recouvrement de la créance nous valut la dernière visite de ces clients. Je revois encore Roger Capgras au magasin, sortant de sa poche une liasse imposante de billets et criant très fort : "Voyez que j'ai de quoi payer ! — Nous réclamons seulement notre dû", répondit la caissière.

« Ainsi s'est terminée cette transaction commerciale dont j'ai pu garder le souvenir par le fait qu'elle a coïncidé avec mes débuts aux Établissements Georges Delbard » (2).

*(1) Un article de Gilles Martin-Chauffier (*Paris Match *n° 1800 du 25 novembre 1983) donne la liste effarante de ses amants répertoriés. Elle en eut jusqu'à trois "officiels" en même temps, et pas des roturiers : marquis Henri de la Falaise, comte Stanislas de la Rochefoucauld, Raymond P..., richissime jeune homme qui à vingt et un ans possédait trois Rolls-Royce. L'un de ses admirateurs, le lieutenant Victor Point, se suicidera devant elle en compagnie de son rival. Elle menait un train d'enfer, roulant Cadillac avec chauffeur (selon* Paris Match*).*

*(2) En août 1939, Raymond Carral nous quittait pour la première compagnie du 44e R.I. à Lons-le-Saunier. La débandade arrive, ce qui reste de son régiment est fait prisonnier à Lamotte-Beuvron. Là, il est assigné à des travaux agricoles. Sa femme lui ayant procuré de faux papiers, il se rend en zone libre, où il trouve un emploi de conducteur de travaux, puis il devient ingénieur dans des exploitations forestières. A son retour à Paris, en 1944, Raymond Carral est affecté au ministère de l'Air jusqu'en 1976, comme chef de bureau "grands travaux". La fin de sa carrière active s'est effectuée à l'École technique de l'Armée de l'air... Et voilà pourquoi cet excellent collaborateur des moments difficiles n'a pas réintégré l'équipe Delbard... fait assez rare pour être souligné.*

# Voyage en Hollande

Dès mes débuts, j'ai fait en sorte de "sensibiliser" mes collaborateurs aux attraits de notre beau métier, par la découverte des expositions horticoles et d'établissements horticoles pilotes. Je ferai de même, plus tard, avec mes fils.

Nous voici, à Pâques 1938, en excursion aux floralies internationales de Gand, visite suivie de celle des meilleurs horticulteurs hollandais (1). *De droite à gauche* : 1. L. Bordet - 2. G. Delbard - 3. J. Breton - 4. Mme G. Bordet - 5. R. Carral. Les autres sont des amis.

Dans cette « vraie familiale » Renault (2) nous étions... neuf (trois fois trois)!

*Au pays des tulipes.*

*(1) Le rappel de cette balade en Hollande me remet en mémoire un exemple significatif de l'influence qu'exercent certaines rencontres sur la destinée. Quelques mois après mes débuts "sur le trottoir", j'étais invité au pays des tulipes à visiter la firme Homan, l'une des plus importantes pour la production des bulbes à fleurs. Fort bien reçu — voiture et chauffeur à ma disposition, pour contacter qui je voulais — je me vois encore, à l'issue de cette exploration, du haut de mon 1,63 m, coincé entre les quatre frères Homan dont la moyenne de taille atteignait 1,90 m ! J'écoutais religieusement le cours de gestion que me faisaient ces commerçants avisés et novateurs. J'ai retenu de cette entrevue leur conclusion : « Sachez bien, cher Georges Delbard, que pour gagner dans les affaires, il faut toujours être le premier en tout et pour tout. Cela exige donc, comme pour le sport, de faire plus et mieux que les concurrents. » Un conseil qui, croyez-moi, a marqué le débutant que j'étais.*

*(2) La voiture servait aussi aux visites des clients à leur propriété, généralement le dimanche. Nous mettions à profit ce contact confiant — et sympathique — sur le terrain pour faire du technico-commercial en donnant des conseils d'aménagement de jardin.*

*C'est ainsi que chez Mme M..., à Vauréal, nous avons réalisé cinquante mille francs de fournitures (1937) à la suite d'une livraison d'un cerisier à 28 francs !...*

# Geneviève Bordet

La venue de Geneviève Bordet chez Delbard, en avril 1937, coïncide avec le départ pour cause de maternité de Marguerite Breton. Dans la lettre évoquant ses souvenirs, Geneviève Bordet s'exprime ainsi :

« J'étais engagée comme caissière-dactylo-facturière avec travail à mi-temps (les après-midi). Mais, dès le premier jour, Jacques Breton m'expliquait tout ce que faisait sa femme (que je remplaçais et que, bien sûr, je devais prendre à mon compte), pouvant se résumer par la formule : faire n'importe quoi.

« Cela allait de la comptabilité à la vente, et au déchargement des camions dans l'annexe du n° 30 rue Saint-Germain-l'Auxerrois, en passant par le balayage des lieux.

« En plus, il fallait que j'apprenne le nom des plantes — même en latin. Heureusement, mon excellent camarade l'ingénieur Raymond Carral était un professeur charmant et efficace !

« Les fournisseurs, eux aussi, n'étaient pas avares de conseils. Grâce à cette bonne ambiance, j'ai pu acquérir une bonne connaissance des choses de l'horticulture.

« Un beau jour de l'été 1938, le patron nous dit : "Il faut faire le ménage... sérieusement (puisque cela aussi entrait dans mes attributions), car je vais vous présenter ma fiancée." Nous étions tous curieux de rencontrer la future Mme Delbard, et en même temps anxieux. La venue d'une nouvelle "patronne" est toujours un moment inquiétant pour le personnel en place. *Qu'allait devenir notre bonne équipe, animée par le patron qui était tout pour nous depuis le premier jour* (1).

« Le moment attendu arrive. Nous faisons la connaissance d'une jeune femme, toute menue, vêtue de noir (nous savions qu'elle venait de perdre son papa), avec son bon sourire qui nous était destiné et qui éclairait son fin visage. D'instinct nous "adoptions" celle qui devait être Mme Delbard. Le mariage eut lieu à Commentry. Je me souviens, étant en vacances avec mon époux dans le Var, que nous sommes allés spécialement en car à Nice pour un envoi de fleurs pour cette cérémonie. »

L'importance et la diversité des travaux obligèrent bien vite notre unique employée féminine à travailler à temps plein (2). Ce fut un excellent entraînement, car 1939 arrivait.

Au retour de l'exode, n'ayant plus, ma femme et moi, que deux gamins comme personnel masculin pour nous aider en ce début de l'Occupation, Geneviève Bordet dut prendre à son compte nombre de travaux habituellement réservés au sexe fort.

*(1) Souligné dans la lettre.* (Note de G. D. : *C'est un état d'âme que je percevais bien moi aussi).*

*(2) Nous eûmes quatre vérifications fiscales pendant son "temps" de comptable. Chaque fois, les inspecteurs me firent compliment de la tenue des livres.*

# Les tout premiers catalogues

*Chaque fois un nouveau thème.*

Francis Meilland révèle « qu'en automne 1937, ayant sur les bras une forte production de rosiers commandés par une grande maison qui venait de déposer son bilan, il fit imprimer son premier catalogue en couleurs qui lui permit de vendre rapidement tout ce surplus (1) ».

Pour moi, à cette époque, c'était différent. Je n'avais aucune production personnelle, mais, moi aussi, je croyais au catalogue et en affirmais la nécessité à Jacques Breton quelques jours seulement après notre déballage !

C'est ce premier engagement financier qui dépasse mon entendement encore aujourd'hui... cette confiance aveugle des tout premiers jours en notre destin.

Quoi ! Munis d'une autorisation *précaire* d'étalage, confrontés à des soucis affreux, sans capitaux... nous voulions avoir tout de suite notre catalogue, à l'instar des "trois grands", pour rivaliser avec eux ? Car, dans notre entourage parisien, Vilmorin, Truffaut et le Coq Hardi étaient seuls à utiliser un tel support publicitaire.

Nous aurions donc pu nous ranger au nombre de ceux qui, n'en possédant pas, "faisaient cependant bien leurs affaires". Eh bien ! non. Georges Truffaut — mon mentor — m'avait conditionné.

La décision est donc prise très rapidement, presque allégrement : il y aura un catalogue Delbard ! Il paraîtra le 10 décembre 1935 ! Ayant tenté ma chance le 9 novembre, il nous aura suffi de quatre semaines pour le sortir, c'est-à-dire le composer et l'imprimer. Cela ne mérite-t-il pas un coup de chapeau ?

Voyez ci-contre la reproduction de la couverture. Une anecdote : comme il n'y avait plus de pêches en novembre, je suis allé à la Samar acheter un fruit en tissu... mais la rose est bien authentique ! A l'intérieur, une lettre aux clients, et déjà une référence éloquente pour sécuriser les acheteurs potentiels.

Je dois préciser que pour ce premier catalogue, ainsi que ceux de 1936, 1937 et 1938, la maquette a été conçue... à la brasserie de La Coupole, de 9 heures du soir à 2 heures du matin. Dans le bruit et l'agitation, l'inspiration, les idées, la réalisation même trouvaient un milieu excitant favorable à leur épanouissement. Le catalogue de 1939 (avec sa couverture en couleurs en grande première) fut composé à l'appartement : entre-temps, je m'étais marié !...

Les couvertures de ces quatre catalogues sont reproduites ici pour montrer que les cachets des "modèles" ne pesaient pas trop sur le budget publicité...

Automne 1936-printemps 1937 : "la Lulu", serveuse au restaurant *Le Michelet*, a posé dans le jardin fruitier d'un éminent spécialiste en arboriculture fruitière : M. Chauffour, à Versailles. Contre le mur de sa maison, il avait formé un pêcher en croix de la Légion d'honneur, parfaitement réalisée, et l'arbre produisait normalement de bons fruits. Du travail d'artiste... et de patience !

Printemps 1937 : c'était le tour de la petite fille de notre concierge de montrer que nos graines étaient les meilleures.

Automne 1937 : l'ami et collaborateur Jacques Blanc formait le jeune couple idéal avec la représentante de l'imprimeur Diéval... tous les deux contemplant leur enfant : le fils de la concierge...

*(1) Hommage à Francis Meilland.*

# Au concours agricole de Montluçon

*Jardin de ville dallé de conception moderne réalisé dans la cour du lycée de Montluçon.*

*Premiers prix comme horticulteur patenté. C'était le début de la grande aventure...*

Automne 1938 et printemps 1939 : on supprime les personnages pour adopter la couleur. En pages intérieures, des photos de roses et déjà des colis-collections (1). Enfin, on y publie des photos de nos expositions et de nos créations de jardins. Cela me permet d'enchaîner pour parler de ces deux activités horticoles de nos débuts.

Le proverbe « la fortune sourit aux audacieux » est bien connu. C'est un peu la même chose que mon grand ami, le professeur Léon Cuny, exprimait *ex professo* lorsque, plus tard, au cours de ses visites annuelles à Malicorne, il proclamait : « Vous avez tous les culots et tout vous réussit !... »

C'est facile à dire, mais plus difficiles à prendre qu'on ne le pense sont les engagements, en raison des risques dont, en tout état de cause, le responsable doit bien faire l'évaluation sommaire.

Pour ce qui me concerne, prendre le parti délibéré, quelques mois seulement après mes débuts, de me mesurer dans les expositions aux firmes parfois centenaires, ou ayant en tout cas pignon sur rue depuis longtemps, était, cela va de soi, une gageure.

Aucun de mes collègues solidement établis au quai la Mégisserie — autres que Vilmorin et Truffaut — ne l'avait jamais tenté. De plus, jusqu'en 1940 (et même 1947) je ne pouvais m'appuyer sur aucune production personnelle de végétaux... Il fallait donc tout inventer et découvrir des plantes rares ; ensuite, avoir l'imagination assez fertile pour que les présentations Delbard puissent rivaliser en qualité et intérêt avec celles des "grosses maisons".

Là encore j'ai bénéficié d'un concours de circonstances favorable. « Le malheur des uns fait le bonheur des autres », affirme un autre proverbe. Tel fut bien mon cas.

Chez Georges Truffaut, mon collègue Jean Évrard, ingénieur horticole, avait la responsabilité du service architecture et création de jardins. En 1936, à la suite des grèves provoquées par des salaires de misère et la demande d'application de la loi des quarante heures, il fut licencié purement et simplement, c'est-à-dire sans indemnité ni préavis d'aucune sorte, avec une vingtaine d'ouvriers qualifiés de son service.

Se trouvant "sur le pavé", sa première démarche fut de venir me demander conseil et assistance pour lui-même et son équipe (2). La réaction fut rapide : unissons-nous et essayons de mettre en place un service de création de jardins...

Avant toute chose, lui dis-je, il faut nous faire connaître. Alors participons aux prochaines expositions, où, grâce à notre présence continuelle au stand, nous pourrons contacter des visiteurs, clients potentiels.

Aussitôt dit, aussitôt fait. Nous étions en août 1936. En septembre, nous participions à l'exposition horticole du concours régional agricole de Montluçon. La photo montre que le stand était modeste parce que réalisé avec les moyens du bord. Toutefois quelques belles plantes de collection étaient présentées, qui furent acquises, à bon compte, par Me B..., notaire à Montluçon. En plus, notre client nous demanda de lui établir un plan de jardin pour l'embellissement de sa propriété. Sans lendemain. Une autre affaire qui semblait accrochée était celle d'une demande de plan de jardin pour un docteur de Néris-les-Bains. Étude sérieuse — puisque nous fîmes deux projets différents — mais qui n'eut encore aucune suite pour nous.

C'était donc un "coup d'épée dans l'eau" et des frais supplémentaires, ces travaux de relevés et de dessins étant faits gratuitement ! Nous étions vraiment trop confiants !

*(1) Premiers en France à les proposer.*

*(2) Je dirai plus loin ce que cette équipe a accepté de faire — joyeusement — comme heures de travail pour Georges Delbard.*

# Première exposition parisienne...

Le jardin moderne que j'ai exécuté à l'Exposition d'Horticulture PARIS OCTOBRE 1936

Détail de réalisation de la partie centrale

Plan de l'ensemble

Monsieur le Président de la République, très intéressé par cette présentation nouvelle, nous

*Cet agrandissement de la partie centrale du stand montre bien le soin que nous avions apporté à sa réalisation. Remarquez le* Sedum bleuté *entre les dalles.*
*M. Albert Lebrun, président de la République, a l'air très satisfait. Ce jour-là, il ne pleurait pas et avait même le sourire... Sur le cliché, je suis à sa droite, avec Jean Évrard en partie caché.*

Notre rage d'arriver était telle que, nullement découragés par ces échecs, un mois après nous participions à l'exposition de la Société nationale d'horticulture de France au Cours-la-Reine à Paris, devenu depuis cours Albert-Ier.

Étant donné cette prise de position, nous convenons, Évrard et moi, de réaliser un stand de grandeur moyenne, mais bien soigné, "peigné", enfin de la meilleure facture possible, pour tenir une place honorable parmi les "grands" de l'horticulture nationale (1).

L'effort est presque toujours payant. Ce fut le cas pour nous à Paris, où plusieurs affaires intéressantes furent négociées.

Auparavant, il me faut préciser que nous étions connus (et appréciés) de nombreux clients Truffaut. Nous aurions donc pu leur écrire ou les visiter après notre renvoi. Nous ne l'avons pas fait. Cela nous a valu fierté et satisfaction par la suite.

C'est ainsi que nous n'avions adressé aucune information quant à nos nouvelles possibilités de travaux directs, même à la meilleure cliente Truffaut : Mme Sarah Charley de Drouilly.

Elle demeurait dans l'immeuble du n° 22 de l'avenue Foch, au rez-de-chaussée qui débouchait sur le jardin. Elle engloutissait là, pour son entretien, des sommes folles, qui n'étaient que broutilles comparées à celles nécessitées pour la décoration du parc de son château de Bouttemont à Ouilly-le-Vicomte (Calvados).

Donc, cette "grande dame" visitant l'exposition s'arrête, interloquée, devant notre stand et, s'adressant à moi :

— Comment, vous êtes maintenant à votre compte et vous ne m'en avez pas prévenue? Pourtant vous savez combien je vous estimais, Jean Évrard et vous-même! Alors venez dès demain avenue Foch. J'ai en ma possession les plans et devis pour transformer mon jardin parisien. Toutefois ces projets ne me satisfont pas absolument. Je vous préciserai ce que je veux. Vous me donnerez rapidement votre étude, et mon souhait est que nous traitions ensemble.

Cette rencontre et ses suites prévisibles furent, vous le pensez bien, une très grande joie, le baume au cœur, le stimulant aussi, venant bien à point pour décupler notre ardeur, renforcer nos énergies en nous apportant une certaine sécurité.

En effet, cette seule cliente pouvait nous assurer un chiffre d'affaires de plusieurs centaines de milliers de francs annuels pour des travaux passionnants parce que toujours voulus de très grande qualité.

Un chapitre sera réservé à cette cliente exceptionnelle et à son époux, Charley Drouilly (2), le "Commodore". Le chiffre d'affaires important réalisé grâce à la confiance — mieux : à l'amitié — qu'ils nous ont témoignée, a été pour beaucoup dans le développement rapide de l'affaire Delbard.

Dans ces périodes difficiles de l'avant et de l'après-guerre, une partie des bénéfices a donc pu être investie dans des expositions de plus en plus personnalisées. Cela montre aussi combien notre esprit a toujours été confiant dans les possibilités d'une publicité de bon aloi pour assurer l'expansion de notre affaire horticole.

*(1) Nos maigres ressources financières n'avaient pourtant pas besoin de ces ponctions publicitaires fort coûteuses.*
*(2) Nous conservons pieusement (ma femme et moi) la très belle statuette en verre de Murano dont Mme Charley de Drouilly nous fit cadeau, à l'occasion de notre mariage.*

## CRÉATION ET RESTAURATION DE PARCS ET JARDINS

Nos nombreuses réalisations font sensation par leur cachet artistique.
Nous avons conquis l'estime de tous nos clients par notre loyauté, nos connaissances, l'amour de notre art, et notre amabilité.

La splendide décoration des jardins du Pavillon de la ROUMANIE est notre œuvre.

Des références : voici quelques-unes de nos réalisations à l'exposition des Arts et Techniques, Paris 1937.

●

**Les Gouvernements des Etats ci-après nous ont chargé de l'établissement et de l'entretien des jardins de leur Pavillon.**

AUTRICHE.
DANEMARK.
ESTHONIE.
LITHUANIE.
LETTONIE.
ROUMANIE.
SIAM.
YOUGOSLAVIE.

●

**Nous avons fourni des plantes pour les Pavillons :**

de la BELGIQUE,
du LUXEMBOURG.

●

**Nous avons décoré le Pavillon** de SAINT-GOBAIN.

●

**Nous avons réalisé les magnifiques présentations :**

Des FLORALIES INTERNATIONALES au GRAND PALAIS.
Du JARDIN MODERNE QUAI D'ORSAY.
Du PETIT JARDIN D'INTERIEUR (STAND de la Compagnie des ARTS FRANÇAIS - Pavillon des Artistes décorateurs).

●

Présentation originale pour donner un caractère régional (la cour intérieure du Pavillon de la YOUGOSLAVIE pour lequel nous avons créé tous les jardins).

Aux FLORALES INTERNATIONALES, au Grand Palais, cette présentation artistique et inédite de fleurs et de plantes dans un cadre magnifique de glaces, marmorites et opalines a été le " clou " de l'Exposition (récompensé par plusieurs médailles d'or).

Le coquet Pavillon du SIAM, pour lequel nous avons fait les jardins, photographié de la terrasse du Pavillon des ETATS BALTES dont nous avons également assuré les plantations.

C'est à nous que revient également la décoration florale du Pavillon de SAINT-GOBAIN, qui est un des plus remarqués de l'Exposition. La nuit, l'éclairage des fleurs par les projecteurs logés dans les boules de buis est d'un effet merveilleux.

Une des merveilles de l'Exposition : " Arts et Techniques " Le petit jardin régulier et très moderne, tout en glace et en verre, que nous avons réalisé au Quai d'Orsay (groupe des jardins - classe 20). Les allées dallées sont faites avec des pavés de verre, le bassin et tous les entourages avec des marbrites, marmorites et opalines de différentes teintes. L'ensemble est un enchantement de coloris.

*Reproduction d'un dépliant publicitaire.*

Les travaux de l'Exposition des arts et techniques de 1937 commencent en 1936, avec un retard considérable résultant des grèves.

Un certain après-midi, j'étais au magasin avec quatre employés... et pas un client ! Quelle mauvaise période pour les affaires ! Nous nous lamentions quand, mû par le réflexe de la survie, je bondis. « Ce n'est pas possible d'être ici à se morfondre alors qu'il y a tant à faire comme jardinage à l'Exposition », dis-je. Une nouvelle fois, cette prise de position impromptue, ce passage à l'action directe fut des plus bénéfiques. Les affaires tiennent souvent à un fil, et il faut toujours se rappeler le proverbe : « Ne remets pas à demain ce que tu peux faire le jour même. »

Je vais en apporter la démonstration. Sautant dans un taxi, j'arrive à l'exposition. Il me faut spécifier que les quarante-quatre pavillons des nations étrangères se trouvaient dans les jardins du Trocadéro, l'Allemagne et l'U.R.S.S. s'affrontant... sur le front de Seine. L'axe majeur de l'exposition était ainsi constitué par les palais étrangers abondamment fleuris s'étageant à l'est et à l'ouest du grand parterre d'eau (1). Dites-moi pourquoi, au lieu d'entrer à droite, je me dirige à gauche vers le pavillon le plus proche, celui de la Yougoslavie ?...

Je me trouve nez à nez avec un jeune architecte fort sympathique (dont j'ai oublié le nom). C'était, en plus, un homme de grand talent, élève de Le Corbusier. Tout de suite les "atomes crochus" fonctionnent. Il y eut compréhension — mieux : complicité — dès les premiers moments, puisqu'une confiance totale se fit jour immédiatement.

— Vous tombez à pic, me dit ce nouvel ami. Demain je devais traiter ferme pour la décoration du pavillon et son environnement, mais les deux projets en ma possession ne m'emballent pas. Voici ce que je voudrais voir modifier. Pourriez-vous m'apporter sous deux jours un nouveau plan conforme à mes idées ? Vous établirez un devis légèrement inférieur à ceux-ci. Si cela est possible, comme vous m'êtes sympathique... vous aurez l'affaire.

Moins d'une heure après ma décision de visite prise au magasin, j'étais presque assuré de pouvoir traiter un bon chantier. Évrard, appelé, se met à sa table de dessin jour et nuit et, tous les deux, nous revenons quarante-huit heures après au pavillon yougoslave.

On a écrit que, sur la plate-forme supérieure du parc, la Yougoslavie avait élevé un pavillon de simple et robuste architecture où s'affirmaient les progrès de ses arts populaires et de son enseignement technique. En effet, ce pavillon, avec sa cour-patio, était bien caractéristique de l'architecture de ce pays. Notre projet est jugé excellent par l'architecte qui, sur-le-champ, approuve plan et devis et veut nous témoigner immédiatement sa reconnaissance. Il nous présente à plusieurs de ses collègues. Étant donné sa grande notoriété, nous avons ainsi pu traiter très rapidement par son intermédiaire avec les responsables des pavillons dont la page ci-contre donne la liste.

Le montant de ces différents marchés a plus que doublé d'un seul coup le chiffre d'affaires (1937) du magasin. Pas mal joué, n'est-ce pas ?

L'enseignement à tirer sur le plan financier est évident : si ma décision avait été prise avec vingt-quatre heures de retard, il était trop tard ! Un tel pactole, complété par une publicité importante et gratuite avec la pose de panneaux "Delbard" dans les jardins, le contact avec des personnalités influentes... tout cela nous aurait échappé.

*(1) Il est intéressant de noter que, dans les jardins du Trocadéro, aucun arbre ne devait être sacrifié.*

# L'équipe Delbard-Evrard en 1937

*Devant le magasin, n° 16 quai de la Mégisserie.*

# Une gageure réussie : s'associer pour gagner

J'ai déjà indiqué qu'un retard considérable avait été pris pour le démarrage des travaux de l'exposition par rapport au planning, en raison des grèves de 1936 et des séquelles en résultant.

C'était donc une situation délicate, tendue, explosive, particulièrement pour ce qui touchait le secteur main-d'œuvre.

Avant toute chose, il me fallait donc être sûr de mes arrières eu égard au personnel nécessaire pour l'exécution des travaux. Je provoquai donc une réunion collective avec ces grévistes révoqués — vous le savez — ... pour avoir exigé l'application de la loi des quarante heures à l'horticulture.

Ayant bien conscience des obligations et difficultés auxquelles il nous faudrait faire face, je les exposai franchement, en mettant « cartes sur table », à ces chefs d'équipe et ouvriers qualifiés que j'avais appris à connaître pendant plusieurs années lors de mon séjour Truffaut.

— Avec tout ce retard, nous n'aurons, dis-je, que peu de temps pour réaliser tous ces chantiers. Il nous faudra travailler jour et nuit. Êtes-vous d'accord pour accepter pareille obligation ? Bien entendu, en cas de réponse positive, un protocole sera établi concernant le règlement de vos heures supplémentaires et de votre participation aux résultats.

Tous furent unanimes pour accepter — avec joie et empressement — ces servitudes avec la rétribution proposée comme corollaire normal. Une sorte d'association "capital-travail" — sans capital —, mise en application dès 1937, est toujours plus facile à réaliser dans les moments d'épreuve que dans la vie de tous les jours !

En outre, l'accord Delbard-Évrard fut scellé dès cet instant par la seule confiance totale et réciproque. C'est ainsi qu'à partir de ce jour, sans aucun contrat, pendant les années qui suivirent, rien ne vint jamais ternir cette amicale collaboration qui eut des résultats heureux pour les deux parties.

Revenons à l'exposition.

Chacun sait bien que, dans toute construction nouvelle, le jardin passe en dernier (1).

Partout il nous fallait donc attendre que tous les corps de métier soient partis pour commencer nos plantations. De plus, le fait que nous ayons accepté de nombreux chantiers nous obligeait à être présents en différents endroits en même temps. Quelle course contre la montre n'avons-nous pas dû livrer !

C'est grâce à tout cet encadrement humain dévoué, aux mines souriantes, respirant la joie de vivre — ici rassemblé avec les employés du magasin au premier rang — que j'ai pu tenir mes engagements. Ces mêmes hommes (qui avaient perdu leur situation à cause des quarante heures) ont accepté avec enthousiasme de travailler jour et nuit pour moi. Tous et particulièrement les chefs d'équipe — ici photographiés — encadrant les manœuvres et payant de leur personne pour un rendement accéléré et de qualité.

Prenant en compte ce dévouement, il était de mon devoir, l'exposition terminée, de leur assurer un emploi qui leur permette de vivre du métier qu'ils aimaient...

*(1) Aussi bien pour la réalisation que pour le financement.*

# Jardins du pavillon de la Roumanie

*La pergola : toute la décoration florale nous avait été confiée.*

Avec Jean Évrard, j'allais en permanence d'un chantier à l'autre pour "encourager la troupe" et résoudre les problèmes qui se posent forcément dans des moments de pareille tension.

Nous dormions sur place, assis dans un recoin abrité, pendant une ou deux heures... puis nous "remettions ça"... Dix-huit à vingt heures de travail intensif, épuisant, chaque jour.

Nous nous en sommes sortis — partout — avec honneur et bonheur. Tous nos partenaires ont été unanimes à nous remercier et nous féliciter.

Mais notre activité fébrile, débordante, n'avait pas été sans attirer l'attention des syndicalistes C.G.T. qui parcouraient l'exposition pour faire respecter les quarante heures. Un jour, deux délégués viennent interpeller l'équipe Delbard au pavillon de la Roumanie.

Voilà nos compères qui commencent à proférer des menaces contre un patron et des ouvriers qui ne respectent pas la loi : des "jaunes"...

Aussitôt, formation en cercle de tout mon personnel autour des deux agitateurs. L'un de mes employés, d'origine alsacienne, Julien Guthneck (1), malabar rougeaud et coléreux, s'avance et se cabre en face des intrus : « Si vous ne foutez pas le camp à la minute même, ou si vous osez revenir... vous voyez cette pioche (qu'il brandit), je vous fends la gueule avec. »

Ce fut la première et la dernière altercation avec les cégétistes à l'exposition.

Parmi tous ces chantiers réalisés (nous avons aussi participé aux floralies du Grand Palais, au concours de jardins du quai d'Orsay et au pavillon des artistes décorateurs), il me faut faire une mention spéciale pour le pavillon de Saint-Gobain.

Il était une des pièces maîtresses, un des points forts de l'Exposition des arts et techniques. Tout en verre et en glaces (les meubles également étaient en verre), il obtint cinq grands prix : d'architecture, de revêtements, de miroiterie, de mobilier, d'étalages. Le "patron" en était Édouard Gentil, président-directeur général des Glaceries de Saint-Gobain.

René A. Coulon, architecte du gouvernement S.A.D.G.-S.A.M., dirigeait l'équipe des quatre architectes et trois maîtres verriers.

Jacques Adnet en était le décorateur en chef; Georges Delbard, le responsable de la décoration florale.

Ce dernier poste était important, car les plantes et les fleurs apportaient une note de gaieté, de vie, nécessaire à cet ensemble de haute qualité mais un peu froid, rigide et dépouillé. En particulier de nombreux buis-boule sur tige avaient été judicieusement utilisés. Dans chaque boule avait été logé un spot. Grâce à notre idée ingénieuse et aux nombreuses plantes fleuries des jardinières, il se dégageait, de nuit surtout, une ambiance fastueuse, irréelle, quasi magique dans cet environnement de glaces et de verre bien fleuri.

Une anecdote amusante se rapporte à nos travaux.

La veille de l'inauguration prévue, c'était encore la pétaudière. Impossible de placer une plante dans cet univers de gravois et débris de toutes sortes... et puis nous avions tellement de travaux ailleurs !

*(1) Debout au deuxième rang. Il est le deuxième en partant de la droite sur la photo de la page 224. Décédé en 1984.*

# Le pavillon de Saint-Gobain

*La décoration végétale et florale jouait un rôle capital.*
*On aperçoit les buis-boule sur tige qui "camouflaient" les spots.*
*Je suis à droite cachant Jacques Breton.*

# Nous gagnons la confiance du P.-D.G.

Dans l'après-midi, nous amenons un chef d'équipe et trois ouvriers. Coup de colère du P.-D.G., M. Gentil :

— Comment, me dit-il, c'est avec cette équipe que vous comptez pouvoir tout terminer pour l'inauguration, demain à dix heures ?

C'était un homme de haute stature, habitué à commander, exigeant, et à ce moment précis à bout de nerfs.

Je bredouille quelques paroles que je voulais rassurantes, mais où perçait sûrement un peu d'inquiétude. Alors mon directeur général s'emporte et me dit une phrase qui me fait l'effet d'un coup de poignard :

— Je regrette de vous avoir fait confiance et de n'avoir pas traité avec une firme plus importante ayant plus de moyens, car demain c'est la honte qui m'attend à cause de vous.

Bon sang... ça m'a fait mal !

Il part dîner, fort inquiet, et revient à dix heures du soir. Voyant qu'on y avait "mis le paquet" entre-temps, il dit en douce à son chef de chantier :

— J'ai amené une caisse de champagne. Si vous voyez que ça avance, allez-y, faites-les "fonctionner au champagne" jusqu'à l'arrivée des invités.

Eh bien ! on a vidé les bouteilles. A neuf heures du matin, quand M. Gentil se présente, tout est au point, décoration terminée, sol balayé, ensemble briqué... Je n'ai jamais vu un homme aussi heureux ! De ce moment fut scellée l'amitié entre Gentil-Delbard-Évrard, comme nous le verrons par la suite.

Ayant reçu des compliments flatteurs et malgré nos nuits blanches, le "patron" invita tous les artisans de la réussite, le même soir, à gueuletonner au restaurant typique et réputé du pavillon de la Roumanie. Tous les participants en avaient un "coup dans l'aile". Mais le plus éméché était bien le président-directeur général...

Je nous vois encore à la sortie, à trois heures du matin. Il faisait un temps merveilleux... On avait du mal à se quitter... Plus un chat, sinon les gardiens de nuit.

« Si l'on faisait ensemble le tour de l'exposition avec le train électrique sur route ? » propose notre hôte. Pas une voix pour décliner cette offre amusante et alléchante.

Alors voilà notre président-directeur général qui s'installe au poste du chauffeur pendant que nous prenons d'assaut les wagons. Et jusqu'à l'aube, riant comme des gamins, tous ces chefs d'industrie et artistes en tous genres, chantant comme des perdus, ont pu ainsi éliminer le trop-plein d'alcool, pilotés par le "patron".

Dommage que la chanson *Merci patron* n'ait pas encore été connue à cette époque : c'eût bien été le moment de l'entonner en chœur... !

A la suite de ces travaux et agapes, nous étions devenus "copains" avec M. Gentil. Très peu de temps après, nous nous trouvions avec Évrard à son pavillon. Il vient vers nous et nous aborde :

— Je viens d'acquérir le château de Boissise-la-Bertrand, près de Ponthierry. Il y a un délicieux petit bâtiment annexe — ancien pressoir — que je veux faire restaurer. Je voudrais avoir là un petit jardin rustique très chic, se mariant bien avec l'ancienne construction et le site.

*...à Boissise-la-Bertrand.*

Nous présentons un plan et un devis pour quarante mille francs. Le tout est accepté. En cours de travaux, il nous est demandé le dallage (en dalles de la Rhune) de toute la partie devant la façade. Nous proposons aussi de remplacer les pierres sèches des murets par dix-sept mille vieilles tuiles superposées ! Accepté. Différents autres aménagements supplémentaires sont également décidés. Toutes modifications apportées au devis initial dont nous n'avions pas cru bon de chiffrer le coût. Mal nous en prit !...

Quand je présentai la note — au total : cinquante-cinq mille francs — notre distingué client ne fit qu'un bond. Je le vois encore dans son grand bureau de la rue de Surène, hors de lui, me disant : « Mais je ne suis pas Rothschild ! J'ai une bonne situation, c'est vrai, mais pas la possibilité de faire des dépenses pareilles... »

Non seulement il était furieux, mais, ce qui m'est apparu pire que tout, il semblait, en ce moment précis, douter de ma bonne foi.

S'adressant à sa secrétaire : « Faites un chèque à Delbard pour que je ne le voie plus ! »

Prenant le chèque, je n'ai jamais été aussi malheureux de ma vie. Humilié. Ne pas apparaître comme un "homme régulier" vis-à-vis d'une importante personnalité qui vous a accordé sa confiance, quel camouflet !

Cette affaire réglée, longtemps attristés par ce dénouement, Évrard et moi n'entendons plus parler de M. Gentil.

A la déclaration de guerre, en 1940, notre client se trouvait aux États-Unis avec sa femme, d'origine américaine. Il fut donc bloqué outre-Atlantique pendant la durée des hostilités. En 1944, Paris vient juste d'être libéré. Qui vois-je arriver à mon bureau ? Un M. Gentil rayonnant. Il s'approche, me serre longuement la main et me tient ce langage étonnant :

— J'arrive de Boissise : ma gardienne ayant semé des fleurs en place, j'ai trouvé mon jardin aussi beau que lorsque je l'ai quitté... peut-être plus encore ! Je n'avais pas compris que vous m'aviez réalisé un jardin si bien *construit*. Je me rappelle mon comportement lorsque je vous ai réglé les travaux. Veuillez accepter, avec mes excuses, mon amitié, si vous y consentez.

Nous sommes devenus amis et avons collaboré à nouveau ensemble pour l'Exposition de la cristallerie au pavillon de Marsan. Un renversement de situation que je n'aurais pu prévoir en 1938, mais qui reste une de mes plus grandes joies professionnelles.

Le fait d'avoir participé au pavillon de Saint-Gobain m'a encore donné la chance de côtoyer deux autres personnalités éminentes.

René A. Coulon, architecte de talent de Saint-Gobain (1), était aussi celui de Nadia Boulanger, pianiste illustre de renommée mondiale. A ce titre, il avait été chargé de la construction de son auditorium dans sa propriété d'Hanneucourt près de Gargenville. Nos excellents rapports ont permis qu'il me demandât de l'assister (avec Jean Évrard) pour la construction et la décoration du jardin, ce qui a été fait à la satisfaction de tous.

*(1) René A. Coulon a été professeur à l'École nationale supérieure des Beaux-Arts de 1952 à 1977; architecte en chef de la Caisse des Dépôts, des Bâtiments civils et Palais nationaux, etc., sans omettre l'École des hautes études commerciales à Jouy-en-Josas.*

# La propriété de M. G. Marinier à Breuilpont (Eure)

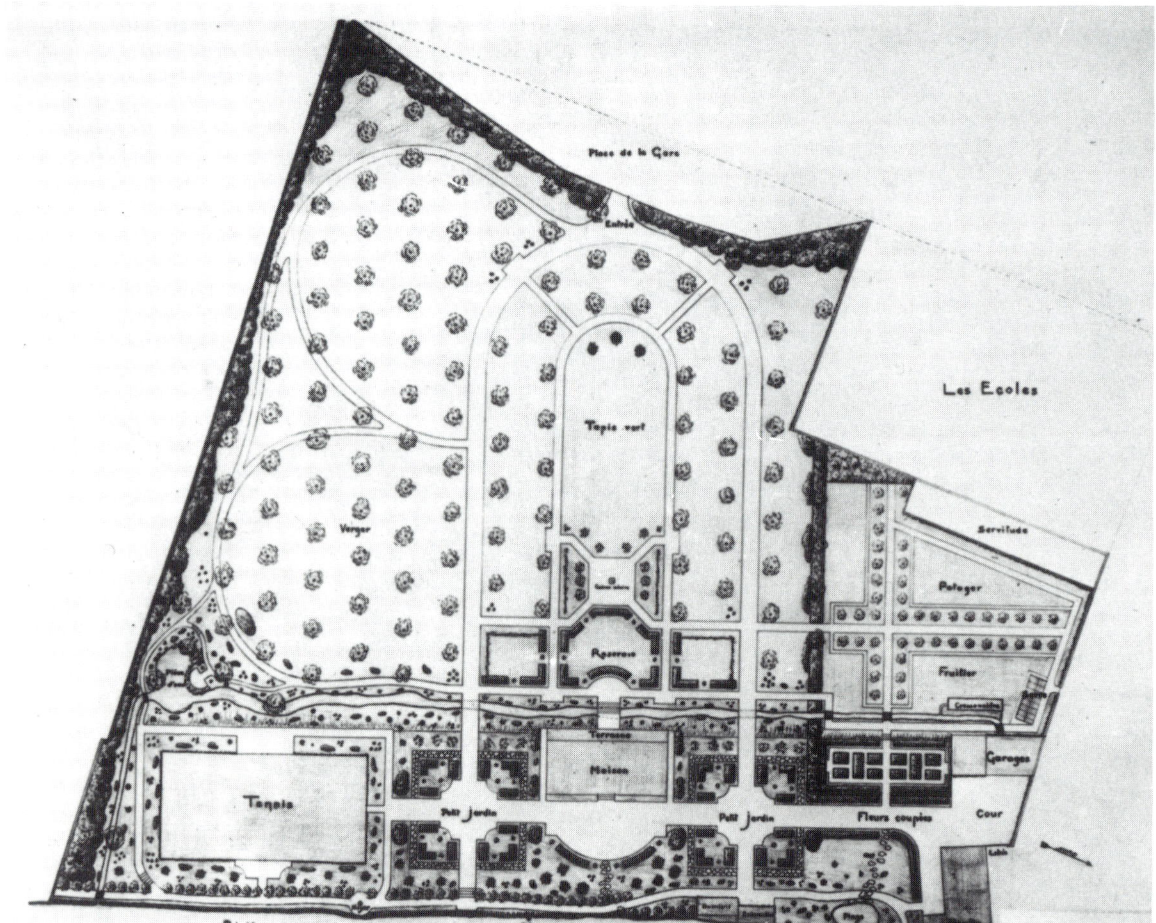


*Là était une prairie de deux hectares contiguë à la rivière avec son vieux moulin. L'harmonie de la conception, le tracé judicieux des allées pour la circulation automobile et la promenade ont apporté un charme fou.*

Cela me permet aujourd'hui d'évoquer cette autre cliente d'exception. Nadia Boulanger — Mademoiselle — « mère de la musique moderne » (1), a formé de nombreuses célébrités, dont Jean Françaix et Igor Markevitch. Le virtuose Daniel Barenboïm témoignait, à une émission de TF1, du talent et des dons spécifiques de ce grand professeur "boulimique de la musique". Elle fut la première femme à diriger le Royal Philharmonic de Londres, le Philharmonic de New York et l'orchestre de Philadelphie (2).

Cette femme unique était, à mes yeux, le type même de la très "grande dame". Grande au sens propre comme au figuré. Silhouette au port altier, où de premier abord tout semblait contradictoire. On ne pouvait dire si elle était guindée, sévère ou aristocratique (car elle était tout cela). Elle tenait à la fois de la reine-mère et de la prieure de monastère, vêtue de robes aux coloris sombres, serrées à la taille et tombant jusqu'aux chevilles, façon mode 1900. Avec cela, un beau visage dont l'expression reflétait la combinaison de l'intelligence, de la modestie et de l'orgueil.

Je suis bien heureux, grâce au métier de jardinier, d'avoir pu approcher une personnalité aussi exceptionnelle.

René A. Coulon a aussi réalisé, à une échelle plus modeste, les plans d'une villa que je songeais faire construire à la fin de la guerre à Malicorne. Cette belle étude n'a jamais vu le jour, la dépense ayant été reconvertie et investie dans la mise en valeur des sols pour la pépinière... Et j'ai attendu trente années pour réaliser le rêve de tout Français !

Je dois à Jacques Adnet mon hobby pour la décoration d'intérieur. Outre le pavillon de Saint-Gobain (dont il était conseiller artistique), nous réalisâmes avec lui la décoration florale du stand de la Compagnie des arts français au pavillon des artistes décorateurs. C'était une ravissante salle commune d'Ile-de-France avec cheminée centrale. Il me fut donné ensuite de fleurir balcons ou terrasses de somptueux appartements parisiens, dont la décoration générale avait été confiée à Jacques Adnet. Cela a été pour moi une formation artistique passionnante et enrichissante.

Jacques Adnet à fait une brillante carrière. Lorsque je l'ai connu, en 1937, il était directeur de la Compagnie des arts français, rue du Faubourg-Saint-Honoré. Il assumait aussi la présidence de la Société des artistes décorateurs. De 1960 à 1970, Jacques Adnet fut directeur de l'École nationale supérieure des arts décoratifs de Paris.

A travers mon rappel de ces deux rencontres heureuses et bénéfiques — il y en eut bien d'autres —, on pourra mesurer combien ces grandes manifestations internationales peuvent contribuer à l'épanouissement de la culture. Le bouillonnement, au stade international, des talents les plus divers est un ferment idéal pour engendrer des vocations artistiques et assurer le développement de celles en éveil, même chez un fils de paysan...

Fort heureusement pour l'équipe de jardiniers qui nous avait fait confiance, de nouveaux chantiers s'ouvraient en région parisienne, car nous avions le vent en poupe, grâce à nos références de l'Exposition.

Avec Jean Évrard, nous avons donc installé beaucoup de jardins, mais leur rappel ici n'apporterait rien de passionnant et allongerait trop le récit. Simplement, à titre de référence prestigieuse, voir ci-contre le plan de la propriété importante de M. G. Marinier à Breuilpont, près de Pacy-sur-Eure, entièrement aménagée par nos soins.

*(1) Titre de l'article de* Sélection *(mars 1983), de Aaron Copland, doyen des compositeurs américains.*
*(2) En 1977 — elle venait d'avoir quatre-vingt-dix ans — Mademoiselle reçut à l'Élysée les insignes de grand officier de la Légion d'honneur des mains de M. Valéry Giscard d'Estaing.*

# Les “jardins Wilson” de Montluçon

Plus près de nous, dans notre Bourbonnais, je dois spécifier aussi que “Delbard-Évrard” sont les réalisateurs, en 1938-1939, des espaces verts du boulevard Carnot à Montluçon.

Le projet avait été établi par M. Ducrot, paysagiste. Ces jardins aménagés sur les anciens remparts et l’ancienne propriété du baron de Charnisay ont une surface de un hectare et demi. L’ensemble est divisé en cinq parties bien différentes : partie française — roseraie — jardin irrégulier — partie moderne — aire de jeux avec bassin.

Inaugurés par le maire Marx Dormoy, qui en avait été l’inspirateur, rebaptisés “jardins Wilson”, ils ont été depuis — et sont toujours — un lieu de détente très apprécié des Montluçonnais.

*Vue prise d’avion à la fin des travaux.*

*L’inauguration en 1939. Marx Dormoy (X), maire de Montluçon, est au premier rang. Je fais partie du cortège (XX).*

*Au premier plan le jardin régulier, au second plan l'aire de jeux avec bassin. On aperçoit au fond la coupole de l'église Saint-Pierre.*

*Autre vue du jardin Wilson conduisant à la terrasse supérieure.*

# Le château de Bouttemont

*L'allée d'honneur et la façade principale.*

*L'entrée et son pont-levis.*

*La piscine en 1939!*

*Les douves fleuries de rosiers et rhododendrons.*

*La maison du jardinier.*

*La maison du poney.*

# Une cliente comme on n'en retrouvera jamais

Lors de notre première exposition à Paris en automne 1936, je vous ai entretenus de la visite à notre stand de Mme Sarah Charley de Drouilly.

J'ai beaucoup de choses à raconter la concernant, elle, et aussi son mari, le "Commodore". Des liens de grande sympathie nous unissaient, malgré la très grande différence de situations.

M. Charley Drouilly (la particule était réservée à Madame) n'était, après tout, qu'un commerçant avisé et très riche. Il possédait une centaine de magasins de chapeaux de dames à Paris et un grand nombre en province.

Avant et après la dernière guerre, il gagnait un argent fou. Dans la période faste du commerce, je l'ai vu, de mes yeux, dans son appartement de l'avenue Foch, vider un sac à blé rempli de billets de banque provenant de la collecte des encaissements de ses magasins parisiens. Ces disponibilités financières énormes permettaient à Monsieur et à Madame de dépenser sans compter.

Je ne parlerai pas de leurs réceptions somptueuses, auxquelles je n'ai jamais assisté, et dont je n'avais connaissance que par le personnel. Bornons-nous aux jardins : celui de Paris et celui de Normandie ; dans le second, Truffaut avait fait jadis des travaux et fournitures d'un montant incroyable.

Je rappelle que Madame nous avait demandé en premier lieu une étude pour son jardin parisien. Non seulement nous avions réalisé un plan, mais plus encore une maquette, avec de réels végétaux nains. Ce jardin miniature, nous l'avons présenté à notre stand du Grand Palais à l'Exposition de 1937. La peine que nous avons prise a été bien récompensée. Les clichés des pages suivantes donnent une idée de la réalisation.

Immédiatement après, nous étions priés d'intervenir en Normandie.

Le château de Bouttemont, à Ouilly-le-Vicomte (1) près de Lisieux, sur la route de Deauville, est un édifice de grande facture du XIIIe siècle, parfaitement restauré. Les douves ont été converties en roseraie. Le parc de quatre hectares, bien planté, était abondamment décoré, notamment par des milliers d'hortensias qui bordaient toutes les allées sur trois lignes !... Il faut spécifier que Madame avait un goût artistique très sûr pour la décoration aussi bien du jardin que de son intérieur.

Bouttemont était un musée : mobilier de haute époque, tableaux et objets divers avaient été judicieusement choisis... Le prix importait peu.

Pendant toute la belle saison, des décorations florales abondantes et bien composées donnaient à cette demeure un cachet de grande distinction et de noblesse.

Plusieurs années avant qu'on ait pu le découvrir à l'Exposition de 1937, un jeu d'orgues avait été installé au château, où sont venus jouer les plus grands virtuoses. La transmission par haut-parleurs placés dans la chapelle, à cinquante mètres de là, avait donné lieu à une étude longue et minutieuse qui était une grande première. Ces émissions sonores semblaient de véritables concerts célestes dans cette minuscule chapelle.

Madame adorait les chiens, particulièrement les très gros et les très petits. Un cimetière bien fleuri, avec des épitaphes touchantes sur chaque pierre tombale, avait été aménagé dans la partie haute de la propriété.

Je ne peux malheureusement me rappeler celle dédiée au mastodonte — un irish wolfhound à poils longs aussi gros qu'un âne — qui, ayant dévoré le bras du jardinier, n'en continua pas moins de vivre... et mourut de vieillesse !

*(1) A la mort de Mme Charley de Drouilly, le château a été vendu à Bruno Coquatrix, directeur de l'*Olympia *et maire de Cabourg.*

# Le parc du château de Bouttemont

*Le pont-levis et les douves merveilleusement fleuries.*

*A Deauville, en 1936, mon père (à gauche), G.D., Jean Evrard, mon frère Robert (debout).*

# Une cliente au goût très sûr

L'appartement du rez-de-chaussée au 22 avenue Foch était un des plus riches de Paris. La grande galerie de trente mètres était une réplique de la galerie des glaces du château de Versailles, plus petite bien sûr, mais d'une étonnante qualité : l'un des grands côtés était tout en glaces ; l'autre, en vis-à-vis, couvert de laques de Coromandel. Celles-ci, aux motifs très variés de fleurs et d'oiseaux aux coloris pastel très riches : verts, bleus, turquoise, rouges et blancs — le tout rehaussé d'or —, formaient un décor somptueux qui se reflétait dans les glaces et doublait la pièce.

Dans cette galerie, tout l'ameublement, tapis compris, était blanc. Blancs étaient les canapés, fauteuils et autres sièges. Blancs les six imposants lustres-candélabres de cristal de deux mètres de haut ornés de pendeloques également en cristal et reposant sur un piétement doré. Blanche — en toute saison — l'abondante décoration florale. De là, on accédait à trois pièces principales richement meublées : salon Louis XIV, salon de musique, boudoir chinois laqué rouge où Madame recevait. Vraiment — tous ceux qui ont connu cet intérieur peuvent en témoigner — la maîtresse de maison avait un goût très sûr. Évidemment, le compte en banque bien approvisionné permettait ces dépenses somptuaires.

Grâce à cette cliente de choix, mon père a vu la mer à Deauville pour la première fois en 1936 (1), à l'occasion d'une visite que je faisais au château de Bouttemont où nous étions invités.

Voulant également connaître ma mère, Mme Charley de Drouilly l'invita plus tard en 1939 — en même temps que ma femme et moi —, avenue Foch. Je revois ma mère assise sur le grand canapé blanc, discutant avec notre hôtesse sans aucun complexe, très détendue, très à l'aise (2), heureuse de découvrir pareilles merveilles... grâce à ses enfants.

Plusieurs fois, nous eûmes la joie de recevoir cette grande dame à notre appartement du quai de la Mégisserie (3). Pendant la guerre, elle venait en fiacre tiré par deux chevaux. Dans son manchon, deux minuscules chiens chihuahua — gros comme des rats — ne la quittaient pratiquement jamais. Mme Charley de Drouilly était d'origine auvergnate. Elle avait une sœur, Mme Desgrange, qui avait épousé le fondateur du journal sportif *L'Auto*, également "inventeur" du tour de France.

Un portrait d'elle jeune fille, par Auguste Renoir, figurait dans son boudoir. Je crois bien qu'elle avait également posé pour d'autres toiles du maître.

La cérémonie de ses obsèques à Saint-Honoré-d'Eylau a été poignante à plus d'un titre. D'abord par la magnificence des chœurs et de la musique, mais plus encore par la débauche de fleurs blanches — sans aucune exception — couvrant le cercueil et emplissant deux fourgons précédant celui-ci. Un départ pour l'autre monde à l'image de ce qu'avait été sa vie.

Charley Drouilly — le "Commodore" — menait une existence bien indépendante de celle de sa femme. Nous étions chargés de l'entretien du jardin de son amie, ce qui nous valut une méprise cocasse. Un certain jour, Madame — la légitime — me téléphone et me demande de passer avenue Foch. Je m'y rends aussitôt. Dès mon arrivée, elle me tend, très digne, avec un sourire qui en disait long, une enveloppe Delbard, en me disant : « Cette correspondance ne me concerne pas... Veuillez l'adresser à qui de droit. » Il s'agissait d'une facture relative au jardin de sa rivale... Un mauvais coup du service comptable dont on ne nous tenait nullement rigueur. La classe en tout !

*(1) Ma mère ne l'aura jamais découverte.*

*(2) Quelque temps après, notre estimée cliente me disait combien elle avait apprécié l'intelligence positive, le grand bon sens de ma mère et ses reparties si justes.*

*(3) C'était elle qui en manifestait le désir, car, en ce qui nous concerne, ma femme et moi, nous n'avons jamais cherché à entretenir de relations mondaines. Nous n'en avions pas le temps !*

# Son jardin parisien avenue Foch

*Projet dessiné.*

*Détail de réalisation de la partie supérieure.*

Charley Drouilly était par ailleurs un "seigneur", le Boni de Castellane du milieu du XXe siècle. Il était constamment entouré d'un essaim de jolies filles, à Paris comme à Cannes, car il ouvrait largement le portefeuille (1).

Pour les fournisseurs, c'était plus difficile et plus long ! Il était toutefois très "régulier". Avec moi surtout, car nous causions en toute liberté. Il me disait : « Madame fait souvent des folies que j'ai du mal à régler. Alors, pour toutes les grosses dépenses, venez me voir avant d'engager travaux ou fournitures, je vous dirai ce que je peux faire pour le règlement. »

Effectivement, dans un tel moment, il sortait son grand livre sur lequel il notait, à droite, les dépenses de sa légitime pour son château de Bouttemont ; à gauche, ses dépenses personnelles pour son yacht de Cannes (pour lequel il entretenait un équipage d'une dizaine de matelots).

Il avait été convenu entre les conjoints que ces dépenses devaient s'équilibrer. Alors il me disait : « Vous pouvez y aller, je suis en avance », ou encore : « Faites ce que vous voulez, mais Madame a déjà de gros engagements, alors ne comptez pas être réglé avant six mois... »

Comme on le voit, la "balance des extra" était aussi rigoureuse que celle du meilleur comptable. Pour l'avenue Foch, les dépenses étaient imputées au compte commun des deux parties.

Son épouse étant décédée, Charley Drouilly se remaria, à plus de quatre-vingts ans, avec une Bourbonnaise d'une vingtaine d'années. L'événement donna lieu à des festivités dignes de la folle époque : cérémonie à la Madeleine, réceptions chez *Maxim's* à la sortie de l'église et au *Pré-Catelan*, le soir, avec une foule d'invités.

Un an après, le divorce était prononcé. Pour fêter joyeusement cette séparation, Charley invita les mêmes amis. Mis à part la cérémonie de la Madeleine, bien sûr, les réjouissances chez *Maxim's* et au *Pré-Catelan* furent rééditées, tant il est vrai que tout était motif, pour ce bon vivant, à s'amuser avec beaucoup d'"amis de circonstance" qui vivaient à ses crochets.

Il est une autre cliente excentrique dont je veux vous entretenir : il s'agit de Mme Anchorena de Albornoz, milliardaire argentine du corned-beef. Son, ou plutôt ses appartements étaient également situés avenue Foch. Elle occupait trois étages d'un immeuble cossu et avait fait crever les plafonds du onzième et du douzième pour former une sorte de salle de théâtre avec balcons. La terrasse que nous avons aménagée était au treizième.

L'architecte nous avait prévenus : « C'est une originale qui fait souvent tout changer pour un oui ou pour un non ; faites un devis en conséquence. » Nous avons tenu compte de cet avertissement et, malgré tout, nous avons tout juste joint les deux bouts.

D'abord les jardinières (ce n'est pas nous qui les fournissions). Madame exige : « Je les veux en marbre. » La terrasse étant ovoïde, l'architecte dit : « Madame, je n'ai jamais pu cintrer du marbre. » La réponse : « Vous prendrez des blocs et vous les ferez tailler dedans. » A nous : « Je veux des conifères fastigiés de trois à quatre mètres. — Pour de tels sujets, madame, il faut de très grosses mottes que nous devrons monter de l'extérieur à l'aide d'un palan et d'une poulie : c'est presque impossible et très dangereux. — C'est cela ou rien... A vous de choisir... »

*(1) Dans un article de Dominique Jamet intitulé « Martine Carol à la recherche du bonheur », l'auteur écrit : « On la voit (*Martine Carol*) à la table du Commodore Drouilly, cet Onassis de pacotille et de cotillon. »*

# Le jardin parisien de Mme Ch. de Drouilly

*Décor printanier.*

Nous avons tenté le coup et hissé au treizième étage des cyprès dont les mottes pesaient cent cinquante kilogrammes ! A chaque fois une prouesse... Mais, la terrasse plantée, les soucis n'étaient pas terminés. Chaque jour le téléphone sonnait pour venir voir telle plante qui languissait et qu'il fallait changer, généralement par suite des verres d'alcool vidés dans les jardinières par les nombreux invités. Nous avons dû abandonner ce chantier, car je serais devenu fou à cause de cette femme impossible.

Dans cet appartement singulier, tout était peint par de grands artistes : les murs, les portes, les meubles, et jusqu'aux pots de chambre, affirme Roger Peyrefitte (1) — grand spécialiste en tout ce qui touche au postérieur. Cet auteur précise, en outre, que ces chefs-d'œuvre, exécutés sur place, avaient été réalisés par les plus grands peintres, de Picasso à Cocteau, et combien d'autres — ce que je savais — en échange de leur nourriture pendant la guerre... — détail que j'ignorais. J'ai eu souvent l'occasion de regarder ces fresques dans l'attente du chèque.

Mais je dois révéler un aspect tout à fait typique de cette femme fantasque. Devant moi, un jour, une jeune Parisienne apporte des rideaux géants brodés main. Ils étaient destinés à la grande baie commune aux trois étages de l'avenue Foch. La richissime cliente les fait étaler. Sans doute mécontente du travail, elle entre dans une colère folle et demande : « Quel est le prix de tout ça ? — Six cent mille francs. »

Alors, de plus en plus furieuse, notre milliardaire prend son carnet, fait un chèque de six cent mille francs et le tend à la jeune personne affolée, lui disant : « Fichez-moi le camp et emportez tout ça, je ne veux plus vous voir ici. »

Il faut avoir été témoin d'une pareille scène pour y croire (2)...

## Nouveau numéro d'"acrobatie horticole" sur terrasse

Pour clore ce chapitre consacré à notre activité première en tant que décorateurs du secteur végétal et des fleurs, il me revient à l'esprit une autre performance que je ne résiste pas au plaisir de vous conter.

En 1936, M. Terrail, père de Claude Terrail, actuel propriétaire du célèbre restaurant *La Tour d'Argent*, quai de la Tournelle à Paris, inaugure sa célèbre salle du 6e étage dont les grandes verrières permettent aux convives de jouir d'une vue fantastique sur la Seine, la façade sud et l'abside de Notre-Dame. Mais il trouve que, de l'extérieur surtout, ces immenses baies font un peu "vitrines". Il rêve de jardinières placées sur le toit de la terrasse, au-dessus, et plantées de lierres dont les branches retombantes adouciraient la rigueur du vitrage.

Alors que, fort probablement, plusieurs décorateurs chevronnés avaient refusé, nous sommes pressentis pour cet exercice acrobatique et dangereux, à réaliser sans filet ! Pour travailler au 7e étage au bord du vide, sans rambarde protectrice, il ne fallait pas craindre le vertige... Eh bien, Jacques Breton, Jack Blanc et moi avons pourtant réalisé cet exploit, tant il est vrai que lorsqu'on veut "s'en sortir", il ne faut pas faire la "fine bouche" (surtout chez le plus célèbre restaurateur parisien) et même savoir quelquefois prendre de grands risques.

*(1)* Mes secrets, *Albin Michel édit.*

*(2) Toujours concernant les Anchorena, Roger Peyrefitte raconte, dans le livre cité, que le prince Félix Youssoupov — l'assassin de Raspoutine — avait guéri Hortensia Anchorena de ses "vapeurs" et ramené le calme dans l'esprit de Marcello Anchorena, son mari, qui ne pouvait "penser" que dans son ascenseur privé... et capitonné !*

# Mon mariage

*« Aimer, ce n'est pas se regarder l'un l'autre,*
*c'est regarder ensemble dans la même direction. »*
*Antoine de* SAINT-EXUPÉRY *(1900-1944)*

En prenant l'engagement d'écrire ce livre de ma vie, j'ai également pris celui d'être sincère, donc de ne rien omettre ou cacher. Ainsi, je ne peux passer sous silence et clore le récit des souvenirs des années 1935-1940 sans en faire revivre l'événement essentiel me concernant.

Mon mariage avec Marie Thévenin, jeune Commentryenne, eut lieu à un moment où tout un chacun vivait dans les transes d'une éventuelle déclaration de guerre. En effet, la cérémonie se déroula le 28 septembre 1938, avant-veille des accords de Munich, signés dans la nuit du 29 au 30 septembre.

De plus, ma fiancée était encore sous le coup de la douleur consécutive à la perte d'un père adoré, à qui elle avait témoigné jour et nuit un dévouement incomparable, au cours de sa longue et implacable maladie. Nos projets matrimoniaux en avaient été retardés, puisque nous nous étions connus trois ans auparavant, au mariage de nos amis René Lamoine et Jeanne Bitard.

Pour ces deux raisons, cette fête ne donna pas lieu — on s'en doute — à un débordement de réjouissances : notre joie fut tout intérieure. L'oncle curé nous unit "pour le meilleur et pour le pire", mais nous avons eu la chance — peut-être l'avons-nous quelque peu aidée et méritée — de connaître surtout le meilleur. Cela ne s'est pas fait sans peine, sans angoisse, toujours aiguillonnés que nous étions par la nécessité de s'en sortir, de réussir.

Notre voyage de noces fut consacré... à la visite de nos fournisseurs angevins. Nous étions dans le train, jeunes mariés égarés, noyés dans le flot des militaires qui regagnaient leurs unités. Quelle ambiance! Heureusement le surlendemain, à notre hôtel, un colonel s'avance vers nous, joyeux, hilare : « Allez-y, les jeunes mariés! Profitez-en, les accords de Munich sont signés, il n'y aura pas de guerre! »

Ouf! Une bienfaisante bouffée d'air serein soufflait, après tant d'heures orageuses...

Nous partons à Paris et cherchons un toit. Juste au moment de signer une location pour une villa au Vésinet, le tenancier du café voisin nous informe qu'un appartement vient d'être libéré au n° 20 du quai de la Mégisserie, à quelques pas de notre magasin situé au n° 16. Une autre chance de notre vie que de résider, pendant quarante ans, très près du siège de notre affaire... sans y être constamment confinés. Étant donné le travail inouï et le nombre d'heures de présence que nous faisions, nous n'aurions pu tenir le coup avec les déplacements fatigants qu'impose un logement en banlieue parisienne.

Sans perdre de temps, mon épouse vient m'épauler en s'installant à la caisse. Jusqu'à la naissance de notre troisième fils Guy, en 1947, elle sera à mes côtés pour partager mes joies et mes peines — toujours et encore — pour le meilleur et pour le pire.

La participation aux affaires, pour une femme, ne s'arrête pas au travail professionnel, déjà contraignant. Il lui faut s'occuper de son intérieur, élever ses enfants, recevoir fréquemment à table les clients importants ou sympathiques : bref, se comporter en plus en véritable maîtresse de maison. Tout cela représente une course perpétuelle contre la montre, faite d'activités diverses ne laissant aucun répit.

Aussi avons-nous dû décliner — toujours — les nombreuses invitations faites par des clients-amis. Non que ces contacts ne nous auraient pas été fort agréables — et sûrement utiles — mais simplement parce que nous ne pouvions même pas prélever ces moments de détente dans le rythme effréné de nos occupations journalières...

J'aurai l'occasion d'en reparler plus avant.

*Pendant la guerre 1939-1945*

Je me rappelle fort bien le retour à Paris, fin septembre 1938, d'Édouard Daladier, président du Conseil, recevant un accueil triomphal après avoir signé les accords de Munich.

Cette capitulation des démocraties occidentales qui éprouvèrent un "lâche soulagement" n'en conduisit pas moins à la guerre, suivie de ce qu'on appellera la "drôle de guerre" jusqu'au jour où les forces allemandes envahissent la Hollande, la Belgique et la France. Je crois bon d'en rappeler ici quelques dates marquantes que les anciens n'ont pas oubliées. Les jeunes générations doivent aussi les connaître, ne serait-ce que pour la bonne compréhension des péripéties se rapportant aux moments pénibles évoqués dans les pages qui suivent.

*1er septembre 1939* : En conclusion de plusieurs mois de tension en raison des visées allemandes sur le fameux "corridor" polonais et la ville libre de Dantzig (« Mourir pour Dantzig ! » se récrient les pacifistes français), Hitler s'empare des territoires convoités et attaque la Pologne, alliée des démocraties occidentales.

*3 septembre 1939* : La Grande-Bretagne, puis la France déclarent la guerre à l'Allemagne. Les troupes alliées campent l'arme au pied à l'abri de l'imprenable ligne Maginot, « derrière laquelle on peut dormir tranquille ». Et encore un autre slogan : « Nous vaincrons parce que nous sommes les plus forts ! »

*10 mai 1940* : Les forces allemandes passent à l'action, violant la neutralité de la Hollande, de la Belgique et du Luxembourg. « C'est là que nous les attendions », proclame le général en chef Gamelin, qui engage la VIIe armée française sur le front hollandais. Mais les blindés de la Wehrmacht, contournant la ligne Maginot, font sauter la charnière de Sedan et prennent à revers les armées alliées coupées en deux.

*28 mai 1940* : Après la Hollande, la Belgique capitule. Dans la "poche de Dunkerque", soumise à un déluge de fer et de feu, le corps expéditionnaire anglais rembarque tant bien que mal, subissant de lourdes pertes en hommes et en bateaux.

*7 juin 1940* : Le nouveau général en chef, Weygand, organise une ligne de résistance sur la Somme : « C'est le dernier quart d'heure. » Mais les blindés allemands balaient le dispositif français et foncent sur Paris. L'armée est en pleine décomposition. Le Grand État-Major, qui avait préparé en 1940 la guerre de 1914, est dans le plus total désarroi, et cela malgré la mise en garde du général de Gaulle relative à l'importance des blindés.

*10 juin 1940* : L'Italie déclare la guerre à la France et à l'Angleterre.

*LA MOBILISATION EST DÉCRÉTÉE*
*Dans un village de notre région, le garde champêtre vient de coller les affiches de mobilisation. Les paysans se précipitent, leur "daille" sur l'épaule.*

# Sur une route secondaire dans le Nord

*A pied, poussant la brouette, ou la voiture d'enfant, ou la voiture à bras, chacun véhicule ses maigres affaires.*

Pendant que les armées ennemies déferlent sur la France, le pitoyable exode des populations se poursuit : d'abord les réfugiés belges, bientôt suivis des autochtones. Leur flux se mêle au reflux des militaires qui « se replient vers le Sud sur des positions préparées à l'avance ». Qui en automobile (quand l'essence vient à manquer, on abandonne le véhicule sur le bas-côté), qui en carriole à cheval ou en char à bœufs, qui à bicyclette, qui à pied, poussant une voiture d'enfant ou une brouette, ou bien un simple baluchon sur le dos, tous ces pauvres gens harassés, hallucinés, hébétés, démunis de tout, se répandent sur les routes mitraillées de temps à autre par un avion baroudeur en quête d'un carton. Parfois les soldats "vert-de-gris" les dépassent et leur ordonnent de faire demi-tour.

Les Parisiens sont pris de panique à leur tour, la capitale se vide à cadence accélérée. L'anxiété est contagieuse, et les plus résolus à rester flanchent au dernier moment. Et quand, le 14 juin 1940, les troupes allemandes font leur entrée dans Paris, c'est une ville pratiquement vide qu'ils occupent.

Ayant nous-mêmes un point de chute dans l'Allier, chez nos parents, ma femme et moi décidons de partir avec la Citroën "Rosalie" de notre belle-sœur, Madeleine Thévenin, notre commerciale Renault ayant été réquisitionnée dès septembre 1939. Le voyage fut moins pénible pour nous, grâce à ma connaissance des routes secondaires, moins encombrées et moins exposées que les nationales aux bombardements. En partant, j'avais confié les clefs du magasin à ma comptable, lui disant : « Madame Bordet, faites ce que vous voulez, dém...-vous. Fermez la boutique quand vous voudrez », car les clients n'étaient pas nombreux. Ce qui en advint au plan commercial parisien, je laisserai à Geneviève Bordet le soin de le conter, car elle a bien voulu écrire sur cette période une longue lettre que je publie intégralement.

Nous avions donc regagné Commentry et Malicorne. Nos cousins Bustelli, qui avaient également abandonné leur restaurant du boulevard Saint-Michel et leur magasin horticole de la rue Lafayette, arrivent eux aussi. Deux ou trois jours se passent, Louis Bustelli — qui ne tenait pas en place — vint me voir. « Qu'est-ce que nos affaires vont devenir ? Nos magasins sont seulement fermés à clef, on aurait dû prendre le temps de les barricader. » S'adressant à moi : « De ton côté, tu as laissé les clefs à ta comptable, tu ne sais pas ce qui a pu se produire... Si on retournait à Paris ? En remontant avec ta vieille voiture par les petites routes, on doit y parvenir. J'ai une provision d'essence suffisante. » Je donne mon accord de principe, pensant qu'il me serait possible de rapporter mon stock de sachets de graines (vides). Je me disais : des semences étant produites dans le Midi, nous pourrions peut-être nous y approvisionner et vivre à Commentry en assurant un petit commerce régional. Heureusement je fais des réserves en cas de refus des miens.

Ce fut ma chance. Si je peux relater ces heures angoissantes, c'est très probablement grâce au veto de ma femme et de mes parents face à ce projet insensé. En effet, mon cousin, entêté, prend seul le dernier train pour Paris et se retrouve dans la capitale pour deux jours. Il tente de revenir dans l'Allier en faisant de l'auto-stop. Il se trouvait dans une colonne de civils et de militaires qui refluaient vers le sud. Arrivé à La Ferté-Saint-Aubin, des avions ennemis se livrent à leur passe-temps favori : mitraillage en enfilade des routes et bombardement alentour. La colonne affolée s'éparpille comme elle peut dans un petit bois en bordure de route, pensant y trouver refuge. Une bombe éclate aux pieds de Louis Bustelli, tué en même temps que plusieurs militaires. Cruelle destinée : c'était écrit, hélas !

# Sur les routes de l'exode

*Après Orléans, la retraite de l'armée se confond avec l'exode des civils.*
*Peut-être mon cousin était-il parmi eux ?*

*Les "bonnes sœurs" poussent la voiture à bras du plombier*
*transportant leurs baluchons.*

Peu après notre départ de Paris, Geneviève Bordet succombe à la psychose de la peur du "boche". En l'absence de son mari qui avait rejoint son régiment sur la Loire... « où l'ennemi serait bien sûr arrêté », elle décidait de partir à son tour en Mayenne dans sa famille. Elle avait la chance d'être prise en charge par un ami, entrepreneur, qui disposait de deux camions, ce qui lui permettait d'emporter ses biens les plus importants.

« Je me sentais favorisée, écrit-elle, car dans cet exode terrible, hallucinant, parmi les bombardements, je voyais ces pauvres malheureux à pied, épuisés, certains contraints d'abandonner leurs pauvres baluchons au bord de la route.

« Une semaine après notre arrivée, la radio — jamais autant écoutée — transmet l'appel du maréchal Pétain. L'armistice vient d'être signé, le 22 juin à 18 h 55 à Rethondes, dans le wagon où, le 11 novembre 1918, le maréchal Foch avait reçu les plénipotentiaires allemands. Dans une telle situation, ce dénouement, avec tout ce qu'il comportait de provisoire et d'interrogation pour le proche avenir, fut un grand soulagement pour tous, associé, bien sûr, à une honte inexprimable. »

Le 25 juin, à la suite de l'armistice signé avec l'Italie le 24, les hostilités sur la frontière franco-italienne cessaient également avec cet ennemi du moment.

Mais laissons Geneviève Bordet s'exprimer à nouveau :

*Image de guerre insolite, incroyable... La plus belle avenue du monde — et l'une des plus animées — sans âme qui vive! Paris désert, Paris semble mort! Seul, un maraîcher traverse les Champs-Elysées pour faire son devoir : apporter un peu de ravitaillement aux rares sédentaires... et gagner quelque argent!*

# Les Allemands font leur entrée dans Paris

*Des chars allemands arrivent sur les grands boulevards.*

*Un régiment allemand défile place de l'Opéra.*

« Notre ami chauffeur (M. Cayeux) était plombier. Ayant abandonné, comme tout le monde, ses ateliers gorgés de marchandises, il n'avait qu'une idée en tête : rentrer seul à Nogent-sur-Marne, laissant sa famille à l'abri. Moi également (*écrit Mme Bordet*), il me tardait de retrouver ma maison.

« Après les difficultés inouïes qu'on rencontrait pour se procurer des bons d'essence, le retour vers Paris fut une prouesse. Les routes, toujours très encombrées, étaient truffées de nombreux barrages allemands. Il fallait chaque fois parlementer pour passer. Enfin nous arrivons à Versailles !

« Cette fois les S.S. étaient "incorruptibles". Impossible d'avancer. Ce fut le découragement total (*poursuit la narratrice*) : je craquais nerveusement. Ayant repris mes esprits, j'allai voir un officier allemand qui parlait très bien français. Je lui expliquai que nous habitions Versailles et je donnais l'adresse de notre ami Jean Évrard, numéro 5, rue de Noailles. Après une heure d'attente, nous pouvions franchir le barrage. Laissant Versailles, nous empruntions de petites routes jusqu'au bois de Vincennes et Nogent.

« Dans notre rue Manessier, seule une voisine, ayant une vieille maman de quatre-vingt-dix ans à charge, n'était pas partie. Elle éclata en sanglots en me voyant. Je découvrais en même temps ma fenêtre de cuisine ouverte. La pauvre femme pleurait et criait en même temps : "M. Bordet est revenu." Il avait été fait prisonnier sur la Loire. Avec plusieurs copains, se disant "mécaniciens au chemin de fer", ils furent "priés" de rentrer à Paris, le Grand Reich ayant besoin de "bons mécanos" pour faire rouler les trains jusqu'à la victoire proche...

« Quelle joie de nous retrouver tous deux sains et saufs !

« Je m'inquiétai tout de suite du magasin Delbard qui me tenait tant à cœur : mon époux put me procurer un vélo pour me déplacer plus facilement. En effet, le métro recommençait à fonctionner, mais les alertes l'arrêtaient fréquemment.

« Trois jours après ma rentrée à Nogent, le bruit courait qu'Hitler voulait faire défiler ses troupes d'élite sur les Champs-Élysées et les quais de la Seine. Il exigeait que tous les magasins fussent ouverts avant le 14 juillet. On disait aussi qu'il menaçait d'une amende de cent à cinq cent mille francs les commerçants qui resteraient fermés.

« Je pensais à ce moment-là à la caisse vide, répétant : qu'est-ce que je risque d'ouvrir ? Je n'avais pas fait de vélo depuis que j'étais gamine. Point très rassurée, je décide de tenter le coup avec l'accord de mon mari. La traversée du bois de Vincennes, parmi la multitude des troupes ennemies cantonnées là, n'avait rien de réjouissant, et un long ruban me séparait du Châtelet. J'arrive au magasin et le trouve intact. C'était une heureuse surprise, moi qui croyais que tout avait été pillé ! Je vais à notre annexe de la rue Saint-Germain-l'Auxerrois et rencontre notre concierge, Mme Bruneau, et sa fille Paulette. Un grand moment d'émotion, car elles étaient les seules personnes restées dans notre quartier. Je pose la question à Paulette : "Veux-tu venir m'aider à ouvrir le magasin ? Je ne sais comment je pourrai te payer... mais on verra bien !..." Aussitôt nous décidons de faire le ménage, car après trois semaines seulement, c'était sale à faire peur. En particulier notre annexe était envahie par une nuée de puces qui nous témoignaient beaucoup d'affection à chacune de nos incursions. Peut-être déjà un cadeau de nos occupants ? »

# Scènes de la vie pendant la guerre

*La ligne de démarcation de la zone occupée et de la zone libre. La Peugeot-gazo, les vélos... L'officier allemand vérifie les* Ausweis *des Français.*

*Ce couple prévoyant ramène sa chèvre... et du fourrage ! Peut-être le lait quotidien est-il destiné à un enfant ? Image à peine croyable au carrefour boulevard Raspail - rue de Rennes, dans un Paris sans aucune circulation motorisée.*

« Le magasin était propre... mais pas de clients, pas plus d'ailleurs que chez nos deux voisins, MM. Grimoux et Quentin, qui venaient d'arriver. Toutefois, je n'étais plus seule ! Les quelques personnes que nous rencontrions se lamentaient en pensant au manque de ravitaillement pour le prochain hiver. Je me dis : il faut leur offrir des graines potagères. Je demande cent mille francs à mon mari et me rends chez Valtier, quai de Gesvres, pour acheter au prix de gros des semences de poireaux, oignons, carottes, salades. Ayant en stock des sachets vides, ils furent vite remplis et offerts aux clients. Mais certains voulaient gagner du temps. On nous demandait surtout des plants potagers.

« A ce moment-là les maraîchers de la région parisienne commençaient à prendre le risque de venir au marché du quai aux Fleurs à trois-quatre heures du matin. Je me vois encore, avec mon mari d'abord, puis seule lorsqu'il reprit son travail au métro, traversant le bois de Vincennes à une heure aussi matinale... Je n'en menais pas large (1) !

« Dès les premiers jours, l'offre de plants potagers fut un succès commercial. Mieux, une ruée, par la suite, avec les arrivants de plus en plus nombreux.

« Un jour, quelle joie ! je reçois le "Pépère" Augagneur de Bry-sur-Marne dont le fils Maurice, prisonnier, était l'ami intime de Georges Delbard. Il venait aux nouvelles, car sa belle-fille Raymonde et lui-même voulaient aussi ouvrir leur magasin horticole de Bry (2). Lui ayant expliqué la vogue des plants potagers, il me dit : "Puisqu'il y a un grand intérêt pour cet article, si M. Bordet pouvait venir avec moi, nous trouverions chez des cultivateurs de Rosny et Gagny de la marchandise en plus grande quantité, plus fraîche et à meilleur prix."

« Partant à l'aube, nos deux compères, chargés comme des baudets, étaient chacun de retour au magasin dès huit heures du matin. Les clients faisaient la queue. En un tournemain, tout était liquidé. Puis les maraîchers se sont organisés et nous livraient en camionnettes à gazogène.

« Ces ventes me permirent de régler mon employée Paulette, de rembourser mon mari et de déposer le surplus au compte de Delbard à la Société Générale. Ce fut là ma plus belle récompense et aussi ma plus grande joie lorsque je l'annonçai plus tard à mes patrons, à leur retour.

« Ils étaient en zone libre et nous étions sans nouvelles de chaque côté, malgré les nombreuses cartes postées par l'intermédiaire de la Croix-Rouge. J'avais des moments de "cafard" terribles.

« Un après-midi, un officier — bien français — entre au magasin : je m'avance, étonnée. Je reconnais le docteur Thévenin, frère de Mme Delbard, qui m'embrasse. Il venait d'être libéré en tant que médecin et ne pensait qu'à repartir pour rejoindre sa famille dans l'Allier. Comme j'étais heureuse à la pensée que bientôt le patron serait averti de l'ouverture de son magasin... et du fait que je me débrouillais pas mal. Pourtant j'ai attendu encore assez longtemps avant de recevoir une carte annonçant que le docteur Thévenin était bien arrivé et que tout allait bien à Malicorne. Pendant ce temps, la vente des plants de légumes continuait et la cagnotte grossissait, j'étais récompensée. »

*(1) A noter que les hivers 1939-1940, 1940-1941, 1941-1942 furent très froids : cinquante à soixante jours de gel chacun, avec des minima de – 20° !* (Note de G.D.)

*(2) Nos amis Augagneur ont toujours été de* vrais amis, *faisant très souvent passer leur intérêt personnel après celui d'autrui. Pour ce qui nous concerne, le fait d'avoir mis, gratuitement, leurs serres de Bry-sur-Marne à notre disposition pour la bonne germination des pommes de terre de semence pendant les années difficiles de la guerre, en porte témoignage.*

# Les épreuves du ravitaillement

*La queue à Paris devant une boulangerie (pain avec tickets)*

*A Paris encore, à l'épicerie, on était tout de suite fixé par le panneau !*

# A Malicorne-Commentry après l'exode

Je reprends mon récit personnel. Pour mon épouse et moi-même, notre sort en tant que réfugiés était enviable. D'une part, la mère de ma femme disposait d'un logement assez vaste ; d'autre part, mes parents, qui exploitèrent leur petite ferme jusqu'en 1942, nous ravitaillaient, comme c'était naturel, en toute priorité.

L'arrivée de mon beau-frère démobilisé (dont l'épouse était aussi avec nous) fut un grand soulagement. Savoir que notre appartement n'avait subi aucune déprédation et que notre commerce parisien "tournait bien" grâce à l'initiative de Dame Bordet nous mit du "baume au cœur" !

Très peu de jours après, nous décidons de rentrer tous les quatre, avec nos deux voitures. Nous n'étions pas les seuls à prendre semblable initiative. Arrivés à la ligne de démarcation — poste de Levet, entre Saint-Amand-Montrond et Bourges —, une file impressionnante de voitures attendait de subir le *kontroll*. Il faisait un temps merveilleux. Aussi la nuit passée à la belle étoile, dans le petit bois, fut-elle agréable.

Ce que nous devions voir ensuite sur notre route l'était moins ! De nombreuses croix, hâtivement faites, portaient le nom de soldats ou de civils tués. Un important matériel militaire, souvent calciné, jonchait les bas-côtés de la route. Mais le spectacle qui nous parut le plus triste, le plus désolant, fut celui de la ville de Gien avec ses habitations rasées par les bombardements du pont sur la Loire.

A Commentry, où nous n'avions vu qu'une dizaine d'estafettes allemandes à l'occasion d'une courte reconnaissance, nous ne pouvions imaginer pareil désastre.

Sans trop d'encombres, nous arrivons quai de la Mégisserie. Bien sûr, la voiture était bourrée de provisions. Aussi, à cet instant, je veux laisser encore à Geneviève Bordet le soin de continuer sa chronique.

« Le retour de nos patrons dans une voiture chargée de tout, c'était un peu comme l'arrivée du Père Noël avec sa hotte bourrée de bonnes choses, bien rares à Paris. Nous pleurions tous en nous tendant les bras. Georges Delbard était là avec toute sa vitalité : je me sentais les épaules moins lourdes et j'étais résolue à continuer à me battre.

« Ce qui me peinait le plus : le trajet Châtelet-Nogent. Il fallait d'abord descendre dans le métro jusqu'à la Bastille en pleine obscurité, ensuite dans les mêmes conditions prendre le train. Dans le noir toujours, regagner mon domicile. Ne pouvant voir le nom des stations, il n'y avait rien d'autre à faire que de compter les arrêts pour être sûre de descendre à Nogent !... un calvaire, chaque soir renouvelé. Heureusement encore lorsque les alertes, qui s'accentuaient, ne nous obligeaient pas à gagner un abri ! Mon Dieu ! que j'ai pu le haïr ce train de la Bastille ! Que de pleurs j'ai versés !... pour recommencer le lendemain.

« Ajoutez à cela les ennuis de ravitaillement pour tous ceux qui, comme moi, partant tôt le matin et rentrant tard le soir, connaissaient, hélas ! de grandes difficultés. C'est seulement grâce à la solidarité, entre nous en premier lieu, mais aussi à nos approvisionnements de province en plants potagers (dont les sacs renfermaient souvent du ravitaillement) que nous avons pu "tenir". »

# Jardins potagers pendant la guerre 1939-1945

*Dans les douves du fort de Vitry.*

PARIS, le 27 Août 1943

Monsieur et Cher Client,

La nouvelle règlementation pour l'attribution de plants de pomme de terre aux jardins familiaux pour la prochaine saison, et qui vient de paraître dans la presse prévoit la remise avant le Ier Septembre 1943, au fournisseur de votre choix, des tickets P.B. des feuillets de la carte de jardinage en votre possession.

Exceptionnellement, et pour faciliter ceux d'entre vous qui seraient absents ou en vacances, je pourrai vous inscrire jusqu'au 10 Septembre, ce délai ne pouvant être dépassé. Lors de votre inscription, à mon magasin, un reçu vous sera remis en échange de vos tickets.

Si vous ne pouvez vous déplacer, vous pouvez nous adresser vos tickets P.B. par lettre, avec un timbre pour réponse, et nous vous enverrons aussitôt le reçu de votre inscription. Espérant que vous êtes satisfait de nos fournitures, nous vous serions reconnaissants de demander à tous vos Parents et Amis de venir se faire inscrire chez nous. Nous pourrons aussi vous fournir tout ce dont vous aurez besoin comme graines cette année.

A votre disposition, croyez à mes sentiments dévoués.

G. DELBARD.

Le "retour à la terre" a été une nécessité pour beaucoup de citadins dès le début de l'occupation. Essayer de compenser le manque de calories résultant de la maigre distribution des denrées contingentées (avec les tickets de rationnement) était une nécessité vitale.

C'est la raison pour laquelle les Parisiens, eux surtout, se "creusaient la tête" pour trouver un complément pour la "bouffe". Les balcons ne furent jamais autant garnis de cages à lapins ou plantés en tomates. Le cabanon de banlieue, avec son coin de terre où l'on se rendait à vélo, était une providence. Les pelouses des jardins d'agrément furent toutes converties en potagers de haricots et pommes de terre.

Cette frénésie d'avoir quelque chose à "se mettre sous la dent" était encore renforcée par l'impossibilité de recevoir dans les premiers temps des denrées de zone libre. En effet, pendant longtemps, le transfert des paiements de zone occupée en zone libre fut interdit.

Par exemple, l'ail, produit auvergnat, était introuvable à Paris. Alors me vint une idée. Je demandai à ma belle-mère résidant à Commentry, en zone libre, de commander et de payer chez un expéditeur de Billom (près de Clermont-Ferrand), cent kilogrammes de ce précieux condiment. Tout se passa bien pour le transport. La mise en vente annoncée par un panneau fit qu'en moins d'une heure tout fut liquidé. Je récidivais avec un wagon, puis un autre, en sorte que, pendant des semaines, la "queue pour l'ail chez Delbard" s'étendait jusqu'au Châtelet. Nous le vendions au prix normal par sachets de deux cent cinquante grammes. C'était un bon filon pour le marché noir. Toutes les "belles" du quartier devinrent nos meilleures clientes, proposant ce produit "à la tête" dans tout Paris. Comme nous nous faisions tirer l'oreille pour servir certaines de ces "dames" qui se présentaient bien plus souvent qu'à leur tour, elles racolaient les passants — notamment des prêtres —, leur disant que l'ail était indispensable pour soigner leurs enfants... et ça marchait à tout coup.

Dans notre profession, le point délicat restait les approvisionnements à prix normaux permettant une vente régulière (1). Le troc était le seul moyen d'y arriver. A titre d'exemple, contre cent kilogrammes de graines d'oignons — introuvables sur le marché — qu'un ami producteur angevin voulait bien me fournir, il fallait que je lui procure une cuisinière à charbon... Nos relations parisiennes furent précieuses dans ces moments où la sympathie avait une grande importance.

Les graines d'oignons et de poireaux étaient ce qui manquait le plus. Nous ne les vendions qu'en sachets de quelques grammes. En Allemagne, c'était pis, puisque de nombreux militaires franchissaient les portes des magasins du quai, quémandant : *Zwiebel* (oignon) ou *Lauch* (poireau) ou encore *Majoran* (marjolaine), condiment très utilisé outre-Rhin. Nous cachions ces précieux sachets parmi ceux de choux ou de betteraves, et leur présentions vides les tiroirs des espèces demandées. Un jour, un Allemand en civil nous voit servir un de nos compatriotes. Il nous réclame en bon français les oignons et les poireaux. Lui ayant dit que tout était épuisé, il nous montre les tiroirs où nous cachions les graines. Nous fûmes obligés de nous exécuter. Alors, avec un large sourire ironique, il triompha, disant : « Allemands = doryphores ; Italiens = macaronis ; Français = nouilles. »

Nous n'étions pas tellement fiers dans ces cas-là. Je disais à Mme Bordet qui leur tenait tête : « Vous nous ferez tous embarquer un de ces prochains jours ! » Encore une fois je lui laisse le soin de conter certaines péripéties de l'occupation en 1941-1942 :

*(1) Nous avons publié des prix courants officiels des graines pendant toute la guerre.*

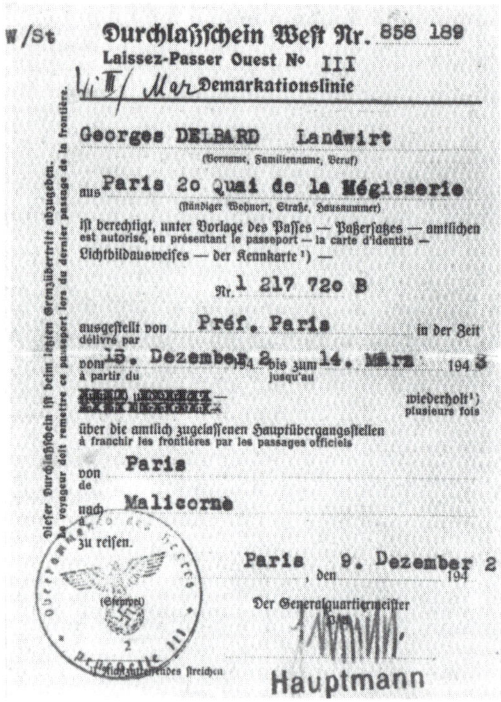

W/St Durchlaßschein West Nr. 858 189
Laissez-Passer Ouest No III
Mer Demarkationslinie

Georges DELBARD Landwirt
(Vorname, Familienname, Beruf)

aus Paris 20 Quai de la Mégisserie
(ständiger Wohnort, Straße, Hausnummer)

ist berechtigt, unter Vorlage des Passes — Paßersatzes — amtlichen
est autorisé, en présentant le passeport — la carte d'identité —
Lichtbildausweises — der Kennkarte ¹) —

Nr. 1 217 72o B

ausgestellt von Préf. Paris in der Zeit
délivré par

vom 15. Dezember 1942 bis zum 14. März 1943
à partir du jusqu'au

[illegible] — wiederholt¹)
[illegible] plusieurs fois

über die amtlich zugelassenen Hauptübergangsstellen
à franchir les frontières par les passages officiels

von Paris
de

nach Malicorne
à

zu reisen.

Paris, den 9. Dezember 1942

Der Generalquartiermeister

Hauptmann

¹) Nichtzutreffendes streichen

Dieser Durchlaßschein ist beim letzten Grenzübertritt abzugeben.
Le voyageur doit remettre ce passeport lors du dernier passage de la frontière.

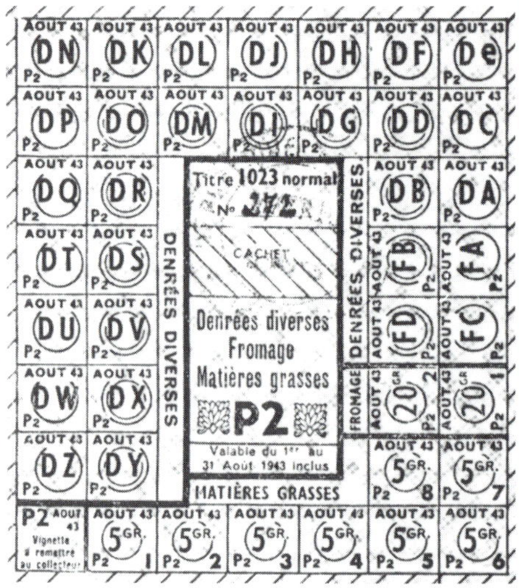


*Tickets de matières grasses.*

*Mon* Ausweis.

*La marchande des quatre-saisons vend des rutabagas.*

*Le Parisien, qui consommait en moyenne 120 grammes de viande par jour en 1939, n'en touche plus que 20 grammes... quand il y a distribution ! Un bifteck par semaine et de la plus mauvaise qualité. Le pain est rationné, les matières grasses ont disparu. On boit un breuvage fait d'orge grillée à la place du café. La vieille marchande des quatre-saisons propose, avenue d'Orléans, les topinambours et les rutabagas jusque-là réservés aux cochons. Les mères de famille doivent faire la queue depuis l'aube devant les magasins sans être sûres d'être servies.*

# Fin des souvenirs de Geneviève Bordet

« Nous avions un bel étalage de plants potagers. Les "frisés" (1) s'arrêtaient et discutaient devant. Certain jour, un jeune officier-aviateur grand et tout fringant, vêtu de cuir vert — évidemment —, arrive dans un superbe cabriolet. Il essaie d'abord de flirter avec notre petite vendeuse, Paulette, très jolie jeune fille, puis il vient me voir au bureau que je partageais avec le patron et Adrienne Dumur, sa secrétaire. Il attendait patiemment, après avoir salué M. Delbard, que je veuille bien lever la tête, tout occupée à mes interminables comptes, pour me remettre un ordre de réquisition de la Luftwaffe pour la fourniture de plants potagers destinés aux aérodromes de la région de Paris où les Allemands produisaient leurs légumes.

« En me tendant la sienne, il me forçait à lui donner la main. A mon air mi-figue mi-raisin, il jugeait bien ma réticence puisqu'il dit au patron : "Madame chef pas aimable !"

« A l'une de ses visites, j'étais seule au bureau : il fallait bien le recevoir si je ne voulais pas me retrouver à Drancy. Voyant mon manque d'empressement à son égard, il me dit brusquement : "Votre mari est-il prisonnier ?" Je lui réponds que non, mais que nous avions fait plusieurs dossiers pour nos employés (je pensais qu'il y aurait peut-être là une occasion d'en faire libérer). "Alors, continue-t-il, pourquoi une telle animosité envers nous ?" A cet instant tout mon sang ne fit qu'un tour car il y a longtemps que je me retenais. Je lui réponds : "Mon père, officier français, a été tué en juin 1915. Il repose avec presque tout son régiment à Notre-Dame de Lorette." Je le vis alors — oh ! surprise — se mettre au garde-à-vous et me saluer : cela ne s'oublie pas !

« Par la suite, il ne me tendait pas la main, il me saluait simplement. Je n'ose avouer qu'à partir de ce moment j'ai eu un peu plus de considération à son égard.

« Une autre fois, un immense camion allemand vient prendre livraison d'une commande de plants à notre annexe de la rue Saint-Germain-l'Auxerrois. Je m'y rends et vois plusieurs de nos jeunes vendeuses occupées à charger le camion. Pendant ce temps quatre soldats allemands riaient à cœur joie. Cette fois encore j'ai été prise d'une colère subite, enjoignant à nos employées de rentrer au magasin sur-le-champ. J'ajoute bien haut : "Si ces feignants veulent la marchandise, qu'ils la prennent !" Ils l'ont fait en présence de notre concierge, Mme Bruneau, témoin de ce fait, qui s'est enfermée dans sa loge... en priant pour moi ! Dès le départ de nos "clients", j'eus droit chez elle à un café... de guerre ! Que de moments pénibles (mais aussi quelques bons) j'ai passés dans cette cour, à charger et décharger les marchandises par tous les temps ! Notre brave "Mère Bruneau" s'ingéniait à nous être agréable en échange d'un peu de ravitaillement. Elle nous faisait tordre de rire avec ses expressions en patois charentais et son aptitude à déformer les mots : l'embarras gastrique devenait "la barre à gastrite" et son immeuble classé un "monument hystérique"... Cependant, grâce à son bon moral, on oubliait un peu tous nos soucis. »

Geneviève Bordet, qui s'est tant dévouée à son travail pendant vingt-cinq années, termine ses souvenirs par cette touchante conclusion :

« J'ai aujourd'hui soixante-quatorze ans (en 1985), je ne sais pas si mes souvenirs feront plaisir aux lecteurs de *Jardinier du monde*, mais ce dont je suis sûre, c'est que la maison Delbard est toujours un peu la mienne, et s'il fallait refaire ce que j'ai fait, en toute conscience, je le referais... »

*(1) Soldats allemands.*

# Le magasin rénové

L'intérieur bien dégagé.

La façade et l'étalage en 1947. Au premier plan (de face) Raymond Guillois. En 1985, toujours là, il est devenu le chef du magasin.

La guerre, l'occupation et ses séquelles provoquaient une évolution des idées et une modification du comportement des gens. C'est ainsi que mon irascible propriétaire me surprit agréablement, un jour, en me proposant de me louer toute la partie de l'ex-galerie marchande donnant sur le quai. L'autre, inoccupée, avec entrée rue Saint-Germain-l'Auxerrois, transformée depuis 1938 en salle de cinéma et fermée depuis, venait d'être réquisitionnée pour la distribution de bons d'essence aux maraîchers de la région parisienne qui approvisionnaient les Halles.

Dans mon nouveau local, les comptoirs furent tout de suite supprimés pour dégager l'ensemble.

En revanche, je respectai l'agencement traditionnel des tiroirs, adopté depuis toujours par tout marchand grainier digne de ce nom.

Au fond, une enseigne au néon et un très bel aquarium exotique, don de mon ami René Lepan, formaient une note décorative moderne et... "accrocheuse". En façade, une enseigne significative montrait que Georges Delbard était "bien là" et, par son importance, prouvait que publicité et modestie font mauvais ménage. L'accord avec ma propriétaire m'établissait derechef commerçant à part entière sur le quai.

En signant ce nouveau bail, Mme V. et moi-même venions donc de signer la paix. Dès lors nos rapports furent à peu près normaux. Il arriva même qu'elle devînt notre cliente — et non des moindres — pour sa propriété des coteaux de Suresnes. Bien entendu, nous n'étions pas mieux payés que les autres fournisseurs... ou le fisc ! Nous faisions donc en sorte de déduire le montant de nos factures de celui de nos loyers... quand cela était possible ! En effet, presque à chaque terme nous recevions des commandements à payer au percepteur qui, bien entendu, avait priorité : mais on s'habitue à tout !

## Informations posthumes sur mon extravagante propriétaire

La lecture de toute autobiographie manque de sel, ce me semble, si elle n'est pas émaillée de petites anecdotes amusantes et vécues... Toutes celles que je conte sont naturellement authentiques : je n'ai en aucune façon l'imagination créatrice du romancier.

Cette précaution oratoire n'est pas inutile, car pour tout ce qui touche ma propriétaire, certaines choses sont presque incroyables... mais cependant vraies ! L'unique document photographique que je suis en mesure de présenter à ce sujet, page suivante, est la sépulture familiale. La démesure du mausolée suffit à montrer la puissance financière de l'ascendance...

Mme V. était la très riche héritière de diamantaires hollandais ayant possédé jadis, disait-on, cent immeubles à Paris, dont celui du n° 16 quai de la Mégisserie, où se situe mon magasin.

A cette époque, après une vie aventureuse, il lui en restait encore trente-deux !

Elle résidait dans son hôtel particulier, boulevard Haussmann, et avait des démêlés de justice avec tous ses locataires. Procédurière en diable, elle était connue — avant 1940 — comme la meilleure cliente des tribunaux parisiens.

# Mausolée de la famille...

*Edifié en 1911, il donne une idée de la puissance financière et de la démesure en toutes choses de cette famille. Ensemble surprenant par ses proportions et sa décoration. Surface au sol : 143 m²! Chapelle en pierre de taille et marbre, entourée d'un péristyle dont la galerie comporte vingt colonnes corinthiennes. L'intérieur est en marbre rouge de Vérone.*

Lorsque je l'ai connue, arrivée à la cinquantaine, son premier amant en titre avait vingt ans. Une garçonnière lui avait été aménagée sur la terrasse de l'hôtel. Par la suite, nous avons eu pendant un certain temps la charge de la décoration florale de cette terrasse. Cela nous a permis d'être au courant des relations amoureuses entre le pensionnaire privilégié et sa bienfaitrice.

Chaque matin, le valet de chambre, en gilet vert rayé jaune, apportait le plateau du petit déjeuner au jeune ami. La tasse cachait un billet de mille francs, placé là par la bienfaitrice. Il s'agissait du salaire journalier pour un "travail fixe". D'après le personnel de maison (il y avait aussi un maître d'hôtel et deux secrétaires), des "primes de rendement" plus importantes encore venaient récompenser les exploits amoureux (salaire à la tâche !). Si l'on se réfère à la valeur de l'argent avant 1940, on conviendra que ces nombreux billets de mille francs constituaient un pactole impressionnant pour un gars de vingt ans !

Fut-ce en raison d'un surcroît de "travail" épuisant ? En tout cas le préféré, un beau matin, rendit l'âme ! Pour ses funérailles à Saint-Augustin, sa bienfaitrice exigea que les obsèques dépassent en magnificence tout ce qui avait été fait jusqu'alors. Le porche disparaissait sous d'immenses tentures ; à l'entrée du corps et au cours de la cérémonie funèbre, les chants sacrés furent exécutés par les plus grands solistes parisiens. Ainsi, le "courageux jeune homme" reçut-il la récompense posthume réservée aux plus grandes gloires nationales.

Or, quelques jours après, notre brave concierge du 16, quai de la Mégisserie perdit son mari ; elle s'en fut aussitôt — encore sous le coup de son profond chagrin — en faire part à sa patronne. En apprenant la nouvelle, notre propriétaire trouva tout de suite les paroles de consolation qui convenaient : « Vous n'avez plus votre mari ? En voilà une affaire ! Un mari à votre âge, qu'est-ce que c'est ? Pour moi, c'est autrement triste et pénible, puisque je viens de perdre mon amant ! »

Après la libération de Paris, elle eut — paraît-il — quelques "difficultés" que son fondé de pouvoir m'exposa en me proposant l'achat des murs du magasin. L'affaire ne put se réaliser. Obligée de quitter la capitale, la "dame" résida dans le Sud-Ouest, vécut avec Cécile Sorel, et mourut en 1971.

Pendant la période de notre "armistice", elle m'avait demandé de me rendre au cimetière pour soigner les plantations ornementales entourant le caveau de famille. Je n'avais pu le faire, étant donné que, pendant la guerre, nous manquions totalement de la main-d'œuvre nécessaire.

Je parlais de cela, un jour, avec Mme Lamiot qui m'a précédé comme locataire au 16, quai de la Mégisserie et qui, de ce fait, connaissait tout sur cette dame. « C'est grand dommage que vous n'y soyez pas allé, me dit Mme Lamiot, devenue notre employée, car vous auriez vu un monument funéraire comme il est impossible d'en voir un semblable. »

Écrivant ces lignes en 1983, je me rappelai cette conversation qui m'avait marqué à l'époque. Instinctivement, je voulus voir la dernière demeure de celle à laquelle — malgré tout — je dois en partie, grâce à mon implantation dans la capitale, d'avoir pu porter mon affaire au niveau national, puis international.

Voici le récit que m'a inspiré cette visite.

# L'entrée monumentale du mausolée

*Au-dessus des deux portes de bronze, remarquable haut-relief également en bronze.*

# Légende de Kanitverstan

Dans le cimetière il faisait ce jour-là un temps gris, froid, un vrai temps de Toussaint. Mon ami Jacques Denimal prenait ses clichés entre deux averses (1). Quant à moi, le gigantisme prétentieux, outrancier (je serais tenté de dire presque scandaleux) du tombeau de la famille V., me laissait pantois et rêveur... Une association d'idées cheminait sourdement en moi : famille d'origine hollandaise, grosse fortune, tombeau ostentatoire... et se cristallisa tout à coup dans une réminiscence du livre de lecture de l'école primaire de Malicorne — un conte ironique et moralisateur intitulé *Kanitverstan*, que j'avais enfoui au fond de ma mémoire (je dirai même, comme tout un chacun, dans les arcanes de mon "inconscient") et qui resurgissait, intact, sans doute en raison de son titre étrange et magique qui avait dû frapper mon esprit d'écolier. Je ne résiste pas au désir de vous le raconter :

Un jeune Français se rend en Hollande pour la première fois, au début du siècle. Il s'extasie devant les champs de tulipes et demande à un jardinier :

— A qui appartiennent ces immenses étendues de tulipes?

Le brave Hollandais lui répond :

— *Ik kan je niet verstaan*, dont la traduction est : « Je ne te comprends pas. »

Mais la consonance phonétique enregistrée par notre compatriote — avec l'accent — fut interprétée par lui : « C'est à Kanitverstan. »

Notre visiteur arrive à Amsterdam, où, contemplant les façades des riches immeubles bordant les canaux : Heren Gracht et Prinsen Gracht (canal des Seigneurs et canal des Princes), il questionne à nouveau :

— Qui est propriétaire de toutes ces belles demeures?

— C'est à Kanitverstan, dit le passant hollandais.

Il se rend au port de Rotterdam où, découvrant la mer et les nombreux et splendides bateaux amarrés dans le port, il veut encore savoir qui est propriétaire de toute cette flotte.

— C'est à Kanitverstan, rétorque un docker.

Notre compatriote est médusé par la fortune colossale de Kanitverstan...

Il rejoint enfin La Haye, où, flânant dans l'avenue principale, Lange Voorhaut, il croise un long cortège funèbre, impressionnant par son importance : il s'y intègre et interpelle son voisin :

— Comment se nomme le défunt que vous accompagnez à sa dernière demeure?

— Kanitverstan, fut la courte réponse.

Notre innocent touriste, qui — vous l'avez compris — ignorait tout du néerlandais, eut à cet instant une réaction toute naturelle :

— Mon pauvre Kanitverstan : voilà à quoi t'ont servi toutes tes richesses!

Une morale bien adaptée à la situation que j'ai vécue...

D'autres avant moi — et bien mieux que moi — ont parlé de l'enchantement du "temps retrouvé". Je me contenterai ici de souhaiter aux écoliers d'aujourd'hui de bénéficier en classe de lectures aussi enrichissantes que celles de ma prime jeunesse (2), lectures qui viendront à l'occasion vivifier leurs réflexions d'hommes mûrs : tout homme doit avoir en lui un *Kanitverstan* qui sommeille...

*(1) Voir légende des clichés.*

*(2) Heureusement, en 1985, notre ministre de l'Éducation nationale vient d'en découvrir le bien-fondé.*

# Accomplissons notre devoir

A mon retour de zone libre, où la vie n'était pas encore trop perturbée, je remarquai tout de suite à quel point les Parisiens étaient traumatisés par les succès allemands ; le climat qui régnait dans la capitale était pesant d'incertitude, de découragement pour beaucoup.

Comment pourvoir à l'alimentation des millions de Français de l'agglomération parisienne, dans une France coupée en deux ?

La précipitation avec laquelle de nombreux acheteurs arpentaient le quai de la Mégisserie, à la recherche de tout ce qui pouvait constituer un complément alimentaire, nous dictait notre devoir. Il nous fallait, dans l'immédiat, contribuer au ravitaillement par une action aussi efficace que possible.

*Les acheteurs de graines de semence sont nombreux devant mon magasin.*

# Marchand-grainier pendant l'occupation allemande

Mon rôle, tout tracé, devenait celui de détecteur, d'approvisionneur de plants potagers, de graines de semence, dont les haricots et les pois étaient aussi convoités pour... la casserole.

Le 7 décembre 1941, les États-Unis entrent dans le conflit. Pour tous c'est un ballon d'oxygène : la formidable machine américaine se met en marche, ranimant l'espoir...

Cependant, le ravitaillement devient de plus en plus précaire. Les paiements de zone occupée en zone libre ne peuvent se faire, ce qui arrête tout approvisionnement en provenance de la France-Sud. De ce fait, sévit une grande pénurie d'articles alimentaires.

Un certain jour, M. de Féline, directeur de l'agence J de la la Société Générale (1), rue du Pont-Neuf, me téléphone pour me prévenir qu'il vient d'obtenir des autorités d'occupation l'autorisation de virer le règlement des factures des produits de consommation achetés en zone libre. Immédiatement, je répercute cette nouvelle à mes fournisseurs. C'est ainsi que j'ai pu me procurer, parmi les premiers, des oignons (graines et bulbes) chez M. Roger Joly, à Auxonne (Côte-d'Or), de l'ail en Auvergne (comme déjà dit) et des graines potagères de la région de Saint-Rémy-de-Provence.

Malgré tout, notre principal fournisseur pour les plants potagers était en zone occupée. Il s'agissait de Mme Le Maréchal-Rebours à Iffignac, près de Saint-Brieuc — village du sympathique Bernard Hinault, cinq fois vainqueur du Tour de France.

Tous les paysans et pêcheurs de cette région s'étaient reconvertis en maraîchers. C'est grâce à eux que de nombreux habitants de la région parisienne ont pu voir leur ordinaire s'améliorer quelque peu. De temps à autre, dans les sacs de plants de choux, poireaux, oignons, salades, expédiés deux fois par semaine, Mme Le Maréchal "glissait" des saucisses, du boudin, un quartier de porc, de la volaille qui réjouissaient nos employés, parents et amis. Oui, grâce à cette amie... "absolue", nous avons été parmi les privilégiés.

Mais, pour avoir des plants, il fallait des semences... Alors je devais approvisionner ces cultivateurs en graines. Il est juste ici que je rende hommage à la mémoire d'amis disparus, Georges Giladeau, Pierre Portron à Beaufort-en-Vallée et François Caillard à Angers, producteurs grainiers, dont la sollicitude à mon égard a été immense... et durable.

Début 1942, ayant obtenu un certificat du maire de notre commune attestant mon activité d'agriculteur à Malicorne (je ne le serai en fait que le 11 novembre!), cela me permit d'obtenir un *ausweis* (un laissez-passer). Pouvant me rendre en zone libre aussi souvent que je le voulais, les transactions commerciales furent grandement facilitées par le contact avec les producteurs méridionaux.

La ligne de démarcation passait à Vierzon et Moulins. Que de stationnement ne fallait-il pas faire là pour le tatillon *kontroll*!

A la gare destinataire, il fallait trouver un taxi équipé de gazogène (fort rare), plus souvent une bicyclette et quelquefois un vélo-taxi.

C'est ainsi que, débarquant à Avignon, je louais le vélo-taxi — bicyclette tandem — pour aller prospecter les producteurs de graines de la région de Saint-Rémy-de-Provence. Mes deux gaillards cyclistes connaissaient quelques bons petits coins où l'on mangeait bien. Aussi, malgré les crampes résultant de la position, plus accroupie qu'assise, dans la boîte à savon, ce fut à plusieurs reprises une détente, une bouffée d'air pur, dans cette campagne fleurie dont l'ambiance tranquille contrastait fort avec le climat pesant de l'occupation.

*(1) Je dois beaucoup à l'amitié de ce banquier hors pair, ainsi qu'à celle de son directeur adjoint : M. François Dunac.*

# Pendant la guerre

*Le départ en Allemagne pour le S.T.O.*

*En attendant l'œuf!*

# La « relève » : un chanceux...

Par une loi en date du 16 février 1943, le gouvernement de Vichy décrète le Service du travail obligatoire — le S.T.O. — pour les classes 1940, 1941 et 1942 que les circonstances empêchaient d'accomplir leur service militaire. Mais plusieurs mois avant (ordonnances Sauckel du 22 août 1942), les autorités d'occupation procédèrent, en zone occupée, à des réquisitions de main-d'œuvre parmi les Français âgés de dix-huit à cinquante ans... Pour trois départs dans les usines allemandes, un prisonnier serait libéré : voilà ce que les services de propagande nazie claironnaient et appelaient "la relève"...

Chaque employeur devait faire déclaration du personnel entrant dans cette fourchette d'âge. Tout était prévu. En cas de licenciement, on devait donner l'adresse du disparu... « pour faciliter la propagande à domicile » !...

Depuis quelques mois, j'avais comme employé Roger Grandmaître, âgé d'une vingtaine d'années.

Je lui fais part de l'ordonnance. Il me déclare :

— Je n'ai vraiment pas l'intention de partir pour l'Allemagne : je fous le camp !

Or, je venais de recevoir la convocation m'enjoignant de me présenter en personne avec lui au bureau de "recrutement" quai Voltaire. Chef d'entreprise personnellement responsable, je me voyais dans de "beaux draps".

Sur ces entrefaites, arrive au magasin un jeune garçon, quelque peu débraillé, d'une vingtaine d'années également, qui nous tient ce langage étonnant :

— Vous avez reçu une réquisition pour un employé devant aller travailler en Allemagne. Si vous me donnez quinze mille francs, je me présente et pars à sa place...

C'est une pratique qui existait jadis, au temps de mon père, pour le service militaire, où l'on "achetait" un remplaçant... Mais en temps de guerre !...

Bien qu'interloqué par semblable offre, je ne réfléchis même pas et j'accepte. Après tout, dit un proverbe hindou, « celui qui n'ose pas ne doit pas se plaindre de sa malchance ».

Me voilà donc parti, à pied, le long de la Seine, jusqu'au quai Voltaire sur l'autre rive du fleuve, accompagnant mon soi-disant employé au bureau d'enrôlement. Je n'en menais pas large, car, à la réflexion, l'affaire m'apparaissait osée et pleine de risques. Chemin faisant, j'essaie de faire parler mon "volontaire".

Il me dit être de connivence avec le responsable allemand (avec lequel sans aucun doute il partageait les "primes"), qu'il avait déjà fait le coup plusieurs fois avec plein succès. Grâce à la complicité du préposé, aussitôt après l'enrôlement il disparaissait sans laisser de traces... pour renouveler une autre opération.

Cela s'est révélé exact puisque, quelques jours plus tard, il réapparaissait au magasin nous "donner le bonjour" et dire que tout allait bien...

Et c'est ainsi que Roger Grandmaître, censé être parti pour le Grand Reich, a pu couler des jours tranquilles dans sa famille en zone libre.

*Contraints de regagner l'abri au repas de première communion...*

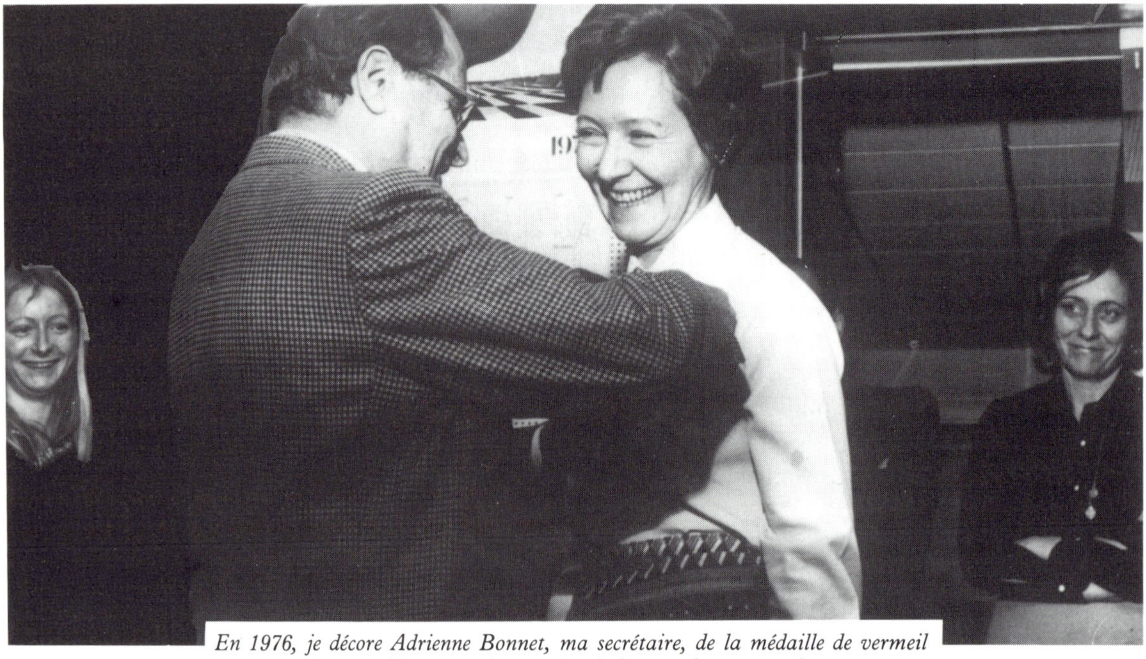

*En 1976, je décore Adrienne Bonnet, ma secrétaire, de la médaille de vermeil du travail : trente-cinq années de bons et loyaux services.*

A Paris, hélas ! l'occupation continue. Les épreuves s'accumulent. Les produits consommables sont rendus de plus en plus rares par les prélèvements alimentaires constants de la Wehrmacht.

Les sirènes annonçant les bombardements obligent les habitants à regagner les caves-abris, souvent en pleine nuit. Dans le bloc d'immeubles en pierre de taille du n° 14 au n° 20 quai de la Mégisserie, nous avions les meilleurs abris de Paris : nombreuses caves étayées, au deuxième sous-sol, communiquant toutes entre elles et pourvues de nombreuses sorties. Nous nous y retrouvions... en famille : bourgeois, commerçants, employés, mêlés aux "belles" de la rue Saint-Germain-l'Auxerrois, contraintes d'abandonner leur portion de trottoir par le chef d'îlot. Pour ces différentes couches sociales, qui s'ignoraient en temps ordinaire, le danger commun facilitait une fraternisation bien sympathique.

Au magasin, ma femme était en permanence à la caisse. Voyant tout, discrète mais efficace, mettant toujours le peu d'huile nécessaire dans les rouages pour que l'entente règne parmi l'équipe, elle me soulageait beaucoup pour les ventes et excellait dans les contacts avec les clients.

Plusieurs employés étaient venus renforcer l'équipe dans chaque axe du développement.

D'une part, la commercialisation accrue des graines de semence nécessitait une structuration de ce service. Dès juillet 1941, notre brave René Duquesne en prit la charge.

D'autre part, au bureau, j'avais besoin d'une secrétaire, car je ne restais pas « les deux pieds dans le même sabot ». Adrienne Dumur (devenue Mme Bonnet), âgée de seize ans et présentée par son institutrice, prit ce poste. Je lui ai rendu hommage en plusieurs occasions pour tout ce qu'elle a fait, pour tout ce qu'elle a été pour moi. J'analyserai son rôle en quelques lignes.

Aucun patron digne de ce nom ne peut faire de multiples et grandes choses sans la présence à ses côtés d'un secrétariat efficace. Plus spécialement en ce qui converne une P.M.E., la secrétaire doit être une personne intelligente, dévouée, organisée, méthodique, bourreau de travail. Voilà réunies beaucoup de qualités !... Mais, étant au courant de tout, la discrétion doit être encore la principale. Le premier rôle du secrétariat : « séparer l'ivraie d'avec le bon grain ». Répondre intelligemment aux nombreux appels téléphoniques, chaque solliciteur ne voulant — c'est bien connu — "causer qu'au seul patron". Faire de même pour le courrier en dissuadant dès l'abord les importuns et en "accrochant" ce qui semble intéressant pour la firme, voilà qui demande du tact !...

Je crois que, pour bien remplir ce rôle, une femme est plus apte qu'un homme : tout le monde le reconnaît, les "antennes féminines" ça existe. En plus, un attachement quasi physique se crée lorsque la secrétaire a une grande admiration pour son chef, ce qui la rend capable de performances étonnantes. Cela est primordial pour qu'un patron reste disponible pour assurer et remplir sa mission, qui est — toujours selon notre compatriote Henri Fayol — de prévoir, organiser, commander, coordonner, contrôler ! Trop de responsables oublient leur rôle en se laissant accaparer par des contraintes secondaires.

Adrienne Bonnet a été pour moi, pendant quarante et un ans — c'est un bail — et jusqu'à sa retraite, une de ces collaboratrices merveilleuses, me permettant, quoi que j'aie pu faire, de toujours "m'y retrouver". On parle beaucoup actuellement de la fidélité du collaborateur japonais à son entreprise... Elle existe aussi en France !

# Le premier verger du "champ de devant"

*Défoncement manuel du champ de devant (un hectare)*

*Bêchage d'entretien. En 1re année.*

*Culture intercalaire de choux-fleurs, en 2e année.*

*Binage avec la "marreuse" (la bineuse) tirée par Poulette.*

*Binage avec un motoculteur archaïque !*

*La maison natale.*

*Pleine floraison en 4e année des poiriers « Passe-Crassane ».*

# Je loue la ferme familiale

Revenons à Malicorne. Le 11 novembre 1942 (à la Saint-Martin), je louais, en accord avec ma sœur et mon frère, la ferme familiale — quatorze hectares, en vingt parcelles. Nos parents étaient "usés" par le travail et aspiraient à prendre un peu de repos bien gagné.

Le bail, d'un montant de sept mille francs, comportait une promesse de vente précisant qu'au moment de sa réalisation l'estimation de la propriété serait faite sans tenir compte des améliorations et investissements qui pourraient être réalisés entre-temps en raison des plantations fruitières envisagées.

Je pris à mon service, avec sa femme, Pierre Giraud, un ancien cultivateur, intelligent, travailleur, honnête, dévoué et pétri de bon sens. Je conservai aussi le domestique de mes parents, Albert Clément... et son vieux cheval ! Quatre vaches charolaises (dont une réservée à mes parents pour le lait) constituaient le cheptel.

En dehors des travaux courants d'une petite ferme aux productions agricoles diversifiées, la première opération nouvelle fut donc l'installation de vergers.

J'envisageai tout de suite la réalisation d'un premier programme ambitieux portant sur trois emplacements : le champ de devant, le champ Beaune et les Robineaux. N'ayant pour tout moyen de traction que le vieux cheval (qui s'y entendait à merveille pour tirer la bineuse en mettant les pieds l'un devant l'autre, sans jamais abîmer un végétal), Pierre Giraud — aidé de deux, puis de cinq ouvriers — a dû défoncer à soixante centimètres de profondeur (1), *à la bêche,* deux hectares et demi... avec apport de fumier et gadoues (2). Imagine-t-on le courage qu'il fallait pour entreprendre *manuellement* pareil chantier et le mener à bien ? Ce fantastique effort a été fixé pour la postérité par les clichés n^os^ 64 et 65 de mon livre *Les Beaux Fruits de France.*

Oui, il fallait y croire et en vouloir ! Deux hectares de poiriers Passe-Crassane (*f*), greffés sur cognassier, et un demi-hectare de pommiers Canada greffés sur paradis jaune de Metz (EM-IX) ont ainsi été plantés de 1942 à 1945.

J'avais acheté les porte-greffes à Orléans, et le greffage à l'écusson eut lieu en place. Mon ami Robert Talbot, ingénieur horticole, originaire de Saint-Pourçain et directeur de l'École d'horticulture de la ville de Paris (hélas disparu), vint pour mettre le chantier en route et donner les leçons de greffage. Alors que les ouvriers se levaient pour prélever chaque greffon et se baissaient pour le poser — ce que la majorité fait toujours —, Robert Talbot déclarait :

— Lorsque j'étais stagiaire aux pépinières Pinguet, à Tours, le patron nous interdisait de nous redresser avant d'atteindre le bout du rang. Or, les lignes mesuraient deux cents mètres... Ici, elles ne sont que de cent mètres. Vous devez donc rester courbés jusqu'au bout du rang pour que le rendement soit normal.

Un principe indiscutablement bon, mais qui, malheureusement, n'a pu être adopté chez nous qu'en 1983 : la moyenne d'écussons posés par greffeur — se relevant et se baissant — par journée de huit heures n'ayant jamais dépassé jusque-là mille cinq cents à deux mille. Aux États-Unis, où les greffeurs sont couchés à plat ventre sur le rang, la moyenne pour dix heures est de quatre mille cinq cents !... Nous les rejoignons actuellement puisque — en pommiers — trois ouvrières (et un seul ouvrier) travaillant courbés atteignent maintenant trois mille cinq cents écussons posés en huit heures (3).

*(1) Défoncement total à pleine jauge par bandes successives. Le sous-sol est bêché et amendé. La terre de surface est remise sur la partie supérieure.*
*(2) Provenant du dépôt d'ordures de Commentry, près de la grande tranchée.*
*(3) Aux États-Unis comme chez nous, les greffeurs qui réalisent de telles performances sont payés à la tâche.*

# Rattrapage réussi sur le plan technique

*A l'origine, le verger en U (simple) de pommiers « Canada ».*

*Après l'arrachage de 2 arbres sur 3 et formation en tricroisillon, le verger de poiriers « Passe-Crassane ».*

# Erreurs de l'arboriculteur trop enthousiaste

Comme de nombreux venus à l'arboriculture fruitière industrielle — béotien que j'étais à ce moment-là —, j'ai commis à l'origine de graves erreurs de peuplement. Je crois utile de les relater pour faire bénéficier de mon expérience les candidats éventuels à la fructiculture.

D'abord le choix de la variété Passe-Crassane avait été fait parce que je pensais que cette poire à maturation tardive fleurissait plus tard et qu'elle aurait ainsi plus de chances d'échapper aux gelées printanières, fréquentes à Malicorne. Erreur totale. La date de floraison ne correspond absolument pas à la date de maturité. Exemple frappant : Bergamote Espéren, qui est la poire la plus tardive, est celle qui fleurit la première.

Ensuite, à la manière de « Perrette et le pot au lait », je supputais des résultats mirobolants, en multipliant le nombre d'arbres par la production de chacun. Sur le papier, plus on augmente le nombre, plus la récolte est importante (1) !

D'autre part, je m'étais dit : dans la région parisienne les vergers sont constitués de palmettes Verrier quatre branches à distance de 1,20 m sur la ligne. Or, mon terrain est moins fertile qu'à Chambourcy (2).

Si on adopte la forme à deux branches, on aura de plus petits arbres et on pourra en planter le double ! Entre les lignes, deux mètres suffisent largement (3) pour les travaux du sol réalisés avec le vieux cheval poussif. Faites le compte : rangées à deux mètres d'écartement, sujets à 0,60 m sur la ligne, cela donne 8 000 — je dis bien huit mille — arbres à l'hectare !

Bien que parfaitement conduits — pincements d'été régulièrement effectués, taille d'hiver très correcte —, mes vergers de poiriers et de pommiers produisaient au début plus de fagots que de fruits...

Sur ces entrefaites, je fis la connaissance — la sympathie avait été immédiate — de M. Léon Cuny, maître de conférences à l'Institut national agronomique (4). Je décidai de m'entourer de ses conseils et de le faire venir chaque année à Malicorne. Ce fut une sage résolution. A sa première visite, mon mentor déclare :

— Qu'est-ce que vous voulez obtenir avec vos plantations ?

Surpris, je n'eus même pas le temps de répondre.

— Si c'est des brise-vent, d'accord, vous avez pleinement réussi. Si c'est la production de fruits, commencez par arracher deux arbres sur trois sur la ligne, puis vous continuerez en supprimant une ligne sur deux... Alors vous serez dans la note ! Mille quatre cents arbres-hectare, c'est une bonne moyenne !...

Adieu, veau, vache, cochon, couvée. Je ne pus, sur le coup, exécuter totalement pareille sentence, pourtant fort sage. Deux arbres sur trois furent bien arrachés, mais je laissai les lignes à deux mètres d'écartement. Bien sûr, j'ai pu récolter des fruits, mais les productions auraient pu être beaucoup plus fortes quelques années après avec moitié moins d'arbres. Une expérience personnelle dont j'ai pu faire bénéficier mes clients professionnels par la suite.

*(1) Ces dernières années, et malgré les mises en garde résultant de notre expérience, l'invention des « vergers à haute densité » a été une réédition de cette grave erreur. On commence à le comprendre !*
*(2) C'était vrai à l'origine, mais la défonce et la forte fumure organique l'ont formidablement amélioré.*
*(3) J'ignorais aussi que le manque d'ensoleillement de la partie basse empêche une fructification normale.*
*(4) J'évoquerai le rôle que M. Léon Cuny a joué dans ma vie professionnelle en d'autres occasions.*

# La terre ne trompe pas...

A Paris, malgré les conditions difficiles consécutives à l'occupation, notre affaire commerciale prenait de l'extension et nous étions obligés de répartir souvent les commandes de végétaux entre plusieurs fournisseurs. Comme ils ne livraient pas le même jour, c'était tout un "cirque" pour le regroupement dans le faible espace dont nous disposions. Or, je percevais que nous étions dans le bon chemin et que ces ventes — résultat de nos bons conseils techniques — iraient s'intensifiant. D'où la décision de produire nous-mêmes les arbres fruitiers.

De ce fait, je revenais chaque week-end à Malicorne. Parmi les miens, dans ce milieu rural où j'ai des racines profondes, cette activité terrienne nouvelle — l'arboriculture fruitière — inconnue de tous dans la région, devenait chose exaltante. Un vrai bain de jouvence. Contact réconfortant avec la nature, permettant d'estomper les malheurs du temps présent et de croire à un avenir meilleur ! La terre ne trompe pas ! Très sûrement ce dérivatif rural a été salutaire pour la réflexion et l'étude des possibilités d'expansion de mon affaire dans de tels moments.

La réussite des vergers malicornais m'apportait la "garantie de bonne fin" transposable à la pépinière, avec, en premier lieu, la certitude que dans ce milieu on pouvait produire de bons arbres. La main-d'œuvre, prise au jeu, devenait de meilleure qualité. Dans la région, l'élevage régional du charolais procurait du fumier en abondance. Je remarquai que le terrain d'origine granitique favorisait l'émission d'un système radiculaire exceptionnel.

Même le milieu rude — continental — qui, s'il est dommageable pour certains végétaux, procure en tout cas des plants rustiques, devenait de ce fait un élément positif. (Toutes considérations que je développerai plus avant.)

Produire les arbres pour faire face aux commandes de nos clients était donc une idée sage. Par la suite, nos possibilités commerciales ont d'ailleurs toujours précédé et dépassé nos programmes de mise en culture. Mais toute idée n'est valable qu'à condition de faire ce qui doit être fait pour qu'elle réussisse.

Pour vendre des arbres et des graines à la clientèle d'amateurs "haut de gamme" que je chérissais, il fallait aussi des catalogues de classe et cela m'oblige à un retour en arrière, en pleine guerre, en 1943.

Entre-temps, j'étais devenu d'un naturel optimiste, fonceur et tenace dans l'exécution des engagements pris. Aussi, malgré l'environnement dépressif du moment, il fallait jouer gagnant. Alors, en route pour deux beaux catalogues-albums pour l'après-guerre ! Le principe étant admis, je décide d'investir chaque année les bénéfices prévus dans de beaux ektachromes en couleur chez l'imprimeur Draeger et m'attaque aussitôt à celui des semences. C'était le plus facile. La réalisation du catalogue des *Graines de France*, potagères et florales, ne posait pas trop de problèmes. Il suffisait de semer et de cultiver les variétés à photographier. De ce fait, la parution eut lieu fin 1944, quelques mois après la libération de Paris. J'étais ainsi le premier parmi mes confrères à fêter l'événement mémorable en offrant un tel document de prestige. Je me souviens parfaitement avoir fait des envieux...

Quant au catalogue d'arbres fruitiers, l'affaire se présentait autrement ardue pour sa réalisation. Bien sûr, il y avait de grandes possibilités, en région parisienne, de trouver de beaux fruits. La qualification exceptionnelle des arboriculteurs de Montreuil, Fontenay, Montmagny, Chambourcy, etc., garantissait la possibilité d'un grand choix de fruits extra.

Les écoles d'horticulture du Breuil au bois de Vincennes, de Versailles, le jardin-école du Luxembourg, celui de Montreuil-sous-Bois surtout, possédaient de grandes collections de variétés courantes et anciennes. Des hommes éminents comme le professeur Cuny au Luxembourg et le professeur Aubin à Montreuil étaient des "puits de science" en pomologie, et j'étais devenu leur jeune ami à tous les deux.

Grâce à ces atouts, j'avais donc des possibilités de trouver, à un endroit ou à un autre, les fruits bien typés dont j'avais besoin pour les clichés.

Mais, il y avait un mais, il fallait les quérir sur place... et pas de voiture à ma disposition. Alors, enfourchant la bicyclette, me voilà parti en toutes directions. Pour éviter les talures des fruits, le panier était suspendu au guidon ou tenu de la main droite. J'avais un magnifique vélo rouge bordeaux, à pneus ballon, acheté près de la place du Châtelet. La marque du fournisseur *Au petit qui n'a pas peur des gros*, reproduite sur le cadre, me convenait parfaitement, car elle était tout un programme...

J'ai donc pu réaliser, de 1943 à 1945, toute une collection de fruits sur négatifs couleur au studio de l'imprimeur Draeger. Après la défaite allemande, je me trouvais ainsi à la tête d'un capital photos important et de grande qualité... Mais n'anticipons pas.

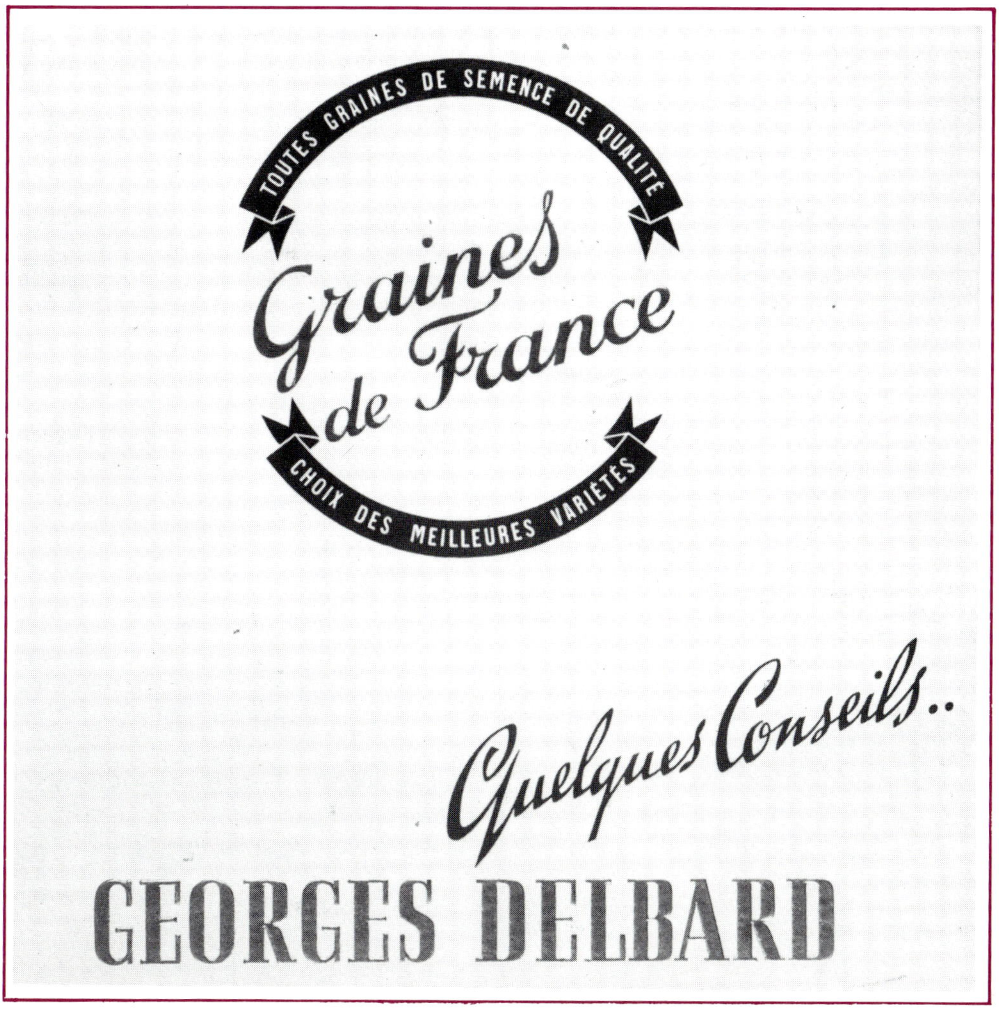

# Création de points de vente de graines

En cette année 1943, les transports de marchandises étaient aléatoires et devenaient coûteux. Or la demande était active partout — surtout en province — pour les semences et autres produits pour le jardin, car partout il fallait penser à la nourriture au premier chef.

Du jour au lendemain, éclata le système de distribution des semences, centralisé jusqu'alors au siège des grandes entreprises grainières. Toutes les maisons importantes prirent la décision de créer des dépôts pour la vente de produits préconditionnés à leur marque, dans toutes les villes. Je ne pouvais rester en arrière de ce mouvement.

Après avoir amorcé ce nouveau mode de vente de sachets conditionnés *Graines Delbard* (1) chez de proches revendeurs de la région parisienne avec embauchage de trois représentants, Roger Dury vint chez Delbard pour prendre la direction de ce nouveau département. Nous étions collègues chez Truffaut, où il occupait une place importante dans la partie commerciale administrative. Donc, en décembre 1943, après avoir été libéré des prisons de la Gestapo pour faits de résistance, Roger Dury devint mon proche collaborateur.

En 1954, lors de la remise des insignes pour ma nomination au grade de chevalier dans l'ordre de la Légion d'honneur, je disais à Roger Dury : « Depuis 1943, ton service n'a fait que grandir puisqu'il compte à ce jour une vingtaine de représentants et trois mille cinq cents dépositaires. Un beau palmarès. Pour ton organisation méthodique et suivie, pour l'intérêt que tu portes à ton travail et aussi pour ton amitié, je te remercie. »

Jusqu'en 1944, les graines étaient ensachées à la main... Quel travail pour approvisionner plus de mille dépositaires !... En septembre 1944, Paris vient d'être libéré. Libres, on pouvait — on devait — foncer. Le jeune Lucien Joly, âgé de seize ans, fut promu "machiniste" à sa sortie de l'école. Nous venions en effet d'acquérir une machine à ensacher automatique — marque "Colibri" — conçue en pleine guerre par M. Wierbinski et cent pour cent française. Son débit était de 3500 sachets à l'heure ! C'était un prototype qui a attiré beaucoup de collègues curieux... C'est le rendement de cette ensacheuse qui nous a permis de passer de 1000 à 3500 dépositaires en 1954.

Lucien Joly, actuellement cadre à notre établissement d'Évry, est le plus ancien de chez Delbard. Il a quarante et un ans de bons et loyaux services en 1985 et comptera quarante-quatre ans d'activité lors de sa retraite en 1988. Une performance rare et appréciable au temps où nous vivons.

*Les sachets coloriés reproduisant fidèlement chaque variété de légume et de fleur ont été un puissant facteur de développement des ventes de graines de semences.*

*(1) J'ai dû abandonner la marque "Graines de France" parce qu'un confrère bordelais l'avait déjà utilisée. A cette époque, le droit de propriété par l'utilisation prévalait sur celui de la date du dépôt de marque.*

# La naissance de notre premier fils : François

Le 25 mars 1943, François Delbard venait au monde. Un accouchement pendant l'Occupation posait problème. S'il survenait la nuit, on ne pouvait guère compter que sur les pompiers. Nous avions la chance d'avoir comme bonnes et sympathique clientes deux infirmières militaires de la Croix-Rouge. En pleine nuit, elles furent là pour conduire ma femme à la clinique Blomet, où le professeur Lepage dirigeait le service "Maternité".

La naissance d'un enfant — particulièrement le premier — est un grand moment pour le couple. Ce ne pouvait donc être qu'une très grande joie, un grand bonheur pour notre foyer.

Le titre de "père de famille" est le plus beau qui soit. Il a ses devoirs, ses exigences (ses grandes joies aussi) pour la bonne continuation de la lignée. Cela se traduit, pour le paterfamilias, par une prise de conscience de responsabilités accrues, notamment pour le côté matériel. J'étais bien résolu à y faire face.

*Dans les bras de sa grand-mère maternelle (Alice Thévenin), notre premier garçon, François, ouvre ses bras à la vie.*

# Paris sous l'occupation allemande

*Place de l'Opéra pendant la guerre.*
*Panneaux directionnels allemands.*

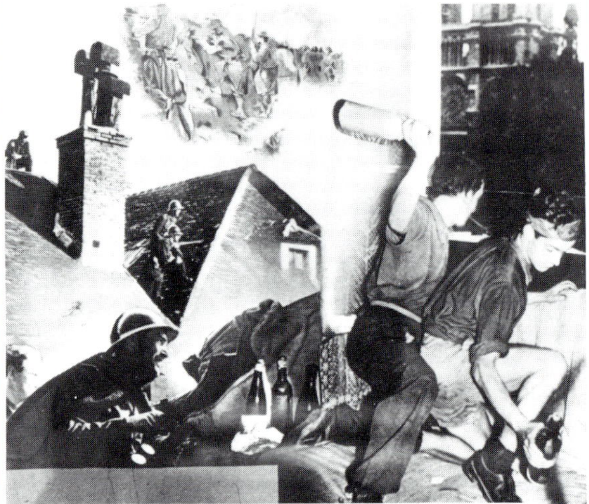

*Du haut des toits des immeubles des quais de la Seine, de jeunes garçons font des cartons en "balançant" des bouteilles d'essence sur les chars ennemis. Des pompiers joyeux les approvisionnent...*

Le drapeau français a été hissé sur la préfecture de police et les commissariats du centre de Paris, ainsi que sur la coupole de l'Institut, dans la matinée du samedi 19 août 1944. Mais cela n'arrête pas les combats ! Les fusillades seront constantes jusqu'au lundi 28 août.

Une balle explosive traverse la vitre de notre salon, et les éclats provoquent une dizaine d'impacts sur les murs. Un inspecteur de police est tué, près de moi, devant l'entrée de notre immeuble...

*Le barrage F.F.I. du Pont-Neuf côté rue Dauphine, que je voyais de notre appartement.*

*Derrière la barricade, lecture de* Combat *et de* Libération *qui viennent de paraître, alors que Paris n'est pas encore libéré.*

*Plus aucun camion pour le ravitaillement.*
*Un troupeau de vaches, boulevard du Palais,*
*se rend à pied à La Villette !*
*venant d'on ne sait où...*

Début août 1944, le général von Choltitz se voit confier le commandement de l'armée allemande chargée d'assurer la défense de Paris. Il le gardera jusqu'à l'acte de capitulation qu'il signe le vendredi 25 août 1944, vers 18 heures. Le général Leclerc contresigne en présence du général Chaban-Delmas, des colonels Rol et Billotte, du lieutenant-colonel de Guillebon, du commandant Repiton, de Valrimont et du lieutenant-interprète Beitz. Le colonel allemand chef des transmissions assiste également à la reddition.

Témoin privilégié, de par l'emplacement de notre magasin et de notre appartement sur les quais de la Seine, au cœur de Paris, j'ai vécu intensément, charnellement, la semaine tragique et glorieuse de la libération de Paris.

Quelle pulsion m'a poussé, dès la première heure, à consigner, au fur et à mesure où je les vivais, ces moments qu'on dit fréquemment "inoubliables" et que, pourtant, le recul du temps estompe rapidement ? Je n'en connais pas la raison. C'est en tout cas la seule période de mon existence (mis à part mes rapports de voyage à l'étranger) où j'ai noté à chaque instant les événements qu'il m'était donné de vivre dans la rue, ou de notre balcon du quatrième étage sur le quai de la Mégisserie, face au Palais de justice et au Pont-Neuf. On comprendra donc pourquoi, témoin de première main, j'avais d'abord pensé apporter ici ma contribution à l'histoire de ces journées mémorables. Ayant lu de nombreuses publications consacrées à ces événements, il m'apparaît que ce texte aurait fourni quelques précisions utiles sur les affrontements du centre de Paris, du jeudi 17 août au dimanche 27 août 1944. Mais bien qu'il fasse partie intégrante de ma biographie, l'importance de ce reportage — 25 pages avec les photos — prenait une trop grande place dans ce livre où l'horticulture doit avoir priorité (1).

Aux premières loges, entre le Châtelet et le Pont-Neuf, nous étions pris comme dans un étau :

— à l'ouest, par les hôtels de la rue de Rivoli occupés par le commandement allemand et le camp retranché des Tuileries ;

— à l'est et au sud, par les bastions de la Résistance de l'Hôtel de Ville, de la Cité et de la Préfecture de police ;

— enfin, très près, la place du Châtelet, carrefour stratégique des axes ouest-est (porte de Saint-Cloud - porte de Vincennes) et sud-nord (porte d'Orléans - porte de La Chapelle par les boulevards Saint-Michel et de Sébastopol).

Il était donc fondamental pour l'ennemi que ces larges voies restent dégagées pour assurer la communication entre les différents îlots allemands de la capitale qui ont tenu jusqu'à l'ordre du cessez-le-feu de l'état-major allemand et même après ! Enfin il fallait aussi penser à la retraite... militaire s'entend !

Cela se conjuguait parfaitement, d'ailleurs, avec le plan de la Résistance, laquelle avait fait élever par les F.F.I. des barricades dans toutes les rues secondaires afin de pouvoir matraquer les chars, camions et autres véhicules ennemis, canalisés dans ces grandes artères. Le déluge de bouteilles d'essence — les fameux "cocktails Molotov" — jetées sur ces engins guerriers à partir des balcons et des toits ou de derrière le parapet de la Seine, par tous ces jeunes qui "voulaient faire un carton", a été bien souvent payé par eux de leur sang.

*(1) Le condensé des six pages 286 à 291 fera revivre, je l'espère, grâce à l'image — irremplaçable — quelques souvenirs marquants de ces journées glorieuses dans ce qui fut mon environnement du moment.*

# Épisodes de la libération de Paris

*Deux "collaboratrices", tondues, dévêtues et pieds nus, escortées par les F.F.I., rue de Rivoli, où je me trouvais.*

*Reddition de la garnison allemande : les prisonniers "défilent" devant l'Hôtel de Ville.*

L'épisode le plus tragique qu'il m'ait été donné de vivre est la destruction par les F.F.I. sur le quai, de deux énormes camions ennemis chargés de munitions. Un joli feu d'artifice, provoqué par de simples bouteilles d'essence ! Les sept occupants déchiquetés furent plus ou moins carbonisés. Détail macabre, on a retrouvé le lendemain une jambe tombée d'un platane... Cet acte guerrier nous a valu une grande émotion. Deux chars « Tigres » sont venus se poster devant notre immeuble pour le faire sauter. Sans l'initiative heureuse d'un locataire chirurgien — M. Stamba — qui, après avoir hissé le drapeau de la Croix-Rouge, s'en fut parlementer avec l'officier allemand, parvenant à le convaincre qu'il ne pouvait détruire un poste de secours, nous étions mal partis !...

Je n'ai pu approcher — tant la foule était dense — les trois chars français qui, à 21 h 30, le jeudi 24 août 1944 arrivent en libérateurs à l'Hôtel de ville de Paris.
Le lieutenant Louis Michard, originaire d'Ancinel, accompagnait le capitaine Dronne. Mon regret sera grand de n'avoir pu serrer la main du premier libérateur de Paris : un voisin, un ami, un héros qui, six mois après, mourra pour sa patrie à Grussenheim, en Alsace, en janvier 1945.

*Août 1944. Place de l'Hôtel-de-Ville, pendant la visite du général de Gaulle, des coups de feu, partis des toits, sont tirés sur la foule. Les chars alliés qui sont enfin arrivés ripostent.*

*Le premier d'entre eux est heureusement bien français — puisque bourbonnais — : c'est le lieutenant Louis Michard, défilant aux Champs-Elysées, ici debout sur son char « Montmirail » (au musée de l'Armée).*

*La foule, place de la Concorde, attend le général de Gaulle. Je me trouvais près du socle gauche des chevaux de Marly... en première ligne. Quelle allégresse!...*

*Ainsi, j'ai vu de mes yeux le général de Gaulle, libérateur de la Patrie, descendre les Champs-Elysées. Les bras ouverts, prêt à continuer d'assumer la charge du destin de la France.* A sa gauche : *Parodi;* derrière : *les généraux Kœnig et Leclerc;* à sa droite : *Bidault et Le Trocquer.*

# Paris est libre : vive de Gaulle !

*Manifestation populaire délirante place de l'Opéra pour l'accueil du Libérateur de la France.*

# Naissance de notre deuxième fils : Henri

Paris est libre : la France ne l'est pas totalement, puisque l'ennemi se maintiendra en plusieurs ports de notre pays jusqu'à la capitulation du Reich. Celle-ci eut lieu à Reims le 7 mai 1945 (général Jodl) et à Berlin le 8 (maréchal Keitel).

Si j'ai pu vivre avec une telle présence certains épisodes de la libération de Paris, c'est parce que j'étais alors seul dans la capitale, ma femme et notre fils François étant à ce moment-là chez ma belle-mère à Commentry.

Mon épouse attendait un deuxième heureux événement, et le climat parisien d'alors n'était pas spécialement propice à la sérénité qu'exigeait la venue au monde d'un enfant.

Nous sommes donc restés plusieurs mois éloignés l'un de l'autre, longtemps sans nouvelles et fort anxieux, cela se comprend. Henri est né le 10 septembre 1944. Je n'ai appris la bonne nouvelle que dix jours après, par une lettre de ma belle-mère, Alice Thévenin.

« Vous avez un gros garçon, écrivait-elle, il est très beau : c'est un Thévenin ! »

Deux jours après, je recevais une lettre de ma mère :

« Ton gars Henri est un "costaud"... mais il n'est pas bien joli !... »

Réflexions amusantes que l'on retrouve souvent chez les grand-mères : la ressemblance du nouveau-né étant un sujet primordial, toujours très discuté et controversé, surtout à la campagne. L'évolution a mis d'accord les deux grand-mères qui malheureusement n'ont pu vérifier que les "gènes Thévenin" ont quelque peu cédé la place à ceux des Delbard...

Après ces terribles années d'occupation, tout était désorganisé dans notre pauvre France, l'économie comme les esprits et les cœurs. Grande est la méchanceté des hommes. Les vengeances individuelles seront nombreuses. Combien d'innocents sont emprisonnés, torturés, exécutés (1)... Un épilogue bien triste, s'ajoutant aux privations grandissantes et aux misères de ceux qui ont le plus souffert : les déportés.

Dans ce contexte attristant, un homme éminent s'efforce heureusement de réaliser autour de lui l'unité nationale. Le général de Gaulle rétablit l'autorité du pouvoir central. On se sent gouverné. Chaque Français peut maintenant espérer et agir.

Et puis, quel que soit le comportement des humains, la nature reste généreuse.

Dans mon cas, je me retrouvais avec ma femme et mes deux fils, dans mon pays, dans ma famille, dans mes terres, dans mes vergers dont la végétation était luxuriante. Quel dopage cela constituait !

Dès ce moment, je déclarais : c'est décidé, je serai pépiniériste à part entière à Malicorne. Développons les productions, même si de grandes difficultés existent dans cette région. La citation est belle et juste qui affirme : « Accepter les dépendances que nous impose la nature, c'est la sagesse : les aimer, c'est le bonheur » (2).

Jamais allégation ne m'a semblé plus pertinente et plus conforme à mon idéal du moment.

Il n'est guère d'exception où tout amateur « mordu » du jardinage ne soit rapidement contaminé par le « virus » de l'arbre fruitier. Pour moi, pire que cela : une passion dévorante m'envahissait.

*(1) La région de Commentry ne sera pas exempte de ces règlements de comptes.*

*(2) B. Grasset,* Remarques sur le bonheur.

# *« Les Beaux Fruits de France »*

# *Débuts de la pépinière à Malicorne*

# *Premier voyage aux États-Unis*

# Le seul catalogue de végétaux réalisé pendant la guerre

*Cette couverture était en couleur.*

Revenant à Paris, bouillonnant d'idées et de projets, j'étais exalté par les perspectives de création d'une pépinière à Malicorne.

La donnée essentielle du développement et de la pérennité de ce nouveau secteur d'activité résidait, en premier lieu, dans la mise en place d'une société de production pouvant bénéficier des avantages relevant du statut agricole. Ceci afin qu'elle soit placée avec la concurrence, sur un pied d'égalité dans ses possibilités et ses charges : c'est ainsi que fut fondée la Société Civile Agricole des Pépinières et Roseraies Georges Delbard. Il lui fallait, pour réussir, bénéficier de moyens techniques appropriés. Nous verrons comment ils furent mis en œuvre, particulièrement au plan humain.

En deuxième lieu, il fallait ne pas oublier l'aspect économique.

On a souvent entendu dire que « l'économie prime tout ». C'est vrai que certains agriculteurs — des horticulteurs en particulier — n'ont pas suffisamment pris en considération, dans le passé, l'aspect primordial, capital, de la gestion : tout mettre en œuvre pour arriver à dégager un profit réel — aboutissement vital pour l'entreprise.

Or, en pépinière, il ne faut pas se tromper de cible. En effet, les productions végétales sont différentes de toutes les autres dans leur finalité. On ne peut les stocker, comme cela est possible pour n'importe quel produit industriel, en attendant l'opportunité d'une vente. Les plantes étant des êtres vivants, les invendus continuent à solliciter des soins, donc aggravent les dépenses. Si un débouché rentable — c'est toujours problématique pour les surplus — n'est pas trouvé, le déséquilibre de la trésorerie s'ensuit rapidement, avec ses conséquences inéluctables, dont la plus tragique est le dépôt de bilan. Nombreux sont les pépiniéristes français qui ont été placés dans cette situation pénible ces dernières années.

En vue d'accentuer les ventes j'avais publié en 1941 un catalogue prix-courant comportant des idées pratiques — très appréciées — pour les plantations de végétaux en général et l'exploitation des arbres fruitiers en particulier. En préface, une lettre — pleine de bonhomie — témoignait des rapports amicaux et confiants que je cherchais à établir avec mes clients. Mais cela était insuffisant.

Dès 1945 — et constamment par la suite — j'étais persuadé que ma percée dans la pépinière passait par des ventes effectives et progressives. Pour y parvenir et me faire connaître, le vecteur idéal était la belle publication envisagée pendant la guerre : un catalogue de luxe bien illustré, bourré de conseils techniques.

Avec le recul, je me suis posé plusieurs fois la question : pourquoi cet enthousiasme, cette confiance aveugle, alors que le secteur économique était devenu exsangue et qu'au plan professionnel nous sortions, en 1945, d'un hiver épouvantablement rigoureux (vingt-trois jours de neige, quarante et un jours de gel avec des minima de − 22°), ce qui, bien évidemment, pour nos débuts dans la profession, n'était favorable ni au plan commercial, ni à celui de la production. Malgré cela, dans l'euphorie de la liberté retrouvée, je me rends aussitôt chez l'imprimeur Draeger, détenteur en ses studios de ma collection de clichés de fruits en couleur. J'y suis, naturellement, accueilli avec empressement, car après la guerre, peu de gens songeaient à investir dans la publicité, tant les besoins matériels pour la vie courante étaient grands et les possibilités réduites en de nombreux domaines d'activités. De plus, le manque à peu près total de papier — attribué avec parcimonie par des bons de misère — interdisait même l'idée de diffusion de documents imprimés à grande échelle. Nous verrons comment je m'en suis sorti pour l'impression de mon livre : *Les Beaux Fruits de France.*

# L'enfantement des « Beaux Fruits de France »

*En 1946... j'ai 40 ans ! Un âge où l'on a la pleine possession de ses moyens !*

*Mon "brain trust" est réuni pour réaliser l'opération.*

# L'enfantement des « Beaux Fruits de France »

Arrivé chez Draeger, je suis reçu par les deux frères : Georges et Maurice, âgés tous les deux de plus de soixante-dix ans... et toujours fidèles à leur poste chaque jour ! Étaient également présents Louis Sol, directeur commercial, et Robert Renaud, représentant parisien. Au cours de la réunion, nous envisageons les possibilités et modalités de la réalisation de ce catalogue de luxe.

Tout à coup, l'un d'eux (je crois qu'il s'agissait de Georges Draeger) — un homme qui voyait loin — lance l'idée :

— Pourquoi, avec un tel capital photos, ne feriez-vous pas un livre sur les fruits et les arbres fruitiers, plutôt qu'un catalogue ?

Interloqué, je ne sais quoi répondre à cette idée surprenante, qui, sur le coup, me paraît démesurée compte tenu de mes possibilités et de mon savoir. Puis, après quelques instants de réflexion, je m'explique :

— Un livre : ce serait formidable ! Mais serais-je capable de réaliser une telle ambition au double point de vue financier et rédactionnel ?

Sur le premier point, Draeger me donne d'emblée des apaisements, précisant que cette question devrait pouvoir se résoudre :

— Sachant que vous avez toujours fait face à vos engagements, vous n'aurez jamais, de notre part, le couteau sur la gorge.

Nous venions de louer, au troisième étage de notre immeuble du quai, un petit logement où, précédemment, Mme Renaudin exploitait une fabrique artisanale de poupées.

Des deux pièces nouvellement récupérées, l'une fut affectée à la comptabilité, l'autre devint mon bureau. J'y réunis tout de suite mon *brain trust* pour étudier la proposition Draeger. Il y avait là ceux qu'on n'appelait pas encore les cadres, mais qui en assumaient bien la fonction. Les voici, en partant de la droite, sur la photo ci-contre :

— *André Caroli* (1), arrivé chez Delbard depuis peu de temps, technicien-praticien hors pair.
— *Jacques Breton*, retour de captivité depuis quelques mois, "maître jardinier" — promu chef du service commercial —, très conscient des désirs et besoins des amateurs.
— *Georges Delbard*, très motivé...
— *René Degout*, benjamin de l'équipe, qui venait juste d'intégrer mes établissements, était là en auditeur et pour exprimer — déjà — le point de vue de la seconde génération.
— *Jean Évrard*, ingénieur horticole, l'ami et le créateur des jardins dont les sages conseils étaient toujours pris en compte.
— *Roger Dury*, chef du service "revendeurs", à mes côtés depuis trois ans, avait de solides connaissances en publications horticoles.

J'apparus probablement assez enthousiaste et même convaincant, puisque la conclusion de ce colloque fut à peu près celle-ci : « A partir du moment où le patron a une nouvelle idée en tête, c'est comme si elle était déjà réalisée. » C'est en tout cas ce qu'ont affirmé à maintes reprises mes collaborateurs. Ça s'est révélé une fois de plus exact ce jour-là. Roger Dury et André Caroli spécialement prennent position : « On vous y aidera » (2)... C'était le détonateur attendu et nécessaire pour mettre la machine en route. Combien de fois ce soutien dévoué qu'on nomme « esprit d'équipe » m'a-t-il été octroyé !

Il me faut ajouter qu'antérieurement à cette prise de position collective, j'avais bien réfléchi à cet engagement hasardeux, ce qui est bien naturel pour une telle opération.

*(1) Un chapitre lui est consacré (cf. p. 310).*
*(2) Ils ont tenu parole : leurs noms figurent p. 4 des* Beaux Fruits de France *au chapitre de mes remerciements.*

# Première reproduction test par Draeger

*Une page de fruits en couleur (ici, réduite des 2/3)*
*1. Reine des Reinettes — 2. Golden Delicious (déjà !) — 3. Starking — 4. Reinette Baumann — 5. Red Delicious — 6. Reinette de Caux.*

# On se met au travail pour la réalisation

Autre motivation puissante à tenter l'aventure : l'insistance de nombreux clients à me demander des renseignements sur l'exploitation des arbres fruitiers et qui me disaient :

— Vos explications simples, vos schémas surtout nous permettent de voir clair dans ces problèmes complexes de la fructiculture. Pourquoi ne feriez-vous pas un livre différent des autres, où le texte viendrait en complément explicatif de l'image ?

Ainsi est née cette idée de "film" des opérations : plantation, greffage, formation, taille, etc. (sans oublier la parasitologie), dont l'ensemble s'apparente quelque peu par la présentation à la bande dessinée. Pour cette réalisation, j'ai eu la chance également de pouvoir puiser dans la riche documentation de la photothèque de M. J. Vincent à Versailles.

Toutefois l'objectif principal, la reproduction des fruits en couleur à partir d'un document photographique (1), restait le point prioritaire : le succès des *Beaux Fruits de France* vient de là.

On se met au travail.

Aussi souvent que nous le pouvions (car chacun avait ses propres obligations professionnelles), nous nous réunissions dans notre modeste "repaire", Roger Dury, André Caroli et moi, pour travailler à ce livre. Très tôt, nous nous apercevons que les contraintes de nos activités respectives sont telles qu'elles ne nous permettent pas d'avancer aussi vite que je le souhaitais et qu'il faudra s'y atteler... la nuit !

Alors les "cours du soir" s'organisent. Dury et Caroli (souvent Breton) viennent trois fois par semaine dîner à la maison. De vingt heures à vingt-quatre — et quelquefois jusqu'à deux heures du matin — nous rassemblons, commentons, les articles scientifiques et techniques issus de la documentation livresque. Un bon exercice pour apprendre son métier !

Pendant plus d'un an, l'entrée de notre salon, encombré de bouquins et de revues de toutes sortes, sera interdite... même à ma femme ! La collection complète de la *Revue horticole* — depuis 1835 — nous a apporté un précieux concours. Que de choses ne découvre-t-on pas aujourd'hui qui étaient déjà connues de nos ancêtres !... Que de sages enseignements nos aïeux nous ont laissés en héritage !... J'aurai l'occasion d'en faire la preuve au chapitre de l'arboriculture fruitière.

Sans nul doute les circonstances de l'après-guerre s'y prêtaient-elles, et la rage de réussir nous animait-elle au plus haut point, car je crois impossible — et même impensable — de réaliser pareille performance de quinze heures de travail quotidien en des temps normaux.

Nous attaquons la maquette. Draeger nous prépare plusieurs reliures et préconise un très beau livre. C'est vrai qu'à l'époque, grâce à son procédé 301, il est le premier imprimeur au monde pour la reproduction en couleurs et l'édition de luxe.

Pour me décider tout à fait, il prend les grands moyens. Il imprime deux pages en couleur et deux pages en noir : excellente idée. J'avais beau connaître ses nombreux tirages artistiques antérieurs, j'avais peine à imaginer un résultat d'une telle qualité, d'une telle vérité. Ce fut "le coup de foudre".

*(1) C'était une grande première : les publications antérieures en couleurs (tel le Décaisne) étaient réalisées par reproduction d'aquarelles.*

# La page des différents modes de greffage

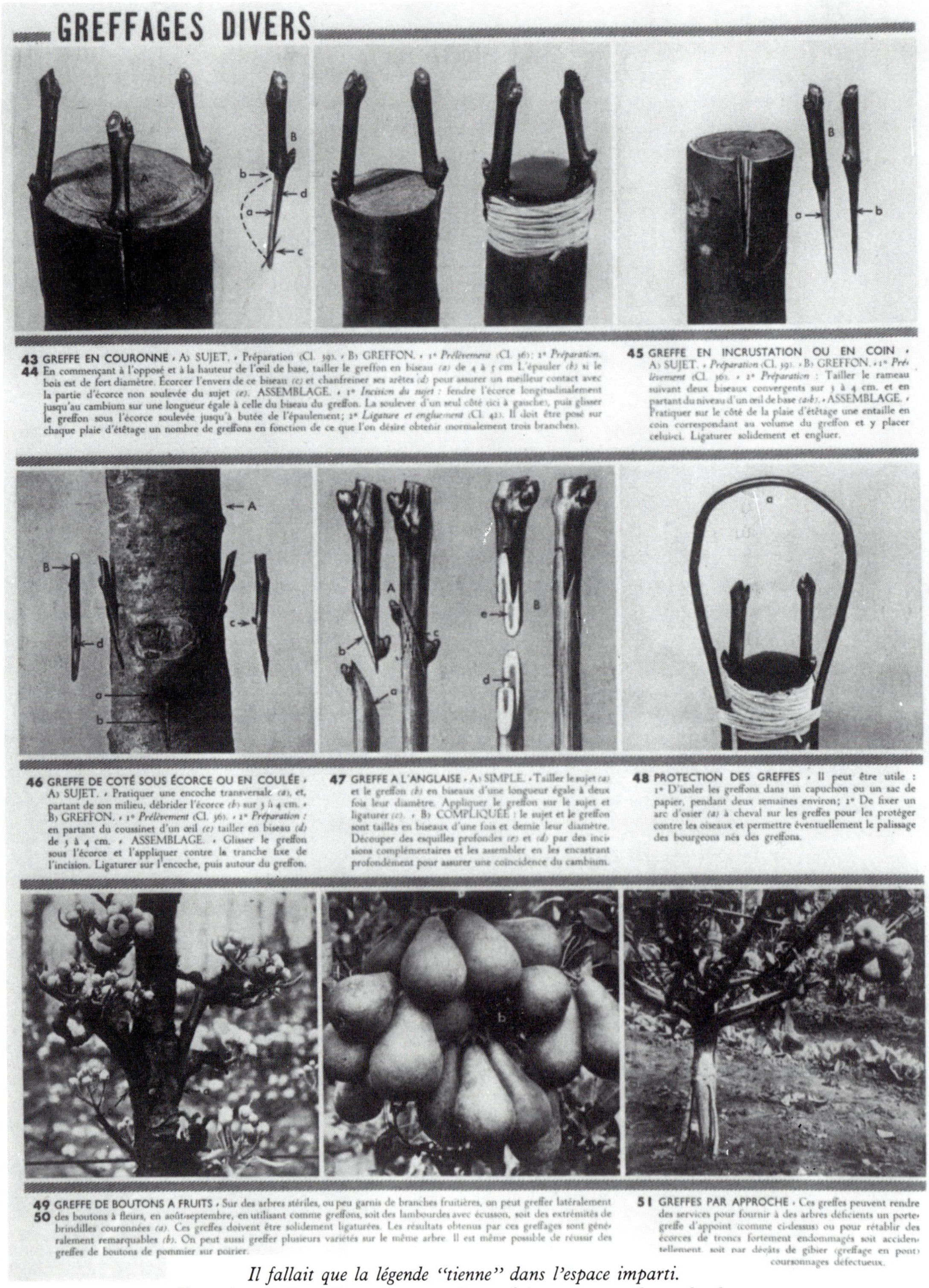

## GREFFAGES DIVERS

**43** **44** GREFFE EN COURONNE • A) SUJET. • Préparation (Cl. 39). • B) GREFFON. • 1° *Prélèvement* (Cl. 36); 2° *Préparation.* En commençant à l'opposé et à la hauteur de l'œil de base, tailler le greffon en biseau *(a)* de 4 à 5 cm. L'épauler *(b)* si le bois est de fort diamètre. Écorcer l'envers de ce biseau *(c)* et chanfreiner ses arêtes *(d)* pour assurer un meilleur contact avec la partie d'écorce non soulevée du sujet *(e)*. ASSEMBLAGE. • 1° *Incision du sujet :* fendre l'écorce longitudinalement jusqu'au cambium sur une longueur égale à celle du biseau du greffon. La soulever d'un seul côté (ici à gauche), puis glisser le greffon sous l'écorce soulevée jusqu'à butée de l'épaulement; 2° *Ligature et engluement* (Cl. 42). Il doit être posé sur chaque plaie d'étêtage un nombre de greffons en fonction de ce que l'on désire obtenir (normalement trois branches).

**45** GREFFE EN INCRUSTATION OU EN COIN • A) SUJET. • *Préparation* (Cl. 39). • B) GREFFON. • 1° *Prélèvement* (Cl. 36). • 2° *Préparation :* Tailler le rameau suivant deux biseaux convergents sur 3 à 4 cm. et en partant du niveau d'un œil de base *(a-b)*. • ASSEMBLAGE. • Pratiquer sur le côté de la plaie d'étêtage une entaille en coin correspondant au volume du greffon et y placer celui-ci. Ligaturer solidement et engluer.

**46** GREFFE DE COTÉ SOUS ÉCORCE OU EN COULÉE • A) SUJET. • Pratiquer une encoche transversale *(a)*, et, partant de son milieu, débrider l'écorce *(b)* sur 3 à 4 cm. • B) GREFFON. • 1° *Prélèvement* (Cl. 36). • 2° *Préparation :* en partant du coussinet d'un œil *(c)* tailler en biseau *(d)* de 3 à 4 cm. • ASSEMBLAGE. • Glisser le greffon sous l'écorce et l'appliquer contre la tranche fixe de l'incision. Ligaturer sur l'encoche, puis autour du greffon.

**47** GREFFE A L'ANGLAISE • A) SIMPLE. • Tailler le sujet *(a)* et le greffon *(b)* en biseaux d'une longueur égale à deux fois leur diamètre. Appliquer le greffon sur le sujet et ligaturer *(c)*. • B) COMPLIQUÉE : le sujet et le greffon sont taillés en biseaux d'une fois et demie leur diamètre. Découper des esquilles profondes *(e)* et *(d)* par des incisions complémentaires et les assembler en les encastrant profondément pour assurer une coïncidence du cambium.

**48** PROTECTION DES GREFFES • Il peut être utile : 1° D'isoler les greffons dans un capuchon ou un sac de papier, pendant deux semaines environ; 2° De fixer un arc d'osier *(a)* à cheval sur les greffes pour les protéger contre les oiseaux et permettre éventuellement le palissage des bourgeons nés des greffons.

**49** **50** GREFFE DE BOUTONS A FRUITS • Sur des arbres stériles, ou peu garnis de branches fruitières, on peut greffer latéralement des boutons à fleurs, en août-septembre, en utilisant comme greffons, soit des lambourdes avec écusson, soit des extrémités de brindilles couronnées *(a)*. Ces greffes doivent être solidement ligaturées. Les résultats obtenus par ces greffages sont généralement remarquables *(b)*. On peut aussi greffer plusieurs variétés sur le même arbre. Il est même possible de réussir des greffes de boutons de pommier sur poirier.

**51** GREFFES PAR APPROCHE • Ces greffes peuvent rendre des services pour fournir à des arbres déficients un porte-greffe d'appoint (comme ci-dessus) ou pour rétablir des écorces de troncs fortement endommagés soit accidentellement, soit par dégâts de gibier (greffage en pont) coursonnages défectueux.

*Il fallait que la légende "tienne" dans l'espace imparti.*
*Voyez les n° 46 et 47 : on ne pouvait pas faire entrer une lettre de plus...*

Face à cette démonstration éclatante, j'étais convaincu, et cela d'autant plus facilement que j'ai toujours aimé les belles impressions.

N'empêche que, malgré la faconde que j'affectais en présence de ma femme et de mes collaborateurs, j'avais parfois quelques moments de cafard consécutifs à des migraines effroyables. N'était-ce pas folie que de se vouloir "écrivain-éditeur" ? Activités ni tellement connexes ni complémentaires de celle de jardinier ! Et puis, ce livre aurait-il finalement l'impact que l'imprimeur prévoyait ?

Je sentais le besoin d'encouragements côté professionnel. Or, une bonne occasion se présentait : le congrès de la Société pomologique de France. Il avait lieu les 5 et 6 octobre 1945 à Paris, dans la grande salle de la Société nationale d'horticulture, rue de Grenelle.

Je pensai et crus dès l'abord trouver là, auprès de l'aréopage des "grands" de l'arboriculture fruitière réunis à cette occasion, l'appui moral dont j'avais besoin. J'attends la clôture des travaux (que j'avais suivis studieusement) pour monter sur l'estrade et entretenir en privé de mon projet les personnalités présentes. Il y avait là tous les grands noms de la pépinière du moment : Nomblot-Bruneau, Martin-Lecointe, Lécolier, Croux, Dermigny, etc. Il y avait naturellement aussi Pierre Saint-Olive, président de la Société pomologique, et Louis Chasset, son secrétaire général qu'il m'avait été donné de rencontrer plusieurs fois chez Truffaut, à Versailles.

Avec une confiance innocente, je présente aux sommités réunies les tirages Draeger en couleur et en noir inclus dans une pré-maquette. Dans ma candeur naïve, je croyais recevoir en échange au moins des paroles encourageantes... Ce fut au contraire des propos peu amènes, moqueurs, du genre : Quelle audace, quelle prétention manifeste ce "débutant", ce "jeunot" ! Comment peut-il se croire capable de mener ce travail à bien ?

Il me faut spécifier que j'avais omis de prendre en considération qu'à cette époque Louis Chasset mettait la dernière main à l'édition du *Verger français*, dont le tome I était sous presse et le tome II prévu pour 1948. Or, en raison du coût, ce traité important n'avait pu être imprimé qu'en noir ! Sans y prendre garde, je marchais donc dans les plates-bandes du secrétaire général omnipotent...

Deux années après, montrant le livre à l'ami Francis Meilland, à Tassin, je lui racontais cette histoire qui m'avait marqué. Il me répondit par une boutade que je n'ai jamais oubliée :

— Ami Delbard, le "coup de pied au cul" est le meilleur moyen de faire avancer très vite des tempéraments comme les nôtres.

Bien qu'ignorant cette formule magique à l'époque, j'en subissais les effets. Une fois encore, je relevai donc le gant, et le travail fut ainsi réparti :

André Caroli se voit chargé plus spécialement de la partie technique : greffage, taille, formation. Une grande partie des clichés en noir seront "mis en scène" par lui au studio Draeger.

Roger Dury doit rédiger les légendes. Ah ! ces légendes ! La mise en page adoptée exige que le texte "tienne" dans huit lignes de cinquante-sept caractères ou intervalles ! Pas un de plus... Enfermés dans ce carcan, bien souvent on devra se "taper la tête contre les murs" pour raccourcir, remplacer un mot par un autre, afin que ça "rentre". Ce sera mon travail, aidé par mon ami Jacques Bousquet, à l'époque secrétaire général à la Maison de la chimie. Et c'est cela, finalement, qui, avec la concision, a amené la précision. Un jeu de patience que je retrouve dans ce livre (seul cette fois), obligé, la plupart du temps, de faire cadrer le texte dans la page de droite avec les illustrations à gauche.

# ... Et les difficultés continuent

Au fur et à mesure que la rédaction avance, nous la soumettons au professeur Cuny. C'est un puriste. Parfois, pour un seul mot remplacé par un autre — je le reconnais, toujours plus précis — cela nous oblige à remanier nos textes. Souvent tout est donc à recommencer en fonction de ce carcan des quatre cent cinquante-six caractères. Je me souviens qu'un jour, celui qui deviendra mon meilleur ami me retourne tout notre travail accompagné d'un commentaire du genre : « Je ne suis pas d'accord avec vos idées modernes de présentation, qui empêchent de développer une idée comme il convient. Trouvez un autre censeur ! » Comme nous étions de tempéraments différents mais complémentaires — l'harmonie des différences avec l'existence d'atomes crochus —, je suis revenu une fois de plus à la charge, et la collaboration complice a pu continuer de plus belle.

J'obtins en effet du professeur Cuny qu'il rédige l'avant-propos du chapitre de *L'arboriculture fruitière*. Je l'ai relu bien souvent : il a valeur de doctrine permanente pour tous ceux qui s'intéressent à la production fruitière et, à ce titre, je crois utile d'en reproduire les termes à la fin de ce chapitre.

Je sollicitai aussi du professeur Roger Heim, alors directeur du Muséum et membre de l'Institut (1) (nous nous étions connus chez Georges Truffaut), de présenter le chapitre de *La parasitologie fruitière*, ce qu'il fit avec beaucoup de talent.

C'était là deux bonnes cautions dans le cadre de la profession et de la science.

Cependant, pour atteindre un grand public, il fallait plus encore.

La préface d'un livre est chose très importante. Le fait que l'ouvrage soit bien présenté, recommandé aux lecteurs par un grand nom, par une signature prestigieuse, est un gage de valeur, surtout lorsque ce texte en définit le sens et la portée en termes élogieux.

L'écrivain Georges Duhamel, docteur en médecine, académicien (2), était aussi un grand ami de la nature. Il affectionnait sa résidence de Valmondois (Val-d'Oise), où il a écrit *Fables de mon jardin*.

Choisir une telle sommité littéraire, n'était-ce pas un rêve un peu fou pour l'inconnu-débutant que j'étais ? C'est Elsa Triolet qui écrit (3) : « Le vrai rêveur est celui qui rêve d'impossible. » Alors, si cela est vrai, allons-y.

Cependant, avant même de faire cette démarche, il fallait tenter de résoudre un problème bien réel et qui paraissait insoluble à l'époque : le manque de papier. Ceux qui ont vécu l'immédiat après-guerre se souviennent bien que l'attribution de bons de papier n'excédait guère cinquante kilos. Draeger annonce : « Pour le tirage à vingt mille exemplaires de votre livre, il faut trente mille kilos de papier de luxe, non compris les emballages ! » Il ajoute : « Nous avons en stock ce qu'il faut. Depuis 1939, nous avons pu camoufler à l'occupant ce lot important. Nous serons heureux de vous l'attribuer... à la condition expresse que vous obteniez de votre ministère un bon de même importance nous permettant de nous réapprovisionner. »

*(1) Il deviendra président de l'Académie des sciences.*
*(2) Il a été secrétaire perpétuel de l'Académie française de 1942 à 1946 et président de l'Alliance française. A ce titre, il a donné de nombreuses conférences dans le monde entier, très préoccupé qu'il était du rayonnement intellectuel de la France.*
*(3)* Mille regrets, *Denoël édit.*

Me voilà parti derechef rue de Varenne, où je me présente directement au cabinet du directeur de la Production agricole. « Sans rendez-vous, me dit l'huissier, M. R. Braconnier ne peut vous recevoir. » J'insiste et déclare que j'attendrai jusqu'en fin de journée la sortie du titulaire de ce haut poste pour lui exposer ma requête.

M. Braconnier a rappelé cette entrevue dans le couloir du ministère lors de son discours au banquet de l'inauguration — qu'il présidait — de notre verger expérimental (le 13 septembre 1958) : « Quand j'ai entendu Georges Delbard me dire : il me faut un bon de trente tonnes de papier, je me suis demandé si ce n'était pas un canular... Puis, quand il m'eut exposé qu'il souhaitait me présenter la maquette de son livre, j'ai accepté de lui fixer un rendez-vous. Je me suis alors trouvé face à un homme décidé, obstiné, défendant l'intérêt de cette édition, m'expliquant que le papier était disponible, qu'il s'agissait d'un remplacement et finalement que je ne pouvais, selon lui, rien faire d'autre que d'en passer par là !... Ce que bien évidemment j'ai été obligé de faire... »

Par l'intermédiaire de Mlle Portaz, collaboratrice de Draeger, qui habitait Valmondois — une autre chance à saisir —, je fis pressentir Georges Duhamel. Après avoir sollicité quelques éclaircissements sur l'ouvrage, sur mon activité et le but poursuivi, la réponse fut négative : « Je n'ai jamais accepté de recommander ni de signer des publications ayant un quelconque caractère commercial. Je suis désolé, mais obligé de dire non. »

Essuyer un refus n'est jamais agréable. Pis... cela m'agace et m'irrite ; ma réaction, en semblable occasion, est connue.

Nous étions encore en plein travail de conception. Je pense : attendons patiemment d'avoir terminé la rédaction des textes et la mise en page... Ne nous décourageons pas !...

La maquette achevée, je prie la sympathique jeune femme qui avait déjà établi le contact avec Georges Duhamel de lui présenter l'ensemble de l'ouvrage avec les échantillons du tirage Draeger, pour lui en faire apprécier la qualité. Je n'oublie pas de joindre les *Avant-propos* des professeurs Léon Cuny et Roger Heim. Ce fut une heureuse idée que de lui dévoiler ces deux parrains.

Notre Immortel est surpris... agréablement ! Il sollicite la permission de garder ce travail quelques jours pour l'examiner à loisir. Il le lira de A à Z pour voir si — quelque part — il n'y aurait pas un couplet publicitaire : sa hantise. Sa seule remarque sera : « Cliché n° 38, vous avez écrit : pommiers hautes tiges contreplantées de cinq ans dans *nos* pépinières ; voulez-vous rectifier et mettre *en* pépinière ? »

Avec cette rectification qui exprimait bien toute sa philosophie, j'obtenais et son agrément, et la caution de sa notoriété.

La belle préface ci-après me parvint rapidement. En lisant le dernier paragraphe, je pris conscience des responsabilités assumées par l'auteur d'un livre de grande diffusion, surtout lorsqu'il se veut très technique. Cette découverte devait agir comme un stimulant dans toute mon action professionnelle ultérieure (1).

*(1) Le 28 avril 1948, moins d'un ans après la publication du livre, ma femme et moi donnions une réception intime à notre appartement du 16 quai de la Mégisserie pour fêter la vente du 10 000ᵉ exemplaire. J'en profitai pour remercier tous ceux qui m'avaient épaulé, au premier rang desquels se trouvaient : Georges Duhamel, Léon Cuny, Roger Heim, accompagnés de leurs épouses. Le succès de l'ouvrage fut une grande joie pour tous, et particulièrement pour le grand académicien, assez fatigué pourtant, mais dont le bonheur rayonnant donnait à penser qu'il ne regrettait rien...*

# Préface des « Beaux Fruits de France »

Les peuples, comme les individus, sont responsables des dons qu'ils tiennent de la nature, responsables des biens qu'ils ont acquis, conquis ou reçus.

Qu'ils en aient ou non la claire conscience, les peuples sont comptables de la civilisation qui est leur trésor commun ; mais si l'idée de variété, qui fait partie de la civilisation véritable, devait être confiée en garde au peuple qui en a toujours été l'apôtre et l'artisan, c'est au peuple français qu'elle serait remise ; c'est lui qui devrait en être le garant.

Tel peuple prépare un vin fameux, tel autre distille une seule sorte d'eau-de-vie, tel autre encore fabrique une seule espèce de fromage. La féconde uniformité n'est pas ce qui séduit ordinairement les Français.

On trouve, en France, autant de vins différents que de clos, autant de liqueurs que de propriétaires, autant de genres de fromages que d'herbagers. On serait tenté de dire que, lorsque la France est heureuse, chacun de nos fruits exhale un parfum inimitable.

C'est justement dans cette vertu de variété, dans cette richesse changeante que la France est aujourd'hui menacée. Le verger français a grand besoin de soins : deux guerres horribles l'ont appauvri et, par place, ravagé. La France, qui jouit d'une situation géographique exceptionnelle, d'un climat favorisé, d'un génie inventif, la France qui, pendant longtemps, a produit les plus beaux fruits du monde, la France va perdre sa renommée si elle ne se presse pas de prendre souci de ses arbres. L'idée que d'autres pays produisent en abondance des fruits honorables ne peut que nous ramener au sentiment de notre tâche particulière ; car si le goût de la diversité venait à succomber en France, il risquerait de ne pas trouver ailleurs, en ce siècle mécanisé, des refuges et des mainteneurs.

J'ai parcouru cent fois ma patrie, de la plaine à la montagne, du levant au ponant, de l'océan à la mer intérieure : trop de jardins sont abandonnés, trop de bons arbres sont en péril. Rien de plus triste que de voir souffrir et mourir un arbre. Si la civilisation scientifique donne à l'homme des armes efficaces, elle favorise aussi, par les échanges internationaux et intercontinentaux, la diffusion des parasites animaux ou végétaux ; c'est ce qu'a bien vu et dit Charles Nicolle que j'ai justement appelé le "philosophe de l'équilibre".

Par la mesure qu'il prend et par les conseils qu'il donne, l'État peut contribuer à remettre notre pays à la place privilégiée qu'il a longtemps occupée, qu'il doit occuper encore dans l'art de soigner les arbres et de produire de beaux fruits. Mais, surtout chez nous, en France, ce sont les individus qu'il faut rappeler au sentiment de leur devoir, à la connaissance de leurs traditions.

Ce sont d'abord les Français, ces gens gourmands et délicats, qu'il convient d'éclairer, d'instruire, de replacer chaque jour en face de leur gloire, de leur tâche, de leur plaisir et de leur intérêt.

L'auteur de l'ouvrage que l'on va lire se présente à nous comme un technicien d'abord, et ce titre suffirait à retenir notre attention, en un temps où le bon arboriculteur doit, s'il veut obtenir quelque chose de la terre, mettre en jeu des connaissances complexes qui sont celles du botaniste, du zoologiste, du chimiste, du météorologiste, de l'économiste et que sais-je encore ?

Mais le technicien me touche moins que l'apôtre. Ce que M. Georges Delbard entreprend aujourd'hui dans le dessein de sauver nos arbres, d'amender nos méthodes, d'enrichir nos resserres et de rendre à notre pays une de ses plus aimables couronnes, c'est une véritable croisade.

Quel Français de bon sens refuserait, à une si noble entreprise, sa curiosité d'abord, son assentiment ensuite et, s'il le peut, son concours ?

G. DUHAMEL, *de l'Académie française*

La conception de ce grand dessein a été laborieuse, mais enfin elle a trouvé son terme. Trois parrains de haut rang ont porté l'ouvrage sur les fonts baptismaux... Le père se doit d'être prêt à prendre sa destinée en charge. Pour l'impression, il faut, et il suffit, d'apposer sa signature précédée du classique « bon à tirer »... une chose facile !

Autre genre d'exercice : Draeger me présente une première note de 3 500 000 francs ; somme considérable répartie en sept traites de 500 000 francs avec règlement échelonné. Sur chacune, il faut écrire le fatidique « accepté » avec la signature. C'est aussi facile que le B.A.T., mais bougrement plus inquiétant.

Sur mon visage, la peur, l'angoisse devaient sans doute apparaître pareilles à celles de tout candidat à l'aventure qui n'ose franchir la rivière de peur de se noyer. Voyant cela, le directeur commercial Draeger s'adresse à moi :

— Nous connaissons bien votre situation financière : M. Renaud, notre agent, nous l'a exposée. *Ce livre sera un succès : nous en sommes certains* ; mais si vous voulez vous éviter toute responsabilité, un grand éditeur est très intéressé. Cependant, nous vous engageons à éditer vous-même votre ouvrage pour en garder le bénéfice intégral (1). Une demande de souscription lancée par un dépliant bien présenté doit vous amener une rentrée d'argent immédiate et suffisante pour faire honneur à vos engagements.

Pour avoir une idée de l'importance de l'enjeu, il faut se rappeler qu'en 1946 la terre valait 25 000 francs l'hectare à Malicorne. Les frais engagés équivalaient donc à l'achat d'une ferme de 140 hectares !... Il fallait avoir le cœur bien accroché et les nerfs solides pour prendre le risque d'une pareille somme à payer — sans un sou vaillant en caisse — pour un livre dont l'impact était difficile à évaluer...

Ce fut là un cauchemar pour mon épouse, plus vulnérable à cette époque qu'à toute autre, parce qu'enceinte du troisième enfant !

Le directeur Draeger continuait à m'observer. Après les quelques minutes de silence de rigueur à la suite d'un pareil coup d'assommoir, mais devant une telle marque de confiance, je n'ai pas voulu tergiverser davantage : j'ai signé.

Quelques semaines après l'envoi du dépliant, le compte en banque avait augmenté de près de cinq millions grâce à la confiance des souscripteurs. De quoi aller plus avant...

Je ne serais ni loyal ni reconnaissant si je ne racontais pas l'incroyable prophétie des frères Draeger au moment précis de l'acceptation des traites. « Le profit de cette édition vous permettra *d'avancer, de vous détacher* dans votre métier, au double point de vue technique et scientifique. *Un jour, vous aurez vos laboratoires de recherches...* »

Sur le coup, une telle perspective m'apparaissait irréelle, voire utopique. Mais, à la suite des résultats de cette souscription, je me suis dit : Puisqu'il existe un excédent financier, pourquoi ne pas l'affecter à un verger expérimental ? En fait, sans bien m'en rendre compte, je m'engageais dans la grande aventure prédite par Draeger. Quarante années plus tard, en une seule génération, elle s'est pratiquement réalisée en totalité, comme prévu par mes imprimeurs !

Voilà l'histoire vraie des *Beaux Fruits de France* : un défi mené à bien, dans une période pourtant bien incertaine, et ses prolongements heureux.

*(1) Conseil confirmé par M. Charrier, mon conseiller fiscal, qui m'engage à constituer une société d'édition... ce que je fais immédiatement.*

# Avant-propos des « Beaux Fruits de France »

La période pénible que nous venons de traverser (1) a révélé à beaucoup de nos concitoyens la place importante que les fruits pourraient prendre dans l'alimentation humaine.

La culture fruitière connaît de ce fait une faveur exceptionnelle, une vogue sans précédent. Beaucoup veulent l'entreprendre dans un but lucratif. De plus nombreux encore désirent être initiés dans l'art qu'elle constitue à leurs yeux pour y rechercher, au cours de leurs vieux jours, des satisfactions d'un ordre moins strictement matériel.

Elle a donc pour nous deux aspects : l'un commercial, l'autre familial, assez divergents l'un de l'autre ; mais, dans les deux cas, ses données fondamentales restent les mêmes.

Ces données fondamentales résultent : en France, d'une expérience prolongée, amassée bribe par bribe, surtout depuis l'époque de la Renaissance, par l'observation attentive de faits successifs ; à l'étranger, à la suite de recherches de laboratoire plus méthodiques, qui expliquent plus profondément les phénomènes constatés dans la pratique, sans cependant arriver à en modifier substantiellement le cours.

L'expérience française est disséminée dans les activités d'une importante cohorte d'arboriculteurs de vieille souche. Elle est à champ restreint mais immédiatement applicable. Elle est encore très perfectible, tandis que l'expérience étrangère domine les problèmes de l'avenir, mais ne semble pas immédiatement transposable dans les exploitations artisanales françaises.

Un avenir prochain permettra sans doute de les conjuguer pour assurer un mieux-être à nos populations et, à nos vergers, une prospérité accrue.

Pour cultiver les arbres avec profit, il importe avant tout de les bien connaître dans leur structure, dans leurs exigences.

Cette connaissance n'est pas aussi familière qu'on pourrait le penser. Elle s'impose cependant pour fournir à l'observation une base solide, aux fins de déceler, dans l'aspect extérieur de ces arbres, dans les résultats obtenus sur eux, les imperfections de fonctionnement auxquelles il convient de remédier par des soins ou une technique culturale appropriés.

La culture n'a pas d'autre objet que celui de dégager au maximum les aptitudes potentielles de chacun, de les soustraire aux risques extérieurs, d'assurer en somme simultanément leur longévité, leur productivité, leur sécurité.

Les exigences vitales des arbres sont représentées par une nature de sol, un espace suffisamment étendu, une limite de rusticité. Elles constituent un cadre strictement délimité hors duquel il est à la fois dangereux et vain de vouloir s'aventurer. Elles sont naturelles et irréductibles. Leurs aptitudes dépendent donc, en premier lieu, de facteurs extérieurs qui échappent pratiquement à toute action fondamentale après la plantation. La sagesse initiale est dans la reconnaissance de ce fait, dans son acceptation comme une servitude inexorable au moment de l'élaboration du programme de peuplement d'un jardin, d'un verger, d'un parc fruitier quelconque.

Cela se traduit pratiquement par un choix d'espèces et de variétés adaptées, puis par la détermination d'une densité de culture ou de plantation en fonction de la richesse du sol, des dimensions que pourront avoir, à l'état adulte, les arbres choisis.

Même dans une plantation idéalement conçue et aménagée, la productivité des arbres qui la constituent a un terme qui ne peut être outrepassé sans conséquences fâcheuses, dont l'alternance des récoltes est la plus évidente.

*(1) Écrit en 1946, au lendemain de la guerre.*

# Avant-propos des « Beaux Fruits de France »

Une plantation fruitière, même parfaite à son origine, reste, dans la main de l'arboriculteur qui doit l'exploiter, un instrument toujours délicat, exposé à de multiples risques, prévisibles certes dans leur nature, mais non dans leur importance momentanée.

Sa conservation, son rendement, exigent des soins qui ne sont réellement efficaces que s'ils sont à la fois avertis et suivis. Leur rôle est d'assurer aux arbres plantés, et jusque-là bien venus, un fonctionnement équilibré, de les aménager périodiquement en conformité avec le climat, de les alimenter en fonction du travail utile qu'ils fournissent et enfin de les défendre contre les nombreux parasites qui toujours disputent à l'homme les produits de la nature.

Il leur faut une inspiration qui ne peut être ni exclusivement livresque ni systématique. Le bon sens, l'à-propos, doivent être à leur origine.

Dans les cultures à but lucratif, le souci des prix de revient impose toujours une confrontation des valeurs momentanées respectives du travail et du profit supplémentaire auquel ce travail peut conduire.

Un programme de culture est de ce fait toujours discutable. Suivant les exigences et l'époque, il peut être relativement simple ou, au contraire, complexe et méticuleux. Il évolue nécessairement avec l'âge des arbres auxquels il s'applique, et l'intelligence y occupe une place souvent plus importante que l'habileté manuelle. Les soins qu'il comprend sont de diverses natures ; ils peuvent s'appliquer au sol, à l'ambiance ou aux arbres.

Par ses abondantes illustrations, l'ouvrage *Les Beaux Fruits de France* constitue une excellente et concrète initiation à tous ces jugements, à tous ces travaux. Dans un texte concis, l'auteur résume les connaissances acquises en France au cours des trois derniers siècles. Elles sont présentées d'une façon claire, vivante et ordonnée. En rassemblant une documentation exceptionnelle, M. Georges Delbard a voulu faire œuvre neuve et utile. Il a incontestablement réussi à atteindre ces buts.

Les pépiniéristes trouveront dans le chapitre concernant l'élevage une vue d'ensemble qui pourra inspirer des améliorations substantielles dans leur propre technique.

Les arboriculteurs amateurs et professionnels liront avec intérêt les chapitres concernant la taille pour entretenir, dans les meilleures conditions, les arbres qui peuplent leurs domaines.

Les pomologues retrouveront dans les abondantes illustrations de l'ouvrage une représentation fidèle autant que somptueuse des fruits qu'ils cultivent, qu'ils apprécient sans parfois en connaître les noms.

Le lecteur, soucieux simplement de documentation générale, pourra réaliser pleinement la complexité du problème du jour, dérivée de l'infinie variété de la flore fruitière de nos champs, de nos vergers, de nos jardins et de l'étendue des ressources offertes par elle.

Hors de France, dans les pays récemment venus à la culture fruitière, ce livre aura la valeur d'un document historique.

Puisse-t-il être de toutes parts un heureux ambassadeur des fruits de France qu'une production artisanale amplifiée, qu'une économie nouvelle et une vieille expérience préparent pour les générations à venir.

L. CUNY
*Maître de conférences à l'I.N.A.*

*Réduction de la couverture — en couleur — de l'édition originale (au format de 27 × 36).*

# Deux accouchements simultanés :

## « Les Beaux Fruits de France »... et Guy, notre troisième fils

A l'époque, la parution d'un ouvrage auquel — toute modestie mise à part — on s'accorde à reconnaître quelque qualité ne passa pas inaperçue en France, ni même à l'étranger (1). Les nombreux témoignages d'intérêt qui me parvinrent montrent que chaque lecteur le perçut porteur de renommée et de confiance pour mes établissements. Cela me permit de mettre à profit les prolongements qui devaient en découler. Tous les souscripteurs et clients connus reçurent régulièrement les prix courants et catalogues des productions de pépinière qui ne furent imprimés en couleur qu'en 1960, année du vingt-cinquième anniversaire. Sur le plan financier, il en est donc résulté une double bonne opération, puisque la publicité de prestige découlant du livre m'a permis : de réduire les dépenses du catalogue annuel jusqu'en 1960 ; et, plus encore, de gagner de l'argent (2) avec la vente du livre.

Bénéficiant en outre de deux atouts favorables à la réussite : une clientèle potentielle "haut de gamme" et une trésorerie équilibrée, les établissements Georges Delbard prenaient un départ foudroyant.

J'ai consacré une grande place à "l'épopée" des *Beaux Fruits de France*. Le sujet en valait la peine, ce me semble, dans mon autobiographie.

N'est-il pas singulier et merveilleux qu'un livre soit à la base du développement d'une importante affaire horticole — sa véritable clé de voûte, de quelque façon...

L'auteur de ce *best-seller* horticole est-il condamnable s'il en tire un certain sentiment de fierté ? Existe-t-il en France ou de par le monde une autre entreprise dont l'expansion soit "le fruit" d'un livre : la question reste posée.

Le jour de la sortie du premier exemplaire — coïncidence étrange — naissait notre "petit troisième" : Guy. Apportant le livre à la clinique, je dis à ma femme : « Nous avons mis au monde nos enfants en même temps. C'est un beau présage ! » L'optimisme était de rigueur, et la bonne humeur de la partie. A telle enseigne qu'à mon épouse, qui se plaignait un peu de n'avoir pas eu la fille désirée et sollicitait une "recette" de son accoucheur, le professeur Lepage, homme plutôt froid et très réservé d'ordinaire, répondait : « Je n'en connais qu'une seule : changez de mâle ! »

*(1) J'ai reçu de nombreuses lettres de félicitations d'éminentes personnalités étrangères : ministres, scientifiques, etc. Grâce à l'impact des* Beaux Fruits de France, *mon premier voyage aux U.S.A., en 1949, sera une réussite totale. Exposé à la place d'honneur dans plusieurs Universités, notamment celle de Californie, à Davis, où je l'ai découvert trônant dans la vitrine centrale de la bibliothèque, cela m'a fait chaud au cœur de voir mon ouvrage autant apprécié dans la célèbre université de ce grand pays.*

*Toujours à ce propos, je voudrais rapporter une anecdote récente... assez étonnante. En 1982, je faisais un premier voyage d'études au Kenya. Mon cousin Guy Robin, résidant à Nairobi, avait organisé le circuit. Nous nous trouvions à Kitale, près de l'Ouganda, chez M. Andersen, seul producteur kényan de fruits de pays tempérés. Au cours de la visite du verger — comme à mon habitude — je n'avais pas craint de critiquer les lacunes constatées. Notre hôte, nonagénaire plein de vitalité et sûr de lui, en était franchement agacé. Malgré tout, un très bon repas nous est offert. Passant au salon pour le café, M. Andersen nous quitte quelques instants et revient, triomphant, avec un livre sous le bras : « Voici, annonce-t-il, l'origine de ma réussite ! », et il me tend...* Les Beaux Fruits de France *! Nous éclatons de rire, mon cousin et moi, ce qui sur le coup indispose encore plus notre arboriculteur, décontenancé par notre hilarité. Jugez de sa stupéfaction en apprenant qu'il a devant lui l'auteur du livre fétiche... acheté en Suède ! Passe encore pour l'Europe, mais vivre cette scène au fin fond du Kenya, avouez que c'est plutôt inattendu et passionnant !*

*(2) D'après Draeger, cette publication représente — avec les cartes et les guides Michelin — les seules publicités porteuses de bénéfices spécifiques.*

# Le début de la pépinière...

Nous sommes en 1946. Je prends le risque de commander trente mille porte-greffes fruitiers. Février est un mois souvent froid en Bourbonnais. Cette année-là, la température était plutôt clémente. Le livre en bonne voie de réalisation permettait d'espérer un regain de commandes. Déjà nous avions à fournir les arbres pour un verger de trente hectares chez M. Monmirel, ferme Saint-Christophe à Gonesse, près du Bourget. Il fallait donc passer à une production intensive.

C'est un plaisir pour moi de raconter les tribulations du premier approvisionnement de Malicorne en porte-greffes fruitiers, combiné avec l'approvisionnement en victuailles de mes collaborateurs parisiens (1).

Je sollicitai Momenceau, transporteur à Versailles, qui pilotait un vieux camion à gazogène tout bringuebalant. Lui exposant mes réserves quant à son assurance de faire sans encombre le trajet Paris-Angers-Malicorne-Paris (plus de mille kilomètres avec un matériel si vétuste), il me répondit : « N'ayez aucune crainte ; avec une tenaille, un marteau et un peu de fil de fer, je peux aller au bout du monde. » Alors en avant ! On entreprend donc le voyage avec l'ami Maurice Augagneur, tous les trois dans la cabine démunie de pare-brise. La traversée de la Sarthe nous permet de voir des volailles plein les champs ; on s'arrête plusieurs fois dans les fermes pour acheter dindes, oies, poules, lapins, etc.

A Angers, François Delaunay, pépiniériste, avait préparé à notre intention deux fûts de "coteau du Layon". Nous les dissimulons au fond du camion, sous le lot important de porte-greffes fruitiers, et nous reprenons la route pour Malicorne.

Dans cette vieille guimbarde, les fils des circuits électriques étaient pratiquement à nu, d'où, de temps à autre, des courts-circuits qui provoquaient l'éjection de tous les volatiles sur la route et dans les champs... Et pourtant nous avions pris la précaution de leur lier les pattes et les ailes... Un véritable cirque !

Nous étions chargés au double de la normale. Arrivés à Culan, il fallut prendre un chemin de déviation non empierré. Il avait plu, c'était au crépuscule, le camion s'essouffle dans la côte, on le sent prêt à rendre l'âme... Que faire ? Un seul moyen, dit notre placide chauffeur : recruter trente bonshommes qui remplaceront avantageusement les chevaux du moteur. Ce qui s'est avéré exact.

A Malicorne, mes parents avaient tué le cochon. Maurice Augagneur en demande un autre pour son compte. Du beurre, d'autres volailles nous attendaient... J'avais demandé aussi du combustible, article introuvable à Paris (2) : il s'agissait du "charbon de guerre" commentryen (en réalité, c'était du schiste). Mieux que rien. Bref, après déchargement des végétaux, le camion était à nouveau bourré, mais de ravitaillement cette fois. Le trajet Malicorne-Paris se fit la nuit, sans encombre. Le conducteur s'endormait malgré le vent qui nous fouettait le visage (pas de pare-brise). Il me disait : « Chantez la *Java bleue*, sans ça on va au fossé... » Sur une grande partie des trois cents kilomètres, j'ai donc dû pousser la romance. Naturellement je suis arrivé complètement aphone, avec une bonne angine. Il était cinq heures du matin.

A cette heure, personne pour décharger ; le camion stationnait donc rue Saint-Germain-l'Auxerrois devant notre resserre, en attendant l'arrivée des employés, à huit heures.

Or, le contrôle économique existait toujours. La surveillance était même très active et sévère autour des Halles. Deux agents de ce service n'avaient pas été sans remarquer ce camion au contenu hétéroclite et suspect !

*(1) Je rappelle qu'en 1946 tout n'allait pas pour le mieux à ce sujet — à Paris surtout.*
*(2) Nous nous chauffions à la tourbe, qui dégageait une fumée et une odeur épouvantables.*

# ... donne lieu à un drôle de « fait divers »

Ils attendaient patiemment le moment du déchargement. A peine celui-ci commencé, ils se présentent et sollicitent des justificatifs. On vient me prévenir dans ma chambre. Je demande qu'on fasse monter immédiatement les deux inspecteurs pour un entretien (1)... malgré mon extinction de voix. « Pendant ce temps, dis-je, déménagez toutes les victuailles — surtout les deux cochons — dans le logement du père Cassier... » On venait d'enterrer le pauvre homme la veille au soir : les tentures funèbres étaient encore sur les portes d'entrée de l'immeuble. « Ne laissez dans le camion que le vin et le charbon. »

J'explique à mes deux agents que je n'ai rien d'un spécialiste du marché noir : je ne suis qu'un honnête patron préoccupé du ravitaillement de ses collaborateurs. Ils partent à moitié convaincus et précisent : « Nous allons faire notre enquête. » Ils interrogent nos voisins, mes employés. Le rapport ne contient que des attestations favorables. Ils se décident à passer l'éponge, sous condition de présenter un congé pour le transport du vin dans le délai d'une semaine... ce qui fut fait grâce à mon frère qui avait eu la bonne idée de louer un petit vignoble près de Vierzon.

Sur les tréteaux qui avaient supporté le cercueil, les volailles furent réparties, les deux cochons débités par les amis Bordet et Augagneur reconvertis en charcutiers. Une histoire tragi-comique qui se terminait bien, mais qui aurait pu être très grave. Nous risquions une forte amende, la confiscation des marchandises (ce qui aurait été rageant) et du camion, dont la valeur était celle de la ferraille, mais qui permettait encore à son propriétaire d'en vivre.

*La recharge du gazo-bois.*



*(1) Notre domicile était à deux pas du magasin.*

# André Caroli, premier technico-commercial,...

Ces développements et considérations nous mènent assez loin de mon propos où je spécifiais qu'en 1945 j'avais fait choix d'André Caroli pour le poste de technico-commercial chez Georges Delbard S.A. Faisons donc encore un retour en arrière, tant il est vrai que le chevauchement de mes activités à Malicorne et à Paris complique le récit.

La compétence technique est, en effet, aussi nécessaire en amont qu'en aval dans notre métier. Le client accorde volontiers sa confiance totale à la firme qui lui donne le plus de garanties par son sérieux et son aptitude à comprendre et résoudre ses problèmes personnels. André Caroli fut le premier artisan de cette action nécesssaire, contraignante, mais bien agréable aussi par certains côtés. J'ai déjà cité son nom pour sa contribution à l'édition des *Beaux Fruits de France*. Je me dois ici d'expliquer ce qu'a été l'homme et ce qu'il a fait pour Delbard. Ma tâche sera facilitée par un discours du professeur Cuny.

Le 23 janvier 1966, ce dernier remettait à André Caroli la cravate de commandeur du Mérite agricole (1), en présence de la majeure partie de ses anciens élèves et de la famille Delbard. Il me suffit donc d'extraire les passages les plus significatifs de son allocution :

« ... André Caroli n'eut pas une jeunesse heureuse, ouatée et guindée. Orphelin de père et de mère dès l'âge de neuf ans, il s'est fait lui-même. A sa sortie de l'orphelinat Saint-Michel à Priziac (Morbihan), il a seize ans. C'était en 1911. Il ressent l'appel de la terre, de ses besoins, comme des trésors d'indépendance qu'elle accorde à ceux qui l'aiment.

« ... L'horticulture l'appelle et l'accueille pour un apprentissage rebutant par certains des aspects qu'il revêtait alors. Il en ressentit vite les imperfections, car l'horticulture n'est pas seulement une tâche manuelle. Elle exige une connaissance étendue du monde végétal. Elle comporte aussi des spéculations, des manifestations de caractère, des décisions à échéance lointaine à prendre (2) qui ne reposent que sur l'acquis personnel et l'intelligence.

« ... C'est par un stage d'études botaniques à Riantec qu'il complète l'ébauche de sa formation. »

Après avoir rappelé ses états de service pendant la guerre 1914-1918 (engagé à dix-huit ans dans un bataillon de chasseurs, sa vaillante conduite au front lui valut la médaille militaire et plusieurs citations à l'ordre de l'armée), le professeur Cuny précise qu'il a fait la connaissance d'André Caroli, alors chef jardinier chez la baronne Léonino de Rothschild à Wideville. C'est là qu'en 1935 il le pressent pour la direction de l'École d'horticulture de Meudon. Il continue :

« ... En été 1940, dans l'anarchie de l'exode, il fut à la fois un maître, un chef et un véritable père pour les jeunes gens qu'il avait la charge morale de guider dans leur désarroi.

« Pratiquement seul, il sut reconstituer l'école, qu'il dirigea jusqu'en 1945, date de son entrée chez Delbard... »

Il restera dix-neuf ans à mon service, jusqu'à la retraite en 1964. Connu comme le loup blanc dans le milieu horticole, il sut guider vers le succès les amateurs (et aussi des professionnels) dont la vocation terrienne, née pour beaucoup de la Seconde Guerre mondiale, ne suffisait pas à faire des jardiniers avertis.

*(1) Distinction rare... Le nombre des promus est seulement d'une cinquantaine chaque année pour l'agriculture et l'horticulture.*

*(2) Coup d'œil de mon côté!*

Que de kilomètres parcourus avec la petite moto d'abord, puis avec la 4 CV pour accomplir sa mission, qui consistait à enregistrer des commandes... mais avant tout à conseiller et à satisfaire le client. André Caroli a été le type parfait du technico-commercial consciencieux et dévoué. A quatre-vingt-dix ans (en 1985) (1), il s'émerveillait encore devant toutes les beautés florales et fruitières, et mon chagrin est grand qu'il ne puisse lire ces lignes. Sa vie est la démonstration parfaite qu'un jeune homme courageux, tenace, enthousiaste, fortement motivé pour l'horticulture, ne peut pas ne pas réussir dans le plus beau des métiers.

Mais André Caroli ne vint pas seul chez Delbard. Dès 1946, trois de ses meilleurs élèves furent embauchés par ma société :

— René Degout est maintenant directeur de la division « magasins ». Il supervise toutes nos « jardineries ». C'est un poste important où il excelle.

— Raymond Guillois est directeur du magasin de Paris. C'est, de plus, un excellent technicien horticole.

— Claude Chaullet est chef de notre établissement d'Evry — poste difficile, contraignant, où il doit beaucoup "payer" de sa personne.

Tous trois sont donc devenus cadres de haut niveau, avec tout ce que cela comporte de dévouement et de responsabilités assumées dans une profession saisonnière aux multiples produits commercialisés. A leur retraite, s'ils partent à soixante ans, ils auront œuvré quarante et une années dans la même maison, en y gravissant constamment les échelons.

Dans la firme commerciale Georges Delbard S.A., d'autres anciens les suivent de près, parcourant le même chemin. Louis Vallin, retraité en 1985, Bernard Guillois, Roger Le Creurer et Jean Godon (qui assume actuellement les fonctions d'André Caroli) font d'ores et déjà partie intégrante de l'encadrement de nos établissements.

C'est ma plus grande fierté que d'avoir pu faire évoluer des adolescents, et cela dès 1944, vers des postes de responsabilité leur procurant des situations enviables en horticulture.

*Banquet pour la remise de la cravate de commandeur du Mérite agricole à André Caroli.* De face et de droite à gauche : *G. Delbard, Mme Cuny, A. Caroli, Mme G. Delbard, R. Sincé. R. Degout* (X) *et R. Guillois* (XX).

*(1) Décédé le 20 décembre 1985.*

Le lancement du livre nous a amenés à l'année 1947, mais je suis conduit à revenir plus arrière, en 1945 — année du démarrage des pépinières à Malicorne — pour commenter le choix et la personnalité des hommes auxquels je confiais des responsabilités dans cette production.

L'engagement financier en pépinière est considérable et à très long terme. Il ne faut donc pas se tromper quant aux capacités professionnelles des principaux collaborateurs dont on s'entoure. Un support humain expérimenté, sérieux, efficace, est nécessaire pour les deux principaux axes du métier : production et commercialisation. Le premier fut attribué à Paul Duthoit à Malicorne, le second, sous la direction de Jacques Breton, à André Caroli, collaborateur de la firme à Paris.

J'ai déjà parlé d'André Caroli. Je voudrais maintenant analyser les raisons qui m'ont déterminé à faire choix de Paul Duthoit.

A Malicorne, les vergers et la petite ferme étaient gérés depuis 1942 par Pierre Giraud, qui fut mon premier ouvrier et par la suite mon premier cadre. Malgré sa bonne volonté, son travail assidu, son attachement inconditionnel, ce collaborateur dévoué était dépassé par les exigences spécifiques de cette nouvelle activité de pépinière qu'il n'avait jamais pratiquée auparavant.

*André Caroli commente le principe de l'inclinaison du tricroisillon Delbard.*

*Paul Duthoit s'applique au masticage d'une greffe en fente.*

Paul Duthoit, au contraire, était un praticien chevronné. Le voilà donc embauché comme chef de culture, arrivant à Malicorne début mai 1945. Il avait une solide expérience de la production des rosiers et des arbres fruitiers, résultant de ses nombreux postes dans les pépinières du Nord de la France, en Belgique et enfin dans plusieurs firmes de la région parisienne. Quiconque a beaucoup vu peut avoir beaucoup retenu, cela est fondamental en horticulture, où chaque exploitant a son propre tour de main. Tout cela renforcé — *dixit* Paul Duthoit — « par le feu sacré de ce noble métier qui apporte tant de joies profondes et de félicité ».

Quinze années de travail en région parisienne, pour le "fou de l'horticulture" qu'il se nommait, était une garantie pour la mise en route d'une production de qualité. Il est certain que nulle part en France — ni dans aucun autre pays —, il n'existait, dans la première moitié du XX^e^ siècle, un ensemble de pépinières comparables à celles de l'Ile-de-France quant à la diversité des produits, à leur qualité et à leur valeur marchande (1). Particulièrement la région de Vitry-sur-Seine était le fief des arbres fruitiers bien formés. Le choix d'un chef de culture issu de ce milieu représentait donc pour moi "le bon choix".

Il m'est toujours apparu, depuis mon arrivée à Versailles dans l'horticulture, que la bonne qualité intrinsèque d'un végétal quelconque est fondamentale... même au risque d'un prix légèrement plus élevé. Certes, le prix est, à l'achat, un élément de décision important à ne pas négliger (et même à bien étudier), mais non primordial à mon avis, car il faut d'abord penser assurer la pérennité d'une exploitation de pépinière grâce au renom. Le prix s'oublie, la qualité reste : ce dicton est d'autant plus valable lorsque, tout naturellement, le végétal donne satisfaction dans le temps à l'acquéreur. C'est en cela, je le répète, que notre métier diffère des autres. Nous vendons des produits *vivants*, qui doivent s'épanouir pour satisfaire l'acheteur. Or, ce n'est jamais facile, jamais du "tout cuit", pour employer une expression populaire. Après la transaction commerciale, le client, devenant responsable, doit prendre le relais pour les bons soins à donner : il l'oublie malheureusement quelquefois !...

## De bons élèves...

Voici donc Paul Duthoit à pied d'œuvre à Malicorne depuis 1945 (2), ayant réceptionné les plants porte-greffes arrivés d'Angers en février 1946, comme déjà dit. Il lui faut de l'aide. Deux candidats se présentent, qui seront ses élèves :

Le premier, Albert Delangle, en novembre 1946, avait quelque expérience du métier, grâce à ses stages en différentes pépinières angevines. L'autre, Robert Fauchon, diplômé de l'École d'agriculture de Neuvic, mais sans qualification horticole pratique, arrive en octobre 1947.

Ils sont tous les deux intelligents, doués de bon sens et travailleurs. Ils seront les disciples — souvent contestataires — du "professeur" Paul Duthoit. Il y a un bon côté dans le fait de n'avoir pas été formé tout jeune dans le moule des principes sacro-saints d'une carrière qui, si on n'y prend garde, vous y enferme la vie durant. Ce bon côté, c'est l'esprit critique et novateur. Un œil neuf — sans *a priori* — peut, à l'âge adulte, avec du bon sens, être en mesure de remettre en question les méthodes anciennes les mieux établies. Nous avons pris un malin plaisir, Robert Fauchon et moi, à le faire souvent.

*(1) La plupart ont disparu, victimes de l'urbanisation et de la rareté de la main-d'œuvre agricole en région parisienne. Sans le savoir, en créant la pépinière de Malicorne, je préfigurais la décentralisation...*
*(2) Après avoir bien rempli son contrat, Paul Duthoit quittait Malicorne en 1951 pour retourner en région parisienne.*

# La préparation du sol

*Jean-Louis Bourgeon avec ses deux chevaux et la charrue brabant qui laboure à 25 centimètres.*

*La charrue-balance laboure (ou plutôt défonce) à 70/80 centimètres!*

Cette première commande de porte-greffes fruitiers pourrait faire croire que mon objectif initial était déjà la création d'une pépinière industrielle. Je serais devenu tout à coup bien prétentieux si je l'affirmais ici. En réalité, le départ de l'exploitation à Malicorne s'est fait sur un défi irréfléchi, sans programme défini et précis. Simplement (je l'ai déjà noté) parce que la ferme familiale, qui devait m'échoir, était là, évitant la dépense pour l'achat de terres ailleurs, et permettant d'assouvir *ipso facto* mon désir profond de devenir rapidement pépiniériste à part entière.

Les débuts furent très modestes : je ne voulais pas non plus prendre trop de risques d'investissements financiers en matériel (1). C'est ainsi, par exemple, que le vieux canasson hérité de mes parents eut, chaque année, un, puis deux, puis trois autres chevaux de trait pour "l'épauler". Jusqu'en 1950, année de l'acquisition du premier tracteur, suite à mon voyage aux U.S.A., la traction animale fut de règle pour les engins culturaux.

Mais la préparation préalable des sols destinés à la pépinière nécessite un labour profond. Sans trop réfléchir aux conséquences, je commandai chez un constructeur de Seine-et-Marne... une charrue-balance dont j'avais vu le bon travail chez les betteraviers de la Brie. Dans ma candeur naïve, en imaginant cette défonce, j'assimilais la qualité des limons profonds d'une des régions les plus fertiles de France à celle de nos *ch'tites* (2) terres de la Combrailles bourbonnaise.

Jadis, mon grand-père "labourait" — je l'ai dit — à l'araire à quinze centimètres de profondeur. La charrue à versoir qu'a utilisée mon père, comme les autres agriculteurs, permettait de "descendre" à vingt-cinq centimètres au maximum avec la traction de quatre bonnes vaches bouvières. C'était bien insuffisant pour l'enracinement des arbres fruitiers et des rosiers. En bonne logique — du point de vue du sol — pareilles cultures auraient dû être implantées, dans notre région du Centre, dans les terres profondes de la Limagne ou de la vallée de l'Allier... Oui, mais une telle installation m'aurait coupé de mes racines... à moi ! C'était impensable... et impossible financièrement aussi.

Voilà donc la charrue-balance en action au champ des Orapins, à l'emplacement actuel du stade. Un agriculteur voisin, ami du progrès — Eugène Michard de Salvert —, veut bien me "prêter la main" : son puissant tracteur Latil à quatre roues motrices remorquera mon engin tout neuf. En avant pour la grande première !...

Naturellement, tous les *bounhoumes* (3) (cultivateurs) du bourg sont là. Ils viennent voir fonctionner ce curieux *artillage* (4). Pendant toute la durée du labour, je suivais le "monstre" pas à pas. Arrivé en bout de rang, lorsque la charrue bascule, j'entendais les commentaires des agriculteurs réunis autour de mon père. L'un dit : « Ça se voit que le Georges il est parisien... il veut nous en apprendre ! » L'autre rétorque : « Marche rien que (attends un peu), d'la terre qu'a jamais vu le soleil qui sort... j'ti dis moi : si ça pousse là-dedans, que le diable m'emporte ! » Mon père renchérit : « Voulez-vous qué vous ô dise (que je vous le dise) : le Georges ô gagne dâ sous à Paris... ô vin lô minga à Malicorne qu'ma un vrai berrdin (5) qu'ô l'est ! » (Il vient les dépenser à Malicorne comme un simple d'esprit qu'il est !)

« Pauvre Jean-Louis ! » concluait le chœur des présents avec commisération.

*(1) Particulièrement dans mes débuts, ma gestion financière était celle de l'épicier.*

*(2)* Ch'ti *: mauvais. Un* ch'ti gars *ne vaut pas grand-chose !*

*(3) De Jacques Bonhomme, sobriquet du paysan français.*

*(4) Attelage.*

*(5) Ce terme est très employé — souvent familièrement — en Bourbonnais pour définir toute personne qui s'écarte des normes de la vie courante.*

# Débuts de la pépinière

*Le premier champ de pépinière des orapins en 1946. J'avais quarante ans...*

*Grande première de greffage à Malicorne, à l'emplacement actuel du stade.*

La sévérité de la sentence paternelle était bien naturelle, car le bon sens paysan n'est pas une vaine formule. Les témoins n'avaient pas tort non plus de prophétiser des déboires avec cette première défonce, qui mettait au jour un sous-sol totalement infertile. Je m'en rendais bien compte moi-même qui avais fait défoncer à double jauge (1) les champs plantés en vergers. Mais comment faire avec un moyen mécanique, condamné que j'étais à l'utiliser sur de grandes superficies pour ce labour très profond ?

Le résultat fut, on s'en doute, déplorable. Cette pièce de plus de deux hectares (une des plus grandes de Malicorne à l'époque) était plantée en cognassiers pour la majeure partie. Ce fut l'échec, d'autant que ce porte-greffe exige une plantation en janvier-février, en raison de son départ en végétation précoce.

En revanche, sur la partie haute, plus saine et moins argileuse, où mon beau-frère Édouard Merlin avait autrefois pratiqué des labours de trente à trente-cinq centimètres avec ses quatre bœufs charolais à la force légendaire, les porte-greffes *paradis jaune de Metz* des clichés ci-contre eurent un développement moyen, mais satisfaisant. C'est donc dans cette pièce qu'eut lieu en 1946 le vrai départ de la pépinière. Sur le cliché du haut j'examine les plants avant greffage, dont la végétation ne s'emballe pas ! Au-dessous mes deux fils : François, trois ans (à droite) et Henri, deux ans (à gauche), greffeurs en herbe. Debout, le chef de culture Paul Duthoit, qui n'observait pas, pour cette photo mémorable, la technique "tête baissée" de Robert Talbot ! En revanche, Pierre Giraud, à gauche, fait consciencieusement son travail, suivi de son attacheur : René Degout, récemment embauché. Albert Clément exécute le binage, après greffage, avec "Poulette".

Cette première tuile aura été une bonne leçon. Je répète souvent qu'une première erreur... n'est jamais qu'une erreur, mais qu'une deuxième est une faute. Ayant reçu cet autre "coup de pied au cul" ; pire : ayant perdu la face devant les paysans du coin, je jurai de montrer que j'avais quand même raison. C'est ainsi que je fis continuer le travail de la charrue-balance dans les terres devant être plantées seulement l'année suivante. Entretemps, un emblavement de seigle fut exécuté après un bon chaulage. Le seigle enterré en vert, avec un apport important de fumier de ferme, permit, avec le nouveau labour remettant les terres en place, de repartir du bon pied. J'avais gagné la partie en obtenant un sol travaillé en profondeur, enrichi et assoupli. Tout cela, il fallait le découvrir et vouloir le réaliser à tout prix, sous l'emprise de la nécessité.

L'agrandissement des surfaces cultivées se fit d'abord par la location (quelquefois l'acquisition) de parcelles isolées. Rapidement, les besoins en végétaux de la société Delbard S.A. augmentant en raison d'une politique commerciale agressive, il fallut louer les terres environnantes. La conjoncture était favorable : nous étions arrivés à ce début de période charnière où certains agriculteurs âgés ne trouvaient pas de successeurs pour d'aussi petites exploitations. Ils étaient bien contents de voir arriver quelqu'un avec qui on devait "pouvoir s'arranger". En effet, les craintes du début : « Le Georges pourra-t-y payer ? » étaient estompées ; les transactions se firent alors à une vitesse record, malgré la suspicion qu'entraînait le changement radical des cultures traditionnelles.

Mais tout cela ne s'est pas réalisé sans difficultés... ni sans diplomatie !

*(1) Cette méthode consiste à ne pas mélanger la terre du sol et celle du sous-sol. Chacune des couches est remise à sa place. Les clichés de ce travail portent les numéros 64 et 65, p. 23, des* Beaux Fruits de France.

# Tractations paysannes...

Il me plaît de vous conter comment les tractations se passent dans nos campagnes et comment opérer pour convaincre les paysans.

Il faut aller — le soir de préférence — rendre une première visite amicale à chaque agriculteur concerné, en s'excusant du dérangement. Un peu comme chez les Arabes (dont je connais bien aussi les us et coutumes), il est nécessaire de s'enquérir, avant tout, de la santé des membres de la famille.

*Avec le Père Jouanet (René Paput) de Radio-Auvergne* (à droite) *dans un sketch improvisé en patois à l'occasion du 40e anniversaire de ma firme.*

Si on a eu la bonne idée de demander auparavant à des voisins ou amis les ennuis de santé qui ont pu affecter les gens que l'on visite, on posera des questions sur ces cas bien précis. Si nos partenaires s'exclament : « Comment, Georges, toi qu'es à Paris t'sais don que note gars a eu les oreillons ? » (sous-entendu : tu t'intéresses donc à nous ?), on aura déjà fait un grand pas ! Alors il faudra encore entendre, d'une oreille attentive, la récitation du chapelet des petites misères de tous, pour conclure sur un ton compatissant : « Oua vé bin évu vote part de malheurs vous aussi... » (vous avez bien eu votre part de malheurs vous aussi).

Voyant qu'on est toujours resté "un bon gars du pays", les braves gens entament la litanie des maladies des aïeux, des enfants (quelquefois du bétail...). Il faut alors savoir se montrer consolateur, réconfortant, un tantinet flatteur...

— En bé tout l'travail qu'ouavé fa dépu tout p'ti et inquière aure... oué pâ étounant... mais (tapant sur l'épaule ou le genou) embé vote sacrée carcasse qu'en a bin vu d'autres (1) (ou encore la glorification des caractères de résistance familiaux spécifiques), vous sé d'la catégorie qu'faudre jàblâ à mort pa vous fâre abandouna vot' p'tit bazar... Pourtant ouavé be l'âge d'vous reposâ (2)...

Là-dessus on peut avoir droit à toutes les péripéties et anecdotes vécues de la guerre 1914-1918. Enfin, bien sûr, faut boire un *canon* (verre de vin) à moins que la femme propose :

— Toi Georges, t'as jamais été porté sur la boisson, j't'ai jamais vu *fiolé* (ivre), te voudre p'tête la goutte ?

— Ah ! si ouavié de l'eau de coing qué te vote spécialité, j'dis pas non...

(Toutes les femmes de notre région faisant l'eau-de-vie de coing, on ne peut pas se tromper.)

On trinque : "à la vote"... "à la note"... « et pi qu'ça dure *inquiert* (encore) longtemps qu'ma cou (comme ça)... »

Le grand pas, préalable à toute demande, vient d'être franchi, on peut y aller.

— Dites don, é m'su laissé dire qu'vous vouliâ *biaube* (peut-être) abandounâ le métier, oué tu bin vrai ?... Tout bin réfléchi vous seriâ ti pâ pu tranquille en touchant vot' fermage puto qu'en vous *échinant* (fatiguant) avec vote "bourgeoise" (femme) dé lô champs ? Au moins ouariez le temps de caressa la patronne...

— Sacrée charogne, qui qu'ô va charcha qu'ô Georges. Chié nous, oué pâ c'ma te... oué pu d'note âge (3)...

Une grosse plaisanterie à ce moment-là fera dire à la "bourgeoise" :

— Et te creuille e pas c'ma cou, Georges... Te fere rire un mort (4) !

L'acceptation est dans le sac, mais la partie n'est pas encore terminée... car la question du prix de location est la plus importante et la plus subtile.

— Fô quand même qu'on y réfléchisse.

— Oué ça, parlez-en avec la "bourgeoise".

Ne jamais oublier que, du côté "gros sous", c'est la femme qui, à la campagne, a le dernier mot.

(1) *Avec tout le travail que vous avez eu quand vous étiez jeune et encore maintenant, ce n'est pas étonnant, mais avec votre sacrée carcasse qui en a bien vu d'autres...*

(2) *Vous êtes de la catégorie qu'il faut battre à mort pour vous faire abandonner votre petite affaire. Pourtant vous avez bien l'âge de vous reposer.*

(3) Sacrée charogne, *dit en riant dans une telle discussion, est une interjection amicale. Qu'est-ce qu'il va chercher, Georges. Chez nous, ce n'est pas comme toi, ce n'est plus de notre âge...*

(4) *Je ne te croyais pas comme ça, Georges... Tu ferais rire un mort !...*

Le dialogue se termine sur le pas de la porte par une énergique poignée de main.

— Et be père Jean, é r'vindré vous vère (je reviendrai vous voir) à mon prochain voyage... de dimanche en huit.

— T'srâ tourjou le bienvenu (en bon français).

— Allons don bin pisque *à revoir*... et conservez-vous !

A la prochaine rencontre, il ne faut toujours pas attaquer le sujet "bille en tête", ce serait faire croire qu'on y tient absolument, et le prix du fermage en serait augmenté d'autant. Je sais bien ce que mon futur propriétaire a déjà dit dans son entourage pour justifier sa décision de louer et démontrer qu'il a raison de le faire :

— Le Georges ô vo mon bien, mâ ô le paillera... (il le paiera !...)

Son voisin lui rétorque :

— O t'arrachera toutes les bouchures, ô va tout dô dévora... t'saurâ pu ou qu'son tô champs... fô bien zô réfléchir (1)...

Piqué au vif, le partenaire veut justifier le parti qu'il a pris :

— O le paillera é'te dise... et pi oua be tourjou le cadastre, la terre ou se minge pas (2).

On arrive au prix du fermage. A l'annonce de celui-ci (vingt à trente pour cent plus élevé que celui des baux agricoles courants), je rétorque :

— Oué bin cher... enfin et voule pas marchandâ ni vous appourta le démenti (3)...

On est donc d'accord sur le point capital. Il reste encore à régler les dates de règlement du fermage, les clauses (4) et la durée du bail, l'attribution des arbres arrachés avec les haies, etc., etc. Tout ça se met en place ; on trinque et l'affaire est enfin conclue.

Lorsqu'il s'agit de l'achat de terres, cela nécessite des palabres encore bien plus longues. Il faut bien se rendre compte que l'agriculteur qui a rêvé pendant toute sa vie active "d'étendre son bien" est traumatisé à l'idée de s'en dessaisir. Le paysan fait tellement corps avec sa terre que de s'en séparer équivaut à lui arracher les tripes !

Enfin, dans les deux cas : fermage ou vente, l'exploitant agricole de ma région a toujours eu, vis-à-vis du pépiniériste que je suis, la nostalgie de ne plus voir des bêtes dans son pré ou dans son champ. Cette considération sentimentale, qui a tendance à s'estomper avec la nouvelle génération, était très vive "de mon temps". Il me fallait préciser à chaque occasion :

— Loin de les "dévorer", je les rends dix fois plus fertiles vos terres, avec les travaux de mise en valeur que je réalise. Plus de soixante quintaux de blé à l'hectare j'vous dis que j'pourrai faire dans les terrains de pépinières avec ce que je mets dedans, au lieu des vingt que vous obteniez péniblement.

Et d'énumérer chaque fois le processus des travaux des sols que nous avons pratiqués toujours et partout, qui a conditionné la réussite et dont j'expose le déroulement plus loin.

Ressentant de plus en plus l'intérêt de disposer de superficies importantes pour la bonne préparation préalable des sols, pour les rotations culturales aussi, afin d'augmenter la production, j'étendais rapidement la surface affectée à la pépinière.

*(1) Il arrachera toutes les haies, il va tout "dévorer"... tu ne sauras plus où sont tes champs... il faut bien réfléchir !*

*(2) Il le paiera je te le dis... et puis il y a toujours le cadastre, la terre ça se mange pas.*

*(3) C'est bien cher... enfin je ne veux pas marchander ni vous apporter le démenti. Le paysan est d'un naturel finaud, madré. Interlocuteur rusé, il a — c'est bien connu — le sens de la repartie. Léon Méloux, auquel je disais : « Ton domaine est trop cher pour des champs truffés "d'os" (rochers) me rétorque : « C'est vrai, Georges, mais c'est autour des os qu'il y a la meilleure viande ! ». Allez donc répondre à ça !*

*(4) Dont une stipule que les terres seront exploitées en "bon père de famille".*

Un proverbe arabe dit : « Pour chaque regard que nous jetons en arrière, il nous faut regarder deux fois vers l'avenir. »

Malgré leurs quarante-huit heures de travail par semaine, les quatre chevaux n'y suffisaient plus. Il me fallait fréquemment avoir recours à la location d'un tracteur d'appoint pour des labours urgents ou plus profonds.

A mon corps défendant, je mettais le doigt dans l'engrenage de la mécanisation et de la motorisation. Ce faisant, n'importe qui sent immédiatement qu'avec l'extension des superficies, la main et le bras y passent rapidement. Or, un tel choix est grave de conséquences.

Qui dit "mécanisation et motorisation agricoles" dit parcellaire adapté, car un tracteur ne peut être rentable, dans notre région, en tournant en rond autour des bouchures. C'était donc une nouvelle stratégie, un nouveau mode de "faire valoir" (suivant l'expression consacrée dans les baux agricoles) qu'il me fallait adopter.

D'abord supprimer les bouchures truffées d'arbres têtards : chênes et frênes parfois centenaires. Mais aussi drainer les mouillères, car le tracteur s'enlise plus facilement que les chevaux. Enfin le plus gros travail : extirper la roche présente à peu près partout. Encore sommes-nous redevables à nos aïeux de déblaiements manuels inouïs dont attestent les murets en pierres sèches qui tenaient lieu de clôture. C'est le cas de le dire : « Ils nous ont préparé le terrain ! »

Nous verrons plus loin les caractéristiques foncières de notre région de la Combrailles bourbonnaise et leur influence sur nos productions de pépinière.

Parvenu à ce croisement directionnel des techniques, l'engagement représentait un pari ouvert, mais, *in situ*, c'était encore plus que cela. En fait, un véritable défi que de prétendre réaliser une pépinière, à l'échelle industrielle, dans une région de bocage granitique.

Et si, avant de s'engager à fond, on allait voir ce qui se passe outre-Atlantique ? Sur le coup, une idée aussi folle que la précédente, quand on ne parle pas un mot d'anglais.

*Pomme : de l'Estre, encore nommée*
*Sainte-Germaine ou De Lombard ou De Comte ou Reinette de Brive.*
*Une des plus anciennes et une des meilleures variétés tardives de notre région, pour sa chair excellente et croquante et sa conservation jusqu'en mai !*

# Le super-paquebot S.S. AMERICA

*Honneur de la flotte américaine, le S.S. AMERICA est le bateau le plus grand, le plus rapide et luxueux jamais construit aux États-Unis.*

*La salle à manger.*

*Le salon et le coin feu.*

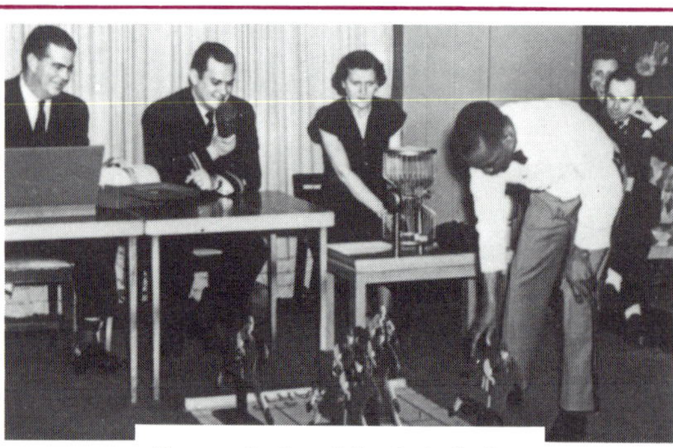

*Joueur intéressé (assis à droite).*

*La salle des jeux d'enfants.*

# Mon premier voyage aux États-Unis, en 1949

Le plan Marshall, destiné à redresser l'économie européenne en quatre ans, et appliqué depuis le 1er avril 1948, battait son plein... mais seulement à l'état de propagande quant à l'agriculture (1).

Des informations nombreuses — et orientées ! — circulaient sur la technologie avancée U.S. dans tous les secteurs : évolution consécutive au fonctionnement de la machine de guerre. Renan a été jusqu'à écrire que « La guerre est une des conditions du progrès, le coup de fouet qui empêche une nation de s'endormir » ! Cette assertion, déplorable dans les faits, comporte malheureusement un côté réel. Ce fut bien le cas pour les États-Unis, où le développement de la science — au cours de la guerre 1939-1945 — aboutit à la bombe atomique... qui "endormit" à jamais pas mal de monde !...

Quoi qu'il en fût, ces communications sur le développement des techniques et de la productivité m'intriguaient et me donnaient envie d'apprécier *de visu* ce qui se passait outre-Atlantique dans notre profession.

Or, début 1949, à l'occasion du Congrès international des semences à Washington, un voyage était organisé par la puissante Fédération française des graines de semences fourragères, dont le commerce international est très actif. La Fédération nationale des graines de semences potagères et de fleurs, dont je venais d'être nommé secrétaire général, était naturellement partie prenante à cette découverte du Nouveau Monde.

Après bien des hésitations, dues à l'inquiétude résultant d'une absence d'un mois et aussi face à la dépense dont le montant aurait pu être affecté à un poste rapidement productif, mon ami Jacques Hemeray et moi, les deux seuls professionnels pépiniéristes intéressés, décidâmes de participer à ce voyage d'études. Il faut se remémorer qu'en 1949 on n'allait pas en Amérique comme à Nogent-le-Rotrou (2)...

Je me vois encore dans le train Paris-Le Havre, soucieux, anxieux, m'interrogeant : Ce voyage coûteux était-il vraiment nécessaire ? Que pourrais-je en retirer, ne parlant pas un mot d'anglais ?

J'avais pourtant bien préparé le périple en écrivant à toutes les personnalités que nous devions rencontrer. Mais ce que je fis sans doute de mieux fut de leur adresser en même temps mon livre... Ce fut la bonne idée. Jamais on n'avait vu aux États-Unis des reproductions de fruits en couleurs d'une telle vérité. La présentation des différentes opérations fruitières sous forme d'images — à la façon d'un film — était aussi chose inhabituelle. J'apparaissais comme une personnalité ayant des idées novatrices.

A l'aller, le voyage se fit par bateau ; le retour en avion.

Mettant le pied sur le grand paquebot de luxe S.S. *America*, un choc psychologique se produisit en moi : d'un seul coup, toutes mes idées sombres disparurent comme par enchantement. J'ai ainsi pu vérifier le bien-fondé de l'assertion qui veut que, montant sur un bateau, on laisse tous ses soucis à terre... Les six jours que dura la traversée constituèrent de vraies vacances, avec jeux et bal chaque soirée. Un dépaysement total et un vrai bain de jouvence.

*(1) C'est ainsi que, lors de notre voyage aux États-Unis, en de nombreuses occasions nos interlocuteurs voulaient absolument nous faire avouer que nous étions là grâce à la manne du plan Marshall. Assumant la totalité de nos dépenses avec notre portefeuille, nous faisions chaque fois la même réponse négative sur un ton irrité.*
*(2) La première personne que nous rencontrons lors de notre visite de New York, sur la terrasse de l'Empire State Building, était justement de Nogent-le-Rotrou... la fiancée d'un G.I. américain !*

# L'arrivée à New York

Le voyage en avion Paris-New York procure un moment d'excitation collective lors de l'atterrissage : le port, la statue de la Liberté, la forêt de buildings... Chaque passager dont c'est le premier voyage veut jouir de cette approche du Nouveau Monde.

Mais le spectacle est vu d'en haut et en plan... Alors, comme disent les jeunes, "ça plane" !

Tout autre est la découverte de New York par bateau.

L'arrivée au petit matin d'un super-navire de la classe de l'*America*, toutes sirènes hurlantes, mugissantes, provocantes, auxquelles font chorus celles des bateaux ancrés dans la rade, constitue le concert sauvage d'un inhabituel et grandiose festival.

Tous les passagers à peine éveillés sont réunis sur le pont.

Quelque chose d'étonnant, de palpitant, se passe.

Chacun comprend vite les raisons de cette ambiance de joie et de curiosité. Le *steamer* entre dans la rade. Voici qu'on approche de la statue géante de Bartholdi : *La Liberté éclairant le monde* (1), offerte par notre pays au peuple américain en 1886. On ne peut avoir une idée de ses proportions — 93 m de hauteur totale — qu'en l'admirant (comme il nous a été donné de le faire) du point le plus bas, près de son socle. Un petit serrement de cœur nous étreint. L'émotion fait rapidement place à l'exaltation de la fibre patriotique, car on pense avec fierté : c'est un présent de la France.

Quel symbole merveilleux pour rappeler aux nouvelles générations des deux nations amies que, si le peuple américain a sauvé notre pays à deux reprises : en 1914-1918 et en 1939-1945, nous-mêmes avions largement contribué, jadis, à son indépendance !

Mais on ne dispose que d'un court instant pour la réflexion. En effet, voici devant nous Manhattan.

Cette forêt de buildings m'a fait aussitôt penser à une concentration de stalagmites géantes. Cela donne l'impression réelle que cet ensemble, hors proportions normales, a jailli de la mer, poussé par quelque force surnaturelle venue de l'abîme. Oui, c'est bien de surnaturel qu'il s'agit, avec cette vision d'où l'assise terrienne paraît absente.

Toujours tiré par le remorqueur, le paquebot, devenu tout à coup somnolent et poussif, accoste à quai. Les formalités de douane sont longues et tatillonnes. Avez-vous dans vos bagages une pomme dont vous auriez omis de signaler la présence dans la déclaration faite sous serment ?... Vous êtes bon pour des poursuites judiciaires ! Déconcertante Amérique pour le nouveau venu, auquel on a appris que ce pays était vraiment celui de la liberté totale.

Après ce contact surprenant et déroutant, Jacques Hemeray et moi retrouvons quelqu'un venu à notre rencontre. C'est Jacques Legendre, natif d'Orléans naturalisé américain, horticulteur depuis quarante années dans cet immense pays.

Le temps d'un bref séjour sur le plancher des vaches, dans un vieux taxi branlant, conduit par un Italien typique gesticulant et disert (2), je me retrouve au 33e étage de l'hôtel *Roosevelt*.

*(1) Si le nom du sculpteur est bien connu, on ignore généralement que c'est au prestigieux Gustave Eiffel lui-même que l'on doit la structure métallique de la statue.*

*(2) Presque tous les chauffeurs de taxi de New York sont italiens, comme ils étaient russes à Paris dans l'entre-deux-guerres...*

De ce point haut, on découvre la concentration spectaculaire des buildings, et l'ensemble vu de ce promontoire ne manque pas de grandeur (moins que de la terrasse de l'Empire State Building cependant).

Mais c'est tout le contraire qui m'est apparu dans la rue. Dans cet univers de béton, quel malaise, quelle anxiété m'envahissent ! :

— façades-murs sans fin, grisâtres, sales, toutes semblables, dépouillées et tristes;

— trottoirs malpropres encombrés d'une foule bigarrée de toutes races et couleurs de peau;

— rues défoncées sans aucune bordure végétale;

— circulation intense d'automobiles énormes klaxonnant bruyamment et nerveusement...

Je me sens perdu, très mal à l'aise, quasiment anéanti... comme en prison. Non vraiment, dis-je à mes deux compagnons : je mourrais d'ennui s'il me fallait habiter New York.

Je n'ai même pas changé d'avis après le lèche-vitrines de la Cinquième Avenue (1), le déjeuner au restaurant français sélect de Rockefeller Center, la promenade à Central Park, pour terminer à deux heures du matin à Times Square, le Pigalle américain, rendez-vous des touristes.

Avant mon départ de Paris, j'avais fait l'acquisition de ma première caméra. Je n'ai jamais été un grand spécialiste de la photo; quant au septième art, j'étais à l'époque complètement ignare des principes élémentaires en prises de vues. Etrennant, pour la circonstance, l'appareil que je portais en bandoulière, j'ouvre tout grand l'objectif à deux heures du matin et me poste pour faire un "travelling" des enseignes lumineuses impressionnantes (2) qui constituaient l'encadrement éblouissant de cette place de Times Square — aux dimensions d'ailleurs relativement restreintes.

Le résultat ?... mirobolant ! La vamp qui fumait la cigarette en expirant une volute de fumée, saisissante de réalisme, est là bien présente, réjouie et tellement dans sa peau !... à califourchon sur le dos du chameau fétiche des cigarettes *Camel*; cette image, gravée sur la pellicule, est digne d'un cinéaste de grand talent. Devant ce résultat inespéré, j'ai titré ce film "Aux innocents les mains pleines".

*Manhattan : forêt de buildings jaillie de la mer.*

(1) *Elle ne vaut pas la rue Royale ou le faubourg Saint-Honoré !*
(2) *Rappelons-nous que ceci se passait en 1949.*

# Premiers entretiens professionnels U.S....

Quittant Jacques Legendre après une des rares journées de caractère purement touristique, nous étions pris en main par une grande dame à la très forte personnalité — au propre comme au figuré —, Mrs. Pattisson, New-Yorkaise éminente, très connue du milieu du business international des semences, qui avait organisé magnifiquement notre périple. A chaque étape, elle avait exigé que la personnalité horticole la plus marquante prenne en charge le groupe des "gentils Frenchmen". Il est vrai que c'était une grande première dans notre profession. Nous apparaissions comme des pionniers intéressants à tous points de vue, notamment pour de futures affaires.

Dans notre groupe de sept participants, deux seulement étaient bilingues. Heureusement pour nous (et pour moi en particulier), Mrs. Pattisson nous gratifiait *illico* d'une interprète accompagnatrice idéale durant tout le parcours.

Miss Alden Douard, fille d'un avocat new-yorkais ami de Mrs. Pattisson, avait fait ses études à la Sorbonne. Cette grande fille simple, distinguée, fort intelligente et éminemment sympathique, a été pour nous un cicérone d'une qualité rare. Grâce à elle, à sa grande connaissance de la mentalité américaine, à son prestige d'élève de l'université de Paris, à son chic inné et à sa décontraction totale, ce voyage fut une réussite en tout point (1).

*Avec le professeur Dermen, je découvre les blueberries hybrides à gros fruits.*

*Le groupe chez un spécialiste d'équipement grainier. En médaillon, Alden Douard et Georges Delbard en grande conversation.*

*Dr George M. Darrow.*

*(1) Alden nous épatait, nous les gars d'un pays pauvre, en changeant de bas tous les deux jours, jetant à la poubelle la paire remplacée... Qu'aurait dit de ça ma grand-mère, qui tricotait des chaussettes "devant durer deux ans", précisait-elle...*

Mon premier contact professionnel U.S. eut lieu à la station fédérale de l'U.S.D.A. de Beltsville (Maryland) (1) où le Dr G.M. Darrow, directeur du service des recherches, nous accueillit (2), Jacques Hemeray, Alden et moi. Cette rencontre a été l'événement marquant du voyage et a, de plus, considérablement influé sur ma destinée professionnelle. Voici pourquoi. En me serrant la main, notre hôte paraissait visiblement surpris. Je demande à Alden la raison de cet étonnement. Réponse inattendue :

— J'ai échangé plusieurs lettres avec Georges Delbard. Récemment, j'ai reçu son livre, qui m'a étonné et passionné. Après ces différentes lectures, je m'étais imaginé l'auteur comme un homme d'âge vénérable portant une grande barbe... Or, j'ai devant moi un gaillard à l'allure juvénile.

A ma question : « Pourquoi l'âge vénérable et... la grande barbe ? »

— En raison de tant de sagesse qui ressort de vos écrits...

Compliment flatteur qui ne peut laisser indifférent celui qui en est le bénéficiaire.

Feuilletant mon livre, le Dr Darrow rend ensuite hommage aux jardiniers français qui ont jadis donné au monde tant de variétés fruitières, parmi les meilleures cultivées encore aujourd'hui. Lui ayant manifesté ma détermination de mettre en chantier un programme d'hybridations pour la recherche de variétés nouvelles afin de reprendre le flambeau, mon interlocuteur émit cette affirmation qui m'aura marqué toute ma vie et que je transmets aux candidats passionnés par la création de nouveautés horticoles :

— Pour l'obtention de nouvelles variétés fruitières ou ornementales, il y a plus de possibilités dans *le flair du jardinier français* que dans l'énorme organisation scientifique de notre station officielle (3).

Et pour ponctuer sa position tranchée, il enchaîne :

— Votre compatriote, le génial horticulteur Victor Lemoine, créateur d'innombrables variétés ornementales améliorées, n'a jamais pu être égalé par aucune station de recherches dans le monde, fût-elle pourvue, comme aux U.S.A., de puissants moyens financiers. Vous allez visiter le gigantesque complexe scientifique qu'est Beltsville : pour ce qui concerne les obtentions nouvelles... c'est la montagne qui accouche d'une souris !

Avouez que cette déclaration, émanant d'une telle personnalité, a de quoi vous assommer... Alors que vous êtes venu pour découvrir les méthodes scientifiques modernes du Nouveau Monde, s'entendre dire que le jardinier français est le plus fort — au moins dans la discipline de l'hybridation —, est une révélation inattendue. J'ai cité plusieurs fois, dans les congrès notamment, cette déclaration d'un grand savant dont la modestie égalait celle de Louis Pasteur. Les rires moqueurs de certains de mes compatriotes lui ont souvent répondu... Pourtant les faits sont là. En France (et en d'autres pays), les affaires privées sont souvent en avance pour l'obtention de variétés améliorées. Dans le secteur des roses, pas une seule variété "valable" n'a encore été obtenue par les stations officielles d'aucun pays... et pourtant que d'argent englouti pour nous concurrencer !...

En compagnie du professeur Dermen, auteur de travaux sur les chromosomes, nous parcourûmes l'immense station de Beltsville, où j'ai découvert ses premiers hybrides de blueberries (myrtilles améliorées à gros fruits). C'était une bonne introduction à la tournée horticole du Nouveau Monde, dont le point fort fut la rencontre avec le plus grand pépiniériste du monde.

*(1) Située près de Washington, elle dépend du département de l'Agriculture et "coiffe" les autres stations.*
*(2) Le Dr G.M. Darrow est décédé en 1983, à l'âge de quatre-vingt-quatorze ans. Il était docteur* honoris causa *en sciences de l'Université de l'État de Caroline du Nord et président de très nombreuses sociétés scientifiques.*
*(3) Affirmation consignée dans l'article du* Reader's Digest *de Patricia High Painton consacré à Georges Delbard (n° de mars 1977), intitulé : « Le magicien des vergers ».*

# En images, quelques points forts de ce voyage

a

c

e

g

*Techniques agricoles et horticoles aux États-Unis en 1949.*

Notre ami Jacques Legendre était considéré aux États-Unis comme la plus grande sommité de notre profession. A plus de quatre-vingts ans, il parcourait encore le monde, chaque année, à la recherche de plantes ornementales nouvelles. C'est grâce à cet Orléanais (qui repose en terre américaine) que de très nombreuses variétés horticoles furent introduites aux États-Unis. J'ai beaucoup appris en sa compagnie au cours de nos nombreuses rencontres ultérieures, car cet autodidacte était aussi un pédagogue-né, en même temps qu'une véritable encyclopédie horticole vivante, et reconnu comme tel dans toute l'Amérique.

Très amicalement accueilli chez lui, deux souvenirs restent gravés dans ma mémoire. Au sous-sol de sa maison, un congélateur colossal contenait plusieurs dindes, une dizaine de poulets, un mouton, jambon, viandes diverses, etc., etc. Sans compter les fruits et légumes. Cet appareil domestique est courant chez nous en 1985, mais il y a trente-cinq ans ce n'était pas tellement répandu dans nos campagnes!

Voyant mon étonnement, Jacques Legendre me déclare : « Grâce à ces provisions, que je peux garder des mois, il m'est possible de recevoir, sans préavis, trente personnes à huit heures du matin et les faire déjeuner ici à midi. » Son brave cuisinier noir donnait son accord total à cette affirmation.

Égrener le nom des firmes visitées et ce que nous y avons appris au cours de ce premier périple n'aurait guère d'intérêt aujourd'hui, même pour les spécialistes, toutes choses en horticulture ayant tellement évolué depuis.

Je m'en tiendrai donc à l'énoncé des légendes des clichés ci-contre. Mieux qu'un texte, elles donneront une idée de la cordialité des réceptions et de l'ampleur des attentions dont nous avons été l'objet. Elles montreront aussi ce qui existait déjà aux États-Unis en 1949 en matière de mécanisation et motorisation des exploitations horticoles. Une révélation que je n'aurais pu imaginer sans cela pour l'amélioration de la productivité dans mes pépinières.

Voici quelques points forts de ma découverte du Nouveau Monde (*photos ci-contre*) :

*a*) La maison typiquement américaine de Jacques Legendre.

*b*) Au Congrès international des semences, à Washington. Je suis à droite, mon dossier à la main.

*c*) Réception au domicile d'Atlee Burpee (le Vilmorin américain). Après la visite de ses établissements, il nous fit découvrir le premier supermarché U.S. installé au beau milieu des champs de luzerne que nous avons traversés à vive allure... dans sa Cadillac : du nouveau pour moi!

*d*) Chez Ferry-Morse Seed C° à Oakview Seed Breeding Station, dans les essais de fleurs.

*e*) Ma première vision d'un épandeur étalant du fumier. Il faudra attendre quinze à vingt ans pour voir cela chez nous.

*f*) Un puissant chenillard ameublit le sol par le passage d'un appareil à dents.

*g*) Binage des semis à l'aide d'une double fraise. Combien de *marreurs* (1) me fallait-il à Malicorne pour faire un moins bon travail?

*h*) Déjà le traitement insecticide par avion d'un champ de choux-fleurs.

*(1) La* marre *est une houe. D'après* Le Parler bourbonnais *du docteur Piquand, "Tinte ta marre" devient "tinte à marre" (d'où le mot français "tintamarre"). Cela découle de ce que nos paysans avaient jadis l'habitude de s'appeler en frappant sur le fer de leur marre pour le faire tinter bruyamment et avertir ainsi les travailleurs éloignés que l'heure du repos avait sonné. C'est de là aussi (toujours d'après le docteur Piquand) que vient le nom de "jaquemarre" — puis "jaquemart" : le Jacques qui, à Moulins notamment, sonne l'heure en frappant sur sa cloche. Aux pépinières Delbard, c'est la "brâme" (sirène) qui remplit ce rôle actuellement.*

# Document de 1964 sur la firme Stark

**Established 1816 — OLDEST IN AMERICA — LARGEST IN THE WORLD — 147 Years Old**

**America's Greatest Family of Nurserymen — 6 Generations of Starks — With Over 147 Years Experience**

General Offices and Executive Buildings of Stark Bro's Nurseries & Orchards Co. in Beautiful Stark Park—Home of Stark Quality Trees and Plants.

Stark Historic Cabin located on the grounds of Stark Bro's Nurseries & Orchards Co., Louisiana, Missouri.

WORLD'S LARGEST NURSERY BUSINESS STARTED AS A HOME ORCHARD

## 147 YEARS OF STARK RESEARCH

Started in 1816—and Continuing to this Day—Brings you Fruits of Fabulous Size, Beauty and Flavor. Hardier, Healthier Trees and Plants that Bloom and Bear BIGGER Crops QUICKER! Roses that Retain Their Form and Color LONGER, etc.

**NEW AND IMPROVED VARIETIES.** Stark Bro's Improvement and Testing Program has produced the "*Finest Fruit of Our Times.*" Recent Stark Introductions include these two Sensational Semi-Dwarf Starkspur Trees—Starkrimson Delicious (Bisbee Strain) and Starkspur Golden Delicious (Gilbert Strain)—heralded as the Million Dollar Profit Apple Team. To bring growers these two "Fast-Profit Makers", Stark Bro's paid $76,000.00.

Improved Strains of Apples, Peaches, Pears, Plums, Cherries, Grapes, Berries, Shrubs, Shade Trees and Roses—including Stark Favorita, winner of the Gold

mittant Mist" Propagating System, New Irrigation System, etc.

**CERTIFIED STRAINS.** Stark Research is pioneering and cooperating closely with Federal and State Horticulturists in the selection and propagation of CERTIFIED Strains of Fruits—disease free stock for more productive and profitable orchards. A commercial Cherry grower drove 1,800 miles to be sure he got Stark Certified Cherry Trees.

**COMBINATION READY-MIX SPRAY.** Stark COMBINATION Spray makes it easy for anybody

*Avec Alden dans le wagon-salon du train Chicago - Saint Louis.*

L'événement professionnel marquant fut indiscutablement la visite de Stark Bro's Nurseries à Louisiana (Missouri). Les contrats qui en découlèrent démontrent l'importance et l'intérêt de cette "première rencontre au sommet" entre nos deux firmes. Je dois donc en conter le déroulement, d'autant qu'il s'y greffe des épisodes assez exceptionnels.

Exceptionnelle la firme Stark Bro's Nurseries à Louisiana, près de Saint Louis (Missouri), l'est aussi à plus d'un titre : doyenne, et de loin, des pépinières du Nouveau Monde, puisque fondée en 1816 (1); reconnue comme la plus importante *in the world* en 1949; de plus Stark a fait apport au monde de nombreuses variétés fruitières, parmi lesquelles les Delicious Rouge et Golden Delicious; également les pommiers de type "spur"; enfin les quatre frères Stark, qui dirigeaient l'entreprise au moment de ma première visite, représentaient des personnalités très marquantes aux U.S.A. L'un d'eux, Lloyd Stark, n'a-t-il pas été gouverneur de l'État du Missouri en 1936?

Notre interprète, Miss Alden, Jacques Hemeray et moi avions abandonné le groupe à Chicago (2) pour nous rendre par le train à Saint Louis. Déjà, à cette époque, existait aux États-Unis un wagon-salon en queue de train; cela nous permit de "visionner" au mieux les beaux et riches paysages agricoles des États de l'Illinois, de l'Iowa et du Missouri (3). Vive le chemin de fer qui procure le plaisir de découvrir un pays autrement mieux qu'on ne saurait le faire en automobile et, *a fortiori*, en avion. Nous eûmes, de ce fait, un aperçu sur la catastrophe que représentent les méfaits de l'érosion due aux déboisements (4). Une leçon à méditer, me dis-je, que la nécessaire conservation des sols.

A Saint Louis, Paul Stark Jr nous attendait. La sympathie fut immédiate. Elle fit place rapidement à l'amitié. En 1985, cela dure depuis trente-cinq ans sans aucune faille. Paul Jr est tout à fait représentatif de l'Américain sympathique, jovial, décontracté, tel qu'on l'imagine. Et qu'il est en fait. Je vais en apporter une preuve dont le dénouement est ultérieur... mais qu'importe! Lors d'une rencontre, Paul Jr m'avait demandé des nouvelles de mes fils : les enfants, c'est l'information prioritaire aux États-Unis. Je spécifiai qu'étant tellement malheureux de ne parler aucune langue étrangère, j'avais voulu que mes fils soient mieux armés. Dès l'annonce que l'aîné, François, apprenait l'anglais et le russe, je vois une moue sur le visage de mon ami, qui me rétorque : « Quelle drôle d'idée vous avez eue, Georges, de faire apprendre le russe à François! » Il est des reparties qui vous marquent, et que l'on n'oublie pas; celle-ci en fut une. A l'occasion d'un autre voyage, début mars 1958, avec mes collaborateurs, nous retrouvons Paul Jr.

Entre-temps, les Soviétiques avaient lancé, le 4 octobre 1957, le premier satellite artificiel : "Spoutnik I". Pour employer le parler vulgaire qui convient, tous les Yankees "en avaient pris plein la g...". Avant d'arriver aux pépinières Stark, je dis à mes compagnons de voyage : « Je vais rappeler à Paul Jr que François fait de grands progrès en russe... vous allez voir sa réaction! » Ça n'a pas manqué. Aussitôt, mon ami s'exclame : « Quelle bonne idée vous avez eue, Georges, de faire apprendre le russe à François! » Typiquement américain...

*(1) La lignée familiale qui figure en haut de la page ci-contre montre à quel point "l'influence du milieu" (mais aussi les unions, bien sûr) a pu jouer dans l'évolution de la forme du visage : très allongé chez l'ancêtre irlandais, il devient de plus en plus ovale-arrondi au fil du temps.*

*(2) A Chicago, nous avions contourné les fameux abattoirs. Dans ma jeunesse, on racontait que le cochon vivant entrait dans un bout de la chaîne et qu'il sortait en saucisson de l'autre. On ajoutait : « Si le saucisson n'est pas bon... on fait machine arrière. »*

*(3) Rappelons ici, sans esprit cocardier, qu'ils furent découverts en 1673 par les Français Marquette et Joliet.*

*(4) Heureusement jugulée depuis.*

# Saint Louis et Louisiana

*Le coin sophistiqué : parterres de mosaïque.*

*Devant l'hôtel de Saint Louis, parmi les "belles américaines".*

*Parcs et jardins de Saint Louis. Exposition de chrysantèmes.*

*Déjà en 1949, chez Stark, les traitements antiparasitaires étaient performants.*

*Devant le pommier géant « Delicious »,* Georges Delbard (de dos) *avec Paul Stark Jr.*

*Paul Stark* (à gauche), *avec Jacques Hemeray.*

Par ailleurs, Paul Stark Jr (le 3e en partant de la droite, p. 330) représente une personnalité éminente de la pépinière et de l'arboriculture fruitière. Comme moi, il a parcouru le monde et m'a fait l'amitié de me rendre, à Malicorne, mes quatre visites à Louisiana. Nos conceptions sur l'organisation des vergers ont un peu différé dans les débuts de nos relations, mais, depuis longtemps, nous sommes sur la même longueur d'onde : celle des arbres nains; Paul Jr est donc ce qu'il est convenu d'appeler (en français) : "un copain"...

Cette très belle ville qu'est Saint Louis m'est apparue attrayante, avec une touche européenne, à l'instar de Washington. On peut très probablement l'expliquer par le fait que la capitale du Missouri a été fondée par des Français de La Nouvelle-Orléans et que la capitale fédérale a été dessinée par l'urbaniste français Pierre L'Enfant. A Saint Louis, nous visitons d'abord le jardin botanique, magnifique parc du centre ville : la cité, très spacieuse, est construite tout autour. Nous séjournons dans un grand hôtel, où j'eus ma première révélation de la mentalité et du comportement de l'"Américain moyen". Je vous la livre. A notre arrivée, alors que je m'extasiais sur "les belles américaines" alignées devant l'entrée, le groom-liftier, heureux d'accueillir des Français, voulut me faire admirer la sienne.

— Mais c'est une des plus luxueuses, dis-je, tout étonné. Comment est donc celle du directeur de l'hôtel ?

— La voici, me répondit-il. Elle ne peut être aussi belle que la mienne, puisque je gagne plus de dollars que lui...

Étrange Amérique où la situation de portier d'hôtel paie plus que celle du directeur. Depuis, j'ai compris que le "dieu Dollar" était, en effet, souvent la base de référence, l'étalon de mesure des valeurs outre-Atlantique.

Voici Louisiana, petite cité de quatre mille habitants, avec son cachet typiquement provincial... à l'américaine bien sûr ! Au cours du tour de ville, Paul tient d'abord à nous faire admirer l'église, « une des plus anciennes des États-Unis ». Je demande : « Quel âge ? » Réponse : « Cent ans. » Je précise : « Quand vous viendrez à Malicorne, je vous montrerai la nôtre... Sept fois centenaire ! » Notre passé historique est un des rares arguments opposables à ceux de la moderne et puissante machine économique américaine.

Le "pèlerinage" à la cabane de l'ancêtre (voir photo p. 560) est de tradition chez les Stark. On est fier de montrer les débuts plus que modestes de l'aïeul. Nos origines respectives sont un grand point de convergence. Fierté parfaitement justifiée chez mes amis : existe-t-il aux États-Unis une autre firme dont la vocation première ne s'est pas modifiée depuis 1816, année où l'ancêtre irlandais a "débarqué" à Louisiana pour mettre ses premiers plants en terre ? La constance professionnelle de la lignée des successeurs leur a permis de parvenir à la première place mondiale.

La visite des centaines d'hectares en pépinières d'un seul tenant sans aucune haie ou clôture fut pour moi le "choc" qui décida de l'orientation des Pépinières Georges Delbard. L'important matériel, les locaux immenses de stockage et d'expéditions, la fabuleuse organisation administrative surtout, tout m'étourdissait par les proportions gigantesques.

De toutes parts, dans tous les bureaux, une affiche proclamait : « En 1948, nous avons réalisé *X* millions de dollars de vente. En 1949, nous devons dépasser ce chiffre de... »

# Réception fastueuse en notre honneur

Plus fort encore. En fin de visite des locaux, Paul me demande à brûle-pourpoint : « Voulez-vous voir notre comptabilité et connaître nos bénéfices ? » Interloqué, je bafouille que cela ne m'apporterait pas d'éléments comparatifs utiles, nos affaires étant de taille tellement différente ! Encore un sujet d'étonnement. Quel contraste que cette totale franchise, comparée à la cachotterie de gestion qui était de règle, il y a quarante ans, dans toutes les affaires françaises !

Le verger expérimental était également imposant, mais il m'apparut tout de suite comme n'étant pas assez bien ordonnancé et systématique dans la confrontation des rendements variétaux. C'est probablement à ce moment que j'eus l'idée d'implanter celui de Malicorne de façon plus méthodique et plus organisée.

La journée s'achevant, nous allâmes au cimetière. Le tombeau de la famille Stark se trouve au point culminant d'une colline qui surplombe la majestueuse étendue d'eau que représente le confluent du Missouri et du Mississippi. Au crépuscule, l'effet magique des rayons du soleil couchant sur ce qui m'apparaissait comme une véritable mer intérieure reste gravé dans ma mémoire.

Mais je devais aller de surprise en surprise. Paul Jr nous ayant annoncé que nous étions conviés à dîner chez sa tante, Mrs. J.B. Unsell (née Stark), nous passons notre costume de cérémonie. Ni Jacques Hemeray ni moi-même ne nous attendions à pareille réception, la plus fastueuse de ce voyage. Plusieurs centaines de personnes, représentant l'élite de la gentry régionale, étaient réunies autour d'un buffet somptueux. Cependant, la vedette de cette soirée était *Les Beaux Fruits de France*, présent arrivé en ambassadeur depuis deux semaines, exposé à la place d'honneur sur la table centrale du grand salon. J'étais harcelé de questions à son sujet, dont la plus répétée était : « Comment, en période de guerre, avez-vous pu concevoir et réaliser une édition aussi luxueuse ? » La pauvre Alden avait beaucoup de mal à traduire questions et réponses... Il est vrai qu'il y avait déjà eu tellement de répétitions qu'elle connaissait le sujet par cœur !...

Finalement, si j'ai obtenu une certaine notoriété, si je puis apparu comme un V.I.P. (1), c'est surtout à mon livre que je le dois, car, bien sûr, à l'époque, personne ne connaissait Delbard en Amérique.

Avec Paul, une autre fois, j'ai visité le très important centre de pépinières de Shenandoah. Je cite ce déplacement, car il est à l'origine d'une péripétie amusante me concernant. Le trajet s'effectuait par chemin de fer en wagon-couchette. Au réveil, chacun doit faire sa toilette, et le cabinet réservé à cet effet était commun aux voyageurs. Je sors de ma trousse le rasoir-sabre (le "coupe-choux" des coiffeurs) dont je me servais. Cet étrange instrument, encore très courant en France à l'époque, était depuis longtemps au musée des "antiques" aux États-Unis, détrôné par le rasoir électrique. Alors, me voyant en action, Paul, pris d'une hilarité irrésistible, s'empresse d'informer les passagers, qui, tous, défilent pour voir un "phénomène" du vieux monde... Situation cocasse, dépassée aujourd'hui, tant le progrès a rapproché tous les hommes des pays nantis.

Aux pépinières Stark, dont il était l'animateur, Paul Jr était plus spécialement chargé de la création de variétés nouvelles et de l'étude de celles qui leur parvenaient de tous les pays du monde. Une bonne raison à cela : les expéditeurs étaient fortement attirés par le profit de la manne (*royalties*) que la protection des nouveautés assurait déjà aux États-Unis au découvreur.

*(1) Pour ceux qui ne connaîtraient pas ce sigle :* Very Important Personality.

# La découverte de la pomme « Delicious »

C'est Stark qui a commercialisé la première pomme *Delicious* (rouge). Voici comment. Ayant organisé en 1892 un concours de la meilleure pomme (1), plusieurs centaines de candidats envoyèrent leurs plus beaux fruits. Le premier prix fut attribué à une pomme attractive, d'un beau rouge brillant, de forme allongée "aristocratique", très caractéristique avec ses cinq mamelons cerclant l'œil. Mais le caractère le plus important était encore sa saveur spéciale (bien conforme au goût américain).

Lorsque Clarence Stark mordit dans ce fruit, il s'écria : *Delicious* !... D'où son nom. Mais qui a fait l'envoi ? Malgré les recherches, aucune référence ne permit d'identifier l'expéditeur de la variété vedette. Il fut donc décidé sur-le-champ d'écrire à chacun des candidats pour lui exposer la situation et lui demander de participer à nouveau, l'année suivante, à cette "fête des fruits" de Stark. On recommandait d'assurer un repérage soigné de chaque envoi. C'est ainsi que Jesse Hiott, de Winterset (Iowa), l'heureux propriétaire du pommier qui, depuis six ans, produisait dans son jardin ces fruits si caractéristiques, se fit enfin connaître en renouvelant sa participation.

Aussitôt — nous sommes en 1893 — Clarence Stark lui rendit visite et lui fit un contrat d'exclusivité : en contrepartie de conditions mirifiques pour le producteur, il se réservait la totalité de la distribution. De sorte que dix millions d'arbres *Delicious* ont été vendus avant 1966 aux arboriculteurs U.S., assurant un chiffre d'affaires annuel de plus de cent millions de dollars. Personne ne peut dire, confie Stark, combien de *Delicious* ont été plantés, en plus, dans les jardins familiaux. En tout cas, un présent heureux de dame Nature. Une belle histoire aussi pour une pomme qui a donné de nombreuses mutations plus colorées et dont l'origine — selon l'hypothèse la plus prudente — pourrait être un croisement naturel de *Belle fleur jaune* (*Linnéous Pippin*, la pomme Grelot) par *Winesap*.

L'année 1893 fut doublement bénéfique pour Stark. En effet, outre la découverte de la pomme *Delicious*, une étroite collaboration devait naître avec le célèbre généticien-hybrideur américain Luther Burbank. Celui-ci était déjà considéré, à la fin du siècle dernier, comme pionnier et leader mondialement reconnu dans la création de nouvelles variétés fruitières, et plus particulièrement dans les prunes. Jusqu'à sa mort en avril 1926, année où sa femme céda son matériel génétique à Stark Brothers, cette longue collaboration fut exemplaire et permit à ces derniers de devenir les leaders mondiaux des découvreurs et distributeurs de nouvelles variétés fruitières.

*Luther Burbank*
*"Edison of Horticulture".*

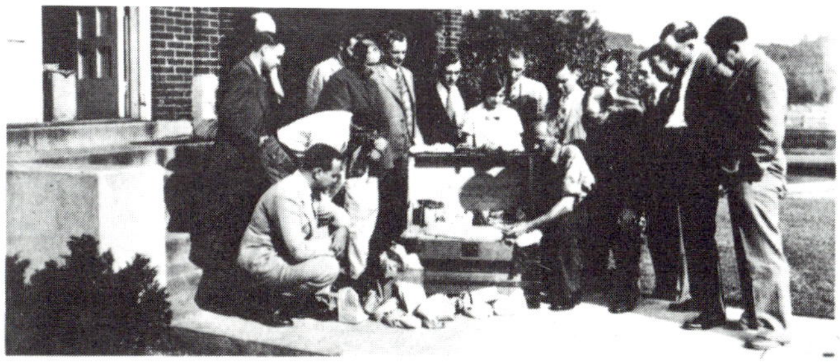

**Stark Executives and Leaders Listing the Contents of Burbank's Treasure Chest** of seeds of rare hybrids, trees and plants, descriptions and notes which Stark Bro's inherited. President Dwight Eisenhower said, "The world is a richer, more beautiful place in which to live because of the achievements of Luther Burbank."

*(1) Il m'a été donné d'en faire autant, et à plusieurs reprises, à mes débuts à Malicorne, sans pour autant trouver "l'oiseau rare".*

# Un pommier qui vaut son pesant d'or !

**Stark Golden Delicious Original Tree in its Burglar-Alarm Cage.** This great "mother tree" of all genuine Stark Golden Delicious Apple trees was enclosed in a burglar-alarm protected cage. The originator, A. H. Mullins, is shown standing by the gate of the big cage located on a mountain side in West Virginia. It bore splendid crops until 50 years old. Became the world favorite with both consumers and or-
dists—truly the

*L'arbre original « Golden Delicious », bien protégé dans sa cage, chez le fermier américain A.H. Mullins.*

**Young, Heavy Bearing, Astounded Horticulturists From all Sections.** Bearing crop two and one half years after planting. Succeeds all over the world

**Record Bearing 1½ Years After Grafting.** Blooms on one year twigs, also on fruit spurs and terminals help assure annual crops—a valuable characteristic.

*La rapidité de la mise à fruits de « Golden Delicious » est légendaire.*

# Découverte de la pomme « Golden Delicious »

Dans leur publication de 1966, *The Stark Story*, les auteurs racontent : « Un de nos plus grands triomphes fut la découverte de *Golden Delicious* : autre exemple de "roman horticole"...

« Un jour d'avril 1914, Lloyd Stark ouvre un paquet-poste contenant trois pommes jaunes n'ayant rien d'excitant à première vue. Cependant, la dégustation, faite par Lloyd et Paul (père de Paul Jr), leur révèle une chair dont la qualité n'a rien d'équivalent au double point de vue sucre et parfum. Le colis provenait d'un fermier nommé A.H. Mullins vivant à Odessa (West Virginia) — un obscur bureau de poste dans Appalachia qui ne figurait même pas dans l'atlas...

« Puisqu'il y avait tout lieu de croire qu'il s'agissait d'une nouvelle variété paraissant fort intéressante, Paul Stark se mit en route au début de l'automne suivant : direction West Virginia. Pour atteindre Odessa, il lui fallut d'abord emprunter le chemin de fer à voie étroite, pour terminer le trajet à cheval à travers les collines. Arrivé au but, il frappe à la porte d'une pauvre cabane... Pas de réponse. Pourtant une boîte aux lettres au nom de Mullins était là, qui indiquait bien le domicile de la personne recherchée.

« Il était sur le point de repartir quand il se décida à jeter un coup d'œil alentour. Dans le petit verger à l'abandon jouxtant la cabane, rien que des fruits noueux sans intérêt. Mais voilà que, plus haut, sur le versant de la colline, son regard est attiré par un pommier d'aspect exceptionnel. Il escalade la pente rocheuse et se trouve en présence d'un arbre chargé de belles pommes d'or. Il était occupé à déguster un de ces fruits pour savoir s'il était de même qualité que ceux reçus l'année précédente à Louisiana, lorsqu'un montagnard surgit on ne sait d'où, qui, après avoir demandé le nom de ce visiteur inattendu, se présenta :

« — Mon nom est Mullins, dit l'homme. Je vous ai envoyé l'année dernière quelques fruits de cet arbre dont je ne connais pas l'origine. S'il vous intéresse, je suis prêt à vous le céder. »

Sans perdre de temps, Paul Stark propose un contrat fabuleux — qui est accepté d'enthousiasme — pour l'exclusivité de la propagation de cette trouvaille dont les spécialistes pensent que l'origine peut être une hybridation naturelle de notre très ancienne Reinette dorée.

Quand on songe que la mutation *Goldenspur* a été payée cinquante et un mille dollars et la mutation *Starkrimson* vingt-cinq mille — soit ensemble cinquante à soixante-dix millions de nos centimes 1985 —, on peut imaginer quelle affaire a réalisée Mullins avec son envoi de trois pommes !... Qui sait si ces deux grandes variétés qui ont fait le tour du monde ne proviennent pas de sauvageons des pépinières angevines qui, au XIXe et au début du XXe siècle, exportèrent aux États-Unis des centaines de millions de porte-greffes (francs de semis — *french crab*) ?

Mais vous, les nombreux consommateurs qui "croquez la pomme", pouviez-vous penser que certaines des variétés de fruits ont une telle histoire ?

Stark Nurseries, qui a fêté son cent cinquantième anniversaire en 1966, représente un cas très probablement unique au Nouveau Monde de continuité professionnelle familiale. C'est un magnifique et rarissime exemple de pérennité dans un pays où tout bouge, tout se transforme avec une telle fréquence et banalité.

# *La rage de progresser pour vaincre*

# Retour au vieux continent !

Mais la réalité ne perd jamais ses droits. A peine rentré de mon premier périple merveilleux au Nouveau Monde, où j'avais beaucoup observé et quelque peu appris, je me replongeai dans les problèmes de la vie quotidienne. A Malicorne, les bouchures étaient toujours là !

*Arrachage des bouchures.*

*Arrachage des vieux chênes têtards.*

# Reconversion du bocage : un véritable remembrement

Cette reconversion du bocage de la Combrailles bourbonnaise en exploitation industrielle horticole a été la "grande affaire de ma vie". Je dois l'analyser — comme en droit — sur la forme et sur le fond.

Un dicton paysan précise, ce qui me semble parfaitement juste et vérifié par les faits : « Le meilleur engrais de la terre est le pied du propriétaire ».

S'agissant de mon cas, il faudrait dire "de l'exploitant"... car, pour tout ce que j'ai réalisé dans les terrains — qu'ils nous appartiennent ou qu'ils soient loués — tous ont bien été foulés en long et en large par mes pieds, chacun étant l'objet du même effort de mise en valeur.

Il faut aimer passionnément la terre, il faut être rivé à ses racines, il faut vouloir faire reposer ses productions sur une base solide pour accepter pareille charge financière.

Ces grandes étendues plantées, où circulent actuellement, avec facilité et par tous les temps, tous les véhicules — même les autocars —, sont le fruit de travaux gigantesques (qui continuent). Citons les plus importants :

- le comblement des chemins creux tournicotant où les buissons et les ronces se croisaient ;
- l'extraction jusqu'à soixante centimètres des éperons rocheux qui abondaient ;
- l'arasement des dénivellations résultant de l'érosion et des travaux culturaux des paysans ;
- l'assainissement des multiples sources et mouillères (1).

Quiconque n'a pas connu l'ancien cadastre morcelé en diable ; quiconque n'a pas visualisé la topographie du terrain d'origine granitique de notre région ne peut avoir une idée précise de l'effort nécessité par la reconversion foncière effectuée. Mais que de bons moments j'ai passés derrière le bulldozer.

Sur le plan financier, ces prestations volontaires (dont la réalisation et le financement nous incombaient donc entièrement, même dans le cas de terrains loués) (2) ont occupé la moitié de notre personnel pendant plus de dix ans. Quelle firme pourrait supporter aujourd'hui pareil investissement réalisé par autofinancement ?

Dans son livre *Le Problème agricole français*, l'agronome P. Dumont déclare : « Le relèvement du niveau de vie agricole passe par la réduction, sinon la suppression, des prélèvements parasitaires opérés sur les revenus agricoles. » Cela s'applique, bien entendu, à l'agriculteur traditionnel, mais je veux en justifier la portée pour mon cas personnel.

A Jacques Chancel (et à bien d'autres) qui me demandait si un jeune garçon motivé pourrait faire aujourd'hui ce que j'ai accompli hier, j'ai répondu : « Impossible ! »

Je confirme : impossible à réaliser dans le cadre de la création d'une affaire privée importante. Pourquoi ? Non pas, évidemment, parce que d'autres candidats à "l'aventure" ne pourraient m'égaler : un tel sentiment serait bien présomptueux. Mais, beaucoup plus simplement, en raison de la modification du régime fiscal.

Jusqu'au 1er janvier 1972, l'imposition des bénéfices agricoles a été appliquée sur une base forfaitaire à l'hectare. Pour ce qui concerne la pépinière, l'assiette établie par département était naturellement plus élevée que celle des cultures vivrières. Cette imposition fixe permettait donc au bon producteur, qui réalisait des bénéfices, de disposer de l'intégralité du surplus (après un impôt modéré) pour l'autofinancement de son affaire.

*(1) Appelées ici "mosières".*
*(2) De plus, nous n'avons jamais bénéficié de subvention d'aucune sorte.*

# Mise en valeur des terres. Une réalisation...

*L'arasement des "turreaux" (monticules de terre).*

*Avec le petit chenillard Fiat de 25 CV nous extrayons de gros rochers isolés.*

L'autofinancement nécessaire à la "mise sur orbite" des pépinières Delbard a donc été rendu possible grâce à la bonne fiscalité du moment... cumulée avec une bonne gestion (1).

Depuis le 1er janvier 1972, le régime de l'imposition au bénéfice réel agricole (2) fait qu'il est désormais absolument impossible à un "privé" qui débute de songer à "enterrer" tant d'argent dans une affaire horticole, de même nature que la mienne, avec ce qui lui reste après être passé chez le percepteur.

L'impôt tue l'impôt, la formule est bien connue — et parfaitement exacte pour ce qui nous concerne. Si les pépinières Delbard à Malicorne représentent une réussite, une affaire performante et prospère qui a créé tant d'emplois, contribuant ainsi au développement économique et de la région et de la nation, c'est parce qu'elle n'a pas été écrasée au départ par les charges fiscales. Il serait souhaitable qu'en haut lieu on consente à prendre ces quelques réflexions en considération... à moins que le "rouleau compresseur" ne se renforce encore pour arriver au résultat inéluctable : la disparition de l'activité horticole française de production, sérieusement handicapée avec les coûts élevés des postes main-d'œuvre et énergie. Ce serait grave pour la France.

Me situant uniquement dans la perspective économique — en dehors de toute politique politicienne —, j'aurai à prolonger sur ce point précis mon analyse par le fruit de mes observations et comparaisons glanées au cours de mes voyages en Europe centrale et orientale dans les pays au régime communiste.

*Mon frère Robert et son fils Philippe* (à gauche) *regardent avec moi et mon fils François le travail de nivellement.*

*(1) Pour être tout à fait objectif, je dois faire état, au plan du financement, de l'aide de la caisse départementale de Crédit agricole de l'Allier. Deux directeurs nous ont toujours témoigné une amicale confiance dont je tiens à les remercier ici : d'abord Georges Bernard, ensuite Jacques Joly, ce dernier cumulant le titre d'ingénieur horticole qui nous est cher.*

*(2) Instituée sous le "règne" de Giscard d'Estaing. L'assiette est la même que celle du régime général des B.I.C. Il y a là une grave incompréhension de l'Etat, en raison des investissements à très, très long terme que nécessite notre profession, obérée de charges salariales atteignant de 50 à 60 % du chiffre d'affaires dans le secteur "pépinière".*

# Caractéristiques foncières de notre...

Après les travaux ardus, et très coûteux, de mise en valeur du foncier que nous avons été amenés à faire à Malicorne, les dépenses — d'argent et d'énergie — n'ont pas été engagées en vain.

En toute situation, il existe des facteurs négatifs et positifs. Souvent, d'ailleurs, les éléments qui paraissent négatifs au départ, avec l'analyse des difficultés premières, peuvent s'avérer positifs à terme, pour la qualité des productions.

Pour être gagnants, il faut que l'opération soit "globalement positive"... Ç'a été mon cas.

Tentons d'établir un tableau de corrélation pour mieux comprendre. Ensuite un rapide commentaire sera fait pour chaque poste, car notre expérience peut être, là encore, profitable.

RÉGION DE LA COMBRAILLES BOURBONNAISE

| **Caractéristiques spécifiques** | **Aspect négatif** | **Aspect positif** |
|---|---|---|
| **Climat continental**<br>Hivers longs et rigoureux | Difficultés pour les plantations et arrachages | Végétaux rustiques et résistants |
| **Sols granitiques**<br>Roche abondante à fleur de terre. | Dérochement coûteux,risque de bris des outils aratoires | Terrain pulvérulent conditionnant un système radiculaire extraordinaire. |
| Résurgence de points d'eau | Assainissements onéreuxpour la traversée des zones rocheuses | Drainage plus efficace qu'en sol argileux. |
| Faible couche de terre arable « terrain maigre ». | Nécessité de gros apportsde fumier. | Milieu aéré, souple, très favorable aux semis et au bon développement du système racinaire des jeunes plants. |
| **Fumure organique** | Coût élevé de fertilisation | Quantité importante de fumier disponible grâce à l'élevage régional du charolais. |
| **Main-d'œuvre** | Au temps de la prospérité industrielle, difficultés de recruter de bons éléments. (Actuellement ce problème n'existe plus). | Potentiel humain important, résultant d'apports anciens pour les centres industriels de Commentry et Montluçon. |

Ce bilan d'exploitation est finalement très positif. Il fait apparaître qu'au prix d'efforts assidus, la qualité de nos productions végétales est excellente et confirmée par leur bonne reprise et leur acclimatation en tous pays. Ceci est capital, mais pourquoi ?

Notre région est très contrastée au point de vue climatique. Les végétaux de plein air subissent, de ce fait, des alternances de grands froids et de fortes chaleurs qui influent de façon bénéfique sur leur caractère de résistance et de rusticité.

A la différence des arbres fortement irrigués de certaines régions méridionales (véritables "tuyaux", disait un pépiniériste suisse), les nôtres, au bois dense, sont trapus, solides, résistants. Leur reprise et leur bon comportement en tous pays est un fait maintenant bien reconnu et apprécié des acheteurs. Si, actuellement, nous exportons dans plus de trente pays, c'est en grande partie au microclimat rustique de la Combrailles bourbonnaise que nous le devons.

Nous les avons maudits, ces rochers souvent découverts à faible profondeur, après détérioration d'un outil ou même d'un tracteur. Que de fois n'a-t-on pas envié la grande agriculture des plaines céréalières ! Actuellement nous en apprécions les bons côtés. Si nous pouvons produire d'excellents jeunes plants de semis (et de boutures) par millions, nous le devons à la texture physique, granuleuse et souple de nos sols, bien aérés par le drainage et enrichis en humus grâce à l'apport de fumier.

Le drainage rudimentaire était déjà connu des Romains — et fut par la suite continué par nos aïeux — qui remplissaient simplement les tranchées de cailloux.

Le drainage en poteries fut introduit en France en 1846 (1) par le baron James de Rothschild, qui, de retour d'un voyage en Ecosse (où cette méthode était pratiquée depuis dix ans déjà), résolut d'assainir sa propriété de Lagny.

Voici ce qu'écrivait quelques années après — en 1865 — H. de Chavannes de la Giraudière dans son livre *Une Ferme modèle* (2) :

« La terre, débarrassée d'une humidité surabondante, devient friable, plus facile à travailler, plus pénétrable aux influences atmosphériques. Elle s'échauffe plus vite et plus profondément, comme le prouve la maturité plus précoce de toutes les plantes cultivées sur un terrain drainé.

« Les racines des végétaux ne rencontrent plus à une petite profondeur une nappe d'eau où elles pourrissent (3), mais une terre saine où elles s'allongent et prennent un développement plus considérable. On s'est assuré de ce fait par de nombreuses expériences directes. »

Ce texte m'a paru si actuel — plus de cent ans après — que j'ai plaisir à le citer.

Mais ce qui est fortement conseillé en agriculture classique est absolument indispensable en pépinière. En effet, tandis que le paysan fait ses semailles à l'automne et n'entre à nouveau dans son champ qu'au printemps pour l'épandage d'engrais, le pépiniériste doit procéder à l'arrachage et à la plantation des végétaux pendant tout l'hiver. Il nous faut donc pouvoir accéder dans nos terrains par tous les temps, avec un matériel mécanique de plus en plus lourd, et cela sans trop compromettre la structure des sols. C'est la raison pour laquelle il faut absolument qu'ils soient assainis.

*(1) Actuellement, les tuyaux plastique perforés sont aussi très utilisés.*
*(2) Mame édit.*
*(3) L'asphyxie des racines.* (Note de G.D.)

# L'énorme travail de mise en valeur des terres

*Le drainage manuel autrefois, et...*

*... aujourd'hui avec pelleteuse et tuyaux en plastique.*

*L'épandage mécanique actuel du fumier à Malicorne, découvert aux États-Unis... dès 1949.*

*Le sous-solage, en disloquant la semelle de labour, permet une meilleure pénétration de l'eau et des racines.*

*Le labour à la charrue trisoc.*

*Le lac artificiel pour les irrigations.*

Le drainage — dont les bienfaits constituent l'opération préliminaire à réaliser dans la majorité des exploitations agricoles — doit être suivi d'un sous-solage. Puis viennent les autres travaux de surface (labour, disquage ou passage du rotovator, hersage, etc.), pour lesquels il est nécessaire de disposer d'un matériel adapté.

Il est donc important, en définitive, que l'eau ne croupisse pas dans et sur le sol, faute de quoi c'est le "béton" qui s'installe, avec toutes ses conséquences néfastes sur la vie bactérienne. Le sol, sachons-le bien, est un milieu vivant à l'activité biologique prodigieuse non seulement par les bactéries (1), mais aussi par la présence des vers de terre (2). Il convient donc de s'en soucier toujours pour conserver et amplifier sa fécondité.

On ne peut, en effet, concevoir une bonne pépinière dans des sols "fatigués". Des établissements centenaires ont disparu pour ne pas l'avoir compris. Pour maintenir la fertilité, il faut des apports continuels de fumures organiques... et aussi des périodes de "repos" qui sont le fait de l'assolement.

De tous les engrais organiques, le bon fumier de ferme est de loin le meilleur. Transformé en humus — engendrant la prolifération des vers de terre —, il procure au sol un apport de substances nutritives, améliore sa structure et assure la rétention de l'eau.

Notre chance est de pouvoir bénéficier, depuis nos débuts, d'un environnement d'élevage bovin exceptionnel. Depuis 1947, les abattoirs industriels de Villefranche-d'Allier nous fournissent, bon an mal an, 1 000 à 1 500 tonnes de fumier. Le complément de nos besoins provient des élevages régionaux de charolais en stabulation libre. Celui-ci est un fumier de très grande qualité. Chaque année nous préparons 75 à 80 hectares pour les nouvelles plantations. A raison de 80 tonnes à l'hectare (3) en moyenne, nous arrivons à un approvisionnement annuel de 6 000 tonnes environ de fumier ! Ce sont nos camions et nos chargeurs qui effectuent ce travail.

Il faut ajouter à cela l'apport organique provenant de l'enfouissement des engrais verts, des pailles et des racines de céréales lors des déchaumages, qui renforcent encore l'apport d'humus. Au total, cet "engraissement" organique, que complète l'apport d'engrais chimiques, permet à nos terres d'être de plus en plus fertiles. Ceci est un gage de pérennité pour des productions horticoles intensives et de qualité, car nos sols granitiques, assainis, défoncés, fertilisés, conservent de l'humidité en été grâce aux binages répétés.

Néanmoins, la légendaire année de sécheresse 1976 nous a obligés à placer en catastrophe quatre kilomètres de conduites d'eau sur le sol, à travers champs, en vue de pomper l'eau des "tranchées" (4) de Commentry pour sauver nos plantes... Pareille sécheresse ne s'était jamais vue de mémoire d'homme. Cependant, même en année normale, la possibilité d'arrosage en horticulture devant être garantie en cas de besoin (un peu à l'image du contrat d'assurance contre les différents grands risques naturels), nous avons immédiatement pris la décision de créer un lac artificiel de cinq hectares, qui nous permet dorénavant de répondre aux exigences en eau des végétaux dans le secteur le plus important de la pépinière. Deux autres étangs sont en projet dans des zones différentes.

*(1) Löhnis évalue à 800 kg par hectare la formation d'humus résultant du travail de digestion et des cadavres des bactéries.*

*(2) Charles Darwin a écrit, dans* La Formation du sol par l'activité des vers, *qu'« environ 25 000 kg de sol fertile sont travaillés annuellement à l'hectare par les vers. »*

*(3) Jusqu'à 120 tonnes après première défonce.*

*(4) Ce sont des lacs artificiels ayant comme origine les carrières de charbon à ciel ouvert.* *Voir p. 357.*

# La parfaite préparation des sols...

Je reviens bien souvent, dans ce livre, sur l'importance fondamentale de la bonne préparation des sols. C'est là une vérité première dont tout bon jardinier — ou pépiniériste — se doit d'être convaincu. Un terrain propice à la culture, un terrain fertile, c'est, avant tout, un sol dont la structure physique est parfaite.

*Le quartier d'Ancinet remembré est mis en valeur.*
*C'était jusqu'en 1984 une de nos plus importantes parcelles.*

*Déjà, en 1958, nous avions constitué un important parc motorisé pour les travaux de surface.*

Un proverbe bourbonnais dit que « l'œil du maître vaut plus que deux mains ». C'est qu'en effet le responsable de la bonne préparation des parcelles à semer, à planter, doit être un vrai paysan. Celui-là même dont Montesquieu a dit : « J'aime les paysans, ils ne sont pas assez savants pour raisonner de travers. » Belle formule, que je fais mienne !... Il faut aimer passionnément la terre — je l'ai déjà écrit —, il faut savoir dialoguer avec elle, il faut la comprendre pour qu'elle puisse vous rendre au centuple tout le bien que vous lui avez fait.

Aussi quel régal pour les yeux, quelle satisfaction intérieure vous gagnent quand on a la grande joie de voir une pièce de terre bien préparée, "bien à point" disons-nous.

Pour ce faire, il est important — indispensable — de réaliser tout ce processus en saison sèche pour ne pas gâcher la terre (1).

La désinfection des sols est aussi pratiquée chez nous, parce que très importante pour la qualité des productions.

a

b

c

d

*LA RÉCOMPENSE — IRREMPLAÇABLE — DU TRAVAIL BIEN FAIT.*

A la mine réjouie du « maître » (*a*) et de R. Fauchon (*b*), et encore (*c*) devant P. Trioreau — *à gauche* — et R. Fauchon — *à droite* —, on devine notre joie commune de voir que "ça pousse fort !"

L'homogénéité remarquable des scions d'un an de pommiers et de poiriers, les fruits sur les palmettes U doubles à la vente, la régularité des pommiers cordons (*d*) attestent la reconnaissance des arbres pour le milieu nourricier très favorable où ils croissent.

*(1) Un conseil à observer aussi par les amateurs qui veulent faire leurs plantations hivernales en bonnes conditions.*

# De beaux arbres en pépinière

Depuis longtemps, nous sommes les plus importants producteurs d'arbres fruitiers formés du monde. Nos ouvriers spécialisés, tous *self made men*, ont acquis une dextérité et une connaissance du métier remarquables.

Pour bien former des arbres, il faut vraiment être des hommes de métier, des maîtres jardiniers-pépiniéristes. Tous aiment leur travail et le font avec passion et fierté. C'est une grande satisfaction et sécurité pour le chef d'entreprise que de pouvoir compter sur une semblable équipe motivée et dévouée ! Ces beaux arbres, il faut les soigner pendant toute la période végétative. Il faut aussi les livrer aux clients porteurs du meilleur potentiel de réussite. Notre esprit progressiste — et inventif — nous a poussés, jadis, jusqu'à imaginer de toutes pièces une arracheuse manuelle pour conserver aux végétaux le maximum de racines.

La réalisation du "crabe", actionné ici par A. Delangle — *à droite* — aidé d'un ouvrier, découle en droite ligne du principe de la pince à sucre. Les puissants moyens mécaniques actuels ont relégué au musée cet outil manuel, de conception cent pour cent Delbard puisque fabriqué dans nos ateliers.

*Un carré impressionnant d'espaliers "double U".*

*Toutes les racines sont là !*

*Des fuseaux déjà "à fruits" en pépinière.*

*Des cerisiers tiges homogènes de premier choix.*

# La jauge en plein air et l'emballage manuel

Jadis, les végétaux destinés à la vente étaient jaugés en plein air. De ce fait, pendant tout l'hiver, les "ramasseurs" de commandes travaillaient dehors, par tous les temps. Un rude boulot ! Depuis l'année 1963, de grandes halles — véritables magasins aux parois isolées — ont été construites, mettant à l'abri et les végétaux, et les travailleurs chargés de les expédier. Pour l'emballage on utilise actuellement des tapis roulants et des cercleuses automatiques. Autrefois — photo du bas —, on emballait à la main avec de la paille de seigle et des ligatures d'osier : un vrai travail d'artiste ! Voici, en 1950, l'équipe des vingt-deux acteurs. A l'extrême droite, mon beau-frère Edouard Merlin, qui en était le chef... Les disparus sont nombreux en 1985.

*Le jaugeage et le groupement des commandes en plein air.*

*L'équipe d'arrachage et d'emballage en 1950.*

# Deux collaborateurs dévoués

On a observé que la responsabilité des cultures était entre les mains d'Albert Delangle et Robert Fauchon. Tous deux ont eu, en majeure partie, la charge de la conduite des pépinières jusqu'en 1970. Puis ils ont été affectés à d'autres tâches — place aux jeunes... Delangle assurera un rôle administratif, Fauchon sera reconverti en technico-commercial, en France et à l'étranger. Au moment de leur retraite, en 1985 pour le premier et en 1984 pour Fauchon, il s'est écoulé une quarantaine d'années pendant lesquelles ces deux "anciens" auront vécu intensément l'ascension des pépinières de Malicorne et y auront contribué en première ligne. Quelle satisfaction pour eux, ayant débuté à zéro, d'avoir pu participer à l'évolution spectaculaire d'une affaire horticole privée et à son aboutissement de pépinière connue comme « l'une des plus performantes et certainement la plus scientifique du monde » !

C'est qu'à Malicorne, ensemble, nous avons toujours senti l'impératif besoin d'une évolution technique indispensable et d'une productivité accrue. Depuis le premier jour, nous avons reconnu le bien-fondé du proverbe : « Qui n'avance pas recule. » Pour en porter témoignage, je veux citer quelques-unes de nos innovations en pépinière, en dehors de la modernisation des travaux culturaux. Les deux premières ont été introduites de 1957 à 1967, années du "grand boum" de la création des vergers. Bien évidemment, elles intéresseront les professionnels au premier chef.

## Greffe anglaise de côté en couronne

En ce temps-là, de nombreux arboriculteurs néophytes avaient la fâcheuse habitude de modifier souvent le programme variétal prévu, notamment en fonction du prix des fruits de la campagne de vente précédente. Ainsi les porte-greffes écussonnés par gemmes en été (écusson à œil dormant) devaient être *regreffés* au printemps suivant, par rameaux lignifiés, pour obtenir la reconversion variétale nécessitée par le changement d'idée du client-roi... La greffe anglaise de côté en couronne a été inventée par Robert Fauchon à ce moment. Elle est appliquée depuis à tous nos greffages de printemps. Elle permet, sans mutilation du support, une pose rapide et parfaite du greffon, se traduisant par un assemblage solide.

## Production de porte-greffes clonaux

Autres difficultés du moment. La demande de scions greffés dépassant les possibilités d'approvisionnement de plants porte-greffes issus de reproduction végétative (marcottage), Robert Fauchon établit une formule : *plant porte-greffe = rameau + racines*, et il la commente : Il suffit, dit-il, de récupérer l'hiver : d'une part, les bois de taille lors du rabattage des porte-greffes écussonnés ; d'autre part, après arrachage, les portions de racines supprimées (lors de l'habillage), pour que l'on puisse disposer du matériel nécessaire. C'est ainsi qu'en greffant une racine sur chaque rameau, on obtiendra un plant. C'est aussi simple que cela... mais il fallait y penser !

Ne voulant pas demeurer en reste, j'ajoute : on pourra ainsi faire des porte-greffes "hybrides" en greffant par exemple une racine de franc ou de doucin EM-II sur un rameau de paradis EM-IX. Idée mise en pratique qui a donné un bon comportement des arbres (meilleur que la technique du "filtre" américain) (1).

Personnellement j'ai mis à profit les éclairs intuitifs de l'intelligence nocturne pour imaginer d'autres innovations (2) que je peaufine encore.

*(1) Je donne plus avant les caractéristiques du "filtre".*

*(2) Il faut une sacrée foi et une sacrée persévérance pour mener à bien les changements en horticulture... tant il est vrai que l'habitude reste toujours une seconde nature qui freine l'ardeur des responsables des activités terriennes, chaque fois qu'il faut se remettre en question.*

En matière de réduction importante des délais et des coûts de production, par exemple, plusieurs applications ont pu être faites d'après mes suggestions.

1) Bouturage des groseilliers et cassissiers

Pour satisfaire les besoins de l'agro-alimentaire, nous devons faire une forte production de groseilliers et cassissiers, qui se reproduisent par bouturage. Le système classique utilisé jadis, dans les pépinières orléanaises particulièrement, consistait à préparer les boutures à l'automne, à les faire "gourmer" (formation du cal) dans du sable, en cave, pendant l'hiver, pour les planter par beau temps en février-mars. Ce principe était acceptable quand il s'agissait de petites quantités — de jardinage — mais pour nous qui devions les multiplier par dizaines de mille, ça ne marchait jamais, car les conditions climatiques, en février-mars, sont souvent mauvaises... et puis il faut pouvoir arroser en avril-mai. J'ai surmonté ces difficultés, à Malicorne, en mettant les boutures directement en place, en septembre-octobre, dans les champs. A cette époque, il fait toujours beau, et le travail se fait dans d'excellentes conditions. Avec un bon buttage, les boutures passent parfaitement l'hiver, s'enracinent mieux grâce au froid, et le départ de la végétation au printemps est excellent, rapide et homogène. Résultat : en même temps qu'une forte réduction des coûts, on obtient de bien meilleures plantes.

2) Greffages directs sur plants porte-greffes semés quelques mois plut tôt

La pépinière était jadis scindée en deux activités distinctes. L'une comportait ce que l'on nomme encore la phase de multiplication. C'était l'apanage des centres horticoles d'Orléans et d'Angers pour la production de jeunes plants appelés aussi "sauvageons". Cette multiplication est dite *sexuée* (plants obtenus par semis), ou *végétative* (plants issus de boutures ou de marcottes).

L'autre activité constituait la "pépinière d'élevage". Les plants achetés par les pépiniéristes dans les centres ci-dessus étaient repiqués en plein champ pour leur grossissement ou leur greffage, en un mot cultivés jusqu'au produit fini prêt à être planté par le client. Etant donné que, par manque de disponible, nous avons été rapidement amenés à produire nos jeunes plants (sauvageons), je me suis posé la question : Pourquoi tous les arracher pour les replanter ? Pourquoi, en certains cas, ne pas faire un éclaircissage des semis et les greffer sur place ?

Ainsi est née à Malicorne la technique du greffage sur semis de l'année (1), que j'ai vue plus tard pratiquée en Californie pour les pêchers. Non seulement nous pouvons l'appliquer aux fruitiers, mais également aux rosiers. De ce fait nous obtenons des rosiers et fruitiers plus jeunes — deux ans au lieu de trois — dont les greffes sont parfaitement soudées au sauvageon. Leur reprise et leur végétation chez le client en sont fort améliorées. Il n'est pas un professionnel — français ou étranger — qui n'ait été fortement surpris, et intrigué, par cette nouvelle technique audacieuse et performante. Mais n'allez pas croire que de telles évolutions se font facilement. Même dans notre exploitation, où le désir de mieux faire existe indiscutablement, l'esprit routinier terrien bloque souvent les initiatives hardies. Aussi quelle ténacité ne m'a-t-il pas fallu déployer, combien de rapports ai-je dû écrire pour que le "changement" devienne effectif, malgré des années de démonstrations pratiques, probantes, réalisées à petite échelle. Sans l'appoint de la considération qui m'est témoignée en tant que "père" de l'entreprise, je n'aurais certainement jamais pu imposer la plupart de ces nouvelles méthodes.

*(1) Il faut, bien évidemment, bénéficier d'une texture et d'une qualité des sols qui se prêtent à la bonne levée et à la bonne croissance des semis en plein champ.*

*Dès 1950, on passait du binage (lent) au cheval d'un interligne à celui (rapide) du tracteur-enjambeur de trois interlignes (champ des Signats).*

*En 1950, Marcel Chambenoit est heureux d'en être le premier conducteur. En 1985, il est notre plus ancien chauffeur. Mes enfants ont voulu être les premiers à monter sur cet engin nouveau, haut sur pattes !*

*... Mais cela ne valait pas les promenades sur la "Poulette" que, jadis, l'on montait à cru, tels des cavaliers chevronnés.*

Le proverbe populaire est vrai qui spécifie : « Quiconque a beaucoup vu peut avoir beaucoup retenu », car personne ne peut tout inventer. D'autre part, le fait d'être mis en présence de réalisations performantes est toujours excitant et bénéfique.

Cette confrontation, le dépaysement, la détente sont, en plus, autant de moments propices à la réflexion et à la concentration. Lacunes d'exploitation chez soi, projection hardie mais réaliste du développement, trouvent en ces instants de dépaysement un climat propice à l'examen objectif d'une saine approche des problèmes de gestion. Or, ceci est fondamental, car, en temps normal, pris sur place dans le carcan des soucis journaliers, le chef d'entreprise peut difficilement s'en dégager utilement pour scruter l'avenir et concevoir une ligne précise, efficace et rationnelle, pour une expansion équilibrée. De ce fait, chaque déplacement, réalisé suivant ces objectifs, doit être, *in fine*, porteur d'espoir et de développement d'intérêt pour tous.

Au retour, le rapport, très concis, doit être immédiatement communiqué aux principaux collaborateurs (1). Sa conclusion logique : la projection dans l'entreprise des améliorations éventuelles qui découlent des choses observées ailleurs. Après étude en commun, les décisions qui ressortent de ce constat réaliste et progressiste créent le climat enthousiasmant et sécurisant sans lequel aucune affaire ne peut se développer avec bonheur. Dans le métier qui est le nôtre, où chaque ouvrier ou employé est, la plupart du temps, directement responsable de la qualité et de la cadence de son travail, on ne fait jamais assez — et jamais trop — pour renforcer la confiance et l'esprit d'équipe, principaux garants de l'évolution heureuse de l'entreprise.

Comment s'est opérée cette croissance chez Delbard au double point de vue de la production (2) et de la commercialisation ? Quelle tâche difficile pour résumer cela ! J'en étais à m'arracher les derniers cheveux qui me restent lorsque j'entendis par hasard, à l'émission "Apostrophes", cette affirmation : « Une image remplace mille mots. » Mais, bon sang, voilà la solution ! Je n'ai d'ailleurs pas fait autrement tout au long de ce livre, et même il y a longtemps avec *Les Beaux Fruits de France* ! Alors, en route, recherchons dans notre photothèque les clichés les plus "parlants" pour que l'image remplace les mots... C'est ainsi que, dans les pages qui suivent, j'ai tenté de faire revivre, suivant le principe de la bande dessinée, le développement historique, distinct (par ailleurs concomitant), de chacune des sociétés de production et de commercialisation. Toutes choses me seront d'ailleurs facilitées pour cela par la reproduction (en réduction malheureusement) des pages de différentes publications.

Depuis mes jeunes années de "patron" j'ai, en effet, décidé qu'il fallait également tenir mes clients au courant du développement et de l'ascension de ma firme. Ce qu'on appelle aujourd'hui le dialogue, je l'ai toujours pratiqué, et avec mon personnel, et avec mes clients, dont beaucoup sont devenus, de ce fait, *des amis*. Vous en aurez la preuve dans les pages qui suivent.

Mais, auparavant, je dois faire un compte rendu sur la création de l'établissement horticole de Commentry qui, au départ, après l'acquisition d'une trentaine d'hectares de terrains miniers en friche, et ensuite l'exploitation de trois fermes contiguës, compte actuellement deux cents hectares de pépinières.

*(1) Je n'ai jamais dérogé à ce principe.*

*(2) Dans le secteur production, les images ci-contre montrent que le premier tracteur Fergusson a été mis en service en 1950, immédiatement après mon retour des Etats-Unis.*

# Avant, c'était le charbon !

*Mines de Commentry. Terrasses constituées de strates alternées de charbon et de sédiments.*

*La tranchée de l'Espérance est profonde de 40/60 m au point le plus bas.*

*MUTATION DES TERRAINS MINIERS EN CENTRE HORTICOLE*

a) — *Tranchée Saint-Edmond.*
b) — *La culture de végétaux en conteneurs à l'emplacement de "l'installation", où, jadis, après lavage du charbon, on prenait de la "terre noire".*
c) — *Champs de pépinière jusqu'à la tranchée de l'Espérance.*
d) — *Dans ce secteur également (Forest) nous avons édifié notre laboratoire pour la multiplication* in vitro *des végétaux ligneux.*
e) — *Un groupe de serres et un carré important de châssis, dont on peut chauffer le sol avec des résistances électriques enterrées, ont été installés dès 1962. Bref, nous nous sommes équipés, et j'ai gagné mon pari à Commentry.*
f) — *Tranchée de l'Espérance.*

# Aujourd'hui, un centre horticole performant

En France, la croissance euphorique de l'économie débute avec la décennie 1960. L'horticulture est partie prenante à ce "boum" des affaires; la demande en végétaux de toutes sortes est si forte que la production ne peut suffire. Nous-mêmes ne trouvons plus chez les pépiniéristes-multiplicateurs du val de Loire les quantités et qualités suffisantes de plants porte-greffes, boutures et marcottes racinées pouvant répondre à nos besoins de mise en culture. Pour ne pas rater des ventes et profiter au maximum de l'expansion, il devient donc indispensable de produire nous-mêmes les jeunes plants sauvageons et autres qui nous sont nécessaires. Mais un centre de multiplication adapté à cette activité exige de nombreux arrosages. Or, à Malicorne, pas d'eau disponible en quantité suffisante sur notre plateau granitique. En revanche, il existe à Commentry — à 3 km de là — des dizaines d'hectares de lacs artificiels résultant de l'envahissement des "tranchées" (1) par les eaux.

Comme en d'autres circonstances, je vais voir mon vieil ami, l'ancien sénateur Jean Beaumont, pour lui exposer mon problème. Il possède une ferme toute proche, mais elle est louée (2). Il dispose toutefois d'une trentaine d'hectares de friches constituées par les anciens terrains miniers. C'est un paysage lunaire : terrils de scories, excavations résultant d'effondrement de puits et de galeries, larges et hauts remblais d'anciennes voies ferrées... le tout recouvert d'une végétation d'épineux ayant poussé depuis le début du siècle, époque de fermeture des mines.

M. J. Beaumont m'offre ce bloc pour "pas grand-chose"... avec la réserve expresse qu'il conservera pendant vingt ans les *Abies Douglasi* qu'il a plantés jadis et dont il mesure chaque année le grossissement... J'accepte le marché sans me rendre compte du gymkhana qu'il faudra faire avec les tracteurs pour contourner ces îlots de résineux. La vente est passée devant notaire le 5 avril 1961. En route pour le défrichage et le nivellement. Je loue un caterpillar D 8 pour un mois... Je le garderai deux ans!... Pendant les travaux, je fais venir un ingénieur-agronome spécialiste de l'étude des sols (M. Reddlich, du S.A.S. de Gargenville), qui m'interpelle en ces termes en découvrant le chantier : « Ou bien vous êtes fou, ou bien vous êtes visionnaire!... » Et moi de répondre : « Fou de la terre, oui... Estropié du cerveau?... pas totalement, je pense. » Je continue : « Quel est le milieu idéal pour que de jeunes plants se développent bien? Sûrement un sol souple, profond, se drainant bien. Nous avons tout cela ici. Mon grand-père a chamboulé ces terrains à la pioche et à la pelle, parmi des milliers et des milliers d'autres ouvriers mineurs. A certains endroits, la profondeur remuée est de cent mètres! Alors, cette structure physique me paraît bien devoir convenir... Quant à l'enrichissement superficiel, faites-moi confiance : l'apport en surface de terres sableuses des *tauvelles* (3), dont nous sommes obligés de baisser le niveau, mélangées au fumier des charolais, constituera le milieu fertile qui convient à nos cultures. » Et tout s'est bien passé ainsi... Avec l'apport d'eau filtrant bien, les plants poussent remarquablement...

Sur ces terres récupérées, amendées, nous cultivons maintenant, avec succès, toutes sortes de végétaux. Nous avons aussi repris là, depuis 1966, la culture des plantes ornementales en conteneurs dont les clients connaissent maintenant la valeur. Chaque année, plusieurs centaines de milliers de pots en plastique de végétaux s'alignent, fertilisés par des apports d'engrais solubles savamment dosés, incorporés à l'eau d'arrosage.

Enfin, dans ce secteur a été aussi édifié le laboratoire de culture *in vitro*.

*(1) Pour découvrir le "charbon de terre" existant en couches (ou veines) superposées parmi les sédiments, il fallait creuser le sol; ensuite enlever chaque couche de stérile, pour pouvoir exploiter chaque veine de charbon.*
*(2) Nous la louerons plus tard.* *(3) Tournières.*

# A l'automne 1966, nous faisions le point

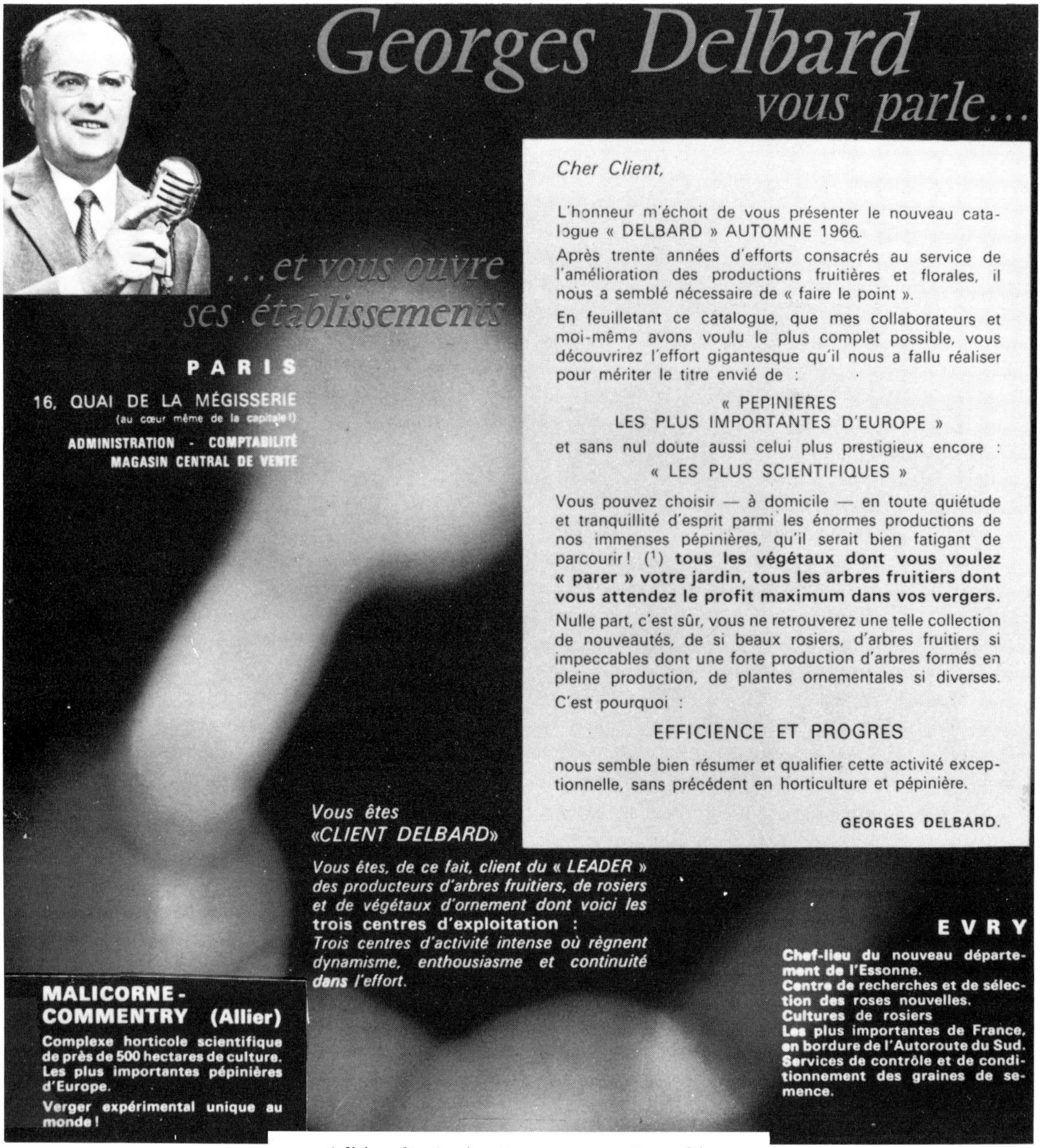


*... et réalisions l'opération "portes ouvertes" par l'image.*

# Nous pouvions affirmer, dès cette époque :

## MALICORNE-COMMENTRY
## 1re PEPINIERE EUROPEENNE

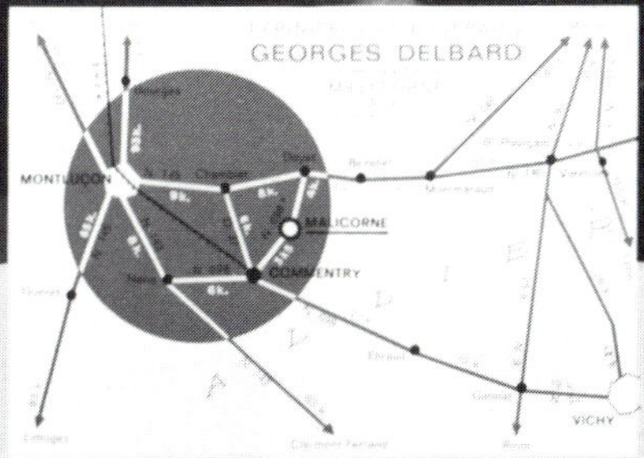


### Une organisation rationnelle du travail de pépinière à l'échelle industrielle.

Les pépinières DELBARD emploient — à MALICORNE seulement ! — plus de 200 ouvriers permanents et 350 en période de greffage.

Le « planning » journalier de la répartition du travail pour un tel nombre d'ouvriers agricoles est ardu en raison de la diversité de nos productions et aussi des surprises que réserve fatalement la météo. Pour limiter au maximum les pertes de temps, lorsque les ouvriers ont « pointé » leur carte à l'horloge (2), ils s'informent immédiatement de leur emploi en consultant le tableau d'affectation (3).

Une puissante sirène électrique "mugit" pour régler le début et la cessation du travail.
Cela est nécessaire, car le personnel (1) provient de toutes les communes avoisinantes.

La répartition du personnel est réalisée dans chacun des « grands postes » dont nous voulons contrôler le prix de revient.

Cette affectation journalière permet, à chaque ouvrier, de connaître, dès son arrivée, l'équipe à laquelle il est intégré et l'outillage dont il doit se munir pour le travail considéré.

### 30 ans après la fondation de nos Etablissements à PARIS, 20 ans après la création des pépinières à MALICORNE (Allier), jetons un regard en arrière pour mesurer « le chemin parcouru ».

**NOVEMBRE 1935** : Quelques arbres "au déballage" sur le trottoir, quai de la Mégisserie.

**JANVIER 1937** : Ouverture à PARIS du magasin de graines, articles de pépinières et tous autres produits horticoles.

**NOVEMBRE 1942** : Quelques hectares parmi les douze de la petite ferme familiale à MALICORNE (Allier) sont plantés en arbres fruitiers.

**FEVRIER 1946** : L'implantation d'une pépinière à MALICORNE est décidée.

**JANVIER 1948** : L'édition du livre « LES BEAUX FRUITS DE FRANCE » nous fait connaître du monde entier et incite tous les chercheurs à nous envoyer leurs obtentions. C'est le début de la Station de Recherches Fruitières.

**SEPTEMBRE 1954** : Implantation de nos Etablissements d'ÉVRY PETIT BOURG à 30 km. au sud de PARIS, sur la R.N. 7. Création d'un nouveau Centre de Recherches pour l'obtention et l'étude de roses nouvelles.

**JANVIER 1960** : Aménagement de l'important complexe horticole à COMMENTRY — un hectare de surface vitrée, 150 hectares irrigués ! — spécialement conçu pour la production intensive des plants fruitiers et d'ornement, et la production scientifique d'arbres fruitiers sans virus.

**AUTOMNE 1966** : Les superficies cultivées en pépinières intensives atteignent 30 hectares à EVRY (Essonne) et près de 500 hectares à MALICORNE (Allier) !

A partir de ce stade, l'importance, la diversité et la qualité de nos productions nous enlèvent tout complexe dans la concurrence qui résultera du Marché Commun. Bien plus, nous pensons que l'élargissement du Marché Horticole à l'échelle européenne sera pour nous grandement bénéfique.

### Une véritable entreprise de travaux publics au service de la pépinière.

Pour organiser rationnellement la grande exploitation industrielle que les spécialistes du monde entier viennent visiter, nous devons procéder nous-mêmes, chaque année, à des travaux gigantesques de mise en valeur des terres relevant des travaux publics et du remembrement. Nous en assumons, par ailleurs, la charge entière : suppression des haies, abattage, dessouchage d'arbres, derochage à la dynamite, assainissement (drainage) avec la pelle mécanique, nivellement au bulldozer (4), traçage de chemins fonctionnels, larges et empierrés sur des kilomètres, etc.

*... Malicorne-Commentry : première pépinière européenne.*

# Nous en donnions les raisons en montrant notre organisation...

*Le défilé de tracteurs retour des champs, à notre domaine d'Ancinay. Pépinières de Malicorne-Commentry.*

*Un parc énorme de matériel roulant :*

18 tracteurs dont :
- quatre chenillards
- quatre enjambeurs

5 camions dont :
- un 10 tonnes

10 camionnettes

EN OUTRE :
1 pelle mécanique
2 compresseurs
8 motoculteurs

et tout un outillage agricole traditionnel ou spécialement adapté ; tous ces engins nous permettent d'exécuter nos travaux en temps voulu.

En effet, c'est seulement dans des sols défoncés, bien assainis, bien structurés, bien fertilisés, que l'on peut prétendre assurer la production de végétaux de premier choix, dont la santé, l'homogénéité surprend, chez nous, même le visiteur le plus averti.

La désinfection préalable des sols pour la destruction des parasites est couramment utilisée dans nos pépinières. Ci-dessus, l'appareil-injecteur (2) localisant à 30 cm de profondeur le produit de traitement SHELL D.D.

L'utilisation de quatre machines à planter (3) permet de mettre en place, journellement 150.000 à 200.000 plants avec seize hommes seulement !

La mécanisation de la plantation a été pour nous une des opérations les plus rentables, car, dans un délai très court, nous pouvons maintenant profiter ainsi au maximum, de journées favorables de fin d'hiver.

Lorsque le printemps est sec, il est souvent nécessaire d'arroser après la plantation pour favoriser la reprise. Ces arrosages, par aspersion, sont dispensés à l'aide de « canons » (4) montés sur des tuyaux portatifs assemblés, parfois sur plus de 1 km, en partant d'une moto-pompe qui donne la pression nécessaire.

La seule opération qu'il n'est pas question de mécaniser, sans doute avant longtemps, est l'écussonnage des plants porte-greffes.

Chaque année, 3.000.000 de plants fruitiers et de rosiers doivent être greffés ! Ce travail énorme est assuré par nos spécialistes dont le rendement unitaire journalier peut atteindre 2.000 écussons !... Chaque greffeur est secondé par un « attacheur ». Ceux-ci sont souvent de jeunes apprentis qui viennent se familiariser avec l'horticulture pendant la période des vacances.

Les travaux de formation, de taille, de palissage dans nos pépinières, représentent des postes de travaux considérables, ceci étant donné l'importance de nos productions d'arbres fruitiers.

Jugez-en :
100.000 fuseaux
50.000 palmettes
25.000 cordons
60.000 demi-tiges et tiges

*Une mécanisation poussée...*

Les traitements phyto-sanitaires ont une importance considérable. Nous nous sommes équipés d'appareils pouvant traiter jusqu'à 9 rangs — certains montés sur tracteur-enjambeur (2) — pour effectuer ces opérations rapidement et efficacement, aussi souvent que nécessaire.

A l'automne, l'arrachage en série est réalisé par une charrue sous-soleuse, tirée par un fort tracteur qui soulève les arbres rang par rang. Les arbres sont immédiatement triés, rassemblés par bottes d'une même variété, puis mis en jauge, dans une terre friable, d'où ils sont extraits pour l'exécution des commandes.

Pour que nos clients soient servis rapidement, l'automatisation — application inédite dans une pépinière ! — a été réalisée pour l'emballage.

A cet effet, nous avons mis au point une chaine ayant quelque analogie avec une chaine de montage automobile (3).

Chaque commande est prise par un convoyeur qui s'arrête automatiquement à des postes fixes.

Premier arrêt aux machines à emballer, actionnées par moteurs électriques ou aux cercleuses à guillotine. Ces colis sont ensuite transportés automatiquement toujours, à la bascule, puis au poste « expéditions » où des agents de la S.N.C.F. détachés à nos établissements, les prennent en charge.

Ils sont enfin déposés dans les remorques pour être conduits directement dans les wagons.

Cette succession d'opérations continues, sans manipulation permet en outre l'acheminement soigné des commandes.

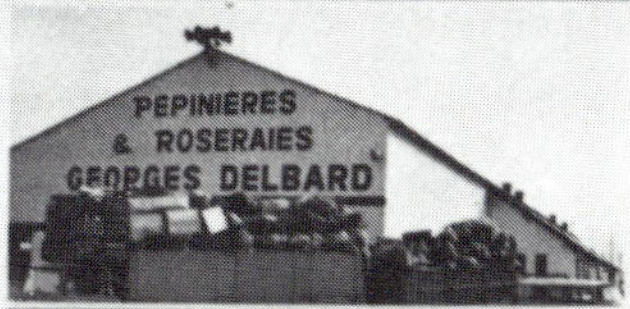


Voici, partant du hangar d'emballage, notre camion de 10 tonnes et sa remorque de 7 tonnes, effectuant, deux fois par semaine, le trajet MALICORNE-PARIS pour le transport, à nos magasins, des commandes prises directement par nos clients.

*... facteur nécessaire de succès.*

# Les services commerciaux de Paris...

Pareil effort dans la production devait nécessairement trouver sa complémentarité dans la commercialisation. Notre magasin du n° 16 quai de la Mégisserie, Paris 1er, a été le premier libre-service du jardinage. Il est l'œuvre de mon ami Etienne Kohlmann, architecte (77130 Epigny). Près de la caisse, un vitrail du grand peintre Maurice Savin illustre artistement, et avec humour, une maxime de la Chine antique : « Veux-tu être heureux ?... Un jour : soûle-toi. Une semaine : tue ton cochon. Six mois : marie-toi. Toute la vie : cultive ton jardin. »

*Le magasin au rez-de-chaussée.*

*Les arbres fruitiers au sous-sol.*

Dès 1960, nous utilisions le système informatique, par cartes perforées, pour le traitement des commandes. L'installation ci-dessous date de 1962, année de l'arrivée d'Henri Aron comme chef comptable. Depuis 1975, nous disposons d'un puissant ordinateur, pour le traitement en temps réel de toutes les informations : commerciales, comptables et de statistiques.

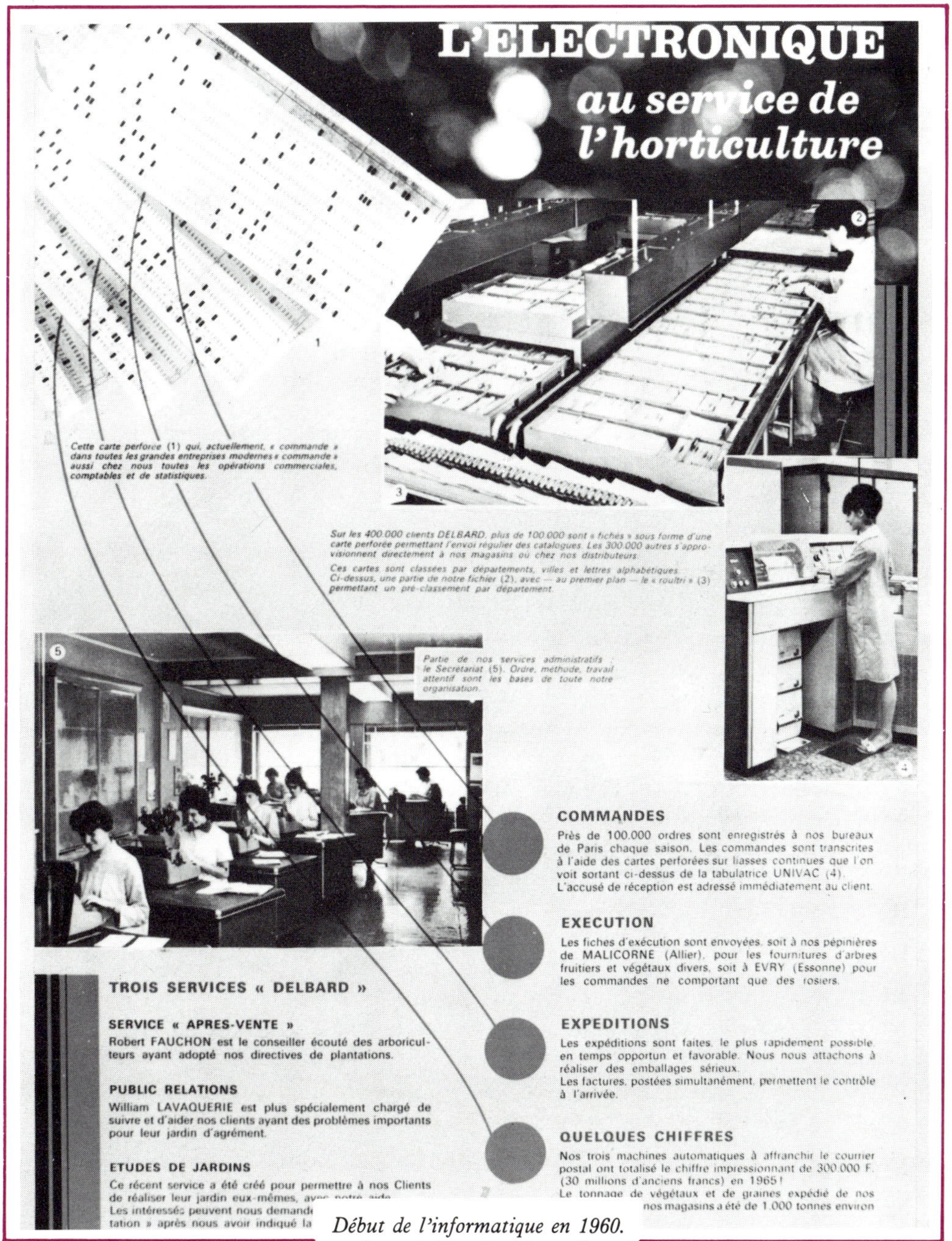

L'ELECTRONIQUE au service de l'horticulture

Cette carte perforce (1) qui, actuellement, « commande » dans toutes les grandes entreprises modernes « commande » aussi chez nous toutes les opérations commerciales, comptables et de statistiques.

Sur les 400.000 clients DELBARD, plus de 100.000 sont « fichés » sous forme d'une carte perforée permettant l'envoi régulier des catalogues. Les 300.000 autres s'approvisionnent directement à nos magasins ou chez nos distributeurs.

Ces cartes sont classées par départements, villes et lettres alphabétiques. Ci-dessus, une partie de notre fichier (2), avec — au premier plan — le « roultri » (3) permettant un pré-classement par département.

Partie de nos services administratifs : le Secrétariat (5). Ordre, méthode, travail attentif sont les bases de toute notre organisation.

COMMANDES

Près de 100.000 ordres sont enregistrés à nos bureaux de Paris chaque saison. Les commandes sont transcrites à l'aide des cartes perforées sur liasses continues que l'on voit sortant ci-dessus de la tabulatrice UNIVAC (4).
L'accusé de réception est adressé immédiatement au client.

EXECUTION

Les fiches d'exécution sont envoyées, soit à nos pépinières de MALICORNE (Allier), pour les fournitures d'arbres fruitiers et végétaux divers, soit à EVRY (Essonne) pour les commandes ne comportant que des rosiers.

EXPEDITIONS

Les expéditions sont faites, le plus rapidement possible, en temps opportun et favorable. Nous nous attachons à réaliser des emballages sérieux.
Les factures, postées simultanément, permettent le contrôle à l'arrivée.

QUELQUES CHIFFRES

Nos trois machines automatiques à affranchir le courrier postal ont totalisé le chiffre impressionnant de 300.000 F. (30 millions d'anciens francs) en 1965 !
Le tonnage de végétaux et de graines expédié de nos nos magasins a été de 1.000 tonnes environ

TROIS SERVICES « DELBARD »

SERVICE « APRES-VENTE »

Robert FAUCHON est le conseiller écouté des arboriculteurs ayant adopté nos directives de plantations.

PUBLIC RELATIONS

William LAVAQUERIE est plus spécialement chargé de suivre et d'aider nos clients ayant des problèmes importants pour leur jardin d'agrément.

ETUDES DE JARDINS

Ce récent service a été créé pour permettre à nos Clients de réaliser leur jardin eux-mêmes, av
Les intéressés peuvent nous demande
tation » après nous avoir indiqué la

*Début de l'informatique en 1960.*
*Les services administratifs.*

# L'arbre fruitier... cet inconnu !

Ce titre qui, à première vue, semble vouloir plagier celui de l'ouvrage du docteur Alexis Carrel (1) me paraît assez véridique ici, et même convenir parfaitement pour deux raisons. D'abord, parce qu'il y sera question de greffes végétales, alors que le docteur A. Carrel a été l'initiateur des greffes humaines. Ensuite, parce que l'arbre fruitier représente aussi, selon moi, *un capital vivant porteur d'espérance.*

Ceci m'incite à définir certains aspects concernant sa spécificité, la complexité de son comportement et de ses réactions en fonction des soins qui lui sont donnés pendant sa jeunesse (par le pépiniériste) et qui doivent être continués à l'âge adulte (par l'exploitant). On peut en déduire que le règne végétal, comme le règne animal, ont des exigences et servitudes — dont certaines s'apparentent à celles du genre humain — que ne connaissent naturellement pas les branches de l'économie traitant des produits inertes.

Les particularités afférentes au verger ont été bien mises en évidence par le professeur L. Cuny (2). Cependant, comme pour tous les êtres vivants, les soins assidus et vigilants de la période juvénile — l'élevage en pépinière pour notre cas — sont déterminants pour faire en sorte que "l'arbre porteur d'espérance" devienne, à coup sûr, un capital dispensateur de bonnes récoltes.

Pour parvenir à ce résultat, le pépiniériste consciencieux doit donc, non seulement bien pratiquer son métier, mais, plus encore, connaître le potentiel agronomique et économique — le devenir en quelque sorte — du matériel végétal qu'il commercialise.

Cette vision globale du problème, qui a toujours été la nôtre, est fort probablement la raison essentielle du développement foudroyant de notre firme dans la décennie 1950-1960, qui n'a fait que s'amplifier depuis lors.

Essayons d'en expliquer le cheminement, et comment je me suis trouvé entraîné par le courant irrésistible de ma passion, en reprenant toutes choses à leur début.

La parution de mon livre me valut une avalanche de correspondance avec les amateurs et professionnels français et étrangers. Je devenais, *ex abrupto*, le spécialiste qui fait autorité. Celui que l'on qualifie de "pépiniériste-conseil". Un titre lourd à porter. Certaines questions posées par les amateurs étaient simples et faciles, mais d'autres dépassaient les limites de mes connaissances pratiques dans le domaine des vergers de rapport. En effet, jusqu'en 1948, un seul producteur — M. Roger Monmirel à Gonesse — nous avait choisis pour créer une exploitation fruitière à l'échelle industrielle, qui fut par ailleurs une réussite totale, entraînant dans son sillage d'autres vergers plus importants.

Je mesurais donc bien, à l'époque, mes lacunes découlant, au départ, du manque des connaissances théoriques qu'apporte l'enseignement supérieur. Me souvenant à nouveau de l'exemple de Michelet, appris à l'école communale, je jurai de combler cette déficience théorique de base par une étude pratique méthodique, intensive, du comportement de l'arbre fruitier (3).

Cela revenait à comprendre, à vérifier par moi-même (et avec mes collaborateurs) ses réactions et sa potentialité en fonction du choix variétal, du type d'arbre (porte-greffe et forme), de l'influence du milieu d'implantation, etc. (4). Dans ce contexte, les deux premiers points qui nous incombaient : choix variétal et type d'arbre, étaient les plus immédiatement importants pour justifier ce titre de « pépiniériste-conseil » que m'octroyait une partie de ma clientèle. C'est pourquoi, dès 1948, j'installai un mini-verger au champ de la Mairie (5), au bourg de Malicorne.

La surface exiguë du terrain affecté m'obligeait à concevoir un programme modeste. C'est ainsi que les principales variétés connues de pommiers et de poiriers furent greffées d'un seul sujet de chaque sorte sur les différents porte-greffes utilisés. C'était déjà une bonne idée de départ que de pouvoir faire toucher du doigt, à quiconque en manifestait l'intérêt, la différence de développement d'arbres d'une même variété suivant qu'ils ont été "mariés" avec un porte-greffe nanisant, ou avec un porte-greffe assurant un grand développement (6). Voilà une expérimentation simple, élémentaire, et pourtant de portée pratique considérable qu'aurait dû pratiquer, en début d'activité, tout professionnel arboriculteur digne de ce nom... mais plus encore les conseilleurs ! Cela aurait évité bien des erreurs dans le peuplement des vergers. Actuellement les réactions et comportements des arbres fruitiers sont, heureusement, mieux connus. Autre donnée en résultant de portée économique : la rapidité de mise à fruits est inversement proportionnelle à la vigueur (7). On comprendra dès lors l'impérieuse nécessité qui nous a guidés dans l'étude de la relation : développement-fructification, pour savoir quoi et comment planter (8).

*La façade (avant les travaux) du nouveau verger expérimental sur la route de Commentry. La bouchure de clôture était en retrait de la route.*

*(1) Alexis Carrel (1873-1944) : physiologiste, chirurgien et écrivain né à Lyon. Prix Nobel de médecine en 1912, auteur du livre :* L'Homme, cet inconnu. *Il a réalisé, à l'Institut Rockefeller de New York, d'intéressantes et originales expériences, notamment sur la greffe des tissus et organes humains.*
*(2) Elles figurent p. 304*
*(3) Plus tard, le même problème s'est posé à moi pour les rosiers.*
*(4) J'ai souvent répété à mes collaborateurs : Ne faisons pas comme beaucoup d'autres. Nous ne sommes pas vendeurs de fagots, mais d'un matériel végétal vivant, contrôlé, apte à assurer le meilleur rapport possible à son détenteur : amateur ou professionnel.*
*(5) A l'emplacement même où je réalise actuellement mes recherches de rosiers plus performants.*
*(6) Les porte-greffes nanisants sont généralement reproduits par voie végétative — ou asexuée — (bouturage, marcottage ou micropropagation* in vitro*). Les porte-greffes à forte végétation sont presque tous reproduits par semis (multiplication sexuée).*
*(7) Dans le cas de très grande vigueur et d'absence de fructification, on dit souvent que l'arbre "se porte à bois".*
*(8) Le verger d'études actuel, très important, sera réalisé en partant de ces bases.*

# Verger expérimental et de recherches (1)

*L'entrée sur la route de Commentry.*

*En bordure d'allée, six palmettes "double U" confrontées avec...*

*en arrière, et dans le même espace,*
*trois arbres inclinés de la même variété.*

*(1) La vue de cette clôture et du verger naissant (témoin de l'évolution) fut la dernière joie pour ma mère... et aussi sa dernière sortie.*

Par ailleurs, après les années de pénurie de la guerre, une donnée impérieuse se faisait jour. Tout un chacun aspirait à mieux vivre, tout un chacun s'intéressait à la qualité des fruits. C'est ainsi que de tous côtés (de France et de l'étranger), on m'envoyait "à l'essai" des rameaux greffons de variétés dont on m'affirmait souvent qu'« il n'y avait rien de comparable au monde ». En outre, à mon retour des États-Unis, j'en rapportai un certain nombre. Pris au dépourvu, nous greffâmes ces variétés : soit dans mon mini-verger expérimental, soit en pépinière. Bien vite, je m'aperçus que, sans une structure d'accueil suffisamment vaste et organisée, il serait impossible de faire une expérimentation méthodique systématique, permettant de tirer les jugements indiscutables de valeur variétale comparative que j'en attendais pour en faire profiter nos clients.

C'est ainsi que, dès 1949, après l'aboutissement des tractations nécessaires — et souvent ardues — avec les différents propriétaires, je pus réaliser un ensemble foncier cohérent d'une dizaine d'hectares. La situation sur la grand-route, près de la ferme paternelle, permettait l'implantation à cet endroit d'un verger expérimental et de recherches appliquées digne de ce nom... et du mien !

La bonne réalisation d'un tel engagement impliquait nécessairement, en contrepartie, la présence à temps plein d'un responsable ès qualités. Or, je n'avais, dans mon équipe, aucun spécialiste capable de "suivre" les arbres et de tirer des conclusions précises de valeur de leur comportement. De plus, ayant toujours en tête les paroles encourageantes du Dr Darrow pour la recherche de variétés nouvelles, je voulais, dès ce moment, procéder à des croisements. Or, on a beau dire qu'il est simple de féconder les variétés végétales... encore faut-il en avoir appris et les principes, et le mécanisme, en un mot avoir les connaissances scientifiques et techniques qui s'imposent. C'est la raison pour laquelle je résolus de m'adjoindre un premier ingénieur horticole. Mon ami Maurice Coutanceau, professeur d'arboriculture fruitière à l'Ecole nationale supérieure d'horticulture de Versailles, consulté, me recommanda son ancien élève Pierre Trioreau, qui effectuait un stage à la station de l'I.N.R.A. (1) de la Grande Ferrade, près de Bordeaux.

Malgré une certaine réticence de sa femme (Parisienne ne goûtant pas spécialement le charme campagnard), l'entente fut vite scellée entre nous. Dès sa rentrée, en 1950, commença donc l'implantation du nouveau verger expérimental et de recherches. L'idée que je me faisais de ce centre d'études, sa conception même, devait nous permettre de répondre efficacement aux questions posées (2), en faisant ressortir les caractéristiques de chaque variété nouvelle dans toutes ses composantes ayant trait à l'arbre et au fruit. Pour atteindre ce but, il fallait, en priorité, établir une base sérieuse de références qui servirait d'échelle comparative dans la détection des caractères améliorants recherchés. Ceci a été obtenu par l'implantation, en bordure de l'allée centrale, de deux lignes où figurent les grandes variétés commerciales connues. Deux types de formes ont été adoptées pour chaque variété. Sur la première ligne, dans un espace de 7,20 m, six palmettes double U taillées selon la stricte méthode classique. Sur la deuxième (en retrait et dans le même espace), la même variété se répète avec trois arbres plantés inclinés suivant le principe de la haie fruitière normalisée. Ceux-ci ont reçu un simple élagage partiel, leur vigueur a été contenue par la courbure des charpentières et la fructification avancée par le palissage compensateur des rameaux.

*(1) Institut national de la recherche agronomique.*

*(2) J'ai dit à Pierre Trioreau, dès son arrivée : « Peu m'importe qu'il y ait deux ou trois poils de plus ou de moins sous la feuille, que les pétales soient ovales ou arrondis. Ce que je veux connaître, c'est l'intérêt économique de la variété pour en faire bénéficier nos clients. »*

# Nouvelles variétés fruitières

« Tout plaisir est plaisir d'amour » (1)

*Nous prenons grand plaisir*
*à présenter*
*dans les pages qui suivent*
*quelques nouvelles variétés fruitières,*
*parmi les plus représentatives de nos obtentions*
*et éditions exclusives.*

*Il s'agit là*
*d'un apport alimentaire et gustatif*
*de qualité*
*dont bénéficient déjà amateurs et professionnels*
*et qui restera pour les générations futures*
*le plus beau fleuron*
*de notre action dynamique en horticulture.*

*(1) Jean Rostand,* Carnet d'un biologiste, *Stock édit.*

*ABRICOT ROUGE TARDIF DELBARD° ®*
*croisement de Pêche de Nancy par variété inédite.*
*Grosseur et qualité exceptionnelles du fruit. Arbre fertile.*

*ABRICOT STARK EARLI ORANGE*
*Gros et excellent fruit précoce.*

*CERISE DELBARD ALLEGRIA° ®*
*croisement de bigarreau Marmotte par Cerise Anglaise Hâtive.*
*Grosse cerise délicieuse en juillet.*

*BIGARREAU STARKRIMSON°*
*croisement de Garden Bing par Stella.*
*Gros bigarreau autofertile à végétation modérée.*

*BIGARREAU STARKING HARDY GIANT*
*Excellent et beau fruit résistant à l'éclatement.*

*BIGARREAU STARK GOLD*
*Profusion de fruits très sucrés, peu attaqués par les oiseaux*

*GRIOTTE KELLERIS 14®*
*Grosse et belle griotte d'amateur, pour tous usages.*

GROSEILLE-RAISIN INDUSTRIA ®
*Reine des groseilles à grappes.*

GROSEILLE DELBARD GIGANTA ®
*mutation de Rondom.*
*La plus belle et la plus grosse groseille existante.*

CASSIS DELBARD ROBUSTA ○ ®
*fécondation naturelle de Tsema.*
*Rare cassissier résistant à l'oïdium.*

*FRAISE DELBARD PRODIGIOSA ®*
*fécondation naturelle de Gorella.*
*Très forte productivité, de beaux fruits.*

*SUPERBE REMONTANTE DELBARD ®*
*fécondation naturelle de Appelever.*
*Qualité excellente, forte productivité, remontée précoce.*

*FRAISE DELECTA ®*
*fécondation naturelle de Mirifica.*
*Son goût rappelle la fraise des bois!*

PÊCHE SUNCREST
*croisement de Alamar par Gold dust.*
*Excellente pêche tardive. Réussit en toutes situations.*

PÊCHE SPRINGCREST
*Grande variété d'excellente qualité, très colorée.*

*PÊCHE SILVER LOGAN®*
*fécondation de hasard.*
*Ses qualités dépassent celles des pêches blanches tardives.*

# Pruniers

*DES PRUNES PLUS GROSSES QU'UN ŒUF DE POULE !*

*PRUNE EDWARDS®*
*énorme fruit très sucré, délicieux.*

*PRUNE THAMES CROSS*
*croisement de Coe's Golden Drop par Giant.*
*Profusion de très grosses quetsches dorées.*

*NECTARINE STARK SUNGLO°®*
*croisement de Sungrand par variété inédite.*
*La plus spectaculaire des nectarines à gros fruits.*

*NECTARINE FANTASIA*
*croisement de Gold King par Red King.*
*Excellente variété d'amateur tardive et très productive.*

*POIRE DELBARDÉLICE°®*
*croisement de Doyenné du Comice par Grand Champion.*
*Très beau fruit, un délice, un régal, une gourmandise.*

*POIRE FERTILIA DELBARD°®*
*croisement de Williams par Beurré Précoce Morettini*
*Quelle générosité! Quel fruit! Un arbre étonnant.*

*POIRE DELBARD PREMIÈRE® (en haut) comparée à :*
*POIRE DELBARD PRÉCOCE® (à gauche) et*
*POIRE Dr J. GUYOT (à droite) — cliché I.N.R.A.*

*POIRE DELBARD PRÉCOCE°®*
*fécondation naturelle de Williams Rouge Delbard.*
*Qualité de Williams, maturité : trois semaines plus tôt.*

# Poiriers

*POIRE SUPER COMICE DELBARD °®*
*fécondation naturelle de Williams.*
*Qualité de Comice. Maturité : trois semaines avant.*
*Production rapide*

*POIRE WILLIAMS ROUGE DELBARD*
*mutation de Williams.*
*Un « plus » dans les qualités de Williams...*
*et une robe rouge.*

*POMME DELBARD JUBILÉ°®*
*croisement de Golden Delicious par Lundbytrop*
*« LA POMME » qui mérite 4 étoiles! Longue conservation.*

*POMME DELBARD PRIMA°®*
*croisement de Delbarestivale ® par Primrouge ®*
*Délicieuse pomme rafraîchissante au mois d'août.*

*POMME DELBARESTIVALE°®*
*croisement de Stark Jongrimes par Golden Delicious.*
*Première très bonne pomme d'été se conservant bien.*

*POMME BELGOLDEN° ®*
*mutation de Golden Delicious.*
*Amélioration de Golden Delicious, sans russeting.*

*POMME ROYAL GALA° ®*
*mutation de Gala.*
*Arbre chargé de fruits de qualité extra.*

*POMME*
*STARK GOLDENSPUR°®*
*mutation de Golden Delicious.*
*Mise à fruits rapide.*
*Type Spur.*

*POMME STARKRIMSON*
*mutation de Starking Delicious.*
*Aucun problème de taille : type Spur.*

*POMME PRIMROUGE*
*beau coloris, bonne qualité,*
*tenue sur l'arbre... 2 mois.*

# La dégustation : critère important de valeur variétale

*Avec Pierre Trioreau* (ici à droite) *en 1952, dégustation des nouvelles variétés de fraises.*

*Lors de l'inauguration officielle du verger, je mets à profit la présence des sommités officielles pour solliciter leur avis !... Il en sera toujours ainsi lors des visites de personnalités.* A droite, *M. le ministre Longchambon,* à gauche, *M. R. Braconnier, directeur général de l'Agriculture.*

# Le verger expérimental et de recherches

L'organisation de ce verger trouvait ses origines dans la recherche d'une réponse aux affrontements de deux écoles opposant les partisans de la taille classique et ceux de la non-taille. A ce désaccord s'ajoutaient le problème de l'intérêt économique du palissage, et surtout celui posé par la codification des espacements de plantation sur le rang.

D'autre part, partant de l'idée que ce n'est pas parce qu'une variété est chaudement recommandée qu'elle est forcément meilleure, les nouvelles venues sont toutes greffées sur le même clone de porte-greffe. Trois scions de chaque variété sont plantés inclinés et conduits en haie fruitière. Cette façon de faire permet une confrontation aisée, sérieuse, honnête, de leur potentiel respectif, avec les variétés de référence placées en deuxième ligne de l'allée centrale. Après trente-cinq années de fonctionnement et d'expérience, je suis fier de déclarer que, s'il me fallait recommencer à zéro, je ne changerais pas un iota à l'application du principe de l'idée première. Cela du fait que toutes les caractéristiques comparatives que nous avons décelées sur trois arbres *correctement conduits et surtout bien observés* se sont trouvées intégralement projetées à l'échelle des vergers industriels.

D'ailleurs, nous ne nous en tenons pas là et poussons plus loin nos investigations. Les variétés qui nous paraissent *apporter quelque chose en plus* sont multipliées sur différents porte-greffes pour être suivies dans leur comportement, à Malicorne et dans les vergers de référence d'arboriculteurs d'avant-garde, en différentes situations en France et à l'étranger.

A ce point de mon propos, je désire m'appesantir sur le sens du terme "valeur variétale", qui doit être pris au sens large. En effet, non seulement joue pour une variété quelconque le premier critère, c'est-à-dire la qualité intrinsèque du fruit, mais de nombreux autres qu'il importe de prendre en considération. Ce sont :

- *pour l'arbre :* port et vigueur, résistance aux maladies, rapidité de mise à fruits, régularité des productions, etc.
- *pour le fruit :* époque de maturité, forme, grosseur, coloris, aptitude à la conservation et, en priorité, qualité gustative.

Tous ces caractères s'interfèrent. On pourra, par exemple, retenir une variété moins succulente si elle mûrit avant ou après toute la gamme des variétés connues. Dans ce cas précis, en effet, on agrandit l'éventail de la période de consommation : il s'agit là d'une variété de *complément*. Toutefois, étant donné l'importance de la palette variétale existante, c'est plutôt vers l'obtention de nouveautés de *substitution* aux caractéristiques améliorées par rapport à celles existantes que nous orientons les hybridations ; ce sont les variétés de *remplacement*.

En fonction de ce qui précède, n'importe qui peut se rendre compte de l'importance et du côté sérieux que représente cette étude comparative. On est amené, dans ce travail de classement des variétés, à établir un parallèle avec celui, bien connu, concernant les élèves d'une classe d'étudiants. La fiche individuelle avec ses points de valeur n'est-elle pas la copie conforme du cahier de notes de l'écolier ? Mais, tout en admettant la portée indiscutable des chiffres, je crois, néanmoins, que le côté mathématique est encore insuffisant. En tout dernier ressort, la vraie valeur d'une variété nouvelle doit être confirmée, avalisée, par les experts *au verger*.

L'examen de l'arbre porteur de ses fruits, la dégustation à parfaite maturité sont des critères qui, débattus *in situ*, dépassent, en vérité, toutes les notations chiffrées.

# Quelques visiteurs parmi des milliers !

*Mes trois fils se doutaient-ils en 1955 qu'ils emprunteraient bien souvent cette allée, après être devenus "patrons" à leur tour ?*

*L'association des auditeurs du cours d'arboriculture fruitière des jardins du Luxembourg :*
à l'extrême droite, *le professeur L. Cuny* (X)*;* à ma droite, *sur le cliché, avec sa belle chevelure blanche mon autre ami, L. Aubin* (XX).

Elles sont innombrables. Déjà au XIX^e^ siècle, André Leroy, pépiniériste pomologiste à Angers, donne un aperçu de la collection qu'il possède dans son *École fruitière* (1). Quelque 3000 variétés (il y a cent ans!), dont :

900 variétés de poiriers (2) (et quelque 3000 synonymes)
871 variétés de pommiers (et quelque 1880 synonymes)
159 variétés de cerisiers
123 variétés de pêchers
50 variétés d'abricotiers

Déjà il pouvait y en avoir — c'est bien le cas de le dire — pour tous les goûts! Devant cette multitude de sortes, il n'est donc pas étonnant que, très souvent, revienne le leitmotiv : « Ah! chez ma grand-mère il y avait tel ou tel fruit dont le goût n'avait rien à voir avec ce que j'achète actuellement au marché » (3). A des dizaines d'années d'écart, il est d'abord difficile d'établir une comparaison objective. Mais un autre facteur joue forcément, qui ne résulte pas d'un choix variétal malheureux ou défectueux. Entre le fruit cueilli à point sur l'arbre et celui ramassé au verger plusieurs jours — voire une ou deux semaines — avant sa maturité physiologique normale, pour cause d'impératifs de transport ou de conservation en chambre frigorifique, l'écart gustatif est grand à l'arrivée (4). Ceci est particulièrement ressenti lorsque le stockage au froid a été de trop longue durée. D'autre part, ce report, au stade du commerce, constitue un décalage des apports, préjudiciable aux ventes des autres bonnes variétés qui mûrissent normalement à ce moment-là (5).

Formons le souhait que producteurs et négociants en fruits prennent enfin conscience de leur intérêt : celui de satisfaire en priorité le consommateur. Pour ce faire, que les premiers orientent leurs plantations vers une gamme variétale plus étendue, permettant d'échelonner les maturités et d'offrir successivement des fruits « à point » de la meilleure qualité gustative possible. Dans une telle optique positive, notre effort considérable, ainsi orienté, trouverait sa pleine justification. Pour les négociants, qu'ils considèrent bien que le jeu de la spéculation a ses limites.

Quant à vous, amateurs de fruits savoureux, il existe une simple et bonne solution : produisez-les dans votre jardin. Cueillis bien mûrs, vous retrouverez vos délices d'antan... et peut-être plus encore avec nos nouveautés!

En comparant les deux tableaux (d'André Leroy ci-dessus et de Georges Delbard page suivante), on remarque une nette modification de pourcentage dans les espèces. Aux 900 variétés de poiriers d'André Leroy au XIX^e^ siècle, je n'en peux opposer que 420. En revanche, face aux 123 pêchers d'Angers, je peux faire état de 1 023 à Malicorne. La pêche est, en effet, l'espèce fruitière dont la diversité des variétés et la production des fruits ont le plus évolué au XX^e^ siècle.

(1) Dictionnaire de pomologie : 1867-1879, *Imp. A. Lachèse Belleuvre et Dolbeau (Angers).*
(2) *Chez Le Lectier — procureur du Roi à Orléans —, on en dénombrait déjà 260 variétés en 1628!*
(3) *Tout ce qui nous a frappés dans nos jeunes années est souvent mémorisé de façon plus ou moins affective.*
(4) *Le fruit n'acquiert toutes ses qualités organoleptiques que dans la dernière période de sa maturité, sur l'arbre.*
(5) *L'exemple de la poire Guyot (déjà de qualité très moyenne), souvent cueillie avant maturité et déverdie artificiellement à l'éthylène, pour être mise plus tôt sur le marché, est typique. Les consommateurs, déçus par la première poire qu'ils dégustent, "boudent" les autres bonnes variétés de pleine saison.*

# Notre fantastique travail de sélection

L'examen de notre registre-répertoire des variétés fruitières reçues et étudiées à Malicorne (4627 variétés au 1er janvier 1984) donne une idée du travail accompli en moins de quarante années. Après Pierre Trioreau, et depuis 1971, c'est l'ingénieur Gérard Guillier qui dirige la recherche fruitière.

Voici la répartition des espèces :

1 192 de pommiers
1 023 de pêchers
437 de cerisiers
420 de poiriers
321 de pruniers
225 d'abricotiers
469 de fraisiers
212 de framboisiers et ronces
197 de groseilliers et cassissiers
131 divers

4627 au total

Concernant les anciennes variétés françaises — régionales et locales —, nous en avons testé un grand nombre (1). Cela a même été notre préoccupation première. Plus particulièrement dans les pommes, toutes celles (plus de cent) dont Louis Chasset avait fait ressortir les mérites dans son ouvrage *Le Verger français* (2) ont été rassemblées à Malicorne. Pomme Dieu, Pomme d'enfer, Pomme cloche, Belle-fille rose, Mère Marie, Alfred Jolibois, Bonnet Carré, Court pendu, Bec d'oie, Museau de lièvre, Cœur de bœuf — aux noms étonnants et savoureux — ont été de celles-là, avec beaucoup d'autres. Dans cette panoplie variétale, nous pouvons certifier que nous n'en avons trouvé aucune digne d'être "réhabilitée" au stade national... et pourtant, croyez-moi, j'aurais été très heureux de le faire, étant donné mes racines paysannes.

Il me semble intéressant de faire toucher du doigt au lecteur notre éclectisme et l'étendue internationale de notre réseau de correspondants (3). Dans le tableau qui suit, les chiffres portés dans chaque colonne indiquent le nombre de variétés dénommées que nous avons reçues directement d'obtenteurs de chaque pays. Dans la ligne « France » figurent non seulement des variétés françaises, mais aussi quelques variétés étrangères qui nous sont parvenues par l'intermédiaire de stations officielles et affaires privées françaises.

*(1) Ces variétés régionales et locales sont comprises dans les nombres en provenance de France.*

*(2)* Le Verger français, *Imp. B. Arnaud.*

*(3) On n'a jamais tant mis en relief l'importance du facteur "recherche" — et cela dans tous les secteurs de l'économie — que pendant la dernière décennie 1975-1985. Sans infatuation aucune, on remarquera que j'étais sérieusement en avance sur ce point précis. Pour mon affaire qui débutait, cela représentait un budget incroyable de frais généraux pour lequel je n'ai jamais encaissé un franc de subvention !... Mais j'en fais l'aveu : j'en suis fier. Ensuite c'est un des meilleurs placements que j'aie pu faire... Une seule explication, toujours la même : la rage de vaincre !*

# Variétés dénommées étudiées au 1er janvier 1984

| Origine | Pommiers | Poiriers | Pêchers | Pruniers | Cerisiers | Abricotiers |
|---|---|---|---|---|---|---|
| FRANCE | 406 | 222 | 291 | 117 | 175 | 57 |
| U.S.A. | 268 | 68 | 465 | 83 | 82 | 56 |
| U.R.S.S. | 63 | 6 | 46 | 12 | 41 | 32 |
| ANGLETERRE | 62 | 13 | | 21 | 26 | 1 |
| ITALIE | 59 | 32 | 58 | 5 | 26 | 2 |
| NOUVELLE-ZÉLANDE | 57 | 2 | 1 | 4 | | 1 |
| CANADA | 43 | 2 | 12 | 4 | 12 | 14 |
| SUÈDE | 39 | 12 | | 31 | 4 | |
| TCHÉCOSLOVAQUIE | 34 | 5 | | 7 | 9 | 8 |
| SUISSE | 27 | 2 | | 5 | 1 | 1 |
| R.F.A. | 27 | | 13 | 8 | 14 | |
| JAPON | 20 | 16 | 4 | | 1 | |
| HOLLANDE | 11 | 11 | 1 | 5 | 1 | |
| BELGIQUE | 7 | 1 | | 2 | 8 | |
| INDE | 7 | | | | | |
| IRAK | 7 | | | | | 8 |
| ISRAËL | 7 | | | | | |
| POLOGNE | 7 | | 15 | | | 11 |
| AFRIQUE DU SUD | | | 61 | 7 | | 5 |
| ARGENTINE | 6 | 5 | 1 | | | 2 |
| GRÈCE | | | | | | 3 |
| AUSTRALIE | 5 | 1 | 8 | 1 | 6 | 8 |
| CHINE | | 8 | 1 | 3 | | |
| HONGRIE | 5 | | 1 | | 2 | 4 |
| BULGARIE | | 2 | | 1 | | 1 |
| URUGUAY | 4 | | 8 | | | |
| TUNISIE | 3 | | 3 | | 2 | 4 |
| MEXIQUE | 3 | 1 | | | | |
| YOUGOSLAVIE | 3 | | | | | 3 |
| DANEMARK | 3 | 1 | | | 7 | |
| TURQUIE | 3 | 6 | 16 | 5 | 9 | 2 |
| PORTUGAL | 2 | | | | | |
| FINLANDE | 2 | | | | | |
| ESPAGNE | 1 | 4 | 18 | | 1 | 2 |
| BRÉSIL | 1 | | | | | |
| Total | 1 192 | 420 | 1 023 | 321 | 437 | 225 |

De plus, dans le secteur dit des "petits fruits", les espèces et variétés suivantes ont été testées : 469 variétés de fraisiers — 184 variétés de framboisiers — 28 variétés de ronces à gros fruits — 197 variétés de groseilliers et cassissiers.

A ces chiffres, déjà éloquents, il faut encore ajouter nos milliers d'hybrides dans les différentes essences fruitières.

# Le travail d'hybridation

*La castration.*

*La pollinisation.*

*Avec mon bouquet de fleurs de pommiers, pour la récolte du pollen des boutons fermés.*

*L'équipe au travail sous la direction de R. Loubert et de Mme Rateau* (3e en partant de la gauche).

# L'obtention de variétés améliorées chez Delbard

Le classement de valeur des variétés — provenance tous azimuts —, en vue de commercialiser les plus performantes, aurait pu suffire à épancher ma soif de progresser. Je désirais plus encore.

Mettre à profit ce formidable rassemblement fruitier mondial ; marier les variétés américaines avec les soviétiques et les japonaises, comme l'écrivait *Le Figaro* (et celles de combien d'autres pays), m'apparut comme une aventure exaltante à réaliser sous le ciel bourbonnais (1). Je m'y engageai tête baissée, sans chercher à me rendre compte où je mettais les pieds au stade de la rentabilité. Sait-on qu'après avoir créé une nouvelle pomme ou poire, il faut vingt à trente années d'expérimentation pour pouvoir la lancer commercialement avec toute garantie de profit pour l'utilisateur ?

Par exemple, notre excellente pomme *Delbarestivale* résulte d'une de nos premières hybridations en 1951. Or, elle ne figure en vedette sur notre catalogue qu'en 1973 !... Vingt-deux ans après ! Elle est le "fruit" du mariage, à Malicorne, de deux américaines : *Stark Jongrimes* par *Golden Delicious*.

D'autres croisements ont été réussis avec des parents (géniteurs) de provenance géographique très éloignée (2). Tel est le cas de la poire *Delbard Première*, dont le "père" était *Dr Guyot* et la "mère" *Akça*, une variété turque à petits fruits ultra-précoces que mon ami Lufti Devici à Istanbul m'adressa en février 1952 en hommage pour mon livre. Notre vedette 1985 : *Delbard Jubilé*, est le résultat du croisement de *Golden Delicious* (américaine) par *Lundbytrop* (suédoise), et combien d'autres ! Il faudrait une publication spéciale pour conter dans le détail cette épopée fruitière. Dans le cadre de cet ouvrage, je suis contraint d'abréger.

Je dois donner pourtant quelques précisions sur ce travail, dont le résultat est toujours à longue échéance. Nous réalisons, chaque année, une moyenne de 25 combinaisons de croisements différents. Cela représente environ 20000 fleurs pollinisées !... Mais la fécondation et la levée des graines sont toujours capricieuses. Après récolte et semis des pépins, heureux quand nous obtenons de 500 à 1000 hybrides.

Parmi ceux-ci, nous opérons une sélection rapide et impitoyable, supprimant les sujets malades ou de caractère trop sauvage. Ceux qui paraissent "sympa" sont suivis et greffés entre leur troisième et cinquième année. Nous nous trouvons, de ce fait, à la tête d'une population ayant de un à quinze ans d'âge, avec un nombre à peu près permanent de 7000 hybrides qu'il faut étudier avec attention pour tâcher de découvrir la vedette.

Au début de nos croisements, nous faisions comme tous les chercheurs du monde : nous replantions à distance nos "enfants" pour observer leur végétation et leur fructification. Dans les variétés à pépins que nous "travaillons" en priorité, certains hybrides, sur leurs propres racines, mettant de cinq à dix années (et plus) pour produire leurs premiers fruits, il eût fallu rapidement convertir toute la pépinière en terrain expérimental. Or, quand on fonctionne avec son portefeuille, on a le droit d'être un peu *berrdin* (3), mais il est dangereux pour les finances de devenir totalement cinglé.

*(1) Dommage que cela ne puisse se faire pour le genre humain ! Concernant les arbres fruitiers, je disais à Trioreau : Faites confiance au microclimat de Malicorne : parce qu'il est continental, difficile, il nous donnera "de bons enfants" costauds, rustiques ! Je répète aussi très souvent : Delbard est le seul fou au monde à poursuivre pareil effort financier de recherche en pépinière.*

*(2) Il est admis que l'ébranlement des caractères est plus positif dans ce cas.*

*(3) A Malicorne, on dirait même* taubia... Berrdin *: simple d'esprit pas méchant et pas dangereux.* Taubia *: stupide, borné.*

# De nombreux hybrides qu'il faut classer

*En 1960, avec les responsables du verger expérimental.*

*En 1979, le jury est renforcé par la présence de l'éminent spécialiste Paul Stark* (à gauche)*; ensuite G. Delbard.* Assis, *l'ingénieur G. Guillier.* Debout, *A. Michaud, technicien émérite.*

Il faut, bien au contraire, savoir toujours raison garder... quand on n'a pas la chance de disposer de fonds publics ! Il vaut même mieux avoir les pieds bien sur terre et prendre le temps de réfléchir et d'observer pour réduire les dépenses. C'est ce que je crois avoir fait.

Ce m'est un plaisir de vous conter comment j'ai pu résoudre économiquement le double problème de la réduction des surfaces nécessaires et de l'accélération de la mise à fruits de nos hybrides en cours d'études. Dès 1952, j'avais pris l'heureuse initiative de greffer les variétés fruitières reçues de partout en deux situations. D'abord, sur porte-greffes sans virus (en vue d'une saine multiplication éventuelle) ; ensuite, en surgreffage sur des arbres adultes (pour bénéficier d'une mise à fruits très rapide) permettant un premier jugement de valeur du fruit quelquefois dès l'année suivante. Pourquoi, me dis-je, ne pas appliquer cette formule à mes jeunes hybrides ? L'idée avancée, il y eut — c'est souvent le cas devant une idée originale — une grande divergence de vues, presque un antagonisme pour sa réalisation. Je dois, le plus simplement possible, en expliquer les motifs. J'espère que cela pourra être utile aux passionnés de recherche fruitière, étant donné que plusieurs directeurs responsables de pays étrangers (notamment le Dr Molnar de Hongrie) m'ont confessé combien la découverte de cette technique avait simplifié et fait avancer leurs travaux, tout en leur apportant une grande économie (1).

Même lorsqu'on "marie" deux excellentes variétés cultivées de pommiers ou de poiriers par exemple, les plants issus du semis offrent presque tous, au début de leur existence, des caractères plus ou moins sauvages : végétation buissonnante, nombreuses épines et petites feuilles. Très rares sont, peu après leur naissance, les sujets inermes ayant des feuilles de grandeur normale. Chez certains de ces hybrides, une évolution de la morphologie des organes vers les caractères de la variété cultivée se manifeste normalement dans les premières années : on dit qu'ils se "civilisent" rapidement. Inversement d'autres conservent toute leur vie les caractères sauvages des variétés agrestes de leur lieu d'origine. On touche là les secrets de la création (2) qui conduisent le praticien à rester modeste et l'obligent à faire suivre chaque hypothèse de fécondation d'un point d'interrogation.

Quoi qu'il en soit, le fait est prouvé qu'il y a — assez souvent — évolution de certains caractères dans le jeune âge. C'est la raison pour laquelle mon idée de greffage des jeunes hybrides sur des arbres adultes, afin de bénéficier d'une appréciation rapide du fruit, était tant combattue. « Avec le greffage, vous stoppez l'évolution de l'hybride, puisqu'il est patent que cette opération de multiplication en pépinière a justement pour but de *reproduire fidèlement les caractères* de la variété... », me disait-on... Voire ! Ne pas être prisonnier des principes bien établis résultant des théories enseignées — particulièrement quand on ne les a pas reçues — a au moins un avantage : celui de pouvoir suivre son intuition.

L'évolution du caractère sauvage était bien visible sur certains sujets : en gros, la partie basse restait fortement épineuse, tandis que la partie supérieure, après plusieurs années, devenait souvent inerme avec des feuilles plus grandes. Il fallait donc, de toute évidence, prendre le greffon dans la partie supérieure de l'hybride postérieurement à cette évolution pour bénéficier de sa "civilisation". Mais une vérification s'imposait. Pour ce faire, j'ai eu la curiosité de placer — de nombreuses fois — sur un même arbre un greffon provenant d'un rameau basal épineux (nous l'appellerons A) et un autre greffon prélevé au sommet de l'axe du même hybride et plus âgé de trois ans (nous l'appellerons B).

*(1) « Au lieu d'avoir des dizaines d'hectares à parcourir, m'a avoué le Dr Molnar, ce rassemblement, cette concentration m'a fait gagner beaucoup de temps et beaucoup d'argent... »*
*(2) Ce retour à la forme sauvage est le fait des gènes de leurs ancêtres.*

# Mystère de l'évolution génétique

*Jeunes hybrides épineux à petites feuilles (caractères sauvages)*

*Deux hybrides de trois ans déjà "civilisés", portant des fleurs, et sans épines (évolution rapide).*

*Prélèvement du greffon de tête sur l'hybride pour testage rapide de sa valeur par surgreffage.*

*Le surgreffage sur arbre adulte amène une fructification dès la deuxième année.*

Chacune des deux greffes a exprimé en première année les différences des caractères existants sur l'hybride considéré en ses parties basse et haute. Cela paraissait normal et conforme aux principes établis. Cependant rien n'est jamais définitif dans le domaine végétal. En observant, les années suivantes, les deux greffes A et B, on pouvait remarquer que leur évolution n'était nullement arrêtée, ni même perturbée par le greffage. En effet, trois ans après, la partie supérieure du greffon A avait atteint le point d'évolution du greffon B au moment de son greffage trois années avant. Autrement dit, le décalage de trois années continuait d'exister dans l'évolution des deux greffes, en parallèle avec ce qui s'était passé sur le sujet original.

Si j'ai désiré m'attarder autant sur ce sujet technique — et même quelque peu scientifique —, c'est pour deux raisons. D'abord, en toute priorité, pour montrer qu'ainsi nous avons pu gagner un temps précieux pour le jugement de valeur de nos hybrides. Ensuite pour prouver que le greffage ne permet de reproduire fidèlement les caractères que pour les seules variétés fruitières anciennes aux caractères bien fixés.

C'est une de mes grandes satisfactions professionnelles d'être parvenu à en faire la preuve. Depuis, naturellement, nous continuons de tester nos semis par greffage de l'extrémité du prolongement, généralement à leur troisième année, et souvent plus. Nous conservons les plants d'origine sur le lieu de leur repiquage à 0,50 m d'écartement, ce qui n'utilise que de faibles surfaces. Ce plant d'origine génétiquement sain (indemne de viroses) constitue le clone, plant de base, sur lequel nous pouvons prélever ultérieurement les greffons sains pour la propagation commerciale. Ce côté scientifique de notre travail est reconnu et apprécié des spécialistes du monde entier. Il est conforté par l'application de la thermothérapie, dont nous expliquerons le principe plus avant.

Cette audience de sérieux, acquise par la production d'arbres sains, est à la base de la conquête de nombreux marchés étrangers.

*Vue d'une partie de notre carré d'arbres fruitiers étalons.*

# La tutelle administrative contraignante...

Après tout ce travail de recherche et de sélection, après que la nouveauté fruitière a franchi victorieusement tous les tests; lorsqu'on a, enfin, acquis la certitude qu'elle mérite d'avoir sa place dans l'éventail des variétés consacrées... nous ne sommes pas encore libres de la proposer à nos clients. Nous devons, en effet, demander préalablement son inscription au « Catalogue officiel des espèces et variétés cultivées » (1). Celui-ci a été créé par décret du 12 mars 1942, remodelé en 1960. Sa tenue est confiée à l'I.N.R.A. (2). Je veux donner quelques informations concernant le processus qui a conduit au départ l'administration à accepter ou à rejeter la demande d'inscription d'une variété nouvelle (3), et cela m'amène à faire l'histoire de nos relations avec l'organisme de tutelle.

Pour que l'inscription pût être effective, il fallait, jusque récemment, que la variété ait été jugée par les services responsables de l'I.N.R.A. comme étant nouvelle, *ne mûrissant pas en même temps qu'une autre déjà inscrite*, et présentant des améliorations agronomiques et pomologiques. Critères subjectifs aux conclusions discutables, surtout en ce qui concernait l'époque de maturité. Enfin le classement variétal en différentes catégories de valeur commerciale des fruits qui avait été institué n'était ni plus ni moins à ses débuts qu'une plaisanterie.

On s'est rendu compte qu'on allait un peu loin ! Le dernier règlement de novembre 1978 stipule simplement : « La nouveauté doit être distincte, homogène et stable. » Notre joie de voir le bon sens triompher avec la suppression de la notion arbitraire de valeur (impossible d'ailleurs à déterminer en un seul lieu d'expérimentation) a été de courte durée. En effet, pour garder encore une certaine tutelle, l'administration a trouvé un biais ! Actuellement l'inscription ne peut avoir lieu qu'après analyse virologique faite par ses soins, en vue de garantir l'absence de maladies de dégénérescence (4).

Oui, je le confesse, j'ai souffert autrefois des prises de position de l'I.N.R.A. à l'égard de ma firme. Au lieu de nous aider, de nous conseiller, ainsi qu'il convient à tout service public qui vit de nos impôts et dont le rôle majeur est l'expansion de l'économie, il était patent, pendant les années d'après-guerre (où notre firme démarrait), que tout était mis en œuvre pour contrecarrer nos efforts et en freiner les résultats. Cela se traduisait par des délais extravagants allant de quatre à sept années pour avoir communication des conclusions de la commission concernée, délais pendant lesquels nos frais d'exploitation continuaient à courir sans que nous puissions commencer la multiplication de la variété en vue de sa commercialisation.

Ces retards inadmissibles pour donner le "feu vert" s'abritaient sous les prétextes les plus divers (gel, manque de moyens de contrôle, etc.). En cas de rejet pur et simple, les motifs allégués étaient pour le moins tendancieux, sinon même fallacieux : mauvaise aptitude au transport, goût ne convenant pas à certains membres influents de la commission, etc.

*(1) Si nous transgressions cette obligation, nous serions passibles de poursuites judiciaires.*
*(2) Institut national de la recherche agronomique, dépendant du ministère de l'Agriculture.*
*(3) Jadis, décision sans appel prise par une commission de fonctionnaires comprenant aussi quelques professionnels souvent peu familiarisés avec la recherche.*
*(4) Le Catalogue officiel a toutefois un côté positif : celui d'évincer les variétés fantaisistes et les démarquages.*

Il me faut spécifier que ces décisions étaient prises par une commission composée d'"experts" nommés par décret ministériel, mais dont les membres étaient naturellement proposés par le directeur de la Station de recherche d'arboriculture fruitière de l'I.N.R.A. à Pont-de-la-Maye, près de Bordeaux. Avec ce personnage, nos relations étaient très tendues... Paix aux cendres des disparus. Malgré le recul du temps qui émousse les divergences, aujourd'hui encore je suis persuadé que la concurrence d'un service de recherche privé était jadis mal acceptée. Nos censeurs étant juge et partie, en bien des occasions nous avons ressenti leur partialité.

C'est ainsi qu'après avoir siégé à la section *Arbres fruitiers* du Comité technique permanent de la sélection, on "m'oublia" en 1961, sans aucune sorte d'explication, lors du renouvellement des membres de la section. Nous étions pourtant la seule firme s'occupant activement de recherche fruitière. N'étant pas présents lors des décisions — et pour cause —, nous étions sans possibilité aucune d'assurer notre défense, de donner un complément d'information, donc quasiment condamnés sans appel.

Plusieurs années après, mon collaborateur Pierre Trioreau a été désigné par le Syndicat national des producteurs de nouveautés horticoles pour représenter son président ès qualités. Grâce à cette désignation, réalisée seulement par le biais de la profession, nous avons pu, tout en nous faisant le porte-parole de nos collègues, faire entendre enfin notre voix comme obtenteur...

Malgré tout, il est intéressant de noter que des changements heureux se sont enfin produits dans la collaboration de l'I.N.R.A. avec le secteur privé, pour ce qui concerne les relations professionnelles courantes. En certains secteurs d'activités, elle est même évidente et bénéfique.

N'était la concurrence au plan économique — qui a toujours existé peu ou prou, mais qui maintenant apparaît au grand jour (1) —, nous pourrions presque dire que tout va à peu près bien !

Le combat pour la réussite est, en effet, inégal au départ de par le financement. Heureusement, comme toute affaire privée, nous disposons du meilleur atout : la nécessité de réussir pour subsister.

Pour être justes, nous devons toutefois reconnaître l'appoint capital de la Station de physiopathologie de Dijon dans le domaine bien spécial de la micropropagation *in vitro*. Si nous sommes la seule affaire horticole privée à pratiquer industriellement cette technique de pointe pour la multiplication des végétaux ligneux, nous le devons au professeur Claude Martin, directeur de la station, qui en est l'un des promoteurs et reste l'animateur incontesté de cette méthode révolutionnaire.

*(1) Les professionnels déplorent la constitution en 1983 d'« Agri-obtentions », société filiale de l'I.N.R.A. pour la valorisation (donc la diffusion) de ses variétés (nouvelles) de plantes agricoles et horticoles. Cette société paraétatique crée — suivant le Syndicat national des producteurs de nouveautés horticoles — « un concurrent direct des firmes privées dans le domaine de l'amélioration des espèces et variétés ». Il paraîtrait plus logique, en effet, que l'Institut de la recherche agronomique — service public financé par l'impôt — assume la responsabilité de la recherche fondamentale afin de déterminer des méthodologies de recherches, avec la mise à disposition de bons géniteurs, au secteur privé.*

# *Bien faire... et le faire savoir*

# *Les réunions pomologiques*

# Les réunions pomologiques

Il ne suffit pas de créer ou de découvrir de par le monde des variétés fruitières meilleures... il faut encore les faire connaître aux arboriculteurs et aux amateurs. Le catalogue, les revues spécialisées, où elles sont reproduites en couleurs avec leurs caractéristiques, la presse aussi, sont les vecteurs immédiatement utilisés.

Cependant, une autre forme d'information a toujours été, à nos yeux, nécessaire, mieux : primordiale. Aussi l'avons-nous largement pratiquée. Il s'agit des réunions pomologiques, où scientifiques, techniciens et professionnels de tous ordres se rencontrent pour discuter en commun sur des sujets précis. Tout naturellement pour les nouveautés fruitières, le jugement variétal, découlant du critère de valeur culturale et commerciale, est abordé en premier lieu.

Ces rassemblements comprennent plusieurs centaines de personnes. Ils ont lieu, le plus souvent à Malicorne, mais parfois aussi chez un arboriculteur d'avant-garde qui nous a fait confiance. Leur organisation représente un énorme surcroît de travail et un budget non négligeable de dépenses.

Pour que ces réunions soient profitables et valorisantes, aussi bien pour le participant que pour l'organisateur, il faut préalablement effectuer et mettre noir sur blanc une étude appropriée du sujet traité. Un exemplaire en est remis à chaque invité dès l'arrivée. Mieux encore, il peut leur être adressé à l'avance, comme ce fut le cas pour notre « Bilan de douze années d'expérimentation fruitière » dont il sera question plus loin.

Cette façon de faire m'apparaît fondamentale pour réaliser un travail constructif, efficient. Il faut, en effet, qu'au cours du déroulement de la manifestation chaque assistant puisse suivre les exposés, réfléchir sur le texte, l'annoter, pour questionner utilement ou donner son appréciation.

J'ai toujours déploré les colloques officiels où l'on ne peut rien faire d'autre qu'entendre parler un orateur, qui, trop souvent, s'écoute parler lui-même.

Pourquoi celui qui accepte d'exposer un sujet (qu'il doit, de ce fait, bien connaître) n'accepte-t-il pas de le publier auparavant ? C'est un principe — courtois — dont j'ai souvent souhaité la réalisation... Hélas ! Sans aucun élément en main permettant de mieux suivre l'exposé, comment peut-on demander des informations complémentaires pour éclairer le sujet ? Le bla-bla, c'est du temps perdu. Une réunion de spécialistes n'a d'utilité, je le répète, que si elle permet des échanges de vues efficaces, enrichissants, sinon un article écrit est cent fois préférable aux meilleurs discours... d'autant qu'ils ne sont pas toujours "meilleurs" !

Pour ce qui nous concerne, nous avons toujours pensé qu'en plus du rapport circonstancié, il était nécessaire de présenter les fruits, en un rassemblement variétal qui, par une comparaison visuelle immédiate, permet de saisir l'intérêt de la nouveauté du point de vue aspect. Mais cela ne saurait suffire. L'examen des arbres au verger (porteurs de leur production, lorsque cela est possible) est une nécessaire formule complémentaire d'informations. Le proverbe, déjà cité je crois : « Voir une fois vaut mieux que d'entendre cent fois », prend encore ici sa vraie valeur.

Combien de groupes sont venus à Malicorne depuis 1950 ?... c'est bien impossible à dire. Il nous est arrivé de faire deux fois le circuit des pépinières le même jour. C'est la raison pour laquelle je me limiterai à citer les réunions les plus marquantes organisées par nos soins.

Dans cette optique, l'année 1958 a été la "grande année". Celle où mes collaborateurs et moi-même n'avons pas ménagé notre peine. L'organisation de deux colloques parmi les plus importants que nous ayons connus à Malicorne, venant après un voyage d'étude aux Etats-Unis avec mes chefs de service (je l'évoque plus loin), en est le témoignage. Ils ont rapport :

— l'un, aux petits fruits (particulièrement aux framboisiers), le 1er juillet 1958;

— l'autre, à l'inauguration officielle de notre verger expérimental le 13 septembre suivant.

On ne « restait pas les deux pieds dans le même sabot » déjà en ce temps-là... Sans nul doute — je m'en suis rendu compte ultérieurement — ai-je même un peu trop forcé la dose pour certain collaborateur n'ayant pas hérité, comme moi, des gènes de résistance terrienne.

Deux années plus tard, se tiendra le spectaculaire meeting du 24 septembre 1960, où les 400 participants se présentent ayant en main notre brochure : « Bilan de douze années d'expérimentation fruitière », qu'ils ont eu le temps d'étudier et d'annoter à loisir.

Puis, à Malicorne toujours, la « Journée des arbustes à petits fruits » mobilisait 300 personnes le 7 juillet 1962.

Au congrès pomologique international de Sion (Suisse), en octobre 1962, ma conférence titrait : « Avantages et inconvénients des formes palissées appliquées aux arbres fruitiers à pépins. » Un opuscule imprimé de 28 pages était consacré à cette réflexion.

C'est à Paris qu'eut lieu la « Journée d'économie fruitière » le 21 septembre 1964.

En septembre 1966, à Malicorne, trois réunions : le 1er, le 6 et le 13... Pour sûr, on ne chômait pas... Je donnerai seulement la chronique relative à celle du 13 septembre.

La dernière citée dans ce livre sera celle qui s'est tenue le 3 septembre 1978 dans le cadre de notre exposition florale annuelle, dont le thème était, cette année-là : « Corso fleuri ».

Dans les pages qui suivent, je fournis un compte rendu condensé de ce que furent ces véritables congrès pomologiques qui — en toute modestie — ont beaucoup contribué à faire que notre pays prenne une des toutes premières places mondiales sur l'échiquier international de la production fruitière.

*Les réunions organisées par la profession ou l'administration (I.N.R.A.) sont aussi un moyen de faire le point. Partant du principe bien établi « qui ne dit rien consent », je ne me suis jamais privé d'y exposer mes opinions. Ici aux journées fruitières d'Avignon.*

# Premier colloque fruitier à Malicorne du 1er juillet 1958...

Voici le compte rendu qui en a été fait en son temps par la presse :

*Centre-matin du 2 juillet 1958* : « De nombreux hauts fonctionnaires du ministère de l'Agriculture, 25 directeurs départementaux des services agricoles et de nombreux industriels (confituriers, distillateurs, arboriculteurs) ont pris part hier, à Malicorne, à la "Journée d'étude des petits fruits" organisée aux pépinières Georges Delbard. »

*La Journée des fruits et légumes du 5 juillet 1958.*

« Grande journée d'information technique et scientifique.

« L'origine de cette manifestation trouvait sa source dans une réunion d'information organisée à Montluçon par la Direction générale du ministère de l'Agriculture. Le thème en était « La culture des "petits fruits" et spécialement du framboisier ». Elle était placée sous la présidence de M. l'Inspecteur général Bony, du ministère de l'Agriculture. De nombreuses personnalités y participaient, parmi lesquelles : M. Gatheron, inspecteur général au ministère de l'Agriculture, chargé de la production fruitière ; M. Dussert, ingénieur en chef, chargé de mission ; M. Thévenin, représentant M. le sous-préfet de Montluçon ; M. Vasseur, directeur des Services agricoles de l'Allier, ainsi que de nombreux directeurs des Services agricoles, des techniciens de la recherche, des producteurs et des industriels.

« Après l'exposé de M. l'Inspecteur général Bony, les 70 participants se rendirent à Malicorne, où ils furent accueillis par Georges Delbard. D'emblée, celui-ci déclarait : Toute étude variétale fruitière est chose complexe, sérieuse, importante, et engage des responsabilités. C'est pourquoi — continuait-il — lorsqu'on publie des résultats, il faut être sûr de soi pour inciter ceux qui s'intéressent à un secteur de la culture fruitière à prendre résolument la voie conseillée. Georges Delbard précisait que le programme d'étude des "petits fruits" comportait en 1958 : 55 variétés de framboisiers, 50 de groseilliers à grappes et cassissiers... et 200 de fraisiers !

« Indépendamment de cela : 450 variétés de pommiers, 150 de poiriers, 80 de pruniers, 150 de pêchers, 100 de cerisiers... soit au total 930 variétés d'arbres fruitiers étaient suivies. On n'a pas perdu de temps » concluait le chef d'entreprise (1) !

« Pierre Trioreau, ingénieur chargé du service de recherches, exposait ensuite les résultats des travaux d'expérimentation, notamment en ce qui concerne la sélection variétale du framboisier (2). Dans son exposé technique, Pierre Trioreau a eu soin de rapprocher les résultats obtenus à Malicorne de ceux découlant des travaux anglais.

*L'arrivée au verger.*

*Des examinateurs attentifs !*

*(1) C'était, en effet, un beau résultat, huit ans après le démarrage du verger !*

*(2) Il faut spécifier qu'à cette époque nous étions les premiers en France à bénéficier des nouvelles obtentions de la Station anglaise d'East Malling, du fait que j'en avais été nommé membre du conseil.*

« Dans ces documents sont traités :
— La technique de préparation du sol;
— La fumure à la plantation et la fumure d'entretien;
— Que doit-on planter? Et où?
— Le mode de conduite pour obtenir le rendement optimum;
— Les observations relatives à la végétation;
— Les observations relatives à la floraison;
— Les observations relatives à la fructification.

« Conclusions de ces travaux :
— Les variétés retenues après cinq années d'étude;
— Les variétés rejetées;
— Les variétés introduites récemment, encore soumises à expérimentation.

« A l'issue de cette communication eut lieu la visite du verger expérimental et des pépinières. Clôturant la séance, M. Bony, inspecteur général du ministère de l'Agriculture, félicita chaleureusement M. Delbard, pour le travail qu'il a accompli dans le domaine de l'arboriculture et de la recherche, et tint à souligner combien était heureuse pour le Bourbonnais la présence de cette entreprise qui apporte, au déjà riche département de l'Allier, une nouvelle corde à son arc... Ainsi les pépinières Georges Delbard, de Malicorne, offrent un débouché nouveau pour la main-d'œuvre de ce coin de l'Allier, tout en ajoutant à la réputation de la région. »

Mais revenons à nos framboises... Au cours de cette journée d'information, M. Jean Lefèvre (administrateur des établissements Lefèvre-Utile, de Nantes) a étonné les participants — vous serez sans doute surpris à votre tour — en signalant que, pour confectionner les "Pailles d'Or" (les délicieuses gaufrettes fourrées à la framboise que chacun connaît), ses établissements utilisaient, en 1958, 500000 kg de ce fruit pour une seule saison!

Par ailleurs, M. Vitrac (Confitures Vitrac) déclare que notre production nationale actuelle n'atteint que 1 500 tonnes, alors que nos besoins annuels sont de l'ordre de 6 000 tonnes, d'où obligation pour notre pays d'importer des framboises à une époque où il manque de devises (1). L'écart est d'importance... Or, l'aire de culture du framboisier paraît bien être plus étendue qu'il n'a été indiqué jusqu'ici. Les manuels disent en effet que « les framboisiers prospèrent seulement dans les sols suffisamment humifères, à exposition semi-ombragée, dans des climats moyennement chauds ». Pourtant on constate qu'en dehors des anciennes zones de culture (Haute-Savoie, Côte-d'Or, région parisienne, répondant à ces critères), les framboisiers prospèrent en Sologne, dans des sables assez maigres; à Mandelieu (Var), en terrain calcaire et climat chaud; en Vendée, en Alsace, dans les Pyrénées-Orientales en altitude; et même dans l'Allier, en terrains assez compacts et plutôt desséchants en été.

Il est donc certain que la culture du framboisier peut améliorer le sort de nombre d'exploitants agricoles — particulièrement dans le cadre de l'exploitation familiale — et, parallèlement, jouer un rôle des plus utiles dans l'économie agricole de notre pays (2).

*(1) Déjà!... cela se passait en 1958.*

*(2) Ainsi, c'est sur une note confiante, optimiste, et de caractère économique nettement orienté, que se terminait cette manifestation nationale qui sera suivie d'une autre — internationale — sur le même sujet, quatre années plus tard.*

*Au cours de ces dernières années, nous vous avons longuement parlé de ce verger qui, bien avant son inauguration officielle, avait déjà reçu, et continue à recevoir la visite des chercheurs et des plus éminents spécialistes de tous les pays du monde. Nous n'en dirons pas davantage car nous avons choisi de vous donner à la fois le reflet et l'écho de cette journée exceptionnelle en vous communiquant les principaux articles (ou extraits) consacrés par la presse à cet événement. Vous y apprendrez, de voix particulièrement autorisées, la valeur inestimable de ce rassemblement de variétés internationales, à l'aube du marché commun, et pourquoi nous avons lieu d'en être fiers.*

*Voici donc ce qu'en a dit la presse :*

LA JOURNÉE DES FRUITS ET LÉGUMES — EDITION AGRICOLE hebdomadaire — JOURNAL QUOTIDIEN DU COMMERCE ET DE LA PRODUCTION

## UNE MANIFESTATION QUI DÉPASSE LE CADRE DE L'ALLIER, DE LA FRANCE, DE L'EUROPE..

**En présence des plus hautes personnalités de la Recherche, de la Production et du Commerce, M. Raymond BRACONNIER Directeur Général de l'Agriculture, procède à l'inauguration du verger expérimental des Pépinières Georges DELBARD.**

*« Dans ce numéro du 20 Septembre 1958, un très long article — deux pages entières — a été consacré à cette manifestation. Nous nous excusons étant donné son importance, de ne pouvoir le reproduire ici. »*

LE FIGARO — ÉDITION DE 5 HEURES — VENDREDI 19 SEPTEMBRE 1958

## POMMIERS AMÉRICAINS, SOVIÉTIQUES et JAPONAIS font bon ménage au sein d'un verger expérimental français.

Malicorne, près de Commentry (Allier), village jusqu'alors sans histoire, réunissait le 13 septembre 1958 de nombreuses personnalités, parmi lesquelles MM. Longchambon, président de la Recherche scientifique, Braconnier, directeur général de l'Agriculture, Ferru directeur de la Recherche agronomique, Mme Lucie Randoin, M. F. Robin. etc.

Le Royaume-Uni avait délégué M. Hoblyn, d'« East-Malling », la plus célèbre des stations de recherches pomologiques. L'Autriche, la Belgique, l'Espagne, l'Italie, la Suisse étaient présentes.

Il s'agissait d'inaugurer officiellement un verger expérimental dont la perfection avait été admirée par les spécialistes américains eux-mêmes. Nous y avons vu voisiner en pleine production toutes les espèces et variétés fruitières méritantes du monde, les pommiers de l'Oregon faisant très bon ménage avec ceux de l'Ukraine et du Japon.

Le professeur Riera, des services agricoles de Barcelone, remarqua que si tant de pays étaient là, c'était parce qu'ils trouvent seulement en France de pareils enseignements.

Cette initiative est due à M. Georges Delbard. Il s'était signalé voici quelques années par son ouvrage *Les beaux fruits de France*, préfacé par notre éminent collaborateur et ami Georges Duhamel.

L'extraordinaire est qu'en moins d'une génération un homme, une idée, une œuvre ont suffi à faire de la petite ferme familiale une entreprise dont le nom, dans l'horticulture, s'ajoute à ceux des Vilmorin, des Truffaut, des Clause et quelques autres de réputation mondiale. Il n'est pas besoin d'aller chercher l'aventure hors de France.

Comme l'a dit le professeur Cuny, il arrive un moment où la dimension oblige l'entreprise à passer du plan de son propre intérêt à celui de l'intérêt général, par la recherche. Et M. Peraudin, directeur de la station suisse de Sion, insista sur la nécessité d'associer cette recherche privée à la recherche officielle pour porter les résultats au maximum.

A 400 mètres d'altitude, au milieu de 200 hectares de pépinières, dont une seule parcelle de 20 hectares contient 200.000 poiriers, **ce verger expérimental est un atout majeur au départ du marché commun qui engage la compétition fruitière et va exiger d'immenses plantations.**

Il a permis déjà la vérification des possibilités d'acclimatation des meilleures variétés étrangères, leur comparaison avec les variétés françaises nouvelles ou améliorées, la mise au point de techniques révolutionnaires, d'assouplissement des sols par incorporation d'engrais verts et de haies du type « tricroisillon » assurant la mise à fruit dans l'année suivant celle de la plantation.

J. ENGELHARD.

*Commentaires de la presse.*

LA MONTAGNE
Le Grand Quotidien d'Information du Centre

# FLEURS et FRUITS NOUVEAUX de DEMAIN NAISSENT à MALICORNE dans un IMMENSE LABORATOIRE à CIEL OUVERT de 200 hectares

*où M. DELBARD et ses collaborateurs complètent l'œuvre de la nature.*

**DES fruits, des fleurs, des feuilles et des branches, épanouis sous le soleil de septembre ; des hectares de pépinières et de vergers ; d'immenses horizons verdoyants et fleuris. M. Georges Delbard présentait hier à Malicorne, l'aboutissement triomphal d'efforts intelligemment et passionnément conduits.**

**En douze ans, les pépinières Delbard, nées de la ferme familiale proche du petit bourg de Malicorne, sont devenues les plus importantes de France. On y produit plus d'arbres fruitiers et de rosiers que partout ailleurs. Mais on y prépare aussi les espèces de l'avenir, mieux adaptées à la nature des sols et aux conditions climatiques, plus robustes et plus belles...**

**Dans un immense laboratoire de deux cents hectares, à ciel ouvert, se poursuit au rythme des saisons cette œuvre ambitieuse qui consiste à retoucher et parfaire la nature dans ses luxuriantes créations. Et, déjà, les résultats sont là, qui attestent que le défi n'était pas vain, et laissent entrevoir de nouvelles et surprenantes réussites.**

**Ces résultats, ils s'offraient, d'emblée, en cette radieuse matinée, sous la forme d'un échantillonnage complet des produits du cru rassemblés dans le vaste hall des Etablissements Delbard, et rehaussés d'une éclatante décoration florale. C'est là que M. G. Delbard recevait et saluait ses nombreux invités avant de leur faire les honneurs de ses vergers et pépinières.**

## LA VISITE DU VERGER EXPÉRIMENTAL

Ce verger, d'un ordonnancement méthodique, s'étend actuellement sur près de dix hectares. Ses activités, axées sur la recherche appliquée, sont essentiellement orientées vers l'étude des variétés, l'obtention de variétés nouvelles par hybridations et l'expérimentation de techniques en matière d'amélioration variétale, de porte-greffes, de méthodes de cultures, etc.

Au stade actuel, qui ne représente qu'une étape en vue de son extension future, le verger rassemble une collection de 1 400 variétés (450 de pommes, 170 de poires, 80 de prunes, 150 de pêches, 95 de cerises, 65 de framboises, 240 de fraises, etc.).

C'est là que sont réalisées de multiples expériences d'hybridations en toutes essences fruitières. Enfin ce verger, où la rigueur et la symétrie s'éclairent de massifs fleuris du plus heureux effet, est le théâtre de recherches techniques constantes. Des essais y ont été réalisés, basés sur les théories mitchouriniennes, d'autres sont en cours quant à l'influence de porte-greffes, l'élimination des maladies à virus, la multiplication des plants par voie végétative.

Centre-matin
NUMÉRO 25 fr. QUOTIDIEN RÉPUBLICAIN D'INFORMATION 16e ANNÉE — N° 137

## L'ALLOCUTION DE M. BRACONNIER

*Directeur Général de l'Agriculture.*

Après avoir salué et rendu hommage aux personnalités étrangères présentes, M. Braconnier évoque ses premiers contacts avec son hôte d'aujourd'hui, qui venait alors l'entretenir du projet d'édition de son livre : **« Les beaux fruits de France. »**

Impressionné par le dynamisme et la volonté obstinée de son interlocuteur, M. Braconnier qui avait eu l'occasion de connaître les réalisations étrangères, fut à son tour séduit par les arguments de M. Delbard, qui s'était déjà acquis de prestigieux patronages, comme ceux de M. Georges Duhamel, de l'Académie française, auteur de la préface et du professeur Cuny.

« Je me félicite aujourd'hui, d'avoir aidé M. Delbard, ajouta l'orateur, puisque mon geste me vaut d'avoir participé à cette belle et grande journée de l'Arboriculture française ».

Evoquant ensuite les débuts très modestes de M. Delbard, le directeur de l'Agriculture devait conclure en disant que la réussite de cet homme devait être un bel exemple pour les jeunes à qui l'on pouvait dire : « Cette maison c'est une idée, une œuvre, un homme ! »

*Commentaires de la presse.*

# Les opinions des personnalités françaises...

## M. DAUZET

*Préfet de l'Allier*

Ne peut-on, à propos de ce verger de Malicorne, parler de miracle, si l'on évoque les conditions de sa création? Qui eût pu croire que la vingtaine d'arbres, qu'à vingt-huit ans vous avez installés au bord d'un caniveau, quai de la Mégisserie, allaient croître et prospérer jusqu'à devenir l'harmonieuse forêt fruitière qui fait votre domaine d'aujourd'hui? Osera-t-on dire encore que le pavé de la capitale n'est guère fertile, lorsqu'on y sème avec conviction et ténacité comme vous l'avez fait?

L'organisation même de vos établissements illustre à son tour la fidélité que vous avez gardée à cette double origine commentryenne et parisienne, puisque votre activité se partage entre vos services du quai de la Mégisserie et vos vergers de Malicorne.

Par votre intermédiaire, c'est donc un peu tout Paris qui rend hommage à l'Allier; n'est-il pas en effet ainsi reconnu, grâce à vous, que Malicorne est la pépinière de la capitale? En cela assurément cette petite bourgade de la Combrailles est bien le symbole du Bourbonnais, le symbole de toute la province française, pépinière des meilleurs Parisiens.

Pour sa part, le Préfet de ce département, qui remplit comme vous le savez, dans le verger bourbonnais, le rôle discret et ingrat du «tuteur», ne peut que s'en réjouir.

## M. Henri LONGCHAMBON

*Président du Conseil supérieur*
*de la Recherche scientifique*
*et du Progrès technique*

Il faut citer à l'ordre du jour de la recherche scientifique française l'homme qui, de sa propre initiative, et par ses seuls moyens, a su développer cette station de recherche et apporter le progrès à l'arboriculture du pays.

## Mme Lucie RANDOIN

*Directeur de Laboratoire*
*au Centre national de la recherche scientifique.*
*Membre de l'Académie de Médecine*

Le Verger expérimental de M. Georges Delbard est une magnifique réalisation. Créer tant et tant de vitamines est une chose qui ne peut me laisser indifférente.

## M. François ROBIN

*Directeur de la Station de*
*Recherche de Vernou-en-Sologne*
*Membre du Conseil Economique*

Toute mon admiration pour l'initiateur éminent qu'est Georges Delbard.

## M. le Professeur ULRICH

*Directeur de l'Institut du Froid*
*Meudon (S.-et-O.)*

Toutes mes félicitations pour la belle entreprise de M. Delbard et mes vœux pour la poursuite d'une amicale et féconde collaboration avec la recherche.

## M. L. CUNY

*Maître de Conférence*
*à l'Institut national agronomique*
*de Paris*

Après avoir d'abord transformé les cultures ancestrales de la ferme familiale en merveilleuses cultures fruitières, le principal souci de M. Delbard, pépiniériste, a été d'informer et d'instruire les nombreux amateurs arboriculteurs, comme en témoigne son livre *Les Beaux Fruits de France* qui connut rapidement, tant dans notre pays qu'à l'étranger, un très légitime succès, particulièrement encourageant.

Le prodigieux développement des Pépinières de Malicorne est sans précédent. Elles couvrent aujourd'hui plus de cent hectares et ont leur prolongement (pour les cultures de rosiers) dans les vastes terrains situés en bordure de la R.N. 7, aux portes de Paris.

La renommée de M. Delbard a maintenant acquis un rayonnement international et l'arboriculture française lui devra beaucoup.

*Commentaires des personnalités.*

# ... et celles des personnalités étrangères présentes

## U.R.S.S.

M. Alexandre Potapoff
*Ingénieur Agronome*
*Kolkhoz Lénine*
*Tambov*

Ma visite personnelle de vos Établissements m'a favorablement impressionné, tant par vos cultures fruitères de l'Allier que par vos cultures de rosiers de la région parisienne.

Vos études et documentation ont été remis aux collaborateurs scientifiques du Centre de Recherches portant le nom de Mitchourine, dans la ville de Mitchourinsk. J'espère que nos savants en tireront des conclusions appropriées et favorables pour notre pays.

## U.S.A.

M. Walter E. Lammerts
*Généticiste*
*Livermore (Californie)*

Je ne doute pas de vos succès dans l'avenir, car je les sais garantis par votre action passée.

## ANGLETERRE

M. Hoblyn
*de la Station de Recherches*
*d'East Malling (Kent)*

La Station de Recherches d'East Malling vous adresse tous ses bons vœux en cette heureuse occasion.

## BELGIQUE

M. le Comte F. de Renesse
*Président du Comité National de Pomologie,*
*Oostmalle*

Je ne veux pas manquer de vous dire encore tout l'intérêt qu'a eu pour nous la visite de vos pépinières et de votre verger expérimental, ainsi que le contact avec les éminentes personnalités réunies à Malicorne.

Avec mes très sincères félicitations.

## AUTRICHE

M. Stockl
*Pépiniériste*
*Docteur en Philologie*
*Zell a. d. Pram*

A Malicorne, nous avons appris comment il faut travailler, c'est-à-dire à l'exemple de M. Delbard.

## ESPAGNE

M. le Professeur F. J. Riera
*Jefe del Servicio de Fruticultura*
*y Ealyotecnia - Barcelona*

On apprend toujours du nouveau à Malicorne, aussi est-ce avec un plaisir renouvelé que nous pouvons applaudir à chacune de vos réussites, qui sont aussi celles de la France.

## ITALIE

MM. les Professeurs
Morettini et Breviglieri
*Il Direttore Centro Di Studio Migliora mento*
*Piante Da Fruto E. Da Orto, Firenze*

Nous nous réjouissons de la magnifique organisation de vos Établissements ainsi que de votre rare compétence technique.

Nous avons le plaisir de vous faire savoir que nous vous avons adressé des greffons de variétés nouvelles encore à l'étude en Italie, afin que vous puissiez les expérimenter vous-même.

## SUISSE

M. Perraudin
*Directeur de la Station Agronomique de Sion*

J'ai été frappé par les développements considérables que peut revêtir l'entreprise privée. Je suis heureux de profiter de l'expérience intelligente d'un homme tel que M. Delbard. Je regrette seulement que nos stations ne soient pas dotées d'autant de moyens de recherche.

*Commentaires des personnalités.*

# Une partie de l'exposition, et la visite...

**Voici des fleurs et des fruits... témoins d'un grand jour**

Le vaste hall, habituellement réservé à notre service d'expéditions, tendu de draperies sombres sur lesquelles éclatent les joyeux coloris des fleurs et des fruits, est transformé en salle d'exposition. C'est dans ce salon singulier, où les tableaux étaient constitués par les plus belles fleurs et les plus beaux fruits de nos productions, savamment groupés, que M. Georges DELBARD accueillit les personnalités participant à cette journée inaugurale.

**L'arrivée au Verger.**

De gauche à droite : MM. L. SEIZE, Président de Fédération Nationale des Graines de Semences ; R. DELBARD, Ingénieur ; HOBLYN, de la Station de Recherches d'EAST MALLING ; BONY ; J. BRETEAU, Président de l'Union Nationale du Commerce de Gros en Fruits et Légumes ; G. DELBARD ; F. ROBIN, Directeur de la Station de Recherches de VERNOU en Sologne ; DU FRETAY ; H. FERRU ; Mme Lucie RANDOIN, Membre de l'Académie de Médecine ; M. le Comte de RENESSE, Président de la Société Pomologique belge ; M. ENGELHARD, du « Figaro ».

**Une dégustation impromptue!**

Parce qu'il a toujours en poche un canif... M. DELBARD a pu faire déguster à M. Raymond BRACONNIER (à gauche), Directeur Général de l'Agriculture, et à M. le ministre Henri LONGCHAMBON (à droite), Conseiller de la République, Président du Conseil Supérieur de la Recherche Scientifique et du Progrès Technique, une nouvelle variété de pomme : KIDDS ORANGE RED, obtenue en Nouvelle-Zélande, en cours d'expérimentation. A l'air réjoui des dégustateurs, on peut deviner la saveur exquise de ce fruit!

**En arrêt devant une variété de groseille sensationnelle,** d'origine allemande (Groseille raisin)

De gauche à droite : MM. DU FRETAY, Conseiller Technique de la Fédération des Exploitants Agricoles; G. DELBARD; M. le Ministre Henri LONGCHAMBON; H. FERRU, Directeur de l'Institut National de la Recherche Agronomique; LENFANT, Directeur de l'Ecole Nationale d'Horticulture de Versailles; REIFENBERG, Président du C. R. A. F.; M. le Professeur ULRICH, Directeur de l'Institut du Froid à MEUDON (S.-et-O.); M. BONY, Inspecteur Général de l'Agriculture.

# Pour conclure cette journée mémorable

La journée que la grande famille Delbard vient de vivre fait partie de celles qui comptent dans une existence professionnelle.

« Le seul petit nuage, pour moi, est de n'avoir pu faire de ce 13 septembre 1958 la journée du souvenir, en ayant à mes côtés tous ceux qui m'ont épaulé pour la réalisation de mon livre *Les Beaux Fruits de France*, dont le succès est à la base même de la réalisation de Malicorne.

« Deux noms illustres resteront associés à notre succès : parmi mes bienfaiteurs absents, je me dois de nommer — avec émotion et reconnaissance — M. Georges Duhamel, de l'Académie française, dont le parrainage est aussi rare que précieux, et M. le Professeur Roger Heim, directeur du Muséum d'histoire naturelle, membre de l'Institut. »

Georges Delbard remercie également tous ceux dont l'appui ou la collaboration lui ont permis de publier cet ouvrage, au lendemain de la dernière guerre, et particulièrement : M. Braconnier, Directeur général de l'Agriculture, M. Cuny, Maître de Conférence à l'Institut national agronomique de Paris.

Puis, après avoir examiné les principes qui ont guidé son action et ses recherches, orientées vers le point de vue économique, Georges Delbard expose sa conception du verger moderne.

« Des dangers de l'improvisation : Dans la partie qui se joue sur le plan européen (peut-être même mondial en ce qui concerne les fruits), il faut que notre pays, qui fut dans le passé en tête du progrès, parte gagnant. Il ne faut donc plus que l'implantation d'une culture fruitière soit « une partie de poker ». C'est pourquoi le problème de la rentabilité, dont les bases sont : *choix variétal et mode d'exploitation*, doit demeurer toujours présent à l'esprit. »

« En ce qui concerne le choix variétal, nos études datant de plus de dix ans nous permettent de garantir la valeur des variétés que nous recommandons.

« Quant au mode d'exploitation, nous avons toujours pensé que le plus sûr facteur d'abaissement du prix de revient était... l'abaissement des charpentes. Le fait que les plus éminents spécialistes américains, au cours de notre récent voyage d'étude, nous aient déclaré être d'accord avec nos conceptions — prise de position impensable il y a quelques années seulement — confirme que nous étions, dès le départ, dans la bonne voie.

« L'œuvre d'une équipe : Ce que vous avez vu à Malicorne n'est pas l'œuvre d'un seul homme. C'est l'œuvre d'une équipe. Si je suis l'animateur enthousiaste, j'ai eu la chance de trouver, en fin de compte, des éléments réceptifs, dynamiques, consciencieux, passionnés de cette belle profession, dont le travail acharné et la persévérance ont permis finalement de « faire » Malicorne, et de créer maintenant, en toutes régions, des cultures pilotes... »

Georges Delbard, vivement applaudi, en arrive à conclure :

« Ayons confiance en l'avenir : alors qu'on a dit et répété si souvent, au cours de ces dernières années, que notre pays allait à la dérive, nous voudrions que vous emportiez le sentiment profond que nous sommes au nombre de ceux qui, nés seulement riches de volonté, n'ont jamais désespéré et garderont demain, plus que jamais, une confiance totale dans la vocation fruitière de notre pays, vocation qui, pour nous, a toujours fait partie, au contraire, des grandes raisons d'espérer en l'avenir de la France. »

Georges Delbard, Malicorne, 13 septembre 1958

# Conférence avec les cadres sur l'hybridation

L'épidémie de la "réunionite" en salle ne sévissait pas encore en ce temps-là dans notre petite équipe.

Les informations techniques (et aussi scientifiques) devant être données à ceux qui faisaient fonction de cadres avaient lieu "sur le tas".

Cela était nécessaire pour leur information personnelle d'abord, mais aussi afin qu'ils puissent en expliquer les tenants et aboutissants aux clients intéressés.

En partant de la gauche : *Pierre Trioreau, ingénieur horticole, qui a la charge du verger. Robert Fauchon, mon beau-frère Edouard Merlin, Ernest Giraud, Albert Delangle.*
A l'extrême droite : *en chapeau clair, G. Delbard.*

# Le spectaculaire colloque...

M. Tourneur parle.

M. Anquez a le micro.

L'assistance attentive.

L'insurrection en Afrique du Nord a débuté en Algérie le 1er novembre 1954 dans les Aurès, le Constantinois, la Kabylie. Dès 1955, attentats et répressions prennent, des deux côtés, des proportions atroces et alarmantes.

Certains "pieds-noirs" inquiets — et perspicaces — viennent dans les régions méridionales de l'Hexagone prospecter et acquérir des propriétés agricoles, au cas où...

Georges Delbard était connu, outre-Méditerranée, de nombreux colons à la suite du congrès pomologique d'Alger de 1952 et de ses visites ultérieures dans les trois pays du Maghreb. Des contacts "fructueux" s'étaient établis.

Parallèlement, à Malicorne, nous étions en pleine expansion. L'étendue de nos travaux et connaissances, notre dynamisme irradiant plaisaient à ces exploitants d'avant-garde, dont la réussite, la fortune aussi, avaient une seule et simple origine : « avoir su oser ». Notre rage d'avancer trouvait donc une oreille attentive, presque une complicité, chez ces producteurs évolués (1). La confiance qui en découlait devint immédiate, et j'expliquerai plus loin jusqu'à quel point elle me fut accordée.

Bref, en 1960, de très importants vergers intensifs avaient déjà été réalisés par nos soins — ou en voie de l'être — dans le Sud-Ouest. La fièvre des plantations gagnant le Sud-Est, il fallait réunir tous ces exploitants progressistes. Qu'ils fussent "pieds-noirs" ou métropolitains, il me semblait nécessaire de les faire se rencontrer pour réaliser ensemble la synthèse des connaissances en production fruitière afin d'en projeter l'action dynamique, mais raisonnée, dans le proche avenir.

Pour ce faire, début septembre 1960, nous éditons une étude de 72 pages, intitulée : « Bilan de douze années d'expérimentation fruitière » que nous adressons immédiatement aux invités à notre colloque du 24 septembre 1960 à Malicorne.

Elle avait comme auteurs : Georges Delbard et ses collaborateurs : Pierre Trioreau, ingénieur horticole ; Raymond Loubert, responsable du verger expérimental ; Robert Fauchon, chef de culture. Son objet ? Servir de base de discussion aux participants du colloque pomologique de Malicorne du 24 septembre 1960. Nous disions dans le sous-titre, « Le Progrès... cette loi inexorable !... » :

« Chacun sait bien que le progrès est une longue patience, mais, s'appliquant à l'arboriculture fruitière, domaine complexe entre tous, cette définition nous paraît par trop sommaire. Aussi lui préférons-nous celle-ci : ... Le progrès chemine par des voies obscures. Il résulte, le plus souvent, de l'effort inlassable de quelques-uns pour le plus grand bien-être de tous. »

Nous en expliquions ensuite les raisons : la complexité, la durée, le coût, exigences qui caractérisent toutes les productions pérennes. Nous posions aussi la question : « Pourquoi rechercher des variétés nouvelles ? »

*(1) Nous avons souvent déclaré que, sans le crédit que nous ont accordé les Français d'Afrique du Nord, nous aurions mis dix à vingt ans de plus pour faire triompher nos conceptions concernant les vergers intensifs.*

# Une exposition d'intérêt scientifique et pratique

d

e

*GÉNÉALOGIE FRUITIÈRE*
*La variété d'origine (en haut de la pyramide) avec sa descendance.*

# Bilan de douze années d'expérimentation fruitière

Nous citions en exergue l'opinion du docteur Evreinoff, qui écrivait, dans le numéro de juillet 1960 de la revue *L'Arboriculture fruitière* : « ... Les variétés vieillissent, les variétés dégénèrent, leur sénilité se manifeste par la décadence du caryotype, par les changements dans l'immunité, par les difficultés pratiques de culture. Il y a donc tout intérêt à cultiver les variétés jeunes d'origine. Par exemple, les variétés américaines d'obtention récente, jeunes d'âge — trente ans à peine — comme étant plus saines, plus dynamiques que des variétés vieilles de trois cents à cinq cents ans ! Ce n'est pas seulement la mode qui dirige ce choix, mais la biologie, donc un fait plus sérieux et plus stable que la mode... », concluait le docteur Evreinoff.

La suite logique que nous tirions de notre exposé liminaire est l'un des thèmes, souvent exposé, de notre bible professionnelle :

« Il est urgent, sur le plan de la production, de créer, dans les régions fruitières, des vergers expérimentaux qui, en plus de la détection de valeur des nouvelles variétés pour la zone considérée, détermineront la meilleure rentabilité des vergers en fonction des autres paramètres : porte-greffes et formes. C'est un travail dont nous avons commencé la réalisation dans plusieurs régions, avec l'aide de producteurs d'avant-garde que nous tenons à remercier ici bien vivement. Ainsi se trouvera réalisé le but, d'*ordre essentiellement économique*, que nous nous étions assigné lors de la création de notre verger expérimental et que douze années de travail acharné — de dépenses importantes aussi — nous ont permis de mener à son premier terme. »

Le titre suggestif de « bilan » avait été choisi à dessein. Pour chaque espèce, nous faisions le point des variétés étudiées : en les classant par ordre de maturité ; en donnant leurs caractéristiques par rapport à celles mûrissant à la même époque ; en formulant un avis : favorable, de doute, ou de rejet.

Lors de la présentation des fruits, chaque participant a donc pu donner son avis. Un large consensus s'est d'ailleurs manifesté dans la plupart des cas.

Cette réunion pomologique fort importante eut un tel retentissement que toutes celles qui suivirent furent bâties sur les mêmes principes... en les spécialisant pour plus d'efficacité, comme nous allons le voir. Mais, auparavant, relatons par l'image le déroulement de ce fameux meeting du 24 septembre 1960.

# Une assemblée joyeuse, satisfaite. Un cadre de qualité

*Les commentaires vont bon train.*

*Une partie du décor floral de bon aloi.*

# Des participants détendus, motivés

*... Pendant la visite du verger. P. Trioreau commente.*

*... et lors de l'impressionnant déjeuner sur place.*

Ainsi que cela a été spécifié précédemment, cette nouvelle manifestation du 7 juillet 1962 était très spécialement orientée sur le secteur des arbustes à petits fruits. C'est un créneau non négligeable de la production fruitière, au double point de vue de son impact et importance économique pour les professionnels et de son intérêt et agrément pour les amateurs.

Une telle manifestation qui a rassemblé tant de monde : deux cent cinquante personnalités françaises et étrangères, mérite qu'on s'y attarde. C'est pourquoi, exceptionnellement, j'en donnerai de larges échos. Plusieurs journaux l'ont évoquée. La télévision — FR 3 Auvergne — était présente. Le reportage fut celui d'une Auvergnate débutante qui allait faire son chemin : Danielle Gilbert.

*Allocution de bienvenue de G. Delbard*

« Mesdames et Messieurs,

» Je me dois, avant que ne débute cette journée internationale d'étude, d'exprimer à M. Pisani, ministre de l'Agriculture, nos regrets de ne pas le voir présider personnellement cette manifestation. Des obligations impérieuses l'éloignent de nous aujourd'hui, mais il a bien voulu se faire représenter par M. l'ingénieur général Bony, que je suis donc particulièrement heureux d'accueillir au double titre d'ingénieur général de notre région et de délégué de M. le Ministre.

» A M. Chevrier, préfet de l'Allier, à M. Gobin, sous-préfet de Montluçon, à M. Sicard, sous-préfet et directeur adjoint du cabinet de M. le préfet de la Seine — qui ajoute à ses fonctions administratives celle d'arboriculteur passionné —, à M. Rougeron, sénateur, président du Conseil général de l'Allier et, de surcroît, maire de Commentry, je veux dire tout l'honneur que je ressens de leur présence ici et les en remercie très sincèrement.

» Je suis particulièrement sensible au fait que d'éminentes personnalités scientifiques étrangères, dont beaucoup n'ont pas hésité à effectuer un déplacement lointain afin d'être à nos côtés aujourd'hui, m'aient accordé à la fois ce privilège et cet honneur dont je suis très fier. J'assure de ma reconnaissance nos amis étrangers :

» M. Macherauch, Artländer Baumschule Gr. Mimmelage über Quakenbruck, d'Allemagne,

» M. Baron, directeur de l'École d'horticulture de Grand Manil; M. Porreye, ingénieur-agronome phytopathologiste, Centre de recherches de Gorsem; MM. Bodson, Guilliams, Stevart, Ligue Pomologique de Liège, tous les cinq de Belgique.

» M. Tage, Steen Statens Forsgsstation Spangsbjerg Kirkevej — Esbjerg, du Danemark.

» Dr. Wilson, University of Bristol — Department of Agriculture and Horticulture — Research Station — Long Ashton; Dr. Conway A., Wood Scottish Horticultural Research Institute Mylnefield Invergowrie (Ecosse) — deux éminents spécialistes de Grande-Bretagne.

» M. Francisco Solano de Aguirre, Cultivos y Preparados Agricolas Cascante (Navarra), d'Espagne.

» Pr. Pieniazeck, Research Institute of Pomology — Skierniewice, de Pologne.

» M. Nils Nybom, directeur Balsgard Fruit Breeding Institute — Fjalkestad, de Suède.

» Dr Perraudin, directeur Station de Pont de la Morge (Sion); M. Christinet, professeur École d'horticulture de Chatelaine — Genève, de Suisse. »

» De même, je suis heureux de pouvoir dire aux personnalités de l'Administration, du ministère de l'Agriculture et, notamment, à tous les directeurs des Services agricoles, représentant vingt-cinq départements, la grande satisfaction que me procure leur participation à cette journée d'étude. Je n'ignore pas, Messieurs, combien le temps vous est précieux du fait de vos nombreuses obligations en cette saison. Sans doute serez-vous heureux cependant de vivre cette journée professionnelle en compagnie d'un aréopage international de scientifiques et techniciens, alors que si souvent vos tâches administratives vous retiennent dans vos bureaux.

» Enfin, à vous tous, Mesdames et Messieurs, producteurs, négociants, industriels, et à toutes les personnalités représentatives de notre profession, qui m'avez fait l'amitié d'être fidèles au rendez-vous, je souhaite au seuil de cette journée la plus cordiale bienvenue. J'avais depuis longtemps espéré que notre rencontre d'aujourd'hui eût lieu sous un ciel serein... et que nous fussions nombreux... Voilà mon double vœu pleinement réalisé, et j'en éprouve une grande joie.

» Je souhaite que, de votre côté, vous soyez récompensés de votre méritoire effort par le plaisir que peut dispenser, en cette saison, une incursion — même rapide — dans notre aimable et verdoyant Bourbonnais, ce "cœur frais de la France", comme l'a si joliment dénommé l'un de ses illustres fils, par ailleurs grand voyageur, vous l'avez reconnu : Valery Larbaud. J'ose espérer que chacun de vous repartira satisfait des précisions que nous allons vous communiquer en vue des orientations économiques que vous souhaitez dans le domaine des arbustes à petits fruits. »

*Exposé liminaire de la situation internationale actuelle* (1) *en matière de petits fruits.*

« Une évolution du mode de vie se fait jour actuellement qui, eu égard aux traditions séculaires françaises, peut même paraître une révolution.

» Que certains — surtout ceux de "l'ancienne génération" — regrettent, entre autres, la disparition du "petit plat mijoté" ne changera rien au comportement irréversible de la plupart des gens dans le monde — même en France — qui envisagent la vie tout autrement qu'on la concevait il y a cinquante ans seulement. Nul doute que la jeunesse d'aujourd'hui ne préfère ouvrir fréquemment la boîte de conserve, pour jouir plus rapidement de loisirs, alors que naguère on goûtait surtout le plaisir des réunions familiales autour d'une table abondamment garnie... Ce changement constaté dans nos mœurs est aussi la conséquence du travail extérieur de la femme moderne.

» Enfin, le nouveau mode de répartition des produits alimentaires s'effectuant de plus en plus par des chaînes de distribution, nul doute que ces puissants organismes n'arrivent en Europe, comme aux U.S.A., à imposer aux consommateurs l'idée d'acheter des produits en boîtes ou congelés — beaucoup plus facilement stockables et commercialisables que des fruits ou des légumes frais. De ce fait, partout dans le monde, la consommation des fruits congelés ou transformés : conserves, confitures, jus, continuera à augmenter à un rythme accéléré.

» Nos récents voyages, tant en Union soviétique qu'aux U.S.A., nous ont par ailleurs démontré l'intérêt primordial accordé dans ces grands pays à la recherche de variétés fruitières spécialement destinées à l'industrie. »

*(1) Nous étions en 1962...*

« En Union soviétique, nous n'avons pu obtenir de renseignements précis quant aux surfaces attribuées aux variétés fruitières spécialement aptes à la transformation, sur les 5 000 000 d'hectares de plantations fruitières que prévoit le plan septennal — 1958-1965 —, mais elles sont sûrement très importantes.

» Aux U.S.A., lors de notre très récent séjour en Californie, nous avons constaté une très grande expansion des surfaces plantées en pêchers, pruniers, poiriers, cerisiers, etc., à destination industrielle. En ce qui concerne plus spécialement les arbustes à petits fruits, dans le seul État de Washington, près de la frontière canadienne, nous avons traversé une zone de production de framboisiers dont la superficie totale atteint 8000 hectares ! Une seule exploitation s'étend sur 40 hectares. Voyez quelle importance peut atteindre, grâce à la mécanisation des récoltes, une production considérée pourtant comme mineure en de nombreux pays !

» Dans le domaine de l'industrie, toujours en Californie, nous avons visité les quatre plus importantes sociétés de conserveries. Toutes nous ont paru fort intéressées par le Marché commun européen, non seulement, semble-t-il, pour y introduire les produits américains, mais aussi pour implanter en Europe des usines de transformation. Voilà qui ne réjouira peut-être pas outre mesure les industriels européens, mais qui pourra, par contre, donner confiance aux producteurs...

» Un marché toujours plus important s'ouvre donc pour les productions de fruits destinés à l'industrie. Sachons en profiter pour faire de notre pays, dont la réputation est incontestée dans le domaine de la qualité, le plus beau et le meilleur verger du monde.

» Tous ceux qui se dévouent à cette tâche, ici, dont le labeur acharné, joint à l'esprit d'équipe, ont permis de construire une œuvre solide — qu'il vous sera donné d'apprécier au cours de la visite de cet après-midi — tous, nous serions satisfaits et encouragés si cette journée d'étude pouvait donner à chacun d'entre vous l'assurance que, pour notre part, nous sommes dans la bonne voie pour atteindre le but recherché. »

*Dix ans d'expérience*

Il appartenait ensuite à MM. Pierre Trioreau, ingénieur horticole, et Raymond Loubert, responsables du verger expérimental, de tirer les leçons de dix années d'expérimentation sur les arbustes à petits fruits. Pendant près d'une heure et demie, ces deux éminents spécialistes devaient traiter de tous les problèmes pouvant intéresser les producteurs : mode de culture, choix du terrain, caractéristiques des différentes variétés, rendement à l'hectare, productivité, rentabilité : autant de problèmes qui furent abordés.

***Voici quelques appréciations des journalistes présents.***

*Paris-Presse* titrait :

« L'internationale de la fraise et de la framboise s'est réunie à Malicorne.

» Samedi a eu lieu à Malicorne, petit village de l'Allier, un congrès agricole pas comme les autres. Pour la première fois au monde, M. Georges Delbard, le célèbre pépiniériste, avait invité 250 scientifiques, producteurs et conserveurs de tous les pays à une journée internationale d'étude des arbustes à petits fruits. »

*Centre-Matin* consacrait un long article à cette réunion internationale, dont un paragraphe donnait la liste des personnalités de l'administration :

« MM. Denizet Pierre, ingénieur en chef des S.A., inspecteur de la protection des végétaux, représentant M. Bouyx, chef du service de la protection des végétaux au ministère de l'Agriculture ; Déret J., ingénieur en chef du Génie rural ; Mme Baubel, inspectrice de l'Enseignement ménager agricole au ministère de l'Agriculture ; MM. Vincent, chef du bureau fruits et légumes, ministère de l'Agriculture ; Bonte Roger, D.G.P.M., service de la vulgarisation, ministère de l'Agriculture ; Denise Gilbert, ingénieur horticole, direction de l'Agriculture et de l'alimentation O.C.D.E. ; Morand Jean-Claude, ingénieur C.T.I.F.L. station Étoile de Choisy ; M. Evreinoff Wladimir, Dr ès sciences, professeur École nouvelle supérieure agronomique ; MM. Champagnat, professeur de physiologie végétale, faculté des sciences de Clermont-Ferrand ; Coutanceau Maurice, professeur d'arboriculture fruitière E.N.H. Versailles ; Moreau, directeur syndicat national professionnel des jus de fruits et légumes ; Du Fretay Charles, ingénieur-agronome, conseiller technique F.N.S.E.A. ; Bernard, directeur Crédit agricole mutuel de l'Allier » ; etc., etc.

Le mensuel *Arboriculture fruitière*, n° 205, novembre 1962, précisait :

« Les conserveurs se déclarent capables d'absorber de gros tonnages de petits fruits, mais... il a été beaucoup question de seuil de rentabilité. Ils reprochent aux producteurs une tendance à ne pas respecter des accords établis pour céder à la tentation des avantages saisonniers du marché. Ils désirent des contrats.

» Quant aux producteurs, ils accusent les conserveurs de prendre des marges bénéficiaires exagérées et citent en exemple l'industrie américaine correspondante. Ils leur reprochent également de faire à l'occasion appel aux producteurs étrangers. Ils sont partisans eux aussi des contrats.

» Le micro est maintenant donné à M. Denise, de l'O.C.D.E. Il entretient les assistants des perspectives d'avenir offertes par la surgélation et la déshydratation, ainsi que des débouchés que ces pratiques pourraient ouvrir sur les pays en voie de développement, l'Afrique notamment et les pays du Moyen-Orient.

» M. Bony (ingénieur général de l'Agriculture, représentant M. Pisani) tire les leçons de cette journée en mettant l'accent sur l'intérêt présenté par de telles réunions qui permettent aux techniciens de confronter leurs connaissances et d'ajouter à leur savoir. Il estime que la discussion — si vive fut-elle — entre conserveurs et producteurs n'a fait que mieux ressortir combien des intérêts en apparence contradictoires sont en réalité complémentaires. Les deux activités ne peuvent vivre que l'une par l'autre. Les griefs ayant été exposés, il s'agit d'aplanir les difficultés grâce à une collaboration et à une bonne volonté réciproques. Un terrain d'entente doit être trouvé et la solution apportée par l'établissement de contrats, mais de contrats "bien étudiés" (dont les deux "clans" sont d'ailleurs partisans) et loyalement respectés, qui assureront aux uns l'écoulement de leur production et aux autres la sécurité de leur approvisionnement.

» Sur cette conclusion s'achève le déjeuner-débat qui a bénéficié, en la personne de M. Delbard, d'un remarquable meneur de jeu ; provoquant les dialogues, faisant rebondir les discussions, il a réussi à imprimer aux débats un rythme et un intérêt soutenus. Des assistants que nous avons vus, au cours de ce repas, fourchette en suspens, et eux-mêmes suspendus aux lèvres de certains orateurs, ne diront certainement pas le contraire. »

*La composition sur le thème du jardin paysager bien fleuri...*

*Le déjeuner débat :* à droite, *les variétés de fruits rouges, chacune dans son cadre.* A gauche, *étaient les livres ouverts qui n'apparaissent pas sur ce cliché; chacun avec une double page : petits fruits en page paire, caractéristiques en page impaire.*

Du journal *La Montagne* :

« Ce fut un succès complet. Plus de 200 personnalités françaises et étrangères ont suivi, hier, à Malicorne, près de Commentry, la Journée internationale d'étude des arbustes à petits fruits, organisée par M. Georges Delbard.

» Le cadre était à la hauteur de la réputation mondiale de la Maison Delbard et de la qualité des participants. Dès votre arrivée, vous aviez une impression d'organisation parfaite et de paradis terrestre. »

« *Une véritable galerie de peinture.*

« Une véritable galerie de peinture, en effet. Sur le côté droit de l'immense salle, fraises, cerises, framboises sont présentées dans de petits tableaux dont le cadre est d'or ou rose sur fond gris-bleu, véritable chef-d'œuvre de bon goût, de talent, digne du pinceau d'un grand maître. Mais il ne s'agit pas ici de natures mortes, mais au contraire bien vivantes. Sur le côté gauche, l'amateur de beaux livres et d'enluminures porte immédiatement son regard. Chaque livre est grand ouvert. L'écriture est tantôt d'or, tantôt de rouge qui alternent avec le vert ou le noir, belles pages qui sont faites de ces petits fruits qui sont, avec les tableaux, des productions des pépinières Delbard.

» De l'autre côté de la salle, les roses sont à l'honneur. Dans un décor féerique dû à un autre magicien, Georges Delbard utilise tous les moyens, jusqu'aux plus désuets, tels une vieille voiture à âne, le van de nos grands-pères, la vieille marmite, etc., qui contribuent à mettre en valeur les superbes roses dont nous avons remarqué spécialement les variétés : Maurice Chevalier, Mme René Cassin, Docteur Schweitzer, Orange Delbard, et surtout Saint-Exupéry, la rose cyclamen bleuté que Georges Delbard a dédiée au légendaire aviateur écrivain. »

« *Par monts et par vaux...*

« Au-dehors on retrouve le soleil ; les autocars attendent la foule des participants. Dans l'air vibrant de chaleur de l'après-midi, les véhicules sillonnent la campagne. C'est la visite des pépinières et du verger expérimental. Promenade agréable et instructive à travers les quelque 250 hectares de l'exploitation. Tandis que les cars vont de parcelle en parcelle, M. Loubert et M. Fauchon (chef de culture) satisfont la curiosité des arboriculteurs en fournissant force explications sur les résultats obtenus et les essais en cours. C'est à pied qu'est faite la visite du verger expérimental, rectangle de terre représentant combien de recherches, d'expériences et de patientes études ? Enfin, tout le monde se regroupe aux bâtiments des Ets. Delbard, et la journée s'achève dans le grand hall, où des rafraîchissements sont servis. »

Et le rédacteur du journal *La Montagne* de conclure :

« Il convient — une nouvelle fois — de féliciter M. Delbard de son initiative. De telles réunions ne peuvent être que bénéfiques par les contacts et échanges de vues qu'elles permettent de réaliser, aussi bien sur le plan des relations commerciales entre producteurs et conserveurs que sur celui des progrès réalisés dans la recherche des espèces, leur sélection et leur protection.

» Cette journée officielle a été suivie de deux autres privées au cours desquelles M. Delbard, ses collaborateurs et les délégués étrangers ont poursuivi la confrontation de leurs connaissances. »

# Des personnalités représentatives apportaient leur caution...

*M. l'ingénieur général Jussiaux, représentant M. le ministre de l'Agriculture, ouvre la séance.*

*Georges Delbard souhaite la bienvenue à ses invités français et étrangers et prononce son allocution.*

*M. Jean Breteau prend la parole.* A sa droite, *G. Delbard; M. l'ingénieur général Jussiaux; M. Forget, président de la chambre d'agriculture du Maine-et-Loire; M. Leroy, chef du service agricole du Centre national du commerce extérieur.*

Voici le programme de cette journée du 21 septembre 1964 que Georges Delbard avait organisée pour la promotion des fruits français de qualité.

*8 h 30* — Réunion des participants à l'Union internationale des chemins de fer — 14, rue Jean-Rey, Paris-XV^e^.

— Bref exposé de M. Georges Delbard sur son voyage en Europe centrale : Autriche, Hongrie, Roumanie, Tchécoslovaquie.

— Conférence sur quelques variétés commerciales de pommes et de poires « nouvelles ou récentes » dignes d'intérêt, dont la plupart sont exposées.

— Conférence de M. J. Breteau, président de l'Union nationale du commerce de gros en fruits et légumes, concernant la commercialisation et plus particulièrement le marquage individuel des fruits.

— Exposés de M. Charles André, président du B.E.S.T., et de M. Roger Ancian, président de Sicafruit, Agen, relatifs au point de vue du producteur pour une meilleure commercialisation. Chacun des ces exposés sera suivi d'une discussion amicale.

*12 h 00* — Projection du film *Vergers de France d'hier et d'aujourd'hui*, de G. Delbard et A. Caroli.

*12 h 30* — Apéritif et lunch offerts sur place par les pépinières G. Delbard.

*14 h 30* — Départ en cars ou en voitures, pour la visite de l'exploitation fruitière de M. Monmirel, ferme Saint-Christophe à Gonesse (Seine-et-Oise), près de l'aéroport du Bourget.

Cette culture est l'ancêtre des plantations « tricroisillon Delbard », la première partie plantée étant âgée de dix-sept ans.

Retour des cars rue Jean-Rey, où les participants pourront reprendre leurs voitures.

Nous ne pouvons, bien sûr, donner ici le compte rendu *in extenso* de cette journée. Contentons-nous de quelques titres de la presse.

*Centre-Matin* :

« Arboriculteurs et négociants en fruits doivent maintenant compter avec le marché international. Enseignement majeur d'une réunion pomologique organisée à Paris par Georges Delbard : "Vers neuf heures, dans la grande salle de l'Union internationale des chemins de fer, M. Jussiaux, ingénieur général, représentant le ministre de l'Agriculture, retenu par les pourparlers du "Marché Vert" à Bruxelles, prenait la présidence et ouvrait cette journée fruitière axée principalement sur les problèmes de la commercialisation des pommes et des poires.

» Après les souhaits de bienvenue adressés à l'attention de tous ses invités, de ses hôtes étrangers (attachés commerciaux roumains, hongrois, tchèques) et des éminentes personnalités françaises, G. Delbard prononça une allocution fort appréciée sur deux thèmes : "Seule la qualité sera payante", et "Le marché international est une réalité". »

*Journée des fruits et légumes* : « Après la journée fruitière Delbard : l'Europe centrale peut-elle concurrencer nos productions ? »

*Marchés européens des fruits et légumes* : « Commercialisation des fruits de qualité, thème de la journée fruitière Delbard. »

# Journée d'économie fruitière à Paris

*Le très moderne immeuble de l'Union internationale des chemins de fer à Paris, où s'est tenue notre journée d'étude.*

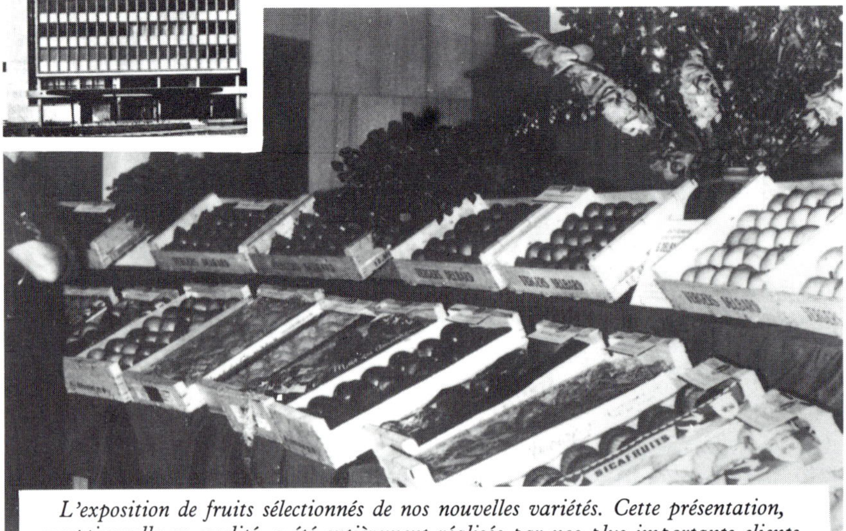

*L'exposition de fruits sélectionnés de nos nouvelles variétés. Cette présentation, exceptionnelle en qualité, a été entièrement réalisée par nos plus importants clients, producteurs des vallées de la Loire, de la Garonne et du Rhône. Tous les participants, notamment les étrangers, les ont chaudement félicités.*

*Un auditoire attentif et intéressé.*

Commentaires des autres journalistes présents :

*Le Provençal* titrait :
« Une importante journée pomologique s'est déroulée à Paris. »

Dans son analyse, le commentateur, E. du Sohl, s'attacha plus particulièrement à mettre en parallèle deux positions commerciales :

— Celle de G. Delbard, partisan d'un marquage individuel du fruit de qualité jusque dans l'assiette du consommateur : ceci permettant la promotion rapide, efficace et sans campagne publicitaire coûteuse, des nouvelles variétés de qualité ;

— Celle de M. Jean Breteau, président de l'Union nationale du commerce de gros en fruits et légumes, qui ne condamne pas le marquage des fruits du nom de la variété pour éduquer le consommateur mais émet certaines réserves. Il pense au prix de revient et, dans l'affirmative, se prononce pour le procédé du marquage électrostatique.

*Le Lien horticole* :

Cette revue citait un autre passage de la causerie de M. Jean Breteau relatif à une meilleure commercialisation des fruits : « La création de groupements de producteurs est le moyen bénéfique pour concentrer un tonnage suffisamment important pour que soit réalisable un approvisionnement de tous les circuits de vente qui s'offrent, aussi bien sur le marché intérieur que sur le Marché commun, ou sur les autres marchés d'exportation » et concluait : « Dans la théorie, l'idée des groupements de producteurs est séduisante. Les résultats seront cependant fonction de la qualité des hommes qui en deviendront les animateurs. Les problèmes à résoudre seront ardus en fonction de la lourdeur de gestion, qui est le défaut principal de toute organisation collective. »

L'article se termine par les paroles de clôture prononcées par M. Jussiaux :

« La journée a été si complète, et si fertile en enseignements, que mes propos risqueraient de n'être que de pâles commentaires. J'ai la mission d'excuser M. Pisani, Ministre de l'Agriculture, qui m'a chargé de vous transmettre tous ses regrets de ne pouvoir suivre tous vos travaux, mais vous savez combien sont variées les occupations d'un Ministre de l'Agriculture ! Vous y avez certainement perdu, car M. le ministre est un magnifique orateur, et je suis sûr que sa parole vous aurait séduits.

« Que vous aurait-il dit, M. le ministre ? Il vous aurait dit que la question des fruits et légumes est un secteur qui retient son attention vigilante ; c'est un marché qu'il veut suivre de façon permanente. Il aurait insisté sur l'organisation des producteurs comme sur l'organisation de la commercialisation. Il vous aurait parlé du groupement des producteurs, des comités agricoles et des S.I.C.A. qu'il encourage très vivement dans l'intérêt de la production et de la commercialisation, car il existe également des groupements de commercialisation. Je pense qu'il y a un effort à faire de chaque côté, étant donné la complexité des problèmes qui se posent. Enfin, nous avons intérêt à nous faire mieux connaître sur le marché national et sur les marchés extérieurs, car il est important que nous indiquions aux consommateurs la diversité et la qualité des fruits de France.

« Je voudrais également féliciter et remercier M. et Mme Georges Delbard pour la création de la station d'expérimentation qui permet de donner des renseignements fort instructifs aux arboriculteurs et pour l'organisation de cette réunion pomologique qui a été, je l'avoue, fort intéressante. »

# La visite du verger de M. Roger Monmirel...

L'*Arboriculture fruitière*, n° 129, novembre 1964 :

La revue de la profession axait tout naturellement son compte rendu sur : « La visite de l'exploitation de M. Monmirel, ferme de Saint-Christophe à Gonesse (Seine-et-Oise), 20 hectares de cultures fruitières incluses dans une exploitation agricole de 175 hectares... »

» Dès 1946-1947, M. Roger Monmirel (décédé en 1958) fit entière confiance, pour la fourniture et l'organisation de ses plantations fruitières, aux pépinières Delbard. Présentement (en 1964) MM. Jean et Bernard Monmirel dirigent l'exploitation qui fait honneur à la production fruitière française actuelle et à son passé prestigieux. »

A l'origine, pour tirer le profit maximum de ce terrain très riche, le principe de plantation mixte arbres permanents-arbres temporaires a été adopté. Les lignes de poiriers (en tricroisillons fleuris) sont les permanents. Les lignes de pommiers (greffés sur paradis et soumis à l'arcure) sont les temporaires.

Ce système, très en vogue à cette époque, obligeait à travailler au motoculteur, étant donné l'écartement de 1,75 m entre les rangées. En 1953, les pommiers ont été arrachés. L'espacement de 3,50 m est devenu correct, depuis, pour le travail au tracteur.

Nombreux ont été les spécialistes français et étrangers qui ont visité et admiré ce beau verger. Il est l'ancêtre des vergers industriels intensifs. Notre action novatrice a engendré là l'incroyable essor de la production fruitière. Son développement a été accéléré par le dynamisme des rapatriés d'Afrique du Nord.

Remarquez la bonne inclinaison des charpentières à 45°. Cela permet la parfaite répartition des productions, qui se situent depuis terre jusqu'à 2,20 m. Equilibre parfait. Beau travail du responsable du verger.

Détail de la forme «tricroisillon Delbard». Mis au point à Malicorne, ce procédé vit donc son application dès 1946 à Gonesse, et cela grâce à la perspicacité du propriétaire.

# Malicorne accueille l'élite des producteurs de fruits

Le 1er septembre 1965, les membres de la Société internationale d'arboriculture fruitière avaient rendez-vous aux pépinières Delbard pour deux sujets principaux d'intérêt.

D'une part, la découverte du procédé de suppression des virus des arbres fruitiers par la thermothérapie, dont nous donnons, ci-après, les caractéristiques, et, d'autre part, la conférence de Paul Stark, grand spécialiste des vergers aux États-Unis, sur l'évolution de l'arboriculture fruitière américaine.

L'exposé de notre ingénieur sur l'assainissement des végétaux par thermothérapie a passionné l'auditoire. La conférence de Paul Stark a été écoutée avec grand intérêt, car, en matière de production fruitière, l'absolue nécessité de diminuer les coûts est au moins aussi importante aux États-Unis qu'en France. Heureusement, confirmait Paul Stark, l'utilisation des nouveaux arbres de type "spur" est une petite révolution qui permet des récoltes plus rapides, plus fortes, tout en diminuant les frais d'exploitation : taille et cueillette, comme déjà indiqué précédemment dans ce livre.

*Paul Stark fait son exposé.*
*Pierre Trioreau et Georges Delbard à droite.*

*L'assemblée écoute l'orateur avec une attention soutenue.*

# Obtention et propagation d'arbres fruitiers sans virus

L'engagement scientifique et financier représenté par la décision de posséder notre propre chambre de thermothérapie pour éliminer les virus qui affaiblissent les arbres fruitiers résulte encore d'un défi.

Au congrès pomologique de Bordeaux, en 1963, les hauts responsables de la station fruitière de l'I.N.R.A. de Pont-de-la-Maye font une étrange révélation à l'auditoire. Ils ont décidé d'assainir les arbres fruitiers par la thermothérapie et entendent superviser, contrôler, toutes les productions de pépinière. L'orateur précise, avec une certaine agressivité fougueuse : « Si les pépiniéristes n'acceptent pas nos directives, nous nous passerons d'eux et irons directement aux producteurs de fruits. » Tout cet exposé, bien clair, avec diagramme au tableau à l'appui : « avec ou sans eux ! »... De plus, il est précisé : l'Administration a un monopole de fait pour cette action novatrice (la tutelle toujours !) (1).

Pierre Trioreau était à mes côtés, tremblant de tous ses membres en me voyant impatient de répondre — le présentateur était un de ses camarades de promotion. De plus, mon collaborateur était bien placé pour savoir que, si nous avions déjà chez nous un projet avancé d'installation de thermothérapie, rien n'était encore en route. Son anxiété redoubla en me voyant quitter précipitamment ma place. Je bondis sur scène et pose la question : « L'Administration peut-elle revendiquer un monopole quelconque dans la recherche ? Quelle est la loi qui lui donne le droit exclusif d'assainissement des végétaux ? » Et je continue : « Je déclare ici que nous mettons au point notre propre chambre de thermothérapie. En conséquence, on se battra !... » Une fois de plus, le pavé dans la mare...

Mais une telle affirmation publique exige forcément qu'on fasse honneur à ses prétentions si on ne veut pas se trouver déconsidéré ! Alors, dès notre retour à Malicorne, nous mettons les bouchées doubles pour justifier la position prise. Quelques mois après, l'installation — formule Delbard — fonctionnait parfaitement, comme indiqué ci-après.

*Difficultés de mise au point de notre cellule*

Il nous faut signaler les difficultés rencontrées lors de la mise au point de notre installation, telle que nous l'avons conçue dès le début, et les moyens employés pour mener à bien notre projet.

L'obtention d'une température constante de 37,5°C dans une chambre bien isolée, rendue hermétique à toute lumière naturelle, est aisée. Mais nous avons jugé bien préférable d'utiliser la source de lumière solaire, plutôt que l'éclairage artificiel, afin de nous écarter le moins possible des conditions végétatives naturelles. La chambre, toute en verre, a donc été placée à l'intérieur d'une serre classique. Ce fut là le handicap le plus sérieux. Par temps couvert, tout allait bien. Mais, aux premiers rayons de soleil, il n'était pas rare de voir grimper la température jusqu'à 45 ou 50°C, dans le matelas d'air tampon entre la chambre et la serre, malgré la grande puissance des appareils de régulation. Nous avons alors disposé sur le toit de la serre une feuille de plastique spécial tamisant la lumière et amortissant l'effet des coups de soleil trop brusques. Autre innovation : un conditionneur d'air, d'origine anglaise, très puissant et très sensible aux injonctions d'une batterie de thermostats extrêmement précis, fonctionnant tantôt en recyclage de l'air intérieur, chauffé ou non, tantôt avec admission d'air extérieur, éventuellement refroidi par le groupe frigorigène, a permis le bon réglage de la température. D'autre part, le débit des deux humidificateurs commandés par hygrostat a été réalisé de manière entièrement automatique et très satisfaisante.

*(1) On affirmait même que l'appellation « indemne de virus » serait une marque déposée réservée à l'I.N.R.A....*

# Traitement des végétaux par la thermothérapie...

Cette chambre de 15 m³ est installée à l'intérieur d'une serre. On aperçoit, au premier plan, un thermomètre maxima-minima et un appareil enregistrant les températures et le degré d'hygrométrie. Au-dessus de ces appareils, cinq thermostats règlent instantanément les conditions ambiantes pour que la température soit rigoureusement maintenue à 37,5°C et l'humidité entre 90 et 100 %. Au-dessus des arbres est placé un humidificateur mis en marche directement par l'un des thermostats. Enfin, un ventilateur — peu visible — brasse l'air afin d'obtenir son homogénéisation. Pendant le fonctionnement de la chambre, la porte — ouverte pour la prise de vue — est rigoureusement fermée. Les arbres sont rentrés au printemps par fournée de trente sujets.

*Vue intérieure de la chambre.*

Une autre difficulté majeure résultait du fait qu'à 37°C l'activité nutricielle des racines est considérablement réduite, ce qui compromet fatalement le développement des pousses. Il était donc nécessaire d'abaisser la température d'une bonne dizaine de degrés au niveau des racines. Nous y sommes parvenus en faisant circuler, entre les pots enfouis dans une couche de galets, un courant d'eau fraîche distribuée par un tuyau perforé en plastique. L'isolation qui s'imposait pour maintenir l'écart de température entre les racines et la partie aérienne a été assurée par la couche de laine de verre que vous pouvez distinguer nettement sur la photo ci-contre.

Nous croyons pouvoir tirer quelque fierté de cette installation, non seulement parce que nous étions à l'époque probablement la seule firme européenne à en posséder une semblable, mais surtout parce que diverses personnalités du monde scientifique nous en ont fait compliment. Le Dr Wilson, grand spécialiste virologue de la Station de Long Ashton, en Angleterre, nous a affirmé n'en avoir jamais vu d'aussi bien conçue. Le Dr Weinberger, de la Station de Fresno, Californie, visitant Malicorne n'a pas hésité à la trouver plus moderne que les installations américaines similaires ; cette affirmation, dans la bouche de deux grands scientifiques étrangers, est bien significative. Enfin, René Bernhard, directeur de la Station de l'I.N.R.A. de la Grande Ferrade (1), nous adressa une lettre de félicitations enthousiaste après avoir eu l'occasion de la découvrir.

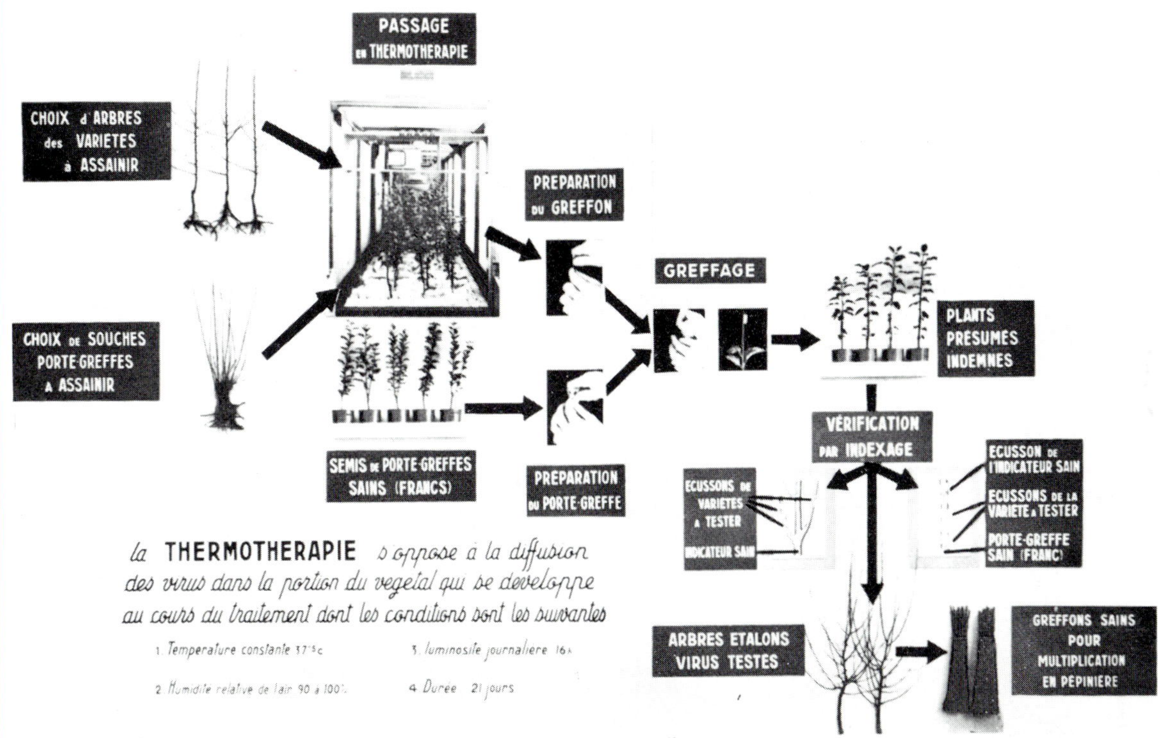


*Processus schématisé des différentes opérations concernant l'assainissement des végétaux par thermothérapie.*

*(1) Si tous les responsables de l'Administration étaient des « Bernhard », il n'y aurait jamais eu "de mon temps" problème avec qui que ce fût.*

# Production industrielle de plants sans virus

*Une partie de nos marcottières de plants porte-greffes de pommiers, souches indemnes de viroses dont la superficie couvre 17 hectares en 1985.*

*Dès 1965, les plantes mères de fraisiers subissaient la thermothérapie pour la production de stolons sains. A la sortie de la chambre, chaque plant-mère est placé sous un abri en plastique qui réduit les contaminations des viroses dont les pucerons sont les vecteurs.*

*Actuellement, nous pratiquons une technique plus performante encore. L'obtention des plantes mères se fait par culture* in vitro *de méristèmes.*

*Apport de sciure enrichie et compostée pour favoriser l'enracinement des marcottes.*

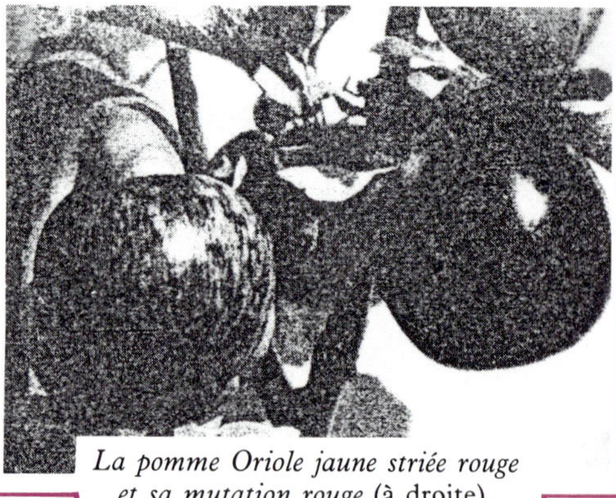

*La pomme Oriole jaune striée rouge et sa mutation rouge* (à droite).

Au bout de trois semaines, les pousses de 25 cm environ se sont développées dans la cellule. Elles sont vraisemblablement indemnes. A ce stade, il faut les séparer de leur pied mère et les greffer sur des plants absolument sains. Ceux-ci seront des francs de semis, puisqu'il est établi que — chez les espèces à pépins du moins — les virus ne se transmettent pas par la graine.

Afin de nous assurer le maximum de chances — précaution supplémentaire —, nous ne prélevons sur les pousses de 25 cm que les 2 ou 3 cm supérieurs, c'est-à-dire la partie de la pousse la plus juvénile et la plus éloignée de la source éventuelle de contamination. Ce minuscule greffon herbacé, extrêmement tendre et délicat, est taillé en biseau et posé dans la fente correspondante ménagée dans le jeune porte-greffe. Le point de greffage est ensuite enserré dans une bande de mousse de latex adhérente. Enfin l'ensemble est encapuchonné sous film plastique jusqu'à la reprise en serre du greffon.

En principe, les greffes reprises devraient pouvoir constituer nos futurs arbres étalons. Mais, avant d'être déclarés aptes à produire des greffons pour la multiplication, ils doivent en être dignes et subir le test de l'"indexage". Pour sa réalisation, on utilise des *indicateurs* ou variétés *indicatrices* ou encore variétés *tests*, qui ont la propriété d'extérioriser, très rapidement, les symptômes de viroses.

Voici comment nous procédons pour les tests d'indexage. Une série de très jeunes plants sauvages de semis — donc sains — sont plantés. Sur chaque plant on pose un écusson de la variété *indicatrice*, qui doit être, elle aussi, garantie indemne du ou des virus recherchés. Sous cet écusson, on en pose deux prélevés sur l'arbre à indexer. A ce stade, deux cas pourront se présenter :

1° L'arbre à tester, présumé sain, est en réalité virosé. Ses deux écussons transmettront fatalement sa ou ses viroses au porte-greffe, puis à l'écusson de la variété indicatrice, dont la pousse ne tardera pas à extérioriser les symptômes caractéristiques des viroses recherchées. Dans ce cas, le sujet testé (mauvais) sera détruit.

2° L'arbre à tester est sain. Cette fois, la variété indicatrice ne présentera aucun symptôme défavorable, et le sujet sera reconnu apte à être propagé. Il servira d'arbre étalon, producteur de greffons indemnes de virus.

Il existe une variante à cette méthode d'indexage qu'on utilise notamment pour certaines viroses du cerisier. Ici, les écussons des arbres à tester sont posés directement sur l'arbre de la variété *indicatrice (Prunus Shirofungen)* qui peut être réutilisé de nombreuses fois. Ceci s'explique par le fait que la variété indicatrice est rebelle aux virus. Elle ne peut donc pas être infectée par les greffages successifs. Au cas où le greffon est porteur de virus, il se forme simplement des nécroses typiques au niveau de la soudure de l'écusson (qui ne démarre pas) et qui permettent de déceler les virus.

Voilà esquissé le principe de l'assainissement des arbres fruitiers par la méthode de thermothérapie et son contrôle par l'indexage. Travail passionnant dont la difficulté et le prix de revient trouvent un corollaire logique dans la qualité de nos végétaux.

Une autre « attraction » qui autorisait beaucoup d'espoirs (hélas ! sans lendemain, semble-t-il) pour l'obtention de mutations provoquées artificiellement était la présentation de deux pommes de la variété Oriole. Elles sont représentées ci-contre. A gauche, le type jaune strié rouge. A droite, le fruit entièrement rouge obtenu sur un rameau irradié, à la pile atomique de Saclay, par le professeur Dommergues, maître de recherches à l'I.N.R.A. Nous avons fait de nombreux greffages de bourgeons irradiés pour son compte, et cet exemple est le seul qui se soit révélé caractéristique et intéressant.

# Réunion pomologique du 23 septembre 1961 à Nîmes (Gard)

C'est en juin 1958 que je pris contact avec M. Guy Serres, nouveau propriétaire du domaine le « mas de la Tuilerie » à Nîmes. En septembre suivant, il vint à Malicorne avec ses amis d'Afrique du Nord. Il y avait là son beau-frère Vincent Monréal (pour lequel nous avons réalisé l'important verger du « mas des Amoureux », contigu à celui de la Tuilerie); Bakir Mustapha, président du Groupement des producteurs d'agrumes du Maroc, dont les 300 hectares de vergers de pommiers, près d'Agen, étaient en cours d'installation grâce à nos fournitures et conseils..., et plusieurs autres exploitants importants formant un groupe de "pieds-noirs" que nous reçûmes de notre mieux.

Mis en totale confiance par la découverte et la portée de notre potentiel professionnel et technique, la satisfaction de nos invités, grands arboriculteurs progressistes, faisait plaisir à voir. Leur joie se trouvait encore accrue par la participation à l'un des meilleurs repas organisés par ma femme (1) et que notre brave mère Bouchard, âgée de plus de quatre-vingts ans, savait mijoter pour les nombreux invités que nous recevions à notre table largement ouverte : le coq en croûte, fourré au foie gras, arrosé de cognac, le lapin farci (désossé et reconstitué) et combien d'autres recettes prestigieuses de la grande bourgeoisie d'antan étaient ses spécialités.

A la suite de cette visite, M. Guy Serres nous confiait immédiatement la réalisation de son verger du mas de la Tuilerie à Nîmes, dont l'inauguration eut lieu le 23 septembre 1961.

Il est relativement aisé de concevoir et de réaliser une rencontre de professionnels sur son exploitation. On possède sur place les hommes pour vous aider et tous les éléments pour son bon déroulement. C'est beaucoup plus compliqué à des centaines de kilomètres... surtout quand on veut tout faire par ses propres moyens pour réduire la dépense! Louer la salle de conférences, retenir les chambres pour les étrangers, prévoir les transports, assurer un repas correct et (dans le cas du colloque de Nîmes dont je vais parler) un cocktail au verger l'après-midi, tout cela demande qu'on s'en occupe sur le lieu même.

Malgré ces difficultés, la décentralisation, déjà en ce temps-là, me semblait nécessaire et profitable. Sur place, parcourant un grand verger ayant bénéficié des directives techniques et du service après vente de l'organisateur-fournisseur, il est aisé pour tout homme de bon sens d'en dégager les implications, d'en discuter et évaluer les résultats. Simplement, là comme ailleurs, il faut savoir être juste, impartial.

Reconnaissons, d'autre part, qu'il faut un certain courage à l'organisateur pour se camper ainsi, sur le tas, face à tous ses principaux clients (2). Groupés, ces gens de la terre sont à l'aise pour vous planter les banderilles et savent en profiter. Il n'y a cependant pas d'autre alternative pour gagner la partie, si on croit à ce que l'on fait, en estimant de son devoir de toujours aller plus loin! Enfin, pour le candidat planteur — ils étaient nombreux ce jour-là à Nîmes — c'est la possibilité de faire un choix en toute connaissance de cause.

*(1) Actuellement la tradition se continue aux pépinières Delbard. C'est à Anne Delbard, épouse de notre fils Henri, maîtresse de maison accomplie, hôtesse de charme, qu'incombe la réception de nos invités.*
*(2) La superficie plantée en vergers des arboriculteurs présents à Nîmes a été évaluée à plusieurs milliers d'hectares.*

Savoir choisir entre deux inconvénients est d'ailleurs une donnée constante de l'existence. Mon orientation était bien dans cette ligne puisque, en plus du rapport sur le verger du mas de la Tuilerie à Nîmes, j'avais remis à chaque participant une étude spécifique à la région intitulée : « Point de vue de Georges Delbard sur les perspectives de la production fruitière méridionale française des toutes prochaines années, face au marché commun des fruits ». Un tableau synoptique suivait pour les principales espèces fruitières adaptées à la région, spécifiant pour la production et la commercialisation : *ce qui va, ce qui doit arriver, ce qu'il faut faire.*

Relisant cette prise de position audacieuse, je trouve que beaucoup de nos arguments étaient assez prophétiques.

Pourquoi le succès remporté par ce fantastique rassemblement des leaders de la production fruitière me laissa-t-il un relent d'amertume ? Je vais m'efforcer de l'expliquer à la lumière d'un étrange événement vécu.

Lors de ma conférence à l'Eden-Studio de Nîmes, M. de V..., gérant d'un des plus importants domaines de Camargue, n'alla-t-il pas, sur la scène (flanqué de deux gardes du corps, s'il vous plaît), jusqu'à proférer des insultes face à ma réussite professionnelle ? Grotesque et bien vite remis à sa place par mon ami Roger Ancian, il se présenta de nombreuses fois par la suite à mon bureau de Paris, pour me dévoiler sans doute la cabale dont les dessous m'ont toujours paru assez évidents. Avec mes collaborateurs, j'en avais trop souffert pour en reparler. Je l'ai chaque fois éconduit, car, après tant d'efforts déployés, d'argent dépensé pour dynamiser l'avance des techniques, on a droit, ce me semble, à un peu plus d'égards et de considération.

René Domergue, envoyé spécial du journal *La Croix*, a bien résumé la portée de cette manifestation. Je vais donc donner tout simplement la reproduction de son article pages suivantes.

Il y est dit : « Sur les 204 hectares cultivables, il y en a 60 en vignes et le reste (144) en arbres fruitiers. Que ce soit une plantation de cerisiers sur talus, où l'énorme proportion de galets semblait rendre toute culture fruitière impossible, ou un verger naissant de 10 000 plants de pommiers plantés en janvier et greffés (sur place) en mars, ce sont là des exemples d'audaces et de savoir-faire remarquables. »

Spécifions ici que si pareilles "prouesses" ont été accomplies, c'était dans le but de satisfaire l'impatience du propriétaire à réaliser son verger dans les plus brefs délais.

Mais, plus particulièrement, la conclusion de René Domergue : « Somme toute, l'arboriculture française, elle aussi, s'ouvre aux expériences les plus audacieuses », retiendra l'attention pour ce qui concerne les cerisiers plantés dans les galets et conduits sur fils de fer. Ces cerisiers palissés ont notamment étonné ce jour-là le directeur des Services agricoles du Gard, au point que ce dernier prit le pari, avec moi, de leur incapacité à fructifier. Or, malgré de très belles récoltes ultérieures, j'attends encore que le perdant s'exécute de sa dette — ce qui serait somme toute normal. Peut-être le rappel que j'en fais ici me vaudra-t-il de savourer un jour — avec le champagne, objet de l'enjeu — le plaisir qu'éprouve tout gagnant... surtout quand il en va de sa qualification professionnelle.

La Croix

SAMEDI 30 SEPTEMBRE 1961

**De notre envoyé spécial RENÉ DOMERGUE**

**NOUS sommes à Nimes, aux abords de l'Eden-Studio, où 700 à 800 personnes — des hommes de la terre pour la plupart, venus de France et de l'étranger — vont et viennent dans la fraicheur matinale, attendant l'ouverture de la première conférence de cette « Journée pomologique ».**

**A 8 h 30, en effet, devant un auditoire attentif, M. Georges Delbard, dont le nom est bien connu dans le monde de l'arboriculture fruitière, ouvre cette Journée pomologique par une causerie sur le voyage qu'il vient de faire en U. R. S. S. pour se documenter sur la culture fruitière dans ce pays.**

## *Premiers pas des Russes en matière de production fruitière*

La planisphère que nous avons sous les yeux nous montre de façon fort suggestive quel monde gigantesque est l'Union soviétique. Les routes, les voies ferrées y sont encore assez clairsemées.

Les possibilités de cultures fruitières sont réservées aux seules régions du Midi (Ukraine, bords de la mer Noire et de la mer Caspienne, pentes méridionales du Caucase et de l'Oural, République d'Azerbaïdjan en Asie centrale).

Les voyages à travers l'U. R. S. S. se font surtout en avion ; pour le touriste admis à visiter le monde soviétique, c'est parfait. Mais, pour le transport des marchandises périssables comme les fruits, c'est autre chose.

Les projections en couleurs dont M. Delbard illustre son exposé nous montrent des vergers d'une bonne tenue. On sent qu'un gros effort est fait là-bas en culture fruitière. Il n'y a pas très longtemps encore on ne mangeait presque pas de fruits dans les provinces non productrices, le tonnage de la production nationale était d'ailleurs fort réduit et l'on faisait venir à grands frais des fruits de Bulgarie...

Aujourd'hui, les besoins de la population russe sont à peu près couverts et la production augmentera en proportion de ces besoins. Pas question, certes, d'exporter et les arboriculteurs du Marché commun peuvent être sans inquiétude... pour l'instant du moins.

— Nous sommes en période d'expérimentation, disait à M. Delbard un ingénieur responsable de sowkoze. L'exploitation et la commercialisation sont à leurs débuts, mais nous ne mettrons pas longtemps à faire parler de nous dans ce domaine... comme dans bien d'autres.

**Réflexion dont il faut tenir compte sans doute. Mais nos arboriculteurs ont quelque peine à croire que le chauvinisme et l'esprit de parti aillent jusqu'à faire refuser aux Russes d'expérimenter les variétés fruitières américaines parce qu'américaines.**

## *Notre production a ses chances, mais nous devons aller de l'avant...*

**Meilleure qualité, c'est vrai. Ajoutons, comme tout à l'heure : pour l'instant.**

**L'assistance devait écouter ensuite M. André, président du B. E. S. T., parler de l'évolution variétale des fruits à pépins en Allemagne. Ce pays étant un très gros producteur de pommes qui ont fait leurs preuves, on y reste attaché aux anciennes variétés et, à part la « Golden Délicious », qui envahit l'Europe entière, on ne cherche pas la nouveauté. C'est pourquoi nos pommes et poires de France ont un succès appréciable sur les marchés allemands.**

— En Belgique, nous dit **ensuite M. Dermine, directeur du Comité national d'études fruitières de son** pays, notre arboriculture **évolue** rapidement. Nous abandonnons les quelque trente variétés de fruits à pépins cultivés autrefois pour nous spécialiser dans trois ou quatre de plus grande valeur gustative et plus rentables. De plus en plus nous abandonnons les qualités précoces, car nous ne pouvons lutter sur ce terrain avec les pays mieux favorisés par le soleil.

**De l'exposé de M. Riera, directeur des services techniques de l'arboriculture fruitière à Barcelone, nous retiendrons que l'Espagne se perd encore dans la multiplicité de ses variétés, et que si les fruits de la péninsule sont encore fort appréciés, leur rentabilité pour le producteur devient problématique.**

— La Suisse est un pays de pommes, nous **déclare avec un sourire entendu M. Perraudin, directeur de la station d'essais arboricoles de Sion (Valais).**

**Tout en pensant à Guillaume Tell, nous l'écoutons parler des 9 millions de pommiers et 4 millions de poiriers qui s'étalent dans la région du Valais, couvrent les plateaux du Jura et escaladent les pentes de la Suisse alémanique. L'effort se porte sur la modernisation des variétés, des cultures et de la vente. Et si M. Perraudin fait état des craintes de la Suisse en face de ses grands concurrents l'Italie et la France, il ne reste pas moins optimiste dans l'avenir des vergers helvétiques, en raison de la qualité exceptionnelle de leurs produits.**

## *Des cerisiers sur des galets*

**La journée s'est achevée par la visite, au Mas de la Tuilerie, de la propriété fruitière de M. et Mme Serres, à quelques kilomètres de Nîmes, près du canal du Bas-Rhône.**

**Sur 204 hectares cultivables, il y en a 60 en vignes et le reste en arbres fruitiers. Que ce soit une plantation de cerisiers sur des talus, où l'énorme proportion de galets semblait rendre toute culture fruitière impossible, ou un verger naissant de 10 000 plants de pommiers plantés en janvier et greffés en mars dernier, ce sont là des exemples d'audace et de savoir-faire remarquables.**

**A noter cette forme culturale due à M. Delbard et toute nouvelle pour des cerisiers, sinon pour les arbres à pépins : la conduite sur cinq fils de fer en tricroisillons, permettant de faciliter l'exploitation et de réduire la fatigue de la main-d'œuvre.**

**Somme toute, l'arboriculture française, elle aussi, s'ouvre aux expériences les plus audacieuses.**

# Autre confrontation à Nîmes...

Dans son livre *Le Cadran solaire*, paru en 1979 (1), Philippe Lamour fait justement ressortir les mérites de la Compagnie nationale d'aménagement du bas Rhône et du Languedoc (C.N.A.B.R.L.), dont il a été président-directeur général dès la fondation, dans la mise en valeur de la zone concernée. Je ne veux — ni ne saurais — les discuter : là n'est pas mon propos. Si le bât blesse, c'est pour une tout autre raison. Derrière le style enlevé, incisif, on découvre un besoin constant de suprématie. La déduction que j'en tire, pour mon humble cas personnel, est la motivation de rejet d'une collaboration quelconque avec un pépiniériste "étranger" ayant eu l'outrecuidance de venir, dès l'origine, brouiller les cartes dans le fief de l'auteur. Cela paraît évident puisque, après avoir demandé à Guy Serres, dans ma lettre du 1er septembre 1960, de persuader le P.D.G. d'assister à ma conférence, il se fit représenter par des "observateurs". C'était de mauvais augure, et ce qui a suivi montre que mon pressentiment était sans nul doute bien fondé.

Je ne m'étais pas rendu compte qu'en participant en première ligne à la réalisation de la première et plus spectaculaire implantation fruitière sur le plateau des Costières à Nîmes, j'étais l'intrus, piétinant les plates-bandes de la compagnie de droit divin.

Le comportement du président à mon égard explique celui de ses subordonnés (à moins que ce ne soit le contraire), tous jaloux de notre ingérence dans ce qu'ils considéraient comme leur "chasse gardée". En effet un nombre impressionnant de visiteurs français et étrangers sont venus voir les travaux d'irrigation du bas Rhône, tels les Russes, les Roumains, qui m'avaient contacté. Chaque fois, en ces années-là, on conduisait les visiteurs importants au mas de la Tuilerie. Chaque fois l'accompagnateur répétait : « Voilà ce qu'a réalisé la compagnie du bas Rhône ! » Les gérants du domaine, MM. Julien et P. Coffe, me l'ont affirmé à chacune de nos rencontres et cela m'échauffait les oreilles.

Quelque temps après, un dimanche matin, tout explose ! Edgard Pisani (2), ministre de l'Agriculture, est venu la veille présider la séance de clôture du congrès pomologique. Rentrant à l'hôtel, je suis appelé au téléphone par Pierre Coffe. Celui-ci, quoique ancien colonel, était de naturel timide et, en tout cas, très réservé et modeste. « Je vous en prie, me dit-il, venez demain matin à la Tuilerie, je viens de recevoir une communication de M. le Préfet me demandant de recevoir le ministre de l'Agriculture, qui désire visiter la meilleure exploitation fruitière du périmètre. Comme toujours, c'est la nôtre qui a été choisie. Or, M. Serres est au Maroc : voici pourquoi je vous demande d'être à mes côtés pour présenter la propriété. »

Je ne pouvais refuser semblable aubaine, qui, au contraire, m'enchantait.

On avait mobilisé le ban et l'arrière-ban des parlementaires, maires, présidents de tous bords (il n'en manque pas dans la région) et naturellement l'état-major de la Compagnie du bas Rhône au grand complet. Le ministre arrive à l'heure. Philippe Lamour s'en empare et le conduit devant deux immenses albums de photos : *Avant... Après*. Et le P.D.G. commence à tourner les pages en ponctuant : « Voilà comment c'était... voici ce que la Compagnie du bas Rhône en a fait. »

J'étais quelque peu en arrière. Entendant de mes oreilles la rengaine si souvent rabâchée par l'aréopage de la Compagnie, je suis propulsé par je ne sais quel puissant ressort. Écartant M. Philippe Lamour, prenant le gérant du domaine Pierre Coffe à mes côtés, je me place face au ministre, et déclare avec force devant les notables ébahis : « Monsieur le Ministre, la Compagnie du bas Rhône a indiscutablement creusé le canal qui traverse cette propriété. Ça, c'est vrai, *mais c'est son seul travail ici*. Le reste » — je prends Pierre Coffe par le bras — « c'est nous qui l'avons fait. »

Je précise dans la foulée : « C'est le fils (3) de M. Serres qui a dirigé la mise en valeur des terres, travail auquel il a participé physiquement en les débroussaillant sur son tracteur. L'organisation des plantations a été faite par Pierre Coffe et nous-mêmes, et c'est ma firme qui a fourni les plants... »

Et j'attends... pas longtemps. Edgard Pisani me toise du haut de son mètre quatre-vingt-dix environ ; puis, plaçant sa main sur mon épaule, il déclare, en me regardant fixement : « Vous me plaisez... vous (4). » Il me prend par le bras. « Venez avec moi, montons en voiture pour faire le tour du propriétaire. »

Et, plantant là le P.D.G. accapareur et tous les invités, nous voilà dans la voiture officielle : le ministre et le préfet à l'arrière, Georges Delbard près du chauffeur. Pendant plus d'une heure nous avons sillonné le domaine, discutant et nous arrêtant à maintes reprises, pour évoquer les problèmes fruitiers économiques et techniques.

Ce contact insolite a été le point de départ d'une sympathie qui m'a fait rencontrer M. Edgard Pisani à plusieurs reprises, notamment lors d'un voyage en Roumanie d'où nous sommes revenus ensemble en avion, et aussi à sa propriété de Touraine. Cette affaire explique probablement pourquoi, dans son livre, Philippe Lamour, tout en brossant un portrait flatteur des qualités d'Egard Pisani, lui décoche quelques flèches assez acerbes (p. 373 et 374). Pourquoi aussi l'auteur passe sous silence une réalisation qui honore Edgard Pisani : la mise en valeur de la vallée de l'Authion et sa reconversion en centre horticole.

... Et, en ce qui me concerne, pourquoi la Compagnie du bas Rhône n'a jamais fait appel — ni même recommandé — les pépinières Delbard... Ayant moi-même, par ailleurs, toujours eu en horreur la politique du lèche-bottes, chacun est resté sur ses positions.

En épilogue à cet "incident", je dois encore apporter un complément d'information. Une quinzaine d'années plus tard, je visitais à nouveau le verger du mas de la Tuilerie en compagnie de M. Guy Serres et de son nouveau directeur. En voyant les nouvelles plantations de pêchers de trois ans, plantés à 0,50 m sur le rang, non taillés, baliveaux de 3 à 4 m (ou plus) conduits selon la méthode dite du "mur fruitier" — pratique découlant de l'appellation fameuse : "vergers à haute densité" —, je dis à mes hôtes et plus particulièrement à Guy Serres : « Non seulement je n'ai pas à rougir de ce que je vous ai fait faire en 1960-1961, mais je doute que vos conseillers actuels (5) puissent tenir ce même langage... dans un temps très proche. » Ce sera ma conclusion ici, car, entre-temps, elle s'est déjà imposée dans les faits.

*(1) Grasset, édit.*

*(2) Nommé "délégué du Gouvernement" en Nouvelle-Calédonie le 1er décembre 1984 et ministre en 1985.*

*(3) Décédé dans un accident d'avion au Brésil.*

*(4) Je ne peux manquer de raconter une anecdote amusante. Nous étions invités à dîner, ma femme et moi, chez M. Christian Orsetti, préfet de l'Essonne et ancien directeur du cabinet d'Edgard Pisani (M. Orsetti est actuellement ambassadeur de Monaco à Paris). Je rappelais la fameuse algarade et l'appréciation du ministre disant simplement : « Vous me plaisez... », et le préfet de rectifier : « Le ministre ne vous a pas dit ça. » Intrigué, un peu vexé par ce démenti, je fus soulagé quand le préfet ajouta : « ... le ministre a dit : Vous me plaisez...* vous *! »*

*(5) Le conseiller technique de la Compagnie du bas Rhône a développé ses théories sur le "mur fruitier" lors de la réunion pomologique du 3 septembre 1978 à nos pépinières, dont je donne ci-après le déroulement. J'avais émis, à cette occasion, quelques doutes sur la longévité et la solidité du "mur". Bon sang, que notre langue est riche !*

# Dans le cadre de l'exposition « Corso fleuri »...

*La décoration des voitures hippomobiles.*

La dernière grande réunion fruitière avant la publication de *Jardinier du monde* a été celle du 3 septembre 1978, que nous avions fait coïncider avec notre exposition fruitière et florale : « Corso fleuri ».

Elle était honorée de la présence de M. Delooz, représentant le ministre de l'Agriculture, et de M. Cleyet-Merle, directeur départemental de l'agriculture de l'Allier. Elle bénéficiait aussi de la présence de scientifiques de l'I.N.R.A. (1), de l'I.N.V.U.F.L.E.C. et de la Compagnie du bas Rhône.

Le thème retenu pour cette journée : « Les vergers à haute densité », découlait du principe — nouveau, spécifiait-on — de la prédominance nécessaire de l'axe central de l'arbre. D'autre part, l'appellation « haute densité » dit bien ce qu'elle veut dire : nombre très élevé d'arbres à l'unité de surface. Presque tous les orateurs recommandèrent chaudement cette conception "révolutionnaire".

Conscient que tout se répète et que semblables erreurs avaient été faites jadis, je pris la parole. J'exposai que le "système Ferraguti" était basé sur le même principe, et qu'il avait vécu l'espace d'un matin. D'où une mise en garde quant aux conséquences à terme (2). Je fis part aussi de mon expérience personnelle : multipliant le nombre d'arbres par le nombre de kilos, j'avais planté, justement à l'endroit où nous nous trouvions, 8000 arbres à l'hectare ! Je contai la boutade de M. Cuny lors de sa première visite, qui permit de remettre tout en ordre après arrachage des 2/3. Bref, je crus bon d'apporter quelques paroles de sagesse (3).

Ce rappel d'une erreur personnelle pour montrer combien il est curieux de constater que tout être passionné par l'arbre fruitier aspire à découvrir et promouvoir « sa » théorie. Il faut voir là, à mon sens, un mélange de beaucoup d'enthousiasme et d'une pointe d'orgueil juvénile.

Chose curieuse : si, au lieu d'être simplement *évolutive*, la découverte est présentée comme *révolutionnaire*, elle a d'autant plus de chances d'être glorifiée et adoptée par les supporters.

C'est si vrai qu'après mon intervention, dont je ferai le développement technique dans l'additif des *Beaux Fruits de France*, mon fils Henri (qui avait organisé la rencontre et donc défenseur convaincu de cette méthode) déclara : « Je spécifie que mon père a parlé en son nom personnel. » On ne pouvait être plus précis pour laisser entendre que je commençais à n'être plus tout à fait dans le coup ! Ce que René Bernhard, directeur de la Grande Ferrade, traduisait avec humour, disant à peu près ceci : « Vous et moi, Georges Delbard, sommes de l'ancienne école. On a du mal à assimiler certaines pratiques... mais, sait-on jamais, peut-être y a-t-il dans la physiologie "moderne" un bon côté qui nous échappe ! ... »

*(1) Comme toujours, nous avions présenté une importante collection des hybrides obtenus à Malicorne : pommes et poires surtout. Chacun s'est plu à reconnaître notre effort et notre apport en matière d'amélioration variétale. Cela n'a pas empêché un haut fonctionnaire de l'I.N.R.A., présent à cette "journée", de faire, trois ans après, dans le sérieux journal* Semences et progrès, *dans un article intitulé justement : « Notre mission (chercheurs I.N.R.A.) : rendre plus efficace la sélection privée », la déclaration suivante dont je n'extrais qu'un paragraphe nous concernant : « Il nous* (l'I.N.R.A) *faut d'abord combler les créneaux dans ces secteurs où les firmes privées* sont totalement absentes, *ne serait-ce que parce qu'il y a trop de risques, comme, par exemple,* les arbres fruitiers *et la vigne, ou parce que les espoirs de rentabilité sont trop réduits... » Difficile d'être plus précis pour reconnaître et souligner nos efforts depuis plus de trente ans dans le domaine de la recherche fruitière !... Quand je vous disais que nous étions aidés !* (Note G.D. : c'est moi qui souligne.)

*(2) On s'en est heureusement très vite rendu compte.*

*(3) Propos bien méritoires pour un pépiniériste recommandant de planter nettement moins d'arbres.*

# Journée fruitière du 3 septembre 1978

*En partant de la gauche : Georges Delbard (qui sourit en faisant son intervention), puis Pierre Trioreau, les trois fils : Guy - François - Henri et nos ingénieurs.*

*L'assistance : beaucoup de jeunes.*

C'est en tout cas à partir de constatations semblables qu'on doit prendre son parti de laisser les jeunes faire leur expérience... Car, a dit un philosophe, « l'expérience est une lanterne qu'on a dans le dos, elle ne sert qu'à éclairer le chemin parcouru ». Je n'en donnerai qu'un seul exemple pour ce qui concerne la conception du verger.

Après tous les systèmes, Ferraguti, Arcure Lepage, Haie fruitière Bouché-Thomas, etc., bien oubliés aujourd'hui, on a découvert et prôné en Angleterre le "verger-prairie" (*meadow orchard*). Il s'agissait là d'une véritable hérésie, d'une mystification pure et simple, que tout jardinier de bon sens ne pouvait que rejeter d'emblée !

Eh bien non ! Ce fut, au contraire, "la révélation", entourée d'un concert de louanges en tous pays, à telle enseigne que, lors d'un de mes voyages en Union soviétique, j'ai vu plusieurs applications de cette théorie, prétendument révolutionnaire, qui, bien sûr, a vécu, elle aussi, ce que vivent les roses !

Mais voici où je veux en venir : le "verger-prairie", inventé par les Anglais dans les années 1975... figure dans un livre français de 1825 !... Noisette (le bien nommé), arboriculteur distingué, écrit dans son *Manuel complet du jardinier* :

« Le buisson est un arbre que l'art ou la nature a privé d'une tige. Ses branches principales, partant d'une greffe placée près du collet de la racine, prennent la direction qui leur est ordonnée par la nature, et ne sont soumises à aucune forme particulière. On ne les taille que pour les débarrasser du bois inutile et pour les mettre à fruits (1). On forme plus particulièrement les pommiers greffés sur paradis et autres sujets analogues, c'est-à-dire fournissant peu de sève. Ces arbres, occupant peu d'espace et produisant de très beaux fruits, sont devenus très à la mode depuis quelques années (2). On fait des plantations en quinconce de pommiers ainsi élevés, et on leur donne le nom de *Normandie.* »

Ainsi, après cette citation, tout devient clair : un siècle et demi après, les Anglais réinventent le verger "Normandie" de Noisette... en le baptisant "Prairie" (3) ! Curieux, non, cette analogie d'appellations ? On pourrait citer bien d'autres "inventions" de ce genre !

Ah ! si tous nos dispensateurs de théories nouvelles disposaient d'une bonne bibliothèque, combien leurs cocoricos seraient moins sonores ! Et les erreurs accumulées moins nombreuses !... Quoi qu'il en soit, la nature se charge toujours de remettre les choses à leur place. A terme, une certaine sagesse du praticien remplace inévitablement les emballements juvéniles fougueux, et ce qu'on appelle "conflit de générations", à un moment donné, s'estompe forcément avec les années. Chacun doit arriver, avec son expérience personnelle, au stade dont j'ai répété mille fois l'aboutissement dans mes causeries : que la seule enseigne devant figurer, comme ultime finalité, à l'entrée de chaque verger soit : EQUILIBRE.

La meilleure application, l'exemple le plus significatif que nous puissions fournir pour en faire la démonstration réside dans la mise au point du « tricroisillon Delbard ».

*(1) Les Anglais "amélioraient" le procédé en recommandant de couper périodiquement l'arbre au pied. Porteur de ses fruits !... On croit rêver, mais c'est pourtant vrai.*
*(2) Avant 1825, donc.* (Note G.D.)
*(3) Ce n'est pas le seul baptême qu'ils ont fait. Tous les porte-greffes de pommiers originaires de France sont devenus des « E.M. » (initiales de la station anglaise d'East Malling).*

# Nécessité d'organiser le verger

*Un bien beau pommier formé en tricroisillon « Delbard » à Malicorne.*

*Poiriers « tricroisillon » dans le très beau verger de Gonesse (M. Monmirel).*

# L'évolution des formes fruitières

Avant toute chose, laissons-nous entraîner vers un cours simplifié d'arboriculture fruitière.

En dehors des vergers de plein vent, il existe deux grands groupes de vergers dirigés : ceux dits "palissés" (ou "en espaliers", terminologie utilisée en plusieurs pays), presque toujours conduits en formes aplaties, avec supports de fils de fer ; ceux établis avec les arbres formés en volume, dits aussi "formes libres", généralement sans soutien des charpentes.

Nous avons souvent utilisé les formes en volume (dites "libres"... "libres" jusqu'à un certain point !) en France et en de nombreux pays étrangers : Iran, Brésil, pays africains, etc. Leurs avantages et inconvénients ne peuvent être débattus ici. C'est un chapitre important qui sera amplement développé lors de la réédition des *Beaux Fruits de France.*

En revanche, je crois nécessaire de donner quelques informations sur les formes palissées parce que je les ai déjà évoquées dans ce livre et qu'il s'y rattache des "événements historiques" ayant tellement compté dans ma vie d'arboriculteur ! Je dois ajouter aussi, pour être tout à fait sincère, que "le verger sosie du vignoble" (1), ayant toujours eu ma préférence, je me laisse aller à mon penchant de propagandiste en priant le lecteur non initié de passer outre et de m'excuser.

J'en fais l'aveu renouvelé. Je n'ai pas échappé aux erreurs de jeunesse dues au manque d'expérience. C'est normal et bien compréhensible. Un verger de pommiers ou de poiriers ayant une moyenne de vie de vingt-cinq ans, il faut normalement attendre ce laps de temps pour tirer un bilan correct de la rentabilité de chaque méthode. Tant qu'on n'a pas atteint ce stade, on ne peut crier victoire. Autrement dit, pour se tromper le moins possible, il faut "avoir de la bouteille" ! C'est d'ailleurs normal : en exploitant des végétaux pérennes, on est forcément amené à prendre en compte ce caractère de pérennité qui conduit ici à contrôler le comportement et les récoltes pendant toute la vie de l'arbre fruitier.

Ma chance à moi est qu'immédiatement après ma première et grande bêtise de peuplement inconsidéré, dans mes premiers vergers de Malicorne, il se soit trouvé un homme d'exception — le professeur Cuny — qui, en me traumatisant par ses remarques sarcastiques, m'a remis d'emblée dans le droit chemin. Étant donné que je l'écoutais comme le Messie, devenu son disciple, je n'eus pas à attendre le vieillissement du verger pour constater mon erreur. Cela m'a donc fait gagner beaucoup de temps.

Sur les bases de cette réussite, dès 1945-1946, André Caroli et moi pouvions ainsi engager M. Monmirel à établir son verger en *tricroisillon*, comme indiqué pages 430 et 431.

Notre mentor, le professeur Cuny, est souvent venu à Gonesse, car il était très heureux de cette belle réalisation.

Elle a été déterminante pour le développement rapide de notre affaire, en raison de sa totale réussite et de la proximité de Paris. En quelques heures, nous pouvions fournir à n'importe qui, compatriote ou spécialiste étranger intéressé, une sérieuse référence. Je dois donc, une fois encore, témoigner ma reconnaissance à celui, malheureusement disparu, qui nous a fait le premier confiance.

Mais cette forme assez sophistiquée avait été établie pour la production de fruits de luxe destinés au marché parisien, chez un agriculteur de haut niveau. Elle ne pouvait convenir ni en toutes régions, ni aux débutants... décontractés !

*(1) Qui permettra probablement, dans le futur, de parvenir à la mécanisation de la cueillette.*

# Historique de la haie fruitière

Je viens de souligner l'exceptionnelle réussite — le bon équilibre — du verger de Gonesse, formé en *tricroisillon*, dont j'ai fait ressortir aussi les facteurs de réussite. Cet avant-propos est bien nécessaire, car il explique pourquoi nous n'avons pas fait école tout de suite. Il me faut donc maintenant continuer mon cours d'arboriculture pour les "mordus" de l'arbre fruitier. J'ai expliqué précédemment que l'invention du *tricroisillon Delbard* résultait de la conjonction d'une erreur de base et de la nécessité d'en tirer ultérieurement le meilleur parti. Ce n'est pas la première fois qu'une trouvaille — comme une invention — résulte d'un concours de circonstances toutes fortuites.

Un peu d'histoire : nous étions, en ces temps-là, en pleine croisade de la *haie fruitière Bouché-Thomas*. Le mot "croisade" n'est pas exagéré, car, pour tous ceux qui l'ont connu, M. Bouché-Thomas, tribun envoûtant, était le prophète prêchant sa méthode avec une conviction totale et qui faisait recette.

Il avait fondé l'"association des amis de la haie fruitière Bouché-Thomas", comportant de multiples clubs régionaux en France et jusqu'en Afrique du Nord. Ils étaient toujours présidés par un animateur converti, convaincu, superactif. Bouché-Thomas enflammait les foules au cours de réunions périodiques où sa fougue verbale excluait toute contradiction. Je me souviens d'une de ses réunions à Orléans où j'ai quand même pu lui dire, non sans quelque mérite : « J'ai vu en maintes situations, en Afrique du Nord notamment, s'installer, peu d'années après la plantation, un fouillis inextricable de branches dû au croisement des scions à la plantation. Que faire dans ce cas ? » Et Bouché-Thomas, imperturbable et dominateur, laisse tomber cet oracle comme une massue :

— On coupe tout et on recommence !

On comprendra aisément que le déploiement inouï d'une telle campagne, affirmant en gros qu'il fallait laisser l'arbre se débrouiller seul (parce qu'il y avait notamment beaucoup de place jusqu'au ciel), était l'antithèse de mes conceptions (1). Avec le *tricroisillon Delbard*, je prônais, au contraire qu'il était indispensable de prévoir la meilleure organisation préalable du verger, par la formation équilibrée d'arbres ne dépassant guère deux mètres de hauteur, afin d'obtenir la meilleure rentabilité dans l'exploitation.

Dans le premier cas, c'est vrai, on s'assure quelques récoltes rapides dès les premières années, presque sans soucis... de tailles en tout cas. Mais, par la suite, c'est le déclin des productions en tonnage, et plus encore en calibre. Au contraire, avec un verger bien *organisé*, on est perdant au départ à cause du manque de production des toutes premières années : la formation des arbres réclamant un peu de temps ; en revanche, on s'assure des récoltes régulières en quantité, et surtout en qualité, pendant toute la vie du verger.

Il n'y a pas de miracle. Ou bien l'on mange quelques bons morceaux au début pour se mettre la ceinture ensuite ; ou bien l'ordinaire est réduit au départ pour jouir pendant de nombreuses années d'un menu équilibré en quantité et de premier ordre en qualité. Voyons où cela nous mène.

En 1956 les pays du Maghreb entrent en effervescence. De tristes événements, annonciateurs d'une probable redistribution des cartes, conduisent un agriculteur éminent — président du Syndicat des producteurs d'agrumes du Maroc — à installer ses deux fils en France (300 hectares de terres sont acquis par lui pour des vergers).

*(1) Je dois rendre cette justice à M. Bouché-Thomas : c'est grâce à lui, à sa croisade, que le principe de la haie fruitière a pu s'imposer et se développer aussi rapidement.*

Il s'agit de Bakir Mustapha. Malgré un nom d'origine arabe, c'est un grand Français. Cela explique sans nul doute pourquoi il fut un des premiers à prendre cette position de repli.

Comme chaque année, en 1956, M. Bakir Mustapha fait sa cure à Vichy. Juste avant son départ, il trouve, en rangeant ses papiers, l'adresse de Delbard à Malicorne, donnée par un de ses amis avec une recommandation flatteuse. Accompagné de son épouse, il arrive un soir en coup de vent. Juste le temps de prendre rendez-vous à mon bureau de Paris le surlendemain.

Le langage que cet homme me tient ce jour-là me laisse tout pantois et, bien sûr, bougrement heureux. C'est la première fois de ma vie (et ce sera la dernière) que j'entends pareille déclaration faite à mon endroit, sur le ton le plus calme et le plus sérieux qui soit :

— Monsieur Delbard, je ne vous connaissais pas jusqu'à ces jours-ci. On m'a dit beaucoup de bien de vous au Maroc. Je viens en France pour créer, dans la région d'Agen, des vergers de pommiers, de poiriers et de pêchers, espèces dont la culture m'est totalement étrangère. Alors voici ma position : lorsque je me trouve sans compétence dans un domaine quelconque, je m'en remets entièrement au spécialiste qui m'inspire confiance. Je vous déclare donc que, pour l'implantation de mes trois cents hectares de fruitiers, vous ferez ce qui vous paraîtra le mieux... comme vous voudrez... au prix qui sera le vôtre !... *Je ne discuterai rien* et m'en remets entièrement à vous. Je précise simplement qu'ayant été dans une situation financière difficile à deux reprises par suite d'engagements malheureux, je voudrais bien faire mentir le proverbe : « Jamais deux sans trois. »

Jugez de ma surprise ! Et quelle responsabilité que de répondre sur-le-champ à pareille marque de totale confiance. Ma première réaction fut de mettre en garde mon interlocuteur d'une façon très nette.

— Nous sommes, lui dis-je, dans la production fruitière, à une croisée des chemins. Dans votre région du Sud-Ouest, on en est encore au verger extensif comportant de 250 à 500 arbres à l'hectare. Ce que je vous conseille — et ce que je m'engage à réaliser, puisque vous le souhaitez —, c'est au contraire le verger intensif : de 1 000 à 2 000 arbres à l'hectare... Voyez la différence !... Dans ces conditions, continuai-je, il est sûr que 90 sur 100 — et peut-être 100 sur 100 — des gens que vous aurez l'occasion d'approcher vous diront que vous faites fausse route... pour ceux qui seront courtois !... Les autres iront plus loin. Ils jureront que vous vous faites « avoir » par un pépiniériste-businessman en mal de placer sa production ; heureux de pouvoir le faire chez un client naïf ne connaissant ni la région ni le comportement des espèces considérées.

Ma réplique surprend et agace M. Mustapha. Il rétorque :

— Monsieur Delbard, vous ne me connaissez pas, ça se voit. Quand j'ai pris une décision, je m'y tiens. Le monde entier me dirait que j'ai tort, je continuerais dans la voie choisie.

Là-dessus, je demande à mes visiteurs de venir avec moi voir le verger de Gonesse. Le coup de foudre ! Cet homme qui aimait le travail bien fait, l'organisation méthodique, fut ébloui par la découverte de cette plantation fruitière hors pair. Mme Mustapha partageait sa joie. La conversation amicale que le couple eut avec le propriétaire, M. Monmirel, acheva de les convaincre : celui-ci expliquant qu'il n'avait fait que suivre nos directives. Au retour, l'affaire était conclue — mon client signa immédiatement un chèque de 5 millions d'arrhes...

# Le verger intensif industriel...

*Chez M. Mustapha à Buzet-sur-Baïse.*

*Première année après plantation : début de formation.*

*Deuxième année : cinq tonnes-hectare de fruits !*
*Troisième année : quinze tonnes... Pas mal, non ?*

Un mois après, les bâtiments de ses fermes du Gharb, au Maroc, et toutes les récoltes stockées étaient la proie des flammes. Très choqué moi-même par cette nouvelle, je téléphone à M. Mustapha, qui se trouvait à Marseille, pour lui offrir le remboursement de son versement anticipé en raison de cette catastrophe. Tout en refusant ma proposition, il en fut très touché : je l'ai su par la suite.

Bref, quand des affaires sont conclues dans ces conditions de totale compréhension, je considère que c'est là le *nec plus ultra* de la félicité pour un chef d'entreprise.

Dès que les travaux de mise en valeur commencèrent à Buzet-sur-Baïse, tous les arboriculteurs, tous les curieux ou "conseilleurs" de tous poils vinrent sur place pour avoir des informations sur la future plantation fruitière, la plus nouvelle et la plus importante du Sud-Ouest. Naturellement chacun émettait son opinion : simple mise en garde quelquefois, ouverte réprobation le plus souvent. Je pourrais citer certains arboriculteurs régionaux qui ont bougrement évolué depuis dans leurs idées du moment !...

Mais la palme revient au directeur des Services agricoles d'Agen. Lors d'une visite de courtoisie de M. Mustapha à son bureau, le directeur lui dit en substance :

— Il est heureux, monsieur, que vous n'ayez pas à solliciter de prêt pour l'implantation de votre verger, car, je vous le dis en toute franchise, j'aurais émis un *avis défavorable* sur votre dossier.

Et, répondant à l'étonnement manifesté par son visiteur, le haut fonctionnaire précise :

— Dans la région, on a toujours planté de 250 à 500 arbres maximum à l'hectare. Votre conseiller-fournisseur envisage de 1 000 à 2 000 : c'est une hérésie. N'avez-vous pas réalisé qu'il était, avant tout, pépiniériste ?

Pouvait-on être plus "gentil" avec moi : une telle déclaration m'attribuant les plus viles intentions mercantiles ? M. Mustapha en fut outré et ne manqua pas de me révéler rapidement tous les détails de cette entrevue.

Oui, vraiment, j'ai eu de la chance — toute la profession aussi — de rencontrer un homme de la trempe de Bakir Mustapha. Aussi avons-nous tout fait, Robert Fauchon et moi, pour lui donner la plus entière satisfaction. Non seulement en regreffant gratuitement les variétés dont la vente des fruits était difficile, mais aussi en assurant une assistance technique de tous les instants.

Si j'ai voulu développer autant cette affaire, c'est que le verger de Buzet-sur-Baïse (qui, après avoir fait son temps, a été arraché) (1) est pour moi un symbole. Il est l'image du passage d'une économie fruitière que l'on peut qualifier de subsistance à une véritable économie de marché (2).

La profession fruitière mondiale a découvert le principe et la bonne réalisation du verger *intensif — équilibré* — à Buzet. A la suite de cette démonstration, toutes les "fantaisies", toutes les idées "nouvelles" ou "modernes" pouvaient se donner libre cours en brodant sur l'acquis... Pas toujours avec bonheur !

C'est ainsi qu'après avoir prôné les vergers "à haute densité" de nombreux conseillers en fructiculture sont amenés, depuis les années 80, à revenir à des espacements qui avoisinent ceux publiés par nous... en 1958 (3). L'arboriculture fruitière est comme la vie : un éternel recommencement.

*(1) Cependant, d'autres plantés en même temps, dans la région, sont encore là !*
*(2) Si de 1955 à 1965 la production des fruits en France* a doublé, *c'est bien grâce à l'esprit novateur des rapatriés d'Afrique du Nord, qui ont appliqué notre technique du verger intensif.*
*(3) Vingt à vingt-cinq années d'erreur de leur part...*

## *Coopération internationale*

## *Promu « jardinier du monde »*

## *A Malicorne,*
## *défilé de personnalités étrangères*

## *A l'étranger,*
## *nos interventions les plus marquantes*

« *Un métier indéfiniment approfondi mène à tout l'esprit qu'on peut espérer d'avoir* » (1).

En ce XXe siècle, l'explosion des techniques nous étonne et nous assaille de toutes parts. Produire plus, produire mieux, voilà la rançon de ce qu'on nomme "progrès". Est-ce un bien ? Est-ce un mal ? Il ne m'appartient pas d'en discuter... d'autres s'en chargent !

Pour ce qui me concerne, le lecteur a sûrement déjà observé que je n'étais pas insensible à l'intérêt de cette marche en avant dans mon métier.

"Avancer" est d'ailleurs un objectif commun à tous les peuples. Pour cela, chacun a besoin de profiter de l'expérience des autres, pour se mesurer d'abord, mais surtout pour aller plus loin. D'où l'ampleur des échanges internationaux, dans tous les domaines, qui caractérise (et a favorisé particulièrement) le développement de l'économie mondiale de ces dernières décennies.

L'horticulture n'y a pas échappé. Jamais, en effet, les contacts, à tous les niveaux, n'y ont été aussi nombreux. Grâce à l'avion, qui abolit les distances, ministres, scientifiques, économistes, professionnels de tous pays, peuvent se rencontrer facilement, et en maintes occasions.

Animés par cet esprit, nous expliquons dans les pages qui suivent quels ont été notre rôle et notre apport dans cette confrontation des idées et des réalisations.

Elle revêt deux aspects : d'une part, les réceptions de personnalités représentatives françaises et étrangères sur notre propre exploitation ; d'autre part, au-delà de nos frontières, nos visites et nos actions à l'étranger.

***Cette intervention à l'échelon international, inhabituelle pour un pépiniériste, est celle qui motive et explique le titre choisi pour cet ouvrage.***

Mais on comprendra aisément que, là encore, nous soyons obligés de faire des choix, étant donné l'étendue, hors de l'Hexagone, de nos relations techniques, scientifiques et d'affaires, dont je dois maintenant résumer la chronique. Enfin, à Malicorne, le photographe n'était pas toujours présent pour le cliché souvenir...

*(1) P. Valéry (*in *A. Sauvy,* L'Économie du diable, *Calmann-Lévy édit.)*

# Dès 1963, nous faisions état de nos relations...

## CES ÉMINENTES PERSONN

***qui œuvrent, parmi beaucoup d'autres, pour l'amélioriation variétale. Vous leur devez,***

***Nous éprouvons quelque fierté de leur bienveillante, et même amicale participation à nos efforts. Nous sommes heureux de leur exprimer ici nos sentiments de profonde gratitude.***

***Scientifiques, Professionnels, Expérimentateurs, tous ces hommes accomplissent, parallèlement à la nôtre, une tâche noble et généreuse, toujours longue, souvent ingrate, dont vous êtes, en fin de compte, les bénéficiaires.***

***Périodiquement, nous organisons des rencontres internationales, comme ce fut le cas l'an dernier encore, à nos Pépinières de MALICORNE (Allier), au cours desquelles nous confrontons les résultats de nos travaux respectifs.***

**Awdry ARMSTRONG** *(U. S. A.)*

Président des Pépinières ARMSTRONG, ONTARIO (Californie) — parmi les plus importantes des U. S. A. — est également Président fondateur de l'Association ALL AMERICA ROSE SELECTION et de l'Association américaine des propriétaires de brevets végétaux. Vous pourrez, dès cette année, expérimenter ses obtentions : EARLIGOLD, la toute première pêche à chair jaune, et JUNE GOLD. Awdry ARMSTRONG nous a également accordé l'exclusivité pour la propagation de l'excellent porte-greffe de pêcher résistant aux nématodes : Rancho Resistant.

**Charles BARON** *(Belgique)*

Directeur (depuis de nombreuses années) de l'École d'Horticulture de GRAND MANIL, M. BARON est bien connu des pomologues français pour ses remarquables études concernant la lutte contre la tavelure des arbres à pépins, et son dévouement inlassable à l'Enseignement technique et à la vulgarisation scientifique. Il a toujours facilité au maximum notre prospection en Belgique de variétés méritantes.

**Reid BROOKS** *(U. S. A.)*

Professeur de Pomologie à l'Université de DAVIS (Californie), Membre de plusieurs sociétés américaines et internationales de Nomenclature horticole, le Dr BROOKS est célèbre pour ses publications annuelles de registres des variétés fruitières mondiales. Ceux-ci nous permettent de connaître très régulièrement les meilleures nouveautés. Son œuvre complète donc celle du Professeur HYLAND.

**Lufti DEVECI** *(Turquie)*

Arboriculteur, expérimentateur émérite, à GEBZE, nous a transmis pour essais de comportement en France, une importante collection de bigarreaux, guignes, prunes et pêches, qu'il a lui-même sélectionnée parmi de très nombreuses variétés turques et étrangères. La griotte KUTAHYA, à très gros fruits, et la prune CAN, l'une des plus précoces, que nous observons, entre autres, depuis douze ans, semblent bien être des variétés d'avenir.

**I. GLOUCHTCHENKO** *(U.R.S.S.)*

Docteur ès sciences biologiques, Membre de l'Académie Lénine des Sciences agricoles, son nom a fait le tour du monde, tant est connu, pour ses théories nouvelles, l'Institut de génétique de l'Académie des Sciences de MOSCOU, dont il est le chef. Ses travaux d'hybridation, sexuée ou végétative, ont permis l'obtention de nouvelles variétés — surtout potagères — qui sont actuellement diffusées dans toute l'Union Soviétique, et dont l'Académicien GLOUCHTCHENKO nous a fait parvenir les plus intéressantes.

**Howard HYLAND** *(U. S. A.)*

Nous saluons ici chaleureusement le Professeur HYLAND, « Leader-Plant Introduction Investigations », qui facilite au maximum les échanges internationaux, pour le bénéfice mutuel des stations gouvernementales, ou privées, se consacrant à l'amélioration du patrimoine arboricole. Multiples sont les variétés qui ont transité par ses services de la Station fédérale de BELTSVILLE (Michigan), pour venir enrichir la gamme des nouveautés de valeur en tous pays.

**Jinya KIMURA** *(Japon)*

Directeur et pathologiste de la Station expérimentale fruitière de AOMORI, dirige les travaux d'hybridation effectués par M. Don, successeur de M. Tsukiashi. Est aussi l'obtenteur de nombreux croisements de pommiers entre variétés japonaises et Golden Delicious, Red Delicious, Jonathan, McIntosh. Nous étudions MUTSU, KINREI, TOKO, KOREI, ses « enfants » les plus prometteurs en France.

**Oswald MACHERAUCH** *(Allemagne)*

Ce grand spécialiste des obtentions de variétés à petits fruits compte parmi ses réussites un beau tiercé : GROSEILLE RAISIN, Groseillier à maquereaux RESISTENTA, fraisier MARIEVA, qui figurent déjà à notre Catalogue. Parti sur une telle lancée, M. MACHERAUCH vous réserve d'autres surprises agréables dont plusieurs sont en cours d'observation dans notre verger expérimental.

**McKELVIE** *(U. S. A.)*

Vous avez déjà fait connaissance avec M. McKELVIE, cité bien des fois dans nos Catalogues : il est donc inutile de vous présenter le « père » de Max Red Bartlett, alias Williams Rouge Delbard, première poire au monde entièrement rouge, qui tente toujours les arboriculteurs soucieux de produire des fruits d'une présentation toujours meilleure, et de grande qualité. Nous lui disons ici un grand merci.

**Don McKENZIE** *(Nlle-Zélande)*

Nous avons fait échange de nombreuses variétés françaises avec les obtentions du Dr McKENZIE, Pomologiste des Stations officielles de Recherches de HAVELOCK North et de AUCKLAND. Parmi les nombreux semis ou mutations de ces Stations rassemblés dans notre verger expérimental, FREYBERG et KIDD'S ORANGE RED connaissent déjà la célébrité tandis que d'autres croisements, que nous jugeons pleins de promesses, viendront bientôt enrichir la gamme de nos bonnes variétés fruitières.

**Alessandro MORETTINI** *(Italie)*

Bien connu des milieux arboricoles français pour sa grande expérience et sa légendaire affabilité, le Professeur MORETTINI, de l'Institut des cultures arboricoles de l'Université de Florence, et Directeur du Centre d'amélioration des plantes fruitières, a permis à notre clientèle d'apprécier plusieurs de ses créations, dont BEURRÉ PRÉCOCE MORETTINI, la meilleure poire hâtive, est actuellement la plus surprenante. De nombreuses nouveautés de même origine continuent à être étudiées à MALICORNE.

# ... scientifiques et professionnelles mondiales

## ALITÉS INTERNATIONALES

### *en effet, de pouvoir exploiter bon nombre de variétés nouvelles... toujours meilleures.*

*A plusieurs reprises, certaines de ces personnalités n'ont pas hésité à effectuer un déplacement de plusieurs milliers de kilomètres pour s'associer à notre action. Vous doutiez-vous, Cher Client, que vous étiez l'objet d'une telle solidarité internationale ?*

*Votre curiosité étant éveillée, votre sympathie aussi, nous avons pensé qu'il vous intéresserait de faire connaissance avec ces hommes dont la valeur fait autorité sur le plan mondial.*

**Paul STARK Jr** *(U. S. A.)*

Vice-Président des Pépinières STARK BROS', LOUISIANA (Missouri), les plus importantes du monde (1 500 ha), dont nous sommes les représentants exclusifs pour l'Europe (sauf l'Italie). Deux de leurs obtentions : Golden Delicious et Starking Delicious ont fait la fortune de nombreux arboriculteurs, en tous pays. Vous devez également à STARK de pouvoir cultiver leurs créations : STARK EARLIEST, EARLIBLAZE, STARKRIMSON, GRAND CHAMPION, STARKING HARDY GIANT, EARLIGLO et, bientôt, un type « spur » de Golden Delicious, dénommé GOLDEN SPUR.

**Nils NYBOM** *(Suède)*

Le Professeur Nils NYBOM dirige le plus important Institut de génétique suédois. Les critères recherchés à FSALKESTAD, pour l'amélioration du patrimoine fruitier, sont : la robustesse, la productivité, la tardivité de floraison, la résistance aux maladies et au froid printanier, la qualité gustative. On peut donc faire toute confiance à sa nouveauté de prune OPAL (déjà à notre Catalogue), ainsi qu'aux autres créations pouvant être lancées dans l'avenir par cet Institut.

**Albert SOENEN** *(Belgique)*

Docteur ès sciences agronomiques, licencié en Sciences zoologiques, Ingénieur chimiste agricole et, de surcroît, Directeur du très réputé Centre de Recherches de GORSEM, le Dr SOENEN se consacre aux travaux de lutte contre les cryptogames et insectes, sans délaisser pour autant la pomologie ! Nous sommes heureux d'entretenir avec lui les relations les plus cordiales et de bénéficier des résultats de ses travaux.

**A. OSBORNE** *(Nouvelle-Zélande)*

Directeur général (depuis 40 ans) de NEW ZEALAND FRUIT GROWER'S FEDERATION, à WELLINGTON, Société dont le but est de défendre les intérêts des 2 500 arboriculteurs de ce pays, M. OSBORNE nous a accordé la représentation en Europe pour la diffusion des excellentes variétés de pommes obtenues par la Station de Recherches de AUCKLAND, dont la N. Z. F. G. F. est le seul propagateur agréé.

**N. V. TSITSINE** *(U. R. S. S.)*

Directeur des jardins botaniques de l'Académie des Sciences d'U. R. S. S., Membre de nombreuses Académies scientifiques étrangères, titulaire du Mérite Agricole français, l'Académicien N. V. TSITSINE a la charge de superviser toute l'expérimentation végétale entreprise dans les différentes Républiques Soviétiques. Il est plus particulièrement connu pour ses créations d'hybrides de blés par d'autres graminées. Cependant, les problèmes fruitiers lui sont également familiers, nous en avons eu la preuve lors de notre entretien, au cours de notre récent voyage d'étude en U. R. S. S. Par ailleurs, nos échanges de variétés fruitières seront également bénéfiques pour nos deux pays.

**Georges PERRAUDIN** *(Suisse)*

Directeur de la Sous-Station Fédérale d'Essais agricoles de PONT DE LA MORGE, et chef de la Section d'arboriculture des Stations Fédérales d'Essais Agricoles de LAUSANNE, s'est consacré depuis de nombreuses années à l'étude de l'assortiment variétal fruitier et à l'adaptation des porte-greffes et des méthodes de taille aux conditions agronomiques du Valais. Les résultats expérimentaux que nous échangeons avec le Dr PERRAUDIN permettent une évolution certaine des techniques, plus particulièrement des moyens de lutte contre le gel.

**Harold TUKEY** *(U. S. A.)*

Une grande figure de l'arboriculture fruitière, connue des pomologues de tous pays. Président de la Société Internationale des Sciences horticoles, ancien chef du Service d'horticulture de l'Université du Michigan, etc... le Professeur H. TUKEY est un fervent adepte des formes basses en production fruitière. Son action inlassable a permis la création d'un certain nombre de vergers palissés aux U. S. A. Nous confrontons fréquemment nos points de vue sur ces problèmes.

**Stephens PIENIAZEK** *(Pologne)*

De l'Institut de Recherches Pomologiques de SKIERNIEWICE, dont il assume à la fois les fonctions de Directeur et de Professeur d'Agronomie, M. PIENIAZEK nous a adressé les variétés fruitières les plus intéressantes de son pays, particulièrement résistantes au froid. De retour d'un long voyage en Chine, il nous a aussi aimablement fait parvenir des variétés très tardives de pêchers et d'abricotiers, qui permettront la prolongation de la période de production de ces essences fruitières dans notre pays.

**Donald WILSON** *(Angleterre)*

Directeur de Recherches à la Station de génétique horticole de LONG ASHTON, dépendant de l'Université de BRISTOL, le Dr WILSON s'est consacré principalement à l'étude de la productivité et à l'amélioration des cassissiers : MENDIP CROSS et COTSWOLD CROSS, excellentes variétés obtenues par cette Station, complètent avec bonheur la gamme des variétés actuellement préconisées. D'autres semis de valeur du Dr WILSON sont en cours d'expérimentation à MALICORNE.

**Francisco RIERA** *(Espagne)*

Directeur des Services techniques agricoles de BARCELONE et Membre de l'Institut supérieur des recherches scientifiques, le Professeur RIERA nous honore de son amicale présence chaque fois que nous organisons une rencontre internationale de chercheurs. Il nous a transmis de nombreuses variétés espagnoles d'abricotiers et de pêchers — pavies notamment — qui sont à l'étude dans nos collections.

**Conway WOOD** *(Écosse)*

L'Institut de Recherches agricoles d'INVERGOVRIE a pour mission l'amélioration des arbustes à petits fruits. Le Professeur WOOD, éminent pathologiste-virologiste de cet Institut, nous a procuré des souches sans virus des principales variétés de framboisiers de la famille des « MALLING ». Tous les producteurs peuvent lui être reconnaissants pour ses travaux, qui permettent aux amateurs et aux professionnels français d'augmenter très sensiblement les rendements de leurs cultures.

# Quelques-unes des hautes personnalités...

*Septembre 1955 — Nous entourant, ma femme et moi, les professeurs E. Breviglieri* (à gauche) *et A. Morettini* (à droite), *de l'Université de Florence, directeurs du Centre italien d'amélioration des plantes fruitières, sont venus chaque année à Malicorne jusqu'à leur décès. Le professeur E. Breviglieri disait chaque fois, en arrivant : « Nous venons faire notre pèlerinage ! »*

*Mai 1956 — M. le professeur Rindolf Palocsay (directeur de la station de recherches de Cluj, en Roumanie) en conversation avec notre conseiller technique M. A. Caroli* (2[e] et 3[e] en partant de la gauche). *Dans le même groupe, deux conseillers de l'ambassade.*

*Octobre 1976 — Son Excellence G. H. Massoumi, ex-ministre de l'Agriculture d'Iran, ici dans notre verger expérimental, a visité plusieurs fois notre exploitation. Nous avons créé pour son compte un magnifique verger de 250 hectares dans sa propriété de Karadj (près de Téhéran).*

*Novembre 1981 — Son Excellence M. Kiplagat, ambassadeur du Kenya à Paris, préside une délégation kényane venue étudier notre production fruitière.* De gauche à droite : *S.E. Kiplagat, mon cousin Guy Robin, trois directeurs du ministère de l'Agriculture kényan, G. Delbard.*

*Décembre 1955 — Le professeur I. Yakovlev, de l'Institut de Mitchourinsk (ici avec son interprète russe), a été le premier agronome russe à venir en France. Lors de sa visite, j'ai pu discuter librement avec lui des théories de Mitchourine, dont on commençait déjà à discuter le bien-fondé en Europe occidentale.*

*Novembre 1977 — Les hauts fonctionnaires soviétiques de l'agriculture dans notre verger expérimental.* De gauche à droite : *notre ingénieur G. Guillier, Mme Irène de Marie, du ministère des Affaires étrangères, François Delbard, M. Blajkine, M. Morozov, directeur général de l'horticulture et de la viticulture à Moscou qui présidait la délégation, Georges Delbard, M. Berbekov, M. Polikarpov, Mme Guérineau, interprète.*

*Septembre 1978 — La délégation soviétique de la République de Moldavie découvre nos variétés nouvelles fruitières.*
De gauche à droite : *G. Delbard, A. Vilku, directeur général « Kodru », M. Grossou, Premier ministre, M. Yourevitch et M. Kommandante, conseillers de l'ambassade soviétique à Paris, Henri Delbard.*

*Mars 1983 — M. Messiats Valentin, ministre de l'Agriculture de toute l'U.R.S.S., est venu spécialement pour visiter notre laboratoire de culture* in vitro *: ici, dans la serre d'acclimatation des plantules sorties du laboratoire.*
De gauche à droite : *notre ingénieur Jean-Pierre Barbe, Henri Delbard, le conseiller agricole de l'ambassade d'U.R.S.S. à Paris, M. Ardjoumanian Gemek, ministre de l'Agriculture de la république d'Arménie, M. Messiats, ministre de l'Agriculture à Moscou, et G. Delbard.*

# ... et aussi avec les autorités chinoises

*Septembre 1978 — Une délégation de l'agriculture chinoise présidée par M. Li Yu Chin, vice-ministre de l'Agriculture et des Forêts (assis au premier rang près de la table), a porté beaucoup d'intérêt à nos recherches fruitières et à nos variétés nouvelles. A la réception de l'ambassade de Chine à Paris, M. Li m'a renouvelé tout l'intérêt qu'il avait pris à sa visite chez nous.*

*Mai 1979 — Un autre groupe de personnalités chinoises découvrait Malicorne.*

*L'armada des Delbard mobilisée pour recevoir en même temps : Paul Stark* (3e en partant de la droite) *et trois ingénieurs agronomes bulgares* (en partant de la droite : 2e, 5e et 6e).

*Septembre 1969 — La délégation libyenne vérifie la qualité des arbres fruitiers, scions d'un an objets du marché.* A gauche, *Henri Delbard;* à l'extrême droite, *G. Delbard.*

# Débuts de nos exportations

Proverbes arabes :
*Qui vit, voit beaucoup. Qui voyage, voit davantage.*
*Avoine du pays vaut mieux que blé importé.*

A la suite de notre voyage en Algérie, nous créerons en Afrique du Nord nos premiers vergers hors de France.

Cette prise de contact avec les professionnels d'un autre continent a été d'une importance fondamentale pour le développement ultérieur de notre firme.

*Sur le bateau : nous voguons vers Alger avec nos amies.* De gauche à droite : *Madeleine Talbot, Marie Delbard, Henriette Courtier et Clotilde Longeron, secrétaire de la Société pomologique de France.*

Je posai, pour la première fois, le pied en Afrique le 24 septembre 1952, à l'occasion du Congrès de la Société pomologique de France, qui tint cette année-là ses assises à Alger. C'était son sixième congrès annuel hors d'Europe, depuis 1856 (1).

Chaque congrès est une occasion de rencontres professionnelles enrichissantes. Dans le cas de l'Algérie, c'était, en plus, pour moi, une ouverture sur le continent africain : sur ses différences climatiques avec celles de la France, comme sur la découverte et la connaissance du dynamisme légendaire des colons.

S'y ajoutait un corollaire sous-jacent : la création éventuelle pour nous d'un nouveau marché de pépinière par-delà les mers, l'équivalent d'une action qu'on pouvait qualifier — déjà — d'exportation. On verra par ce qui suit que ce fut, en effet, en Algérie que, aidé de mon collaborateur R. Fauchon, nous avons créé nos premiers vergers hors d'Europe. Alors qu'il a fallu attendre les années 1970-1980 pour que beaucoup de nos compatriotes s'intéressent vraiment à l'exportation, on peut mesurer que nous étions imprégnés de cette nécessité dès 1952, au moment où, en France, les ventes allaient croissant.

A ce congrès, nous étions un groupe d'amis comprenant notamment : le professeur Léon Cuny, Robert Talbot, directeur de l'École d'horticulture du Breuil de la ville de Paris, accompagnés de nos épouses. A l'aller, sur le bateau, nous fîmes la connaissance de M. et Mme Paul Courtier, arboriculteurs ardéchois, devenus d'emblée nos bons amis.

Pensant que mon livre *Les Beaux Fruits de France* avait sa place dans une réunion de spécialistes de la culture fruitière, je l'avais exposé sur une petite table de la salle des conférences. Les premières paroles du président de la Société pomologique, M. Saint-Olive, furent pour dire, sur un ton courroucé, que, dans un congrès, « on ne devait pas faire d'acte commercial ». Je dus donc retirer ma publication. Vexé, je déménageai sur la pointe des pieds ... pour m'installer dans le hall d'entrée. Cette "retraite" me fut bien profitable ! En me soustrayant aux "bla-bla" des conférenciers, elle me permit de prendre de nombreux contacts directs avec des exploitants "pieds-noirs", en majorité arboriculteurs, qui découvraient mon ouvrage. Notamment Henri Bernabé, propriétaire-exploitant du magnifique domaine de Chamly, à Maison-Carrée, dont les congressistes devaient admirer l'organisation modèle au cours des visites post-congrès. Avec Henri Bernabé ont fonctionné sur-le-champ les "atomes crochus" qui permirent par la suite la réalisation de mon premier verger important en Algérie.

Nous restâmes quelques jours supplémentaires avec nos amis Talbot pour parcourir ce pays envoûtant. Les splendides orangeraies de la Mitidja représentaient une découverte exaltante.

La réception qu'organisa pour nous M. Abbo (2), vice-président de l'Assemblée algérienne, à Abbo (3), eut un double intérêt : celui de déguster le meilleur et le plus opulent couscous de toute mon existence, mais plus encore celui de me réjouir de l'excellente fructification des pommiers nains greffés sur porte-greffe EM-IX que j'avais fournis deux ou trois années auparavant.

Le fait que ce bon comportement se soit trouvé confirmé, à la même époque, bien loin de là, au verger de l'École d'agriculture d'Aïn-Témouchent, me conforta aussitôt dans ma doctrine des vergers de pommiers nains en Afrique du Nord.

*(1) En 1934, à Casablanca (Maroc); en 1875 et 1913, à Gand (Belgique); en 1883 et 1899, à Genève (Suisse); en 1958, à Ferrare (Italie); en 1962, à Sion (Suisse).*
*(2) Avec ma femme et nos amis Talbot.*
*(3) Par la suite, M. Abbo a fait don de sa propriété à l'État algérien pour y créer une école d'horticulture.*

# La spécificité du verger algérien

Il faut rendre à César ce qui appartient à César. On ne nous avait pas attendus pour créer en Afrique du Nord les orangeraies dépassant en productivité et qualité celles de Californie. De même, nous n'avions contribué en rien à l'organisation spectaculaire et rationnelle de ses vignobles les plus beaux du monde — ces deux spécialités étant d'ailleurs en dehors de nos activités.

Mais les exploitants dynamiques valorisateurs de la Mitidja... et de combien d'autres régions, avaient compris qu'une autre voie leur était offerte : celle des fruits de pays tempérés — appelés aussi fruits européens hors d'Europe. Le Congrès d'Alger avait justement eu pour but de discuter et d'évaluer les chances de ces productions outre-Méditerranée. L'animateur en était tout naturellement le professeur Rebours, ingénieur horticole, responsable de l'horticulture depuis plus de 40 années dans les trois pays du Maghreb. En conséquence, considéré par tous comme le maître à penser, il exerçait, en fait, une sorte de dictature des techniques fruitières. Il est vrai que ses connaissances étaient grandes en agrumiculture. Or, cette famille des Aurantiacées, au feuillage persistant — donc à végétation continue —, exige des arrosages tout au long de l'année.

A l'opposé, les espèces fruitières des Rosacées — à feuillage caduc — ont un cycle végétatif très différent, comportant une période de repos obligatoire matérialisé par la chute des feuilles.

Convaincu que la vigueur maximale était la condition nécessaire à l'adaptation des espèces "européennes" à ce climat chaud, Rebours n'admettait que l'utilisation des porte-greffes les plus vigoureux, tels le "doucin" et le "franc" pour le pommier. Ce choix, aggravé par une technique d'irrigation pratiquement permanente tout au long de l'année (comme pour les orangers), dénaturait ces arbres fruitiers, désormais "déboussolés", les assimilant à des arbres de boisement, à feuillage quasi permanent, ayant au moins un point commun avec les eucalyptus... puisqu'ils ne produisaient aucun fruit...

Mon opinion, renforcée par le résultat heureux des deux expériences citées page précédente, me permettait d'affirmer la nécessité d'adopter des solutions radicalement opposées, c'est-à-dire :

— utiliser les porte-greffes les plus nanisants;

— ralentir, puis arrêter les irrigations dès septembre-octobre pour qu'une relative sécheresse du sol provoque l'arrêt de la végétation (ce que j'exprimais par la formule : « La clé du succès est dans la clé du robinet »);

— traiter la frondaison avec des produits chimiques favorisant la défoliation totale, toutes choses déclenchant le processus du repos hivernal.

Depuis, cette dernière notion a fait son chemin; actuellement des produits spécifiques bien utilisés assurent une dormance à peu près correcte même en zone subtropicale. Bien entendu, ces grands principes de base étaient assortis d'astuces techniques : arcure, taille en vert, contrôle de l'affranchissement, etc.

Ces positions totalement divergentes devaient fatalement provoquer une situation conflictuelle.

En 1954, nous venions d'installer le "bien sympathique" verger palissé de 30 hectares de pommiers au domaine de Chamly, à Maison-Carrée. Ce premier pion important, aux portes d'Alger, dû à la totale confiance et amitié de l'exploitant clairvoyant qu'était Henri Bernabé, ne pouvait passer inaperçu! (1)...

*(1) Henri Bernabé est décédé le 15 avril 1966. Mme Olga Bernabé, qui nous a toujours reçus avec tant de grâce et d'amabilité en Algérie, est actuellement P.D.G. des pépinières Richter S.A. à Montpellier et président des Conseillers du commerce extérieur de la région Languedoc-Roussillon.*

Probablement Rebours interpréta-t-il mon initiative algérienne comme un défi à sa politique. Le 4 février 1955, il fit paraître dans la *Revue agricole de l'Afrique du Nord* un article au titre agressif, *Acrobaties sur fils de fer*, dont il me faut citer quelques passages révélateurs de son état d'esprit :

« Non, il ne sera pas question d'un numéro de cirque ! C'est au verger que nous vous convions, dans ces plantations ultra-modernes, où les arbres sont soumis aux chaînes de l'esclavage, sous la forme de haies fruitières...

» Pour avoir un produit rapide, on est conduit à multiplier le nombre de plants à l'unité de surface. Ce n'est certes pas le pépiniériste qui s'en plaindra lorsqu'il présentera sa facture...

» S'il est des numéros de funambules fort bien réussis et qui soulèvent l'admiration, n'oublions pas que n'est pas acrobate qui veut. Ce métier, comme d'autres, exige un long et patient apprentissage... »

Vous conviendrez avec moi que la lecture d'un pareil pamphlet a de quoi faire "hérisser le poil" de celui auquel il s'adresse... Mais, en définitive, cela était de moindre importance que le discrédit qui en retombait sur ma firme, aux yeux de tous les arboriculteurs d'Afrique du Nord.

Je consultai l'ami commun, le professeur Cuny (camarade de promotion de M. Rebours), sur la suite à donner. Il était fort embarrassé pour me répondre. « Vous avez affaire à forte partie, me fit-il remarquer... Prendre la position combative de contrecarrer toute une carrière, c'est grave de conséquences pour un des antagonistes... Méfiez-vous ! » Il ajouta alors pour me redonner espoir : « Il est vrai que vous avez un atout ; en horticulture, vous avez toutes les audaces » (il a même précisé d'autres fois : « tous les culots ») « et tout vous réussit... alors, à vous de juger ! »

Je fis simplement remarquer à cet instant que si la carrière de mon détracteur souffrait quelque peu — du point de vue prestige — de sa "défaite"... ses mensualités et sa retraite n'en seraient pas affectées. Pour Delbard, dis-je, qui met toute sa notoriété dans le plateau de la balance, cela risque d'entraîner des conséquences autrement tragiques, pouvant affecter l'emploi de nombreux ouvriers de l'entreprise (1).

Là-dessus, M. Hauville, homme aimable, adjoint de M. Rebours et évoluant dans son sillage, publie dans la même revue un autre article plus circonstancié sur *La culture du pommier en plaines littorales*. Si le ton en était moins polémique et virulent, l'argumentation continuait d'être restrictive, incisive et quelque peu acerbe. De toute évidence, sa prose de mise en garde affectait notre crédit et pouvait être grandement néfaste à notre réputation. A ce stade, je demandai un "droit de réponse". Dans un article de la revue et sous le même titre, je réfutai les positions prises par les représentants de l'Administration. Son contenu, essentiellement technique, est long de cinq pages imprimées : c'est dire que j'avais voulu apporter le maximum de précisions — et d'engagements — pour conforter ceux qui, malgré tout, nous faisaient confiance. Je fis plus ; ayant eu la chance, une nouvelle fois, de trouver une complicité amicale en la personne de Jacques Perriquet, arboriculteur à La Chiffa, je provoquai mes adversaires en un affrontement singulier.

*(1) C'est, d'ailleurs, pour les entreprises privées, une donnée constante dont les fonctionnaires n'ont pas à se soucier.*

# Je découvre un arboriculteur complice...

Jacques Perriquet était président du jeune C.E.T.A. (1) de Blida. Sur nos conseils, il avait réalisé un verger de pommiers de 10 hectares (2). La première plantation terminée, je demandai à mon client de réunir les adhérents du C.E.T.A. à la salle communale, pour une prise de position publique à laquelle étaient invités MM. Rebours, Hauville, déjà cités, et M. Blondel, alors directeur de la station fruitière de Boufarik.

Après avoir énuméré, expliqué, les caractéristiques de ce verger et ce qu'on pouvait en attendre en définitive, je lançai une provocation sous forme de pari, affirmant : « D'accord avec le président Perriquet, je vous donne rendez-vous à son verger l'an prochain pour une production de 2 tonnes-hectare en première année de fructification, et de 5 tonnes en deuxième. »

A la seconde échéance prévue, nouveau rassemblement sur la propriété : cent cinquante exploitants de toute l'Algérie, fort intéressés, et la présence de MM. Hauville et Blondel, qui ne jugèrent pas utile de se manifester oralement en présence de la fructification remarquable (7 tonnes-hectare pour certaines variétés, au lieu des 5 annoncées). De ce fait, je n'eus pas le triomphe modeste...

Il est vrai que, dans un verger, homme de terrain, je suis toujours très à mon aise. Il me semble, par ailleurs, que celui qui se veut pédagogue est toujours mieux compris — c'est vrai pour moi en tout cas — quand il peut montrer les résultats visibles et tangibles de ses conceptions.

J'étais donc volubile, fou de joie, en montrant le parfait comportement du verger dans sa végétation ordonnée comme dans sa fructification significative et équilibrée.

Au moment de quitter le verger, une pause. Le "caporal", que je connaissais bien pour lui avoir souvent donné des conseils, et qui, par-devant cette assistance, "avait bu" mes paroles, se précipite vers moi.

Dans un mouvement spontané, il se prosterne, me prend les deux mains dans les siennes et, me regardant bien en face, me dit avec son accent arabe : « Toi, monsieur Delbard, tu es le médecin des arbres. »

Amusé, mais surpris par cette déclaration spontanée, qui, de toute évidence, partait du fond du cœur, je demandai à Jacques Perriquet le motif de cette identification du maître jardinier au médecin. Mon hôte me fit la réponse suivante qui m'a beaucoup touché :

— En vous assimilant au médecin, Mohamed vous a fait le compliment le plus flatteur et témoigné le plus bel hommage qu'il pouvait vous rendre. Pour les gens du peuple — ici en Algérie —, le médecin c'est presque Dieu. Alors qu'aucune femme, lorsque vous entrez dans la maison, ne reste en présence de l'étranger, le médecin, lui, est le seul homme qui puisse soigner l'épouse ou la fille souffrante. Voyez de quel prestige — on pourrait même parler de vénération — le médecin est investi. Cela vous permet d'apprécier et de mesurer son estime pour vous.

*(1) Centre d'études des techniques agricoles.*

*(2) Ce verger a été planté en deux temps, en 1956 et 1957. En me confirmant son deuxième ordre, Jacques Perriquet écrivait en post-scriptum dans sa lettre du 19 juin 1957 : « Quelle plus belle réponse que mon désir de poursuivre ma plantation en dépit des "élucubrations" de MM. Rebours et autres. »*

Il faut dire que, ce jour-là, tout concourait à l'ambiance joyeuse, idyllique. D'abord un temps merveilleux. Mais surtout la complicité de Mme Perriquet, dont le charme et les qualités de maîtresse de maison étaient légendaires.

Notre hôtesse avait organisé un méchoui géant au cours d'une "diffa" de grand style, sur la pelouse de la propriété. La "procession" d'une dizaine de moutons bien rôtis portés à l'épaule, chacun par deux serveurs, représentait une cérémonie d'apparat spécifique d'art culinaire nord-africain, mettant singulièrement en appétit. La dégustation des brochettes de foie, poumon, rognon, constituait les amuse-gueule les plus appréciés. Suivait le régal de cette viande croustillante et parfumée des agneaux des sables, sans égale en Europe. Tout concourait en somme à créer un climat euphorisant.

La partie était gagnée, grâce à la connivence de l'amitié. Plusieurs commandes de participants s'ensuivirent d'ailleurs ce jour-là. Il est sans intérêt actuellement d'établir la liste exhaustive de ces vergers, qui n'ont d'ailleurs guère survécu aux aléas de l'indépendance en cette matière.

Je suis toujours reconnaissant de l'aide, à mes débuts en Algérie, de M. et Mme Perriquet, reconvertis depuis vignerons dans les premières côtes de Bordeaux à Haux-Langoiran (Gironde). Nous sommes demeurés leurs bons amis et leurs fidèles clients pour le « Château Lamothe », grand vin de Bordeaux à propos duquel je me permets une confidence : il est d'excellente qualité et, de plus, d'un prix très abordable.

Je l'ai déjà dit : bien d'autres vergers furent implantés en plusieurs régions grâce à nous. En fait, les "pieds-noirs" ont été nos premiers gros clients, et je dois leur manifester notre gratitude.

Parcourir l'Algérie représentait pour moi les vacances les plus extraordinaires que je pusse souhaiter. A chaque visite, c'était toujours la même satisfaction intense qui nous envahissait de par les bons résultats et l'accueil chaleureux de nos hôtes. Je développerai par ailleurs, en toute loyauté, les raisons qui ont concouru, jadis, au succès, en opposition avec les difficultés rencontrées par les gouvernants actuels.

Ce faisant, cela me permettra d'expliquer les énormes possibilités fruitières que recèle le Maghreb, pour peu qu'on traite les problèmes avec réalisme et bon sens. Nous avons pris, dans le passé, une part si active à la recherche du développement fruitier de l'Afrique du Nord, nous avons acquis de ce fait une telle expérience, que je me croirais condamnable si je n'exposais pas franchement mon point de vue dans cet ouvrage.

# Vergers à Constantine

a

b

*Vergers réalisés avec nos arbres et notre assistance technique.*
a) - *Cerisiers courte-tige greffés sur mahaleb.*
b) - *Devant un pommier de type « spur » au port bien spécial.*
c) - *Devant une haie fruitière de poiriers.*

# Notre rôle en Algérie depuis l'indépendance

L'oriflamme vert et blanc de l'indépendance flotte en Algérie depuis le 1er juillet 1962. Ben Bella est élu premier président. Lors de sa captivité à la Santé, il a reçu les soins du docteur A. Somia (1), d'origine tunisienne, désigné d'office par le juge d'instruction militaire. Le docteur Somia est aussi un ami, qui nous a reçus récemment à sa table, ma femme et moi : il aime les plantes et les arbres. Au cours de ses visites à la Santé, il parle avec Ben Bella du devenir de l'Algérie. Il éprouve le besoin de citer notre firme comme ayant une bonne connaissance des problèmes algériens, plus particulièrement en fructiculture. Sans nul doute le "prisonnier" a pris des notes.

Fin 1963, je reçois un télégramme officiel de la Présidence de la République. Je suis attendu Villa Joly, à Alger, où je me rends aussitôt avec mon collaborateur Robert Fauchon pour y rencontrer le président Ahmed Ben Bella en pleine période de Ramadan. L'entretien est très cordial : assis sans façon, l'un à côté de l'autre, sur un divan très "Galeries Barbès", j'exprime franchement mes conceptions (révolutionnaires elles aussi) en matière d'organisation et d'exploitation des propriétés agricoles — en particulier des vergers — face à l'étatisation de l'ancien secteur privé. Prenant un exemple, « il est anormal, dis-je, qu'un bloc de deux orangeraies contiguës (lesquelles appartenaient à deux propriétaires) soit encore séparé par des fils de fer, alors qu'il n'existe maintenant qu'une seule entité responsable. Mettre en place une nouvelle organisation adaptée aux circonstances — à l'étatisation — afin d'assurer la gestion normale de ce patrimoine foncier énorme, vital pour le pays, est donc une nécessité. »

Deux études très poussées sont immédiatement faites par nous pour le compte du ministère de l'Agriculture. L'idée directrice — toujours valable à notre avis — concerne la réalisation d'"unités fruitières spécialisées" de plus ou moins 1 000 hectares de superficie, groupant, par exemple, dix exploitations autonomes de 100 hectares chacune, à implanter dans les zones favorables.

La spécificité de ces "unités fruitières spécialisées" relève du triptyque : spécialisation-concentration-organisation. Deux schémas en esquissaient la conception. Cette proposition n'a, malheureusement, pas vu le moindre commencement d'exécution.

Je crois pouvoir dire aujourd'hui que ce laxisme a été grandement préjudiciable à l'économie algérienne. L'exploitation des domaines autogérés avec le contexte foncier ancien a été — et ne pouvait être — qu'un échec. Cela n'a rien de surprenant, d'autant que les organismes de tutelle qui se sont succédé ont été nombreux. Je pose la question : peut-on demander au fonctionnaire appointé d'une ferme d'État de prendre les initiatives et les responsabilités de l'ex-exploitant, motivé par le solde de son bilan annuel gonflant ou aplatissant son portefeuille personnel ?

Les résultats décevants expliquent et confirment pourquoi il fallait changer immédiatement l'organisation et le mode d'exploitation. Faute d'en avoir pris conscience à temps, on est parvenu aux constatations dramatiques qui sont celles exposées au Cinquième Congrès F.L.N. de 1983. Suivant la citation de l'article du *Figaro* : « L'agriculture algérienne n'existe plus, et le pays importe l'essentiel de sa nourriture. » Il devient donc, ce me semble, urgent de songer à changer de cap, alors que la poussée démographique, qui s'accélère, contraint nécessairement à faire des choix rapides (2). Nous attendons la réponse à nos propositions.

*(1) A l'époque, chef de service à l'Hôpital franco-musulman de Bobigny.*

*(2) Le* Quotidien de Paris *du 11 février 1985 titre un article sur ce sujet : « Algérie : Chadli Benjedid s'attaque à la "Nomenklatura" du régime », où il est écrit : « ... Objectifs présidentiels : faire échec à une Nomenklatura aussi "envahissante" que "prédatrice"; modifier le "système socialiste de gestion des entreprises"... »*

# Plantations fruitières extensives

*Plantation correcte en courbes de niveau. Le système radiculaire des arbres trouve, dans l'apport de terre travaillée du bord des talus, plus de possibilités pour se développer.*

*Avec l'ingénieur Combremont* (à droite), *à Kasserine, discussion sur la formation des arbres.*

*Avec les techniciens tunisiens à Chemtou, ...même problème!*

En ce début de chapitre, je suppute un débordement difficilement maîtrisable de mon propos. Pourquoi ? D'abord, parce que la sympathie toujours, l'amitié souvent, des Tunisiens est grande à notre endroit. Ensuite, parce que nous avons été amenés à donner beaucoup de notre temps — et de notre argent — pour tenter de promouvoir une horticulture florissante dans ce pays attachant. Essayons d'en résumer l'essentiel.

En avril 1956, Habib Bourguiba, chef du Néo-Destour, assure la direction du Gouvernement. Le 25 juillet 1957, il devient président de la République. Rapidement, notre collaboration est sollicitée par le nouveau ministère tunisien de l'Agriculture ; cela a débuté par des appels d'offres de fournitures d'arbres fruitiers.

La plantation en courbes de niveaux dans les parties montagneuses de faible ou moyenne déclivité avait deux objectifs : freiner l'érosion et procurer des fruits aux populations de ces régions défavorisées. Le premier a probablement été atteint du fait que la mise en place des arbres s'était faite sans terrassement mécanique. Quant au second, l'impossibilité d'exécuter les traitements antiparasitaires minimum, du fait de la pente, et surtout la cohabitation avec les arbres de troupeaux de chèvres et de moutons, rendaient la production évidemment aléatoire...

Jean Maurice (1), ingénieur horticole responsable du service de l'horticulture (auquel je dois les clichés des deux pages), supervisait le programme à ses débuts.

Par la suite, des appels d'offres quelque peu fantaisistes ont été lancés pour la fourniture d'arbustes à baies destinés aux djebels du Tell occidental, près de la frontière algérienne. Si ces plantations n'ont pas eu de succès (surtout par manque d'arrosage), les travaux d'aménagement de retenue des eaux pluviales, réalisés manuellement en lignes parallèles, sans bouleversement des couches de terre, ont, là aussi, permis de juguler (2) en grande partie les méfaits du ruissellement, contribuant ainsi à un certain stockage des eaux dans le sol. Ce travail, destiné, en outre, à occuper des chômeurs, a donc eu un côté positif.

Pour l'horticulteur — le jardinier — que j'étais, cette vue des choses ne m'apparaissait pas correcte. Pour des oliviers ou des eucalyptus, d'accord ; pour produire des fruits de bouche, il fallait penser autrement.

Une rencontre avec le gouverneur de Souk-el-Arba (3), M. Béchir Belhaga (4), et le président-directeur général de la Société tunisienne de banque (S.T.B.), M. Matari, devait avoir une suite heureuse. A cette occasion, je pus convaincre mes interlocuteurs qu'il fallait voir toutes choses autrement si on voulait assurer une production normale de fruits. Je leur conseillai d'installer sans retard un verger pilote de type industriel ; l'acceptation fut immédiate.

De mon côté, aussitôt dit, aussitôt fait.

Nous étions au tout début de février 1957. En accord avec le gouverneur et Tahar Latiri, directeur des services agricoles de la région, 50 hectares, dont une partie emblavée de blé tendre, furent labourés profondément. Cela se situait sur l'ex-ferme Miniketti à Chemtou, commune de Ghardimaou.

*(1) Professeur d'agronomie à l'École supérieure d'horticulture de Sousse jusqu'en 1985.*
*(2) On verra plus loin qu'il n'en a pas été ainsi dans la vallée de la Medjerda.*
*(3) Actuellement Jendouba.*
*(4) Devenu ensuite président de l'U.G.T.T.*

# En Tunisie : le verger de Chemtou

*Gérard Rhétat* (à gauche), *l'ingénieur Latiri près de lui, et les « caporaux ».*

*J'explique comment faire la couronne d'arrosage.*

*Ce travail se réalise... sous mon contrôle.*

*Remplissage des tonnelets dans l'oued.*

*La noria de bourricots se met en marche.*

*L'homogénéité du verger en première pousse.*

*Conseils aux responsables pour la formation en gobelets.*

Pourquoi ce choix délibéré de ma part ? Sur le seul critère que j'avais repéré quelques pommiers se portant assez bien dans une petite propriété proche et toutes sortes d'arbres fruitiers dans le jardin de la ferme (1). Notons qu'il fallait un sacré courage, un dynamisme exceptionnel... et une confiance aveugle en ma personne, au gouverneur Belhaga (compagnon de lutte du Président Bourguiba) pour affronter les sarcasmes de l'administration de tutelle... comme ceux de l'opinion publique.

Sans aucun contrat, nous tapant la main dans la main (comme on le fait à la foire dans nos régions), l'accord était scellé ! Je téléphonai sur-le-champ à Malicorne pour préparer d'urgence les milliers d'arbres nécessaires. Il me faut spécifier, pour être juste, que M. Matari me garantissait sur parole que le règlement m'en serait effectué en juin suivant par la S.T.B., dès la livraison de la récolte de blé provenant des propriétés reprises aux colons.

Tout se passa ainsi. Scrupuleusement. Pour la réalisation de ce verger, je fis appel à mon contremaître Gérard Rhétat. Promu général en chef, il disposait d'un bataillon de 150 fellahs descendus des djebels. Parmi ceux-ci, les dix — voir la photo — qui baragouinaient un peu de français furent promus au grade de "caporal"... et en avant !

Le verger se situait à 1 500 mètres, à vol d'oiseau, d'une ancienne carrière romaine où Boumedienne avait son P.C. Les incursions du F.L.N. aux abords du chantier étaient fréquentes. Une fois même, tout le personnel rassemblé — Rhétat au centre — pour écouter la radio, au moment des bombardements de Sakiet-Sidi Youssef, fut cerné et mis en joue : on pensait qu'il y avait là un foyer d'insurrection. Le gouverneur alerté, il fallut une énergique protestation de sa part pour que tout revienne à peu près dans l'ordre.

Chaque nuit, à Souk-el-Arba, dans l'hôtel immonde (ici le mot prend sa vraie signification), nous entendions les bombardements sur la frontière algérienne toute proche. Fallait-il en vouloir pour prendre de tels risques, de tous ordres, dans un environnement dépourvu par ailleurs des plus élémentaires moyens d'action ! Rien, en effet, n'était simple et aisé au départ, dans cette steppe dépeuplée où nous n'avions pour tout matériel que les outils usagés et délabrés abandonnés par le précédent exploitant européen. Par exemple, pour assurer l'indispensable arrosage des plants, nous ne disposions même pas d'une motopompe pour prélever l'eau dans l'oued Medjerda tout proche... Comment arroser ces dizaines de milliers d'arbres ?

Charlie Chaplin a écrit : « La seule ressource, quand on est pauvre, c'est d'être intelligent ! » Or, dans notre cas, c'est au symbole de la bêtise, de la stupidité, de l'écolier ignorant (rappelez-vous le bonnet d'âne !) que nous eûmes recours. La noria traditionnelle des Arabes fut remplacée par une noria de petits bourricots africains, qui, depuis l'oued, remontaient l'eau dans des tonnelets portés à bât, jusqu'au pied des arbres... et sans tassement du sol ! Le résultat ? Malgré la mise en place tardive d'arbres en fleurs, début mai, la reprise fut totale et très homogène. Ce résultat était dû aussi aux irrigations réalisées en couronne, comme le montrent les clichés, qui évitent le « béton » au pied de l'arbre lorsqu'il est arrosé dans une cuvette en entonnoir.

En incitant mes partenaires à planter, j'avais pris l'engagement de revenir chaque mois, à mes frais, pendant un an. Promesse tenue, qui fut même suivie de nombreuses autres visites nécessitées par le manque d'encadrement.

*(1) On murmurait dans l'Administration qu'il fallait que Delbard ne connaisse rien au climat tunisien pour installer ce verger dans la zone la plus brûlante du secteur. Pour sûr, on allait voir ce qu'on allait voir !...*

# En Tunisie : le verger de Chemtou

L'inauguration donna lieu à un rassemblement important des responsables du monde agricole et du secteur économique tunisiens. Le directeur de l'agriculture, Tahar Haouat, découvrait ce verger (1); il fut très impressionné. Le président-directeur général de la Banque nationale agricole (B.N.A.), M. Hassen Belkhodja, présidait le banquet à Aïn-Draham; il eut des paroles aimables — et même flatteuses — à mon endroit, pour ma contribution au développement de l'économie tunisienne depuis l'indépendance.

Je mis à profit cette occasion propice pour exposer les grandes lignes d'un programme de développement fruitier, sous le double aspect de la production et de la commercialisation en faveur de l'économie agricole, dont c'étaient les premiers balbutiements.

Tout baignait dans l'huile!

Tout... sauf une intervention d'un jeune ingénieur français représentant de l'Institut national de la recherche agronomique, invité par son collègue de l'I.N.R.A.T. (2).

Dans un pareil climat, il eût été normal que ce représentant de l'Institut agronomique national apportât, à l'occasion d'une réalisation française, sinon sa caution, tout au moins son soutien. Or, ce fut pour lui le prétexte d'émettre certaines réserves, particulièrement sur la durée du verger... Une nouvelle occasion où je fus encore obligé de mettre les points sur les *i*... Ce fonctionnaire a, depuis, gravi les échelons de la hiérarchie. S'il a encore quelques doutes sur la pérennité du verger, qu'il se rende à Chemtou. Plus de vingt-cinq ans après, il trouvera l'essentiel des plantations d'origine en état de production.

Finalement, ce verger, que je voulais "pilote", l'a été à tous points de vue par sa réussite. Il a produit d'abondantes récoltes, malgré les multiples changements des organismes de tutelle. Il aurait pu être bien plus rentable encore s'il avait été géré par une seule administration et si les quatre techniciens que nous avions formés à Malicorne pour l'exploiter au mieux n'avaient été affectés ailleurs. Un mois après leur retour en Tunisie, chacun était, en effet, promu gérant d'une ferme céréalière!...

La morale à tirer de cet engagement, risqué, fait apparaître que tous nos efforts, nos dépenses, nos déconvenues aussi... tout cela n'a pas eu lieu en vain. Chaque jour un peu plus, mes collaborateurs et moi-même avons éprouvé cette félicité irremplaçable que procure la maîtrise des problèmes de tous ordres affectant sa profession. Nous nous sentions plus forts pour aller encore plus avant. Quelle autre récompense, pour des "battants", peut égaler cette satisfaction intérieure d'avoir gagné? C'est au point qu'en écrivant ces lignes je nage à nouveau dans la joie retrouvée de ces moments inoubliables.

Bien sûr, nous avons continué d'œuvrer pour ce pays. Plus particulièrement à deux reprises principales. En janvier 1961, je réalisai une étude pour la Société tunisienne de banque : « Production industrielle tunisienne de fleurs et de fruits », étude agronomique et économique poussée qui aurait très probablement permis à ce moment à ce pays de prendre une bonne partie du marché floral européen, que les Israéliens n'ont accaparé que plusieurs années plus tard.

*(1) C'est assez dire que nous n'avons guère été soutenus pour cette réalisation — ni même encouragés — par les services du ministère de l'Agriculture du moment.*
*(2) Institut national de la recherche agronomique tunisienne.*

Voici le sommaire de cette étude :
— Statuts juridiques.
— Avant-propos.

*1) Fruits*
Pépinières.
Production par centre.
Conditionnement et commercialisation.

*2) Fleurs*
Pépinières.
Production par centre.
Conditionnement et commercialisation.

*3) Stagiaires*
Aspect du problème.
Programme.

En janvier 1964, nouvelle étude pour les ministères de l'Agriculture et du Plan : « Production des fruits à pépins et à noyau en République tunisienne. »

En voici le sommaire :
— Aspect économique.
— Place de la Tunisie sur l'échiquier mondial du marché des fruits à pépins et à noyau.
— Projet de structure d'organisation fruitière pour une production industrialisée.
— Organigramme d'une unité fruitière.
— Type d'implantation d'un centre d'unité fruitière.
— Point de vue humain.
— Conclusion.

Pourtant, bien que je fusse en toutes occasions soutenu, comme déjà dit, par l'amitié du président-directeur général de la Banque nationale agricole (B.N.A.), Hassen Belkhodja (1), comment se fait-il que rien ne se soit réalisé ?

Les rivalités de la jeune équipe dirigeante ont été un premier obstacle. Qu'un haut fonctionnaire fasse état de mes propositions et les appuie, il rencontre l'opposition de ses rivaux. S'il croit bon de s'engager, on l'attend à chaque tournant. J'ai vécu cela. Difficile d'être opérationnel et efficient dans de telles conditions.

Et puis les projets très ambitieux ont toujours eu la priorité. Il faut voir grand ! Je n'en veux pour preuve, à cette période bien entendu, que les millions de dinars investis, engloutis, par la "mise en valeur" de la vallée de la Medjerda. Je dois en parler.

*(1) Hassen Belkhodja a notamment présidé plusieurs conférences, que le directeur de l'École nationale d'agriculture de Tunis m'avait prié de faire aux élèves de la classe terminale.*

*Il y était souvent question de l'orientation post-scolaire. Je n'ai jamais caché mes sentiments sur les dangers des stages à l'étranger, immédiatement à la sortie de l'école, avant toute approche des réalités du contexte agronomique et économique tunisien.*

*Nommé ministre de l'Agriculture en 1974, Hassen Belkhodja m'écrivit aussitôt la gentille lettre reproduite page suivante. Il devait décéder en 1982.*

# Une lettre qui m'a fait chaud au cœur (1)

HASSEN BELKHODJA

Tunis, le 2I octobre 1974

Cher Ami,

Je vous remercie vivement pour la gentille lettre que vous avez eu la délicate attention de m'adresser à l'occasion de ma nomination à la tête du Ministère de l'Agriculture.

En acceptant ce poste, j'ai pensé à vous, et je compte beaucoup sur vous pour m'aider à développer la culture des arbres fruitiers en particulier, et l'horticulture ; Je ne manquerai donc pas de vous contacter dès qu'il me sera donné d'aborder ces problèmes.

Je vous renouvelle mes remerciements pour les félicitations que vous m'avez adressées et vous transmets, Cher Ami, l'expression de mes sentiments les meilleurs.

Hassen BELKHODJA
Ministre de l'Agriculture

M. Georges DELBARD
I6 quai de la Mégisserie
PARIS

*(1) ...et qu'il m'est bien agréable de publier.*

Alors qu'il existait dans la basse vallée de l'oued Medjerda, à Bordj Toum, le verger pilote, très productif, réalisation de M. Mackiewicz, ingénieur horticole versaillais ; alors que celui-ci avait su utiliser au mieux le relief, en plantant les poiriers en terre alluvionnaire dans la partie basse, les pêchers dans la partie médiane et les amandiers dans la partie supérieure — tout cela sans aucun terrassement —, les bulldozers sont arrivés en force pour concrétiser l'infrastructure du nouveau projet, mirobolant sur le papier, de l'aménagement de la vallée de la Medjerda. Combien c'était attristant de voir entailler les collines avec autant de fougue : la terre arable rejetée en déblai, les racines des arbres fruitiers forcément emprisonnées dans le sous-sol de tuf calcaire de la terrasse (1) ! Quel profit espérer d'un arbre planté dans un pot de fleur ? Par ailleurs dans les parties basses, alluvionnaires, les terres transformées en marais salants, avec la pratique des petits bassins entourés de « tabias », ne produisaient qu'à la base de celles-ci. En effet, les racines des jeunes plants de la partie plate étant brûlées par le dépôt de sel, la culture en billons aurait été sûrement bien préférable.

Lors d'une visite avec les ingénieurs de l'Office, j'ai été obligé de dire ma stupéfaction en découvrant ce qui précède. J'avais sûrement raison... mais toute vérité n'est pas bonne à dire (2). Le directeur de l'Office ayant été nommé quelque temps après ministre de l'Agriculture, pareille prise de position ne pouvait que contribuer à me faire « oublier » !...

Si je m'écoutais, je n'en finirais pas de conter des anecdotes se rapportant à mes séjours dans ce pays où, soit dit en passant, chaque autochtone est si sympathique. Je dois me limiter. Pourtant un incroyable « fait divers » mérite d'être cité, bien typique de ce qui peut arriver en pays étranger.

A cinq passagers, nous allions de Tunis à Souk-el-Arba dans une voiture conduite par un moniteur du ministère de l'Agriculture. Chemin faisant, un troupeau de vaches, bien paisibles, s'apprête à traverser la route, venant de notre droite. Le chauffeur cède naturellement le passage. Mais, au moment où il repart, une traînarde fonce... et enfonce une de ses cornes dans le montant séparant les deux portes. Assommée, la bête se couche. Pour moi, assis à la place du mort, il s'en est fallu de quelques centimètres que ma boîte crânienne ne soit défoncée par la corne... Et ce n'était là qu'un avant-goût !

A notre arrivée — c'était un dimanche —, l'ingénieur agricole de la circonscription avait organisé en notre honneur une chasse au sanglier en forêt d'Aïn-Draham. Les nombreux rabatteurs devaient amener la compagnie du gibier à traverser une clairière où nous nous trouvions. Ne chassant pas, nous étions postés, le jeune chauffeur et moi, de façon à être en dehors de la ligne de tir... Du moins le croyait-on.

Hélas ! le meneur de jeu (drôle de jeu !), sans doute surpris et troublé par le déboulé impressionnant des nombreuses bêtes, tira une balle... dans notre direction ! Sa trajectoire passa juste entre mon compagnon et moi, car nous étions légèrement décalés. Je m'en tirais avec une éraflure sur le dessus de la main, tandis que le jeune moniteur se retrouvait avec son imperméable complètement déchiqueté dans le dos. Avouez que pour passer le même jour au travers — et si près — de deux accidents aussi graves, il fallait bien avoir la baraka intégrale !

Ciel ! que le cuissot de marcassin rôti du dîner était bon à l'hôtel d'Aïn-Draham. Sablant le champagne, jamais l'expression "joie de vivre" n'a mieux revêtu pour moi son véritable sens...

*(1) Comme je le verrai plus tard dans les djebels du Rif au Maroc.*
*(2) Je n'ai jamais pu exprimer les choses autrement que comme je les ressens !*

# Au Maroc : mon premier voyage

J'ai découvert le Maroc en 1953. Nous étions invités, ma femme et moi, par notre cousin Maurice Bouchardon, d'origine commentryenne, installé depuis 1920 à Casablanca. Il avait fondé, boulevard de Lorraine, une société importante de fournitures de matériel industriel et agricole. Intelligent, travailleur, perspicace, il traversa plusieurs fois l'Atlantique en 1936 et 1937 pour étudier la méthodologie U.S. en matière de mécanisation. C'était en quelque sorte un précurseur, qui a œuvré pour le décollage économique de son pays d'adoption.

Connaissant le Maroc — et les Marocains — on ne peut mieux, il nous programma un circuit passionnant. A chaque étape, nous nous retrouvions chez son correspondant, qui, prévenu, avait tout organisé pour nous faciliter toutes choses.

A cette époque, les touristes n'étaient pas nombreux. Aussi, fûmes-nous très bien accueillis partout, et c'est le voyage qui nous a laissé le meilleur souvenir.

A Fès, nous avons eu la chance de rencontrer le directeur des Services agricoles, Pierre Jacquy, jeune ingénieur horticole sympathique, qui insista pour nous héberger à son domicile pendant notre séjour.

Ne pouvant concevoir le parfait tourisme sans un à-côté professionnel, je demandai à notre ami de nous faire rencontrer les arboriculteurs de son secteur. C'est ainsi que nous nous sommes rendus à Ahermoumou, chez Roger Ancian, devenu lui aussi un ami dès ce premier contact.

Nous visitions son bled, tout joyeux des échanges de vues enrichissants qui en résultaient. A un moment donné, nous arrivons devant un carré de pommiers tiges, dont les couronnes, décapitées systématiquement chaque année, produisaient de nouveaux rameaux de plusieurs mètres et aucun fruit, naturellement...

Découvrant cette production de fagots, je m'exclamai :« Quel est le... qui vous conseille pour la taille de vos arbres ? » (1). Et Pierre Jacquy, sportif et beau joueur, de répondre avec le sourire : « C'est moi, monsieur ! » Devant pareille bévue, je n'en menais pas large. Quant à ma femme, elle ne savait plus où se mettre... Mais nous avions affaire à un ami à l'esprit ouvert, qui avait bien compris que « la franchise fait bon ménage avec la loyauté... et l'amitié... » Cette dernière ne s'est d'ailleurs jamais démentie.

Si j'ai cru bon de rapporter cette petite histoire toute personnelle, c'est pour montrer que les théories Rebours des grands arbres fruitiers très vigoureux avaient aussi essaimé au Maroc. Sur mes conseils, un verger de pommiers sur porte-greffes nanisants fut immédiatement mis en place, dont les récoltes ont été abondantes.

La fascination touristique du Maroc, nous l'avons ressentie le plus intensément, ma femme et moi, lors de notre séjour à la Mamounia de Marrakech, lieu de détente préféré de Churchill à l'époque. Le luxe (2) et le confort de l'hôtel sont légendaires encore aujourd'hui ; en 1953, cela nous est apparu évidemment plus extraordinaire.

*(1) Grâce à mes conseils, ces grands arbres, frères des pommiers de Normandie, ne furent plus taillés et purent se mettre à fruits en raison des basses températures hivernales à cette altitude de 1 000 mètres, et grâce aussi au dosage strict des irrigations.*

*(2) Il était interdit d'entrer à l'hôtel sans cravate. Pour le dîner, les dames étaient en robe longue et les hommes en habit ou smoking.*

# Le roi Hassan II me reçoit

Nous étions là dans ce palace en février. Dans la loggia de notre chambre, au petit déjeuner, toutes sortes d'oiseaux venaient jusque sur notre table. La façade de l'hôtel, côté jardins, disparaissait sous l'"avalanche" violette des bougainvillées, englobant le premier étage d'où elle dévalait pour s'écraser au sol. Les jardins, à nos pieds, regorgeaient de fleurs de toutes teintes où le jaune des soucis et des jonquilles contrastait avec les mauves et les bruns des giroflées et le rouge des verveines hybrides et des sauges.

Pour compléter ce tableau horticole idyllique, les montagnes du haut Atlas, couvertes de neige, formaient en toile de fond un écran blanc immaculé, placé là pour nous rappeler (en nous le faisant apprécier) que le spectacle floral dont nous jouissions se situait en plein hiver! Une fois de plus, j'éprouvais un grand bonheur d'être jardinier.

Je suis retourné souvent au Maroc, où nous avons contribué à l'installation de nombreux vergers (1). C'est (ou plutôt "c'était" avant l'afflux des touristes) un pays enchanteur et attachant. Ses possibilités de productions fruitières et florales — les roses en particulier — sont immenses en raison des différentes zones climatiques bien marquées. Largement ouvert sur l'océan Atlantique et la Méditerranée, il possède de riches plaines. La vallée sableuse et riche du Souss est particulièrement propice aux productions horticoles. Le Maroc a aussi le privilège de disposer de zones cultivables en altitude, dans sa partie orientale surtout, très favorables aux arbres fruitiers de pays tempérés. Enfin, avantage primordial, il bénéficie d'importantes ressources pour l'irrigation. Tous ces atouts sautent immédiatement aux yeux de tout homme de la terre, particulièrement s'il est de tempérament enthousiaste et novateur. En les découvrant, chacun se dit : Tout est possible au Maroc en matière agricole et horticole. Bien pénétrés de ces données, nous sentions le besoin, comme en Tunisie, de mettre en place des vergers *up to date* pour faire la démonstration pratique de sa vocation fruitière également pour les fruits de pays tempérés.

Une occasion éminemment favorable se présente. Ayant fait la connaissance de Jean Soldini, ingénieur-agronome, directeur général des domaines agricoles royaux (homme de confiance de Sa Majesté), je fus présenté au monarque. Ce jour-là, lors de la première entrevue, nous étions à son palais d'été de Skhirat, Jean Soldini, Robert Fauchon et moi, attendant le passage du souverain, dont c'était la première sortie après une maladie de douze jours. Tous les représentants des grands corps du régime s'y trouvaient rassemblés pour solliciter un court entretien. Nous apercevant, Hassan II vient d'abord à notre rencontre et nous demande de nous installer dans un des deux wagons-salons (2) où il reçoit lorsqu'il est en vacances.

Quelques instants après, il était là, simple, disert mais très précis, posant des questions pertinentes et nous donnant ses directives pouvant se résumer ainsi : « Pilote de mon peuple, je veux intensifier la production fruitière en réalisant des vergers pilotes dans les régions propices irriguées qui vont s'agrandissant. » Précisant son propos, il déclare : « De l'autre côté de la frontière orientale s'édifie un barrage d'ordre militaire; côté marocain, je réalise un barrage pacifique... de barrages-réservoirs... »

*(1) Particulièrement les mini-vergers de pommiers — dont beaucoup en terrasses — de la vallée de l'Ourika, toute proche de Marrakech, où l'on produit des fruits de grande qualité.*
*(2) Ce sont d'anciens wagons en bois qui ont été aménagés somptueusement.*

# Verger Royal de Beni-M'Tir (près de Meknès)

*Plantation soignée avec paillis pour éviter le « béton » avec l'arrosage.*

*Vue d'une partie du verger étonnant d'homogénéité.*

*Baissé, je donne les conseils pour la taille de formation.*

*Lucien Gondor et Jean Soldini* (à droite) *heureux de la fructification en 2ᵉ année.*

*R. Fauchon est satisfait de la taille longue de fructification.*

*Bonne végétation et bonne récolte de poires en troisième année.*

*Les cerisiers aplatis par palissage en vert, en éventail.*

*La variété de prune « Stanley » est très productive sous ce climat.*

Le souverain conclut :

« Dans ces nouvelles étendues irriguées, il faudrait savoir quoi planter ; je vous charge de réaliser des vergers pilotes dans ce but. Pour gagner du temps, nous allons faire tout de suite des implantations dans les domaines royaux ; après leur mise en place, vous pourrez procéder ici à l'installation de pépinières. »

Le programme esquissé fut mis immédiatement en application. Des vergers furent créés à Marrakech, Beni-Mellal, Fès et Meknès. Près de cette dernière cité, celui de Beni M'tir, de plus de 100 hectares d'étendue, a été de loin le meilleur. Pourtant les problèmes concernant le sol (affleurements de tuf, drainages difficiles en parties basses) étaient sérieux à cet endroit. Ce fut malgré tout la plus spectaculaire réalisation au Maroc en pommiers et poiriers ; le mérite en revient, en définitive, au courage et aux qualités professionnelles de Lucien Gondor, qui en fut le maître d'œuvre (1).

L'assistance technique que nous apportions tous azimuts nous obligeait à sillonner le pays en tous sens. Heureusement, nous pouvions bénéficier chaque fois d'un des trois avions personnels du Roi ; c'est ainsi que j'eus le plaisir de voler plusieurs fois dans son confortable Mystère 20.

Cet engagement personnalisé, cette prise de responsabilité conduisant à des résultats positifs, observables par quiconque, plaisaient au souverain. De ce fait, j'ai eu l'honneur et le plaisir de le rencontrer dans ses différents palais à cinq ou six reprises, chaque fois chaperonné par Jean Soldini. Je peux témoigner de son intelligence brillante, de sa mémoire infaillible (2), de sa facilité d'élocution, associées en toute chose à un esprit de synthèse remarquable. Enfin sa connaissance des problèmes économiques, comme des difficultés sans nombre résultant de la lourdeur — quand ce n'est pas de la passivité ou de l'obstruction — de l'Administration marocaine. De ce point de vue, en tous pays, les initiatives hardies des dirigeants au plus haut niveau (surtout celles concernant le développement économique) sont fréquemment paralysées par les fonctionnaires chargés de les appliquer — technocrates souvent rétrogrades ou jaloux de leurs prérogatives.

Ce fut le cas pour l'affaire qui nous concerne ici et que je vais développer.

Avant de résumer les tenants et aboutissants de cette aventure, je dois d'abord donner quelques informations sur ce projet énorme, colossal, de mise en valeur foncière, que représente le D.E.R.R.O. : « Développement économique rural du Rif occidental ». Son but essentiel était double :

— l'amélioration du revenu foncier ;

— la lutte contre l'érosion et les crues.

La première partie retiendra surtout notre attention.

*(1) On peut mesurer, par cette totale réussite, combien là, comme partout, mais plus encore dans tout ce qui touche les productions agricoles pérennes, est capital le rôle d'un chef responsable de haute technicité. Lucien Gondor assumera plus tard comme « superviseur » la responsabilité du verger géant iranien. L'homogénéité remarquable de la végétation du verger de Beni M'tir a maintes fois fait dire à l'ami Pujos, ingénieur-agronome, expert de la F.A.O. : « Ce sont des arbres faits sur mesure. »*

*(2) Je peux en apporter la preuve. Jean Soldini m'avait prévenu : « Soyez prudent, analysez bien la portée de vos paroles. Dans un an, dans cinq ans ou plus, Sa Majesté vous rappellera mot pour mot ce que vous lui avez dit... sans se tromper, jamais. »*

*J'ai pu vérifier la réalité de cette faculté exceptionnelle. Après mon premier parcours du D.E.R.R.O., j'avais qualifié de "filiformes" les amandiers "june bud" achetés à bas prix en Espagne. Quelques mois après, nouvelle rencontre ; le souverain me questionne : « Que sont devenus les amandiers "filiformes" ? » Ayant eu la bonne idée d'en prendre plusieurs échantillons secs et tout ridés, je les sors de ma serviette : « Les voici, Majesté. » Et mon illustre interlocuteur de conclure : « Vous avez trouvé le qualificatif qui convient. »*

# Le père fait découvrir le Maroc à deux de ses fils

*Toujours dans le grand verger royal de Beni-M'tir.*
De gauche à droite : *Henri Delbard, Jean Soldini, Georges Delbard* (accroupi), *le sous-chef de culture, Guy Delbard et un employé.*

*Félicité dans le jebel rifain : alliance de bonheur paternel et professionnel.*
*La relève doit se préparer en toutes occasions et le plus tôt possible.*
De gauche à droite : *Guy, Georges, Henri Delbard (clichés A. Pujos).*

# Censeur des plantations fruitières du D.E.R.R.O.

D'une ampleur gigantesque, l'entreprise concernait un vaste parallélogramme s'étendant de Tétouan à Ouezzane, Taza et Al Hoceima. En 1968, cette immense région agricole et forestière très montagneuse de 1 822 000 hectares faisait survivre 1,3 million d'habitants.

L'importance du projet et son financement ont obligé le gouvernement marocain à solliciter le *Fonds spécial des Nations unies* par l'intermédiaire de la F.A.O., pour collaborer avec l'Office national de la modernisation rurale (O.N.M.R.). Plusieurs pays étrangers s'y sont associés également, par l'intermédiaire d'aides bilatérales et multinationales (France et Allemagne notamment).

Au total, un magma d'acteurs plus ou moins responsables (plutôt moins que plus), conduisant fatalement à l'irresponsabilité généralisée en fin de parcours.

Dans ce genre d'opérations, ce qui peut paraître incroyable, inimaginable au néophyte, et dont j'ai été le témoin (là et en d'autres circonstances), c'est de constater à quel point le but principal recherché — à savoir la rentabilité par la production fruitière — semble être considéré comme secondaire, marginal même *in fine*.

Pour ce qui concerne le D.E.R.R.O., on a dépensé des milliards et des milliards de dirhams pour les études (des tonnes de papier), les déplacements de personnalités de tous bords, l'infrastructure foncière, etc., etc. Mais, quand arrive le stade ultime des plantations qui doivent assurer la rentabilité du projet, tout ça ne compte plus. Pour le directeur général, incompétent en horticulture, un arbre est un arbre ! De ce fait, les crédits étant toujours dépassés par les imprévus, on réduit le nombre de plants : on achète des "raclures" au plus bas prix possible. En fin d'exercice, seul le rapport annuel gagnera, où l'on affirme que des milliers d'hectares ont été plantés.

Le résultat réel — qui ne peut apparaître sur le papier — est facile à comprendre. Ces plants de rebut, souvent mal plantés, périssent pour le plus grand nombre d'entre eux ; les quelques "résistants" deviennent des sujets rachitiques, squelettiques, condamnés à finir comme "arbres fourragers" parce que ne valant pas la peine d'être soignés. Alors on "bouche les trous" les années suivantes, ce qui double ou triple le prix de revient initial, sans pour autant permettre un meilleur résultat final.

La morale ? elle est facile à tirer. Car c'est à croire que les responsables en arrivent — je viens de le dire — à oublier totalement l'objectif essentiel de leur mission : dans le cas présent, la nécessité de planter des arbres bien portants, assez rapprochés pour constituer un rideau végétal efficient à mission double : d'une part, lutter contre l'érosion grâce à un important système radiculaire ; d'autre part, aider à la survie même des autochtones par le profit de récoltes normales (1). Ni l'un ni l'autre de ces objectifs n'étant atteints, comment se nourriront les fellahs contraints de supprimer leur maigre troupeau ?

J'ai posé cette question angoissante à leur souverain (2). Dans mon rapport, je me permettais de lui exprimer mes craintes — mes certitudes aussi — en toute franchise, prédisant : « Au passif du bilan actuel, désastreux, risque de s'ajouter le lourd et inquiétant handicap d'agriculteurs bernés. »

Il est parfaitement logique, en raison de ce qui précède, que les soulèvements populaires qui ont eu lieu en 1983 au Maroc, à la suite de l'annonce des augmentations de prix des denrées alimentaires de base, aient débuté dans le Nord du pays, dans ces régions déshéritées du Rif.

*(1) Heureusement la culture clandestine (tolérée) et rémunératrice du chanvre indien, le kif, apporte un appoint aux foyers du Rif occidental (3 % de la population totale).*
*(2) Cf. plus loin mon rapport du 13 août 1968 (p. 490).*

# Contacts professionnels dans les différentes régions du Rif

a

b

c

d

*Dans les zones montagneuses du Rif occidental.*

# Censeur des plantations fruitières du projet D.E.R.R.O.

Trois tournées ont été réalisées par nos soins dans les zones du Rif :

— L'une avec M. Ahmed Chbicheb, directeur du D.E.R.R.O.

— Une autre avec Alfred Pujos, ingénieur-agronome, pédologue-écologiste, expert de la F.A.O. (1), que j'entrevoyais comme l'homme solide, tout désigné pour prendre la direction technique des plantations, en raison de sa grande connaissance du milieu. Je ne crains pas de l'affirmer : ensemble, avec les coudées franches, nous aurions fait du bon travail... car la même passion nous anime, et nous parlons un langage commun s'agissant des végétaux.

Lors de ce circuit, j'avais aussi à mes côtés trois jeunes gars, ce qui rendait la démarche bien sympathique. D'abord mes deux fils Henri et Guy, ensuite un jeune Marocain, Hamid Moussaoui (2), ingénieur horticole, diplômé de l'École nationale d'horticulture de Versailles, garçon de valeur, ayant accompli sa qualification technique de fin d'études dans nos pépinières et vergers de Malicorne. Tous trois ont pris sur le tas une bonne leçon de choses, l'équivalent du meilleur stage possible de perfectionnement de fin d'études.

— La dernière tournée avec, à nouveau, Alfred Pujos et mon estimé ami Pierre Harlé, conseiller-expert, qui a bien voulu mettre amicalement à ma disposition sa grande connaissance des problèmes fonciers marocains. En effet, Pierre Harlé, ingénieur-agronome, inspecteur général honoraire des Eaux et forêts, ancien directeur des Eaux et forêts au Maroc, du service de la Conservation foncière et du Service topographique chérifien de 1941 à 1945, auteur de l'ouvrage *Aridoculture, principes de base et techniques dans le bassin méditerranéen*, est un des agronomes qui connaissent le mieux ce pays (3).

A chacune de ces missions, après avoir été reçu par le gouverneur régional de chaque province et avoir évoqué les problèmes spécifiques, nous avons arpenté les différents périmètres concernés avec les responsables locaux. Pour chaque secteur un programme de travail concernant les plantations fut mis sur pied. Immédiatement, au retour, chaque fois le rapport circonstancié a été fourni au souverain et aux autorités concernées. Je donne ci-après les conclusions générales critiques et constructives du voyage réalisé du 1er au 10 août 1968.

*Légendes des clichés ci-contre :*

*a, b, c, d, e, f, g :* entretiens très amicaux avec les responsables : agents techniques, experts, ingénieurs et directeurs forestiers des différentes sections du D.E.R.R.O.

*h :* la grande et amicale hospitalité marocaine devant le verre de thé. Chez Amar d'Ali, propriétaire de vergers et vignobles à Tizi Ouzli. *De gauche à droite :* l'adjoint technique du centre de travaux C.T., notre hôte : Amar d'Ali, Georges Delbard, Hamid Moussaoui.

*(1) Alfred Pujos a fait sa carrière au Maroc. Il est l'auteur du livre* Les Milieux de la cédraie marocaine, des Annales de la recherche forestière au Maroc (1966). *Et plus récemment de travaux fondamentaux d'écologie sur la forêt pyrénéenne. Il est également l'auteur de tous les clichés des pages 523, 525, 527 (ce qui explique son absence des photos). Et, de plus, c'est un ami fidèle!*

*(2) Hamid Moussaoui est actuellement directeur du secteur agrumes de la S.O.D.E.A. (Société de développement agricole du Maroc) qui gère les anciennes plantations des colons!*

*(3) Pierre Harlé est décédé à 92 ans en novembre 1985, ayant conservé intacte sa brillante intelligence.*

# Analyse des plantations fruitières du projet D.E.R.R.O.

### *Conclusion du voyage d'étude de Georges Delbard*
### *Arboriculteur pépiniériste*
### *du 1er au 10 août 1968*

Au terme de ce voyage, nous avons eu l'honneur d'être reçus en audience, une fois encore, par S. M. Hassan II, auquel nous avons remis un rapport succinct concernant l'état actuel des plantations fruitières du projet D.E.R.R.O.

Sur ordre de Sa Majesté, nous nous sommes rendus, mon fils Henri et moi-même, à la villa du Dr Mohamed Benhima, Premier ministre, en compagnie du général Mohamad Oufkir, ministre de l'Intérieur, de M. le sous-secrétaire d'État Benaalem et de M. Maati Jorio, secrétaire général du ministère de l'Intérieur. A cette audience consacrée aux plantations fruitières du projet D.E.R.R.O., assistaient également un représentant de cet organisme, le lieutenant M. Bzioui, ainsi que M. Alfred Pujos, ingénieur-agronome F.A.O., et M. Jean Soldini, ingénieur-agronome, directeur des domaines de Sa Majesté.

Le rapport remis au Souverain, ainsi qu'à M. le Premier ministre et à M. le ministre de l'Intérieur, se divise en trois parties :

1° *Aspect critique.* — Dans cette première partie, nous affirmons que, la "technicité" faisant totalement défaut à tous les échelons se rapportant à la production fruitière, le revenu agricole attendu des plantations (qui doit assurer la rentabilité de ce gouffre financier) nous semble irrémédiablement compromis.

2° *Aspect constructif-Propositions.* — Nous indiquons dans ce chapitre les moyens à mettre en œuvre pour une amélioration possible :
*a*) Nomination d'un directeur technique responsable de l'ensemble des plantations du projet D.E.R.R.O.
*b*) Création dans chaque grand périmètre de vergers pilotes pour définir :
- le meilleur type d'arbres;
- la meilleure densité;
- la meilleure technique de plantation et d'entretien.

Dans ce but, nous signalons quelques autres essences fruitières dont il nous paraît intéressant de tester la culture. Pour ce faire, nous proposons deux types de vergers : l'un pour cultures en sec, l'autre pour cultures irriguées.

3° *Conclusion.* — Nous proposons aussi notre assistance technique pour prendre en charge la bonne réalisation des plantations des projets en cours, à la condition que nous trouvions en face de nous un partenaire-directeur-technique-responsable-omniprésent, qui puisse coordonner et concrétiser la parfaite exécution des opérations telles qu'elles auront été définies.

J'en arrive à la philosophie de l'histoire. Au moment où j'écris ces lignes, avec le recul et quinze années d'expériences complémentaires engrangées, j'y vois plus clair. Entre-temps aussi, la réussite exemplaire de notre verger iranien de 6 000 hectares, dont il sera question plus loin, me permet d'établir un parallèle. L'analyse sera, de ce fait, plus sereine et plus équitable.

Planter des arbres, aurait dit mon grand-père, n'est pas bien sorcier et ne nécessite pas de sortir de Saint-Cyr.

Pourquoi cette affaire en est-elle donc restée à son point de départ, alors que tout avait débuté à vive allure, propulsé que j'étais par S. M. Hassan II ?

Les difficultés rencontrées ? Je crois en avoir donné l'origine au début de ce chapitre. Tout nouveau venu — surtout lorsqu'il est étranger et imposé — devient forcément suspect au premier abord, donc soumis au phénomène de rejet de l'Administration concernée.

Chapeauter les plantations — tâche essentiellement technique — obligeait aussi à chapeauter l'ensemble de l'organisation pour les opérations s'y rapportant en amont. Or, cet office, anormalement structuré, était complexe dans son organigramme et ses ramifications... comme dans les origines de son financement. Mission impossible que de chercher à catalyser des opinions divergentes, même en s'efforçant d'huiler les rouages pour éviter leur grippage.

De plus, il arrive un stade où des discussions et décisions d'ordre pratique doivent s'établir à tous les niveaux. Les conditions de travail et de rémunération sont de celles-là.

A partir de ce moment, les palabres de marchands de tapis commencent avec la Direction. La partie adverse évolue sur un terrain familier !...

En clair, à moi, chef d'entreprise vivant de sa production de pépinière en France, on offre le tarif minimum de remboursement des frais de mission et la possibilité de culture au Maroc, à la condition expresse que ces arbres sélectionnés soient produits à des prix inférieurs à ceux de la concurrence nationale et étrangère, fussent-ils de dernier ordre.

A cette proposition en soi inacceptable, se superposait la censure omniprésente d'un fonctionnaire sur la pépinière dont j'étais chargé. La haute idée que je me suis toujours faite de ma responsabilité et l'esprit d'indépendance qui s'y rattache ne pouvaient me permettre l'acceptation de pareille tutelle.

En fin de compte, une goutte d'eau a fait déborder le vase. Le secrétaire d'État à l'Intérieur m'ayant affirmé, dès notre première rencontre, que mes dépenses seraient prises en charge par le D.E.R.R.O., je présentai une facture ridiculement faible de 25 000 francs relative aux seuls frais de séjour au Maroc des experts m'ayant accompagné... J'en attends encore le remboursement !

La bonne volonté, la générosité ayant leurs limites en affaires, il ne me restait plus qu'à boucler mes valises, d'autant que d'autres pays étaient demandeurs.

# A la recherche des meilleurs fruits du monde

*A l'étranger, nos interventions les plus marquantes.*

# L'Union des Républiques socialistes soviétiques (U.R.S.S.)

Étant écoliers, nous avons appris que la Russie (hier), l'U.R.S.S. (aujourd'hui) (1) est un immense pays de 22 400 000 km². De loin le plus grand du monde. La comparaison des superficies que l'on peut faire avec d'autres pays aux vastes territoires est édifiante. Le Canada avec 9 959 400 km², la Chine 9 560 000 km², les U.S.A. 9 384 903, ou le Brésil 8 514 000, font figure de petits garçons face à cet Hercule. Même en précisant que l'U.R.S.S., c'est quarante fois la France (2), les chiffres — toujours abstraits — ne permettent pas une perception effective, sensorielle, du rapport exact des étendues de ces différentes nations. Cela a été en tout cas mon état d'esprit après mon premier voyage en 1961.

C'est pourquoi, au retour, voulant "maximiser" l'importance des écarts, j'ai cherché un autre moyen de frapper l'imagination de mes auditeurs lors des conférences que je prononçais à propos de mon voyage. Faites ce que j'ai fait, je suis persuadé que vous serez aussi époustouflé que moi.

Sur un planisphère, décalquez le territoire de l'U.R.S.S. Puis, à l'aide d'un cache correspondant, placez Lvov (en Ukraine) à San Francisco. Vous constaterez tout de suite que le géant recouvre pratiquement : tous les U.S.A. ; une importante partie du Canada ; l'océan Atlantique sur 5 000 km de largeur moyenne ; toute l'Espagne et toute la France. Vladivostok se trouve tout près de la côte est de l'Afrique et le détroit de Behring sur le Rhin. De Lvov au détroit de Behring, en ligne droite, c'est à quelque chose près la distance de San Francisco à Strasbourg. Une sacrée randonnée de 13 000 km environ dans cette plus grande largeur.

Un professeur de géographie assistant à une de mes causeries a été frappé par la simplicité de cette démonstration, dont le réalisme est ainsi rapidement perçu. C'est ce qu'exprimait d'ailleurs le chroniqueur du journal *La Croix* suite à ma conférence de Nîmes : « Le planisphère que nous avons sous les yeux montre de façon fort suggestive quel monde gigantesque est l'Union soviétique. »

Aussi lorsque j'entends dire par des touristes ayant séjourné à Moscou, Leningrad, Kiev ou même Yalta : « J'ai visité l'Union soviétique » ou, pis encore : « Je connais ce pays », je ne peux que sourire.

J'y ai fait trois voyages : en 1961, 1976, 1978. Pas en touriste : en businessman, choyé, reçu avec beaucoup d'égards partout. Or, je dois avouer que mon approche reste malgré tout très partielle en toutes choses et ne peut honnêtement me permettre de témoigner sans aucune restriction. Sur ce plan, je mesure combien il est heureux, pour l'objectivité de mon jugement, que plusieurs autres missions aient eu lieu après ma première découverte, car entre 1961 et 1976-1978 pour moi, et 1978-1981 pour mon fils Henri, tout a bien changé.

C'est la raison pour laquelle je veux tenter de faire en fin de chapitre un amalgame de réflexions (d'ordre professionnel surtout) à propos de ces trois "parcours", essayant d'être aussi objectif et honnête que possible dans mon propos.

En route donc pour l'U.R.S.S., avec mon fils aîné François (qui parle russe), le 15 juillet 1961, pour en revenir le 14 août. Les deux pages documentaires suivantes que j'ai publiées au retour schématisent le déroulement de ce périple.

*(1) A une unique exception près, je crois, le général de Gaulle n'a jamais appelé ce pays autrement que : la Russie.*
*(2) La superficie de notre pays est de 551 602 km².*

# APRÈS LES U. S. A.

Notre découverte de l'Amérique... arboricole — dont nous vous avons longuement entretenus — impliquait nécessairement que nous partions à la découverte de cet autre colosse : l'Union Soviétique, et de ses immenses possibilités d'avenir en ce qui concerne la production fruitière.

**VISITE DES RÉGIONS ARBORICOLES D'U. R. S. S.**

Notre voyage nous a conduits de **MOSCOU**

- à **TACHKENT**, capitale de la R. S. S. d'Ouzbekistan, et à **SAMARKAND**, ville la plus importante de cette même République.
- Puis à **KRASNODAR** et à **SOTCHI** — perle de la Mer Noire — dans le Caucase.
- Ensuite à **YALTA** et **SIMFEROPOL** (Crimée).
- Enfin à **MÉLITOPOL**, **ZAPOROJIE**, **KIEV** et **MLEIEV** (Ukraine)

pour revenir à **MOSCOU**, notre point de départ.

Nous avons séjourné un mois en U. R. S. S. ; j'étais accompagné de mon fils aîné, François, qui parle couramment le russe.

Ce circuit, que vous pourrez suivre aisément sur la carte de la page ci-contre, nous a permis de visiter les principales zones de production fruitière. En effet, les vergers sont surtout abondants dans les grandes Républiques de la Russie d'Europe et dans la R. S. S. d'Ukraine. Mais des efforts particulièrement importants sont également réalisés dans les Républiques du sud : **MOLDAVIE - GEORGIE - AZERBAIDJAN**.

Enfin, il ne faut pas sous-estimer l'action qui se développe dans les R. S. S. d'Asie Centrale, particulièrement en Ouzbekistan.

D'une façon générale, si l'on en juge par la cadence actuelle de plantation, les surfaces consacrées à l'arboriculture fruitière pourraient bien atteindre les prévisions, cependant optimistes, du plan septennal : 5 millions d'hectares pour 1965 !

**ÉGLISE SAINT-BASILE**

Cette curieuse église, la plus connue et la plus belle de la ville, date du XVIe siècle. Dans les églises affectées au culte une foule dense, étrangement recueillie, se presse à l'heure des offices. Le faste du cérémonial est extraordinaire. Les popes, aux longs cheveux flottants rehaussés d'une couronne d'or incrustée de pierreries, portent des ornements d'une richesse inouïe. Des chants magnifiques s'élèvent, où dominent d'admirables voix de basse dont la beauté émeut profondément.

Dès son arrivée à MOSCOU, le voyageur s'empresse de faire la traditionnelle visite de la Place Rouge et du Kremlin. Un ensemble imposant de palais, d'églises (dont la célèbre cathédrale Saint-Basile, ci-contre) et de monuments de toutes les époques s'y trouve enclos. Après cette plongée dans le passé, l'aspect de la ville nouvelle (5 000 000 d'habitants) offre un vif contraste. L'artère principale, la rue Gorki, très large, est bordée de grands immeubles modernes, bien fleuris, de magasins, de théâtres et de cafés. L'Université, la plus grande du monde, comprend 38 édifices disséminés sur un vaste espace vert, qui entourent le bâtiment principal de 32 étages !

1 2 3

BIRULOVO (près MOSCOU). Au cours de la visite des vergers de cette Station de Recherches M. DELBARD s'entretient avec ses dirigeants :
1. Professeur TROUCHCHEKNINE, Directeur.
2. Docteur IENIKIEF, Hybrideur. 3. Professeur YVANOFF.

Une belle culture de fraisiers à l'Académie TIMIRIASEF à MOSCOU. Espacées de 1 m entre rangs et de 0 m 25 sur la ligne, les touffes forment des bandes continues évitant l'enherbement sur le rang.

Les Pépinières visitées sont très belles. Nous avons, à maintes reprises, adressé nos félicitations aux responsables pour l'homogénéité des cultures.
Nous sommes ici à la Station arboricole de KIEV en compagnie des Directeurs MM. CHEPELSKI et CHEREMIET.

A l'issue de notre conférence à la Maison de l'Amitié, à MOSCOU, la dernière photo avant le retour. De gauche à droite : M. François DELBARD, M. GLOUTCHENKO, Académicien, titulaire de la chaire de génétique à l'Université de MOSCOU, M. Georges DELBARD.

L'entrée de l'Exposition française au Parc Sokolniki, à MOSCOU. Devant cette extraordinaire présentation de nos productions, nous étions vraiment fiers d'être français...

Au parc Vladimirskaïa, à KIEV, devant la statue de St-Vladimir, d'où l'on domine la magnifique vallée du Dniepr.

# ... L'U. R. S. S.

TACHKENT (la ville du soleil) est tout à fait européanisée. Voici l'Hôtel « Intourist » où nous étions logés.

A SAMARKAND, nous découvrons de nombreux monuments anciens.
Nous découvrons aussi un marché kolkhozien (ci-dessus) qui pourrait se situer aussi bien en Afrique du Nord tellement la longue occupation de l'Islam — cependant ancienne — a marqué cette région de son empreinte.

Tombeau de Tamerlan, curieux ensemble architectural datant des XIVe et XVe siècles, entièrement recouvert de très belles mosaïques. Dans l'encadrement du portail, la coupole bleu turquoise, aux scintillants reflets, de GOUR-EMIR.

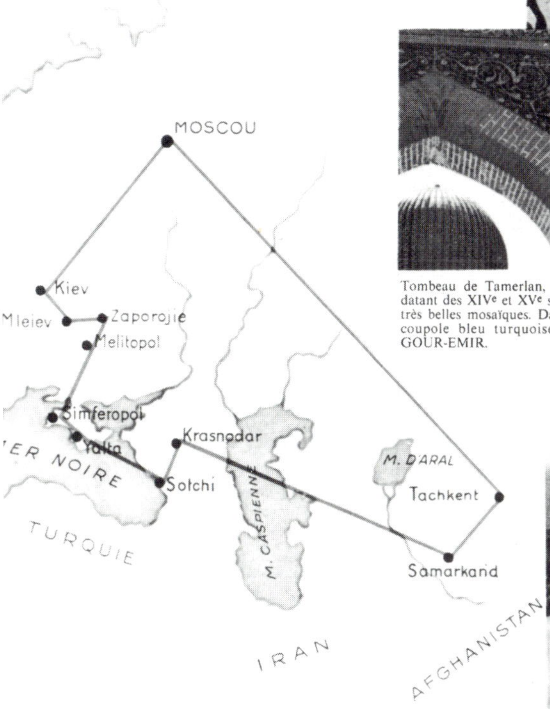

A SOTCHI (ci-dessus) « perle » de la Mer Noire (aussi bleue que la Méditerranée !) vue partielle du grand boulevard long de 145 km qui suit le littoral. Ici la végétation est luxuriante et les résineux très beaux.

YALTA (ci-contre) est également une station balnéaire de la Mer Noire très cotée.

KIEV, ville entièrement reconstruite, offre des avenues spacieuses (dont on ne voit ici que la moitié de la largeur) et des immeubles modernes bien fleuris.

A KRASNODAR (Haut-Caucase) nous sommes reçus par Mme Primak, Directrice de l'Institut de Recherches arboricoles. A gauche, une vue partielle du Parc Gorki. Chaque ville d'U. R. S. S. possède un parc semblable, doté de jeux divers.

# Nous partons en U.R.S.S. avec le film...

En 1961, c'était déjà un exploit que de séjourner un mois en U.R.S.S. Mais être accueillis à bras ouverts comme nous l'avons été, François et moi, est chose bien plus extraordinaire encore. Il est vrai que nous avons bénéficié d'atouts éminemment favorables.

D'abord des relations établies avec les agronomes et scientifiques soviétiques venus antérieurement en France, à Malicorne, où ils avaient apprécié nos travaux, ou à Paris par suite de contacts avec plusieurs délégations (1), soit à l'ambassade d'U.R.S.S., soit en toute autre occasion.

Ces contacts ouverts, francs, toujours sympathiques, m'ont gratifié d'une double auréole de haute technicité et de confiance. Les rapports des experts, largement diffusés en U.R.S.S. après chaque voyage en France, ne pouvaient que contribuer à répandre les bonnes informations nous concernant dans les milieux horticoles soviétiques.

D'autre part, notre périple avait été organisé officiellement par M. Gutchin, attaché agricole de l'ambassade d'U.R.S.S. à Paris, qui avait, bien sûr, alerté les hauts responsables de chaque étape prévue, lesquels, de ce fait, avaient mis tout en œuvre pour répondre à cette sollicitation venue "d'en haut".

Ces deux facteurs positifs réunis expliquent — en partie — pourquoi nous avons été reçus avec autant de considération et de chaleur humaine (2). Je spécifie : en partie, car trois autres points forts ont contribué sur place à accroître notre "standing". En premier lieu, le fait que je me sois fait accompagner de mon fils qui parle le russe était assez exceptionnel, en même temps qu'un témoignage flatteur pour nos hôtes, marquant notre considération à leur égard. Ensuite la découverte de mon livre permettait, *ipso facto*, de faire le point de mes connaissances horticoles. Enfin et surtout, la projection de mon film *Vergers de France d'hier et d'aujourd'hui* produisait un impact certain. A propos de ce film, je dois fournir les précisions qui s'imposent.

Plusieurs mois à l'avance, alors que nous préparions ce voyage, l'attaché agricole russe m'avait prévenu : « Vous pourrez interroger à votre aise les scientifiques russes, mais attendez-vous à ce qu'on vous pose aussi de nombreuses questions. Cela du fait que vous êtes l'un des premiers étrangers à nous contacter dans le secteur horticole. »

Entendant cette mise en garde, je me suis dit : « S'il me faut chaque jour répondre aux mêmes demandes d'explication, avec le côté pénible de la traduction, nous n'y tiendrons pas. Alors pourquoi ne pas tenter d'exposer nos méthodes par le truchement d'un film ? » J'avais justement ébauché la réalisation d'un documentaire sur l'arboriculture fruitière moderne ; une seule chose restait à faire : mettre les bouchées doubles pour terminer à temps la réalisation de ce projet ambitieux, qui se voulait, en plus, rétrospectif et historique en fructiculture.

*(1) Notamment celle présidée par M^me^ Primak, directrice de l'Institut de recherche de Krasnodar. Cette dame désirant contacter les fabricants français de matériel horticole, il m'avait été demandé d'organiser et de présider la rencontre à la Société nationale d'horticulture de France.*

*(2) Il en sera ainsi pour mes deux autres voyages et ceux de mon fils Henri.*

Je suis l'auteur de ce film : *Vergers de France d'hier et d'aujourd'hui*, pour le tournage duquel mon collaborateur André Caroli a tant payé de sa personne, pour m'aider à le réaliser. J'en ai écrit le scénario et le commentaire, supervisé la mise en scène ; enfin j'ai cumulé toutes les fonctions, habituellement réparties par le réalisateur entre plusieurs individus qualifiés (1). J'en fais l'aveu : il faut être quelque peu téméraire, audacieux et totalement ignorant des difficultés et contraintes du métier de cinéaste pour se lancer dans une aventure pareille en plus de son travail courant.

Bien plus, avec le recul, je réalise qu'il faut même être un chef d'entreprise inconscient de ses possibilités pédagogiques pour vouloir expliquer soi-même, par l'image et le texte, un sujet aussi complexe, en une heure de projection. Mais que faire d'autre quand on y croit et que l'on n'a pas les moyens de payer un réalisateur spécialisé ?

Eh bien ! malgré le travail et les soucis de tous les jours, avec, il est vrai, la complicité et le dévouement de mes employés ravis d'être promus acteurs-associés, je suis parvenu à mes fins honorablement — et le film a même connu un franc succès dans tous les pays où il a été projeté. Ici aussi peut s'appliquer la fameuse maxime de Charlie Chaplin déjà citée : « La seule ressource... »

Nous voilà donc, François et moi, dans cet immense pays, où nous étions programmés pour un périple de plus ou moins 12000 km. A chaque étape, au début de la réunion générale en présence des autorités, avec les scientifiques, les techniciens, mais souvent aussi les kolkhoziens — spectateurs tous avides d'informations sur ce qui se passe en pays "capitaliste" —, le film était projeté avant toute question.

Musique d'ambiance et *commentaire en russe* (réalisé à Paris par un interprète-speaker). Détail amusant : il avait fallu traduire mon expression "cultures artisanales"; à plusieurs reprises, cela a fait sourire nos hôtes, qui nous déclarèrent : « le terme d'*artisan* n'est plus employé chez nous, il ne figure même plus au dictionnaire ! » La séquence filmant l'ombre de Louis XIV et celle de La Quintinie se promenant côte à côte dans le potager-fruitier du Roy à Versailles a été, chaque fois, très applaudie. Pourtant le cachet des deux acteurs n'avait pas vidé la caisse. Il s'était réduit à un bon déjeuner ! Il faut spécifier que mes deux collaborateurs, André Caroli en monarque et Roger Lotton en La Quintinie, parfaitement déguisés et grimés (sans habilleuse), ont été, chacun dans le rôle respectif qu'ils incarnaient, dignes de la démarche royale des célébrités du grand siècle.

Après chaque projection, planchant sur scène, le feu des questions. Notons que c'était la première fois, pour la grande majorité des assistants, que scientifiques et gens du peuple surtout pouvaient s'adresser directement à un "capitaliste" terrien. Bien sûr, cela passait par le truchement de notre jeune et charmante interprète moscovite de dix-huit printemps : l'âge de François. A plusieurs reprises d'ailleurs, celui-ci fut obligé de rectifier la traduction édulcorée de mes déclarations. Il faut en déduire que les interprètes de l'Intourist ont reçu une bonne formation pour tenir leur rôle ! J'en donnerai la preuve à la fin de ce récit.

*(1) Heureusement pour moi, j'ai eu la chance de bénéficier de l'expérience d'un cameraman confirmé, intelligent, enthousiaste (et honnête) pour les prises de vues.*

# Nous arrivons à Moscou

Les nombreuses demandes d'explication sur l'organisation et le fonctionnement de notre économie libérale nous ont montré qu'à l'époque la masse des Soviétiques ignorait tout de son fonctionnement (1). A la question souvent posée : « Quelle surface représente le plus grand verger français ? », quand je répondais : « Environ 300 hectares », l'assistance triomphait, jubilait : « En Union soviétique, le verger géant (2) près de Krasnodar fait 2000 hectares. »

Piano, piano, tovaritch ! En France, dans de nombreuses communes de la vallée de la Garonne ou du Rhône, au lieu d'un verger d'État de 2000 hectares, on trouve un conglomérat de 20 à 40 vergers (ou plus) de 50 à 300 hectares. Chaque exploitation appartient à une famille. C'est cela qui caractérise l'économie privée... Une chose impossible à comprendre pour mes auditeurs, le paysan russe n'ayant pratiquement jamais été propriétaire de sa terre (3).

Pareil échange d'informations explique et démontre bien les retombées de l'idéologie marxiste. D'abord par l'ignorance où le peuple est tenu des notions élémentaires concernant le fonctionnement de l'économie libérale ainsi que de ses réalisations et performances. Ensuite par sa propension à considérer *a priori* que rien ne peut surpasser les réalisations du régime communiste (4).

Dès notre arrivée dans la capitale, nous fûmes reçus par le directeur général de l'horticulture au ministère de l'Agriculture. La jeune et jolie interprète de l'Intourist, notre accompagnatrice pendant tout le voyage, était là. Après les souhaits de bienvenue, le directeur nous assura que les consignes avaient été données partout pour que nous soit réservé le meilleur accueil possible.

Sans perdre de temps, le même jour, visite de l'Exposition permanente des réalisations de l'économie nationale de l'U.R.S.S. Sa particularité intéressante est de familiariser le visiteur avec les productions industrielles et agricoles des quinze républiques composant l'U.R.S.S. Les spécificités de chacune d'elles sont écrites en plusieurs langues, dont le français. En avant-première nous avons donc pu découvrir là les caractéristiques de l'Ouzbékistan — notre première étape — avec notamment ses productions fruitières diversifiées.

Les fruits exposés sont naturellement factices, puisque la présentation est continue (5).

*(1) Il est vrai, en revanche, que lorsque j'affirmais, à mon retour, que la vendeuse de fleurs devant sa charrette, à la sortie du métro de Moscou, était une salariée d'État ; que le cordonnier qui reclouait ma semelle était lui aussi un salarié d'État, les Français avaient peine à le croire.*

*(2) En 1976, nous avons vu en Moldavie le verger « En mémoire de Lénine » de 6000 hectares. Exactement la même surface que notre verger d'Iran.*

*(3) La révolution de 1905 créa un certain nombre de petits propriétaires terriens, plus ou moins importants. Les* Koulaks *constituaient le groupe le plus aisé de ces propriétaires ; ils seront décimés par la collectivisation des années 30.*

*(4) Jacques Guillemé-Brulon termine ainsi son article : « L'art d'être soviétique », dans un numéro du* Figaro *de février 1984 : « Le rejet viscéral de ce qui n'est pas soi, et la conscience de son éclatante supériorité, voilà en quoi consistent par excellence, sachons-le bien, l'art et la manière d'être des Soviétiques. »*

*(5) Une telle manifestation permanente à Paris n'aurait-elle pas un intérêt primordial pour notre économie ? La possibilité, pour les Français et les étrangers, de découvrir à tout moment, en un même lieu, le potentiel industriel, agricole, horticole des régions de notre belle France, ne serait-elle pas un bon moyen de promouvoir notre économie, en montrant en même temps, la portée et la valeur de nos découvertes et de nos réalisations ? Je lance cette idée à nos dirigeants ; il n'y a pas de honte à copier ce qui est bon.*

Le lendemain nous étions reçus à l'Institut Birulovo, station de recherche d'arboriculture fruitière des régions de terres non-tchernozium (terres autres que les terres noires).

Tous les agronomes étaient là pour parcourir avec nous les champs d'arbustes à petits fruits : groseilliers, cassissiers, framboisiers, fraisiers, etc., mais aussi les vergers d'arbres fruitiers : pruniers et cerisiers, griottes en particulier.

Le soir, première réception amicale et générale autour d'un buffet de choix bien garni. Au cours du repas, chaque agronome responsable d'une espèce fruitière lève son verre de vodka, portant un toast, qui à la gloire et l'amitié des prunes françaises et soviétiques, qui à celle des cerises, qui à celle des groseilles, etc., etc. Chaque fois, dans une ambiance de plus en plus déchaînée, on fait "cul sec" ; c'est une de nos expressions que tout Soviétique bien portant connaît parfaitement pour la répéter en toutes occasions de rencontres joyeuses. N'étant pas familiarisé avec les us et coutumes, j'ai fait "cul sec" moi aussi au premier verre, puis à moitié au second, pour seulement tremper les lèvres aux suivants.

Le fait de ne pouvoir "boire comme un Polonais" (avec les Russes) n'a pas contribué au rayonnement du représentant terrien français que j'étais. On a bien l'impression que, pour les Soviétiques, quelqu'un qui ne peut pas boire en si joyeuse compagnie n'est pas un homme digne de ce nom !

Malgré l'observance d'une relative tempérance, la nuit suivante fut fort pénible. L'insomnie me conduisit à évaluer les ennuis pouvant résulter des nombreuses réceptions prévues, sûrement du même genre. Quelle solution trouver ? Une idée me vint : celle de faire une déclaration humoristique, au début du repas, pour tenter de me tirer honorablement de situations impossibles qui allaient se répéter tout un mois. La voici : « Au risque d'apparaître devant vous comme de pauvres déchets du système capitaliste, je suis obligé de déclarer que ni François ni moi ne pouvons boire. » Cette traduction inattendue de l'interprète provoquait chaque fois l'hilarité générale ; mais cette idée nous a tout de même permis de ne pas revenir en France par trop intoxiqués.

Quittant Moscou, où nous avons vu vendre à la pièce (1) les pêches et les abricots non calibrés venant de Bulgarie (chaque fruit était pesé), d'un seul coup d'aile nous atterrissons à Tachkent, capitale de la république d'Ouzbékistan. Nous sommes là près de la frontière afghane... à plus de 3 000 km de Moscou en ligne droite. Quel contraste !

*Au jardin botanique de Moscou. Devant les arbres fruitiers palissés, je donne des informations.*
De droite à gauche : *Professeur Tsitsin, directeur, l'interprète, l'ingénieur, G.D.*

*Deux ouvrières nous offrent des fleurs (kolkhoze proche de la station de Birulovo).*

(1) *C'était en 1961.*

# En 1961, nombreux grands panneaux de propagande

*Les Héros du travail.*
*Les meilleurs ouvriers — ceux qui ont obtenu les plus forts rendements — ont leur photographie dans le parc de la ville.*

*Retroussons nos manches !*
*Sur les grandes routes, tableau des différents objectifs prévus par le plan. Ici, dans la région de Krasnodar.*

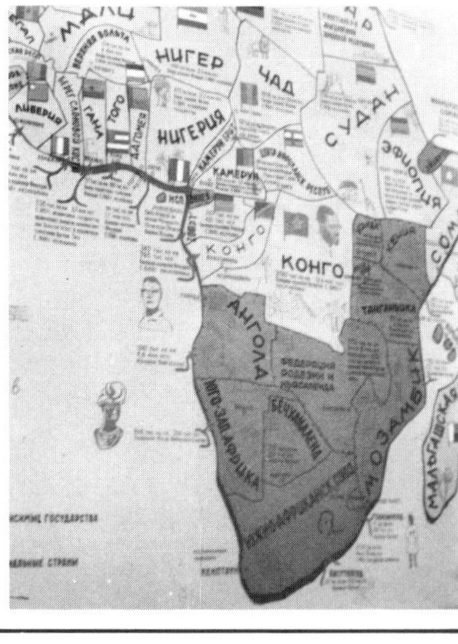


*Ce continent intéressait beaucoup les Soviétiques. A l'entrée de chaque ville, la carte d'Afrique, avec les pays libérés en clair. Ceux encore sous le « joug capitaliste » sont en couleur foncée.*

Dès la descente d'avion, le jardinier que je suis reste ébahi d'admiration devant la chose la plus surprenante, la plus incroyable de ma vie de rosiériste. Devant le bâtiment vétuste de l'aéroport, et comme pour le faire oublier, deux massifs de rosiers Mme Meilland en encadrent l'entrée. Pouvez-vous imaginer, amis lecteurs, ce que représentent deux massifs de centaines de roses de 20 à 25 cm de diamètre ? On eût dit qu'elles nous attendaient, que leur floraison avait été programmée pour le jour "J". Quel spectacle ! Jamais il ne disparaîtra de ma mémoire.

Je me suis posé la question : quel peut bien être le motif de ce gigantisme (car naturellement, tiges et feuilles étaient en proportion des fleurs, c'est-à-dire doubles de la normale) : le porte-greffe ? la richesse du sol ? le climat ? Plus sûrement la conjonction des deux derniers facteurs.

J'en ai eu confirmation après la visite de la région. La plupart des autres végétaux cultivés avaient également un développement aussi anormalement démesuré : maïs de 3 à 4 m de hauteur, vignobles de raisin de table produisant 60 000 kg de raisins à l'hectare, certaines grappes pesant jusqu'à 8 kg ; pêchers de 2-3 ans ayant le développement d'arbres de 6-7 ans chez nous, etc., etc.

L'explication de l'exubérance de la végétation d'essences végétales aussi diverses ne pouvait donc être influencée que par le milieu. D'abord la richesse incroyable du sol. Sans nul doute, comme au nord de la Caspienne, en territoire iranien, où nous avons réalisé le grand verger de 6 000 hectares, l'apport de sable éolien, venu des steppes d'Asie centrale, est le pourvoyeur de cette richesse.

Ensuite le climat hyper-continental. Le contraste des saisons est, en effet, stupéfiant. A des températures à l'ombre de +30° à 50° C en été (1) succèdent des froids hivernaux de −20° à −40° C.

Ces considérables amplitudes du thermomètre ne sont pas sans poser des problèmes, agronomiques et d'exploitation. Par exemple, les vignes formées en V, palissées sur fil de fer, doivent être mises à plat et enterrées avant l'hiver. Comme le sont d'ailleurs les grenadiers, figuiers et autres goyaviers qui sont basculés et enfouis avec leur motte. La couverture de terre permet aux branches charpentières de ne pas subir de détérioration par le gel. Un mode d'exploitation qui, à première vue, paraît très onéreux. Pourtant les productions énormes justifient, semble-t-il, la rentabilité. Et puis nous sommes en régime étatisé !

A la station de recherche de Tachkent, on avait préparé à notre intention une exposition sensationnelle de très nombreuses variétés nouvelles de raisins. Toute une panoplie de grappes ayant des grains minuscules comme des têtes d'épingle (délicieux !) jusqu'à d'autres atteignant le calibre de petites noix. Une dégustation bien agréable mais quelque peu pénible en fin de parcours.

Devant cette profusion de fruits, j'ai dit mon étonnement de voir Moscou en être totalement privé. Il m'a été opposé le facteur distance... Il est vrai, en fait, que le trajet Tachkent-Moscou équivaut à celui de Paris-Moscou !

*(1) Pendant notre séjour — où nous avons subi +47° C —, les routes étaient transformées en ruisseaux par la fonte de l'asphalte...*

# Dépaysement total en Asie centrale

*Avec le directeur de la station de recherches fruitières de Samarkand. Quel homme délicieux ! Très intelligent, d'une grande simplicité et d'une grande bonté. J'ai encore en mémoire le souvenir de la dégustation des différentes variétés de petits abricots séchés au soleil avec leur noyau, délicieusement sucrés et parfumés. Mieux que les meilleurs bonbons.*

*Voyez ce verger de pêchers* (à droite) *et d'abricotiers* (à gauche). *Ces grands arbres ont trois ans. Ces terres sableuses, riches, conviennent merveilleusement pour les arbres fruitiers à noyau. Nous obtiendrons plus tard les mêmes résultats, dans les mêmes conditions de sol et de climat, au nord de l'Iran, sur l'autre rive de la mer Caspienne.*

*Le marché kolkhozien ressemble en tous points aux souks de l'Afrique du Nord. Seul le bonnet brodé porté par les ouzbeks diffère de la chéchia des Arabes. Mais on y retrouve : chaleur, poussière, odeurs fortes... et musique lancinante.*

*Dans une mosquée en cours de restauration. Les Soviétiques sont fiers et jaloux de leur patrimoine culturel et artistique. Des efforts énormes sont faits pour la restauration des monuments. Pour la visite de l'intérieur, chacun doit se déchausser et prendre les patins de feutre.*

Après Tachkent, saut de puce (300 km) à Samarkand.

Sur place, j'ai pu avoir confirmation de ce que j'avais appris à l'ambassade soviétique à Paris : à 250 km à l'est, dans la riche vallée du Ferghâna existe un pied de vigne fabuleux. Conduit en treille, ce seul pied couvre, m'a-t-on dit, 5000 m² de surface et produit des grappes de 20 kg!... Voilà qui est en étroite relation avec mes roses! Avis aux amateurs. Quant à moi, je souhaite ne pas passer de vie à trépas sans avoir contemplé ce phénomène de la nature, un peu à l'image de mes séquoias californiens.

A l'attrayante émission télévisée de "La chasse aux trésors" (1), j'ai été heureux de revoir la place du Réghistan, avec ses splendides mosquées maintenant rénovées, aux murs couverts de mosaïques. Les minarets et les dômes, et particulièrement celui bleu turquoise de Gour-Emir — tombeau de Tamerlan — brillent de tout leur éclat sur le fond bleuté du ciel sans nuage.

Pour la visite de l'ancienne citadelle, bourrée de nombreux édifices de grande valeur architecturale, nous étions pilotés par un jeune étudiant parlant six langues. Il était le guide de l'Intourist et, d'après lui, une seule Française nous avait précédés en ces lieux.

Passionné par son métier, il voulait vraiment que nous emportions un souvenir inoubliable de notre séjour parmi ces merveilles du passé. Dans la cour de la grande mosquée de Bibi Khânum, il nous fit la narration de la légende d'une reine de ce lieu. Je crois plaisant de l'évoquer ici, le dénouement de son récit étant assez inattendu :

Cette reine adorait le roi, son époux. Celui-ci partant pour la guerre, elle en conçut un vif chagrin; puis, persuadée qu'il reviendrait vainqueur, elle décide de construire la grande mosquée où nous nous trouvions. Elle fait appel pour cela au meilleur architecte de ce temps, lui enjoignant de mettre les bouchées doubles pour que tout soit terminé pour le retour du bien-aimé.

L'architecte accepte la charge de cette mission. Mais il pose une condition bien spéciale : étant depuis toujours très amoureux de la reine, l'homme de l'art rejette tout paiement, ne désirant de sa dulcinée, pour récompense de son travail, qu'un seul baiser!...

Or, le roi revient plus tôt que prévu de sa campagne guerrière. Le remarquable monument n'est pas achevé... Ô rage! Ô désespoir!... Devant cette humiliation, notre architecte n'eut qu'une pensée : disparaître à tout jamais avec sa honte. Cette résolution fut ainsi interprétée par notre sympathique cicérone : « Eh bien! ayant tout abandonné, il n'a pas pu baiser la reine!... »

Nous pouffons de rire, François et moi.

Devant la stupéfaction de notre narrateur, il nous fallut lui donner un cours de français sur la double signification du verbe "baiser". Bien sûr, à l'école russe, on n'enseignait pas celle de notre expression populaire — assez récente il est vrai.

Parcourant le marché kolkhozien, nous avions absolument l'impression d'être transportés dans les souks de Tunis, tant l'influence arabe, qui date pourtant de dix-neuf siècles, est encore grande dans cette ville considérée comme le centre intellectuel musulman d'Asie centrale. Le faciès des autochtones, leurs vêtements, la musique lancinante... tout ça est encore bien arabe.

*(1) Du regretté Philippe de Dieuleveult.*

# Dans les riches terres caucasiennes

*Dans la pépinière de Krasnodar, des arbres vigoureux.*

*François avec la caméra devant l'hôtel Intourist. Les automobiles sont rares.*

*Culture mixte d'arbres fruitiers et de fraisiers.*

*Dans les régions fruitières du Sud, on voit quelques stands de vente de fruits le long de la route.*

*Jardin de ville au centre de Krasnodar.*

*Partout, en ce temps-là, la queue pour les achats... Une clientèle très patiente.*

Nous abandonnons Samarkand pour un nouveau parcours en avion de quelque 2500 km à travers les régions fertiles, les déserts, le survol des mers d'Aral et Caspienne, pour rejoindre Krasnodar, ville arrosée par le fleuve Kouban, coincée entre la mer Noire et la mer d'Azov ! (Je retournerai en 1976 dans cette région.)

A Krasnodar, Mme Primak, que j'avais reçue à Paris, nous attendait à l'aéroport — tels des héros — avec deux gerbes de fleurs (1) et l'étreinte amicale (2) de l'accolade ! Après la visite de la station, nous nous réunissons avec tout l'état-major pour la mise au point du projet d'un verger pilote Delbard de 500 hectares. Devant l'enthousiasme de tous, l'affaire me paraissait devoir être normalement "dans le sac". Je la voyais comme devant matérialiser les échanges mutuels d'informations et la confiance réciproque qui s'en dégageait. Hélas ! pour Delbard et les Soviétiques, mais il en sera question quinze ans après !...

La réception qui suivit en présence des autorités du Parti et des dirigeants de l'Institut a été probablement encore plus fastueuse qu'ailleurs. Cela en raison du fait que Mme Primak était un haut dignitaire du Soviet suprême. Les têtes qui s'inclinaient bien bas lorsque nous nous promenions en sa compagnie dans les parcs de la ville ne laissaient aucun doute sur sa représentativité. En U.R.S.S., je peux en témoigner, une chose est sûre : on ne se moque pas de l'autorité !

Je reviens aux agapes (ce sera probablement la dernière fois) pour donner une idée de leur déroulement. Sur une table immense, une débauche de victuailles de toutes sortes et de bouteilles qui se touchent : vins, champagnes de plusieurs marques, alcools nombreux de toutes origines, sont rassemblés. Pas le moindre petit espace disponible. Chacun se sert... avidement. Mais un tout autre cérémonial est réservé à l'invité. Chaque participant veut l'honorer en choisissant pour lui : caviar, charcuteries diverses, gâteaux, fruits ; tout ça se chevauche... montagne de victuailles variées dans votre assiette ! Pour ce qui est des boissons, c'est à qui remplira le verre de l'autre, en lui tapant dans le dos ou sur l'épaule et en pratiquant le traditionnel et répété "cul sec" face à face ! On commence par un grand verre de cognac, en apéritif, ensuite on mélange des dizaines de vins secs et doux, en combinaison avec les champagnes (3). A intervalles réguliers (comme déjà dit), chaque dignitaire lève son verre de vodka — verre à dégustation — à l'amitié des peuples, à la paix, à l'horticulture, etc. : véritable litanie accompagnant la beuverie. Quelle puissance d'absorption peuvent avoir les Russes !

A ce régime, comme à Moscou le premier jour, l'estomac et le foie se rebiffèrent, malgré le freinage opéré — et difficilement admis par mes hôtes — conformément à mon habituelle déclaration liminaire. Ces libations, associées à la fatigue, aux changements de température et aux nombreuses déclarations orales déclenchèrent chez moi une angine carabinée. Je fus soigné aux sulfamides, que la doctoresse apportait dans un cornet de papier. L'examen de la « *courgnole* » (4) se faisait à l'aide d'une cuillère quelque peu ternie. Deux fois par jour, la doctoresse était à mon chevet : sa joie était grande de questionner François de longues heures, en privé, à la chambre, sur tout ce qui avait trait à la France. Eh bien ! il faut croire que les soins et les médicaments étaient efficaces, car, quarante-huit heures après, j'étais à peu près guéri. Malgré ces petites misères, je garde un souvenir enchanteur de cette région au sol si riche, où les fruitiers sont si bien à leur place : c'est pourquoi j'ai tenu à y revenir en 1976.

*(1) Il en sera souvent ainsi. C'est une habitude en U.R.S.S. d'offrir des fleurs aux visiteurs qu'on veut honorer, et cela aussi bien aux hommes qu'aux dames.*
*(2) C'est une très forte femme !*
*(3) Trente-sept marques en 1961 ! (4) La gorge.*

*Une avenue parmi la végétation subtropicale.*

*Sanatorium « Vorochilov » et son funiculaire.*

*Sanatorium « La Riviera caucasienne ».*

Le point de chute suivant était surtout touristique : Sotchi. Le guide en langue française : *Le littoral soviétique de la mer Noire*, décrit ainsi la plus belle ville balnéaire de l'U.R.S.S. :

« Sotchi s'étend sur plus de trente kilomètres, de la rivière Mamaïka à la rivière Kondepsta ; c'est une ville-parc, le bijou du littoral caucasien de la mer Noire. Des plantes subtropicales et des parterres de fleurs bordent ses rues. Des lauriers et des cyprès, des palmiers et des magnolias ornent ses jardins et ses squares. L'air y est embaumé du parfum des fleurs.

« L'étroite bande côtière est bordée de montagnes qui protègent le rivage des vents froids du nord-est.

« Le climat de Sotchi est subtropical, chaud et humide. La température moyenne de l'été est de 23°, mais la chaleur n'y est pas accablante : elle est adoucie par les brises marines... »

Le rapprochement de Sotchi avec Nice — sensiblement à la même latitude — fait qu'on appelle ce bord de mer la "Riviera caucasienne". Cette similitude est probablement un peu forcée pour ce qui concerne le nombre et la beauté des constructions urbaines.

En revanche, l'environnement végétal luxuriant du littoral de la mer Noire est sûrement plus séduisant que celui des Rivieras française et italienne. Les clichés donnent une idée du nombre restreint de baigneurs sur la plage dans les années 1960. Notre impression (à cette époque) nous portait à croire que ces estivants sans joie étaient plutôt là pour se soigner que pour se détendre et s'amuser.

Un nombre considérable de sanatoriums bordent la côte jusqu'à Yalta. Le sens de cette appellation est différent en U.R.S.S. de celui que nous lui attribuons en France. Si certains établissements traitent la tuberculose, la majorité sont affectés aux soins d'autres maladies, ou, plus généralement, constituent des maisons de repos. Comme dans l'Administration française, ils sont réservés à différents organismes corporatifs, tels ceux des mineurs, métallurgistes, travailleurs du bâtiment, écrivains, etc. Beaucoup aussi — cela se comprend — sont affectés aux militaires.

Dans chaque ville ou centre, un guide spécifique de l'endroit, parlant français, nous était affecté. Celui de Sotchi a tenu à nous faire visiter le sanatorium "Ordjonikidze" (réservé aux mineurs), qui est un des plus luxueux ; on se croirait là dans un hôtel quatre étoiles !... Ce qui nous est apparu le plus stupéfiant, c'est le luxe de la vaste salle à manger : nappes blanches brodées, couverts en argent et verrerie fine, donnaient une impression de faste extraordinaire. Le rapprochement de cette riche ambiance avec la pauvreté des isbas des centres ruraux a été pour nous un point d'interrogation quant aux réactions des privilégiés séjournant ici dans ce qu'il faut bien appeler un palace.

Toutes ces considérations personnelles allongent singulièrement ma chronique, je le reconnais bien volontiers. Mais si je veux écrire l'histoire (mon histoire), il me faut bien évoquer ce qui a le plus marqué ma vie... D'autre part, parvenu octogénaire, il est douteux que je recommence à rouler ma bosse pour aller à la découverte de régions aussi étonnantes pour moi, dans des conditions semblables, comblé d'attentions aussi exceptionnelles. C'est pourquoi je me laisse encore aller à la narration d'un fait qui illustre à la fois et l'étendue du dévouement, et l'amabilité russe vis-à-vis de l'étranger ; à quel point aussi chaque *tovaritch* investi d'une fonction se fait un devoir d'en assurer les responsabilités et les contingences vis-à-vis de l'étranger.

# Je me familiarise avec les agrumes soviétiques

a

b

c

*Plaisirs professionnels et délassements.*

Lors de cette visite du sanatorium des mineurs, nous avons été accueillis par le médecin-chef, une dame unijambiste marchant aussi vite que moi (ce n'est pas peu dire) avec sa jambe de bois...

Construit à flanc de montagne, l'intérieur du bâtiment est à différents niveaux. Or, pendant plus d'une heure, notre cicérone a gravi ou descendu avec nous les escaliers pour une visite détaillée à une allure record. En partant, elle a tenu à nous accompagner jusqu'à la route par un escalier dont la longueur, comparée à celui des cent marches de Versailles, est celle d'un géant auprès d'un gamin. Pour payer physiquement, à ce point, de sa personne, ne faut-il pas avoir une haute idée de sa fonction et de sa mission ? Chapeau, docteur !

Avant le départ, une "formalité" importante m'attendait.

Au jardin botanique, chaque personnalité étrangère doit mettre sa signature — ès qualités — sur le livre d'or. Un bien curieux et spécial livre d'or ! Ce n'est, ni plus ni moins, qu'un oranger amer (bigaradier), appelé "l'arbre de l'amitié". Les hôtes officiels de passage sont priés de réaliser une greffe d'une bonne variété d'orange sur une des branches. Immédiatement on appose une étiquette émaillée et gravée au nom du greffeur, avec la date de l'opération.

Le professeur Zorine, qui est le grand maître de cérémonie, me déclara que, forcément, il y avait des échecs à la reprise, comme ce fut le cas pour le seul Français qui m'avait précédé en ces lieux : le député des Bouches-du-Rhône Félix Gouin (1).

Devant mon application pour assurer la réussite — afin de venir profiter de ma récolte, ai-je précisé — le professeur Zorine m'a déclaré qu'il n'aurait sûrement pas à intervenir pour "doubler" ma greffe : souvenirs agréables que procure notre beau métier.

Malgré la clémence relative de la température, il arrive que, certains hivers, les agrumes souffrent du froid. On est donc conduit à une culture très spéciale, que je crois utile d'évoquer. En premier lieu, les plants sont greffés sur *Citrus trifoliata* = *C. triptera*, espèce originaire d'Asie. Rustique, nain, très épineux, ce porte-greffe produit de petits arbres à port ramassé et étalé. Cette forme compacte permet de les recouvrir en hiver d'une enveloppe protectrice pour les protéger de la neige et du gel. On comprend que, dans ces conditions climatiques limites, l'U.R.S.S. puisse difficilement devenir un important pays producteur d'agrumes.

*Légendes des clichés page ci-contre :*

*a)* L'arbre de l'amitié-livre d'or. On aperçoit les petites plaques portant les noms des visiteurs de marque près de leur greffe !

*b)* Le professeur Zorine m'explique la portée de ma démarche et me remet le greffoir fétiche !

*c)* Je m'applique à réaliser une greffe en écusson réussie !... Il me faut être digne de mon renom !

*d)* Les orangers nains formés en boule.

*e)* Protection des agrumes. Il est nécessaire de les recouvrir pour les préserver des rigueurs hivernales (neige et gel).

*f)* Jardin botanique Nikitski. Un beau spécimen de cèdre de l'atlas pleureur.

*(1) Il succéda au général de Gaulle comme chef du Gouvernement provisoire de janvier à juin 1946. Il eut par la suite quelques "difficultés" dans le commerce des vins.*

# Le sud de la Crimée

*Le paquebot diesel* Pobieda *effectuait en 1961 le parcours de la « Riviera causasienne » en été. Il en existe actuellement six plus modernes.*

*Eupatoria est la première ville de Crimée en venant d'Odessa. C'est là que se trouve la célèbre « plage d'or » atteignant 100 m de largeur de sable fin d'une douceur remarquable.*

*Maison-musée de Tchekhov, que le peuple soviétique entoure de vénération : 100 000 personnes la visitent chaque année. Gorki, Korolenko, Chaliapine, Levitan y furent invités.*

Le trajet Sotchi-Yalta se fit par bateau. Dans leur désir de nous rendre ce voyage inoubliable, nos hôtes ont voulu nous faire emprunter tous les modes de transport : l'avion, le bateau, puis l'automobile de Yalta à Kiev, et enfin le wagon-couchette — cabine à deux personnes, très confortable — de Kiev à Moscou. Le parcours en bateau longeant la Riviera caucasienne est évidemment fort agréable. Toutes les attentions dont nous fûmes l'objet à bord le rendaient encore plus euphorisant.

Nous arrivons à Yalta. Sur l'obélisque qui se dresse sur un rocher de granit dans le parc de Yalta, on peut lire l'inscription suivante, tracée en lettres d'or :

« Les magnifiques maisons de campagne et hôtels particuliers que possédaient autrefois les grands propriétaires et les capitalistes, les palais des anciens tsars et grands princes doivent être utilisés comme centres de cure et de repos, pour les ouvriers et les paysans.

« Texte du décret sur l'utilisation de la Crimée pour améliorer la santé des travailleurs que signa Lénine un mois après la libération de la presqu'île des bandes de gardes blancs, le 21 décembre 1920. »

Ce rappel explique que Yalta et sa région soient devenus depuis le centre administratif et balnéaire de la côte sud de la Crimée. Dès 1960 on y comptait déjà plus de cent sanatoriums et maisons de repos. Yalta — la cité où l'on a partagé le monde en février 1945 —, a été de tout temps, de par sa situation privilégiée, le centre de repos de l'intelligentsia russe. Nombreux sont les représentants éminents de la littérature et des arts dont les noms sont liés à Yalta.

Du simple point de vue horticole, qui nous intéresse principalement ici, cette ville est un des centres les plus importants de l'Union soviétique pour les vergers de toutes espèces fruitières, y compris les agrumes.

A la maison-musée de l'écrivain Tchekhov, située dans un grand jardin planté de deux cents espèces d'arbres et arbustes d'espèces subtropicales, sont reproduites les belles paroles de Tchekhov à propos de son jardin : « Si chaque homme faisait tout ce qu'il peut faire sur son lopin de terre, comme notre terre serait belle ! »

Au Jardin botanique Nikitski et dans les squares de la ville, une place importante est réservée aux rosiers ; cela s'explique par le fait que, grâce au microclimat privilégié, ils peuvent fleurir jusqu'en décembre en plein air. Je me souviens de l'enthousiasme délirant de la préposée aux hybridations. Voulant nous faire partager sa joie devant ses "enfants", elle traversait à toute allure, et en tout sens, le carré des rosiers hybrides pour terminer avec une robe en lambeaux ! La passion du métier — universelle — ne connaît, elle, ni les frontières, ni les régimes. Partout... « on le dit avec des fleurs » !

Et maintenant, en voiture pour Kiev, avec arrêts à Simferopol, Melitopol, Zaporojie et Mlieiv. Le début du trajet par l'autoroute qui franchit la chaîne maîtresse des monts de Crimée nous a fait découvrir un curieux spectacle. L'enrochement des fortes pentes résultant des saignées dans le tracé montagneux est réalisé avec d'énormes blocs de pierres maçonnées. Qui faisait ce travail de titan : des femmes, uniquement des femmes ! Les droits de la femme au travail sont manifestement reconnus en U.R.S.S. (1) !

*(1) En de nombreuses situations, en toutes régions, sur les chantiers de travaux publics, dans les champs, et naturellement dans les vergers, parcs et jardins, elles étaient au travail en 1961, les femmes soviétiques, accomplissant toutes les besognes pénibles réservées aux hommes en Occident. Le poids-lourd mastodonte, citerne d'essence de l'aéroport,est lui-même piloté par une femme ! Voilà qui nous a tout de suite surpris en débarquant de l'avion à notre arrivée à Moscou. Il est juste de préciser qu'en 1978 on n'en voyait presque plus faire ces travaux pénibles.*

*Capitale de l'Ukraine, Kiev, ville détruite pendant la dernière guerre mondiale, a été parfaitement reconstruite.*

*Tout le monde connaît bien la place primordiale accordée au sport en U.R.S.S. Voici le Palais des sports de Kiev.*

*A l'Institut de la recherche fruitière de Kiev.* Au centre : *le professeur Cheremet, directeur.*

*Culture de betteraves dans un verger de jeunes pommiers en Ukraine.*

*Au sovkhoze « Bolchevik », verger ancien d'arbres fruitiers « plein vent ».*

*Comme en Normandie, on doit étayer les pommiers tiges chargés de fruits.*

A Simferopol, la station de recherche de l'arboriculture fruitière de Crimée est surtout axée sur les fruits à noyau : abricotiers, pêchers et pruniers, dont une forte population d'hybrides de prunus myrobolan, à gros fruits, bien résistants au froid. Nous les avons testés à Malicorne, mais ils sont de qualité très moyenne.

De Simferopol à Melitopol, la traversée des riches terres à *tchernozium* (terres noires), profondes et de fertilité légendaire, rappelle qu'autrefois on appelait cette région « grenier de la Russie et de l'Europe ». La pluviométrie capricieuse, les labours et semis souvent décalés par les incidences de la planification bureaucratique, la consommation animale surtout, font que maintenant l'U.R.S.S. est grosse importatrice de céréales. Pourtant le quadrillage de larges rideaux forestiers coupe-vent réalisé après la Révolution devrait améliorer sensiblement les conditions climatiques, tout en freinant l'érosion éolienne.

A Melitopol, la partie fruitière concernant la recherche est axée sur le cerisier. Le contact y a été cordial ... et fructueux !

La station de Mlieiv, assez proche, est orientée vers le pommier. Nous nous y sommes rendus en voiture avec le professeur Cheremet, directeur de la station de Kiev. Le retour s'est fait à 3 heures du matin. C'est là qu'en visitant le centre fruitier j'ai découvert le verger de pommiers qui, début août, avait perdu toutes ses feuilles. J'en évoquerai les causes lors de ma conférence à Moscou.

Au sovkhoze "Bolchevik", dont la production fruitière est la vocation principale, nous avons été invités à déjeuner au domicile du directeur. C'était le 6 août 1961, jour du deuxième vol cosmique. Pendant le temps — très long — du déjeuner, le commandant Gherman Titov accomplissait son programme de dix-sept révolutions à bord de son vaisseau cosmique "Vostok II" de 4700 kg ! Un exploit qui rendait les Soviétiques ivres de joie... et aussi d'alcool ! Quelle ambiance folle, quel déchaînement délirant de nos hôtes ! Pouvoir fêter pareille réussite du régime avec des étrangers, quelle euphorie supplémentaire !... Cela dépassait les débordements, congratulations et embrassades des supporters de l'équipe gagnante du grand chelem au Tournoi des cinq nations.

De la première révolution à la cinquième ou sixième, je crois (on n'a pas pu tenir plus longtemps), le journaliste de la télévision comptait les coups. Chaque fois, debout, trinquant à la vodka... c'était le "cul sec" et les claques dans le dos. Quelle ambiance ! Autant nous avons trouvé les Soviétiques réservés en 1961, à peu près partout, dans la vie courante, autant ce jour-là, comme après chaque libation, l'allégresse joyeuse et bruyante, la libération totale était de rigueur. Car, en fin de compte, les Soviétiques sont de tempérament très gai et apprécient l'humour, j'en donnerai quelques exemples.

Mon ami le professeur Cheremet, après nous avoir fait les honneurs de sa station fruitière de Kiev (où j'ai eu le plaisir de le retrouver en 1976), nous invita à déjeuner chez lui. Sa villa — modeste — était contiguë à celle du professeur Gutchin, conseiller agricole de l'Ambassade soviétique à Paris. Avec le repas au sovkhoze "Bolchevik", ce furent nos seules réceptions de caractère privé.

Après Kiev, le programme prévoyait la visite de l'Institut et du laboratoire central de génétique de Mitchourinsk. Probablement en raison du fiasco retentissant des théories du généticien Lyssenko, cette étape fut supprimée au dernier moment. De ce fait, l'ami Cheremet nous installa dans notre cabine du wagon-couchette, munis, pour le voyage, d'une bonne provision de beaux fruits de son jardin personnel.

# Une conférence qui a compté dans ma vie

*L'académicien I. Glouchtchenko, président de la section agricole, vice-président de l'Association U.R.S.S.-France, me présente comme conférencier.*

*I. Prézent, membre permanent de l'Académie des sciences agricoles V.I. Lénine, commente l'exposé de G. Delbard et le remercie au nom des savants soviétiques.*

*En pleine action devant le tableau noir. L'explication des méfaits du trou de plantation, en terrain compacté, sur les racines — formation du chignon —* (voir page suivante). *Auparavant, j'avais évoqué l'influence qu'exerce la hauteur du point de greffage sur le développement de l'arbre fruitier.*

Arrivant avec deux jours d'avance à Moscou, nous n'eûmes pas le temps de nous ennuyer.

— Réception à l'Académie agricole Timiriasev, où je dus plancher à la chaire d'arboriculture fruitière.

— Conférence à la Maison de l'amitié des peuples, dont le sujet était angoissant : « Impressions et commentaires de Georges Delbard après son voyage en U.R.S.S. »

— Participation à l'inauguration de l'Exposition française de Moscou.

Tout cela montre qu'à notre retour dans la capitale nous fûmes, à nouveau, l'objet de beaucoup de sollicitude; sans fausse modestie, je crois vraiment que les autorités n'auraient pu faire mieux pour des personnalités officielles de haut rang. Je réalise même que des trésors d'attentions, assortis de beaucoup de chaleur humaine, ont été dépensés à notre égard : la suite le prouve.

Le 9 août 1961 est un jour mémorable pour moi. Après un début de carrière comme jardinier-paysan-petit employé d'usine, j'étais convié à faire une conférence devant les sommités de l'agriculture et de l'horticulture soviétiques! Une idée de l'importance que mes hôtes s'en faisaient : les organisateurs avaient adressé — chose rare — une carte d'invitation aux personnalités concernées. On pouvait lire sur cette carte, qui m'avait été remise dès mon arrivée à Moscou : « Georges Delbard - ingénieur-agronome »... Toute la nuit précédant la conférence, impossible de trouver le sommeil. Comment expliquer ce qui — bien que réalisé en dehors de moi et à mon insu — pouvait apparaître comme une usurpation de titre?

Et puis, devant cet aréopage d'académiciens, de professeurs, de savants de toutes disciplines, comment devais-je m'exprimer? En termes flatteurs, édulcorés? ou sincères, francs et réalistes, tels que je les ressentais? Et, dans ce cas, quelle serait la réaction de mes hôtes? Choix bien difficile que, finalement, je laissai à l'intuition du moment.

Coïncidence étrange, ma conférence avait lieu l'après-midi du même jour où Khrouchtchev décorait le cosmonaute Titov sur la place Rouge. Mes auditeurs, privés de cette fête nationale, ont eu bien du mérite à choisir Delbard plutôt que Titov!... Toute circulation motorisée avait été interdite dans Moscou. L'immense foule, à pied, regardait cette voiture officielle munie d'un laissez-passer venue nous chercher à l'hôtel *Ukraina* pour nous conduire à la Maison de l'amitié. Dévisagés comme des "bêtes curieuses", il n'y eut pas un seul mot désagréable. Imaginez la même scène dans notre Paris : la foule à pied et deux étrangers roulant en voiture. Que de quolibets pour le moins... Bref, cette épopée motorisée parmi cette marée humaine... un début grisant.

Sur le podium, il me fallut — d'entrée — rectifier le tir quant à l'attribution du titre d'ingénieur-agronome. Je me suis tiré de ce mauvais pas en précisant — avec humour et un bon sourire — qu'en fait de diplôme universitaire je pouvais présenter le certificat d'études primaires... comme vous savez déjà! Que, cependant, malgré cette absence de parchemins — que je regrettais fort — j'essaierais de répondre de mon mieux à toutes les questions relevant du domaine technique. Dans la nombreuse assistance, deux clans : d'un côté, les jeunes qu'on sentait inconditionnels de la supériorité soviétique en toute chose; de l'autre, les plus âgés, plus réalistes et se faisant une plus juste idée des points faibles de leur économie, particulièrement dans ce qui est mon métier : l'horticulture.

Auparavant, tirant de mon exposé les conclusions pratiques pour l'U.R.S.S., il déclara, en me donnant l'accolade :
« Georges Delbard a parlé, avec une grande compétence, d'un sujet qu'il connaît bien. Seul un ami de notre pays peut nous dire toutes choses avec une telle franchise. Nous devons faire notre profit de sa communication basée sur sa grande expérience. »

A la fin de ma conférence, je précisais que toutes explications et informations complémentaires pour la bonne préparation du sol apparaîtraient dans mon film : la projection qui suivit fut, une fois de plus, un grand succès. Quand j'annonçai que j'en faisais présent à l'horticulture soviétique en remerciement de tous les égards dont François et moi avions été l'objet, ce fut la gloire ! Je sais qu'il a été projeté de nombreuses fois et sans doute a-t-il contribué au redressement de la production fruitière que nous avons constaté en 1976. Ce qui est certain, c'est que le jardinier-cinéaste est bien connu en Union soviétique.

*L'académicien I. Glouchtchenko me remercie « des deux mains » !*

Les photographies font apparaître ma décontraction totale (1). Je me suis même permis d'attaquer « bille en tête », proclamant que, du point de vue conception et exploitation du verger, l'U.R.S.S. avait plus de trente années de retard. A cette déclaration sans ambiguïté et bien précise, la jeune interprète qui nous a accompagnés partout a traduit : « quelques années de retard. »

François la reprend et lui demande :

— Voulez-vous traduire exactement ce qu'a dit mon père ?

Et la jeune fille de préciser :

— Veuillez m'excuser, M. Delbard a dit plus de trente années de retard.

Le ton était donné. Un auditeur parmi les jeunes loups de l'université se lève et dit :

— Nous fêtons aujourd'hui Titov sur la place Rouge. Nous qui sommes capables de propulser nos compatriotes dans le cosmos, croyez-vous que nous ne pourrons pas faire produire plus de pommes à nos pommiers ?

Face à cet adversaire, je me trouvais sensiblement dans la même position que peut être l'apostrophé d'une réunion politique. Dans un tel cas, à un coup bas il faut répondre du tac au tac si on veut gagner la partie. J'étais en pleine forme, comme je me sens assez souvent lorsque la partie est dure, sécurisé, équilibré par le comprimé d'optalidon providentiel dont je dis aux médecins de ma famille que « c'est le médicament — des seules grandes occasions — qui me rende intelligent ».

Revenons à la banderille lancée par mon jeune interpellateur moscovite. Je rétorque calmement avec le sourire humoristique qui convient :

— Tovaritch, pour produire beaucoup de pommes, il ne suffit pas d'aller dans le cosmos, mieux vaut rester les pieds sur terre !

Applaudissements nourris du camp des "anciens". Dans la foulée, je me permets d'ironiser sur le fait que, dans un pays où l'on a inventé la pédologie (science des sols), on puisse voir des "accidents" comme celui de Mlieiv : cela est troublant. Je rappelle donc la vision du verger de pommiers de Mlieiv complètement défeuillés début août, dont les arbres, avec leurs fruits rouges encore accrochés aux branches, ressemblaient plutôt à des kakis qu'à des pommiers. D'ailleurs, précisai-je, « vous aurez d'autres accidents de ce genre dans les terres bloquantes d'Ukraine, où les jeunes arbres plantés par temps pluvieux donnent déjà des signes inquiétants de chlorose en raison de leur ralentissement végétatif. »

C'est pour expliquer cette erreur de base que je crayonne au tableau noir le schéma de la page 514 (2), tout en développant mes théories. Je résume mon exposé :

— Dans un sol bloqué, on a fait des plantations par trous. Pendant trois à cinq années, le système radiculaire s'est développé tant bien que mal dans la partie ameublie. Mais au moment où, s'allongeant, les racines ont atteint le "béton", devenues prisonnières, elles n'ont trouvé qu'une solution : tourner autour de cette dure paroi en faisant le chignon. D'autre part, dans cet espace travaillé réduit existe une très faible réserve d'eau ; la sécheresse arrivant, les arbres assoiffés se défeuillent pour ne pas crever (3). Aussi simple que cela...

Je sentais l'intérêt des auditeurs grandir. Sur la scène, quel bonheur intérieur vous envahit quand vous êtes persuadé d'avoir l'assistance pour vous ! Ce peut même être grisant !

*(1) Je précise que toutes les photos de la conférence ont été prises par le photographe officiel.*
*(2) Je n'ai jamais été fort en dessin.*
*(3) Dans un tel cas, il faut défoncer le sol sur une plus grande surface : soit sur tout le terrain, soit sur une largeur d'un mètre tout autour du trou de plantation.*

# Après la conférence : une ambiance très cordiale

*A l'issue de la conférence, Georges Delbard présente sur son livre les nouvelles variétés de pommes.* De gauche à droite : *l'Académicien I. Glouchtchenko, G.D., l'Académicien I. Prézent, François Delbard.*

*Photo "de famille" d'une partie des assistants à la conférence, devant l'entrée de la « Maison de l'amitié avec les peuples étrangers ».*

La présence de François à mes côtés sur l'estrade a été sans nul doute pour moi un stimulant efficace. Est-il besoin de préciser que, lors du banquet qui a suivi ma prestation, mon bonheur était grand de croire qu'en pareille occasion le fils pouvait être fier du père...

Au début de ce chapitre, j'ai laissé entendre que la formation des guides-interprètes de l'Intourist devait sûrement faire l'objet d'une sélection et d'une orientation précises. La petite histoire des trente ans de retard avec traduction "arrangée" en est une preuve. Je veux en signaler une autre. Anecdote anodine, mais bien révélatrice de l'état d'esprit de ceux et celles ayant des contacts avec "l'étranger", auxquels on a inculqué que tout, au pays du communisme, est mieux qu'ailleurs, particulièrement en ce qui concerne le bien-être du peuple.

Au cours de notre périple, nous prenions un jour un peu de détente en assistant tous les trois à une séance de cinéma, dont François est très amateur. En première partie, matraquage sur les fautes commises par Staline, l'ère khrouchtchevienne remettant tout ça en ordre... Mais là n'est pas mon propos.

Le sujet du grand film suivant avait pour thème une intrigue amoureuse banale entre une jeune fille soviétique et un jeune Occidental, lequel — c'était évident — n'était pas pénétré des principes marxistes-léninistes. Peu importe le déroulement de l'action, que j'ai d'ailleurs oublié, puisque c'est à la conclusion que je veux en venir. Après avoir été répudié par son amie comme hérétique du régime, le garçon, malade, repart et meurt dans un hôpital de l'Ouest... en pays capitaliste naturellement!

Cette caricature d'hôpital délabré, en bois, et de chambre minable, avait de quoi faire crier d'indignation. Mais on n'avait pas oublié de placer deux bonnes sœurs, avec leur cornette, de chaque côté du malade, et naturellement le Christ au-dessus du lit. Devant une mise en scène aussi ridicule, affligeante, je manifestai ma réprobation à notre guide, qui m'affirma avec la plus grande conviction et même un peu de mépris :

— Parfaitement, en pays capitaliste tous les hôpitaux sont ainsi, car, en toute chose, on sacrifie le bien-être du peuple à l'argent.

— Alors demandez un visa, je vous paie le voyage pour vous faire visiter nos hôpitaux... et autres réalisations pour le peuple dans mon pays!

J'aurais été content que ce défi soit relevé... mais aurait-il été profitable? Il n'y a pire sourd que celui qui ne veut entendre. Cette propagande se manifeste d'ailleurs partout. A l'Exposition française de Moscou, une brochure officielle datée du 26 juillet 1961 invitait les visiteurs soviétiques à ne pas se laisser "duper"! Les automobiles exposées? des échantillons fabriqués pour les besoins de la cause. Les vêtements? un prêt du gouvernement français, qui en réclamera la restitution au retour, etc. Au pavillon de la sidérurgie, les panneaux indiquant le temps de travail nécessaire à un ouvrier pour acheter 1 kg de viande ou une Mobylette ont dû être retirés sur ordre supérieur, etc.

Après cette énumération, tout commentaire n'est-il pas superflu? Maintenir le peuple dans l'ignorance de ce qui se passe sous un régime différent n'est-il pas le meilleur moyen d'affirmer que le sien est le meilleur? Formons le souhait que les voyages résultant des échanges de groupes touristiques (de jeunes surtout) amènent à voir toutes choses plus objectivement, de part et d'autre d'ailleurs.

# Nous nous rendons, François et moi, dans une église

Que faire à Moscou le dimanche? François et moi décidons d'assister à un office religieux.

Nous voilà, déposés par un taxi, devant la cathédrale de l'Epiphanie, la plus grande église orthodoxe de Moscou. Comme c'est normal, nous prenons les dernières places dans une queue de 20 ou 30 m. Immédiatement une personne arrive et nous invite à la suivre. A François qui demande la raison de ce qui nous paraît être un passe-droit, il nous est répondu : « Vous êtes étrangers, vous avez droit à entrer en priorité. » Et, saisis par le bras, nous voici conduits dans le chœur, à côté des popes officiants.

Nous sommes restés là deux heures, debout, écoutant ces beaux chants traditionnels, *a cappella*, de la liturgie orthodoxe. Quel bonheur d'avoir pu assister à une cérémonie aussi grandiose! Ce qui émerveille en entrant, c'est la richesse, la somptuosité de l'intérieur de l'édifice; des sculptures, de l'or partout, entourent les icônes. Le chœur (où nous étions) et l'autel sont plus richement traités encore. Mais ce décor pompeux, voire chargé, trouve un équilibre esthétique qui manque souvent au style baroque et rococo des églises espagnoles ou portugaises, par exemple.

Les lourds ornements sacerdotaux portés par les célébrants sont à l'image du cadre par leur somptuosité, brodés de fils d'or, avec pierreries. Ajoutez à cela les chants d'une chorale dont les puissantes intonations mâles vous transportent ailleurs, et plus spécialement une voix de basse semblant sortir des entrailles de la terre.

Qu'on le veuille ou non, ce faste impressionne, et l'on est pris aux tripes.

Parlons des fidèles; serrés, agglutinés, pressés, telles les sardines dans leur boîte, comment parvenaient-ils à se signer toutes les minutes? Chose plus incroyable encore, par quel miracle cette assistance de fidèles, âgés pour la plupart, pouvait-elle se prosterner si souvent, certaines personnes parvenant même à baiser le sol? Une énigme que deux heures de présence attentive n'ont pu résoudre.

N'importe lequel de nos compatriotes arrivant de France les yeux bandés, transporté directement à la place où nous nous trouvions, se serait exclamé : l'U.R.S.S. est la nation la plus pieuse qui existe dans le monde, celle où la foi est la plus profonde. Mais il n'est que de sortir de l'office sur l'immense place, grouillante de jeunes et d'adultes, pour évaluer et comprendre le faible pourcentage de croyants-pratiquants, comparé à celui des athées ou agnostiques : une infime minorité (1).

D'après des informations qui se recoupent : sur cinquante mille édifices religieux avant 1917, il resterait aujourd'hui dix mille lieux de culte orthodoxe qui « travaillent », dont quarante-sept à Moscou. Une seule église catholique dans la capitale : Saint-Louis de France.

*Un patriotisme qui étonne l'étranger. Le premier geste des jeunes mariés est d'aller se recueillir devant le monument aux morts de la guerre.*

*(1) Lorsque nous parcourions les villes ou les campagnes, il nous arrivait de demander à l'accompagnateur du secteur en passant près d'une église : « Est-elle ouverte au culte ? » La réponse était plus souvent :* « Nié rabotat » *(non : celle-ci ne « travaille » pas), que l'inverse!*

Certains journaux et le bon reportage de Boris Netev et Fred Mayer dans le sérieux *Géo-Magazine* font observer que « depuis plusieurs années, on assiste en Union soviétique à un renouveau de la foi. Dans les églises naguère fréquentées presque uniquement par de vieilles femmes (les « babouchki »), on voit désormais de plus en plus de jeunes » précisent-ils. Même si en milieu urbain une "germination" a lieu, la croissance ne peut qu'être bien lente !

En milieu rural, le manque d'entretien des édifices religieux les condamne à la démolition. Il faut d'ailleurs un sacré courage pour manifester sa foi, face aux interdits.

D'après Georges Martin (1), en U.R.S.S. l'Église est séparée de l'État, et l'École de l'Église. Pour pratiquer leur culte, les croyants doivent constituer une association religieuse (dans un sens similaire au régime des associations françaises). Cette association doit être déclarée et comporter dans ses statuts les dispositions prévues par la loi. Pour être recevable, la demande d'enregistrement doit comporter la signature d'au moins vingt adultes jouissant de leurs droits civiques. Après enregistrement, l'association doit élire un "organe exécutif" composé de trois membres qui s'occupe de toutes les affaires de la communauté constituée. L'éducation religieuse ne peut être donnée aux enfants que si les deux parents sont d'accord.

***L'Exposition française de Moscou***

L'avant-veille de notre départ, nous avions eu la chance d'être invités à la grande réception de l'Ambassade de France, donnée pour les organisateurs et exposants de l'Exposition française de Moscou ; cela nous avait valu la remise de cartes d'invitation pour l'inauguration officielle.

Nous faisions partie du groupe des autorités qui entouraient Mme Khrouchtchev et Mme Dejean, épouse de l'ambassadeur de France.

En parcourant les stands bien représentatifs de toute notre économie nationale, en admirant la qualité des produits exposés, leur présentation artistique réalisée par nos décorateurs, chacun ne pouvait qu'être fier d'être français.

Fier d'appartenir au pays dont le mot "liberté" est, depuis deux siècles, le premier de sa devise officielle. Liberté de créer, d'entreprendre, de risquer, toutes possibilités offertes à tout citoyen en Occident et qui m'ont permis de devenir ce que je suis. Vive l'économie libérale !

Ce sera ma conclusion ici.

*C'est le retour. A l'aéroport.* De gauche à droite : *G.D., l'interprète et mon cousin Jean Bramat, ingénieur des mines.*

(1) Un kolkhoze nommé « Oukraina », *Ed. du Progrès, Moscou.*

Les choses changent en dix-sept ans!

A la suite de ce deuxième voyage de 1978 (et des trois suivants (1), j'observe combien il est risqué et grave de conséquences — pour qui se veut impartial — d'écrire une chronique à partir de données anciennes (2). Si je n'étais pas retourné en U.R.S.S. en 1978 et 1979, il est certain que toutes considérations, tous jugements portés dans ce livre d'après mes souvenirs, faisant suite à mon périple de 1961, auraient été erronés et injustes.

Revenu déçu de mon premier voyage pour le retard constaté en horticulture, c'est avec joie — et même admiration quelquefois — que j'ai découvert la modernisation et l'ampleur des nouvelles réalisations dans plusieurs domaines de l'économie, et particulièrement dans le mien.

En premier lieu, Moscou — comme toutes les autres grandes cités — a bien changé d'aspect.

Pendant le même temps, il est vrai, Paris se transformait aussi (pas forcément avec bonheur) avec les tours du front de Seine, celles de la Défense et l'incongru gratte-ciel de Montparnasse. Dans le même ordre d'idées, la bourgade d'Evry-Petit-Bourg, qui comptait 1 200 habitants en 1954 lorsque j'ai fait l'acquisition des bâtiments et de quelques hectares de terre de la ferme qui fut jadis celle de la Montespan, s'est transformée — avec la ville nouvelle d'Evry — en une cité de 50000 habitants trente années après. Donc rien de spécialement étonnant à ce que la construction d'immeubles d'habitation ait fait aussi un pas de géant au pays de Pouchkine, où pourtant la crise du logement est loin d'être résorbée.

Mais ce qui m'a le plus frappé — et même profondément étonné —, c'est de découvrir le changement qui s'est opéré, non seulement chez les Moscovites, mais aussi chez les Ukrainiens, les Moldaves et autres Caucasiens! Alors qu'en 1961 le visage des autochtones dégageait, pour beaucoup, une impression de tristesse — même à la plage —, au contraire, en 1978, j'ai vu à peu près partout (sauf, comme chez nous, en pleine campagne) des physionomies détendues, souriantes souvent, exprimant — dans la jeunesse surtout — une indiscutable joie de vivre.

Au rancart les habits sombres de jadis. Adieu aux casquettes et chapeaux du début du siècle, aux souliers rustiques et grossiers. Les jeunes filles, en mini-robes aux tissus multicolores éclatants, chaussures « new look » à semelles compensées, se pavanent, aguichantes. Les garçons en jeans, cheveux longs, chaussures à talons hauts, chemises fantaisie bariolées passeraient inaperçus dans n'importe quelle ville de France...

Non, le millésime 1978 de l'*homo sovieticus* ne ressemble en rien à celui que j'ai découvert dix-sept années en arrière. Et puis l'attitude, le comportement de tous ces gens se sont aussi modifiés à un point incroyable. Par exemple, dans les hôtels Intourist les plus modernes, réservés (en principe) aux étrangers, une jeunesse urbaine — probablement privilégiée — témoigne d'un enthousiasme délirant pour les danses U.S., avec adhésion totale aux déhanchements du jazz, du rock et du cha-cha-cha... A l'hôtel de Kichinev, où nous dînions un samedi soir, quatre mariages, faisant équipe commune, s'en sont donné à cœur joie pour les danses modernes... occidentales! J'aurais aimé pouvoir compter le nombre de bouteilles de vodka et autres boissons alcoolisées de toutes sortes vidées au cours de cette festivité collective!

*(1) En plusieurs occasions, dans mes conférences sur l'U.R.S.S., j'ai qualifié ces voyages de 1978 et 1979 de "pèlerinages" (expression que je tenais des universitaires italiens venus à Malicorne), ce qui, chaque fois, a fait sourire mes hôtes.*

*(2) Particulièrement dans le secteur économique, où tout "bouge" rapidement.*

Autre constatation :
Dans le cadre professionnel de l'horticulture, alors qu'en 1961, dans les instituts, sovkhozes et kolkhozes visités, on osait à peine répondre à mes questions anodines; au contraire, la plupart du temps, en 1978, les responsables affichent une totale décontraction en vous fournissant les explications demandées.

Mieux encore, j'ai découvert en plusieurs situations dans le secteur fruitier un esprit d'entreprise, un dynamisme irradiant de l'animateur, comparables en tous points aux performances des meilleurs chefs d'entreprise du "système capitaliste". Quelques centaines de "capitaines d'équipe" de la trempe d'Alexander Vasilievitch Vilku, et la production fruitière atteindra un bon niveau ... Oui, c'est une nouvelle génération qui se lève, ultranationaliste et fière, apparemment très confiante dans les destinées du régime, que j'ai retrouvée en 1978 et 1979. Ne nous cachons donc pas la réalité. Malgré le côté négatif de l'étatisation conduisant à la fonctionnarisation, au travail éclaté du secteur agricole (lequel dépend de plusieurs ministères), des points positifs existent. Qu'on ait pu en premier lieu en U.R.S.S. évincer le spectre angoissant du chômage est un de ceux-là. Les prix stables des denrées, face à un niveau de vie en augmentation, les loyers bon marché des appartements (sans nul doute trop exigus et trop rares) : voilà néanmoins pour le peuple soviétique des motifs d'autosatisfaction au plan matériel. Lecteurs qui doutez de mes affirmations, allez visiter la république de Moldavie. Découvrez les millions d'hectares de vignobles — très récemment implantés — tous palissés sur fil de fer et parfaitement tenus. C'est un spectacle! Essayez, comme je l'ai fait moi-même, d'imaginer les hectolitres de vins secs ou sucrés, de champagne, de cognac que cela représente. C'est, à mes yeux de néophyte en viticulture, délirant!...

La production fruitière est plus difficile à maîtriser que celle de la vigne, culture mieux connue parce que fort ancienne. Le verger géant « En mémoire de Lénine », de 6000 hectares (même superficie que notre verger iranien) d'une façade de 27 km sur l'autoroute Odessa-Moscou, en est un exemple. Dans ma conférence du 28 juillet 1978 à l'Institut horticole de Kichinev, j'en ai exposé les points faibles devant soixante-dix scientifiques. Mes explications m'ont amené — seul contre tous « c'est moi qui ai raison », ai-je précisé — à réfuter la théorie généralisée que le porte-greffe de pommier EM-IX gelait en hiver en Moldavie. J'ai donc affirmé le contraire, de la manière la plus ferme, spécifiant que si une grande mortalité d'arbres avait été constatée, elle n'était pas provoquée par le gel, mais sûrement par un excès d'eau dans le sol. Les irrigations tardives (elles doivent être arrêtées deux semaines avant la récolte), en saturant le sol d'eau, provoquent l'*asphyxie* des racines — « et peut-être aussi le gel en raison de la glace » — ai-je déclaré. Sur le coup, je n'ai convaincu personne!

Heureusement, j'ai pu apporter rapidement la preuve de mes affirmations. Le lendemain, accompagné du professeur Vladimir Polikarpov, je visitai la station expérimentale d'État (100 000 hectares!) affectée à l'étude des nouveaux matériels agricoles. Ici chaque nouvelle machine, en provenance de n'importe quel pays, est testée dès sa commercialisation! Dans cette immense exploitation existait un verger *non irrigué*, âgé de plus de trente ans... dont les arbres, en bonne santé, étaient greffés sur le fameux EM-IX! Je tenais là la preuve tangible du bien-fondé de mes théories : je triomphais sur toute la ligne... Il est quand même étrange qu'aucun scientifique ou technicien soviétique n'ait pu faire semblable constatation : une faille à mettre au compte du système, qui fait que l'erreur d'un seul (l'ingénieur hydrologue dans ce cas) a compromis les efforts de tous.

*Petrov Ivan Sidorovitch, directeur du Donplodoprom à Rostov-sur-le-Don* (3e en partant de la gauche) *— un meneur d'hommes au dynamisme incroyable — est heureux de me montrer un champ de boutures de cassissiers de toute beauté.*

*En Moldavie, avec les responsables du verger géant « En mémoire de Lénine ». Superficie en 1976 : 3500 ha, devant être portée à 6000! Porte-greffes de trop grande vigueur. Arbres chlorosés ou asphyxiés par excès d'eau d'irrigation et absence de drainages.*

*En Moldavie, au Sovkhoze « Dniestro » le verger de quarantaine et d'expérimentation des arbres fruitiers provenant de nos pépinières de Malicorne (sujets de trois ans). Notre ingénieur Gérard Guillier près de la variété « Delbarestivale ».* En face : *« Super-comice Delbard ». Ce sont deux de nos obtentions.*

Cette production fruitière s'avère pourtant tout aussi gigantesque que le vignoble, dans les réalisations déjà faites comme dans les extensions programmées. Les vergers industriels intensifs que l'on implante dans toutes les régions au climat propice des républiques méridionales découlent de l'appréciation de la grande rentabilité de ce type d'exploitation par les agronomes soviétiques, qui ont découvert les vergers français modernes.

Nous en avons mesuré le développement en Ukraine sous la houlette des directeurs Gutchin et Cheremet, ainsi qu'à Rostov-sur-le-Don, avec Petrov Ivan Sidorovitch. Enfin, plus spécialement encore en Moldavie.

J'ai déjà cité les qualités de "fonceur" d'Alexander Vasilievitch Vilku, docteur ès sciences économiques et sous-directeur de l'Institut de Kichinev. C'est le "patron" du Kodru, organisme centralisateur qui supervise la gestion de 38 000 hectares, dont 30 000 de grandes cultures, 6 000 de vergers et vignes et 2 000 de pépinières... sans compter le bétail ! C'est, annonce fièrement le directeur A.V. Vilku, l'alliance de la science dans la main gauche avec la technique dans la main droite. Un tout qui se veut efficient.

La preuve nous en a été fournie au sovkhoze "Dniestro" (3 100 hectares). Les pépinières fruitières, qui ont seulement débuté en 1975, couvraient 470 hectares trois ans après. Les 130 hectares de vergers devaient être portés à 600 ; le vignoble atteignait cette même surface. Il régnait dans cette imposante exploitation un dynamisme, un sens des responsabilités joyeusement assumées qui faisaient plaisir à voir.

Après cette bonne journée, le repas typique dans la maison du directeur, au centre du village, sur le rivage du Dniepr. Intérieur fort simple, mais accueil chaleureux. Les victuailles couvrent toute la table. Pas la moindre place disponible autre que celle de votre assiette et des verres. Dès que l'on est assis, comme partout ailleurs, chacun des convives présents offre à l'invité d'honneur le morceau qu'il estime le plus délicat. Cela finit par un imposant mélange où dominent les hors-d'œuvre. Pendant le repas, la maîtresse de maison s'affaire et apporte plusieurs plats chauds en sauce (porc, volailles) excellemment préparés. Naturellement, le tout bien arrosé de toutes sortes de vins. Plusieurs toasts de bienvenue à la vodka sont prononcés, auxquels je dois répondre. Pendant ce temps, chaque fois qu'il y a une petite place dans l'assiette, vite, on vous en remet... Il faut beaucoup manger pour bien boire : tel est le leitmotiv... Une ambiance particulièrement chaleureuse, expansive, bruyante même, mais indiscutablement fort sympathique et cordiale.

De cette industrialisation de la production fruitière soviétique, je crois pouvoir revendiquer une part du succès. J'en veux pour preuve la double déclaration de M. A. V. Morozov, directeur général de l'horticulture au ministère fédéral de l'Agriculture lors de notre arrivée à Moscou. Ce haut fonctionnaire a reconnu sportivement, lors de cette entrevue (1), que, d'une part, mon film *Vergers de France d'hier et d'aujourd'hui*, projeté régulièrement, était à l'origine de cet engagement dans la mise en marche de techniques agronomiques nouvelles. D'autre part, M. Morozov a vivement déploré que ma proposition de 1961 relative à la création d'un verger pilote Delbard de 500 hectares à Krasnodar n'ait pas abouti. « Nous avons perdu de ce fait dix années dans l'amélioration de notre production fruitière », a précisé notre interlocuteur... aveu qui fait chaud au cœur quand on l'entend, mais dont l'enseignement n'a même pas été profitable, comme nous allons le voir.

*(1) M. Telitzine, ancien conseiller agricole à l'Ambassade d'U.R.S.S. à Paris, venu plusieurs fois à Malicorne, en était l'interprète.*

# Nouveaux vergers intensifs de type industriel

*En Moldavie, au Technicum de l'université agricole de Tsaul. Verger intensif de pommiers conduits suivant notre méthode du gobelet étroit (flûte à champagne). Arrosage moderne au système goutte à goutte.* De gauche à droite : *le directeur du Technicum, A.V. Vilku et G.D.*

*Lors d'une deuxième visite au Technicum de Tsaul, Henri Delbard pose devant une ligne de pommiers de ce même verger. Il s'agit de notre variété « Starkrimson ».*

*Dans le verger de pommiers d'un sovkhoze moldave.* De gauche à droite : *Henri Delbard, A.V. Vilku, les responsables de l'exploitation, l'interprète, et Robert Fauchon, notre technicien-expert (le dernier à droite).*

# Traiter des affaires avec l'U.R.S.S. n'est pas chose facile

A l'issue de quatre voyages que nous avons faits en Moldavie (mon fils Henri, moi-même et nos ingénieurs) de 1978 à 1981, il nous semblait qu'un courant d'affaires important était en vue. D'autant plus qu'un contrat fut signé par nous avec le premier ministre de cette république : contrat qui prévoyait, avec la fourniture importante d'arbres fruitiers Delbard, étalée sur plusieurs années, un échange des techniques, assorti de l'envoi en U.R.S.S. de techniciens français et l'accueil chez nous de techniciens soviétiques. Malheureusement cet accord ne reçut pas le feu vert de Moscou. Nous ne désespérons pas cependant, étant donné notre position privilégiée en U.R.S.S., de renouer le dialogue un jour...

Traiter des affaires avec l'U.R.S.S. n'est pas chose facile. Il y faut, en tout cas, une sacrée dose de patience — et de constance — avant de parvenir à des solutions positives.

Qu'il me soit permis, en terminant, de donner une précision personnelle sur des faits vécus. Si, en maintes occasions, un responsable du Parti assistait à nos entretiens, spectateur muet, mais sûrement pas sourd, en revanche je crois honnête d'apporter une information sur le mythe du policier suivant chaque étranger. Je n'ai pu vérifier l'existence de ce garde-chiourme. Même en 1961, où notre jeune interprète arrêtait parfois son travail à 18 h pile, nous pouvions nous promener librement dans le lieu où nous nous trouvions. Voilà honnêtement ce que j'ai vécu en U.R.S.S.

Mais, puisque nous sommes en régime socialiste, voyons comment les choses se passent en d'autres pays "frères" d'Europe centrale.

*Partie de chasse en Moldavie en l'honneur de mon fils Henri.*
*Le premier ministre M. Grossov* (à gauche) *serre la main d'Henri en lui remettant son trophée. MM. A.V. Vilku et R. Fauchon* (à droite).

*En Roumanie : scène folklorique villageoise.*

Au lendemain de la Seconde Guerre mondiale, l'occupation par les forces soviétiques des différentes nations de l'Europe de l'Est a eu comme corollaire la collectivisation des terres. Toutefois elle ne fut pas aussi radicale qu'en Union soviétique, car, dans ces pays, le paysan était souvent propriétaire de sa terre, d'où une population rurale plus évoluée et plus indépendante. La résistance de ces petits propriétaires a d'ailleurs été farouche partout, et particulièrement en Pologne, en Hongrie et en Yougoslavie. De ce fait, le pouvoir a été contraint d'accorder la libre disposition de la petite ferme familiale.

En revanche, tous les grands domaines fonciers sont devenus fermes d'État, à l'image des sovkhozes de l'U.R.S.S. L'étatisation de ces importantes unités n'a pas toujours été la solution bénéfique assurant les meilleurs rendements, même dans le cas des productions agricoles traditionnelles. Cependant, force est de reconnaître que, dans le secteur de l'horticulture (partie noble de l'agriculture, sujet qui nous intéresse ici), ces grandes exploitations étatisées ont permis une approche et une application des techniques nouvelles et spécifiques que la paysannerie traditionnelle ne pouvait assumer... comme d'ailleurs partout dans le monde. La raison primordiale est que ces fermes d'État bénéficient, au départ, des crédits nécessaires. Il leur est ainsi possible de procéder aux investissements importants que représentent ces "cultures riches", généralement établies à l'échelle industrielle. Car il en coûte beaucoup pour implanter un verger, depuis l'acquisition du machinisme agricole, en passant par la mise en valeur des terres, l'achat des végétaux et leur entretien jusqu'au moment des premières récoltes. Il en coûte aussi énormément pour construire des serres destinées à la production des légumes primeurs et des fleurs.

D'autre part, il faut à ces exploitations, pour en assurer la gestion, un encadrement humain — scientifique, technique et commercial — de haut niveau. On comprend donc que, dans le secteur de l'horticulture, l'économie dirigiste ait permis, grâce à ces grands combinats, de mettre en place des productions que la paysannerie traditionnelle — fût-elle groupée en coopératives — ne pouvait assumer. Par ailleurs, ne pas avoir à convaincre les exploitants individuels pour que s'effectue un changement économique souhaitable, comme il en va en économie privée ; pouvoir implanter chaque culture dans la zone la plus favorable, voilà indiscutablement — au départ — des atouts pour le système socialiste. Je dis bien : au départ, car à l'arrivée les choses changent souvent. Il faut avoir vu — comme je l'ai vu en Roumanie par exemple — les affrontements terribles qui s'instaurent entre les différents responsables de la planification pour l'affectation des sites. Un seul exemple : en vue d'une nécessaire mécanisation, alors que nous recommandions de choisir les plaines les plus fertiles pour les vergers intensifs (« 50 tonnes de fruits-hectare, cela produit plus de revenus que 50 quintaux de blé ! », disions-nous), les céréaliers s'y opposaient, décrétant que la place des arbres fruitiers a été de tout temps dans les coteaux !

D'autre part, le régime de responsabilité "éclatée" ou répartie sur plusieurs têtes — qui s'ignorent — conduit souvent à des déboires dans ces grandes exploitations. En Roumanie toujours, visitant un verger de pêchers dont je disais que les fruits devaient être cueillis d'urgence, on me répondit qu'ils le seraient dans quatre jours, en raison d'un "pont" de vacances valable pour tous les citoyens... Résultat : lorsque, quelques jours après, je visitai la station de triage, les pêches étaient complètement gâtées ! Un exploitant privé, dont pareil résultat se serait traduit par l'aplatissement de son portefeuille, aurait-il eu un comportement aussi aberrant ?

# Voyage en Europe centrale en été 1964

## VOYAGE EN EUROPE CENTRALE
## *de Monsieur Georges DELBARD et de son fils Henri*

En Juillet-Août 1964, nous avons effectué un voyage d'étude en Europe centrale, séjournant particulièrement en Hongrie, Roumanie et Tchécoslovaquie.

Après les U. S. A., l'U. R. S. S., le MOYEN-ORIENT, l'AFRIQUE DU NORD, il était important pour nous de faire le point du potentiel fruitier des pays d'Europe centrale, pays en pleine évolution dont le système économique, étatisé et planifié à l'échelon national, est évidemment très différent du nôtre.

Nous devons, en tout premier lieu, remercier les Gouvernements de ces pays, où nous avons été reçus de façon officielle mais aussi très cordiale, et leur dire combien nous avons été touchés par toutes les marques de considération et de sympathie, qui, à travers nos personnes, s'adressaient certainement à notre Pays.

Dans chaque capitale, il nous fut demandé de faire une conférence technique devant les Directeurs de la Recherche, de la Production et du Commerce. Dans le cabinet de chaque Ministre de l'Agriculture eut lieu, ensuite, un colloque restreint concernant les problèmes économiques. A chaque fois, en début d'entrevue, j'ai demandé à mes hôtes, s'ils étaient bien d'accord sur deux points, fondamentaux, à savoir :

— Si l'optique pour le marché futur des fruits était orientée vers un libéralisme toujours croissant des échanges commerciaux avec nos pays occidentaux.
— Si, d'autre part, le principe d'une production subventionnée, était vraiment écarté en ce qui concerne les fruits.

Dans chacun de ces pays, il me fut répondu par l'affirmative à ces deux questions. Dans ces conditions, il s'agit donc d'une compétition en puissance, on ne peut plus loyale, et compréhensible, à laquelle nous devons nous préparer.

Au cours de notre Journée Internationale d'Économie Fruitière du 21 Septembre 1964, à laquelle assistaient les conseillers agricoles de ces trois pays, nous avons fait ressortir les atouts de la production française, dont nous donnons un résumé en page suivante.

*BUDAPEST : Le majestueux PALAIS DU PARLEMENT de style néo-gothique bordant le Danube, dresse son importante architecture datant du 19e siècle, au centre de la ville neuve et moderne de PEST. BUDA est bâtie sur les collines de l'autre rive du Danube autour d'un très ancien château.*

★

***En corollaire à ce voyage, nous avons eu le plaisir, en Septembre-Octobre 1964, de montrer l'importance de nos travaux de recherches et de production fruitière, à trois délégations d'éminentes personnalités hongroises, tchèques et roumaines, qui ont pu également admirer, au cours d'un circuit à travers la France, les vergers conduits en Tricroisillons-Delbard, chez nos plus importants clients.***

***Pendant l'été 1965, des ingénieurs agricoles de ces pays sont venus faire un stage de perfectionnement dans notre exploitation de Malicorne.***

***Il est résulté, de ces différents contacts, des accords professionnels et commerciaux qui placent nos Établissements au premier rang, dans ces pays où la France tient une si grande place. De ce fait, nous venons de franchir un pas nouveau et important en ce qui concerne notre implantation internationale.***

*Notre rayonnement international s'affirme toujours davantage en s'étendant à de nouveaux pays.*

*BUCAREST : Cette ville de 500 ans porte allègrement son âge... La capitale de la Roumanie acquiert journellement plus de beauté et de jeunesse.*
*Le PALAIS DU CONSEIL D'ÉTAT au centre d'un nouveau quartier complètement rénové.*

*ROUMANIE : Folklore toujours vivant ! Scène de vendanges en chatoyant costume régional.*

*PRAGUE : La TOUR POUDRIÈRE se situe actuellement au centre de PRAGUE. A l'origine, elle constituait une des portes d'accès dans les fortifications enserrant la ville. Les rues autour de cette Tour portent encore la dénomination de « fossé », ce qui est bien conforme aux origines.*

*Document paru en 1965 sur ce voyage.*

# La République socialiste de Roumanie

La réussite de mon voyage en U.R.S.S., en compagnie de mon fils François, m'a donc conduit à penser qu'une approche des démocraties populaires d'Europe centrale pouvait avoir un intérêt pour ma firme.

Après avoir contacté les ambassades de trois nations : Roumanie, Hongrie, Tchécoslovaquie, ce voyage fut programmé pour l'été 1964. Cette fois je décide qu'Henri, le cadet, m'accompagnera. Semblable résolution sera profitable à tous les deux; elle apportera :

— au père, la joie de bénéficier de la présence filiale, avec possibilité de dialogue;

— au fils, l'intérêt de découvrir un système économique nouveau : le régime collectiviste (avec ses avantages et ses grandes faiblesses), bien différent du nôtre. Merveilleuse leçon d'économie et expérience très enrichissante pour un jeune homme de vingt ans!

A Bucarest et à Cluj, après la projection du film *Vergers de France d'hier et d'aujourd'hui*, le flot jaillissant des questions-réponses. La langue roumaine, dérivée du latin (avec cependant un fort apport de vocabulaire slave), est assez proche de l'italien; certains mots s'écrivent presque comme en français.

Cette parenté des langues m'a permis de traiter chaque fois mon sujet en français et d'être compris sans le secours de la traduction. De même j'ai pu répondre facilement aux questions posées en roumain. Il est vrai que des deux côtés le sujet était familier. Les termes techniques universels, une diction lente et correcte ont facilité cet échange d'informations dans chaque langue.

A Bucarest, la télévision, la radio, la presse étaient présentes. Devant cet auditoire attentif, je me suis exprimé avec une faconde exceptionnelle, engendrée par la sympathie rayonnante de l'assistance. Devant la netteté de mon propos, je crois avoir obtenu, ce jour-là, un autre grand succès de ma carrière de jardinier-conférencier!

Au point qu'à la sortie, mon fils Henri, visiblement enchanté par ma prestation, me déclara spontanément :

— Papa, tu as été brillant!

Lors de ma "Radioscopie" le 29 septembre 1975, Jacques Chancel me posa la question *in fine* :

— Qu'est-ce que les fils pensent du père?

J'ai d'abord bredouillé quelque peu, car il n'est pas facile de répondre, *ex abrupto*, à une question aussi inattendue... et quelque peu perfide. Puis, me souvenant de l'épisode roumain et des félicitations du fils, j'en fis part à mon interlocuteur. Sur cette anecdote, Jacques Chancel a stoppé l'entretien, concluant :

— Merci Georges Delbard (1)...

C'était, comme on dit, une bonne chute!

Lors de ce premier voyage à travers la campagne roumaine une voiture officielle avait été mise à notre disposition. Nous étions accompagnés par Stefan Nicolae, vice-ministre de l'Agriculture, actuellement ambassadeur de Roumanie en Iran.

A ce sujet, il me faut dire comment certaines choses se passent en pays socialiste. Quand vous montez en voiture, le chauffeur vous ouvre la portière après s'être découvert. Au restaurant, il ne mange jamais dans la même salle que les passagers; il n'a absolument pas le droit de boire de vin... C'est étonnant, la "société sans classes"...

*(1) Cet épisode est cité à nouveau à la fin de ce livre, au chapitre «Radioscopie de Jacques Chancel».*

# La République socialiste de Roumanie

A chaque étape, nous avons pu prendre contact avec les responsables des différents centres fruitiers ou horticoles : Ploiesti, Cimpina, Brasov, pour terminer à Cluj, chef-lieu de la Transylvanie. Une très belle ville, qui possède une université florissante et une station horti-viticole renommée. Je retrouvais là le directeur Rudolf Palocsay (1), que j'avais reçu en France, et Stefan Wagner, spécialiste des questions fruitières. J'ai eu le plaisir de rencontrer ce dernier au Congrès international des roses en 1983, à Baden-Baden (2).

A l'issue de cette première exploration, il m'avait été demandé de présenter un projet pour l'implantation de deux vergers pilotes : l'un de cent hectares de pommiers, l'autre de cent hectares de poiriers.

Début novembre 1964, je repartais donc en Roumanie avec mon projet dans ma serviette, accompagné de Robert Fauchon. Les visites recommencent, des réunions ont lieu, d'où il ressort qu'il faut voir toutes choses à plus grande échelle.

La fin de ce voyage coïncidait avec la présence à Bucarest d'Edgard Pisani, alors ministre de l'Agriculture, venu justement pour discuter du développement des échanges agricoles et horticoles entre les deux nations. Lors de la réception donnée en son honneur par l'ambassadeur de France, à laquelle j'étais convié, la chance me fut offerte de pouvoir entretenir ce dernier, ainsi que notre ministre de tutelle, de l'action que j'avais engagée.

L'ambassadeur ne manqua pas de me mettre en garde, précisant : « Si on vous demande une étude, faites-la payer : vous pourrez toujours en déduire le montant de vos fournitures, le cas échéant. »

Et de me citer le cas d'une grande entreprise française (Péchiney, je crois) à laquelle le gouvernement roumain avait demandé d'établir gratuitement toutes les études et tous les plans pour la construction d'une usine, clés en main, contre la promesse que la société française obtiendrait le marché. Or, une fois le dossier bien au point, les appels d'offres furent envoyés tous azimuts. Finalement, conclut l'ambassadeur avec humour, « c'est tout juste si on a accordé la fourniture des boulons pour prix de l'étude ! » (3).

Le retour s'est effectué en compagnie du ministre Edgard Pisani. Dans l'avion, j'ai pu ainsi discuter librement avec lui des problèmes concernant l'horticulture. Mon opinion, après cet entretien, est que notre ancien commissaire à la C.E.E. est une forte personnalité, douée d'une intelligence brillante, d'une énergie peu commune, le tout associé à une claire vision des problèmes agricoles.

Peu après, je reçois la visite à mon bureau de Paris de M. Alexandru Moghioros, vice-président du Conseil des ministres roumain et ministre de l'Agriculture, qu'accompagne le Docteur Victor Dimitriu, ambassadeur de Roumanie à Paris.

*(1) Décédé en 1978.*
*(2) Il m'a fait un présent agréable et inattendu, dont je parlerai au chapitre des roses du second tome.*
*(3) Malgré cette mise en garde, je me suis laissé prendre en partie, moi aussi, comme nous le verrons plus loin.*

Ces hautes personnalités sont venues pour me confirmer l'intérêt que porte leur gouvernement à une collaboration — qualifiée d'exemplaire (1) — de ma firme avec la République populaire de Roumanie (R.P.R.).

Je me souviens de l'attitude et des paroles confiantes et cordiales du président Moghioros, qui, au moment de me quitter, alla jusqu'à me prendre par l'épaule, déclarant : « Je vous considère comme mon fils » (2).

La tâche qui nous était assignée comportait au départ deux orientations (3) :

— création d'un complexe fruitier ;

— aménagement d'espaces verts.

L'amabilité bienveillante et encourageante de l'ambassadeur de Roumanie à Paris, le docteur Victor Dimitriu, m'incite à brûler les étapes. Le voyage en Roumanie est décidé sans retard en janvier 1965, pour satisfaire deux priorités :

— définir les objectifs exacts de notre mission, après reconnaissance des différents sites où il est prévu qu'elle s'exerce ;

— gagner du temps afin que les travaux de préparation des sols puissent avoir lieu pendant la belle saison.

Je demande à deux amis de m'accompagner pour me seconder :

— Roger Ancian, arboriculteur, président de la Société d'intérêt collectif agricole S.I.C.A. Fruit à Agen, pour la partie concernant le complexe fruitier ;

— Jacques Frange, ingénieur D.E.S.H., architecte-paysagiste D.P.L.G., pour ce qui a trait aux espaces verts.

L'entourage professionnel constitué, les visas obtenus sur-le-champ, nous prenons tous les trois l'avion le 17 janvier 1965. A l'arrivée, au pied de la passerelle, nous attendaient : Gheorghe Stanciu, secrétaire du Conseil supérieur de l'Agriculture, et le professeur Vasile Sonea, ingénieur horticole, diplômé de l'École nationale supérieure d'horticulture de Versailles. Trois voitures officielles étaient là... Ayant remis nos passeports à nos cicérones, nous partons sans aucun contrôle de police ni de douane... tels des diplomates de haut rang !

Au cours du dîner à l'hôtel *Ambassador* où nous résidions, nos hôtes nous font part du programme prévu :

*Lundi 18 janvier* — 9 h : Rendez-vous au ministère de l'Agriculture pour l'élaboration du programme, réunion suivie d'un repas. — 15 h : Visite de Bucarest.

*Mardi 19* : Départ à 7 h, circuit pour la reconnaissance des meilleurs terrains arboricoles, Pitesti, Hurezi, Gisnadie, Brasov où nous devons passer la nuit.

*(1) Son envergure, nous disait-on, devait constituer une des composantes de l'ouverture de l'économie occidentale vers celle de l'Europe centrale... et réciproquement !*

*(2) Propos qu'il a tenu à répéter lors de la réunion au Palais du gouvernement à Bucarest, devant toutes les personnalités rassemblées. Propos qui n'a pas été sans provoquer l'animosité de certains hauts fonctionnaires roumains. Cela n'aurait pas eu de conséquences fâcheuses... si nous avions conservé notre mentor...*

*(3) Mais la demande embrassait bien d'autres secteurs ! Notamment celui de l'horticulture florale. Désirant voir les grandes villes roumaines dotées de magasins de fleurs à l'échelle de ceux des fleuristes parisiens, on m'avait prié de trouver un professeur d'art floral. J'avais proposé notre regretté voisin fleuriste de l'avenue Victoria — M. Coutureau —, lequel devait aussi prendre en charge la conception et l'installation de boutiques modernes de fleuristes.*

Le programme prévoit encore :

*Mercredi 20* : Visite de la ferme d'État de Cimpina. Échanges de vues sur place pour la création d'un verger d'environ 1 200 hectares.

*Jeudi 21* : Visite des réalisations agro-industrielles récentes :

— complexe du « 30 Octobre » d'élevage de volailles et de production d'œufs ;

— complexe horticole de 15 hectares de serres, livrées par les Hollandais clés en main, dont nous devons conseiller l'orientation des productions ;

— le soir, banquet officiel à l'hôtel *Athénée Palace*, présidé par deux ministres, suivi d'un spectacle à l'Opéra de Bucarest avec *Carmen* au programme.

*Vendredi 22* — 9 h : Séance de travail avec les différents interlocuteurs rencontrés et échanges d'informations. — 15 h : Conférence présidée par M. Moghioros, vice-président du Conseil des ministres, ministre de l'Agriculture, assisté de MM. Schiopu Bukeou, Nicolae Giosan et Gheorghe Stanciu.

*Samedi 23* : En début de matinée, conduite à l'aéroport avec le même cérémonial qu'à l'arrivée : voitures officielles qui nous déposent au pied de la passerelle de l'avion où des places nous sont réservées, remise de cadeaux.

Cinq journées de travail au cours desquelles nous fûmes confrontés aux spécialistes, aux responsables économiques et politiques... Le plus souvent sous l'œil inquisiteur, malgré sa relative discrétion, du représentant du Parti, dont la mission était d'enregistrer les conversations. Le nombre — et la qualité — des personnalités rencontrées est impressionnant. Nous renonçons à les énumérer, car cela n'aurait guère d'intérêt ici.

Au retour, dans l'avion, nous échangeâmes nos sentiments sur les hauts moments de la conférence terminale, et particulièrement sur l'exposé de M. Moghioros fixant le cadre de notre collaboration, qualifiée par lui de « présente et future » (compte tenu des connaissances et de l'expérience que nous apportions).

Les bases et énoncés des deux rapports à établir : création d'un complexe fruitier et aménagement des espaces verts, ayant été retenus en première urgence, leur rédaction et leur envoi à M. Moghioros par la filière de l'ambassade de Roumanie à Paris se firent fin février 1965.

A la période d'attente, puis à l'enthousiasme manifesté par M. Moghioros succédèrent les graves ennuis de santé de ce dernier. Gheorghe Stanciu vint au Salon international de l'agriculture en février-mars 1965 : les contacts avec lui et l'ambassadeur étaient à nouveau tellement empreints de confiance et de cordialité qu'ils dépassaient, à vrai dire, le cadre de la collaboration technico-économique normale.

Mais la clef de voûte de nos projets roumains restait M. Moghioros ; c'est de lui que dépendait la décision finale. Hélas ! son état de santé s'altéra rapidement, au point qu'il dut renoncer à exercer ses fonctions. Rien ne fut donc décidé malgré la poursuite des échanges d'informations par l'intermédiaire de l'ambassadeur à Paris, qui nous demanda de prévoir un nouveau voyage en mars 1967 pour essayer de progresser.

Dès notre arrivée à Bucarest, nous perçûmes que les choses avaient changé. A l'hôtel récemment ouvert dans le quartier célèbre par son équipe de rugby de « Grivita Rosie », nous retrouvâmes Vasile Sonea et Gheorghe Stanciu.

Ceux-ci nous firent part du programme prévu pour les trois jours suivants :

*14 mars 1967* : Réunion présidée par M. Vedeanu, secrétaire général au ministère de l'Agriculture, en présence de MM. Davidescu, vice-président du Conseil des ministres, et Stanciu.

*15 mars* : Voyage à la ferme d'État de Cimpina et visite des serres de Ploiesti, chauffées par la récupération des calories de la centrale thermique.

*16 mars* : Réunion avec M. Davidescu, vice-président du Conseil des ministres.

Des personnalités d'un rang honorable, mais à un échelon nettement inférieur par rapport à celles de la réunion du 17 janvier 1965.

Des études et propositions préalables nous étaient demandées pour la collaboration technique, la fourniture des végétaux, la transformation industrielle des fruits. Toutefois, un point nouveau, inquiétant et astucieux, nous était proposé pour le financement. En fait, on souhaitait surtout que nous devenions les agents commerciaux de la Roumanie en tous pays, étant donné qu'on nous offrait de payer nos factures (fournitures et services) par compensation du bénéfice des ventes faites par nos soins des produits roumains (1)... Une telle exigence faisait de nous (fournisseurs et experts) des associés commerciaux responsables, avec tout ce que cela comporte de risques. En bref, tout était possible pour nous à la condition que nos partenaires s'engagent... sans bourse délier. A ces prétentions, évidemment inacceptables, s'ajouta le sentiment d'être déjà frustrés lors de la visite de la ferme d'État de Cimpina, où il était entendu que nous devions collaborer à la mise en place de vergers industriels. Nous découvrîmes que 600 hectares avaient été plantés, à notre insu, durant les hivers 1965-1966 et 1966-1967. Le travail avait été effectué en courbes de niveaux, observant en cela l'impératif primordial que nous avions souligné dans notre avant-projet de février 1965. Nous comprenions enfin ce qu'on attendait de nous : directives gratuites avec frais de déplacements à notre charge sans compensation de fournitures... C'est-à-dire qu'au marché de gré à gré pour la fourniture de végétaux et matériel avec assistance technique, opération normale telle que l'avait définie M. Moghioros, ses successeurs pensaient substituer la politique du : produisez chez nous, vous pourrez vendre moins cher !... Aussi les choses en restèrent-elles là.

Les mois passèrent sans nouvelles, jusqu'au jour où je reçus une lettre confirmant en tout point ce qui précède. Le signataire, Gheorghe Stanciu, promu directeur de la section Horticulture au ministère de l'Agriculture, me faisait une proposition incroyable. Nous devions fournir — sans paiement — une quantité impressionnante de pruniers d'Ente pour plusieurs centaines d'hectares de vergers. Les Roumains en assuraient la culture. Ils réalisaient les installations de séchage. Toutes ces dépenses étaient comptabilisées pour être déduites de la vente des pruneaux que je devais prendre en charge. Le bénéfice partagé moitié-moitié "assurait" notre rétribution...

Ayant fait la réponse qui convenait à ce marché de dupes, nous n'avons plus entendu parler des projets roumains. Il est vrai qu'entre-temps M. Moghioros, opéré d'un cancer du cerveau à Villejuif, était décédé. L'ambassadeur Victor Dimitriu, ayant acquis la nationalité française après moultes tribulations, devenait professeur à l'École de médecine de Paris. Sa charmante épouse, également médecin, à laquelle j'ai dédié une belle rose, était nommée chef de service dans un important laboratoire français de produits pharmaceutiques. *Alea jacta est !...*

*(1) Performance que peut probablement se permettre J. B. Doumeng, mais qui n'entre pas dans nos attributions.*

# Devant le monument d'Austerlitz

*Avec mes accompagnateurs tchécoslovaques.*
*Situé en Moravie méridionale, le monument commémore la bataille livrée par Napoléon Ier aux armées austro-russes, le 2 décembre 1805. Cette victoire, fruit du génie militaire de l'empereur, coïncidait jour pour jour avec l'anniversaire de son couronnement.*

*Technique du "nid".*
*Trois pêchers, groupés en "pied de marmite" que l'on recèpe tous les deux ou trois ans.*

# La Tchécoslovaquie

Le 30 septembre 1938, la France et l'Angleterre signaient avec Hitler et Mussolini les fameux accords de Munich qui livraient la Tchécoslovaquie — l'alliée dont elles avaient garanti les frontières — aux appétits nazis. Cette véritable trahison aurait pu détruire à jamais les liens amicaux qui ont, depuis toujours, uni Tchèques et Français. Curieusement, c'est peut-être dans ce pays que, moins de trente ans après, j'ai senti, au contraire, les plus vifs sentiments d'affinité fraternelle et de cordiale bienvenue. Une intense chaleur humaine nous a été témoignée au cours de nos deux séjours : le premier en 1964 avec mon fils Henri, le second en 1965 avec Robert Fauchon.

A l'époque, l'arboriculture fruitière tchèque cherchait sa voie : aussi notre venue a-t-elle été particulièrement appréciée. L'expérimentation se rapportant aux vergers intensifs d'arbres nains, dénommés plus tard, en France, "vergers à haute densité", était déjà à l'ordre du jour.

Dans la station officielle qui nous accueillait, j'avais été intrigué par la technique dite "du nid", dont le but était de planter un nombre considérable d'arbres fruitiers à l'unité de surface pour augmenter les rendements. Du moins le croyait-on... Les arbres étaient mis en place à des espacements réduits sur le rang : 0,30 m — 0,50 m — 0,75 m — 1 m, plantés soit individuellement, soit groupés par deux ou par trois. Une partie était exploitée normalement. Dans une autre, les arbres étaient coupés au pied (recépage total) tous les deux ou trois ans, pour assurer leur rajeunissement (1). Une technique assurément farfelue, mais qui pouvait se concevoir dans une station d'État, ne serait-ce que pour démontrer... ce qu'il ne faut pas faire !

En Tchécoslovaquie, les grands vergers se situent au sud du pays, près de la frontière hongroise. En Moravie d'abord, au sud de Brno. En Slovaquie ensuite, entre Bratislava et Komarno, région très fertile, protégée des vents froids par les derniers chaînons carpatiques, s'étendant le long du Danube.

A la suite de ces visites et des contacts établis au plus haut niveau, un *gentlemen's agreement* oral fut conclu, basé sur une collaboration confiante, qui paraissait bien s'établir. En contrepartie de la promesse de fournitures ultérieures de matériel végétal sélectionné, j'acceptai aussitôt la proposition du ministre de prendre en stage de formation quatre ingénieurs spécialisés. Ceux-ci restèrent plusieurs mois à Malicorne. Leurs frais de séjour (hôtel, voiture, déplacements dans les différentes régions de production fruitière, etc.) étaient à notre charge. J'ai pu apprécier immédiatement la perspicacité de nos stagiaires. Conduits dans notre verger d'étude en tricroisillon, pour la comparaison de productivité du "mariage" porte-greffe - variété, leur premier travail fut de dénombrer les coups de sécateur sur chaque type d'arbres. C'était fort astucieux : une telle idée de départ relevait d'un esprit pratique indiscutable pour une bonne approche des frais d'exploitation. Nos invités ayant bien assimilé toutes choses et largement profité de notre savoir-faire, nous étions en droit d'espérer de leur gouvernement des fournitures de compensation en retour. Or, après plusieurs mois — et bien des difficultés, paraît-il — une commande d'arbres fruitiers d'un million de centimes nous parvint... alors que nous avions déboursé trois fois plus pour instruire nos partenaires.

J'ai ainsi appris, à mes dépens, qu'il est souvent préférable pour les résultats du bilan financier de manquer d'entregent que d'en avoir trop ! De ce fait, pour la bonne marche des affaires, il m'a fallu ultérieurement être plus circonspect et plus réaliste.

*(1) Les Anglais avaient donc du retard quand ils ont cru inventer le "verger prairie" super-intensif fondé sur les mêmes principes. De même à Bordeaux quand on a prôné, bien plus tard, le verger à haute densité... Tout un chacun se découvre et se veut "inventeur", c'est bien connu !*

# L'agro-kombinat de Dzervin

*Les bâtiments administratifs industriels bien fleuris.*

*La production des mûres palissées (Black Berry Thornfree).*

*Un verger de cerises griottes (variété Oblacinska).*

La Yougoslavie, c'est le pays de l'autogestion : il fut un temps où sa quasi-généralisation dans les fermes d'État, coopératives, kombinats, paraissait être la panacée. Il ne me semble pas que les résultats économiques actuels le confirment tout à fait. En outre, un important secteur de petits agriculteurs indépendants continue à subsister et leur nombre semble même s'intensifier.

Le principe de l'autogestion en pays socialiste me paraît d'ailleurs être bien différent de celui cher à Edmond Maire (1). Cela au motif que les équipes dirigeantes ne me semblent pas fonctionner autrement que le font les responsables des sociétés capitalistes, pour ce qui concerne la gestion de la production en tout cas. Il y règne même un respect — une déférence — du personnel envers l'autorité bien plus marqué qu'en France. Ce que j'ai entrevu me laisse donc supposer que ce n'est pas demain — en pays socialiste — que le personnel retiendra le directeur prisonnier dans son bureau, comme cela s'est produit en France dans certaines entreprises industrielles...

Pour qu'une affaire — principalement une affaire agricole — "tourne" bien, fasse du profit, il faut non seulement une bonne gestion intérieure, mais surtout une direction qui ose entreprendre, qui recherche... et trouve les débouchés. C'est cette responsabilité astreignante, écrasante, ce risque calculé que prend nécessairement tout "patron capitaliste" qui veut réussir. C'est, *a contrario*, ce qui manque à la direction collégiale en pays socialiste. D'où les "appels du pied" qui nous ont été faits partout pour une collaboration commerciale.

Ce businessman américain avait raison lorsqu'il me disait, à propos de mon étude de la mécanisation en Californie dans le secteur de la pépinière et des vergers :

— Vous venez chercher ici la "machine à produire"; tâchez donc plutôt de trouver la "machine à vendre".

Mon voyage en Yougoslavie de mai 1979 m'a permis d'étudier le fonctionnement de quatre kombinats agro-industriels fruitiers. Nous n'avons pas caché notre satisfaction concernant l'effort réalisé particulièrement pour la production des petits fruits rouges (cerises griottes, framboises, groseilles, cassis, mûres, fraises, etc.).

Une proposition de collaboration nous avait été demandée par l'important kombinat de Dzervin à Knjazevac, gros producteur des espèces fruitières citées plus haut et aussi d'un vignoble réputé. L'ensemble des plantations fruitières couvrait 2000 hectares en 1979 et devait être considérablement développé grâce à un prêt de la Banque mondiale.

Mais l'association avec notre firme était surtout souhaitée comme devant déboucher au plan commercial, pour apporter notre contribution à l'écoulement des produits, frais ou transformés — fonction bien en dehors de nos compétences horticoles et que nous ne pouvions assumer, comme déjà dit.

Notre rapport du 13 juin 1979 stipulait notre position, nos possibilités et l'engagement possible pour le but à atteindre. Si aucune solution heureuse n'en est découlée, en revanche plusieurs exportations intéressantes d'arbres fruitiers ont tout de même été réalisées vers la Yougoslavie.

*(1) Où va-t-il chercher ses modèles, notre leader syndicaliste? A-t-il jamais eu à diriger une affaire autogérée pour être si convaincu de la valeur de ses théories? Les Américains, et aussi les Japonais qui achètent Dunlop, doivent-ils leur réussite économique à l'autogestion?*

# La Hongrie

Bien que la Hongrie soit à la même latitude que la France, sa situation, dans un encadrement de montagnes, lui impose un climat continental accusé.

La dorsale hongroise s'étire du sud-ouest au nord-est, de la frontière yougoslave à celle de l'U.R.S.S., longeant le grand lac Balaton et Budapest au nord. Cette chaîne de montagnes protège ces régions des vents froids. De ce fait, elle engendre un microclimat favorable à la production fruitière. C'est pourquoi, près du lac Balaton, existent des pépinières d'État bien tenues, des vergers corrects, dont l'origine remonte à l'ancien propriétaire du grand domaine seigneurial de jadis converti en ferme d'État.

De beaux vergers d'arbres fruitiers à noyau (y compris des abricotiers) se trouvent aussi dans la partie centrale (région de Kreskemet).

La Hongrie a su promouvoir une réforme agraire sensée, où les nombreux paysans-propriétaires sont groupés en coopératives. De ce fait, la productivité est bonne en agriculture. Il n'est que de traverser ce pays pour se rendre compte que le niveau de vie des habitants a beaucoup évolué et reste l'un des meilleurs d'Europe centrale (1). De toutes les démocraties populaires — et pour les raisons déjà exprimées —, c'est sûrement cette nation qui, en 1964, avait réalisé le plus grand pas dans l'évolution des techniques fruitières.

A mon arrivée avec Henri, je rencontrai le Dr Molnar, directeur de la recherche fruitière (devenu actuellement une des sommités du ministère de l'Agriculture), qui était venu à Malicorne comme indiqué au chapitre du verger expérimental.

La découverte de sa technique applicable aux vergers en forme libre m'a d'emblée intrigué et fort intéressé. En Hongrie, le vent, souvent violent, est un facteur défavorable à la stabilité des arbres. Le tuteurage coûte cher et n'est pas toujours efficace. Pour leur bon ancrage, le Dr Molnar avait pensé les « asseoir ». Une taille courte du scion favorisait le départ de branches très basses, lesquelles, en s'étalant au ras du sol, maintenaient l'arbre en équilibre sur sa large base. Après plusieurs années, le sujet étant bien "accroché" au sol, on pouvait supprimer ses branches stabilisatrices. Que d'idées peuvent germer dans le cerveau du jardinier enthousiaste !

Après ma conférence sur les avantages des vergers intensifs, je me souviens qu'Henri et moi avons été invités dans un café par l'ancien propriétaire de la pépinière du lac Balaton, dont je viens de parler. C'était un fort bel homme, qui, malgré son âge, avait gardé une prestance très aristocratique. Il parlait un excellent français. Et ce que cet ex-châtelain spolié nous a confessé sportivement, sans contrainte et sans témoins, m'a profondément surpris. En effet, dans une telle situation, j'aurais cru entendre un homme aigri, acariâtre, méchant ; bien au contraire, nous avions en face de nous quelqu'un respirant la sérénité, nous affirmant qu'il vivait heureux dans son appartement de deux pièces, bénéficiant d'une petite pension allouée par le nouveau régime. Il tenait à nous préciser que son bonheur personnel actuel était fonction de celui dont jouissaient les gens du peuple. "Si l'on compare leur existence de paria d'autrefois et leurs conditions de vie actuelles, c'est, disait-il, le jour et la nuit". Émouvant message d'un ex-nanti devenu prolétaire en régime communiste, qui ne peut laisser insensible tout Occidental qui le reçoit.

*(1) M. Georges Martin, auteur du livre* Un kolkhoze nommé Oukraina *(Éd. du Progrès, Moscou), a précisé dans sa conférence du 15 mars 1984 — à l'association France-U.R.S.S. à Montluçon — que le gouvernement soviétique suivait de près les heureuses performances de l'agriculture hongroise pour en tirer des conclusions et applications valables pour l'Union soviétique.*

### *Allemagne de l'Est (R.D.A.)*

Mon fils Henri et notre collaborateur Robert Fauchon se sont rendus à plusieurs reprises en Allemagne de l'Est, où nous avons livré des quantités non négligeables d'arbres fruitiers.

Ils ont été impressionnés par la bonne tenue des exploitations, découlant du travail consciencieux effectué. On sent bien — ont-ils dit au retour — que la discipline, l'organisation aussi, sont les atouts majeurs de ce peuple, conditionnant les résultats positifs qu'ils ont pu observer.

Les vergers d'arbres nains soutenus par des fils de fer sont concentrés dans les zones vallonnées au microclimat favorable. L'impression d'immensité est très forte et fait penser à une grande zone vinicole. Ce rassemblement poussé à l'extrême a une grosse influence sur l'abaissement du prix de revient. Parallèlement, l'augmentation de la productivité s'en ressent également. Je l'ai déjà dit : là réside la chance du système socialiste.

### *Bulgarie*

Je ne suis pas allé en Bulgarie, malgré les invitations répétées pour assister à la Fête annuelle des roses. D'autre part, nous avons reçu à Malicorne deux hauts-fonctionnaires du ministère de l'Agriculture, qui nous ont confirmé leur désir de nous recevoir.

Nous aurions aimé connaître la production fruitière de ce pays (très importante), dont une grande partie est exportée en U.R.S.S.

### *Pologne*

De même, nous n'avons pu nous rendre en Pologne. Pourtant le professeur Pieniazeck, directeur de l'Institut de recherche en pomologie à Skierniewice, qui avait été notre invité à la journée internationale d'études fruitières du 7 juillet 1962, aurait été pour nous un cicérone de première valeur au plan amical et professionnel.

### *Conclusion concernant les démocraties populaires*

La morale à tirer de nos multiples tentatives visant à créer un mouvement d'affaires sérieux entre les démocraties populaires d'Europe centrale et nous-mêmes, est qu'elles ont été jusqu'ici souvent décevantes, en général difficiles et jamais très importantes.

Il y a plusieurs causes à cet état de fait... En premier lieu, le manque de devises des différents gouvernements. Sur place, la peur des responsables d'apparaître comme incapables en étant « doublés » par un tiers étranger. Enfin, plus simplement, le désir du plus grand nombre de tout savoir... pour ne rien payer ! Après la constatation des maigres résultats tangibles, on est contraint de réétudier le choix de la stratégie. Faut-il continuer la politique coûteuse d'exportation partout, à tout prix ? Ne vaut-il pas mieux concentrer d'abord ses efforts sur la bonne marche de son affaire au stade national, tant il est vrai que la présence sur l'exploitation de l'animateur-dirigeant est aussi une nécessité vitale pour l'entreprise. La question ainsi posée est toujours un dilemme contraignant, souvent insoluble, pour le responsable d'une P.M.E., en général peu structurée en personnel administratif, comme ce fut mon cas dans le passé (1). Malgré les déconvenues, reprenons notre bâton de pèlerin pour tenter nos chances à l'exportation en d'autres pays.

*(1) Actuellement les trois fils Delbard et plusieurs ingénieurs technico-commerciaux sont venus renforcer l'équipe d'exportation. Mettant à profit l'expérience acquise, cette équipe doit nous conserver la place de leader mondial d'exportateurs de végétaux.*

# Le Liban, vingt ans... avant !

*Danse folklorique libanaise au festival international de Baalbek.*

*Un ingénieur libanais dans nos vergers de Malicorne en 1952.*

# Le Liban, vingt ans... avant!

J'écris ce chapitre en 1982. Vingt années auparavant, en 1962, j'eus le plaisir d'être appelé au Liban comme consultant en arboriculture fruitière.

Cher et beau Liban de 1962! Pauvre et malheureux Liban de 1982! Que d'événements douloureux, tragiques, ont ensanglanté ce pays qui m'est apparu si hospitalier, si attachant, où tout respirait la joie de vivre lors de mon premier voyage. On ne pouvait qu'être ravi et ému d'entendre la majorité des habitants parler notre langue, de voir que les plus petites ruelles des villages reculés de montagne avaient leur nom en arabe... et en français!

Les reportages de guerre quotidiens nous ont, depuis une décennie, familiarisés avec le relief bien particulier de ce pays du Moyen-Orient. Entre les deux chaînes de montagnes : les monts Liban et Anti-Liban parallèles à la côte méditerranéenne et dont certains sommets atteignent 3000 m, s'étend la haute plaine de la Bekaa, où se trouve le site fameux de Baalbek. Ces différentes zones de haute altitude permettent le repos végétatif hivernal aux arbres fruitiers à feuilles caduques, que ne peuvent assurer les plaines, trop chaudes, des pays limitrophes. Les Libanais l'ont bien compris qui, tout de suite après la dernière guerre mondiale, se sont lancés dans la culture du pommier. Le Liban c'est donc, sur un petit territoire (10000 km²), une mosaïque de situations, de milieux, de microclimats très diversifiés, parfois contrastés. A titre d'exemple, il est possible de prendre un bain de mer en hiver près des plantations de bananiers de la côte méditerranéenne et de faire du ski, après moins d'une heure d'hélicoptère, à la station de la Clouque.

J'ai résidé là plusieurs jours dans l'hôtel des frères Saab, banquiers, arboriculteurs et... hôteliers, avec lesquels se sont établis des liens amicaux. L'un de leurs voisins, M. Younès, richissime promoteur immobilier, était également atteint par le virus de l'arbre fruitier. Si je l'avais écouté, j'aurais acquis pour pas grand-chose une parcelle de ces terrains au bord de mer où rien n'était encore construit, à l'époque, et dont le prix au mètre carré a dépassé en une quinzaine d'années celui pratiqué aux Champs-Élysées (1)...

En 1963, c'était donc le début de la période faste du décollage économique de ce petit pays, baptisé "Suisse du Moyen-Orient". Les capitaux affluaient de toutes parts : Libanais expatriés ayant fait fortune dans les affaires, particulièrement aux Amériques; potentats arabes dont les comptes en banque commençaient à se gonfler des exportations de pétrole. C'était l'opulence financière...

A deux pas du luxueux hôtel *Saint-Georges*, résidence prisée des Européens, on venait de terminer la construction d'un des plus beaux palaces du monde : l'hôtel *Phœnicia*. La corniche du bâtiment, parée des oriflammes et drapeaux de toutes les nationalités claquant au vent marin, lui donnait un air permanent de fête. L'accès à la réception, au premier étage, par un escalator tout de marbre construit attestait, au premier coup d'œil, la classe de l'hôtel où l'on mettait les pieds!... Au risque de passer pour vaniteux, j'avouerai ma fierté intérieure — bien légitime au demeurant — d'avoir été l'invité d'honneur de M. J. Skaff, ministre de l'Agriculture, au premier banquet officiel donné dans ce palace...

*(1) Il en sera de même en 1967 au Brésil, où j'aurais pu facilement réaliser un verger personnel. Le prix de l'hectare des* campos *(terrains déboisés) était de 500 F et celui des très fertiles* baignados *de 100 F. Mais je n'ai jamais cherché à me transformer en "capitaliste foncier". Tout ce que j'ai gagné a été réinvesti dans mon affaire. C'est une satisfaction intense pour moi de penser que, grâce à cette règle de conduite, subsistera une entreprise horticole française et internationale performante. J'ai compris il y a belle lurette que — depuis Toutankhamon — personne ne part plus pour le grand voyage... les poches cousues de pièces d'or!*

# Conférence fruitière à Beyrouth

**REPUBLIQUE LIBANAISE**

**Office Fruitièr Libanais**

*Le Ministre de l'Agriculture Libanaise a l'honneur de vous inviter à la projection d'un film sur les pommiers, suivie d'une causerie donnée par :*

*Monsieur Georges Delbard*

*Ingénieur Agronome - Expert en Arboriculture Fruitière*

*Date :* *Mardi 3 Avril 1962 à 18 h.*

*Lieu :* *Salle des Conférences du Ministère de l'Education Nationale-Rue Béchara El-Khoury-Imm. Chartouni-Beyrouth*

*Sous l'œil du ministre* (premier au bord de l'allée, à droite) *et d'un auditoire attentif, je fais mon exposé, enregistré au magnétophone.*

Ces agapes, dont je viens de parler, eurent lieu après ma conférence, dont je donne ci-après un court extrait. Une fois de plus, la carte d'invitation me gratifiait du titre d'ingénieur-agronome, ce qui m'a obligé à faire une nouvelle mise au point! Puis, après avoir remercié le ministre qui présidait, entouré du Père Lebret (dominicain du Saulchoir) (1), de M. Najjar, ancien ministre, président de l'Union des agriculteurs, de M. A. Eddé, directeur de l'Office fruitier, et de M. Deshayes, attaché à la coopération technique à l'ambassade de France, j'ai dit toute ma satisfaction d'avoir découvert les soins attentifs donnés au verger libanais.

L'objectif de l'étude dont on m'avait chargé était de rechercher une réduction du prix de revient de ces mini-vergers qu'on appelait "jardins". En fait, c'est plutôt le terme de "jardinières" qu'il eût fallu employer; en effet, ces très petites parcelles de terre accrochées à la montagne, grâce à des murs de soutènement en pierres taillées (certains s'élevaient à plus de 2 m), formaient de multiples terrasses étroites. N'était-on pas peu fier de me dire qu'en certains cas la dépense totale pour chaque pommier planté atteignait 70000 F de l'époque!

Il est vrai qu'on était encouragé en cela par les toutes premières productions (quelques tonnes) exportées vers les pays arabes du Golfe, vendues à prix d'or. Cela avait eu pour résultat une fièvre des plantations dans ces villages de montagne. Cet engouement était encore exacerbé par le désir des riches autochtones expatriés de redonner vie à leur village en fournissant les capitaux nécessaires.

Après la projection de mon film *Vergers de France d'hier et d'aujourd'hui*, je fus obligé, dans mon propos, de mettre mon auditoire en garde contre les espoirs de rentabilité de cultures aussi artificielles. La qualité des pommes était certes bien supérieure à celle des fruits récoltés dans la Bekaa (2), mais pourrait-on faire la différence avec les yeux? Croyez-vous, leur dis-je, que vous pourrez parvenir à une référence commerciale de qualité axée sur la provenance entre pommes de montagne et pommes de la Bekaa? Pour le consommateur étranger, toutes deux seront des pommes du Liban... sans plus! Et je m'en expliquais ainsi au cours de ma conférence du 3 avril 1962, présidée par M. J. Skaff, ministre de l'Agriculture.

### ***Les deux zones d'exploitation fruitière au Liban***

*La culture sur terrasses*

« A la vérité, Messieurs, en contemplant vos jardins en banquettes accrochées à la montagne, j'ai immédiatement réalisé que l'expression très populaire "C'est un vrai travail de Romain" est vide de sens au Liban. Dès ma rentrée en France, pensant à vos réalisations, je dirai, pour désigner l'œuvre gigantesque que vous avez réalisée : "C'est un vrai travail de Libanais!"

« Cet effort colossal traduit en tout cas, de façon spectaculaire, l'amour du Libanais pour son sol — pour la pierre aussi — et, par-dessus tout, pour l'arbre. Que, dans chaque village, quelques pommiers soient immédiatement placés dans le plus petit espace, artificiellement créé, a réjoui mon cœur d'"amoureux de l'arbre".

« Je sais que vous vous interrogez sur le devenir de ces cultures, en raison des dépenses d'exploitation très fortes et des prix de vente futurs, qui devront s'aligner sur ceux du marché mondial des fruits. »

*(1) Il dirigeait une mission chargée d'organiser et de mettre en place les structures administratives libanaises.*
*(2) Région trop chaude où le ministre J. Skaff et les pères trappistes possédaient des vergers.*

# Banquet en mon honneur à l'hôtel « Phœnicia »

*Parmi les convives* (X).

*Je suis à la droite* (X) *de M. J. Skaff, ministre de l'Agriculture (1) - F. Najjar, ancien ministre et président de l'Union des agriculteurs (2) - A. Eddé, directeur de l'Office fruitier (3).*

« Il est bien vrai que les évaluations optimistes résultant des prix pratiqués ces dernières années sont à "repenser". Très probablement, les nouveaux exploitants qui n'auront pu profiter de "l'âge d'or" auront du mal à amortir les capitaux engagés pour la construction de ces jardinières, dont beaucoup font penser qu'on a voulu décorer le jardin, au même titre qu'on emploie actuellement le granit pour la décoration de l'intérieur de l'habitation. Après tout, pour ceux qui ont des capitaux disponibles, n'est-ce pas une très grande joie que de redonner vie au village, que de contempler ce décor de jardin, prolongement de l'habitation ?... Ceux qui, partout dans le monde, réalisent des parcs d'agrément pour l'environnement flatteur de leur demeure, n'investissent-ils pas aussi des sommes importantes, sans calcul lucratif? Vu sous cet angle, le problème se résume donc à demander à ces plantations qu'elles rapportent au mieux un intérêt des capitaux engagés — ce qui est d'ailleurs problématique à terme. Beaucoup semblent tabler aussi sur la plus-value continuelle du prix des terrains (phénomène qui se manifeste à peu près partout dans le monde) pour retrouver, lors de la réalisation du foncier, l'investissement financier que les résultats d'exploitation n'auraient pu amortir.

« Pour essayer de rendre ces jardins rentables, il faut songer, autant que faire se peut, à une mécanisation des travaux, en établissant des rampes inclinées aux extrémités pour le passage des engins de culture. Dans les cas difficiles, on pourra utiliser le treuil. Il faudra aussi penser à des reconversions des vergers de pommiers vieillissants. Après ameublissement du sol et fumure de fond, certaines espèces à noyau pourront être envisagées à la place des pommiers, en tenant compte, bien sûr, du facteur climatique *in situ*. Dans les cas (peut-être peu nombreux) où les espacements le permettent, on aura intérêt, pour augmenter la rentabilité de ces cultures en banquettes, à cultiver du raisin de table contre les murets de soutènement à exposition ensoleillée. Au-dessus de 1 000 m, à l'exposition nord, des framboisiers pourraient constituer un apport complémentaire non négligeable, sans amoindrir celui des pommiers si les fumures sont correctement faites.

« Faut-il étendre ce mode d'exploitation ? Je ne le pense vraiment pas. L'essentiel de mon propos tend plutôt à démontrer le contraire... »

*L'extension des vergers de la plaine de la Bekaa*

A l'appui de cette éventualité, j'ai énuméré les avantages qui en résultaient — notamment la mécanisation possible — et qui, tous, plaident en faveur des cultures industrielles en plaine. J'ai fait observer que leurs frais d'exploitation étaient sans commune mesure avec ceux des mini-vergers de montagne, où presque tous les travaux devaient se faire de main d'homme. Voici la synthèse et la conclusion de mon propos :

« Pour vous traduire en clair ma certitude quant aux possibilités fruitières de la Bekaa, je vous déclare que si on m'offrait 50 hectares en Bekaa contre 150 hectares en montagne, exploitables en terrasses... mon choix serait vite fait ! »

A la fin de mon séjour, je me rendis à Damas. Là, je pus observer que la Syrie, à cette époque, en était aux premiers balbutiements en matière de culture fruitière.

Mon concours fut à nouveau sollicité au Liban au moment de la mise en route du "Plan vert". Il s'agissait d'un engagement gouvernemental en faveur du développement de la production fruitière. On désirait me voir associé à un pépiniériste local pour établir des pépinières nationales. Mais la grande période des plantations battait son plein en France à ce moment ; surchargé de travail, je dus décliner cette offre.

# Deuxième voyage aux États-Unis...

Ne perdons pas le contact avec le Nouveau Monde.

Le programme ci-contre donne une idée assez précise de notre marathon au travers de nombreux États. Si on y ajoute la durée des trajets, on peut en déduire que le temps consacré au tourisme ou aux loisirs a toujours été assez marginal... Dans les pages qui suivent, je donne (par réduction photographique d'une publication de 1958) le compte rendu résumé et illustré de ce voyage.

Le nombre d'établissements visités montre combien le temps était mesuré et quelle était notre soif d'apprendre. Pour éviter, chaque fois, la perte de temps à l'arrivée que nécessite la présentation des deux firmes — cela lorsqu'on n'est pas encore connu —, j'avais adressé auparavant à chaque établissement devant être visité une notice sur Delbard; en échange, je priais mon correspondant de m'envoyer les mêmes informations en retour.

Dans le cas précis de ce voyage, je demandais plus spécialement la liste des machines et du matériel utilisés dans chaque exploitation. J'allais jusqu'à solliciter la faveur de tout mettre en état de marche, lors de notre passage, pour en étudier le fonctionnement!... Cela fut fait partout (1). On mesure par là le côté "sport" et l'extrême obligeance des managers américains. Il est vrai qu'à Malicorne nous nous sommes toujours efforcés de payer de retour, ce qui est normal et explique la cordialité de nos contacts en tous pays. Je pourrais en donner maints exemples. Ces voyages nous ont aussi conduits dans les immenses vergers des États de Washington et d'Orégon. Jusqu'à ces dernières années, nous avons pu mesurer à quel point la fructiculture américaine était conservatrice. Les grands pommiers sont toujours là. Les échelles de pompiers aussi, pour la taille et la cueillette. Alors qu'après la France, partout dans le monde on s'est nettement orienté vers les arbres nains, les États-Unis font une timide percée dans ces formes réduites, encouragés par notre ami Loren D. Tukey *professor of Pomology at the Pennsylvania University.*

J'ai souvent été surpris, et je le suis encore, par la tradition — je pourrais dire la routine — des exploitants terriens américains en certaines disciplines. « Ça va comme ça... pourquoi faire autrement? » Si le "job" ne paie plus, alors, souvent, on change radicalement de métier plutôt que de changer de méthode d'exploitation. Curieux!

Comme exemple d'attachement à la tradition, je veux signaler le greffage intermédiaire pour naniser les arbres fruitiers, procédé dénommé "filtre". Il est bon de préciser ici ce que les Américains appellent le "filtre", puisque j'ai déjà utilisé ce terme. C'est une portion de rameau de 10 à 25 cm, provenant de l'intermédiaire nanisant choisi, qui est greffée entre le porte-greffe (sauvageon) et la variété : pomme ou poire. Il est procédé :

— au premier greffage de l'intermédiaire sur le porte-greffe;

— au second greffage de la variété fruitière sur cet intermédiaire.

C'est ce que j'ai appelé "mariage à trois", ajoutant : « Le mariage à deux, bien réussi, étant déjà une performance, le mariage à trois me semble bien être une utopie. »

On comprendra par cette boutade que je n'en suis pas partisan. Sans vouloir entrer dans le détail, j'estime que l'on a suffisamment de porte-greffes de différentes vigueurs, en pommiers surtout, pour réaliser des unions simples correspondant au développement recherché des arbres.

*(1) Quel dommage que nous n'ayons pas réalisé un film de ce périple. La dernière séquence eût été un gag des plus comiques; en effet, venus pour étudier la mécanisation, que découvrons-nous chez Mount Arbor Nurseries à Shenandoah?...*

*Vingt-quatre mulets, l'un derrière l'autre, suivant le dispositif de l'attelage en file pour tirer une charrue souleveuse entre les rangées d'arbres haute tige. La synchronisation de traction n'était pas toujours parfaite, vous vous en doutez... Non, vraiment, il n'y a qu'en Amérique qu'on puisse voir ça, avons-nous conclu!*

Programme du deuxième voyage aux États-Unis de :
Georges Delbard - Pierre Trioreau - Robert Fauchon - Ernest Giraud

| | | |
|---|---|---|
| 03/03/1958 | Orly<br>New York | - Gulf Stream Nursery Wachapreague (Va)<br>- Bunting Nurseries - Selbyville (Delaware)<br>- Burpee Seeds - Philadelphia (Pa)<br>- Conard & Pyle, West Grove (Pa)<br>- Exposition internationale de fleurs - Dîner officiel |
| 10/03/1958 | New York<br>Los Angeles | - Armstrong Nurseries - Ontario (Cal.)<br>- Monrovia Nurseries - Azusa (Cal.)<br>- Bodger's - Del Monte (Cal.)<br>- Germain Seeds - Los Angeles (Cal.) |
| 13/03/1958 | Los Angeles<br>Santa Maria | - William MacDonald - Santa Maria (Cal.)<br>- Waller Franklin Seed Company - Guadalupe (Cal.)<br>- Burpee Seeds - Lompoc (Cal.) |
| 15/03/1958 | Santa Maria<br>San Francisco | - Jackson & Perkins - Pleasanton (Cal.)<br>- Logamarsino et Clarke - San José (Cal.)<br>- Mount Arbor - Gustine (Cal.) |
| 18/03/1958 | San Francisco<br>Portland | - A. McGill & Son - Fairview (Oregon)<br>- Pacific Coast Nurseries - Portland (Oregon)<br>- Bisbee - Hood River (Oregon) |
| 21/03/1958 | Portland<br>Yakima | - May Nurseries - Yakima (Washington)<br>- Mackelvie - Zillah (Washington)<br>- Mount Arbor Nurseries - Zillah (Washington)<br>- Pacific Coast Nurseries - Sunnyside (Washington) |
| 22/03/1958 | Yakima | - Columbia and Okanagan Nurseries - Wenatchee (Wa)<br>- Station expérimentale de Wenatchee (Washington) |
| 25/03/1958 | Portland<br>Omaha | - Mount Arbor Nurseries - Shenandoah (Iowa)<br>- Shenandoah Nurseries et Henry Field-Shenandoah (Iowa)<br>- May Nurseries Seeds - Shenandoah (Iowa)<br>- Interstate Nurseries - Hamburg (Iowa)<br>- Stark Bro's Nurseries - Louisiana (Mo) |
| 29/03/1958 | Saint Louis<br>Detroit | - Ferry Morse - Detroit (Mich.)<br>- Greening Nurseries - Monroe (Mich.) |
| 31/03/1958 | Detroit<br>Cleveland | - Wayside Garden - Mentor (Ohio)<br>- Ocole Nurseries - Painesville (Ohio) |
| 02/04/1958 | Cleveland<br>Rochester | - Jackson & Perkins et Stuart Nurseries-Newark (N.Y.)<br>- Kelly Brothers - Dansville (N.Y.)<br>- Maloney Bro's Nurseries - Dansville (N.Y.) |

# Une performance de l'Équipe Delbard

## 32.000 km. parcourus en cinq semaines aux U. S. A.

*50 exploitations Horticoles et de Pépinières, ainsi que 3 stations officielles de Recherches visitées !*

L'arrivée à New-York (3 mars). Bien décidé à « TOUT » voir... l'équipe était pourvue d'un attirail complet de reportage : appareils photographiques, camera, magnétophone, etc.

*De gauche à droite :* MM. Robert FAUCHON, chef de culture des Pépinières Fruitières, Pierre TRIOREAU, ingénieur horticole chargé de Recherches, Georges DELBARD, Ernest GIRAUD, chef de Culture des Roseraies.

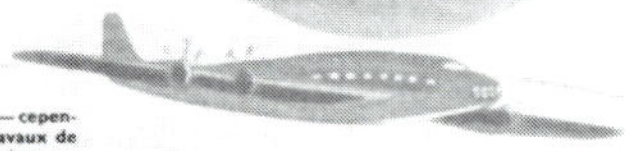

La performance ne porte pas seulement sur le nombre de kilomètres parcourus — cependant impressionnant ! — mais plutôt sur le fait qu'en pleine période des grands travaux de printemps en pépinières, le Chef d'entreprise et ses principaux collaborateurs aient pu s'absenter pendant plus d'un mois. Quiconque est au fait des exigeants travaux de la terre pourrait supposer qu'il s'agit d'une gageure... Il n'en est rien, précisons même que nous avons entrepris ce voyage d'étude dans un tout autre esprit. Pour bien juger des méthodes et des techniques, nous nous devions de les voir mises en œuvre en temps opportun, à l'époque la plus favorable.

Si Paris valait bien une messe... **WILLIAMS ROUGE DELBARD** (Max Red Bartlett Pear aux U. S. A.) méritait que nous fassions un détour par ZILLAH (Wa), pour y saluer l'arbre étalon ! Ne vous fiez pas aux apparences : cet ancêtre tordu, noueux, a maintenant des « rejetons » dans tous les pays du monde ! Son sympathique possesseur, M. Mac Kelvie, peut s'en réjouir... ne serait-ce que pour le montant des royalties qui lui revient de ce fait !

Notre voyage avait pour but l'étude de :

**— l'amélioration variétale ;**

**— la confrontation des techniques en arboriculture fruitière,**

**— les méthodes de culture et de commercialisation des rosiers,**

**— le machinisme en pépinière.**

Evidemment, bien d'autres problèmes ont été également examinés, notamment la conservation en frigorifique des fruits et... même des végétaux de pépinière destinés à la vente, la conservation et la commercialisation des graines de semence.

Une autre obligation, honorifique celle-là, nécessitait la présence de M. DELBARD à New-York, début mars, car il était membre du Jury à l'INTERNATIONAL FLOWER SHOW (Exposition Florale Internationale) qui déroulait alors ses fastes. Précisons que les premiers prix décernés se montaient respectivement à 5.000, 4.000 et 3.000 $, soit environ 2.000.000, 1.600.000 et 1.200.000 de nos francs.

Aux Pépinières Columbia Okanagan, à Wenatchee (Wa)... La branche de ce pommier gigantesque, sous laquelle nous nous trouvons a donné la mutation très appréciée aux U.S.A. : **ROYAL RED DELICIOUS** — dont nous avons l'exclusivité pour la France. Nous l'étudions depuis trois ans dans notre Verger expérimental de l'Allier. Alors que, pour Williams Rouge Delbard, l'arbre entier a muté, ici une branche seulement a produit des fruits offrant des caractères nouveaux.

Cet arbre étalon, enfermé tel un fauve dans sa cage (pour empêcher le prélèvement frauduleux de greffons) produit, la nouvelle variété de pomme **STARKRIMSON**, mutation extraordinaire dérivée de **STARKING DELICIOUS**.
*A droite* : l'heureux possesseur : M. BISBEE.

La mine réjouie des dégustateurs vous permet de supputer la qualité de la pomme **STARKRIMSON**, parfaitement conservée en frigorifique à la date du 18 mars. Ce fait nous permet d'affirmer que sa maturité est prolongée de deux mois environ par rapport à **STARKING DELICIOUS.**

Le cliché ci-contre *(à droite)* a été pris à la Station de Recherches de WENATCHEE (Wa), dans une serre de testage des carences propres aux arbres fruitiers. Dans les vergers de cette station, on étudie aussi les nouvelles méthodes de taille, plus particulièrement pour les pommiers, ainsi que le comportement de ces derniers, établis sur les différents porte-greffes d'East Malling.

Voici un verger de 80 Ha. appartenant à la California Packing Corporation à ZILLAH, dont les arbres, très importants, sont magnifiques. Il s'agit d'un des plus beaux vergers de pêchers des U.S.A. Au premier plan, la rigole d'irrigation.

" Le pommier STARKRIMSON représente un nouveau type dont nos génétistes étudient les caractères et, particulièrement, la composition chromosomique ", nous a déclaré le Dr. Archie Van Doren, Directeur de la Station de Recherches de Wenatchee (+) qui, en compagnie du Professeur R.C. Linder (+ +), nous a fait les honneurs de sa station.

Vous remarquerez, en effet, le port très particulier de l'arbre étalon *(cliché en haut à gauche)*, port érigé, avec charpentières solides et d'un bon diamètre, mais dont la hauteur est moins élevée que chez **STARKING DELICIOUS.** Vous remarquerez également les nombreux dards fructifères qui s'insèrent sur toutes les branches, même à la base des charpentières maîtresses. **STARKRIMSON** se colore d'un rouge intense dès le 15 août (un mois et demi à deux mois avant **STARKING DELICIOUS**). Cette particularité permet d'effectuer la cueillette de fruits très colorés avant leur complète maturité et de leur assurer ainsi une conservation beaucoup plus longue.

Il peut paraître surprenant, à première vue, que ces trois mutations célèbres se soient produites dans l'État de Washington, dans un rayon de 2 à 300 km. L'état actuel de nos connaissances touchant à ces phénomènes heureux et... bénéfiques de mutations spontanées nous permet les deux explications suivantes :

D'une part, la densité extrême des cultures fruitières dans cette région multiplie les chances.

D'autre part, M. MACKELVIE, Obtenteur de Max Red Bartlett, est persuadé que l'influence des rayons cosmiques n'est pas étrangère à ces mutations.

En Californie, l'emploi du Polyéthylène est chose courante dans les plantations de fraisiers. Il évite les binages, empêche la croissance des mauvaises herbes, favorise la végétation et procure des fruits non terreux.

En compagnie des frères John (+) et Bob SNYDER (++), propriétaires des Pépinières COLUMBIA & OKANAGAN, à WENATCHEE (Wa), nous visitons une importante exploitation de pommiers établie récemment, et conduite en haie fruitière. C'est la première plantation commerciale palissée des U.S.A. Nos hôtes nous ont demandé d'en faire la critique. Nous leur avons fait remarquer : densité trop grande sur le rang, taille trop haute des jeunes plants, amenant un dénudement de leur base, plantation trop profonde risquant de provoquer l'affranchissement des sujets établis sur porte-greffe nanisant E.M. IX.

Si nous sommes allés aux U.S.A. pour nous familiariser avec des techniques nouvelles, les spécialistes américains — que certains arboriculteurs français veulent copier servilement — nous ont interrogés avec un grand intérêt sur nos propres méthodes de conduite des arbres fruitiers en forme basse.

« Chaque barreau d'échelle coûte cher au producteur » nous a déclaré le Dr. TUKEY, éminent spécialiste, professeur de pomologie à la Station Expérimentale Fruitière du Michigan, qui avait eu l'amabilité de parcourir 200 km. pour passer une journée avec nous à Détroit. Le voici (+) en compagnie de M. Harm Drewes (++), Sélectionneur des importants Etablissements de Graines Ferry Morse. Au cours de cet amical entretien, le Dr. TUKEY nous a confié qu'il était partisan d'adopter (à l'encontre de la forme libre, seule pratiquée jusqu'ici aux U.S.A.), nos nouvelles méthodes d'exploitation de vergers palissés. Il se propose même de réaliser des vergers pilotes aux abords des grandes villes où, nous a-t-il dit, les consommateurs pourraient venir cueillir eux-mêmes leurs fruits... sans aucun besoin d'échelle. Le stade des ventes de fruits sur routes semble être maintenant dépassé outre-Atlantique! Le consommateur pourra, sans doute dans un avenir prochain, aller directement à la source!... Si vous arrivez à réaliser ce « self-service » du fruit, en faisant accepter aux clients de vos vergers une discipline qui vous permette d'éviter tous les frais de commercialisation (même les intermédiaires!) alors, amis arboriculteurs américains, bravo pour les méthodes modernes!

En visite aux Pépinières STARK à LOUISIANA (Missouri) — les plus importantes du monde : 1.500 Ha — dont nous sommes les Concessionnaires exclusifs pour la France depuis 1950. De gauche à droite : Dr. Edo Ansaloni, Pépiniériste italien de nos amis, Paul Stark Junior, Vice-Président, Lloyd Stark, Président, Georges Delbard, Robert Fauchon, John Stark Logan, Vice-Président.

Dans le verger de recherches des Pépinières Stark, M. Georges Delbard explique à Paul Stark (à droite), sa nouvelle technique de formation dénommée « Tricroisillon DELBARD ». Notre ami Paul Stark est venu en France en 1956 pour étudier les différentes haies fruitières, mais il est surtout intéressé par cette nouvelle conception que nous pratiquons actuellement sur une grande échelle dans des exploitations pilotes et dont nous ferons connaître les résultats dans un proche avenir.

Les principes essentiels en sont les suivants : 1° Emploi de porte-greffe nanisant sans affranchissement. 2° Plantation verticale. 3° Suppression, en première année, de l'axe central par la formation d'un V (comme indiqué sur le cliché), taille de ces deux charpentières la seconde année, pour les amener à former chacune un nouveau V, d'où la dénomination de « Tricroisillon ».

## Les Rosiers... en Californie

***Nous avons visité : CONARD PYLE à WEST GROVE (Pa), JACKSON & PERKINS, à NEWARK (N. Y.), PETERSON & DERING, à PORTLAND (Oregon), et en Californie : MOUNT ARBOR, à GUSTINE ; ARMSTRONG, à ONTARIO ; JACKSON & PERKINS, à PLEASANTON, ces deux dernières firmes sont les plus importantes productrices de rosiers des U. S. A.***

**Aux Pépinières Armstrong, à Ontario, dans un paysage typiquement californien, en compagnie de David Armstrong (+) et de son chef de culture (++), nous visitons le jardin expérimental de l'A.A.R.S. (Association Américaine des Rosiéristes pour l'étude des variétés nouvelles). Il existe aux U.S.A. 17 jardins d'essais semblables établis chez les rosiéristes les plus importants.**

**Dans le jardin privé de M. Clarence Perkins (+) à Pleasanton (Californie), en compagnie de M. Morrey (++), chargé de recherches et hybrideur à la firme Jackson & Perkins. Cette dernière est la plus importante affaire de rosiers du monde. Elle produit annuellement, à elle seule, 17 millions de rosiers alors que la production de tous les rosiéristes français s'élève à 15 millions!...**

## Le Machinisme en Pépinière

***Chacun sait qu'en règle générale le machinisme est nettement plus développé au Nouveau Monde que dans notre vieille Europe. Mais si la France, dans le domaine industriel, n'a souvent rien à envier aux réalisations d'outre-Atlantique, il en va tout autrement dans notre profession. Ceci s'explique, en partie, par une production plus importante, qui alimente tout un continent.***

**La plantation se fait, évidemment, à la machine. Ici, les 4 planteurs — opérant assis — assurent la mise en terre journalière de 50.000 plants porte-greffes. Un surveillant et un chauffeur complètent cette équipe de travail.**

**Cet étrange appareil est une machine à arracher les végétaux... avec leur motte de terre. Une sorte d'emporte-pièce s'enfonce dans le sol et remonte délicatement le végétal avec sa motte, sans l'abîmer.**

**Il ne s'agit pas du prototype d'un nouveau modèle de tank, mais d'un énorme tracteur carterpillar, utilisé pour l'arrachage des arbres, même les plus gros... La gouttière placée à l'avant incline les sujets tandis qu'une énorme souleveuse en U, munie d'une « queue de carpe », les déracine.**

**Aux pépinières MONROVIA, dans la ville du même nom, en Californie, on rempote 12.000 plantes d'ornement chaque jour ouvrable de l'année! Aussi n'est-il pas question de mélanger les composts à la pelle, une grue y pourvoit, semblable à celles des installations portuaires...**

# Monrovia Nurseries à Azusa (Californie)

La firme Monrovia Nurseries a été fondée en 1926.
J'ai plaisir à signaler ses caractéristiques dans ce livre, car, pour moi, c'est un établissement horticole modèle.

Particularité étonnante aux U.S.A. de la sage gestion de cette pépinière, évitant l'emprise de l'administration sur le productif. En 1985, les bureaux sont restés les mêmes qu'il y a quatre-vingts àns, malgré le développement incroyable de cette usine à plantes cultivées en conteneurs. Voyez plutôt : 250 hectares de pots plastique placés côte à côte, représentant dix-sept millions de plantes ornementales en 1400 variétés ; 700 personnes à temps plein, dont 32 vendeurs ; 210 véhicules, camions, camionnettes, etc., dont 95 jeeps ; 40 000 balles de tourbe utilisées chaque année, etc... C'est ça l'Amérique !

*Division Junipérus.*

*Division Azalées de pleine terre.*

Mon collaborateur Robert Beaulaton était responsable du service de propagation scientifique et industrielle des végétaux à Commentry. Depuis ma visite de Monrovia Nurseries en 1958, je rêvais d'introduire dans mes établissements la technique de la production de végétaux en conteneurs, mais je n'avais pas eu le temps matériel de m'y consacrer. De plus, me disais-je, ce n'est pas moi qui vais être "sur le tas", il faut donc que le responsable découvre lui aussi ce que mes yeux ont déjà vu...

Il est difficile, là encore, d'exprimer, sans emphase inutile, le choc qu'on ressent devant des millions et des millions de conteneurs de végétaux rangés côte à côte (1). A ce moment, aux U.S.A., les pots étaient tout simplement de vieilles boîtes de conserve de récupération (2). Donc, dès 1963, au cours d'un nouveau voyage, Robert Beaulaton put se familiariser avec cette production hors terre dont les exigences culturales sont bien différentes de celles classiques et bien connues de la culture en pleine terre.

Les dirigeants de Monrovia Nurseries — MMrs. Howard Pats et Martin Usrey — nous accueillirent avec spontanéité et amitié, et firent preuve de la plus grande franchise dans leurs explications, je ne l'oublierai jamais. Jusqu'à nous faire séjourner dans leur laboratoire secret où l'ingénieur chimiste composait les formules de fertilisation et comparait leurs résultats. Quelle confiance totale !

Dès notre retour (après avoir récupéré de vieux bidons sur la décharge d'ordures de la grande tranchée de Commentry), cette culture, d'un type tout à fait nouveau en France pour les plantes ornementales, est mise en œuvre chez nous. C'était trop tôt. On n'a pas forcément intérêt à être le précurseur en certaines branches d'activité ; au contraire, on assume les frais de lancement sans en recueillir le profit immédiat. Toute innovation qui bouscule fondamentalement les habitudes — particulièrement pour ce qui a rapport à la terre — a rarement la chance de s'imposer sur-le-champ... (sans jeu de mots facile). Il faut que les utilisateurs s'y habituent. Aussi cette première expérience n'eut-elle pas de développement immédiat.

Dans les années qui suivirent, de nombreux voyages en groupes de pépiniéristes européens permirent à ces professionnels de détecter, eux aussi, les avantages de la méthode, dont le principal est de pouvoir planter avec succès aussi facilement au 14 juillet qu'à Noël ou à Pâques. Mais ce qui est facilement admis et mis en pratique dans le Nouveau Monde, en raison de l'absence de traditions paysannes et terriennes, met beaucoup plus de temps à passer dans les mœurs en France... et en Europe. Le bon vieux dicton : « A la Sainte-Catherine tout bois prend racine »... a toujours des *racines* profondes !

De ce fait, le formidable engouement des exploitants français découvrant cette culture a conduit rapidement à une production pléthorique. La vie même de plusieurs exploitations s'en est trouvée perturbée par les stocks invendus, qui coûtent cher à entretenir. Heureusement, en ce qui nous concerne, nous avons freiné à temps et avons évité le piège trompeur de la copie conforme de toute méthode d'un continent différent du nôtre.

Aux U.S.A., l'importance du commerce des "evergreens" est considérable, avec les plantations qui entourent ou délimitent les nombreuses maisons individuelles. De plus, ce pays compte 250 millions d'habitants, soit cinq fois plus de consommateurs que chez nous ; avec, pour la plupart, un revenu moyen nettement supérieur au nôtre. Ce sont tous ces facteurs positifs réunis qui, là-bas, font, des plantes en conteneurs, un produit de très grande diffusion. En France, il en va tout autrement avec le jardin bien clos du pavillon "personnalisé" dont on lit sur la grille d'entrée "chien méchant".

*(1) Et ce n'est pas la seule firme qui pratique ce genre de culture à cette échelle !*
*(2) Les pots en plastique n'apparurent que plus tard.*

# D'agréables moments

*Dans le verger, devant le clone du pommier « Starkrimson ».*
*Je signe le livre d'or en tant que licencié exclusif pour l'Europe, en présence de R. Fauchon et de l'ami J. Massot* (au centre), *pépiniériste au Canada.*

*Dans notre profession, aux États-Unis, on est reçu souvent à la maison.*
*Réception du groupe Delbard chez Mr. Mac Kelvie — à ma droite sur le cliché —, le "père" de la « Williams Rouge ».*

Nos visites aux producteurs horticoles américains, californiens surtout, ont donc été nombreuses : chaque fois nous venions "en prendre de la graine". Comme en de nombreuses autres activités, on reste abasourdi par les étendues que représentent ces millions d'arbres fruitiers en pépinière dans la région Nord et de rosiers dans la région de Wasco, dans la Central Valley de la riche Californie.

La qualité des sols, le soleil, la très bonne culture aussi, font que les plants sont extrêmement vigoureux — presque trop... Chaque fois on reste médusé par le spectacle.

La conclusion à tirer est simple. C'est bien encore aux U.S.A. qu'on a le plus à apprendre en mécanisation et organisation (1). En effet, si une tradition conservatrice, quelque peu déroutante, existe en certains domaines, en revanche la réduction des coûts de production est un souci constant. On peut donc, de ce point de vue, y trouver des améliorations réelles pour notre propre productivité. Tout cela confirme le jugement comparatif d'un commentateur, faisant suite au voyage d'étude des rosiéristes-serristes varois dans ce grand pays : « La France est belle, mais les États-Unis sont fascinants. » O.K. !

Puis-je quitter l'Amérique sans faire part d'un voyage bien particulier, celui que j'y ai fait du 1er juillet au 1er août 1970 avec mes trois fils ?

A l'aube de la prise de responsabilité de la nouvelle génération, il m'avait semblé important, à cet instant capital de la relève, de faire le point. Comment mieux y parvenir que de commenter, discuter pendant cinq semaines en tête à tête tous les quatre, sans contingences extérieures, dans un environnement propice à la réflexion ?

Ce "tour d'Amérique" a été un autre marathon qui nous a conduits dans toutes les firmes importantes : de San Francisco à Los Angeles, de Chicago à Saint Louis, de Tampa à Jacksonville, de Princeton à New York, avec, à chaque étape, de nombreux circuits secondaires. Il avait été étudié et minuté avec précision. Il nous a vraiment permis de porter un jugement objectif sur l'horticulture américaine et d'en tirer un bon parti pour notre firme.

Les enfants qui ont du caractère tiennent à affirmer leur personnalité. Cela est bien connu. Sacha Guitry l'a bien dit : « Mon père avait un nom, je me suis fait un prénom. » C'est bien aussi le même cas pour mes trois fils, et j'en suis très heureux.

Mais, dans ces conditions, comment faire passer un peu de son expérience chez les jeunes en évitant les situations braquées et parfois bloquées ? Ce n'est pas toujours facile...

Notre écrivain-paysan bourbonnais Émile Guillaumin, qui, décidément, était aussi fin psychologue qu'auteur de talent, le dit très justement dans *Le Syndicat de Baugignoux* (2), évoquant la mentalité paysanne du patriarche qui m'a sans doute quelque peu marqué moi aussi :

« Il est à remarquer que les vieux paysans gardent, en général, avec leurs descendants, un ton de réserve froide ; ils leur en veulent de les avoir supplantés et de ce qu'ils ne suivent plus en tout leurs conseils. Tandis qu'avec un étranger, assez connu pour qu'il n'y ait pas de gêne, les vieux, en confiance, se reprennent de leur volontaire compassion et, tout fiers d'être écoutés avec les égards auxquels ils ont droit, tiennent la première place avec bonheur. »

*(1) C'était vrai à ce moment-là... beaucoup moins maintenant, car nous avons fait de grands progrès en Europe !*
*(2) Ed. Ipomée.*

# Yosemite National Park

*Vue générale de Yosemite Valley prise de Wawona tunnel.*
A droite : *Half Dome (1500 m); Bridalveil Fall (190 m).*
A gauche : *El Capitan (1080 m).*

*Cathedral Rocks, opposée à El Capitan avec ses trois sommets : 500 m, 790 m, 820 m.*

Un article de la revue *Géo* intitulé "Californie" précise qu'elle est « la côte d'Azur, la Suisse et le Sinaï en un même pays confondu... la fascination qu'elle exerce n'est pas usurpée... »

J'en ai été témoin en maintes occasions, particulièrement en visitant Yosemite National Park dans la haute vallée de Merced, pas très loin de San Francisco. C'est la raison pour laquelle le jardinier que je suis ne peut résister à vous entretenir de la splendeur, dans la beauté et dans la démesure, du site de Yosemite National Park. Je l'ai admiré à trois reprises, toujours aussi médusé, époustouflé, pétrifié par ce qu'on y découvre. Tout est majesté dans l'ensemble naturel impressionnant de Yosemite Valley. Ce sont les murailles taillées à pic de 1 000 à 1 500 m de haut, d'où dévalent en cascade de trajectoire rectiligne quatre chutes d'eau (1) que le soleil irise des teintes multicolores de l'arc-en-ciel. C'est *Cathedral Rocks*, appelée aussi "Three Graces" à cause de ses trois sommets qui confèrent à cet énorme rocher, sculpté par les vents, la pluie et le gel, l'allure d'une cathédrale de style byzantin. C'est *Half Dome from Glacier Point*, mamelon érodé, arrondi, qui fait penser à la calotte blanche des tombeaux marabouts d'Afrique du Nord. C'est *Merced River* à l'eau limpide, transparente, qui coule paresseusement dans Yosemite Valley, flanquée d'un décor végétal de charme à son image.

Et combien d'autres merveilles encore !

Mais il en est une qui dépasse toutes les autres pour l'amoureux de la nature et des spécimens végétaux d'exception que je suis. Tout ce décor naturel grandiose que je viens de décrire, ce milieu paradisiaque où domine le brillant élément minéral, mais aussi fait d'eau limpide et d'éclatante verdure, et d'un voile de ciel bleu, du bleu d'azur le plus pur... toute cette mise en scène du Créateur n'est là que pour servir d'écrin prestigieux aux deux cents vénérables séquoias (*Wellingtonia gigantea*), les plus grands arbres qu'il m'ait été donné d'admirer (voir photos pages suivantes). Le qualificatif de « vénérable » est le seul qui me semble convenir pour ces géants de 80 m de haut, âgés de plus ou moins 2000 ans et dont certains ont donc vu naître le Christ (2).

On reste sans voix, on retient son souffle, saisi de respect devant ces géants de la nature dont le plus haut, *Columbia Tree*, mesure 285 pieds (87 m) (3). *Wawona* — gros arbre en indien — reproduit page suivante, a "seulement" 234 pieds (71 m) de haut, avec un diamètre à sa base de 19,8 pieds, soit plus de 6 m. Le "tunnel", que peut emprunter une "grosse américaine", a été creusé en élargissant à 8 pieds (2,50 m) une vieille brûlure. On reste confondu de la vitalité, de la résistance et de la longévité d'un tel ancêtre qui en voit pourtant "de toutes les couleurs" avec les milliers de visiteurs qui le traversent en voiture et piétinent le sol dans son environnement immédiat.

Nous, les humains, dont l'espérance de vie la plus ambitieuse — quasiment la plus folle — est de fêter notre centenaire, découvrons-nous et inclinons-nous bien bas devant ces immortels authentiques, vingt fois plus âgés que le plus ancien des *Homo sapiens*.

*(1) Bridalveil Fall, Nevada Fall, Yosemite Fall et surtout The Firefall.*

*(2) Sur la coupe du tronc de l'un d'eux, "Goliath Gisant", un spécialiste peut compter les anneaux concentriques de bois, cercles annuels permettant de dater son âge avec précision et certitude : plus de 2000 ans ! De plus, l'examen des anneaux, minces ou plus épais, permet de détecter le rythme des années sèches ou pluvieuses.*

*(3) En Europe, on considère comme arbres de première grandeur les sujets qui dépassent 33 m.*

*Le chêne* Apollon *de notre forêt de Tronçais, avec ses 4,70 m de tour, ses 38 m de hauteur totale et ses trois siècles d'existence, paraît un "enfant de chœur" à côté d'un* Wawona, *ce "cardinal" de haute stature.*

# Les big trees

*Wawona - l'arbre le plus célèbre et le plus photographié du monde. Dans son tunnel passent les "grosses américaines"!*

*Notre automobile parmi les géants de toutes tailles.*

*A six, nous avons du mal à ceinturer le géant* (à gauche, *Henri Delbard, puis R. Beaulaton et moi-même*).

# Chacun sa photo-souvenir !

*Georges Delbard et Henri Delbard.*

*R. Beaulaton, B. Chateau, H. Delbard.*

*Jacques Breton* (à gauche), *H. Delbard, B. Chateau, G. Delbard se mesurant au « Goliath gisant » âgé de plus de deux mille ans !*

# Autres voyages aux États-Unis

*En pleine action ! A Louisiana (Missouri) je donne un cours de taille de formation à Paul Stark et à son technicien; tous les deux très attentifs* (à droite du cliché).

*Aux pépinières Stark à Louisiana (Mo) en 1970, avec mes trois fils à mes côtés :* à gauche, *Paul Stark Junior,* à droite, *Paul Stark III*

Après cette échappée à la découverte du spectacle grandiose de Yosemite National Park, reprenons le cours de notre récit, là où nous l'avons laissé p. 555...

Si la citation d'Emile Guillaumin est juste, comment, me suis-je dit, trouver plus propice et "meilleur terrain" de dialogue contructif que l'analyse "sur le tas" de situations concrètes en des établissements étrangers performants, dont les nombreux axes novateurs permettront de tirer des idées directrices valables et acceptées par nous quatre ! Dire que l'accord se soit fait tout à coup à la suite de la confrontation des points de vue du père et des fils serait trahir la vérité. Cependant, il reste toujours quelque profit d'une argumentation s'appuyant sur des résultats concrets.

En tout cas, ces échanges de vues ont, je crois, été positifs et efficaces surtout parce que provoqués à ce moment précis. Se posaient, en effet, les conditions de développement de notre affaire dans un proche futur, et cela face à de nouvelles structures de direction (donc de décision) à mettre en place rapidement. Or, le passage des pouvoirs d'une tête sur trois autres (opération délicate) exigeait que la répartition et la conjonction des responsabilités en découlant soient réalisées avec bonheur. Ce voyage a été une des meilleures décisions de ma carrière.

En dernier ressort, le *paterfamilias* a tiré de cette aventure des satisfactions personnelles évidentes. D'abord devant l'étonnement manifesté par nos hôtes en découvrant les mâles Georges Delbard rassemblés (je n'ai jamais vu un seul Américain avec ses enfants chez moi). Ensuite parce que les fils, tous diplômés, parlaient un excellent anglais... alors que le "vieux", vingt ans après son premier voyage, était toujours aussi ignare dans la langue de Shakespeare.

Mais mon plus grand titre de gloire est encore d'avoir pu donner, à cette occasion, un exemple de volonté, de méthode, d'endurance. Je dois m'en expliquer.

Pendant tout ce périple, je n'ai cessé de poser à mes partenaires des questions (en français, bien sûr) ayant de près ou de loin quelque rapport avec nos propres problèmes. Je mesurais combien je devenais souvent agaçant pour mes traducteurs bénévoles, ne serait-ce que par leurs réactions !... Mais qu'importe, j'avais mon plan, je savais bien le profit que je pourrais en tirer pour les développements de mon rapport. Pour qu'il reflète bien mon état d'âme, je m'étais promis de le rédiger chaque soir. Cela a été fait, sans aucune défaillance, malgré l'heure souvent tardive de l'arrivée à la chambre... On aura une idée de l'effort accompli si l'on veut bien se rappeler que l'orthographe des noms américains constituait pour moi un vrai problème, que cela se passait pendant le sommeil des "rejetons", épuisés... après ma corvée de chaussures souvent corsée par le lavage des chemises !

Le résultat tangible : 48 heures après notre retour à Malicorne, le rapport de 84 pages était distribué (1). Qui dit mieux ? Je crois bon de citer ici le dernier paragraphe de la conclusion : « Par ailleurs, il n'est pas superflu de rappeler que seule la continuation de *notre politique de qualité* nous permettra de conserver et de développer notre image de marque et notre clientèle fidèle, chèrement acquise. D'autre part, s'il est très difficile de se faire un nom en France, c'est encore plus ardu pour un Français aux Etats-Unis. Les attentions de toutes sortes dont nous avons été l'objet pendant ce voyage nous permettent de dire que c'est chose bien amorcée pour nous. Là réside le meilleur capital que j'ai pu constituer et que je laisserai à mes enfants et collaborateurs. »

*(1) Il en a été toujours ainsi pour tous mes voyages. Le rapport est rédigé sur place chaque soir (bien souvent à une heure tardive). La conclusion est tirée dans l'avion du retour. Juste le temps de la frappe à l'arrivée pour que les cadres en aient connaissance sans retard.*

# L'institut agricole d'Oka en 1949

*La chapelle.*

*La salle des conférences.*

*La salle de lecture.*

*Laboratoire de bactériologie.*

*Résidence générale des étudiants.*

Quittant les États-Unis, un détour par le Canada va de soi.
C'est pourquoi, après notre premier circuit U.S. nous arrivons à Montréal, principale ville du Québec — la belle province ! Nous sommes accueillis par le groupement des horticulteurs (1) que présidait M. Piéron, ancien élève de l'École d'horticulture du Breuil, de la ville de Paris. La visite de son établissement nous permit de déceler les servitudes de production et de commercialisation des végétaux qu'impose un climat de saisons sans transition au Québec. Aussi, malgré une offre du bailleur de fonds alléchante financièrement, je disais « non » à une proposition d'association dans le cadre d'une importante affaire horticole, supputant l'importance des problèmes climatiques spécifiques difficiles à résoudre.

Le parler et l'accent canadiens nous sont maintenant bien connus, surtout par la chanson. Mais, il y a près de quarante ans, on était peu familiarisé avec eux. Alors il devenait difficile de réprimer un sourire lorsqu'on entendait le vice-ministre de l'Agriculture qui nous accompagnait déclarer : « Fô vivement fourrer dans le châr et bâarrer la porte... ça commence à faire noirceur... Prenez-en encore un peu de ce breuvâge... » (2).

Autre souvenir amusant — qu'on ne peut oublier — relatif au sémantisme de certains termes de langage au XVII$^{e}$ siècle, resté figé au Québec, mais qui a notablement évolué en France. Un chanteur français — dont je n'ai pas retenu le nom — venait de faire une tournée triomphale dans le Québec avec un répertoire de chansons anciennes. Il s'était produit notamment dans le collège d'une institution religieuse. Toutes les nonnes avaient tellement apprécié sa prestation qu'à sa descente de scène elles l'entourent, excitées, trépignant de joie, et lui déclarent : « Oh, m'sieur, on a bin jouï ! Oh, oui, pour sûr que vous nous avez bin fait jouiirr avec vote bel orgâne. » Difficile d'inventer semblable compliment... On peut penser d'ailleurs que le chanteur en fut particulièrement ravi...

Au Canada, l'Église, à cette époque, avait une grande influence. Alors que nous visitions l'Institut agricole d'Oka, dépendant de l'ordre des Trappistes, le très révérend père Dom Pacôme Gaboury s'adressa devant nous au vice-ministre et lui tint ce propos : « Alors, on a oublié de participer à la retraite le mois dernier ?... Je t'attends à celle de septembre... — Bien, mon Père ! je serai là ! »

A Montréal, nous avons eu aussi le plaisir de découvrir le Petit Théâtre de Poche, véritable bijou, qui venait juste d'être inauguré par Maurice Chevalier et Charles Trenet. C'est là, je crois me rappeler, en février 1949, que ce dernier a chanté *La Mer* (ma chanson préférée) pour la première fois.

Comme indiqué au début de mon livre, je suis retourné au Canada en 1980. En trente années, là aussi, bien des choses ont changé. Le pays est en pleine transformation. Le plus beau fleuron de sa prodigieuse évolution économique me semble être le complexe "La Grande" de la baie James, au Labrador, qu'il m'a été donné de visiter.

*(1) Le soir, nous étions invités à dîner dans un petit restaurant à l'enseigne « Chez son père ». Le propriétaire de l'établissement (Français résidant depuis 40 ans au Canada) nous accueille et me demande : « De quelle province êtes-vous originaire ? — Du Bourbonnais. — Ah ! tiens... moi aussi, et de quelle région ? — Montluçon. — Moi (c'est le restaurateur qui parle) c'est près de Moulins. — D'où exactement ? — De Bessay-sur-Allier. — Mais c'est extraordinaire, je connais bien votre famille qui habite près du presbytère où je passais mes vacances chez l'oncle curé... »*

*Inutile de préciser que ces retrouvailles de deux "pays" à des milliers de kilomètres ont été bien arrosées... Il n'y a que les montagnes qui ne se rencontrent pas !*

*(2) Phrases dont certaines se rapprochent beaucoup des expressions patoisantes de notre région.*

# En 1980, le complexe « La Grande » de la...

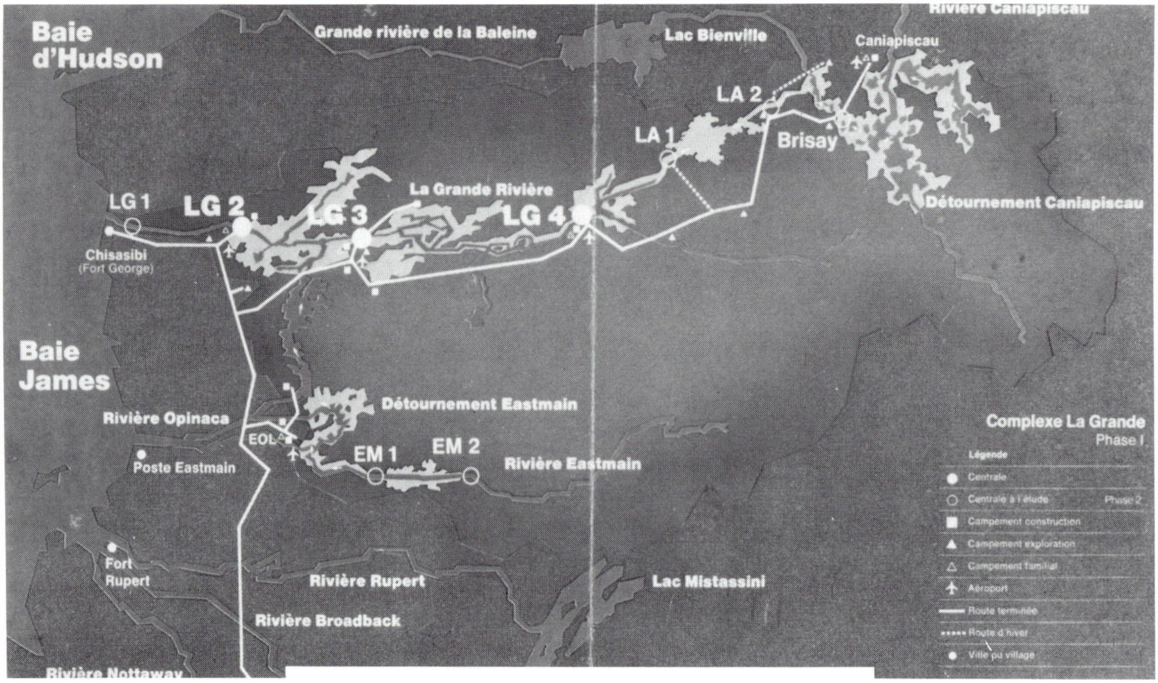


*L'ensemble du complexe « La Grande » dans sa phase n° 1.*

*Le barrage de LG2 et le réservoir de 2 835 km² en voie de formation.*

Installé dans le Moyen Nord québécois, à 1 200 km au nord de Montréal, le complexe « La Grande » est l'un des plus importants aménagements hydro-électriques du monde. Les débits de trois fleuves se jetant dans la baie James ont été réunis dans la Grande rivière pour constituer une formidable retenue de 200 milliards de $m^3$ d'eau sur une étendue de 176000 $km^2$, soit un dixième du Québec ou un quart de la France (1) !

Au terme de sa réalisation, le complexe « La Grande » fournira plus de 13,5 millions de kWh. La visite nous a permis de parcourir la centrale LG2, la plus puissante centrale souterraine du monde, entièrement forée dans le granit — immense caverne creusée à 137 m sous terre — et dont les proportions « permettraient d'abriter quatre terrains de football », disent les guides avec une pointe d'orgueil.

Le gigantisme de cette opération est présent partout et obligatoirement à la cafétéria qui procure la nourriture à 20000 personnes (4 à 5000 par service). Le menu est commun à tous, et nous y avons pourtant fort bien mangé ; en particulier des fruits frais de qualité extra étaient présentés à chaque client, à volonté.

La Taïga, zone forestière qui s'insère entre la forêt boréale et la toundra arctique, se confond avec la baie James. C'est un vaste territoire s'étendant du 49e au 55e parallèle de latitude nord, dont les terres se drainent (si l'on peut dire) dans la baie du même nom.

Il me paraît nécessaire, dans ce livre qui touche à l'horticulture, de donner quelques explications sur la flore bien spéciale de cette contrée du froid... du grand froid, puisque, l'hiver, le thermomètre peut descendre jusqu'à — 50° C ! Heureusement les végétaux sont protégés par la neige. Cela explique qu'ils sont stoppés dans leur développement. Leur aspect tortueux et étalé rappelle souvent celui des "bonsaï" japonais. Même les conifères les plus hauts — ils ont plus de cent ans — ne dépassent pas la taille humaine !

La « forêt du froid » est principalement composée :

— d'épinettes noires (*Picea mariana*) ;

— de mélèzes de petite taille (*Mélèze laricio*) ;

— de pins gris (*Pinus sibericata*), dont les jeunes pousses nourrissent le tétras des savanes ;

— de bouleaux glanduleux ;

— de peupliers-faux trembles ;

— de saules nains, c'est l'espèce la plus importante : les branches tapissent le sol et les pousses sont très recherchées par la faune ;

— d'aulnes crispés : cette plante miracle réussit à s'agripper au sol archi-pauvre et à croître dans les conditions les plus inclémentes, résistant et à la sécheresse, et au froid. Cet aulne est doté, en outre, de la capacité de fixer l'azote atmosphérique. Un micro-organisme vient se loger dans ses racines, y puisant les composés carboniques élaborés par la plante hôte qui, en retour, reçoit l'azote essentiel à sa croissance : c'est ce qu'on nomme la symbiose. De ce fait, le feuillage caduc de l'aulne crispé, riche en azote, améliore d'année en année la fertilité du sol. Cela explique pourquoi l'aulne crispé compte pour 70 % dans le reboisement actuel. Comme diraient nos vieux ruraux : le bon Dieu a bien fait toute chose !

*(1) Mais toute médaille a son revers. Cette étendue d'eau gigantesque est un piège redoutable tendu aux caribous. Ceux-ci, obligés de la traverser à la nage, lors de la migration des pâturages du Grand Nord vers la région plus hospitalière de la toundra de la baie James, s'y noient par milliers.*

# Pépinières au Canada

*La pépinière forestière à l'échelle super-industrielle de la baie James.*

*La pépinière de rosiers de White Rose Nurseries*

*Les lagopèdes se confondent avec la neige.*

*Avec A. Raab dans sa roseraie de l'exposition de Montréal.*

*Les chutes du Niagara.*

La faune est particulièrement représentée (outre les tétras) par :
— le castor, espèce animale la plus répandue, qui a contribué, par ses barrages, à créer de nombreuses retenues d'eau qui se sont transformées en tourbières ;
— le lagopède des saules (perdrix blanche), qui se confond avec la neige en hiver ;
— le geai gris (l'une des 59 espèces d'oiseaux présentes sur le site) ;
— l'orignal (avec un peuplement faible) ;
— les caribous, qui se trouvent à la limite de leur habitat naturel ;
— l'ours noir, le porc-épic et le lièvre, également présents en petite quantité.

Les Indiens Cris peuplent la Taïga, depuis des millénaires. Leur nombre actuel est d'environ sept mille. Leur genre de vie traditionnel, modulé selon les grands cycles de la nature, est axé sur la pêche, la chasse et la cueillette de fruits. Les animaux à fourrure leur procurent un revenu d'appoint, tout en les nourrissant de leur viande.

Mais ce qui m'a spécialement frappé, c'est la découverte en ce site inhospitalier d'une pépinière à l'échelle industrielle. Le cliché ci-contre (où je présente un "styrobloc" de saules nains) montre l'importance de la production.

La Société d'énergie de la baie James en a la gestion. On sème, ou on bouture, directement dans ces conteneurs ; ceux-ci sont d'abord placés en serre, puis sous abri plastique. Enfin, on les étale en plein air, comme ci-contre, pour faire aoûter les plants.

Huit millions de jeunes plants seront nécessaires pour faire reverdir les 5700 hectares plus ou moins touchés par les travaux. La plantation s'effectue par l'assemblage de végétaux divers regroupés en îlots ; en s'étendant, ils prennent possession de la totalité de la surface.

Le lecteur comprendra facilement l'importance pour moi d'une telle visite et pourquoi j'y ai consacré un assez long développement. Par sa situation spécifique, bien loin des conditions de notre climat tempéré, par ses disproportions surtout, cette œuvre gigantesque liée à la nature m'a autant étonné — sous un tout autre aspect bien sûr — que la vue des pyramides d'Égypte.

Le Canada est, par ailleurs, un immense pays de près de 10 millions de km², où les climats sont forcément très diversifiés. C'est ainsi que, dans la province d'Ontario, les conditions de température sont beaucoup plus clémentes. C'est là — à Unionville — que réside notre concessionnaire et ami Alexandre Raab ; il a créé une affaire d'horticulture florissante : White Rose Nurseries, qui coiffe de nombreuses jardineries satellites. L'exploitation horticole est maintenant grandement facilitée — chez lui comme ailleurs — dans les pays nordiques, par les serres et les abris plastiques. Ainsi protégées, les plantes trouvent là un milieu plus propice permettant d'allonger la période de végétation tout en les garantissant des grands froids.

Après la traversée de la région fruitière du lac Ontario, on ne pouvait manquer la visite des célèbres chutes du Niagara, hautes de 47 m, un des sites touristiques les plus beaux d'Amérique du Nord. Empêtré dans un ciré de marin, sur le vieux rafiot on approche du bas de la cascade : c'est un spectacle assourdissant, mais grandiose. La nuit venue, un éclairage aux multiples couleurs successives produit un effet féerique, avec reflets irisés, des chutes.

*La baie de Guanabara à Rio, la plus belle du monde, qu'on admire du Corcovado.*

*La plage mondaine de Copacabana, en 1966.*

# Le Brésil : un immense pays

Changeons d'hémisphère.

La réunion pomologique à Malicorne du 1er septembre 1965 me mit en relation avec des participants que je ne connaissais pas encore, bien qu'ils fussent de proches voisins : la famille Evrard, pieds noirs, repliés en Bourbonnais.

Outre leurs activités — agricole à Paray-sous-Briailles et hôtelière à Vichy — ils venaient d'implanter au Brésil un vignoble et un verger de pommiers. Propriétaires d'un domaine viticole de 1 200 hectares en Algérie, ils maîtrisaient bien les problèmes d'acclimatation et de production de la vigne, mais ne pouvaient résoudre ceux — beaucoup plus complexes, surtout au Brésil — concernant les pommiers, pour la simple raison qu'ils ignoraient tout de cette spécialité. Après avoir commencé par évoquer avec les intéressés le comportement anormalement décevant de ce jeune verger, je fus sur-le-champ sollicité de prêter mon concours à sa revalorisation et à son extension — qu'on voulait très importante. J'acceptai avec empressement. L'idée de découvrir le potentiel fruitier du plus grand pays d'Amérique du Sud m'enchantait. Il va de soi que, promu conseiller "ès cultures" dans un pays où je n'avais jamais mis les pieds, ma réputation exigeait que je me mette immédiatement à en étudier la bio-géographie...

Le Brésil, je l'ai dit au chapitre de l'U.R.S.S., est un immense pays de 8 514 000 $km^2$, plus de quinze fois la France ! Sa situation dans l'hémisphère Sud, entre l'équateur et le 30e parallèle, correspond à celle de l'Afrique du Nord et de l'Ouest. La partie la plus méridionale, région de Pelotas, est située à la latitude de Marrakech. Les mêmes causes produisant les mêmes effets, mon expérience d'Afrique du Nord en matière de culture d'espèces fruitières de pays tempérés pouvait donc, me suis-je dit, être une base solide pour trouver dans ce grand pays une nouvelle application judicieuse de mes théories. C'est, en tout cas, ce que j'ai pensé spontanément et qui s'est révélé exact.

Mais évoquons d'abord ce premier long voyage de 1966. Déjà douze heures d'avion pour atteindre Rio de Janeiro. La première journée, consacrée au tourisme, débute par l'ascension du Corcovado. Cette statue monumentale du Christ, bras écartés, popularisée par les cartes postales, que tout passager découvre de l'avion, est autrement impressionnante la nuit, lorsque, noyée dans les nuages et prise sous le feu des projecteurs, elle apparaît comme l'annonce sublime de la venue du Christ sur terre : c'est une vision céleste fascinante qui vous étreint jusqu'aux tripes. Le "Pain de Sucre", colline d'où l'on découvre mieux encore la plus belle baie du monde, les célèbres plages de Copacabana et aussi d'Ipanema, constellées de beautés féminines, se doivent de précéder la visite de la ville, grouillante d'une foule cosmopolite.

Se rendre de Rio à São Paulo ne pose pas de difficultés : un ballet d'avions s'envole chaque demi-heure dans les deux sens. A São Paulo, la circulation automobile est inextricable. Peuplée de sept millions d'habitants de toutes races et couleurs de peau, ce qui frappe immédiatement le nouveau venu qui circule dans les artères de la plus grande cité du Brésil, c'est l'absence totale de racisme entre ethnies si différentes. Le naturel joyeux, gentil, sympathique de ce flot humain bigarré est même plaisant à voir.

Dans la population du Centre et du Sud brésiliens, une colonie japonaise, estimée en 1966 à un million d'individus, était déjà solidement implantée, principalement dans l'horticulture. Sa légendaire organisation méthodique vaut d'être contée au moment où, en France, Dunlop vient de passer entre les mains de Sumitomo.

# Le Brésil moderne et bâtisseur

*Le stade géant de Maracana à Rio, le plus grand et le plus beau du monde.*

*Centre commercial de Sâo Paulo en 1968.*

Ces producteurs japonais de l'horticulture sont groupés au Brésil dans la coopérative de Cotia, dont le siège social est justement à São Paulo, au marché de gros des fruits et légumes de la cité.

Accueilli très amicalement en ce "sanctuaire" nippon par le président de la section horticole, mon étonnement fut grand de voir une multitude d'employés s'agiter fébrilement, confinés chacun dans un box de 2 m au carré : leur petite taille alliée à leur grande activité donnait l'image même d'une colonie d'abeilles s'affairant dans une ruche. Comment ne pas ressentir une sorte de crainte en supputant l'efficacité d'un ensemble humain manifestement si uni, si motivé et si bien rodé !

La visite que je fis ensuite à l'établissement personnel de mon hôte, producteur de roses coupées, devait me confirmer l'impression première ressentie au marché. Dans ce marécage partiellement assaini par des fossés profonds pataugeaient tous les membres de la famille... tous pieds nus. De la grand-mère au plus jeune des petits-enfants, tous s'affairaient activement, qui au désherbage, qui à la coupe des roses, qui à leur classement. Comment des entreprises comme les nôtres, employant des collaborateurs aux horaires immuables et limités, assujetties à des charges salariales de plus en plus lourdes, pourraient-elles résister à pareille concurrence ?

Enfin, un autre exemple du comportement nippon, dont on sait que photos et questions constituent les bases pratiques de toute documentation : en voiture, à l'aller comme au retour, et dans les champs de rosiers, le dialogue qui s'est instauré entre le président-rosiériste et moi-même, traduit par un interprète, a été entièrement pris en sténo par une secrétaire dont on aurait pu penser qu'elle participait à un concours de vitesse. Demandez-vous maintenant pourquoi les Japonais gagnent partout et toujours... Même aux U.S.A., n'ont-ils pas monopolisé la production des roses coupées en Californie ?

L'immigration au Brésil de colons japonais dans les années 1966-1975 s'établissait ainsi : un groupe de 20 à 40 familles, arrivant complètement démunies de tout, originaires d'un même village et placées sous la férule d'un agronome, chef de tribu, se voyait attribuer une zone de forêt vierge ; chaque famille bénéficiait d'une parcelle de 40 hectares (1). Le gouvernement brésilien avait pris à sa charge la construction préalable de la maison.

A l'exploitant qui s'installe, la coopérative japonaise de Cotia apporte immédiatement vêtements, outils, semences. Et le défrichage commence : deux mois après, les salades, les carottes et les navets ; trois mois pour les pommes de terre ; souvent, au bout de deux ans, les arbres fruitiers apparaissent.

Toutes les productions sont prises en compte par la coopérative, qui déduit de leur montant les avances faites à l'arrivée... Et voilà un autre exemple de la fantastique organisation nippone et de son efficience en tout point, diamétralement opposée à notre individualisme viscéral. Voilà aussi pourquoi le Brésil regorge actuellement de légumes et de fruits, alors qu'avant l'arrivée de l'*homo japonicus* on ne pouvait manger tomates et raisins d'importation que dans les hôtels quatre étoiles, en raison des pluies d'été continuelles et de l'absence des traitements cryptogamiques nécessaires... Qui, en dehors des Japonais, aurait pu imaginer placer une ombrelle de polyéthylène sur chaque grappe de raisin "Italia" pour la préserver de la pluie et de la pourriture, et en faire ainsi un produit de grande qualité ?

*(1) Surface considérable pour des producteurs habitués à produire, dans leur île, sur des étendues minuscules.*

# Fleurs du Brésil

En bas, au centre : *différents types d'héliconias.*
En bas, à gauche : *strélitzias (fleur-oiseau).*
Partie supérieure : *anthurium et orchidées.*

# Le déboisement : une tragédie pour le Brésil

Le trajet en automobile de São Paulo (État de São Paulo) jusqu'à Fraiburgo, petite localité de l'État du Santa Catarina, à travers la *serra*, est passionnant pour un amateur de nouveautés horticoles. A chaque instant, en effet, on découvre à l'état naturel, et à une échelle de développement souvent gigantesque, nombre de plantes vertes et à fleurs cultivées partout dans le monde pour la décoration des appartements.

En certaines régions, les sous-bois tapissés d'*Impatiens sultani* ou de pervenches de Madagascar (*Vinca rosea*) sont éblouissants de couleurs. La forêt recèle d'ailleurs une quantité innombrable de plantes hautement décoratives dont les plus appréciées pour le commerce sont les *strélitzias* (fleurs-oiseaux) et surtout le groupe des *héliconias*, dont il existe de nombreuses espèces et variétés. Les fortes tiges florales de cette dernière espèce se terminent par une inflorescence à bractées rouge profond d'aspect cireux et artificiel; leur tenue en vase est très longue.

Le caractère spontanément gentil et amical du Brésilien nous a été révélé par un fait que j'ai plaisir à évoquer. Ayant entrevu de notre voiture d'énormes touffes d'*héliconias* et autres plantes tropicales dans le bien modeste jardin d'un *colonos* attenant à sa pauvre cabane en bois, comme il en existe tant en zone rurale, nous nous arrêtons et demandons à l'occupant la permission d'admirer ces fleurs magiques pour nous Français : celui-ci, quoique comprenant difficilement notre intérêt pour ce qui correspondait chez lui aux bleuets et aux coquelicots de nos champs de blé, nous demande de nous asseoir et nous fait servir un peu d'eau par sa femme; puis, nous quittant précipitamment, il s'enfonce dans la forêt.

Au bout d'une demi-heure, il revient chargé de plusieurs touffes de fleurs de variétés différentes, non seulement d'*héliconias*, mais aussi d'autres espèces, qu'il nous remet spontanément. Une offre de récompense est rejetée avec fierté (1). Heureusement, les enfants étant là, il devenait facile de manifester notre reconnaissance. Est-il nécessaire de conclure que ce geste spontané vis-à-vis d'étrangers nous a profondément touchés ?

Le trajet en voiture permet d'avoir une idée du relief tourmenté constituant la *serra* des États du Sud. L'accélération du déboisement par le feu de ces terrains en pente est le point de départ d'une situation tragique. La récupération de ces nouvelles surfaces, grâce aux brûlis, est faite pour la culture du maïs. Dans ces champs en pente où le machinisme agricole a difficilement accès, les paysans sèment chaque grain de maïs en faisant un trou à l'aide d'un clou fixé à leur sabot.

Grâce à l'humus de surface, accumulé au cours des millénaires, la récolte est luxuriante en première année. Rapidement elle décline avec la disparition de l'humus nourricier, entraîné par les fortes pluies des tropiques vers les *baixadas* ou les *banhados* (2). L'érosion catastrophique qui en résulte soumet les sols au phénomène de latéritisation. Alors, dans ces *campos* infertiles s'installent les gynériums (herbe de la pampa ou roseau à plumes) qu'aucun animal ne peut brouter. Malgré le décor insolite que constituent leurs millions de panicules, ce désastre agraire est bien triste à voir pour un amoureux de la terre.

*(1) A la pépinière de Fraiburgo, nous avons eu une preuve de cette manifestation d'indépendance hautaine du salarié brésilien. Un groupe d'ouvriers travaillaient à 5 km de la cité : leur déplacement était assuré par une camionnette. La journée de labeur se terminait à 17 h. Un soir, un ouvrier demande au chef de culture la permission de partir à 16 h. « Mais, lui objecte le responsable, il te faut plus d'une heure de marche pour rentrer chez toi : que vas-tu gagner comme temps à partir une heure plus tôt ? » La réponse tomba comme un couperet : « J'ai décidé de partir à 16 h ! »*

(2) Baixadas : *vallée très humide;* banhados : *zone très marécageuse.*

Ci-dessus : *lors d'une réception à Évry pour le baptême de la rose Saint-Exupéry, dont je parlerai dans le second tome.*

De droite à gauche : *F. Hirigoyen, ancien maire de Biarritz, Maurice Chevalier, Louis-Edouard Seize, président de la Fédération des graines de semences, en conversation joyeuse avec Georges Delbard. Coïncidence curieuse : mes amis (tous disparus hélas !) étaient tous trois contemporains de la tour Eiffel (1889).*

Ci-contre : *reproduction de la dernière partie de la lettre de l'ami F. Hirigoyen.*

Ce fut une très belle fête, admirablement organisée, admirablement réussie. J'espère que vous recueillerez le bénéfice de votre effort — Chacun s'est retiré content, et moi tout particulièrement ; car, à côté de vos qualités d'administrateur, de technicien horticole, et de grand travailleur, vous m'avez aussi montré, avec tant de délicatesse, celles de l'ami ! Or, je n'oublie pas ce que le grand Saint Ex... écrivait dans Terre des Hommes = « Pour les humains, la véritable fortune ce sont les relations humaines ». — Et le jour où je vous ai connu, j'ai eu conscience d'avoir gagné ma journée, et de m'être élevé. — Veuillez donc trouver ici, pour Mme Delbard et pour vous, l'expression de mes remerciements et de mes félicitations.

F. Hirigoyen

Quel exercice acrobatique que de circuler en ces temps-là sur les routes brésiliennes ! Le chemin de fer n'existant pas, une file ininterrompue de camions — tous plus décorés les uns que les autres de peintures naïves accompagnées de « pensées » souvent drôles — s'étire sur le parcours de la seule route goudronnée qui descend vers le sud. Gagner une place représente un gymkhana toujours fort dangereux.

Enfin, voici la petite bourgade de Fraiburgo, État du Santa Catarina. C'est là qu'a été créée l'exploitation arbori-vinicole de la S.A.F.R.A., après destruction de la forêt vierge.

Fraiburgo est une petite commune de 1200 habitants (1) née autour de la scierie installée par les frères René et Arnoldo Frey, dont le père, professeur à Strasbourg, avait émigré avec sa famille au Brésil en 1919.

Le village est situé à l'altitude de 1100 m, et c'est ce qui lui donne sa chance pour la culture de la vigne et des arbres fruitiers de pays tempérés, en raison d'une relative période de froid qui permet le repos de l'arbre. L'inspection des arbres existants (pommiers et pruniers surtout) me convainquit que leur comportement à cette altitude pourrait être en tous points semblable à celui des mêmes essences fruitières dans les plaines côtières d'Algérie. L'altitude corrigeait, là aussi, les effets de la latitude. Je devais donc être gagnant en appliquant les méthodes d'exploitation du verger qui m'avaient réussi en Afrique du Nord. J'en donne les principales : choix de variétés à repos végétatif réduit, choix de porte-greffes à enracinement traçant, travaux du sol appropriés et traitements cupriques pour hâter et favoriser la dormance, arrêt à temps des irrigations, etc. J'étais donc armé pour défendre avec assurance ma théorie qu'il était possible de cultiver avec profit des arbres fruitiers de pays tempérés dans le Sud brésilien à l'altitude de plus de 1000 m. Il restait à faire passer ce message en haut lieu à Rio pour bénéficier, au départ, de l'appui moral du gouvernement.

### *Amis valent mieux qu'argent !*

C'est le proverbe qui l'affirme et c'est vrai que, très souvent, toutes choses se sont bien passées pour moi grâce aux relations amicales.

Parmi celles-ci, une personnalité attachante. M. F. Hirigoyen, maire de Biarritz de 1929 à 1941 (2), était, à cette époque, président de l'association "Euramérique du Sud" à laquelle j'adhérais. De ce fait, j'étais convié aux dîners semestriels de l'association. Tout naturellement aussi, F. Hirigoyen faisait partie de mes invités lors de chaque réception. Je reproduis ci-contre un passage de sa lettre du 29 juin 1960, au lendemain de notre fête donnée à Évry pour le baptême de la rose Saint-Exupéry (j'ose à peine la publier, tant une grande amitié peut amplifier la louange).

De retour de ce premier voyage au Brésil, je m'empresse de mettre l'ami Hirigoyen au courant de mes projets concernant ce pays. Or celui-ci comptait au nombre de ses relations Mme la Comtesse de Chambrun, mère du ministre du Commerce extérieur d'alors : M. Charles de Chambrun. Celui-ci nous accorde rapidement un rendez-vous et écrit aussitôt à son ami Roberto de Oliveira Campos, ministre brésilien du Plan et de la Coopération, pour lui exposer mes projets fruitiers. Peu après, de Rio, par l'intermédiaire de l'ambassadeur à Paris, M. Bilac Pinto, me parvient une invitation à me rendre au Brésil.

*(1) Elle en compte plus de 20000 en 1984 — exemple parmi beaucoup d'autres du développement inouï du potentiel humain brésilien.*

*(2) Il était également un brillant joueur de chistera. Il est décédé à Biarritz le 8 juillet 1978 à l'âge de 93 ans. Un square-jardin porte son nom à Biarritz.*

# Des résultats rapides

*Au départ, une formation basse, avec charpentières bien équilibrées, est primordiale pour le maintien du bon calibre des fruits. En pleine action démonstrative... serrons les dents !*

*Le résultat. En compagnie de M. René Frey, dans son verger pilote. Trois ans après la plantation, les pommiers sont chargés de fruits. Qui dit mieux ?*

J'arrive à Rio fin février 1967 et me rends au ministère, accompagné du préfet René Frey et de M. Henri Evrard. Surprise... traversant des bureaux déserts un samedi de week-end, deux ministres sont présents pour nous recevoir : M. Roberto Campos (déjà nommé) et M. Vilar de Queiros, ministre du Commerce extérieur. Ces deux sommités gouvernementales sont très curieuses d'apprendre comment un arboriculteur-pépiniériste français débarquant dans leur pays envisage de faire produire (« avec succès », a-t-il l'aplomb d'affirmer) des fruits de pays tempérés, ce que tous les agronomes brésiliens, depuis toujours, tiennent pour impossible.

Après les urbanités et remerciements d'usage, le dialogue avec mes hôtes éminents s'engage sur un ton aimable mais plutôt sceptique (disons même un peu narquois) de leur part. Le voici en raccourci, restitué aussi fidèlement que possible :

*S.E. Roberto Campos* : Cher monsieur Delbard, vous êtes ici pour nous convaincre que notre pays peut produire une bonne partie des pommes que nous importons... Cela nous intéresse au plus haut point. Mais nos agronomes ont, de tout temps, affirmé que, dans un pays soumis à l'influence tropicale ou subtropicale, il était absolument impossible de produire normalement des fruits de pays tempérés.

*Georges Delbard* : Vos agronomes ont tous tort (1). Étant donné mon expérience fruitière acquise en différents pays, et particulièrement en Afrique du Nord, et après avoir découvert et étudié le potentiel de plusieurs régions du Sud du Brésil, je crois dur comme fer, Excellence, que l'on peut en effet produire avec succès ces fruits que vous appelez ici "européens" :

*R.C.* : Pourriez-vous préciser en le schématisant le fondement de votre position si affirmative ?

*G.D.* : C'est facile. Vos agronomes ont simplement omis de prendre en compte l'effet bénéfique sur le climat qu'exerce l'*altitude* en fonction de la *latitude*. Voici un exemple : à 30-35° de latitude, on peut observer :

— à l'altitude zéro (en bordure de mer), une végétation de type tropical ;

— à 500-800 m, une végétation subtropicale ;

— à plus de 1000-1200 m (particulièrement, bien sûr, dans vos États du Sud), on a une température suffisamment basse, en période froide, pour assurer le repos nécessaire à l'équilibre végétatif des arbres fruitiers à feuillage caduc. Et j'ajoute : si cela était faux, pourrait-on célébrer la fête folklorique annuelle de la pomme à Sâo Joachim (S.C.) où, grâce à l'altitude de 1400 m, 70 000 pommiers tiges, que j'ai vus placés dans la forêt n'importe comment entre les souches des arbres abattus, produisent, malgré tout, sans autre soin spécifique, les quelques centaines de kilos de fruits de tous calibres permettant la kermesse annuelle ?

*R.C.* : C'est justement ce résultat que vous qualifiez vous-même de "folklorique" qui nous incite à penser qu'une production sérieuse, importante, rentable, nous apparaît bien aléatoire, voire impossible.

*G.D.* : Excellence, vos bureaux sont encombrés de rapports d'experts sur le sujet ; je n'en ferai pas un de plus, car on peut écrire ce qu'on veut. Tel l'orateur qui a le plus de bagou, c'est le rédacteur qui présente le meilleur "papier" qui est gagnant : mieux rédigé, il est donc plus convaincant... Moi, je suis un jardinier. Seul le résultat tangible, palpable, m'intéresse.

*(1) Prise de position sans équivoque qui, lors des premières rencontres, a bien provoqué quelques grincements de dents chez les agronomes brésiliens : l'irritation a été vite gommée, toutefois, par les résultats heureux et rapides.*

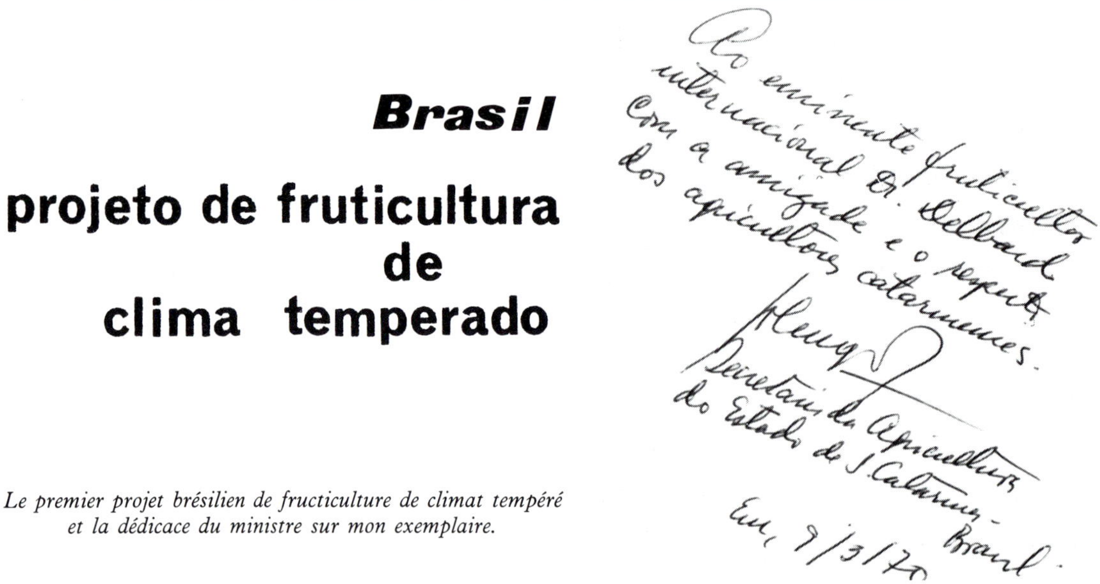


*Le premier projet brésilien de fructiculture de climat tempéré et la dédicace du ministre sur mon exemplaire.*

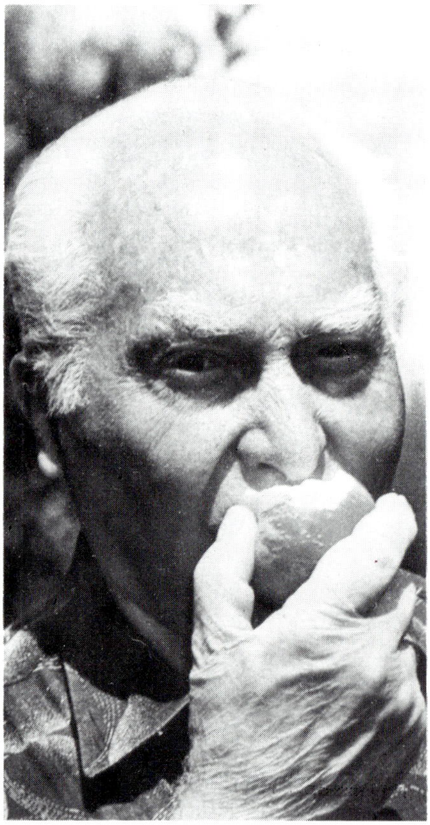

*Pleinement d'accord avec Maurice Chevalier...*
*... René Frey atteste que la pomme Delbard est la meilleure!*

C'est pourquoi je me permets de vous poser la seule question qui convienne comme conclusion de nos positions respectives : si, un jour, je peux montrer au Brésil des pommiers, portant de belles pommes, dans un verger bien organisé, croirez-vous que l'on puisse y produire ces fruits ?

*R.C.* : Votre question et votre position sont bien claires.

*G.D.* : Alors, il ne me reste qu'à en faire la démonstration, ce qui demande un délai minimum de deux à trois ans.

*R.C.* : Merci monsieur Delbard... (Et en me reconduisant :) Bonne chance pour vous et aussi pour nous Brésiliens. Si vous réussissez à réduire nos importations de pommes d'Argentine grâce à une production nationale... ***vous aurez votre statue sur une place de Rio*** (1) !

Quelques jours après cette entrevue au plus haut niveau, nous fûmes reçus au ministère de l'Agriculture. En l'absence du ministre qui se trouvait à Brasilia, le secrétaire général et son adjoint étaient là pour nous accueillir. Avec eux, nous avons évoqué les problèmes d'organisation générale pour mettre ce projet ambitieux en place, en partant de bases scientifiques et techniques sûres. Puis nos hôtes nous présentent à chacun des services de leur ministère. Nous devions déguster dans chaque bureau la traditionnelle tasse de café. J'ai compté que, ce jour-là, j'avais absorbé plus de vingt tasses de café, en additionnant celles qu'on vous offre en toutes occasions chez les commerçants, à la pompe à essence, etc. Comment ne pas être remonté à bloc après pareil dopage ?

Il faut battre le fer pendant qu'il est chaud. Après ces contacts à l'échelon supérieur, il me fallait exposer noir sur blanc mes théories à tous les partenaires. Un rapport circonstancié était nécessaire, permettant de mettre dans le coup, d'abord l'appareil administratif concerné aux stades national et étatique, et aussi la profession, pour assurer le meilleur départ possible de la "croisade".

Dès le 1er mars 1967, je présentai une étude agro-économique très complète intitulée « Production industrielle brésilienne de fruits de climat tempéré ». Elle fut largement répercutée dans les différents ministères, les associations professionnelles, les banques, etc. Très bien accueillie, elle eut un impact déterminant et immédiat. Un proverbe français affirme : « Aide-toi, le ciel t'aidera... » En effet, on ne doit pas tout attendre des autres, et le moyen le plus efficace pour faire triompher sa cause est encore de mettre la main à la pâte. En l'occurrence, il était donc nécessaire de passer rapidement à des actes concrets.

Pour ce faire, un programme expérimental et de recherche est mis en œuvre tandis qu'un verger pilote est implanté. Une sélection de nouvelles variétés fruitières, de porte-greffes sans virus, sont exportés de nos pépinières de Malicorne en même temps que des milliers de pommiers greffés. La démarche "acrobatique" qu'a représentée pareille fourniture mérite d'être contée.

Chacun sait que la France est située dans l'hémisphère Nord, le Brésil dans l'émisphère Sud : l'hiver à Paris, c'est l'été à Rio. L'inversion des saisons constitue de ce fait un lourd et grave handicap pour l'expédition de végétaux vivants — handicap infranchissable sans la chaîne du froid.

*(1) Cette boutade ne m'a jamais empêché de dormir. Souvent ministre varie... Qui sait, peut-être attend-on mon décès pour procéder à l'érection de ma statue ! Ne soyons donc pas pressé... En tout cas, je ne manquerai pas d'envoyer un exemplaire dédicacé de mon livre à S.E. Roberto Campos, actuellement sénateur à Brasilia après avoir été ambassadeur à Londres.*

# La réussite est rapide

En toutes occasions, j'insiste sur la nécessité fondamentale de mise en place de vergers intensifs d'arbres nains, en vue d'obtenir les meilleures productivité et rentabilité. Chaque fois — au Brésil particulièrement — les auditeurs, attentifs, motivés, faciles à convaincre (parce que sans *a priori*), sont désireux de se lancer dans cette nouvelle spéculation, qui vient juste à point, d'ailleurs, pour apporter aux régions montagneuses de ce pays un souffle nouveau d'intérêt économique. Que fera-t-on ici, entendait-on dire, après l'exploitation du bois d'œuvre qui se termine ? L'arboriculture fruitière a apporté la solution.

*Au Brésil, l'auteur et le secrétaire d'État à l'Agriculture* (à droite). *Première production (1967) de pommes de qualité dans ce grand pays. Au fond, on aperçoit la forêt vierge sur laquelle on a empiété.*

Pour assurer la meilleure reprise des plants fournis, il nous a donc fallu arracher les arbres en janvier, les mettre en frigorifique aussitôt et jusqu'en juin, les transporter en camions réfrigérés jusqu'au Havre, continuer la chaîne du froid en les chargeant dans la soute maintenue à basse température du bateau bananier, pour les reprendre à nouveau au port de Rio de Janeiro, en camions réfrigérés, assurant la livraison à Fraiburgo (Santa Catarina), à plusieurs centaines de kilomètres de là.

Eh bien, il faut admettre que les conditions climatiques difficiles de notre Combrailles bourbonnaise ont une heureuse répercussion sur la qualité, la rusticité... et l'endurance des végétaux, puisque, malgré ces traitements insolites et leur maintien six mois hors sol, la reprise et la végétation ont été excellentes!

Ayant eu l'oreille — et le feu vert — des autorités administratives, il fallait maintenant convaincre et dynamiser la profession. Dans la foulée, des réunions tripartites comprenant fonctionnaires, agronomes et arboriculteurs sont tenues à Fraiburgo, où les premiers résultats de fructification permettent d'apprécier la bonne présentation et la qualité des fruits.

L'audiovisuel entre en ligne. Mon film *Vergers de France d'hier et d'aujourd'hui* montre l'évolution des techniques jusqu'aux moyens modernes actuels de production, de stockage et de commercialisation. Au cours d'une de ces séances de projection, le 1er mars 1969, le Dr Luiz Gabriel (1), secrétaire d'État à l'Agriculture de l'État du Santa Catarina, enthousiasmé par notre dynamisme et les résultats tangibles de fructification, promit de faire aboutir le P.R.O.F.I.T. (Projet de fructiculture des pays tempérés).

Pour sécuriser les candidats planteurs, il était nécessaire de leur donner un vademecum pratique et simple. Fin 1968 paraît le *Guide de l'arboriculteur brésilien pour la conduite des vergers industriels*, rédigé par Georges Delbard en collaboration avec Roger Biau : ce sera la "bible fruitière", à laquelle chacun se réfèrera par la suite. Cette étude devient à la fois la clé de voûte et le moteur du développement des vergers dans l'État du Santa Catarina.

Le résultat sera amplifié par la décision courageuse de Willy Frey, quittant sa situation à Rio de Janeiro pour se consacrer au reboisement (*Reflorestamento Fraiburgo*) et aux plantations fruitières. Grâce à ses démarches opiniâtres, les avantages de l'incitation fiscale, accordés d'abord pour le reboisement, seront étendus aux plantations fruitières; le départ foudroyant de créations des vergers qui en est résulté est donc aussi l'œuvre de Willy Frey.

Dans toute cette ambiance favorable, il se trouve un "leader" pour faire démarrer sur les chapeaux de roues cette nouvelle activité terrienne. C'est le préfet de Fraiburgo, René Frey (2), qui donne l'exemple. La confiance totale qu'il nous témoigne l'incite à planter, dès 1969, 300 hectares de vergers en deux ans...

Comme il est propriétaire de 5000 hectares de forêt et *campos*, on n'a que l'embarras du choix pour l'emplacement! Celui retenu est un plateau légèrement vallonné au sol riche en humus, très typique de la forêt vierge de cette région, d'où, seuls, les pins géants du Parana (*Araucaria angustifolia*), plusieurs fois centenaires, avaient été abattus. Il y subsiste une végétation forte et dense, qu'il faut éliminer.

*(1) Le Dr Luiz Gabriel, secrétaire d'État, est photographié avec l'auteur sur le cliché ci-contre.*
*(2) Père de Willy.*

# Vergers industriels pilotes au Brésil

*Le verger de M. René Frey. Premier verger intensif de pommiers du Brésil. Plantation très bien réussie en courbes de niveau. Une telle homogénéité végétative homogénise* ipso facto *les interventions pour les tailles de formation et de fructification. Dans toute population importante, qu'elle soit végétale ou humaine, la discipline dans le comportement est fondamentale pour obtenir le meilleur résultat.*

*Vue aérienne d'une partie du verger de M. Nodari à Fraiburgo, quelques mois après la plantation. Remarquez la reprise et la végétation parfaites et plus particulièrement le respect des courbes de niveau. Réalisation de l'agronome Luiz Borges Junior.*

Les bulldozers entrent en action pour tracer le pourtour de l'espace envisagé, afin de constituer d'abord une large bande pare-feu, qui deviendra ensuite *avenida* (1) de circulation. Et puis, un soir, par temps très calme, on met le feu en de nombreux points à ce massif végétal gigantesque. Je gage, pour l'avoir ressenti, qu'un cinéaste désireux de donner une forte impression de l'enfer ou de la fin du monde ne pourrait souhaiter meilleure séquence. Spectacle hallucinant que ces arbres de 20 à 25 m de haut dévorés par les flammes, de même qu'une forte et inextricable végétation sous-jacente ; spectacle presque insoutenable, alors que les troncs éclatent en véritables coups de canon. Je ne vois qu'un mot pour qualifier cette vision : dantesque. Le feu ayant détruit la partie aérienne des arbres, il faut extirper les souches : ce n'est pas un travail facile. Heureusement un imposant matériel est là et il y a de nombreuses dépressions de terrain constituant des décharges propices pour le stockage.

Voilà donc cette couverture humifère mise à nu, fertilisée encore par l'apport de la cendre de bois (dont mon grand-père disait que son emploi comme engrais (2) était excellent, mais qu'il lui fallait la conserver pour la lessive, la *bujeau*). Il faut absolument sauver d'urgence cette matière féconde si nécessaire au double point de vue de l'enrichissement et de l'amélioration de la structure physique du sol. Or, j'ai conservé à Malicorne la charrue-balance de mes débuts (3), devenue inutile, puisque j'ai adopté le sous-solage profond au rooter en raison de notre sous-sol granitique. Je fais venir cet engin qui, comme à Malicorne, fera l'étonnement des paysans de Fraiburgo.

... Son utilisation permet d'enfouir, d'emprisonner cet humus si fertile, pour le mettre en totalité au contact des racines sur une profondeur de 70 à 80 cm.

Le chaulage, les engrais chimiques complètent la bonne préparation du sol très acide. Il ne reste plus qu'à tracer les lignes de plantation suivant les courbes de niveaux, pour éviter l'érosion : chaque rangée formera ainsi une petite terrasse de rétention.

Le préfet de Fraiburgo, René Frey, homme dynamique en diable, disciple fidèle qui suit scrupuleusement les conseils donnés, sera donc en 1969 le premier à mettre mes théories en application à grande échelle. Son verger deviendra ainsi le verger pilote intensif, fleuron de l'arboriculture fruitière moderne au Brésil. Comme quoi il suffit souvent qu'un homme volontariste s'impose comme leader pour que tout évolue très vite dans une nouvelle activité. C'est ce qui arriva au Brésil dans la production fruitière. La colonie des grands propriétaires-éleveurs des États du Sud — dont certains possèdent des *fazendas* de plusieurs dizaines de milliers d'hectares — est en majorité d'origine italienne et allemande, et largement ouverte à la modernité.

Le message venant de Fraiburgo pour cette nouvelle spéculation agricole est bien reçu. D'ailleurs un propriétaire voisin, M. Nodari, industriel à Curitiba, décide immédiatement de créer un verger géant. Nous aurons donc à nouveau l'occasion de conseiller cet industriel converti sur-le-champ (au sens figuré comme au sens propre) en arboriculteur passionné. Ce sera le deuxième grand verger brésilien où des expérimentations sont développées à l'échelle industrielle pour l'étude systématique des porte-greffes, des variétés, des formes, des espacements, afin d'assurer la meilleure rentabilité du verger.

On voit, par cet exposé, combien il a été gratifiant et exaltant pour moi d'œuvrer dans ce grand pays, vierge de tout passé en matière de culture fruitière de pays tempérés, pour arriver rapidement à des résultats spectaculaires grâce à la confiance d'exploitants enthousiastes et motivés.

*(1)* Avenida *ou* alameda *: avenue, large allée.*
*(2) Elle contient de la potasse.* *(3) Voir p. 315.*

# Une trouée dans la forêt vierge porte mon nom

*Ce pin du Parana (araucaria angustifolia) est âgé de 600 ans ! Circonférence : 6,30 m. Il est situé près de l'avenue Georges Delbard. On remarque le tronc très droit et le caractère "ombelliforme" des branches supérieures sur le cliché de droite.*

*L'entrée majestueuse (et champêtre) de l'Alameda Georges Delbard.*

*Amoureux de toujours de la nature et des plantes, aurais-je pu rêver, étant enfant, d'une telle avenue fleurie, portant mon nom, en forêt vierge de l'Amérique du Sud ?*

Alors, devant le résultat, la famille Frey est ravie. René Frey et son fils Willy (1), nouveau préfet de Fraiburgo (succédant à son père), décident de fêter l'inauguration de leur verger. Il me faut expliquer que, dès leur arrivée première sur le site de Fraiburgo, les frères René et Arnoldo Frey avaient eu la bonne idée de conserver, intacts, 50 hectares de forêt vierge, heureusement situés entre le bourg de la petite cité et la parcelle réservée au verger. Les magnifiques et nombreux "pins du Parana" mesurant 5 à 6 m de circonférence à leur base, fûts de 30 à 35 m surmontés de branches horizontales — ombelliformes — dont certains forment une véritable table (à la manière des sept cèdres du Liban rescapés du déboisement total de ce pays), en étaient le décor prestigieux.

L'implantation du verger étant très avancée, une opération d'urbanisme originale est décidée par la municipalité. Elle consiste à prolonger l'avenue centrale du bourg (aussi large dans l'agglomération que les Champs-Élysées !) par une large *alameda* traversant cet îlot de forêt vierge pour accéder au verger Frey. En quelque sorte trouée végétale à perspective grandiose : copie des Champs-Élysées et de son prolongement jusqu'à la Défense...

Je ne suis au courant de rien... du moins officiellement ! Lors d'une de mes visites, M. le Préfet me prie instamment d'être présent un dimanche après-midi au bas de l'avenue centrale, près de la forêt. L'entrée de la trouée qui lui fait suite est barrée par le fût d'un gros arbre auquel est suspendu un contrepoids, ensemble imposant fonctionnant tels les bras de nos passages à niveau (cliché ci-contre). Les édiles locaux sont là. La barrière se lève, je fais quelques pas, M. le Préfet dévoile une plaque sur laquelle je peux lire : "Alameda Georges Delbard". A cet instant, je suis inondé d'un bonheur indicible. Parcourant les quelques kilomètres de cette avenue en sous-bois qui traverse cet univers végétal inviolé depuis des millénaires, ma joie fut plus grande encore. Le tracé avait été étudié pour respecter les plus beaux spécimens de pins du Parana. La double rangée d'hortensias balisant le trajet formait une bordure fleurie qui ajoutait encore un "plus" décoratif à la splendeur végétale naturelle environnante. La caisse de champage rosé « Moët et Chandon » réservée pour une grande occasion a trouvé sa meilleure utilisation ce jour-là.

Plusieurs fois, après mon retour en France, j'eus l'occasion de m'entretenir de fructiculture avec M. Bilac Pinto, ambassadeur du Brésil à Paris. Nous devînmes des amis, et je fus invité plusieurs fois à sa table quand il traitait des personnalités brésiliennes de passage, particulièrement celles spécialisées en économie. Dans mes documents et dans mes propos, mon enthousiasme légendaire se donnait libre cours ; je pronostiquais la couverture possible de la consommation nationale brésilienne de fruits de pays tempérés pour 1984 et la possibilité de surplus exportables pour 1989... Je ne me suis trompé que de quelques années ! De 1967 à 1976, je suis allé deux fois par an au Brésil. Chaque voyage représentait des vacances. Quitter la France à Noël, avec la neige, et arriver au verger pour déguster les premières pêches, voilà qui n'est pas désagréable. Quel autre plaisir peut remplacer ces joies professionnelles ? Je suis tout à fait de l'avis de Pierre Cardin quand il affirme : « Mon métier suffit à mon bonheur. » (Moi, j'y ajoute la famille.)

J'ai quitté le Brésil en 1976, à la suite de divergences dans l'orientation et la conception des plantations. Et puis, à soixante-dix ans, il faut savoir se calmer !... Mon cœur reste cependant attaché à ce grand pays, celui où, après la France, j'ai pu animer l'étonnante réalisation de vergers industriels à l'échelle nationale.

*(1) Actuellement président de l'Association brésilienne des producteurs de pommes (Associação Brasileira de Produtores de Maças).*

# "Père de la pomme" au Brésil

**Reflorestamento Fraiburgo Ltda**

Fraiburgo, 27 de abril de 1968

Ilmo. Snr.
GEORGES DELBARD
Paris

Prezado Amigo Sr. DELBARD;

Recebi o gentil convite de MADAME DELBARD para assistir, no dia 8 de maio, no "BOIS DE BOULOGNE" à cerimônia em que Mr. DELBARD receberá as honrosas insignes de OFICIAL DA LEGIÃO DE HONRA das mãos do Ministro de Agricultura do Govêrno Francez.

Na impossibilidade de ir pessoalmente a Paris para cumprimentar o ilustre Amigo apresso-me em lhe apresentar os meus sinceros parabens por tão justa homenagem. Que o dia 8 de maio seja muito feliz para o Amigo e a sua Exma.Familia. Isto prova, mais uma vez, que GEORGES DELBARD é um homem de gabarito internacional. Estou muito contente com esta honrosa e justa condecoração.

Dentro de 5 anos, tenho a certeza, se o Govêrno brasileiro fôr justo, o Amigo receberá a mesma homenagem do Govêrno de nosso Pais, pois será o Pai da maçã no Brasil.

Aceite, mais uma vez, os meus calorosos cumprimentos e firmo-me, cordialmente, o

Willy Frey

Santa Catarina • Escritório Rio de Janeiro, GB: Av. Pres. Vargas, 446, sala 1.806 - fone: 23-0113

TRADUCTION

C'est avec plaisir que j'ai reçu de la part de Madame Delbard une gentille invitation nous priant d'assister à la cérémonie du 8 mai au "Bois de Boulogne" où Monsieur Delbard recevra les honneurs et insignes d'officier de la Légion d'honneur des mains du ministre de l'Agriculture du Gouvernement français.

Me trouvant dans l'impossibilité d'aller à Paris personnellement pour pouvoir féliciter mon illustre ami, je m'empresse de lui présenter mes sincères félicitations pour un si juste hommage. J'espère cher ami que le 8 mai sera un jour très heureux pour vous et votre famille. Ceci prouve, encore une fois, que Georges Delbard est un homme de stature internationale. Je suis très content de cet honneur mérité que vous allez recevoir.

Dans cinq ans, j'ai la certitude que si le Gouvernement brésilien est juste, cher Ami, vous recevrez le même hommage du Gouvernement de notre pays, en tant que "père de la pomme au Brésil".

Acceptez encore une fois mes chaleureux compliments. Cordialement vôtre,

Willy Frey.

# Le Brésil se libère de ses importations de pommes

Il n'est pas tellement courant de voir les mérites d'autrui reconnus. Avec le temps qui passe, tout acteur restant en place et ayant participé au développement d'une affaire qui réussit a plutôt tendance à s'approprier la paternité de la création et des résultats... lorsqu'ils sont heureux. C'est pourquoi j'ai beaucoup apprécié le rappel historique des réalités — avec l'honnêteté intellectuelle qui s'y rattache — en lisant l'article de mars 1983 paru dans la grande revue brésilienne *Veja* : "Maçâ a brasileira" (1). Le signataire — M. René Frey — y rappelle les origines de la production des fruits de pays tempérés au Brésil en ces termes :

« L'expansion de la culture des pommes dans l'ouest de l'État du Santa Catarina date de 1968. Choqué par le volume important de devises englouties par l'importation de fruits de pays tempérés, le ministre Roberto Campos invite le pépiniériste-arboriculteur français Georges Delbard à faire un voyage d'études au Brésil. M. Roberto Campos n'a pas inclus Fraiburgo dans la visite, mais M. Delbard a rappelé à ses interlocuteurs brésiliens qu'il avait été alerté par les conditions de climat et d'altitude qui y paraissaient favorables. A 1100 m d'altitude, avec des gelées périodiques de − 5° en hiver, ce serait l'endroit idéal, dit M. Delbard, pour le développement de la culture du pommier, en partant de plants nobles pouvant produire des fruits trois ans après avoir été plantés.

« ... En 1969 René Frey commença la plantation des pommiers à grande échelle. Aujourd'hui il offre un conseil à qui prétend gagner de l'argent dans cette branche, disant : le fondement de la réussite est de planter de plus en plus suivant la technologie moderne... »

Cela m'enchante naturellement que l'application de mon enseignement soit poursuivie, car René Frey écrit dans le même article :

« Très récemment encore, le marché brésilien des pommes était dépendant de la production argentine. Le Brésil se libère petit à petit de cette servitude en grande partie grâce à la vigueur et à la productivité des pommiers — les premiers du Brésil — implantés sur le plateau du Santa Catarina. Cette région assure 53 % de la production totale brésilienne, estimée à 200000 tonnes en 1985 ! »

Au Brésil, la superficie plantée en pommiers est de 22000 hectares en 1985 ; elle augmente régulièrement chaque année de 1000 hectares. Un beau résultat pour l'économie brésilienne, à propos duquel on pourrait rappeler, en ce qui concerne ma participation, cette pensée de Rousseau : « Je vis que je réussissais et cela me fit réussir davantage » (2).

Mais l'adage est bien connu : le bonheur des uns fait souvent le malheur des autres. René Frey, d'un an mon aîné, évoque, parallèlement à ce succès, la surprise des producteurs argentins visitant le centre fruitier de Fraiburgo, en février 1983. Ce passage est un bon enchaînement pour faire le récit de ma visite en Argentine en 1968, où je me suis rendu avec mon fils François... accompagnés justement de René Frey.

*Épilogue :* le fils de M. René Frey, M. Willy Frey, dont j'ai dit qu'il était président de l'« Associação Brasileira de Produtores de Maçâs », m'a adressé, au moment de ma promotion au grade d'officier de la Légion d'honneur, la lettre dont traduction ci-contre.

Le titre de "Père de la pomme au Brésil" que me décernait déjà à cette époque le président Willy Frey n'a pu, c'est évident, que me faire grand plaisir, en m'encourageant dans mon action.

(1) « *Pommes à la brésilienne* ».
(2) Confessions.

# En Argentine...

*Ce pommier, en partie coupé dans sa partie haute, mesurait près de 8 m...*
*Dans une serre avec M. René Frey* (à droite) *et l'exploitant* (à gauche).

*Dès 1968, les Argentins étaient passés maîtres dans le calibrage, l'emballage et le stockage des pommes en vue de l'exportation. Malheureusement pour eux, l'intendance (la production) n'a pas suivi. Or, la compétition fruitière se joue sur les deux tableaux ! Je répète souvent : l'argent se gagne d'abord au verger !*

En mars 1968, je le rappelle, François venait juste d'être libéré du service militaire. Pour ses débuts dans la maison, je lui demandai, comme cadeau d'embauche, de m'accompagner pour un nouveau voyage en Amérique latine : il pourrait ainsi entrevoir les possibilités et difficultés inhérentes à la production fruitière des deux plus grands pays de l'hémisphère sud-américain.

Après une escale au Brésil, nous partons pour Buenos-Aires avec M. René Frey.

Pendant toute une semaine, nous parcourons le centre fruitier argentin le plus important : la riche vallée du Rio Negro, qui exporte ses productions partout dans le monde, et notamment en Europe. Nous étions guidés par le vice-ministre de l'Agriculture et d'autres personnalités importantes. Radio et télévision nous accompagnaient et enregistraient les exposés et débats qui avaient lieu soit en salle, soit dans les vergers. C'est dire que notre visite "fit du bruit". Mais, sans doute, le désert tout proche faisait-il aussi qu'en ces lieux mes "prêches" ne pourraient avoir de portée pratique et profitable...

Le sol de cette vallée est un sable riche, où, grâce au climat favorable et à l'irrigation, les arbres poussent vigoureusement. A l'époque (et encore actuellement d'après René Frey), le verger argentin était copie conforme, dans sa structure, du verger américain de l'État de Washington; le centre argentin de la production des pommes de Neuquen ressemble fort à celui U.S. de Yakima. Conception ancienne et dépassée de grands arbres sur tiges sur lesquels les interventions, taille et cueillette notamment, nécessitent l'appoint d'échelles de pompiers ! Devant cette forme périmée (1), j'étais à mon aise pour assurer qu'en continuant ainsi on faisait fausse route du point de vue économique; qu'il fallait donc changer de cap et adopter le principe des vergers intensifs d'arbres nains. M. René Frey me disait : « Laissez-les dans leur ignorance : pendant ce temps-là, nous allons les coiffer sur le poteau »... Et c'est ce qui est arrivé !

Voici l'affirmation de René Frey, tirée du même article de *Veja* :

« Fin février 1983, j'ai été surpris par la visite du méfiant comité de la Corporation fruitière d'Argentine, organisme qui rassemble tous les producteurs du pays. Tout simplement, ils ne voulaient pas croire ce que l'on disait à Buenos-Aires concernant l'importance de la production des pommes au Brésil. Durant toute une journée les Argentins ont parcouru les 40 km de route qui traversent les vergers de "Renar Frutas", entreprise de René Frey, et ceux d'autres grands producteurs. Ils ont ainsi pu constater qu'il ne s'agissait pas de bluff. Cela a été dur pour eux, car ils ont pu vérifier qu'en matière de production, cueillette et stockage leur retard était grand par rapport à notre organisation, a précisé l'ingénieur agronome Luiz Borgès junior, responsable de la conduite des 1 500 hectares, soit 1 600 000 pommiers, de René Frey...

« Avec leurs arbres qui atteignent près de cinq mètres de haut, cela exige pas mal de gymnastique à l'époque des récoltes. A Fraiburgo, il suffit d'étendre les bras pour cueillir les pommes sur les plus hautes branches... Aussi la revue officielle de la Corporation fruitière d'Argentine déplore-t-elle que l'exportation des pommes argentines vers le Brésil, qui atteignait encore 200 000 tonnes en 1977, se soit réduite à 100 000 tonnes en 1981... »

Renversement de situation économique — pour un même produit — de deux nations concurrentes, au profit de celle qui a su nous écouter à temps... Ça paie plus que tout de vivre une telle satisfaction intérieure à valeur rétrospective, à une telle échelle !

*(1) Je répète souvent que chaque barreau d'échelle coûte cher pour la taille et la cueillette ! En France, depuis toujours, l'ouche du paysan était ainsi plantée de grands arbres, haute tige, afin que les animaux ne puissent atteindre les fruits... dont le coût importait peu, puisque réservés à la consommation familiale.*

# Promu par le général de Gaulle

RÉPUBLIQUE FRANÇAISE

ORDRE NATIONAL DE LA LÉGION D'HONNEUR

HONNEUR PATRIE

LE PRESIDENT DE LA RÉPUBLIQUE FRANÇAISE
GRAND MAÎTRE DE L'ORDRE NATIONAL DE LA LÉGION D'HONNEUR

*nomme par décret de ce jour, Monsieur* D E L B A R D Georges, Alphonse
Horticulteur - Pépiniériste, Président de la Communauté Internationale des Obtenteurs de Plantes Fruitières
*né le* 20 Mai 1906 , *à* Malicorne ( Allier )

OFFICIER DE LA LÉGION D'HONNEUR

*pour prendre rang du* 8 Mai 1968 *et jouir de tous les droits, honneurs et prérogatives attachés à cette qualité.*

Fait à Paris , le 28 Décembre 1967

C. de Gaulle

Scellé et enregistré sous le N° 269.862
*Le Chef des Services de la Légion d'Honneur et de la Médaille Militaire,*

*Par le Président de la République*
LE GRAND CHANCELIER DE LA LÉGION D'HONNEUR,

Général Cathou

*Le Président égaie les invités en racontant son "équipée"...*
*J'accueille le président Edgar Faure, qui s'excuse de son retard...*

*... Et enchaîne :*
*«... Ainsi je suis parmi vous, les mains nues... Heureusement que l'on y a mis ce qui est essentiel !...*
*«... Mes collaborateurs sont tous enlevés, disparus, égarés, subversifs, je n'ai pas de notice pour le propos que je dois tenir. Après tout, est-elle tellement indispensable ?... »*

Nous revenons en France pour une chronique qui pourra étonner nos lecteurs, placée comme elle est dans cette partie traitant de mon activité internationale. Mais, bien sûr, il y a une raison... Cette évocation des événements de l'année 1968 servira de prologue et de justificatif à mes "aventures" tchadienne et libyenne. Enchaînons donc...

Le nouvel an 1968 se présente sous les meilleurs auspices.

Le 1er janvier, mon nom figure au tableau des promotions au grade d'officier de l'ordre de la Légion d'honneur (1). Le président Edgar Faure, ministre de l'Agriculture, a accepté de m'en remettre personnellement les insignes. La date arrêtée longtemps à l'avance : le 8 mai !... La cérémonie aura lieu au pavillon d'Armenonville, au Bois de Boulogne, avons-nous décidé en famille dans ce moment de bonheur. C'est le temps de l'optimisme dans une France heureuse — où pourtant l'on sent déjà germer un malaise précurseur d'une crise sociale dont l'origine sera universitaire. Tout bascule rapidement...

Rappelez-vous mai 1968. Les étudiants occupent les universités et particulièrement la Sorbonne, où un certain Daniel Cohn Bendit, dit "Dany le Rouge" (2), joue les tribuns, inquiétant tout un chacun... à commencer par le gouvernement !

Dès le début de l'agitation, les murs des facultés se couvrent de graffiti. La lecture du recueil *Les murs ont la parole* (3) permet une excellente approche de la mentalité de cette frange d'étudiants contestataires.

La très grande majorité de slogans exprimait la rébellion basée sur le triptyque : liberté, tolérance, amour. J'ai ai choisi quelques-uns :

« Notre espoir ne peut venir que des sans-espoir » (Hall Sciences Po).

« Autrefois nous n'avions que le pavot, aujourd'hui le pavé » (Nanterre).

« Je jouis dans les pavés » (Nanterre).

On y observe pourtant quelques rares « pensées » d'un niveau philosophique plus élevé :

« Désirer la réalité c'est bien... réaliser ses désirs c'est mieux ! » (Hall grand amphi Sorbonne).

« Pour mettre en question la société où l'on vit, il faut d'abord être capable de se mettre en question soi-même » (Odéon).

Rappelez-vous aussi les événements inquiétants de cette soirée du 8 mai 1968 où 25000 étudiants ont parcouru plus de 30 km à travers Paris. Cette "longue marche", très solidement encadrée d'ailleurs par un service d'ordre de jeunes garçons vigilants, harangués par Jacques Sauvageot, a débuté à 18 h 30 au Lion de Belfort. La police ayant interdit l'accès du quartier Latin, l'imposant cortège se dirige par le boulevard du Montparnasse jusqu'aux Invalides. La foule est si dense qu'elle emplit toute l'esplanade. Tous ces jeunes gens sont déchaînés. Renonçant à forcer les barrages, solidement protégés par la police sur les ponts des Invalides et Alexandre III, les manifestants, déjouant la tactique du service d'ordre, empruntent en courant le quai d'Orsay et franchissent à vive allure le pont de la Concorde. A 20 h 30 le cortège remonte les Champs-Élysées, proférant les slogans : « Libérez nos camarades ! », « C.R.S. = S.S. », « A bas la répression », chantant *L'Internationale* et brandissant des drapeaux rouges !...

*(1) Chevalier depuis 1954, j'évoquerai cette distinction au chapitre des roses du second tome de* Jardinier du monde.

*(2) On l'a vu, quelque peu « embourgeoisé », mais toujours aussi vulgaire, lors de sa participation à une émission « Droit de réponse ».*

*(3) Tchou édit.*

# Remise des insignes

*L'accolade.*

*Les félicitations.*

*Mes remerciements. Près d'Edgar Faure, Mme Lucie Faure* (a)*; à droite : mon frère Robert* (b)*, mon épouse* (c)*, mes fils Henri* (d) *et François* (e).

Pourquoi ce rappel historique à cet endroit? penserez-vous en lisant ces lignes. Vous allez en découvrir la raison.

Aux environs de 20 h, la voiture officielle du président Edgar Faure (retour d'un congrès à Grenoble) quittait la rue de Varenne pour se diriger vers le Bois de Boulogne. Suivant le même itinéraire que cette manifestation monstre, elle se trouva coincée, pendant près de deux heures, dans ce déferlement d'étudiants survoltés. De telle sorte que notre ministre de l'Agriculture n'apparut au pavillon d'Armenonville — parfaitement décontracté d'ailleurs — que peu avant 22 h! Plusieurs invités furent même obligés de partir avant la cérémonie, notamment mon ami Jean Déchery, alors président de la Chambre de Commerce et d'Industrie de Montluçon.

Tout se passa dès lors fort bien, et le talent oratoire légendaire du président, commentant, avec sa faconde habituelle, les péripéties de sa randonnée parisienne ajouta une note humoristique à son discours de félicitations, brillant et totalement improvisé.

Mon allocution de remerciements débuta et se termina par la déclaration : « L'horticulture m'a tout donné. » En voici le dernier alinéa :

« Finalement, c'est grâce à ce support familial exceptionnel, à tant d'exemples irradiants, d'amitiés fidèles, de dévouements inépuisables que je suis devenu ce que je suis... en fait et tout simplement un homme comblé et heureux, auquel, de surcroît, l'horticulture, sa passion, a tout donné... et qui, de ce fait, se doit de dire à vous tous ici : *GRAND MERCI!* »

Dans cette période agitée où une certaine jeunesse déboussolée se cherche, nos trois garçons, sérieux et travailleurs — quoique partisans, eux aussi, d'un certain "changement" —, ont compris qu'ils avaient autre chose à faire que de souiller les murs, dresser des barricades ou mettre le feu aux voitures stationnant au quartier Latin.

Guy, le plus jeune, assez contestataire, est étudiant aux facultés de Lettres et de Droit : il prépare ses licences de droit et de sociologie. Les parchemins en poche, il intégrera Sciences Po en 1969.

Henri, le cadet, s'est marié en 1967 (avec Anne Courtial, dont le père est docteur en médecine à Doyet). Il suit les cours de l'Institut des techniques et pratiques agricoles (I.T.P.A.), projetant de perfectionner son savoir en économie agricole à l'Université de Californie, à Davis. Il y sera admis en octobre 1969.

L'aîné, le sous-lieutenant artilleur François Delbard, a été libéré du service militaire fin février 1968. Il a juste vingt-cinq ans. Sorti de l'École des Hautes Études Commerciales (H.E.C.) dans un bon rang, il entre en fonctions sans perdre de temps, dès le 1er mars, pour me seconder. Je vous ai déjà parlé du voyage professionnel qui, pour ses débuts, nous conduisit au Brésil et en Argentine. Après ce "délassement" d'un mois, nous voici donc, le père et le fils, à pied d'œuvre pour assurer conjointement, en premier lieu, la direction de la pépinière de Malicorne.

Pour le nouveau venu, le baptême du feu sera d'ordre social. Jusque-là, le personnel avait toujours refusé de se syndiquer : quand on a besoin de parler au patron, on le trouve; alors pourquoi un intermédiaire? Mais la C.G.T. montluçonnaise met à profit cette période troublée sur le plan social pour engager une action revendicative exigeant la constitution immédiate d'un syndicat. Un virage à quatre-vingt-dix degrés se profile à Malicorne dans les rapports patron-employés, que je n'avais ni prévu, ni même envisagé comme possible.

Alors que, pour moi, le contact personnalisé et direct avait toujours été une religion, cette sorte de barrage collectif qui s'instaure entre mes collaborateurs et moi-même m'inquiète, ou plutôt me désespère (1).

Sur le coup, je me sens soulagé de pouvoir me décharger de cette obligation nouvelle — contraignante et peu exaltante — "au profit" du fils aîné... Je me contenterai de faire acte de présence et apporterai ma contribution aux premières réunions tripartites (2), mais plus en "Monsieur bons offices" qu'en patron.

Là réside donc le premier abandon d'autorité, une démission partielle en faveur du fils. Ce ne fut d'ailleurs pas facile pour François. Traité au début de "jeunot" (sur le ton péjoratif qui s'attache à ce qualificatif) par le virulent meneur de jeu de la C.G.T. de Montluçon, François prit rapidement de l'assurance; mais il dut mener une rude bataille pour la défense de nos droits spécifiques en tant qu'exploitants agricoles, car on nous assimilait en toutes occasions à l'industrie.

Voilà donc le baptême du feu dont je viens de parler : cadeau d'embauche quelque peu empoisonné, offert sans vrai partage d'autres responsabilités... du moins me l'étais-je imaginé à ce moment précis. Or, il devait en aller tout autrement : une étape décisive commençait, préfigurant le changement de direction et de pouvoir de décision pour ce qui était jusque-là *mon affaire*. J'avais soixante-deux ans. A cet âge, le plus grand nombre de mes pairs sont contraints de lâcher le manche, mais, quant à moi, le tonus n'étant en rien amoindri, je n'y pensais pas un seul instant.

L'habitude et la satisfaction du commandement (et de la réussite), la jouissance du pouvoir que connaît le patron sûr de lui, qui suggère, décide, tranche, toute cette aura ne m'était plus, maintenant, dispensée sans partage.

Aux idées bien arrêtées du père, type représentatif du *self-made man*, allaient s'opposer les théories nouvelles de *management* du jeune H.E.C.; et cela, dans un domaine — l'horticulture — où l'expérience professionnelle (culture et même commerce) m'a toujours paru jouer un rôle capital.

En fait, ce n'était là qu'un début. Quatre ans après, mon deuxième fils Henri — ingénieur en agriculture, *Master of Sciences* Université de Californie, Davis (U.S.A.) — entrait à son tour dans l'entreprise avec son tempérament affirmé de battant.

Guy, lui, ne rejoindra l'équipe professionnelle familiale qu'en 1977, lors de la création de la nouvelle unité de production à Hyères.

On évoque souvent le conflit de générations. C'est un fait qu'il a toujours existé. Mais comment pourrait-il en être autrement actuellement, étant donné les profondes mutations techniques et sociologiques que nous vivons? Tout, dans ce qui a trait aux méthodes de travail, obligations sociales, rapports humains, gestion surtout, s'est transformé complètement, totalement.

*(1) Toutes choses se sont beaucoup mieux passées à Paris au sein de la société commerciale Georges Delbard S.A. : les rapports patron-employés y ont toujours été excellents et très amènes.*
*(2) Inspection du travail, patron, employés.*

L'horticulture ne pouvait y échapper et, modestement, je dois reconnaître aujourd'hui que la jeune équipe des trois fils (universitaires brillants et travailleurs) sont mieux armés (1) que le père pour relever le gant et prendre les rênes (de la gestion surtout), en cette période difficile, pour assurer le développement et porter l'affaire plus avant au stade international (2).

Mais seule la réalité des faits pouvait m'en convaincre !...

C'est pourquoi, avec le recul du temps qui permet une approche plus réaliste du cours des événements, force m'est de reconnaître ici que mon état d'âme, mon comportement et certaines de mes réactions antérieures furent dérisoires la plupart du temps. Chaque fois, d'ailleurs, que des divergences importantes sont apparues entre mes fils et moi — mais tout aussi bien entre les ingénieurs responsables et moi —, elles ont porté en général sur les techniques et les programmes de production.

Toutefois, ayant pris rapidement conscience que les choses n'étaient plus comme avant (et afin d'éviter toute situation conflictuelle), je pris la décision d'abandonner ce qui représentait la base de mes prérogatives de "patron" : partage du patrimoine au profit de mes enfants, afin que, dans leur gestion des sociétés de production et de commercialisation, il ne subsistât désormais pour eux aucune entrave paternaliste déterminante.

Choix délibéré de succession que tout "patriarche" terrien redoute d'accomplir mais dont personnellement je me suis toujours réjoui : les conseils précieux de mon épouse et la haute idée qu'elle s'est toujours faite de son rôle stabilisateur et affectueux de mère m'ont, sans nul doute, été précieux pour franchir cette étape.

*La relève : dans les cultures de plantes en conteneurs :*
*François* (à droite), *Henri* (à gauche) *sur ce cliché.*

*(1) Grâce aussi à la pratique de l'informatique et des langues : l'aîné parle anglais et russe; le cadet : anglais et allemand; le benjamin : anglais et espagnol.*
*(2) Ce nouveau bond en avant constituera une partie importante du second tome de mes Mémoires.*

# Velléité de tout recommencer en Afrique

Peu après ce partage des responsabilités entre les fils, j'étais contacté par deux gouvernements africains pour apporter une aide technique et commerciale à la mise en place de productions horticoles nouvelles dans leurs pays respectifs.

D'une part, le Tchad envisageait la production de fleurs et la culture de légumes "riches" pour les exporter en Europe pendant l'hiver.

D'autre part, la Libye désirait créer des pépinières fruitières et des vergers au plan national.

La réalisation de l'une ou de l'autre de ces possibilités comportait deux aspects immédiatement perceptibles et qui me plaisaient fort : 1° laisser la bride sur le cou à mes successeurs ; 2° montrer, en créant une autre affaire, que j'étais encore capable de m'assumer (la revanche du *paterfamilias*) ! Un défi quelque peu prétentieux à soixante-cinq ans, mais qui, en tout cas, comportait, au départ, un triple volet enthousiasmant :

D'abord le côté euphorisant qui s'attache au désir — et au plaisir — de créer une entreprise nouvelle dans un pays neuf. Ensuite la satisfaction intérieure de communiquer son savoir à des autochtones désireux d'apprendre : plaisir pédagogique particulièrement vif lorsqu'on atteint un certain âge, délectation encore accrue par l'enseignement d'applications pratiques que l'on connaît bien. Enfin la possibilité — du moins le croyais-je fort — d'établir des liens commerciaux et, pourquoi pas, de réaliser des bénéfices au profit de Delbard-France.

Nous allons vérifier qu'une telle action n'est pas facile à mener à bien dans le Tiers Monde en raison des nombreuses embûches qui jalonnent le parcours...

*A Malicorne, les arbres fruitiers d'un an sont alignés... tels des soldats à la parade ! Cultivés en grande partie pour l'exportation.*

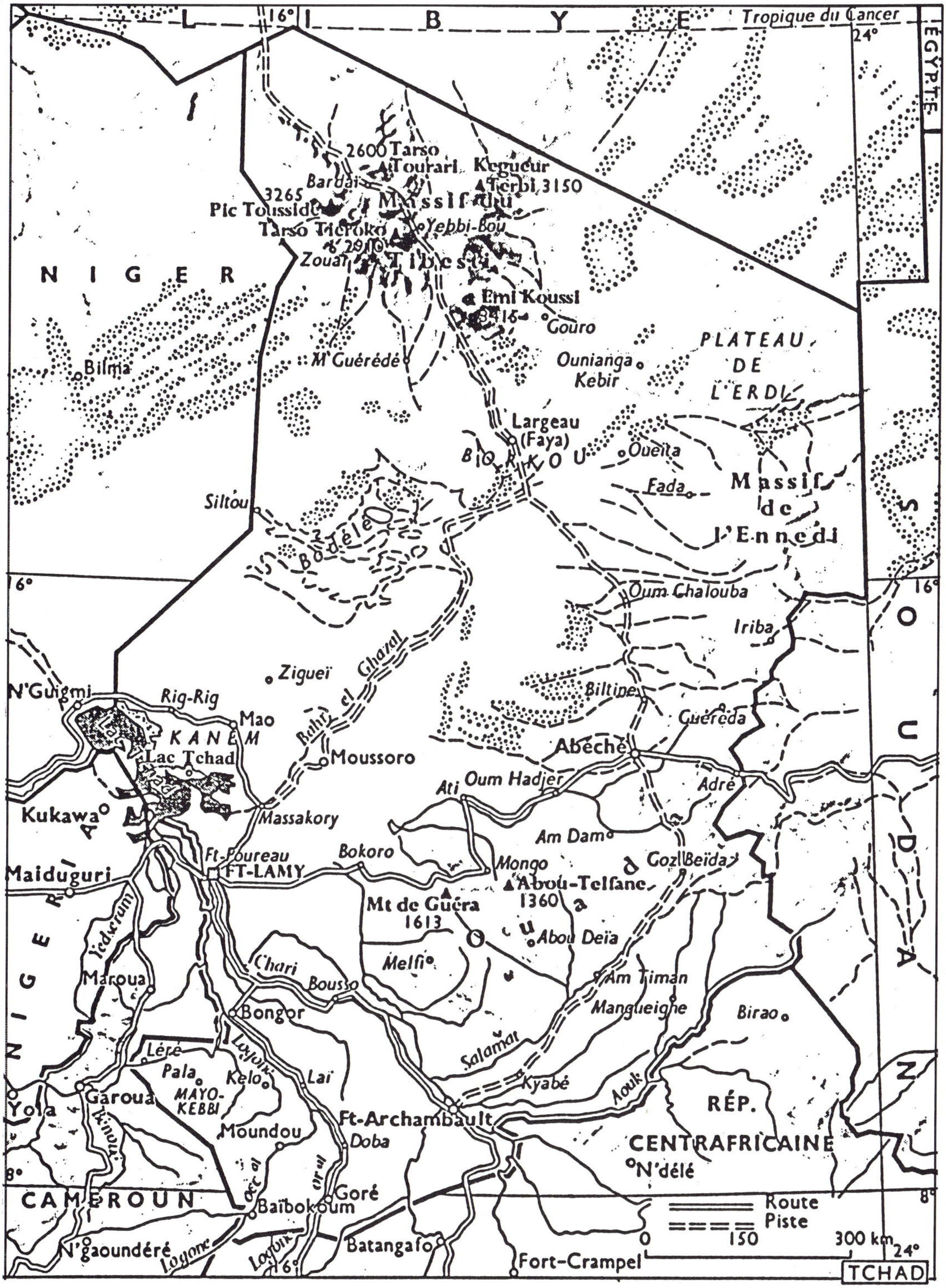


Carte du Tchad.

# Je m'intéresse d'abord au Tchad...

Un client sympathique, homme d'affaires aux activités importantes et diversifiées en Afrique, m'aborde un jour d'octobre 1969 au magasin, quai de la Mégisserie. Il me propose, tout de go, un voyage au Tchad. J'ai toujours été partant pour la découverte d'horizons nouveaux. J'accepte sur-le-champ, d'autant que mon interlocuteur me précise qu'il assurera mon hébergement dans sa villa de Fort-Lamy (1) et que je n'aurai pas à me soucier du billet d'avion. Une aubaine...

L'intérêt de ma venue au Tchad — qu'il me résume, dès cette première rencontre — est le suivant. Le gouvernement de ce pays est très désireux de lancer une opération de production de légumes "nobles" (haricots verts, melons, fraises, etc.) et de fleurs à couper, pendant les mois de décembre, janvier et février, produits destinés à l'exportation sur le marché européen. Il y a de "l'or à gagner", affirme mon interlocuteur : conditions climatiques très favorables, main-d'œuvre bon marché et surtout tarifs exceptionnellement bas (1,20 F le kilo) pour le transport avion, du fait qu'il n'y a pratiquement pas de fret pour les avions U.T.A. et Air-Afrique au retour sur Paris. Et pour clore ce premier entretien et emporter mon adhésion totale, la phrase finale tombe : « Vous serez reçu, dès votre arrivée, par le président de la République. »

Le départ a lieu quelques jours après. A Fort-Lamy, je rencontre le gérant de mon mentor, Serge Hommet, et sa femme, qui deviendront des amis.

La découverte de l'Afrique noire en novembre-décembre est chose réjouissante pour tous les amoureux des plantes et des fleurs. La saison des pluies étant passée, on trouve dans chaque jardin en plein épanouissement toutes nos variétés de fleurs annuelles : reines-marguerites, zinnias, roses d'Inde, mufliers, etc. Sur le marché, haricots verts, melons, aubergines et tous autres légumes fraîchement récoltés sont offerts à bas prix pendant la période de pleine production. Comment ne pas être enthousiasmé par la perspective de porter ces productions au stade industriel pour les marchés français... et européen (2) !

A Fort-Lamy, l'audience aussitôt accordée par le président François Tombalbaye (3) est d'une grande confiance et cordialité. La présence de M. Georges Diguimbaye, ministre du Plan et de la Coopération, personnalité d'exception, avec lequel la sympathie fut immédiate et réciproque, était un encouragement supplémentaire (4). Je réponds aussitôt par un "oui" de principe à la proposition du chef de l'État de m'associer à la mise sur pied d'une société mixte horticole gouvernement tchadien-Delbard, avec équivalence dans les profits. Les responsabilités concernant le lieu d'implantation et la gestion me sont totalement confiées.

La prospection des différents périmètres favorables m'est facilitée par la coopération sympathique des organismes français présents à Fort-Lamy : Génie rural, S.O.D.E.L.A.C., O.R.S.T.O.M. Les programmes et conclusions de leurs différentes expérimentations déjà réalisées me sont communiqués.

Le 18 novembre 1969, je remets au ministre du Plan mon rapport « Productions horticoles riches : fruits, légumes, fleurs », où je spécifiais en avant-propos : « En agriculture, le passage d'une économie de subsistance à une économie de marché — économie de profit — requiert une transformation radicale des conditions d'exploitation usuelles et la mise en œuvre d'une stratégie nouvelle... »

*(1) Actuellement N'Djamena.*

*(2) Perspective devenue réalité avec les productions actuelles de haricots verts du Sénégal, de Haute-Volta, du Niger, du Cameroun, du Kenya, etc.*

*(3) Son vrai prénom était N'Garta. Il fut assassiné en 1975.*

*(4) Le ministre Georges Diguimbaye viendra d'ailleurs visiter Malicorne, quelque temps après.*

Dans l'exposé des motifs militant en faveur de la production horticole africaine — à contre-saison pour l'Europe — ce même rapport (de 1969) spécifiait notamment, quant à l'intérêt de cette action :

« ... L'augmentation rapide du pouvoir d'achat dans les pays européens entraîne les consommateurs — y compris les ouvriers — à rechercher une alimentation toujours plus diversifiée, toujours plus riche : la forte baisse de la consommation du pain, au profit de la viande et des fruits, en porte témoignage. On n'hésite pas à acheter pour Noël les fraises d'Israël ou du Mexique, les haricots verts du Sénégal, les asperges, les melons en janvier-février d'autres pays, etc. Car le désir de diversification du régime alimentaire, conséquence directe de l'élévation du niveau de vie, est maintenant réalité. »

Partant de ces possibilités, une argumentation détaillée était présentée, dont j'extrais deux paragraphes essentiels :

« ... Or quelle a été (quelle est de plus en plus) la politique européenne en ce domaine des productions horticoles "riches" pour l'approvisionnement des marchés à contre-saison (pour ne parvenir souvent qu'à mettre sur le marché les légumes ou fruits avec quelques semaines d'avance), à quoi se résume-t-elle ?

« *A CRÉER DE VÉRITABLES USINES A LÉGUMES-FLEURS-FRUITS, GRACE A L'APPOINT D'ABRIS VITRÉS CHAUFFÉS...*

« Nous avons suivi ces dernières années, en différents pays, les programmes effarants par les capitaux engagés (un million de francs — nouveaux — par hectare) pour la seule construction (1) de serres-chapelles permettant une production de type industriel :

400 hectares en Roumanie en deux années, dont un complexe de 70 hectares d'un seul tenant à Ploiesti, "capitale" du pétrole ;

1 780 hectares en France, dont 400 couverts en plastique ;

6 500 hectares en Hollande (serres en verre) ;

5 250 hectares en Italie, avec une surface au moins égale pour les abris plastique.

« Le travail sous abris vitrés dans ces installations complètement automatisées : aération, chauffage, arrosage, permet et conduit, certes, à des résultats étonnants, spectaculaires. Pour chaque hectare :

8 000 douzaines de roses ;

75 tonnes de tomates ;

125 tonnes de concombres.

« Mais, face à ces installations artificielles très onéreuses par leur implantation et leur exploitation (forte dépense de chauffage et main-d'œuvre coûteuse), n'est-il pas plus logique de réaliser, dans les pays au climat privilégié (2), des productions *encore plus hâtives, d'une meilleure qualité*, et surtout à un prix de revient nettement plus bas ? »

Ce rapport est très bien accueilli. Il parvient au président de la République, qui me convoque à nouveau. M. François Tombalbaye (ancien instituteur) parlait peu ; il posait des questions simples, directes et pratiques, auxquelles il m'était facile de répondre. C'est dans ces conditions idéales de dialogue qu'à l'issue de notre entretien il me prit par l'épaule et, en me reconduisant, prononça cette phrase : « Vraiment, je suis bien heureux de vous connaître, car... enfin ! je découvre quelqu'un qui aime la terre ! » Ce compliment m'a beaucoup touché. Rien ne pouvait me faire davantage plaisir.

*(1) C'était en 1969. Ce prix s'entend non compris le coût des terrains.*

*(2) C'est l'argumentation déjà développée à l'École nationale supérieure d'horticulture de Versailles. Ici a été exposé le phénomène du photo-périodisme. En Europe, le manque d'ensoleillement les jours courts sont un obstacle à l'obtention de produits de qualité en saison hivernale.*

# Je découvre les atouts agraires tchadiens

TCHAD 'OR

Société Anonyme au Capital de 50.000000 de francs C.F.A

SIEGE SOCIAL : FORT-LAMY (République du Tchad) - Boite Post.00

TEL.0000 R.du C.F.LAMY N° 000 TELEX.000

LEGUMES, FRUITS SAVOUREUX ELEVES AU VIVIFIANT SOLEIL D'AFRIQUE

*La marque adoptée dès le début des pourparlers.*

a

b

a) *Le Chari, fleuve de 1200 km, a un débit très important à la saison des pluies. Ses eaux limoneuses, très peu salées, sont très propices pour l'irrigation des végétaux. On "devine" des points noirs : c'est un troupeau d'une vingtaine d'hippopotames qui se baignent pendant les heures chaudes. Se nourrissant de végétaux la nuit venue, ils peuvent dévaster les cultures, car ces pachydermes, d'un poids très respectable, sont végétariens et gros mangeurs : les Cucurbitacées sont leurs mets favori... ils peuvent les renifler à plusieurs centaines de mètres. Heureusement la présence humaine au bord du fleuve suffit à les éloigner.*
b) *Avec Serge et Marie-Louise Hommet. Leur petite fille Stéphanie, assise, est en partie cachée par moi.*

## Mais que de difficultés pour en tirer parti !

Après cette entrevue officielle, le président me pria de venir m'entretenir avec lui, le soir, dans sa ferme de Koundoul. J'y suis allé plusieurs fois ; les promenades au jardin étaient empreintes d'une grande confiance et familiarité. Cela m'a valu de vivre aussi une situation cocasse. Le gouvernement israélien avait pris en charge l'aide technique et financière pour réaliser, à ses frais, à Koundoul, une ferme expérimentale comportant un élevage avicole et la production de légumes. Plusieurs ingénieurs-agronomes israéliens (ou soi-disant tels) étaient là pour en assurer le fonctionnement. Un des leurs avait été affecté à la direction de la propriété agricole toute proche du président.

Découvrant les résultats pitoyables à tous les stades de l'organisation et de la production, je fis part à M. François Tombalbaye de mes doutes quant à la qualification professionnelle de ces coopérants, prétendument de "haut niveau". Je crus bon d'aller plus loin, soulignant que leurs questions me paraissaient friser le domaine de l'espionnage plutôt que celui du développement agricole et horticole : prémonition de bon aloi, puisque, quelques mois après, tous étaient expulsés...

Mais revenons à nos propres affaires. Le Conseil des ministres du 3 février 1971 — tenu sous la présidence de M. F. Tombalbaye — sur proposition du ministre du Plan, approuvait la création de la Société d'économie mixte « Tchad'Or » (1) et les autorisations de financement et d'emprunt ; les statuts étaient enregistrés le 8 avril 1971.

La Banque africaine de développement (B.A.D.), sollicitée pour un prêt de 125 millions C.F.A., confia l'étude du projet à R.W. Steiner, ingénieur, expert F.A.O. près de la B.A.D. Après deux visites à son siège à Abidjan que je fis avec mon expert fiscal, M. Charrier, elle accepta le financement demandé.

Entre-temps, d'une part des rivalités et des pressions s'étant exercées dans l'administration tchadienne, d'autre part le Gouvernement n'ayant pu effectuer en temps voulu le versement en numéraire auquel il s'était engagé, et qui représentait sa part dans le capital de la société « Tchad'Or », tout ce montage fut mis d'abord en sommeil, puis porté aux oubliettes... Tant de travail, tant de voyages pour rien, après avoir été si près du but... destin fatal n'ayant rien de surprenant dans le Tiers Monde.

Pourquoi n'ai-je pas été affecté outre mesure par cet échec ? Probablement, du fait que, découvrant chaque jour davantage l'instabilité de ce pays, je discernais déjà les symptômes prémonitoires qui hypothéquaient son devenir ? En analysant aujourd'hui ce qui s'est passé depuis — la mort de Tombalbaye surtout —, tout me porte à le croire.

Avant de clore ce chapitre, je crois nécessaire d'ajouter quelques commentaires, car, en ces années 1983-1984, le Tchad est (suivant l'expression consacrée) "à la une" de l'actualité. Indépendamment de la politique et de la tension de guerre que nous n'avons pas à traiter ici, un autre sujet retient en effet notre attention à nous, les Occidentaux pourvus. Il concerne la malédiction de la famine consécutive à la sécheresse, commune d'ailleurs à tous les États du Sahel de l'Afrique tropicale. Je me garderai bien d'épiloguer sur les causes et les remèdes que comporte cette désespérante situation pour les populations de l'ensemble des pays concernés : d'autres s'en chargeront. Mais il se trouve que je connais assez bien les possibilités agricoles de la zone sud du Tchad — et pour cause ; cela me permet donc de donner l'avis du praticien en matière de productions uniquement vivrières, cette fois, dans la région de l'Afrique.

*(1) Appellation qui revêtira (c'est bien le cas de le dire) une tout autre signification après la révolution iranienne.*

# Les rives du Chari, les polders de Bol...

*Le Chari et les cases qui devaient être déplacées à l'extérieur du périmètre d'exploitation, pour constituer le barrage "anti-éléphants".*

*Le sultan, avec sa garde, tient audience en présence des villageois concernés pour fixer l'indemnité de transfert des cases en poto-poto (briques de terre séchée).*

*Voici un "capitaine" de 75 kg pêché à la ligne dans le Chari, à Douguia, par un Français adepte de la pêche "au gros"; je suis son transport par deux Tchadiens. Assis dans la barque du pêcheur, j'ai vu ramener ce monstre à la ligne, immobile, comme mort! J'ai lu que l'abondance de la faune aquatique est telle que, n'étant pas suffisamment pêchés, les poissons présentent des signes de dégénérescence, particulièrement dans le lac Tchad. Là réside peut-être l'explication de la passivité du "capitaine"!*

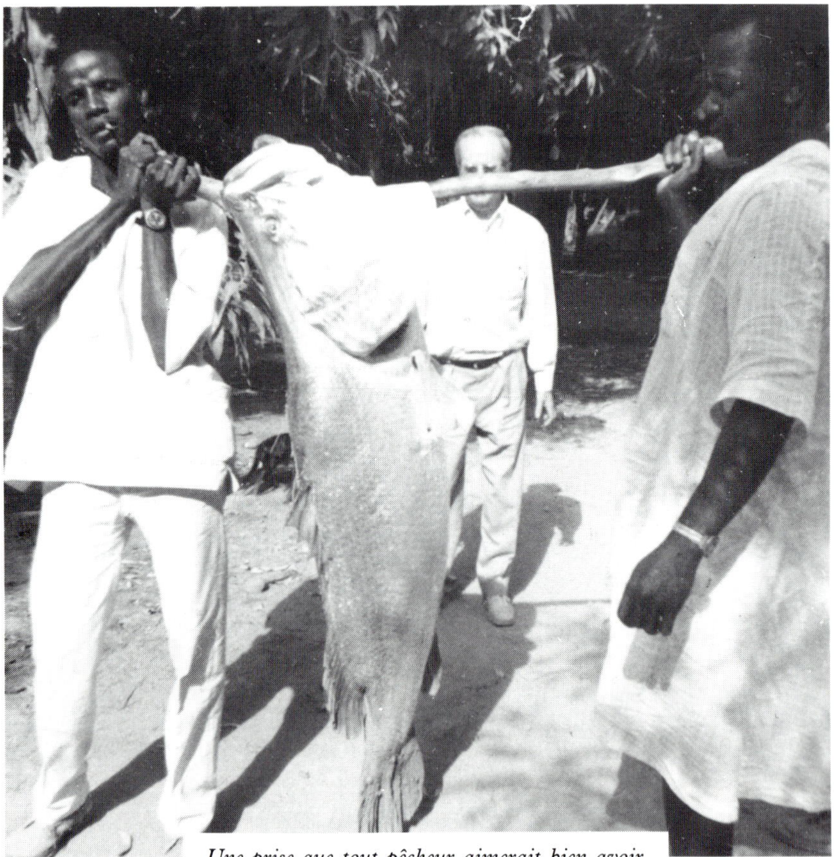

*Une prise que tout pêcheur aimerait bien avoir au bout de sa ligne!*

Alors, bon sang de bon sang!, pourquoi au lieu de fournir des subsides en argent, ne se décide-t-on pas à aménager les régions africaines des zones irrigables? En utilisant de forts engins pour le nivellement et la préparation des sols; en constituant des unités de production réparties entre les autochtones les plus évolués, avec fourniture de matériel adapté et formation technique assurée sur place par de *vrais* agriculteurs européens... on obtiendrait, ce me semble, de meilleurs résultats pour la lutte contre la faim.

Qu'en bordure des fleuves on généralise ce qui avait été prévu dans notre projet de 150 à 300 hectares le long du Chari : à savoir, une bande de 500 m de largeur bien travaillée avec une très légère pente permettant, à l'aide de simples motopompes, l'arrosage par ruissellement et le retour au fleuve de l'excédent d'eau par gravité.

Que le vaste territoire des polders de Bol (1) — le plus fertile que je connaisse — devienne une super-Hollande horticole et une super-Beauce agricole après un aménagement foncier approprié : il y a, croyez-moi, amis lecteurs, de quoi nourrir beaucoup de monde. Comme complément indispensable et logique d'une telle action, il suffirait ensuite d'aménager un aéroport à Bol (2), d'où partiraient les avions-cargos pour approvisionner les populations soumises aux méfaits de la sécheresse.

Oui, la cuvette tchadienne regorge de possibilités agricoles inexploitées. Ils ne sont pas nombreux les pays où l'on peut faire comme ici trois et même quatre récoltes par an grâce à l'irrigation! Personnellement je ne connais que le delta du Nil qui puisse rivaliser sur ce plan. Alors, serait-ce une utopie que de souhaiter voir les pays nantis se ranger à pareille croisade qui placerait les bénéficiaires dans une position sociale plus digne, leur évitant d'être à tout jamais des assistés? Le proverbe est vrai qui affirme : « Le blé et la reconnaissance ne poussent qu'en bonne terre. » Au Tchad, j'en suis persuadé, on pourrait en faire la démonstration.

Autre atout d'exception pour cette région : le peuplement. La remarquable tribu des "Sara" constitue une réserve de main-d'œuvre d'une grande qualité qu'on ne trouve que rarement en Afrique : ce sont de beaux hommes (voyez clichés ci-contre), très grands, forts, intelligents, travailleurs et d'une gentillesse extrême.

Une anecdote à leur sujet. Une famille composée de quatre frères — des colosses de 1,85 à 2,10 m — avait réalisé dans le secteur considéré une petite exploitation maraîchère parfaitement tenue. Immédiatement, j'avais envisagé de faire de ces bons et perspicaces jardiniers les chefs d'équipe de la réalisation projetée. Pour définir les limites de cette dernière, un débroussaillage s'imposait. Des manœuvres furent embauchés. Le spectacle de tous ces hommes marchant et courant pieds nus dans les épineux était à voir! L'aîné des quatre frères maraîchers (qui avait son certificat d'études!), promu "caporal", trouva un ancien registre et, de lui-même, fit un tableau sur pages doubles, digne du meilleur comptable. Les noms bien margés, les heures de travail alignées chaque jour, les avances bien notées, la différence à régler et le total de la paie parfaitement justes... Je n'en revenais pas... Je me demande si beaucoup d'ouvriers français seraient capables — livrés à eux-mêmes — d'en faire autant! Oui, c'est certain, j'aurais aimé apprendre le métier horticole à ces travailleurs "sympa" en vivant parmi eux! Et grande a été leur déception, leur tristesse même, de voir ce projet, si merveilleux pour eux, abandonné.

*(1) Le préfet Djimé Ramadan nous y a si bien reçus! Je n'oublierai jamais le régal de son "capitaine" cuit au four avec assaisonnement relevé de tomates, poivrons, etc.*
*(2) Ou plus simplement encore, d'utiliser l'hélicoptère.*

# Les polders du lac Tchad...

a c

b d

*Légendes ci-dessous.*

a) *Dans la zone des polders du lac Tchad, les dunes constituent des dépressions intermédiaires riches en limons résultant de la décomposition des végétaux.*
*La nappe phréatique est omniprésente; suivant le relief, il suffit de faire un trou plus ou moins profond pour trouver l'eau, que les agriculteurs distribuent avec un seau dans les rigoles d'irrigation. Que ne ferait-on avec des motopompes!...*
b) *Le binage du blé se fait à la main. Cela revient moins cher que l'utilisation d'herbicides, et les femmes peuvent bénéficier d'un petit salaire. D'autre part, le travail du sol est sûrement positif. Nous nous sommes permis d'insister auprès de nos hôtes pour que ce sol, superficiellement très friable, soit ensuite « plombé » par le passage du rouleau, pour faciliter le tallage des plantules. Ces travaux sont financés par le F.A.C. et le P.A.M.*
c) *Le buttage des pommes de terre avec un bœuf est un pas en avant dans la réduction du prix de revient; cela réalise une économie importante par rapport au buttage manuel.*
*Tous ces travaux constituent une excellente culture pratique éducative. Voilà une initiative à répéter!...*
d) *Dans une pirogue de pêcheurs échouée au bord du Chari.*

Cette détection des emplacements les plus favorables à la promotion de productions horticoles m'a donc permis de déceler les incroyables possibilités agraires que recèle le Tchad. En dehors de la partie nord, dont chacun connaît la configuration montagneuse, au climat sahélien et désertique, la plus grande partie de la région au sud d'une ligne lac Tchad-Abéché est, en revanche, prodigieusement fertile.

C'est pourquoi je crois utile de donner mon point de vue de "jardinier" concernant ses possibilités immenses, pouvant contribuer à chasser la famine dans les zones déshéritées.

Deux emplacements principaux avaient été retenus pour notre intervention dans les productions horticoles :

— les rives du fleuve Chari ;

— les polders du lac Tchad.

Un peu de géographie est nécessaire pour comprendre la valeur agraire des bassins du Chari (et aussi du Logone) et des polders du lac Tchad (voir carte, p. 597).

Le fleuve Chari arrose la "cuvette" tchadienne, qui se situe entre deux reliefs montagneux : à l'est celui où culmine le mont de Guéra et, au sud, celui de Barbokoum ; à l'ouest les monts du Mandara au Cameroun. Cette région était (il y a bien longtemps) une mer intérieure dont il ne subsiste que le lac Tchad. Dès lors, on comprend pourquoi cette vaste plaine, couverte jadis de forêts et encore partiellement boisée, est prodigieusement fertile. Très souvent j'ai découvert là un support terreux exceptionnel : un harmonieux mélange composé en quantités quasiment égales de sable (quelque peu argileux) et d'humus. Le sol idéal dont rêve tout homme de la terre passionné par son métier. Étant donné que cette structure physique idéale est souvent très riche en éléments fertilisants, qu'elle a une profondeur difficile à évaluer, il suffit de ramener en surface de la terre vierge (grâce à des labours de plus en plus profonds) pour que la fertilité se maintienne longtemps. De plus, on peut surfacer en permanence avec les riches limons que charrie... le Chari.

Dans les polders de Bol du lac Tchad, c'est même mieux. En effet, le sol est encore plus riche parce que plus tourbeux. Découvrant l'exploitation maraîchère du centre expérimental des polders de Matafo et la station de Madikoméron dont la S.O.D.E.L.A.C. (société française) est à l'origine, je me suis exclamé après avoir reçu le "coup dans l'estomac" : « C'est la Hollande transportée en Californie ! »

Cette réaction première exprime combien les possibilités sont grandes pour les productions vivrières dans toutes les zones exondées constituées de riches limons.

Les Français ont fait un travail important pour la mise en valeur des polders de Bol : près de 1 000 hectares ont été isolés par des digues protectrices. La S.O.D.E.L.A.C., dans sa ferme de grande culture de Madikoméron, produisait, lors de mon passage, blé et pommes de terre.

Une partie des surfaces emblavées était arrosée par aspersion — ce qui indique la voie à suivre pour une organisation d'avant-garde. L'autre partie était irriguée par ruissellement. Nous pensons (en ayant vu "courir" l'eau par gravité dans des sillons de plusieurs centaines de mètres en Californie) que cette méthode, qui évite l'évaporation et l'investissement très coûteux de l'installation des conduites et des arroseurs, est celle à préconiser en Afrique. De plus, *mouiller le feuillage n'est, par ailleurs, jamais bon en pays chauds*.

En définitive, pourquoi tant de misère, tant de famine, alors que l'eau, source de vie, est si souvent présente dans le sol et le sous-sol africains ?

# La « campagne » libyenne

Les relations commerciales entre le ministère libyen de l'Agriculture et les pépinières Delbard ont débuté en 1965, époque où le roi Idris souhaitait établir des liens économiques avec la France. Cette année-là, une délégation d'agronomes libyens, après avoir visité différentes pépinières françaises, choisit Malicorne pour signer un premier marché important pour la fourniture d'arbres fruitiers. Nos livraisons donnèrent pleine satisfaction, et par la suite des commandes nous furent passées chaque année. Nous devînmes, de ce fait, fournisseur privilégié, traitant souvent de gré à gré avec le gouvernement libyen.

Le coup d'État de Muammar al-Kadhafi du 1er septembre 1969, qui lui permit, en renversant la royauté, de devenir président du Conseil de la révolution, ne modifia pas le cours des relations commerciales établies avec notre firme ; bien au contraire. Le nouveau régime, bénéficiant du pactole pétrolier et souhaitant développer l'agriculture en priorité, reprit à son compte les projets de la royauté défunte et se fit encore plus pressant auprès de nous pour que nous apportions une assistance technique efficace et directe au développement de la pépinière et de l'arboriculture fruitière en Libye. C'est ainsi qu'au début de l'année 1971 je fus convoqué par le ministre de l'Agriculture à Tripoli, le "frère" Mohamed Ali Tabou (ex-instituteur de Kadhafi), qui me tint à peu près ce langage :

« Depuis plusieurs années, monsieur Delbard, la Libye est votre fidèle client pour l'importation d'arbres fruitiers. Or, d'une part, nous rencontrons de fréquents ennuis pour nos approvisionnements, notamment des retards de livraison lorsque des gelées sévissent en France. D'autre part, nous connaissons des difficultés inhérentes au transport, à la répartition dans les différentes zones, etc. Cet état de fait ne peut plus continuer ainsi.

« C'est la raison pour laquelle le gouvernement libyen souhaite édifier des pépinières nationales, conformes aux méthodes modernes, pour répondre aux besoins du pays et se suffire à lui-même, se conformant ainsi à la politique de l'État pour le développement et la consolidation de la production nationale. Comme corollaire à cette action, le Gouvernement désire que des techniciens libyens soient d'abord formés dans la pépinière nationale pour pouvoir ensuite se perfectionner dans les établissements du contractant (1) ».

Le ministre continuait :

« Comme vous le savez, une délégation compétente est allée à nouveau visiter spécialement toutes les principales pépinières européennes pour comparer leur importance, leur capacité, leurs potentiels scientifique et technique ; je suis heureux de vous informer que vous avez obtenu le maximum de points dans chacun de ces quatre postes. Nous souhaitons donc beaucoup traiter avec vous, d'autant que nous vous connaissons depuis plusieurs années ; si vous êtes d'accord, il n'y aura donc pas appel d'offres, mais échange de signatures pour un contrat de gré à gré. »

Savoir présenter une affaire "sur un plat d'argent" avec la faconde rituelle est une spécialité reconnue du monde arabe. Et on a beau être prévenu, on s'y laisse prendre (moi en tout cas), surtout lorsque, sans attendre votre réaction, l'interlocuteur précise :

« Ce qui nous intéresse, en voulant produire nos arbres — nous vous l'avons déjà exprimé —, ce n'est pas le bénéfice financier, mais le développement de la technicité dont bénéficieront nos ressortissants. Dans un premier temps, nous souhaitons donc créer des pépinières d'État organisées, dirigées par Delbard. »

Je donne mon accord de principe.

*(1) Ce paragraphe a été repris* in extenso *dans l'exposé préliminaire du contrat.*

# Contrat pour la création d'une pépinière d'État

Un projet, rédigé en arabe, m'est présenté en juin 1971. Il faut recourir aux services d'un traducteur juré pour avoir le texte en français ; de tels spécialistes sont peu nombreux à Paris... et se font grassement rémunérer.

Je retourne à Tripoli avec un interprète arabe et mon fils François (1), car la deuxième langue utilisée est l'anglais, qui ne m'est guère plus familière que l'arabe...

Les discussions s'engagent. J'ai déjà évoqué la dialectique arabe accompagnée de son marchandage traditionnel. Mais quand on a en face de soi un aréopage constitué du vice-ministre de l'Agriculture, intelligent et cultivé, et du directeur de l'Horticulture, jeune docteur, pur produit de l'Université anglaise, assistés de deux coopérants de haut niveau, avocats égyptiens retors, rédacteurs du contrat... on se sent en position de défense, presque de faiblesse ! C'est un dialogue difficile qui me change du tout au tout des tractations — bien plus à ma portée — avec les "bounhoumes" de Malicorne, que je vous ai narrées en leur temps.

Cependant, à ce stade on se fait encore fatalement des illusions, car nos hôtes, beaux parleurs, souriants, savent présenter les choses avec, semble-t-il, la plus grande ouverture d'esprit quant à la coopération vivement désirée par eux. Pour ce qui nous concerne, nous souhaitons éclaircir certains points, avoir des précisions et garanties bien spécifiques, car le texte apparaît comme comportant pas mal de restrictions et chausse-trapes. De plus, on nous a bien prévenus que le contrat, une fois signé, s'applique sans aucun aménagement possible, et une commission idoine sera chargée de son application. Situation pathétique où l'on a l'impression très forte d'être face à un mur... On sent nettement que l'antagoniste vous domine et vous aura à l'usure...

Aussi, lorsque, après avoir écouté les paroles encourageantes du conseiller commercial de notre ambassade, qui était présent, vous entendez le ministre préciser au moment opportun, avec sa condescendance souriante : « Nous serons toujours à vos côtés pour vous venir en aide, et, de plus, nous souhaitons que notre accord s'étende à une autre pépinière fruitière à Benghazi et à une pépinière ornementale à Tripoli... », votre défiance fléchit et vous vous laissez convaincre...

Mais un contrat d'une durée de cinq années, c'est tout de même long !... Aussi, pour limiter les risques, n'acceptons-nous de nous engager que pour trois années. Devant notre position ferme sur ce point précis, notre partenaire cède ; bien nous en a pris... Le contrat est ainsi conclu jusqu'au 31 mars 1974. Il prévoit la production minimum pour fourniture avant cette date, à des conditions de prix acceptées par les deux parties, de :

500 000 arbres fruitiers greffés d'un an ;
1 000 000 de porte-greffes greffés ;
1 000 000 de porte-greffes non greffés.

Il s'agit en fait d'un contrat de production en terre étrangère — doublé d'une assistance technique —, contrat engageant notre responsabilité totale quant aux résultats, pour lequel le gouvernement met à la disposition de Delbard : terrains, bâtiments, eau, courant électrique, une main-d'œuvre de cent manœuvres chaque matin dans la pépinière (2) et le matériel d'exploitation, dont 25 % du prix reste à notre charge (amortissement).

Les établissements Delbard doivent fournir le personnel de maîtrise et d'encadrement, le matériel végétal de base, ainsi que les engrais et pesticides.

*(1) Il passera deux semaines de ses vacances à Tripoli à faire avec moi la navette de l'hôtel au ministère.*
*(2) Quoique ce chiffre fût bien précisé sur le contrat, je n'en eus le plus souvent que 40 à 70.*

# En Libye, le problème de l'eau

Dans le cadre d'engagements du mandat scrupuleusement exécutés, il est sûr que ces conditions paraissaient, de prime abord, extrêmement profitables au point de vue financier. Nous verrons que des embûches nombreuses firent malheureusement que cette affaire nous pénalisa d'un déficit non négligeable. Mais, avant de relater ce qui pourrait faire le sujet d'un véritable roman-feuilleton tant cette "aventure libyenne" a été fertile en événements et retombées de toutes sortes, un peu d'histoire et... d'agronomie.

La présence italienne en Libye date pratiquement de 1920, mais l'intégration n'a été réalisée qu'en 1939. Dans ce pays à faible peuplement indigène, une colonisation intense de la zone côtière fut aussitôt entreprise par l'occupant. Dynamisés et soutenus par le gouvernement italien, qui fit mettre en valeur de nombreuses régions du littoral avec la création de lots de colonisation : fermes mixtes agricoles et fruitières (1) sur modèle unique d'une cinquantaine d'hectares, de nombreux petits colons s'y installèrent. Mais on vit aussi apparaître quelques grandes *aziendas* dépassant 1 000 hectares, telles celle du comte Volpi à Misurata et celle du comte Micheli à Azizia (dont une partie nous fut attribuée pour l'implantation de la pépinière avec les bâtiments).

Beaucoup de ces domaines agricoles (notamment les vergers d'agrumes) n'avaient rien à envier en qualité à ceux des "pieds noirs" d'Algérie ; ils ont, d'ailleurs, subi ultérieurement un sort identique : en effet, tous les colons étrangers durent abandonner leur exploitation après qu'en janvier 1970 Kadhafi eut pris la tête du gouvernement. Or les nouveaux exploitants libyens ne purent même pas assurer la maintenance du capital foncier existant, particulièrement celui des vergers.

Le ministère nous ayant laissé toute liberté pour le choix de la localisation de l'exploitation prévue, la prospection s'est donc faite parmi toutes ces propriétés agricoles à l'abandon. La visite des différents sites fit apparaître un point commun inquiétant : les très faibles disponibilités en eau. Constatation dramatique dans notre cas, alors qu'au contraire une pépinière établie en sol sableux et climat très chaud exige de fortes irrigations.

Or, en Libye, la plaine littorale recèle une nappe phréatique à une profondeur oscillant de 50 à 100 m. L'eau y est d'assez bonne qualité, mais le faible débit des puits ne peut qu'alimenter la maison et le jardin des particuliers. A quelques dizaines de kilomètres au sud du rivage méditerranéen, à l'intérieur des terres, on trouve une autre nappe aquifère beaucoup plus importante mais beaucoup plus profonde. Hélas ! l'eau (salée) est chargée, en plus, d'éléments chimiques et minéraux peu propices aux végétaux juvéniles. Malgré ce handicap (2), c'est en fonction du débit important fourni par le profond forage réalisé par le comte Micheli que fut retenu le choix d'Azizia.

Et, puisque nous en sommes au problème de l'eau, crucial dans ce pays, permettons-nous une digression qui rejoint cependant notre sujet principal. Le désert libyen, un des plus arides qui soient, couvrant les 9/10 du territoire, recèle pourtant une réserve aquifère exceptionnelle. L'oasis de Koufra (nom popularisé par le serment du général Leclerc), située au sud du pays, à quelque 2 000 km à vol d'oiseau de Tripoli, constitue, de ce point de vue, une curiosité géologique naturelle... et une bénédiction !

*(1) Surtout oliveraies.*

*(2) Il est vrai que, pour me rassurer, l'ingénieur versaillais spécialiste de l'I.N.R.A., consulté, nous avait dit qu'il était possible d'améliorer la qualité par traitement chimique... malheureusement pas de supprimer les éléments minéraux !...*

A Koufra, une fantastique réserve d'eau — la plus pure que l'on puisse imaginer parce que datant du quaternaire — a été décelée il y a longtemps par le puits artésien existant. Le colonel Kadhafi en a décidé l'exploitation intense, probablement exagérée, car il ne peut y avoir de compensation pour la perte par évaporation, qui est grande avec l'arrosage par aspersion.

C'est ainsi qu'une société américaine a installé des pompes à très fort débit et des arroseurs géants, programmés par ordinateur, dont chacun, avec ses rampes de 600 m tournant sur un pivot central, peut irriguer 100 hectares à la fois. D'immenses champs de luzerne (1), où l'on fait onze coupes par an, permettent de nourrir un troupeau considérable de moutons (2). Une idée ingénieuse a été trouvée pour simplifier leur alimentation. Les balles de luzerne sont placées sur trois rangs superposés autour du parc pour former un mur de clôture. Les bêtes peuvent ainsi se nourrir sans intervention humaine.

Depuis quelques années on pratique aussi la culture du blé. Je regrette beaucoup de n'avoir pu visiter ce site fascinant : notre ambassadeur à Tripoli, le ministre plénipotentiaire M. Guy Georgi — qui m'honore de son amitié —, me disait que l'arrivée en avion, qui permet de découvrir cette forêt de "sprinklers" à gros débit, faisait immédiatement penser aux grandes eaux de Versailles... "transplantées" en plein désert !

Mais retournons à nos moutons qui, pour nous, portent nom "arbres fruitiers".

Nous voici pépiniéristes à Azizia. Cette petite cité, située à 45 km au sud de Tripoli, à la porte du désert, est détentrice d'un record climatique peu enviable. Le 13 septembre 1922, la température, relevée *sous abri*, de + 58° C constitue le maximum mondial de chaleur jamais enregistré !... Une performance que j'ignorais, bien sûr, au moment de mon engagement et qui, sinon, m'aurait sûrement fait réfléchir aux conséquences...

L'habitation principale qui nous est attribuée est très confortable. Les logements des principaux collaborateurs sont acceptables. Mais, des communs dévastés lors de l'indépendance, il ne subsiste que les murs. Il faut donc, en premier lieu, s'attaquer à la remise en état indispensable pour loger les dix (puis les trente) ouvriers spécialisés tunisiens qui doivent constituer l'encadrement technique, et souvent réaliser les travaux pratiques ! Nous prenons ainsi à notre compte l'aménagement complet des locaux : toiture, isolation, sanitaire, etc. Cette précision est importante, et l'on verra pourquoi dans la suite du récit.

Parallèlement commencent les travaux du sol suivant une méthode et un rythme adaptés au site mais qui nous sont familiers. Le personnel libyen qui nous est affecté doit en faire son profit ; généralement il s'en moque. Malgré cela, nous ne ménagerons jamais notre peine pour tenir, loyalement, l'engagement accepté de production et d'assistance technique. Pour en donner une idée assez précise au lecteur, nous en exposons le déroulement par l'image afin de montrer l'étendue de notre dévouement, de notre technicité, de notre intégrité, et aussi les contraintes et servitudes d'exploitation existant en aridoculture. Dans cette optique, il est sans grand intérêt de détailler les travaux courants en pépinière. Je me bornerai donc, dans les pages qui suivent, à faire ressortir les applications des techniques spécifiques que nous avons mises en œuvre pour promouvoir l'évolution de la pépinière et de l'arboriculture fruitière libyennes.

*(1) Le plan prévoit de porter la surface irriguée à 100000 hectares !... et cela malgré une inquiétante baisse du niveau de la nappe !*

*(2) Il paraît que le transport par avion fait que, livrés au consommateur sur le littoral, leur prix de revient est nettement plus élevé que celui des bêtes d'importation...*

# Mettons-nous à l'ouvrage...

*a*

*b*

*c*

*d*

*e*

*f*

*g*

*h*

*Des problèmes culturaux bien différents de ceux de Malicorne!*

## Le site d'Azizia et sa spécificité.

*Légendes des photos de la page ci-contre :*

*a*) La villa « De Micheli » où nous résidons. Si l'habitation n'avait rien perdu de sa beauté et de son confort, en revanche l'environnement était beaucoup plus rustique.

*b*) Dès la sortie sud d'Azizia... le désert !

*c*) Le vent de sable souffle sur la terre travaillée, où rien n'arrête sa progression. Après son passage c'est un paysage de dunes qui apparaît. Les actions éoliennes (1) résultant des vents forts agissent sur les sables en déplaçant — souvent avec rapidité et force — les particules les plus fines de la surface. Le "bombardement" des jeunes pousses et feuilles tendres qui en résulte leur est évidemment très préjudiciable à cause de l'effet destructeur qu'exerce sur elles la projection de ce sable brûlant. Si, particulièrement en zone présaharienne, le vent du désert (qu'on nomme *ghibli* en Libye, *sirocco* en Algérie et Italie, *chergui* au Maroc) souffle avant que les semis de céréales n'aient garni toute la surface du sol, par exemple au moment de la levée, tout est brûlé.

On comprend donc combien il était important, à la porte du désert où nous nous trouvions, et étant donné notre métier de pépiniériste, de tout faire pour protéger les jeunes pousses des porte-greffes ou les tigelles des semis de noyaux fruitiers. Cela afin d'éviter leur destruction par ces vagues — ces nappes — de sables brûlants capables de transformer très rapidement la surface cultivée en désert.

*d*) Pour se protéger contre les méfaits de pareil accident climatique, la plantation de brise-vent est indispensable. En Libye, deux types de végétaux sont utilisés pour cela. D'abord le roseau des sables (*Psamma arenaria*), qui, formant des haies très denses, de 1,50 m à 2 m de haut, arrête le tourbillon de sable au niveau du sol. C'était le plus indiqué dans notre cas.

*e*) Ensuite le *Tamarix africana*, que l'on aperçoit au premier plan du brise-vent à gauche, et qui, adulte, atteint 3 à 5 m, mais dont le feuillage léger n'est pas aussi imperméable que les nombreuses tiges feuillues du roseau des sables ; le *tamarix* se multiplie très bien par bouturage.

La multiplication de ces deux espèces est donc facile, puisque celle du roseau des sables se pratique en divisant en fragments les rhizomes allongés et traçants.

*f*) La végétation de ce dernier, avec formation de touffes, est très rapide surtout lorsque l'irrigation de la rangée est possible, les tout jeunes plants fruitiers sont alors abrités des vagues et remous de surface du sable brûlant.

Dans notre cas, pour être efficaces, les lignes de brise-vent devaient être espacées de 50 m maximum et orientées face aux vents dominants, comme dans la vallée du Rhône, où les lignes de cyprès est-ouest atténuent les effets préjudiciables du mistral soufflant nord-sud.

*g*) Le sol extrêmement sableux se travaille avec facilité. Après labour, passage de l'extirpateur et du rouleau.

*h*) Finition de la préparation de surface et du nivellement du sol à la herse et au rouleau.

*(1) Est-il nécessaire de rappeler que le qualificatif* éolien *vient de Éole, dieu du vent...*

# En pleine action de greffage des pommiers...

a

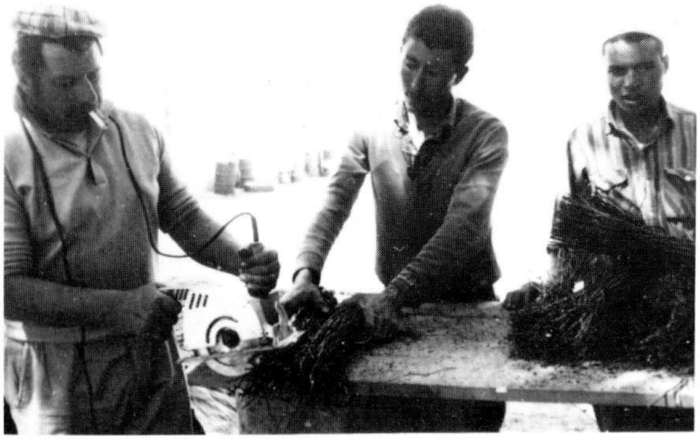

b

c

d

e

f

g

h

*Mécanisation complète des travaux de semis.*

Une pépinière moderne, à l'échelle industrielle, doit être fortement mécanisée. En Libye, le terrain sableux et très plat s'y prête parfaitement.

D'autre part, la normalisation est capitale à tous les stades pour assurer la production du plus fort pourcentage d'arbres homogènes de premier choix.

*Légendes des photos de la page ci-contre :*

*a*) Après avoir été soigneusement classés par calibre, les porte-greffes sont mis en bottes. Notre chef d'équipe Jacques Gaire (1) donne les explications nécessaires et manie la cisaille électrique pour qu'ils soient tous taillés à la longueur convenue.

*b*) Plusieurs démonstrations ont été nécessaires pour la plantation mécanisée des porte-greffes à l'aide de la machine "Superprefer" à quatre rangs. Là où un seul ouvrier français doué d'une grande dextérité suffit pour placer les plants dans les pinces du disque distributeur, en Libye nous avons dû en utiliser deux.

Ici, l'équipe libyenne a été mise dans le coup. Elle parvient à planter facilement 50 000 plants par jour à treize personnes (2). Huit ouvriers sont sur la planteuse, quatre — un sur chaque rang — redressent et bornent les porte-greffes. Le "caporal" surveille.

*c*) Le greffage des fruitiers par écussonnage pendant la végétation est une méthode assez connue. En revanche le greffage de rameaux en sec, sur des sujets en période de repos végétatif, grâce à notre procédé de greffe de côté à l'anglaise, méritait d'être appliqué. Ici, notre collaborateur chef de culture Franco Cancian en commente le déroulement : dans un premier temps, explications pour le parfait biseautage du greffon d'un seul geste rapide et vigoureux.

*d*) Ensuite toute l'équipe se met au travail. Les greffeurs sont debout. Les attacheurs qui opèrent la ligature de la greffe et l'ouvrier qui englue l'assemblage de mastic chaud sont accroupis. Cancian vérifie la bonne exécution du travail.

*Mécanisation complète du travail de semis*

*e*) L'ensemble du terrain est bien préparé sur toute la surface à semer en noyaux de pêches de Missour et de prunes myrobolans. Le nivellement du sol doit être parfait pour que les noyaux soient tous enterrés à la même et bonne profondeur.

*f*) Un outil très performant : le semoir "Bourbon", que nous avons fait fabriquer spécialement par le constructeur de ce nom à Villefranche-d'Allier, permet de semer deux lignes à la fois. Cancian constate le disponible de semences dans la trémie. L'ouvrier vérifie que la distribution et la densité des noyaux sont bien respectées. À trois personnes on ensemence plus de 2 hectares par journée de travail.

*g*) Le semoir est équipé de buttoirs. En raison de la très forte luminosité, cela ne se voit pas sur le cliché (*f*), mais apparaît bien avec le contre-jour sur le cliché (*g*). Après le semis, pulvérisation d'herbicide "tréflan", qui, agissant en préémergence, empêche l'enherbement immédiat.

*h*) Après débuttage, le *maalem* (3) s'assure de la bonne germination des noyaux. La vue de son visage réjoui prouve que tout va bien !

*(1) Décédé en 1981.*

*(2) On devrait le faire à neuf.*

*(3) En arabe : le maître, le patron.*

a

b

c

d

e

f

g

h

*Semis des porte-greffes bigaradiers.*

Les pépins de bigarades (oranges amères, fruits du bigaradier) qui produisent les plants utilisés comme porte-greffes des agrumes sont particulièrement sensibles aux attaques d'insectes et de champignons divers. De plus, le désherbement des planches de semis est quasiment impossible à réaliser en raison de la forte densité des plants. Il était donc nécessaire de mettre en pratique une technique débarrassant le sol de tous les parasites : technique naturellement inconnue de nos partenaires libyens.

*Fumigation des sols au bromure de méthyle (B.M.)*

Cette méthode, très répandue en 1985, n'était pas tellement courante quinze ans auparavant. La fumigation au bromure de méthyle permet de détruire tous les parasites du sol préjudiciables aux plants, tout en respectant la microflore, laquelle, grâce à l'activité biologique intense qui résulte du traitement, rétablit en quelques jours l'équilibre initial pour le porter à un niveau très élevé par la suite. En résumé, un produit efficace, "intelligent", qui, en neutralisant tout ce qui est mauvais, permet au meilleur de reconstituer le support terreux idéal. Mais ce produit n'est pas sans danger dans son application, il est donc d'emploi difficile, délicat, sérieux, comme nous allons le constater par le processus de son exécution que révèlent les légendes des clichés ci-contre :

*a*) La planche à traiter est recouverte d'un film plastique débordant largement et reposant sur des supports de hauteur égale, afin que sa hauteur régulière permette une diffusion homogène du gaz dans le sol. Le terrain à traiter doit être isolé des parties avoisinantes par la cloison enterrée constituée par le débord du film plastique. Celui-ci est placé dans une tranchée de 0,20 à 0,30 m de profondeur, laquelle sera comblée de terre bien tassée et copieusement arrosée.

*b*) La bouteille-cylindre contenant le bromure de méthyle sous forme liquide est amenée près de la planche à désinfecter. Le B.M. est, en effet, un gaz incolore, inodore à faible concentration, qui peut se liquéfier, et le seul des fumigants de type gazeux en usage. Les deux opérateurs sont munis d'un masque, car le B.M. est très toxique. Franco Cancian enlève le chapeau de protection et fixe le doseur sur la bouteille. Son aide raccorde le tuyau au robinet pour l'évacuation.

*c*) L'aide ouvre et ferme le robinet afin de contrôler la dose de B.M. à injecter. Cancian, à l'aide d'un fer auquel est fixé le tuyau, perfore le plastique pour introduire la quantité voulue de B.M. dans chaque récipient. Le trou est aussitôt obturé par un ruban adhésif.

*d*) Le liquide est réduit à l'état gazeux au contact de l'air et, plus lourd que ce dernier, émet des vapeurs douées d'un grand pouvoir de pénétration : circulant de haut en bas, celles-ci s'enfoncent dans le sol. La désinfection est totale sur une profondeur proportionnelle à la dose de produit injecté. La pancarte en arabe signale le grand danger.

*Semis de bigaradiers*

*e*) Les planches sont bien préparées avant le semis. Auparavant les pépins ont été stratifiés dans les boîtes que l'on voit à droite — cela pour provoquer une levée plus rapide.

*f*) La bonne levée des plants. Pour les protéger des vents de sable, un encadrement a été réalisé avec les tiges de maïs.

*g*) La belle pépinière de plants de bigaradiers. Remarquez l'homogénéité et la forte densité des sujets prêts à être plantés.

*h*) Des "conseillers-touristes" sont venus de Malicorne pour en "prendre de la graine". *De gauche à droite* : Gérard Rhétat, Raymond Lafaix, Mme Cancian, Mme G. Delbard et Jean-Marc Cancian au premier plan.

# En pleine action dans la mise en place...

*Plantation et greffage des porte-greffes bigaradiers.*

## Déroulement du cycle de production en pépinière.

*Fumigation des sols avec le bromure de méthyle sur les surfaces importantes de pépinière*

A l'époque de notre action libyenne, la désinfection au B.M. se pratiquait seulement à l'échelle artisanale. Cela explique pourquoi nous avons dû utiliser un autre procédé, décrit ci-dessous, pour le traitement de surfaces importantes en pépinière de plein champ.

La fumigation au B.M. n'est en effet possible sur de grandes surfaces que depuis la décennie 1980, grâce à une technique nouvelle mettant en œuvre des engins puissants. Nous pensons intéresser certains lecteurs en présentant le schéma simplifié de l'opération. Un groupe de réchauffage fournit la chaleur nécessaire à la transformation du B.M. liquide en fumigant gazeux. Les vapeurs ainsi obtenues sont directement injectées à 0,25 m de profondeur, à l'aide d'un tuyau distributeur accouplé à un coutre qui s'enfonce dans le sol. Sur l'arrière du bâti portant le coutre est placé un dérouleur permettant de recouvrir la surface traitée par un film plastique. D'où une grande rapidité du travail.

*Autre procédé de désinfection utilisé en Libye*

Sur grandes surfaces de pépinière, nous avons utilisé à l'époque le *basamid*, dont la matière active est le *dazomet*, qui, dans le sol, se transforme en *aldéhyde formique* (formol). Ce produit se présente sous forme de microgranulés que l'on répand sur le sol travaillé, à raison de 700 kg par hectare. L'enfouissement sur 0,15 m se fait au rotovator. Un léger arrosage est nécessaire pour déclencher la décomposition du *dazomet* en vapeurs toxiques *d'aldéhyde formique*. Le formol, antiseptique utilisé en pharmacie, est également un puissant désinfectant du sol, qui empêche aussi la germination des mauvaises herbes. Dans ce cas, le terrain n'a pas besoin d'être recouvert d'un film plastique, et on peut semer ou planter deux à trois semaines après le traitement.

*Plantation et greffage des porte-greffes bigaradiers. Légendes des photos de la page ci-contre :*

*a*) Nous avons pu utiliser la machine "Superprefer"pour planter les bigaradiers. Le rendement s'en est trouvé très accru, et le travail a été parfaitement exécuté.

*b*) Derrière la planteuse, un ouvrier sur chaque ligne borne les plants. C'est une façon de travail toujours nécessaire mais absolument indispensable en sols sableux pour que le plant adhère bien au sol.

*c - d*) Toutes les opérations doivent être bien synchronisées. L'arrosage notamment doit suivre la plantation, car les plants de bigaradiers, conservant leur feuillage, se déshydratent rapidement. S'ils se desséchaient, la reprise serait impossible.

*e - f*) Nous avons aussi mis en place une culture de bigaradiers en conteneurs. Après greffage, ils peuvent être replantés en toute saison avec leur motte de terre, en conservant tout leur système radiculaire : cela garantit une reprise à cent pour cent et une excellente végétation immédiate.

*g - h*) Une nombreuse équipe est employée au greffage en écusson. L'application de ce système aux agrumes (dont la végétation est continue) est différente — et plus difficile — que pour les espèces fruitières à feuillage caduc. Pour une parfaite reprise, on doit, en effet, pratiquer autour de l'œil (bourgeon) une incision de l'écorce sur la moitié de la surface du rameau. Autrement dit, il est nécessaire de conserver un très important plateau d'écorce pour assurer une bonne soudure et permettre au bourgeon de bien se développer. Le décollage de l'écusson se fait par torsion de l'écorce avec le pouce et l'index : C'est un tour de main à prendre pour ne pas "vider l'œil".

# Propagation des oliviers par le « Mist-system »

a

b

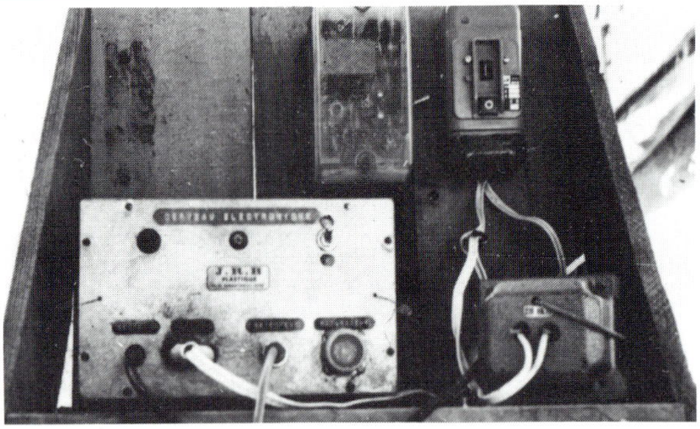

c

d

e

f

g

h

*Un pays très prospère... il y a longtemps!*

*Les métropoles de Sabratha* (g) *et de Leptis Magna* (h), *fondées par les Grecs, ont été portées par les Romains à un degré de magnificence inimaginable. En découvrant sur le rivage africain de la Méditerranée ces ruines imposantes au passé fabuleux, parmi les plus extraordinaires laissées par l'Empire de Rome, on reste pantois et béat d'admiration.*

Les méthodes traditionnelles de propagation de l'olivier concernent le prélèvement de rejets de la souche et le bouturage en sec de rameaux d'un an ou de fragments enterrés de vieux bois. Plus rarement est utilisé le greffage à l'écusson sur plants de semis d'oléastre (olivier sauvage).

Une autre discipline, assez nouvelle, beaucoup plus rapide, plus performante et procurant des plants de bien meilleure qualité — que nous avions mise en pratique depuis dix ans chez nous pour différents autres végétaux —, n'était pas exploitée en Libye. Il s'agit de la multiplication végétative sous brouillard artificiel, couramment dénommée *mist-system*. Conscients du rôle de pionniers que nous avions accepté de jouer, nous avons voulu mettre en route, à Azizia, cette technique sensationnelle en son temps (1).

Son principe repose d'abord sur l'utilisation de très jeunes pousses herbacées, traitées préalablement aux hormones de croissance, auxquelles on conserve deux ou trois feuilles et qui, placées dans les conditions de milieu décrites ci-après, s'enracinent rapidement.

Son application consiste à maintenir en permanence sur le feuillage une mince pellicule d'eau à l'aide de fines pulvérisations répétées (nébulisation). De ce fait, les boutures peuvent, sans risque de brûlure du feuillage, supporter un fort éclairement qui favorise les phénomènes de photosynthèse et la bonne assimilation chlorophyllienne des feuilles. De plus, cette méthode permet l'automation de la nébulisation, comme nous allons le voir.

*Légendes des photos de la page ci-contre :*

*a*) L'émission de brouillard peut être permanente ou interrompue à l'aide d'une horloge électrique ou d'une feuille électronique. C'est ce dernier système que nous avons appliqué à Azizia. Placée au milieu des boutures, la feuille électronique, munie de deux électrodes, commande par l'intermédiaire du cerveau électrique — et cela dès qu'elle est sèche — l'émission de brouillard. Ce qui a pour conséquence le maintien permanent d'une fine pellicule d'eau à la surface des feuilles, protégeant ainsi les boutures de tout dessèchement jusqu'à leur enracinement.

*b*) Le cerveau électrique sert de relais entre la feuille électronique et l'électrovanne pour déclencher l'ouverture et la fermeture de celle-ci. De ce fait, il permet à un moment donné d'espacer à volonté les nébulisations, et cela d'autant plus que l'enracinement des boutures s'accentue. Après, elles peuvent s'acclimater facilement au passage sous ombrière.

*c*) Cette phase de culture sous ombrière constitue la transition entre la période "choyée" du tunnel et le plein air. Pour ce faire, l'ombrière doit être complètement aérée sur les côtés. Le filet protecteur du dessus, en nylon, est replié temporairement lorsqu'il n'y a pas de soleil et définitivement après le parfait enracinement et l'aoûtement des plants.

*d*) Quelques personnalités du ministère visitant l'installation.

*Retombées de notre engagement :*

*e*) Dans un verger de pommiers à Misurata, planté par nos soins. *A gauche* : M. Olivier Piot, conseiller à l'ambassade de France, lequel cache le propriétaire libyen, Hadi el-Aïeb. Je suis de face, puis, en continuant vers la droite, on trouve Claude Beaune, notre chef de chantier, et, de dos, le gérant italien de l'exploitant.

*f*) Lors d'une exposition à Malicorne : les trois personnes à ma droite sont des délégués libyens du ministère de l'Agriculture venus s'informer de nos techniques de pointe. Tout à fait à gauche : Henri Delbard.

*(1) En 1985, la culture révolutionnaire* in vitro, *maintenant bien au point, permet des « prouesses » encore beaucoup plus grandes, mais elle n'en était qu'à la phase des balbutiements dix ans auparavant.*

La présentation des actions professionnelles les plus marquantes que nous venons d'exposer est loin de donner un tableau exhaustif de la totalité de notre apport technique en Libye. Dans tous les domaines : fumures, traitements antiparasitaires et tous autres travaux de pépinière, nous avons mis en œuvre les mêmes procédés d'avant-garde qu'à Malicorne.

Alors pourquoi, me direz-vous, malgré cet engagement total (j'ai passé vingt jours par mois sur place pendant trois ans), n'avez-vous pas obtenu un meilleur résultat (1)?

Déjà, pour moi, à la base, le handicap de la langue. Tous les échanges écrits et parlés se faisaient en arabe. Or, quand on est obligé d'utiliser les services d'un interprète, les choses sont souvent traduites et exposées autrement qu'on le souhaiterait. Quand, de plus, cet interprète (qui était aussi, au début, chef de projet) a des vues divergeant fréquemment des vôtres, cela n'arrange rien. C'est d'ailleurs la seule fois où, dans mon rôle de "patron", mon flair m'a fait défaut dans le choix d'un collaborateur ; hélas ! c'est ainsi.

D'autre part, plusieurs facteurs néfastes se sont conjugués pour entraver la marche normale de la pépinière. Les exposer dans le détail nous conduirait à écrire un véritable roman-feuilleton s'éloignant par trop de l'objectif initial de ce livre. Une fois de plus, venons-en à l'essentiel et commençons par l'énoncé d'un principe général.

En horticulture, il est pratiquement impossible de gérer correctement une exploitation — même dans son propre pays — lorsque le responsable n'a pas en main tous les leviers de commande et toutes les attributions pour faire face aux engagements et décisions à prendre, car, dans notre métier, le pragmatisme est une nécessité vitale, ne serait-ce qu'en fonction des conditions climatiques. Évidemment c'est encore plus impératif lorsqu'on se trouve dans cette situation en pays étranger.

De plus, dans notre cas, cela se compliquait énormément de par les contraintes et déficiences de l'administration de tutelle, que le "chambardement" intervenu entre-temps dans les structures étatiques (comités populaires) n'a fait qu'aggraver.

Essayons donc, tout de même, de donner quelques informations fragmentaires mais significatives sur les principales difficultés ponctuelles rencontrées. Avec le recul, toutes choses apparaissent, là encore, heureusement plus claires et sûrement plus objectives.

Honnêtement, il faut reconnaître que la mauvaise qualité de l'eau est la cause première d'une diminution de la production en nombre et qualité. Non pas tant du point de vue de sa teneur chimique que de sa composition minérale. En effet, résultant de l'arrosage en pluie, le dépôt, non corrosif, d'une mince pellicule d'aspect métallique brillant — parfaitement visible sur les feuilles — a certainement été générateur de désordres physiologiques dans la nutrition, un peu à la manière des pluies acides en Europe. Lorsque la cuticule est recouverte d'une telle carapace, les stomates obstrués ne remplissent qu'avec difficulté le rôle qui leur est dévolu dans les échanges gazeux avec l'atmosphère. Cela a eu comme conséquence, bien visible à Azizia, la réduction de l'allongement des tiges, conduisant à une nanisation des plants.

Cependant, les carences de l'Administration ont eu un effet encore bien plus nuisible et important. En voici quelques exemples.

*(1) Alors qu'un certain jour j'étais en pleine action, occupé à ombrager et fertiliser de jeunes plants, un Européen stationnait à l'extrémité du terrain, m'observant, immobile, pendant un long moment. Intrigué, je m'approche et reconnaît M. Toulemonde, collègue pépiniériste du Gard, venu en voyage d'affaires. Après un bref échange de vues, il me quitte en me disant : « Je vous admire : à votre âge, vous nous donnez une leçon de courage ! »*

Notre contrat stipulait clairement que nous devions avoir chaque jour *cent* ouvriers libyens à notre disposition. Or, généralement le nombre des présents variait entre quarante et soixante-dix comme déjà dit, pour retomber à une vingtaine le dimanche, jour du *souk*. Plus encore : ce jour-là, la moitié des "courageux", après avoir pointé à l'arrivée (ce qui leur permettait d'être payés intégralement par le ministère), se découvraient des coliques atroces, « obligeant chacun à aller chez le docteur » (1).

Nous avions en face de nous, représentant le ministre, nommés par lui, une commission de sept membres. Naturellement nous adressions des réclamations nombreuses et véhémentes pour le non-respect des clauses essentielles du contrat. La réponse concernant le personnel ? « Vous avez une liste de cent noms d'ouvriers qui vous sont attribués. Si ces gens sont malades ou ont des obligations sérieuses, nous n'y pouvons rien... »

Que fallait-il faire ? Un procès ? D'abord les tribunaux libyens ne sont pas plus expéditifs que la justice française. Ensuite entrer en conflit était grave de conséquence. Alors, pour que les travaux se fassent à temps, je fus contraint d'embaucher des ouvriers tunisiens, dont le salaire était évidemment à ma charge.

On devait nous installer le système d'irrigation. Rien ne se faisant, il nous a fallu prendre les choses en main et effectuer la mise en place avec les ouvriers qui, normalement, auraient dû être affectés à des travaux de pépinière. L'installation faite, il restait à brancher le moteur de la pompe sur la ligne électrique qui passait à quelques mètres : c'est un travail que nous ne pouvions exécuter. Eh bien, nous avons attendu quatre mois pour que ce raccordement soit effectué, ce qui a retardé d'autant le semis des noyaux de pêchers et de pruniers, avec comme conséquence une levée réduite à 10-15 %...

Et combien d'autres préjudices dus à l'inertie, à l'apathie, au "je-m'en-foutisme" de la jeune commission de laquelle nous dépendions ! Je terminerai par le cas le plus mémorable.

Comme déjà spécifié, notre contrat venait à échéance fin mars 1974. Le 5 mars arrive au port de Tripoli le solde de nos fournitures : une expédition de Malicorne de 500000 porte-greffes et 20000 arbres fruitiers greffés, scions d'un an. Par suite de travaux gigantesques entrepris pour l'agrandissement du port de Tripoli, réalisation confiée à une société turque déclarée en faillite, tout trafic portuaire se trouve pratiquement arrêté. Chaque jour qui passe, on arrive péniblement à décharger, en priorité, un ou deux navires porteurs de denrées périssables. Une armada de paquebots fait la queue en mer sur 5 km ! Notre envoi est quelque part, perdu dans cet imbroglio flottant.

Je vais trouver le ministre de l'Agriculture pour lui exposer ma situation tragique : il s'agit de marchandise vivante dont la livraison doit être effectuée par contrat avant le 31 mars ; je demande donc à bénéficier de la priorité réservée aux produits périssables. Pour toute réponse : « Je n'y peux rien ; allez trouver mon collègue, le ministre des Transports. »

*(1) Nous étions tenus de respecter les us et coutumes, notamment des arrêts fréquents de travail pour la prière et la cérémonie du thé. Un ouvrier était affecté, à temps plein, dans chaque équipe pour préparer le thé — très fort et servi dans un unique petit verre, qui passait ainsi de bouche en bouche. Quand je me trouvais près du groupe, il fallait que je fasse honneur au breuvage collectif pour conserver l'estime de mes subordonnés... j'en suis sorti, malgré tout, en bonne santé !*

# Et les ennuis continuent...

Je suis reçu par ce dernier, et le dialogue s'engage :

*Le ministre :* Ça se mange, les arbres ?

*G.D. :* Non, bien sûr, on ne mange que les fruits ; mais sans arbres vous n'aurez pas de fruits.

*Le ministre :* Alors on vous appliquera la mesure de deuxième urgence, qui demandera une dizaine de jours pour le déchargement.

Rapidement, je fais le compte : 5 + 10 = 15 ; donc, malgré le risque de dessèchement, si nous prenons possession de l'envoi le 15 mars, nous serons dans les temps, puisque la livraison doit être faite avant le 31, dernier délai.

Ce n'était qu'un rêve, car, malgré nos réclamations, nos supplications journalières, les colis furent débarqués seulement le 10 avril !... Lors de l'inspection au port, une partie de la cargaison est brûlée parce que desséchée : donc impayée !

Mais une complication autrement grave comme répercussion financière me guettait...

Lorsque, après des mois et des mois de discussions pour régler les comptes avec ma commission de tutelle, mon dossier arriva au ministère des Finances pour contrôle et agrément en vue du "feu vert" de liquidation, chaque clause du contrat fut passée au peigne fin. L'article stipulant que toutes les livraisons devaient être terminées fin mars retint l'attention du vérificateur, puisque le cachet de la douane précisait le déchargement effectué le 10 avril !... Une aubaine pour lui, montrant sa grande perspicacité...

— Dix jours de retard, me dit-il. Je dois vous appliquer la pénalité prévue dans ce cas.

— Mais, objectai-je, c'est un cas de force majeure, prévu d'ailleurs à l'article 19 du contrat.

— Vous vous débrouillerez avec votre ministère de tutelle, moi (Finances) je calcule le montant des pénalités.

Cela représentait une somme énorme et, pendant des semaines, ma famille et moi-même avons vécu dans les transes de cette charge financière injustifiée.

Il a fallu l'appui de notre ambassadeur, M. Guy Georgi, dont l'amitié à mon égard est grande (je l'ai déjà dit), pour que la commission et le ministre de l'Agriculture fassent enfin droit à ma requête après de nombreuses réunions. Des moments bien pénibles qu'on n'oublie pas...

*Leptis Magna : le théâtre.*

Trois fois plus étendue que la France, mais peuplée seulement d'environ deux millions d'habitants, la Libye est souvent "à la une" des journaux en raison des manigances de toutes sortes rendues possibles par son pactole pétrolier. Cette richesse n'est pas sans exercer également une influence déterminante sur le comportement des autochtones à tous les stades (1).

La société libyenne est actuellement composée, en gros, de deux grands groupes :

— D'une part, des ouvriers-manœuvres, en général âgés, ci-devant bédouins nomades, plutôt affables, gentils même (2), mais de par leurs origines très bavards (3) et nonchalants. Certains de ceux qui nous étaient affectés et dont je viens de vous brosser quelques traits avaient en permanence dans leurs poches de pantalon des liasses de billets représentant plusieurs millions de centimes, conséquence de "débrouillardises" connexes à leur emploi. Cela n'était évidemment pas une incitation à accomplir un travail régulier.

— D'autre part, des fonctionnaires, commerçants, agents d'affaires de tous poils ayant fait quelque étude au pays ou à l'université du Caire pour les plus "titrés". Tous jeunes, malins, parfois suffisants et prétentieux, paraissant éprouver une certaine jouissance à vous faire sentir que toutes choses ont changé chez eux dans les rapports humains : le colonisé étant devenu le maître, le contractant doit se faire serviteur !

Tout en étant bien conscient de ce tournant et des obligations qui en résultent, on a quelquefois du mal à accepter certaines situations, certains comportements par trop anormaux et injustes, humiliants même. Je crois utile d'en rapporter un cas exemplaire, qui trouve son origine dans la création des comités populaires, et que je rapporte page suivante.

*(1) Qu'en sera-t-il après l'épuisement de l'or noir ? On peut se poser la question avec un grand point d'interrogation pour ce qui concerne les denrées alimentaires.*

*(2) Comme partout, il y avait exception. En particulier pour un sujet « impossible » que j'avais dû fortement réprimander pour la pagaille qu'il semait dans l'équipe. Une admonestation qui m'a coûté cher ! Un jour où le contrôleur du service phytosanitaire faisait une remarque au sujet d'une nodosité due au* crown-gall *sur une racine d'olivier, au cours d'une inspection d'un lot de 50000 plants magnifiques que j'étais allé acheter spécialement en Italie, ce perturbateur comprit que c'était là l'occasion de se venger. Il s'avance, s'empare du plant et, furieux, dit au contrôleur : « Cette maladie est contagieuse (ce qui était faux), cela peut faire un grand tort au pays : si tu ne fais pas brûler tout le lot, j'en informe le comité populaire. »*

*L'inspecteur, terrifié, m'entraîne un peu plus loin et me dit : « Saïd Delbard, avec une telle dénonciation — même non fondée —, nous risquons la prison immédiate tous les deux, et quelle prison ! Je vous en supplie, ce serait trop terrible... Brûlez le lot immédiatement. » Et c'est ainsi que 50000 oliviers italiens, de première qualité, furent détruits en Libye, par un feu qui n'était "de joie" que pour un maître chanteur irascible, connaissant bien les possibilités du contexte de délation existant en ce temps-là.*

*(3) Parlant tous à la fois de sujets puérils, chacun répétait sans cesse :* Asmah ! Asmah ! *(Écoute - écoute).*

Un rappel : le 15 avril 1973, à Zouara, le colonel Muammar Kadhafi proclame la « Révolution culturelle et populaire », il devient lui-même « citoyen du peuple » ; toutes les lois sont abolies. Plus de quinze cents comités populaires sont créés, chargés de prendre le pouvoir.

Pour ce qui nous concerne, nous serons ainsi sous triple tutelle : notre commission de contrôle, le comité populaire du ministère de l'Agriculture et le comité populaire de la commune d'Azizia où nous résidons.

Ces comités, nommés directement par le pouvoir suprême, dont les membres sont issus de tous les échelons de la hiérarchie sociale — du balayeur au directeur —, ont tous les droits, tous les pouvoirs (1). Ils peuvent annuler les contrats, perquisitionner, fusiller, révoquer les ministres (2).

Bien que nous n'ayons jamais eu trop à nous plaindre de l'intervention des deux comités populaires dont nous dépendions dans la marche même de nos affaires, je suis bien obligé de relater un épisode qui m'a encore fait mal.

Immédiatement après sa constitution, le comité populaire d'Azizia vient me trouver, et le président me tient ce langage :

— Les bâtiments de la ferme Micheli (chacun l'appelait toujours ainsi) que vous avez restaurés se trouvent juste au point central de notre commune. Alors, comme nous n'avons pas d'autres locaux disponibles, nous avons décidé d'installer là nos bureaux. Nous voulons la grande salle d'angle pour nos réunions et la petite à côté comme bureau du président.

— Mais cet ensemble, qui n'était que ruines lorsque je suis arrivé, m'a été alloué par contrat par le ministère. J'ai payé, de ma poche, la remise en état. Les pièces que vous revendiquez servent de chambrée à dix Tunisiens : où vais-je les loger ?

— Nous voulons que tout soit débarrassé dans deux heures pour tenir notre première réunion, sinon nous réquisitionnerons tout l'ensemble des bâtiments. Vos Tunisiens mangeront et coucheront en plein air, ça ne nous regarde pas. Sachez, de plus, que nous pouvons casser votre contrat.

Placé face à cette situation dramatique, je tiens un conseil restreint avec mes proches collaborateurs. La conclusion est qu'une seule sortie s'offre à nous : celle d'accepter sur-le-champ, pour ne pas aller vers des difficultés inouïes.

Et c'est ainsi que nous avons abrité les réunions du comité populaire d'Azizia, avec lequel nous n'avons eu par la suite que des rapports courtois. Nous avons même été "invités de marque", assis sur l'estrade, lorsque le commandant Jalloud est venu tenir une réunion à Azizia.

Dans ces moments déprimants, la présence constante à mes côtés de collaborateurs malicornais dévoués, les visites de ma femme et, dans les derniers mois, la venue de mon fils Guy, immédiatement après sa libération du service militaire, m'ont été d'un précieux secours. Être bien entouré dans les moments difficiles est toujours réconfortant. Mais il est une autre assistance personnelle, incomparable, que je dois relater...

*(1) C'est la démocratie à l'envers. Alors que, normalement, le pouvoir part de la base pour monter vers le sommet, en Libye il descend du sommet vers la base...*
*(2) Force est de reconnaître qu'aux exactions du début a succédé un état de fait moins "sauvage" par la suite.*

Notre contrat stipulait à l'article 8 : « Les comptes et règlements définitifs seront arrêtés courant avril 1974, après la livraison au 31 mars 1974, date d'expiration du contrat. »

Ils l'ont été en novembre... sept mois après !... et cela n'a pu se faire que grâce à la présence providentielle, à nos bureaux de Paris, d'un collaborateur qualifié !

Nous avions, en effet, la chance d'avoir à cette époque, à notre siège social de Paris, comme chef de la comptabilité, un jeune et brillant Tunisien : Mohamed Ali Touati (1). C'est grâce à lui, à sa compétence professionnelle, à sa perspicacité, à son dévouement sans bornes, à son amitié aussi, que j'ai pu m'en sortir... Bachelier en arabe et en français, c'est lui qui, à Tripoli, a fait les décomptes, rédigé et présenté les mémoires en langue arabe pour apurer le contrat, étant donné la carence caractérisée de l'administration libyenne.

Comment les choses se seraient-elles passées si je n'avais eu à mes côtés ce défenseur zélé et opiniâtre ? Pendant *sept mois* nous avons fait chaque jour le chemin de l'hôtel au ministère (2), où tout était toujours "remis à demain" !...

En réalité, ce freinage procédait d'une idée directrice bien nette : on désirait la poursuite de ma collaboration. Mais un jour, excédé, je déclarai devant le ministre qui me posait une fois de plus la question de la prolongation du contrat : « Même si vous mettiez à ma disposition immédiate un camion chargé de cinq tonnes de livres libyennes, je dirais *non.* » On comprend qu'à partir de là tous les prétextes étaient bons pour compliquer la situation, afin de m'avoir à l'usure !... Le dernier incident est typique de cet état de fait.

Lors de notre dernier voyage en novembre 1974, pour la signature finale, nos passeports (celui de Touati et le mien) nous sont retirés dès notre arrivée, par la police de l'aéroport !... On n'est pas fier, croyez-moi, dans ces cas-là. Que nous veut-on ? Qu'avons-nous encore à nous reprocher ? On peut tout imaginer quand on a l'impression d'être prisonnier dans un pays étranger dont on connaît bien la bureaucratie tatillonne et dominatrice, la police qui suspecte tout un chacun.

Nous sommes assez vite renseignés : le prétexte, c'est que l'administration des impôts a omis de décompter la taxe sur la valeur de la nourriture gratuite accordée par nous à nos ouvriers tunisiens, et dont le montant doit s'ajouter normalement au salaire. Il a fallu encore une semaine pour régler cette taxe — minime en soi — et, après moultes démarches et un interrogatoire épuisant auprès du grand chef de la police, pouvoir rentrer en possession de nos passeports...

Ainsi s'est terminé ce que j'ai eu raison, je crois, d'appeler "une aventure".

La pépinière a été reprise ensuite par une société gouvernementale roumano-libyenne, et naturellement je n'ai plus eu à m'en occuper. Il faut croire cependant que nous n'avons pas laissé un trop mauvais souvenir en Libye, puisque nous sommes toujours fournisseurs pour les besoins horticoles de ce pays.

Le proverbe que j'aime à répéter : « A quelque chose malheur est bon » s'est avéré juste une fois de plus en cette occasion. Vaccinés par les difficultés rencontrées dans cette prise de responsabilité directe, nous avons été plus prudents lors de la signature de notre contrat avec l'Iran. C'est cette affaire iranienne que je vais maintenant vous conter.

*(1) Retourné depuis dans son pays, où il s'est fait une belle situation dans l'informatique.*
*(2) Véritable chemin de croix !*

… à l'origine d'un marché fabuleux.

# Iran : le moderne “Roman de la Rose”

Cette page, préface du chapitre se rapportant au marché iranien d’arbres fruitiers, appelé par les media « contrat du siècle de la pépinière » — cette page pourrait aussi bien être intitulée « un bienfait n’est jamais perdu ». Voici pourquoi, voici l’histoire.

Jean Bégault est pépiniériste-rosiériste à Doué-la-Fontaine, près d’Angers. Mais il assume d’autres responsabilités autrement importantes. Maire de sa ville, unique député représentant le secteur horticole, il est, de surcroît, l’animateur du groupement des soixante-dix producteurs de rosiers de sa région.

Dans cette antique cité romaine de l’Anjou, une grandiose exposition de roses est organisée chaque année dans les arènes et les souterrains de l’agglomération. Tous les quatre ans, au cours de cette manifestation, a lieu l’élection de la plus belle rose nouvelle de l’année.

Le règlement prévoit que l’obtenteur de la rose lauréaste s’oblige au versement des royalties provenant de sa commercialisation à la société « La Rose de l’espérance », au profit de l’enfance inadaptée.

En juillet 1973, pour donner plus de panache à cette manifestation, Jean Bégault avait eu l’excellente idée de solliciter le parrainage de S.M. Farah Pahlavi, shabanou d’Iran, par l’intermédiaire de Sœur Claire (1), qui fut son institutrice à l’école Jeanne-d’Arc de Téhéran.

Le jury, sous la présidence d’honneur de M. le Ministre conseiller près la Cour d’Iran et la présidence effective de M. A. Souzy, président de la société française « Les Amis des roses », choisit, parmi neuf variétés inédites provenant de différents pays d’Europe — et présentées sous numéros — une nouveauté créée par nos établissements.

Il avait été convenu que le nom de cette rose serait choisi conjointement :

— par sa marraine, l’impératrice Farah Pahlavi ;

— par l’artisan de cette manifestation, M. Jean Bégault, député-maire de la ville de Doué-la-Fontaine ;

— et par son créateur : Georges Delbard.

D’un commun accord, ces trois personnalités ont attribué à cette grosse et belle rose, portée par une longue et solide tige, l’appellation « Vivre », qui exprime la raison d’espérer des plus malchanceux : les enfants inadaptés et handicapés, au bénéfice desquels était institué ce concours.

Dans cette affaire, les protagonistes ont joué leur rôle avec aménité et désintéressement. Aucun d’eux n’attendait une quelconque faveur pour sa participation à cette œuvre charitable.

Et pourtant, quelle récompense nous était réservée !

*(1) Actuellement directrice de l’école libre Saint-Merry à Paris, décorée de la Légion d’honneur.*

*Cette conjoncture a fait que, assez souvent par la suite, je me suis transformé en « facteur » entre les écoles Saint-Merry de Paris et Sainte-Jeanne d’Arc de Téhéran.*

*Ceci m’amène aussi à relater une rencontre peu banale.*

*Au cours d’un voyage professionnel, sur le rivage de la mer Caspienne, voilà que je me trouve tout à coup, à l’hôtel de Bandar-Pahlavi, face à face avec Sœur Claire qui chaperonnait une délégation d’indutriels de la région Lyon-Saint-Etienne, présidée par Antoine Pinay, en visite en Iran. Nous avons tellement été interloqués (Sœur Claire et moi) que nous sommes tombés spontanément dans les bras l’un de l’autre, à la grande stupéfaction de tout le groupe. A ma remarque : « Vous auriez dû être “femme d’affaires” au lieu de faire une “bonne sœur” », Sœur Claire répond du tac au tac : « Les deux ne sont pas incompatibles. » Tout cela pour bien montrer que “des atomes crochus” nous ont rapprochés dès le premier jour.*

# Entrevue au Palais du Grand Trianon

*M. Jean Bégault, député-maire de Doué, offre la gerbe de roses à S.M. Farah Pahlavi.*

*Avec beaucoup de tact et de gentillesse, Sa Majesté nous propose de poser pour la photo-souvenir.* De gauche à droite : *Mme et M. J. Bégault, S.M. Farah Pahlavi, Sœur Claire, Anne Delbard, épouse de mon fils Henri, Georges Delbard.*

# Visite en France des souverains iraniens

Nous sommes maintenant en juin 1974. Les souverains iraniens sont reçus officiellement en France. Le gouvernement veut que cette visite revête une chaleur, un éclat exceptionnels. Car c'est la période faste pour un prodigieux courant d'affaires entre les deux pays. Des contrats fabuleux de toutes sortes sont à la clé, réalisables à court terme. Des barrages audacieux aux autoroutes sans fin, des constructions de villes nouvelles à la demi-douzaine de centrales nucléaires (et combien d'autres marchés potentiels !), on entrevoit de tels contrats que le gouvernement français met les petits plats dans les grands pour recevoir avec opulence ces invités de marque dispensateurs d'une telle manne pour notre économie.

Personnellement je ne suis guère d'humeur à m'intéresser à cet événement qui passionne nombre de mes compatriotes. Arrivé de Tripoli pour quelques jours de détente à Paris, je suis profondément abattu, déprimé même, pour la première fois de ma vie, par les affres de mon "aventure" libyenne, où, comme englué dans quelque marécage, il semble que je m'enlise de plus en plus.

C'est dans ce moment de découragement sans précédent que m'appelle au téléphone M. Jean Bégault. Il a comploté, avec Sœur Claire, de présenter et d'offrir une corbeille de roses de ma nouveauté « Vivre » à S.M. Farah Pahlavi, pour la remercier d'avoir parrainé le baptême et le lancement réussi de cette rose en faveur d'une noble cause.

En accord avec le protocole, l'ami Bégault me précise que la cérémonie est programmée pour le 26 juin 1974 à 11 h, au Grand Trianon.

A une telle proposition faite dans un tel moment, je réponds sur le coup par la négative quant à ma participation effective : « Je veux bien, dis-je, vous fournir les roses, mais je ne me sens pas le courage de me joindre à vous. » Fallait-il que je sois "à plat", moi habituellement d'un naturel si enthousiaste, pour rejeter cette invitation exceptionnelle ! Au cours de la conversation, devant l'insistance persuasive de mon interlocuteur désorienté par mon attitude, je tempère mon refus, en spécifiant qu'après réflexion je rappellerai le lendemain matin pour donner une réponse définitive. La nuit portant conseil, dopé d'autre part par les miens qui m'encouragent à accepter, et me remémorant la citation de P. Léautaud (1) : « Au-dessus du devoir, il y a le bonheur », je finis par accepter.

Ma femme étant empêchée, je demande à ma belle-fille Anne de m'accompagner. Nous partons pour le Grand Trianon, porteurs d'une belle corbeille de roses « Vivre » et d'une gerbe de roses de coloris variés choisis parmi les plus subtils. Nous y retrouvons M. et Mme Bégault et faisons la connaissance de Sœur Claire, dont le dynamisme et la joie de vivre communicative chassèrent d'un seul coup toute idée morose. « Vous verrez, nous dit-elle, combien la Souveraine sait être simple et compréhensive dans tous ses contacts humains. »

Et c'est vrai que cette rencontre est restée un moment inoubliable de ma vie. Le protocole avait prévu une audience de dix minutes dans le salon Empire du Grand Trianon de Versailles — cadre prestigieux réservé aux chefs d'Etat. Eh bien, l'entretien se prolongea pendant près d'une demi-heure (2), dans une atmosphère des plus amènes, envoûté que j'étais par le timbre de voix charmeur de la Shabanou.

*(1) In R. Fallet :* L'Amour baroque, *Julliard édit.*

*(2) Cette durée exceptionnelle de l'entretien fit que Sa Majesté arriva en retard au banquet officiel de l'Hôtel de Ville de Paris où l'attendait — sans doute impatiemment — son auguste époux !*

11 OCT. 1974

Tehran, Iran

IMPERIAL GOVERNMENT OF IRAN

Ministry Of Agriculture

&

Natural Resources

4304/230

October 6, 1974

Mr. Georges Delbard,
16 Quai De La Megisserie,
PARIS -1er - FRANCE

Cher Monsieur Delbard,

J'accuse reception de votre lettre du 12 juillet 1974; ainsi que la lettre adressée à Sà Majesté l'Imperatrice d'IRAN par le même courier.

J'aurai le plaisir de vous rencontrer à Teheran et pour cause je suis heureux de vous inviter en Iran pour une quizaine de jours environ.

Il vous sera ainsi permis; outre les entretiens que vous aurez avec moi et mes collègues; de visiter plusieurs endroits de mon pays. Un programme de voyage sera établi pour les regions que vous desirerez visiter en Iran.

Je pense que la meilleure saison pour cette visite sera au cours du mois d'octobre; et je laisse à vous de désigner la date exacte de votre arrivée à Téhéran.

Un billet d'avion vous sera délivré aussitôt que vous me fassiez savoir la date que vous choisirez pour vous rendre en Iran.

Veuillez croire, Cher Monsieur, à ma haute Considération.

Rohani

Mansour Rohani

Ministre de l'Agriculture
et Ressources Naturelles

Lettre d'invitation du ministre.

La Souveraine, contemplant les jardins bien fleuris et particulièrement l'encadrement de verdure des bosquets, s'adresse à moi. J'ai encore bien présent à la mémoire son appel pathétique : « Aidez-moi, je vous en prie, monsieur Delbard, à embellir mon pays par un décor végétal plus varié et plus noble. Quand je vois ici cette profusion d'essences végétales diverses de grande beauté, je suis vraiment triste en faisant le rapprochement avec l'Iran ! Lorsque vous viendrez à Téhéran (car je souhaite vous y inviter), vous ne verrez le long des avenues que platanes et pins, pins et platanes. Oui, il faut que vous nous apportiez votre concours (1). »

Je n'étonnerai personne en spécifiant que non seulement ma réponse fut affirmative, mais qu'elle manifestait mes sentiments de profonde et respectueuse reconnaissance pour la confiance et l'honneur qui m'étaient ainsi témoignés.

Les choses allèrent vite. Le 11 octobre 1974 je recevais la lettre d'invitation ci-contre du ministre de l'Agriculture d'Iran. Je répondis le même jour par télex et par lettre que j'arriverais le 17 octobre à Téhéran. Dans ma missive je spécifiais notamment :

« Etant donné l'expérience acquise dans mon action professionnelle en différents pays, puis-je me permettre, M. le Ministre, de vous proposer les grandes lignes d'un programme qui, me semble-t-il, rendrait plus profitable ma découverte de l'Iran horticole, à savoir :

« I. Dès mon arrivée, entretien avec Vous-même et vos collaborateurs concernant le secteur des productions iraniennes horticoles, et particulièrement fruitières :

*a*) Potentiel existant : stations de recherches, pépinières, vergers, etc.

*b*) Objectifs de développement prévus à court et moyen terme ;

« II. Visites détaillées des différentes régions de production ;

« III. Au retour, nouvel entretien avec Vous-même et vos collaborateurs directs, me permettant de donner un premier avis objectif sur les réussites, lacunes et possibilités ultérieures décelées. Enfin, si tel est votre avis, M. le Ministre, je pourrais, juste avant mon départ, faire une conférence devant tous ceux que ces questions intéressent, en répondant de mon mieux aux interpellateurs ainsi que j'ai eu l'occasion de le faire ailleurs : à Beyrouth comme à Rabat, à Moscou comme à Rio de Janeiro, etc. »

Toutes choses se déroulèrent comme je l'avais proposé. A mon arrivée à l'aéroport m'attendait M. Amir Esmaïl Malek Mansour, ingénieur-agronome de l'université de Gembloux (Belgique), attaché au ministère de l'Agriculture. Ce fut un cicérone de grande classe, compétent et amical, qui, pendant trois semaines, m'accompagna dans ce périple de découverte des différentes régions fruitières de l'Iran. Grâce à sa maîtrise des questions horticoles, à sa parfaite connaissance du milieu et à nos rencontres amicales et confiantes avec les responsables des exploitations visitées, je n'eus aucune peine, au retour, à exposer, en présence du ministre de l'Agriculture, un premier bilan assez précis. Toutefois, au cours de la réunion, une surprise !...

*(1) Lors de son entretien avec Françoise Laot (Journal* Point de Vue *du 10 mai 1985), l'Impératrice Farah déclarait, suite à la question : « Qu'est-ce qui vous intéresse particulièrement, Madame, dans votre vie quotidienne, si l'on excepte les grands problèmes du monde ? »*

*« J'ai découvert le jardinage. J'aime planter des fleurs et contempler les arbres magnifiques de cette région (à Greenwich-Connecticut — U.S.A.), les érables, les marronniers, les châtaigniers, les cerisiers du Japon qui sont si différents des espèces qui existent en Iran. Pour la première fois de cette année (1985), depuis les événements, j'ai regardé la nature revivre. A Williamstown (précédente résidence), je m'étais occupée du potager. J'avais semé des graines de légumes et d'herbes qui n'existent que dans mon pays, comme le basilic iranien. J'avais aussi planté, en serre, des pieds de tomates et des concombres. Ils étaient si beaux que j'en faisais cadeau à mes amis. En fait, je considère le jardinage comme une sorte de méditation. »*

# Le marché du siècle de la pépinière nous échoit

Après l'exposé de mes constatations sur la production fruitière iranienne et les discussions en découlant, le ministre de l'Agriculture, M. Mansour Rohani me pose une question :

— Que pensez-vous du site de Moghan ?

Je suis obligé de répondre :

— Je ne le connais pas.

Étonnement de mon interlocuteur, lequel, s'adressant à mon accompagnateur, lui demande la raison de cette lacune, attendu que Moghan représente le projet fruitier n° 1. Explications embarrassées de M. Malek Mansour, qui reconnaît avoir volontairement "oublié" de me faire visiter ce site, du fait qu'un groupement de pépiniéristes français s'y intéressait déjà.

Heureusement pour moi, les ministre et vice-ministre — d'âge mur — étant des produits de nos universités, la conversation se déroulait en français. Mais les chefs de service, plus jeunes, tous diplômés des universités américaines, ne parlant que l'anglais, je téléphone à mon fils Henri de venir derechef à Téhéran pour m'épauler. Il était normal aussi qu'à ce stade des discussions Henri envisage la prise de responsabilité qui serait la sienne, dans le cas, que j'estimais déjà fort probable, d'un heureux aboutissement des pourparlers.

C'est donc à partir de ce moment que, avertis par les plus hautes instances gouvernementales, nous nous trouvâmes confrontés à des collègues pépiniéristes de notre pays déjà installés à Téhéran et collaborant avec la compagnie U.S. « Hawaiian Agronomics », concepteur du projet. Après plusieurs entrevues et sur le refus de nos compatriotes de réaliser une entente à l'amiable où nous allions jusqu'à proposer une participation réduite à un tiers pour notre firme, nous nous attaquâmes à l'étude détaillée de cette réalisation ambitieuse.

Un travail de titan, étant donné le peu de temps dont nous disposions... Enfin prêts, nous demandâmes au ministre de bien vouloir faire jouer la concurrence en mettant en place une soumission en bonne et due forme ; ce qui nous fut accordé.

A ce stade, nos prix étant les meilleurs et l'étude présentée reconnue de qualité, il restait à vérifier le standing professionnel de chacun des candidats. Une personnalité éminente du ministère (qui devint ministre par la suite) vint en France étudier et comparer les critères fondamentaux des firmes intéressées : importance de la recherche scientifique et des moyens de production, valeur de l'encadrement d'ingénieurs et de techniciens, etc. Cette confrontation s'étant établie en tous points en notre faveur, le marché nous fut définitivement attribué et signé le 5 mai 1975 ; il ne sera dévoilé que quatre mois plus tard. C'est ici que se place une offre accessoire qui pouvait apparaître comme mirifique... Le ministère et le consultant responsable du projet désiraient, en fait, nous confier, avec la responsabilité entière de la réalisation, celle de l'exploitation du verger. On ne discutait pas le montant des crédits pour le contrat — énorme — de gérance proposé, mais à la condition que la réussite ou l'échec nous incombât. En totalité.

Vaccinés par l'expérience de l'"aventure" libyenne encore récente, nous fîmes valoir que le complexe agricole géant était un tout. Qu'il revenait donc au gouvernement iranien, auquel il appartenait, d'en assurer la responsabilité totale de gestion. Nous acceptons, avons-nous précisé, de vous fournir une assistance technique constante et efficace pour la conduite du verger, autant que de besoin, mais sans engager notre responsabilité pour ses résultats : la rétribution du travail de nos ingénieurs se faisant à la vacation. Devant notre position intangible, il en fut ainsi décidé.

# Toute la presse et l'audiovisuel l'annoncent

J'ai déjà commenté (p. 11) le rôle qu'a joué l'A.F.P. (Agence française de presse) auprès des media. Je crois cependant utile de fournir quelques informations complémentaires sur le film *Le Conquérant du jour* tourné à Malicorne en 1975 sous la direction d'Alain Weiller pour T.F.1., sur la demande personnelle d'Yves Mourousi. Ce film — dont je suis la vedette — témoigne de notre potentiel professionnel et expose pendant trente minutes au journal de midi les raisons majeures du récent succès Delbard à l'exportation. On y découvre un aperçu du bocage bourbonnais, des vues du verger expérimental et des pépinières, mais il comporte aussi une séquence sur ma vie familiale. Or, au cours de la scène du déjeuner, le gag classique — bien qu'imprévu — n'a pas manqué de se produire : la part de tarte que je sers à Arnaud, mon petit-fils, glisse de la pelle et se retourne sur la nappe... Plouf!... et, bien sûr, ce passage n'a pas été coupé, à la grande joie de tous.

Pour ce qui concerne la presse, naturellement tous les articles (il y en eut beaucoup) ont un point rédactionnel commun. Aussi je n'en reproduirai ici que deux : celui du journal *Les Echos*, parce qu'il est concis et précis ; celui de l'hebdomadaire *La Vie*, parce que Jean-Pierre Allaux a su, au cours d'un reportage d'une demi-journée passée avec moi à Malicorne, saisir et résumer parfaitement en deux pages toute ma vie professionnelle... synthèse de ce livre. De plus — et c'est là son grand mérite — le journaliste exprime très justement ma philosophie profonde devant ce qu'il est convenu d'appeler "la réussite". Je le confesse ici, si j'avais dû me faire aider par un rédacteur pour *Jardinier du Monde*, c'est à J.P. Allaux que j'aurais eu recours. Il en a même été question...

**La France décroche enfin un "marché du siècle"**

## *Trois millions d'arbres fruitiers pour l'Iran*

**BERCEAU de la Rose d'Ispahan, terre originelle de la plupart des fruits consommés en Occident, l'Iran veut retrouver ses jardins d'abondance. En signant avec le pépiniériste Georges Delbard un contrat pour la fourniture de trois millions d'arbres fruitiers d'un montant global de 20 millions de francs, le gouvernement iranien vient de concéder à la France le « marché du siècle de la pépinière ». L'événement est assez inattendu. Il démontre, en tout cas, que le commerce extérieur ne connaît pas de cloison étanche : une partie de ce qui a été perdu en avions de guerre peut se retrouver avec des pommiers ou des poiriers !**

Bien placé face à trois autres concurrents, Georges Delbard a poussé au maximum ses avantages. Il disposait au départ d'un atout certain : le climat du centre de la France (ses imposantes pépinières sont installées à Malicorne, près de Montluçon) s'apparente assez à celui de la zone du Moghan situé à l'extrême nord de l'Iran, dans le triangle qui s'enfonce en URSS. Cette région, vouée jusqu'ici au nomadisme, va être radicalement transformée par un énorme complexe agricole. Ses 90.000 hectares seront arrosés par 86 km de canaux. Il est prévu d'édifier 22 usines pour le traitement d'une production de plus de 500.000 tonnes de céréales, fruits et légumes. Deux villes-champignons, l'une de 25.000 habitants, l'autre de 11.500, abriteront le personnel nécessaire à cette gigantesque entreprise.

Sur 6.000 hectares, l'entreprise Delbard aura la charge, pour sa part, des vergers. En cinq ans, il lui faudra planter des pruniers, pêchers, poiriers, pommiers, cerisiers et noisetiers qui auront entamé leur croissance à Malicorne et qui seront transportes par avion.

Comme dans les histoires très morales, à l'origine de ce marché fabuleux se trouve une bonne action. Pour le concours de « la plus belle rose » à Angers en 1974, Georges Delbard avait créé une fleur baptisée « Vivre », dont il abandonna les profits à l'Enfance inadaptée. Peu après, il était amené à la présenter à l'impératrice d'Iran qui accepta de parrainer à la fois la rose et l'œuvre pour les enfants. L'audience eut le Trianon pour cadre lors de la visite officielle des souverains. La shabanou, séduite, demanda au pépiniériste de venir en Iran pour étudier le développement des plantations. L'invitation fut renouvelée par M. Rohani, ministre de l'Agriculture. Sur place, pendant un mois, Georges Delbard a envisagé toutes les possibilités d'implantation de nouveaux vergers en compagnie des spécialistes iraniens. Peu de temps après, les experts de Téhéran visitaient les établissements Delbard, la pépinière de Malicorne comme le centre de recherches d'Evry (Essonne). Ces échanges furent couronnés par l'établissement du contrat, puis sa signature il y a quelques semaines. L'accord définitif prévoit que cinq agronomes français se rendent à Moghan comme conseillers techniques pour le démarrage de l'opération. Cette réussite commerciale ne pouvait mieux tomber : Georges Delbard s'apprête à fêter le quarantième anniversaire de son entreprise.

### *Le groupe*

**GEORGES DELBARD préside deux sociétés : celle des Pépinières et Roseraies qui a son siège à Malicorne, dirigée par son fils Henri, ingénieur en agriculture, et « Georges Delbard SA » installée 16, quai de la Mégisserie, à Paris, dont son deuxième fils François, HEC, est le manager. Deux cents personnes sont employées en permanence par la première entreprise, mais son effectif passe à 400 ouvriers en période de greffage. Vingt employés et trois cadres travaillent à Evry. Georges Delbard SA occupe 100 personnes dont 23 cadres aux différents stades de commercialisation, élaboration du catalogue de vente par correspondance (tiré à 600.000 exemplaires), traitement des commandes et vente directe dans six magasins spécialisés.**

LES ECHOS — PAGE SEPT

Lundi 1er septembre 1975

# UN MARCHE DU SIECLE QUI VA PORTER SES FRUITS !

**Le pépiniériste Georges Delbard vient de conclure avec l'Iran un fabuleux contrat : la vente de 3.500.000 arbres fruitiers. Nous avons rencontré, sur son domaine, l'empereur des arbres et des roses.**

LE petit homme aux cheveux blancs sort un canif de sa poche, coupe une rose qu'il caresse du bout des doigts et hume avec extase : *« Quel parfum envoûtant, n'est-ce pas ? »*... Le bleu de cette rose énorme mais délicatement ourlée tire encore un peu sur le mauve. C'est l'une des dernières créations de Georges Delbard... *« J'ai inventé les premières roses bleues, « Saint-Exupéry » et « Vol de nuit ». Avec « Nil bleu », j'ai franchi un nouveau pas vers la perfection, c'est-à-dire une rose dans laquelle toute trace de rouge aura disparu et dont la couleur sera par exemple, celle du bleuet. J'en rêve depuis des années. J'espère y parvenir bientôt !... »*

Affable, l'œil malicieux, Georges Delbard parcourt d'un pas vif les allées impeccables où s'alignent comme des soldats à la parade des millions de végétaux de toutes sortes et de toutes tailles. Son empire : 550 hectares de pépinières, à Malicorne, le village près de Montluçon où il est né il y a 70 ans...

*« Je suis né ici, dans une ferme de douze hectares bâtie par mon grand-père. Mon père était un petit agriculteur, un « bounoume », comme on dit dans l'Allier. Ma mère était une femme extraordinaire. Plus je vieillis, plus je l'admire. Quand mon père partit, en 1914, pour les tranchées, elle s'occupa de tout à la ferme. Non seulement des enfants, de la famille, du ménage, de l'étable, mais elle accomplissait seule les travaux les plus rudes. Elle labourait, fauchait, entretenait la terre. Sans se plaindre. Toujours avec le sourire. Elle avait le sens de l'accueil et gardait sa porte ouverte à ceux qui voulaient trouver un peu de chaleur et de tendresse. Elle m'a appris le courage et m'a donné le goût du bonheur.*

*» Je crois avoir eu le « virus » de l'horticulture dès que j'ai marché. Je demandais aux voisins des fleurs que je mélangeais en bouquets pour ma mère, collectionnais, classais... »*

Georges Delbard a la chance de rencontrer à l'école primaire de Malicorne un instituteur amoureux des plantes qui, dans son jardin, donne à ses élèves des cours pratiques, leur apprend à utiliser les engrais, à semer, à récolter... Pendant les récréations, les gamins arrachent des églantines dans les buissons et les greffent pour les transformer en rosiers. Lors des vacances, Georges Delbard se rend chez un oncle curé, dont la soutane disparaît sous un vaste tablier de jardinier. Dans toutes les paroisses dont il a eu la charge, le bon

# "Le titre qui me plaît le plus : médecin des arbres"

■■ tonton a planté un carré de vignes, un verger et des parterres de roses. C'est à son contact que l'enfant apprend les rudiments du métier. Il n'a pas à se forcer. Il a « les mains vertes » ; le don.

A 14 ans, élève à l'école des frères de Commentry, il expose déjà dans sa salle de classe, des fleurs, des fruits et des légumes. Il gagne un concours avec un potiron de... 75 kilos ! qu'il a arrosé chaque jour grâce à un sabot percé, fiché sur un pieu et chaque matin empli d'eau. « *En inventant ce « goutte à goutte », j'étais en avance*, dit-il. *Aujourd'hui, dans nos pépinières, nous irriguons de cette façon plusieurs hectares avec des tuyaux de plastique.* »

Il vend des chrysanthèmes à cent fleurs (un record !) sur les marchés, quitte l'école à 16 ans, après avoir obtenu son « certif » et devient employé aux écritures dans les forges de Commentry. Mais, préférant les pétales aux tôles, il s'évade et monte en 1928 à Paris pour être embauché dans les établissements du pépiniériste Georges Truffaut. Là, il rencontre les meilleurs horticulteurs français et étrangers qui lui livrent leurs recettes. « *Ça valait toutes les écoles et tous les stages* », avoue-t-il...

En 1935, il s'installe à son compte et aligne quelques arbres sur le trottoir, quai de la Mégisserie, centre horticole unique au monde, où douze firmes se disputent la clientèle. Il commence par vendre à la sauvette, obtient un bail et un an plus tard, réalise la décoration florale et arbustive des pavillons de l'exposition au Palais du Trocadéro.

## PREMIER PEPINIERISTE D'EUROPE

Il publie ensuite un livre sur l'agriculture fruitière : « *Les beaux fruits de France* », où il explique son art à l'aide de nombreuses photos. L'ouvrage qui paraît en 1947 est un best-seller. Il est toujours considéré par les spécialistes comme le meilleur traité sur la question. Dès la publication du livre, des scientifiques du monde entier envoient à Georges Delbard leurs plus beaux fruits afin de les tester. Il classe les variétés et les cultive pour les étudier comparativement...

C'est ainsi que démarrent les pépinières et le verger expérimental de Malicorne. Georges Delbard récupère des terrains incultes sur les anciennes mines du pays, les aplanit, les enrichit... Un travail de titan : à l'époque et avant l'arrivée des bulldozers, le binage du sol s'effectue avec deux bœufs et un cheval !...

« *Après, mon entreprise s'est développée à toute vitesse ; en vingt-cinq ans, je suis devenu le premier pépiniériste d'Europe* », constate sans fausse modestie Georges Delbard, en balayant d'un geste ses champs qui déroulent jusqu'à l'horizon leurs palettes bariolées que dore le soleil.

« *Grâce à l'utilisation des herbicides, des colorants organiques, du chauffage électrique du sol, de la culture sur plastique et en containers, de la nébulisation (arrosage en buée) automatique, de la vente par correspondance, etc., j'ai mécanisé mon entreprise* », explique-t-il avec satisfaction. Aujourd'hui, celle-ci emploie 250 ouvriers (400 en période de greffage), vend 1.500.000 rosiers par an, des centaines de milliers d'arbres fruitiers et d'ornement, des tonnes de graines et de fleurs. Dans son verger expérimental, Georges Delbard a étudié 3.646 espèces d'arbres fruitiers.

« *Un travail de bénédictin*. me confie le self-made-man, consacré champion de l'hybridation (c'est-à-dire du mariage des plantes). *Par exemple, sur 1.013 variétés de pommes étudiées ici, nous n'en avons retenu que trois ou quatre qui ont dû ensuite subir les examens de l'Institut national de Recherches agronomiques. En effet, il faut attendre au moins une dizaine d'années avant qu'une nouvelle pomme ait confirmé ses qualités de saveur, de vigueur, de beauté et ait obtenu l'autorisation d'être lancée sur le marché.*

» *Les grands instituts de recherches, comme par exemple ceux qui existent en U.R.S.S. ou aux Etats-Unis, qui investissent des sommes considérables, n'obtiennent guère de résultats. Pour trouver, je pense qu'il faut être un cul-terreux, aimer passionnément la terre et surtout y vivre une vie entière. Ainsi, un homme comme Lemoine, horticulteur de Nancy, a inventé, seul, dans son jardinet, au début du siècle, toutes les variétés de lilas et de seringats. On n'a jamais été plus loin. Un homme de la terre qui suit, jour après jour et durant trente ans de vie, l'évolution de ses plantes, découvre les secrets de la nature. Avec son flair, son goût, son expérience, sa mémoire.*

» *C'est du moins ce qui m'a permis de comprendre et de résoudre les problèmes concernant les porte-greffes, les formes, le peuplement, la conception et l'organisation des vergers. Ce qui m'a permis d'améliorer les feuillages, les coloris et les parfums de mes roses. J'ai beaucoup voyagé et de nombreux spécialistes sont venus à Malicorne. Pour la première fois, en 1952, j'ai conçu en Algérie le verger intensif d'arbres nains. Ce qui m'a valu le titre qui me plaît le plus :* « médecin des arbres ». *Jusqu'alors, on plantait 500 arbres à l'hectare. Grâce à la plantation de 1.200, 1.500 arbres nains à l'hectare, aussi vigoureux que ceux à grand développement mais qui ont le temps de se reposer en hiver, on peut récolter au bout de trois ans jusqu'à 75 tonnes à l'hectare de pommes ou de poires...* »

Il y a partout maintenant en France (vallée de la Garonne, Provence, etc.), des vergers intensifs. Cette technique a été exportée dans les pays du Moyen-Orient, de l'Europe de l'Est, d'Amérique du Sud, d'Afrique du Nord... Au ministre de l'Agriculture du Brésil qui lui affirmait : « *Tous nos agronomes disent que le Brésil, pays tropical et subtropical, ne peut pas produire de pommes, fruits des pays tempérés* », Georges Delbard paria : « *Si je vous montre un jour des pommes sur un pommier, vous ne pourrez plus dire que les pommes ne viennent pas au Brésil.* » Résultat : 10.000 hectares défrichés dans la forêt vierge, des pommes rouges et juteuses et la promesse, dans une vingtaine d'années, d'exporter !...

## L'HISTOIRE D'UN FABULEUX CONTRAT

Pour couronner le tout, il y a le fabuleux contrat qui vient d'être signé avec l'Iran. A la suite d'une rencontre à Versailles avec la shabanou Farah, Georges Delbard est invité en Iran. Ses théories sur le développement de la production fruitière iranienne sont jugées si intéressantes que le gouvernement lui confie la fourniture de... 3.500.000 arbres sélectionnés qui vont être plantés sur 6.000 hectares du plus grand complexe agro-industriel du monde : Moghan, 90.000 hectares au Nord-Est de l'Iran. Dès janvier, les premiers plants seront expédiés en avions-cargos.

Cette réussite ne tourne pas la tête de Georges Delbard. Ses fils, François et Henri (Guy, son troisième, se consacre à la rééducation de jeunes délinquants) assurent désormais la relève. Lui, consacre son temps à la recherche, marie les variétés, surveille la pousse des rejetons et soigne avec passion ses roses préférées : la « *Louxor* », au léger parfum de pêche, la rose noire aux pétales de velours sombre, la seule qui ne brûle pas au soleil, « *Nil bleu* » et surtout « *Arnaud Delbard* » une petite rose saumon qui vient d'être distinguée championne des championnes aux Etats-Unis et porte le nom de son petit-fils...

Une fortune, des plantes dont la qualité est recherchée par les amateurs éclairés, des techniques de pointe au service de la beauté et de la vie... Georges Delbard est heureux. Mais il fait rouler dans sa paume une pomme rutilante, en déguste un morceau et déclare en souriant : « *J'ai eu la chance inouïe de gagner ma vie tout en apportant du plaisir et des vitamines à mes contemporains. Je préfère avoir produit des plantes que des fusils... 550 hectares, ce n'est certes pas mal. De toute façon, je serai un jour enterré là, dans deux mètres carrés au milieu des arbres et des roses. Ma grand-mère est morte à 96 ans, après avoir organisé elle-même ses funérailles, comme si elle avait préparé une fête de première communion. J'aimerais m'éteindre comme elle. La proximité du cimetière de Malicorne, où reposent mes parents, me donne, quand j'ai tendance à trop me prendre au sérieux, une plus juste valeur des choses...* »

**Jean-Pierre ALLAUX** ■

# Vers le plus grand verger du monde

Pareil pactole (1), découlant de ce marché, est un stimulant efficace qui va décupler l'ardeur, le zèle, le tonus de toute "l'équipe Delbard". Chaque élément de l'entreprise — du directeur au "marreur" — se sentant concerné, prend immédiatement conscience qu'il faut à tout prix mener à bien l'exécution de cet important contrat providentiel pour le développement et l'image de marque de la firme. Un "plus" qui, en se greffant sur les productions classiques, galvanise et scelle les énergies.

En même temps qu'à Malicorne on programme sur cinq années la production des arbres, il faut, en Iran, assurer la formation de techniciens capables de mener à bien leur plantation et d'assumer ultérieurement la tâche considérable de la bonne conduite du plus grand verger du monde.

C'est là le double effort de volonté que nous devons accomplir pour réussir et devenir leader mondial en arboriculture fruitière.

Sur place, en Iran, Gérard Guillier, notre ingénieur-agronome responsable du département fruitier à Malicorne, est promu professeur ; bon pédagogue, il est aussi homme de terrain. Il est épaulé dans sa tâche par Claude Massendari, ingénieur en agriculture, Charles Reignier et Lucien Gondor, ce dernier ancien directeur concepteur de l'important domaine fruitier royal de Meknès au Maroc.

Ce quatuor assure la formation professionnelle accélérée en deux sessions, d'abord au centre de Karadj (près de Téhéran) ; ensuite les cours théoriques et pratiques qui se poursuivent "sur le tas" à Moghan.

C'est ainsi qu'une vingtaine d'ingénieurs et techniciens, tous originaires de cette région de l'Azerbaïdjan iranien, seront aptes à assumer, au moment opportun, l'encadrement du nombreux personnel nécessaire à l'exploitation.

*Gérard Guillier (2e en partant de la droite) et Lucien Gondor (1er à droite) posent avec les chefs d'équipe qu'ils ont formés.*

*(1) Il me faut rappeler ici que tout cela a pu se réaliser grâce à Jacques Chirac, qui, alors Premier ministre, avait fait inscrire dans les accords financiers franco-iraniens une somme de 50 millions pour la fourniture d'arbres fruitiers par la France.*

Situé à l'extrême pointe nord-est de l'Iran, le site où a été réalisé le projet Moghan a été de tout temps une zone semi-désertique vouée au nomadisme. Le sol, très fertile, est constitué par des apports de sable éolien provenant des steppes de l'Asie centrale.

Il s'y manifeste une grande analogie des conditions de milieu avec la région de Tachkent en Ouzbékistan, dont j'ai donné les caractéristiques au chapitre de l'U.R.S.S.

Le climat continental y est cependant soumis à des amplitudes moins fortes ; il n'est pas rare, malgré tout, qu'à des maxima de 40/45° C en été succèdent des minima de − 15/20° dans une période d'hiver, toutefois de courte durée (janvier-février).

Ces conditions de milieu : agronomiques et climatiques, sont extrêmement favorables au développement rapide des arbres fruitiers à feuillage caduc.

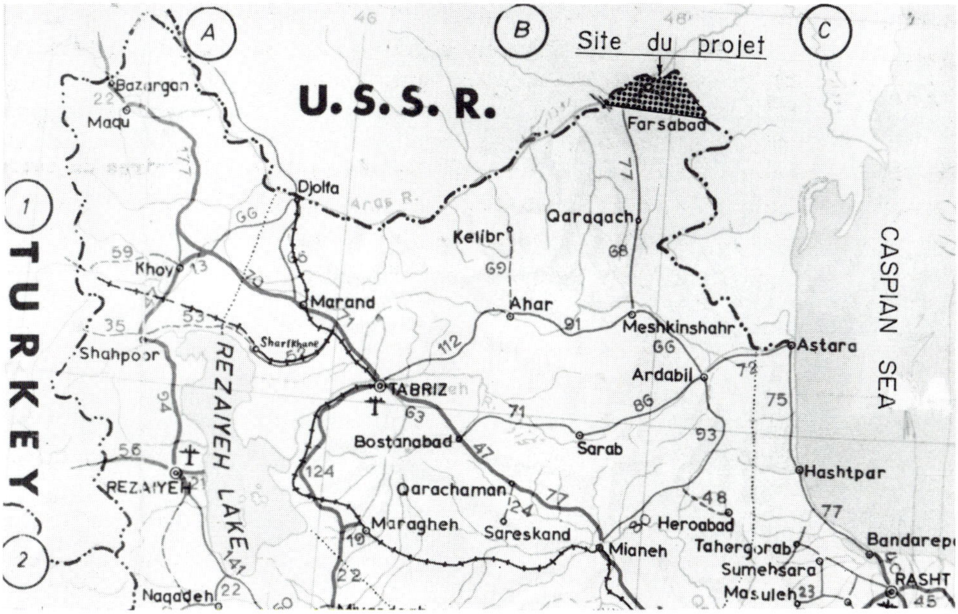

Moghan d'hier : scène pastorale sur fond de neige et de ciel bleu.

Moghan d'aujourd'hui : canal principal pour l'irrigation à sa sortie du barrage.

# Ensemble du projet

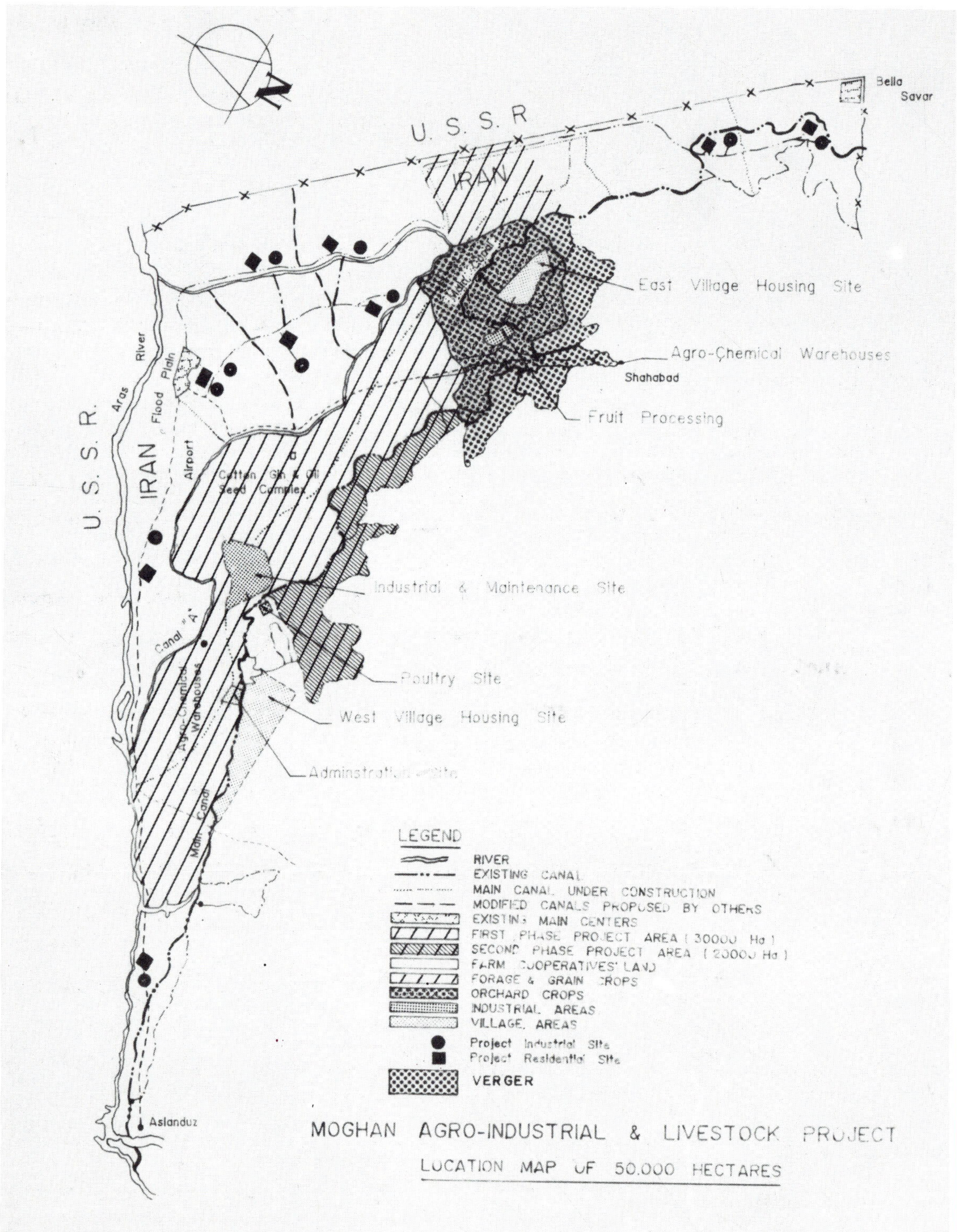


*Le plan établi par « Hawaiian Agronomics C° ».*

Telle que fut, jadis, la Californie, cette terre de l'Azerbaïdjan iranien, assoiffée par les vents et le soleil depuis des millénaires, mais au sol très riche et profond, n'attendait que l'apport providentiel de l'eau pour révéler sa potentialité étonnante de fertilité. A la différence de la Californie, où il a fallu aller chercher très loin au nord l'eau du fleuve Colorado, en U.R.S.S. celle du fleuve Aras était là présente, qui allait se perdre dans la mer Caspienne.

L'accord de bon voisinage conclu entre l'Iran et l'U.R.S.S., quelques années auparavant, avait permis, en amont du projet Moghan, l'édification d'un barrage mitoyen sur le fleuve Aras, formant frontière naturelle entre les deux nations. Le partage moitié-moitié des eaux a été bénéfique aux deux parties : pour l'U.R.S.S., possibilité d'alimentation d'une centrale hydraulique ; pour l'Iran, irrigation d'une zone agricole de 90 000 hectares (40 000 d'abord, 50 000 ensuite) entièrement vouée à la culture intensive.

La carte ci-contre montre la répartition des différentes productions agricoles. Le verger géant d'un seul tenant est à droite (partie pointillée).

Cet aménagement grandiose, conçu en totalité par la firme américaine « Hawaiian Agronomics C° » (1), situé à cet endroit précis — véritable fer de lance s'enfonçant dans le territoire russe — ne répondait-il pas au dessein du Shah de démontrer à son puissant voisin l'ampleur de son potentiel économique ?

En effet, ce paradis agricole (outre que sa vocation indiscutable et ses atouts sont bien réels en vue d'obtenir une importante production agricole de qualité) paraissait bien avoir été implanté là comme une vitrine d'angle, luxueuse, des possibilités de l'Iran moderne et progressiste, vitrine largement ouverte sur l'U.R.S.S.

On pouvait en tout cas le croire, lorsque sur place, contemplant la steppe marécageuse de l'Azerbaïdjan soviétique, morne plaine en contrebas, la vue ne découvrait pour tout décor végétal à l'horizon que... les silhouettes des derricks de Bakou !

Quelle que soit la motivation ayant présidé à la création de ce complexe agro-industriel, force est de reconnaître que les productions : vivrière, animale et fruitière, malgré leur gigantisme, étaient tout simplement stupéfiantes dans leurs spectaculaires résultats.

Dès les premières années, les cultures de blé, maïs, luzerne, coton, nous fascinaient par leur ampleur et leur rendement. Les élevages de bovins et surtout d'ovins (les bergeries couvraient plus de 20 hectares) étaient encore en plein développement. Quant au verger, les clichés ci-après parlent suffisamment d'eux-mêmes. Donnons tout de même des précisions complémentaires.

Le gigantisme que je viens d'évoquer n'était pas sans nous poser problème, à nous, arboriculteurs ayant les pieds sur terre.

L'organigramme pyramidal intégré pour l'exploitation d'un verger de 6 000 hectares nous semblait, au départ, utopique (2). A un point tel que nous crûmes nécessaire de manifester nos craintes au début de notre action, comme nous l'avions fait aussi en U.R.S.S. Coïncidence curieuse, A. Gide a écrit : « L'U.R.S.S. était donc une terre où l'utopie était en passe de devenir réalité. » Eh bien, ce qui paraissait pareillement « utopie fruitière iranienne » est aussi devenu réalité objective, et voici par quel facteur spécifique, providentiel.

*(1) En ce temps-là, les Américains étaient, en Iran, les maîtres incontestés du développement agricole. Ils avaient aussi entre leurs mains la totalité du secteur militaire.*

*(2) Nous pensions que le "gâteau" pouvait être découpé en une vingtaine de tranches, fermes autonomes rendant plus facile l'exploitation par leur superficie plus normale et surtout par leur spécialisation possible et bienfaisante.*

# Des moyens exceptionnels sont mis en œuvre...

*a*

*b*

*c*

*d*

*e*

*f*

*g*

*h*

*Quelques clichés de cette entreprise gigantesque (légendes ci-contre).*

La principale difficulté à surmonter pour l'exploitation d'un grand verger concerne l'important travail de taille hivernale des arbres. Je croyais donc donner un conseil judicieux à nos partenaires en les mettant en garde. « Quand vous attaquerez le premier sujet, rappelez-vous qu'il y en aura plus de trois millions à la suite... » Perspective qui pouvait effrayer le responsable le plus courageux et le plus audacieux.

Or, en Iran, les réactions de l'arbre fruitier furent totalement différentes de celles que nous connaissons en Europe. En raison même de l'exubérance de la végétation, la simple taille d'été (1) a quasiment supprimé la taille hivernale classique, toujours longue et difficile à expliquer et à exécuter. En résumé, on peut conclure que, placés dans ce milieu idéal, les arbres ont si bien réagi que l'intervention du sécateur a été réduite à un minimum d'exécution facile. Comme quoi, même septuagénaire, on apprend encore son métier...

Un chantier de cette importance nécessite une organisation et un matériel incroyables. Après avoir vécu cette opération, nous pouvons, avons-nous dit souvent, envisager n'importe quelle réalisation.

Dans cette page et celles qui suivent, voyons par l'image le déroulement des travaux.

*Ci-contre les premières images :*

*a*) Vue aérienne des ateliers de réparation du matériel. On remarque le grand nombre de véhicules agraires en stationnement.

*b*) Nivellement de toute la surface à planter à l'aide d'énormes « scrapers ».

*c*) Les dents du « ripper » permettent un sous-solage croisé de 1 m de profondeur. Nous sommes en février. On remarque la neige au premier plan.

*d*) Tracé de la plantation. Chaque cordeau situe une ligne d'arbres.

*e*) Mise en place du premier arbre. La planche permet :
1) de positionner l'arbre à son emplacement exact pour un parfait alignement ;
2) de régler la hauteur du point de greffe par rapport au niveau du sol ;

*f*) L'état-major ! De droite à gauche *: Gérard Guillier, M. Karami, directeur iranien de l'ensemble du projet, Lucien Gondor et M. Noudjoumi, ingénieur.*

*g*) L'une des quinze batteries destinées au filtrage de l'eau. Opération indispensable pour éviter le colmatage des goutteurs.

*h*) Les tuyaux de plastique sont en place : un par rangée. Les goutteurs sont espacés de 0,30 m seulement pour que les "bulles" de terre détrempée par chaque goutteur humidifient toute la ligne en se rejoignant. Les 6 000 hectares ont été ainsi irrigués !

*(1) On en faisait quelquefois deux successives pour les pêchers pendant la période végétative.*

# Transport des arbres

*Départ de Lyon-Satolas. Henri Delbard (à gauche)*

*Les responsables iraniens examinent les arbres.*

*Cinq heures plus tard, arrivée à Tabriz.
Henri Delbard, accompagnateur du premier
charter, est visiblement heureux.*

*Le chariot-élévateur sort les conteneurs "igloo",
ainsi appelés en raison de leur forme qui épouse
la carlingue de l'avion.*

*Avant le déchargement, Gérard Guillier déroule
le calicot pour la photo souvenir*

*Les conteneurs sont transportés par camion
jusqu'au chambres frigorifiques (à droite du cliché).*

*Une partie du verger quelques semaines après les premières plantations. On aperçoit, à droite, l'un des canaux secondaires destinés à l'irrigation.*

*Les bergeries sont à l'échelle du projet. Plus de 20 hectares pour des centaines de milliers de moutons.*

*Pendant ce temps, de beaux arbres sont produits à Malicorne. L'agréage est fait sur place par le Dr Dervichian. Chaque arbre porte le label "Virus free".*

# Le verger entre en rapport

*Vue d'ensemble du verger de pêchers en mai 1977, quatorze mois après plantation.*

*Photo hivernale. Les lièvres iraniens apprécient la saveur de l'écorce des arbres français...*

*Nos deux ingénieurs-conseils, Lucien Gondor* (à droite) *et Claude Massendari* (à gauche) *se mesurent avec un pêcher de quatorze mois !...*

*Première bonne récolte de pêches en juillet-août 1977, soit dix-huit mois après plantation. Qui dit mieux ?*

Un technicien iranien se familiarise avec le palissage du « tricroisillon Delbard ».

Grande homogénéité de ce verger d'exception en tricroisillon quatre mois après la plantation.

Application d'herbicide sur le rang.

Toutes les techniques de pointe sont adoptées d'emblée. Ici, traitement phytosanitaire aérien.

Une belle parcelle en forme libre (gobelets) de pommiers, en première année. Appréciez l'alignement et l'homogénéité des arbres.

Étonnante rencontre : un village nommé « Delbard » (l'élu de mon cœur en persan), quelque part entre Tabriz et la Caspienne.

# Dîner de gala parisien à la mairie du 4e arrondissement

*L'Impératrice, au charme rayonnant, dans sa robe rose saumon brodée de branchages fleuris, fait son entrée, accompagnée des personnalités officielles. 1. Le chef du protocole. 2. M.B. Lafay, président du Conseil municipal de Paris. 3. M. Sauvagnargues, ministre des Affaires étrangères.*

*La salle des fêtes de la mairie du 4e arrondissement dans l'attente des invités.*

# Jour de joie précédant le drame

*Au banquet du bonheur, bien peu sont conviés (1).*

En septembre 1975, l'Impératrice Farah Palhavi est à nouveau reçue officiellement par la Ville de Paris. Sa Majesté, n'oubliant pas que Farah Diba a été élève à l'école des Beaux-Arts, a manifesté le désir de découvrir la splendeur des hôtels rénovés du quartier du Marais.

Naturellement, je fus convié au dîner de gala qui eut lieu à la mairie du IVe arrondissement en l'honneur de l'illustre invitée.

A la sortie, la Souveraine, accompagnée de Sœur Claire, vint en toute simplicité à ma rencontre pour me questionner sur le déroulement des plantations du verger de Moghan.

Je n'eus pas à me forcer pour répondre que tout allait pour le mieux dans le meilleur des mondes, ajoutant que d'autres projets étaient en cours d'étude. Et c'est vrai qu'à cette époque, nous vivions tous — responsables français et iraniens — en pleine euphorie de la réussite.

Hélas ! on ne peut, c'est bien connu, baigner longtemps dans la félicité. Des événements douloureux allaient bientôt se produire, au pays des mille et une nuits, qui, par ricochet, nous affecteraient nous aussi. La narration que j'en fais sera la réponse à la question qui m'est bien souvent posée : « Comment s'est terminée votre affaire d'Iran ? »

Après le départ du Shah le 16 janvier 1979, l'ayatollah Ruhollah Khomeiny, venant de Neauphle-le-Château (2), arrivait dès le 1er février à Téhéran. La révolution qui s'ensuivit allait changer toutes choses en Iran.

Nos ingénieurs, bien considérés et bien traités à Moghan, souhaitaient rester en place. Devant notre insistance chaque jour grandissante, ils acceptèrent de rentrer. Or, il nous restait encore deux annuités de végétaux à livrer, plus d'un million d'arbres. La fourniture de l'hiver 1979-1980 était la plus importante.

A la suite d'échanges de correspondance, les nouveaux responsables de l'Etat iranien, qui refusaient tout transport par cargos Air France, décidèrent de venir chercher les arbres avec leurs propres avions militaires... Grâce aux démarches épuisantes faites par mon fils Henri pour obtenir des autorités françaises la difficile autorisation d'atterrissage d'avions de guerre étrangers à Clermont-Ferrand, ce privilège nous fut tout de même accordé. C'est ainsi qu'un lot de 200 000 arbres fruitiers put être expédié en décembre 1979 sur deux avions iraniens...

Après ce premier envoi, le responsable du Comité de la révolution du ministère de l'Agriculture refusa toute nouvelle livraison. La Banque d'Etat iranienne exigea — et obtint — de la Banque française du commerce extérieur, le retour des fonds correspondant au montant de la fourniture des deux dernières annuités, dont le paiement était garanti par une caution à première demande. Cette revendication ayant été satisfaite, il n'y avait plus aucun espoir de poursuivre un courant normal d'affaires.

En fin de compte, c'est la société d'assurances C.O.F.A.C.E., dont la vocation est de garantir certains risques spécifiques des exportateurs, qui nous a effectué le paiement du solde du marché. Ainsi s'est terminé le « marché du siècle de la pépinière ». Ainsi se sont arrêtées nos transactions avec l'Iran des ayatollahs et des mollahs...

*(1) Victor Hugo,* Les Feuilles d'automne *: « Pour les pauvres ».*
*(2) Ville dont mon cousin Michel Lorieux est maire.*

# Dîner de gala en l'honneur de S.M. Farah Pahlavi

*Vue partielle des convives. A ma table* (X), *Sœur Claire* (XX) *en grande discussion.*

*Vue partielle de ma table.* A ma gauche : *Lucien Finel, conseiller de Paris, et Mme Théolières, épouse de M. le maire du 4e arrondissement.*
A ma droite : *Albert Listambert, conseiller de Paris.*

Le malheur a gravement affecté la famille impériale.

Dans les moments difficiles, qui que nous soyons, grands ou petits, nous avons tous besoin de réconfort.

Or, parmi tous les sentiments affectueux que l'on se doit d'exprimer, particulièrement lorsque frappe l'adversité, celui de la reconnaissance m'a toujours paru primordial. « Je me souviens... », quelle belle devise !

C'est dans cet état d'esprit que j'adressais, le 11 janvier 1981, une lettre de condoléances à S.M. l'Impératrice, après le décès du Shah, son époux, survenu au Caire en ce triste palais de Koubbeh, refuge proposé par Sadate en ce temps d'exil et d'errance, où l'ingratitude de nombreux gouvernants — dont les nôtres ! — n'est jamais apparue aussi réelle. « Selon que vous serez puissant ou misérable... »

La réponse ci-dessous de la Souveraine me semble être la plus digne et pathétique conclusion que je puisse tirer en cette fin de chapitre sur l'Iran.

L'espérance, dit-on, « représente un sentiment de totale confiance, trouvant son fondement dans la parole divine ».

"Espérance" étant aussi la devise de nos ducs de Bourbon, je ne peux, comme bourbonnais, que la faire mienne et partager les espoirs formulés par S.M. Farah Pahlavi pour la « gloire de son pays » et la « prospérité de son peuple ».

Monsieur Georges Delbard
Malicorne
03600 Commentary
France

Le Caire, le 22 Mars 1981

Monsieur,

Votre très aimable lettre m'a profondément touchée et je vous remercie vivement de votre fidèle témoignage d'amitié.

Il est vrai que nous avons subi des épreuves difficiles mais, à présent, il nous reste à espérer que notre beau Pays retrouve sa gloire et notre Peuple sa prospérité.

Avec mes meilleurs souhaits.

Farah Pahlavi

# *Épilogue*

# Épilogue

Comme je l'ai écrit au début de ce livre, il est probable que, sans l'incitation sympathique de Jacques Chancel, je n'aurais jamais osé entreprendre la rédaction de ma biographie et de l'évolution horticole, depuis le début du siècle. C'est la raison pour laquelle je termine ce premier tome de *Jardinier du monde* en évoquant ma « Radioscopie » du 22 septembre 1975 (1).

Grâce à son "Grand Echiquier", le talentueux producteur de télévision et de radio qu'est Jacques Chancel pénètre dans nombre de foyers français et francophones. Pour mieux situer l'homme, il m'est agréable d'extraire quelques citations de la Préface du livre que Jacqueline Baudrier lui a consacré : *Jacques Chancel fête sa 2000e Radioscopie* (2). C'était le 15 juin 1976.

« ... Chancel explore l'âme des hommes et des femmes que la célébrité, l'actualité ou son propre flair désignent à sa curiosité, cette inlassable curiosité qui est la force des vrais journalistes et le secret de la jeunesse et de l'esprit...

« ... L'interrogation "coup de poing" à l'américaine fait école ; il choisit d'être disponible, d'écouter l'autre avec sympathie, presque avec tendresse...

« ... Deux mille radioscopies... Des millions de secondes que Jacques Chancel vit intensément à l'abri de la malice de son œil, de son sourire, mais à l'affût de la question qui fera jaillir le témoignage le plus authentique, le plus inattendu, parfois le silence, moment le plus intense...

« Ils le savent, et pourtant ils viennent, les plus illustres, les plus pudiques, les plus jaloux de leur indépendance.

« Ils viennent parce que Jacques Chancel est un homme libre, sans sectarisme, un professionnel exigeant... »

En ce 15 juin 1976, je suis convié — avec beaucoup d'autres (3) à fêter la 2000e « Radioscopie ».

Jacques Chancel est "radioscopé" publiquement, ce jour-là, par Jacqueline Baudrier.

Événement bien parisien : au milieu d'une véritable fourmilière humaine se côtoient "les grands" de la politique, de la littérature, des sciences et des arts, se mêlant aux célébrités de l'audiovisuel...

Beaucoup cherchent à se rapprocher du maître de céans, pour se montrer et l'accaparer, ne serait-ce que quelques instants. En dehors de toutes ces "vedettes", évoluaient, fort heureusement, entre les tables chargées d'amuse-gueule un certain nombre d'invités plus ou moins anonymes — dont je faisais partie...

Par chance, ce jour-là, comme il passait à proximité, j'ai réussi à serrer la main de notre hôte ; les quelques phrases que nous échangeâmes me permettent de penser qu'en tout cas Jacques Chancel est doté d'une excellente mémoire...

On m'a bien des fois posé la question : « Une émission comme celle-là, ça se prépare ? » Eh bien non, il n'y a aucun entretien préalable, et dès lors, tout se passe en direct.

*(1) Je n'aurais garde d'oublier que, sans le marché de l'Iran, il n'y aurait pas eu de « Radioscopie » de Georges Delbard... Encore une fois, ma reconnaissance va à la grande Dame qui m'a accordé spontanément une si grande confiance.*

*(2) Robert Laffont, édit.*

*(3) Dont M. Jean Cluzel, sénateur, actuel président du Conseil général de l'Allier. Et à juste titre, puisque son livre* Élu du Peuple *(Plon éd.) a été préfacé par Jacques Chancel.*

Pour vous en convaincre, voici ce qu'écrit Jacques Chancel à ce sujet dans son livre *Tant qu'il y aura des Iles* (1) en parlant de François Mitterrand... qu'il n'a jamais interviewé :

« Si j'en crois ses amis, il me ferait grief d'avoir choisi mon camp en 1974 ou, plus précisément, d'avoir interrogé Valéry Giscard d'Estaing à la veille des présidentielles...

« ... J'ai parfois pensé à ce qu'aurait été, à cette époque, une rencontre avec François Mitterrand. Je suis intimement persuadé qu'il n'aurait pas accepté ma manière de travailler : pas de rendez-vous avant l'émission, pas de dialogue préparatoire, pas de questions soumises à approbation... Non, il ne pouvait pas, sa garde l'en eût dissuadé...

« Valéry Giscard d'Estaing fut d'accord sur tout. Il ne me donna même pas le temps d'expliquer ce que j'attendais : "Je sais, dit-il, que vous préférez ne pas me voir... Faisons comme vous en avez l'habitude..." »

Outre que ce texte fixe bien comment les choses se passent, il permet aussi d'apprécier la boutade ultérieure du président Mitterrand, à qui l'on reprochait le coût exorbitant — pour les contribuables — du Sommet de Versailles (2)... « Il a coûté moins cher qu'une émission du "Grand Echiquier" de Jacques Chancel... » fut sa réponse (3).

A mon échelon, il ne pouvait pas y avoir de controverse... Tout s'est passé bien simplement. Après la diffusion de la dépêche de l'A.F.P. relative au marché iranien, le secrétariat du producteur de "Radioscopie" me téléphone pour m'informer du désir du "Patron" de me recevoir rapidement. Je marque un certain étonnement, et donne mon accord de principe. Alors, il m'est posé quelques questions sur ma vie familiale et professionnelle, ainsi que sur le "marché du siècle". Surpris, je l'étais, car, aussi étrange que celui puisse paraître, en 1975 je ne connaissais absolument pas "Radioscopie". Cette lacune s'explique en raison de mes journées de travail très chargées qui ne se terminaient que fort tard dans la soirée.

Le responsable de l'émission désirait un rendez-vous sous quatre jours ; je réussis à en obtenir dix : je voulais gagner un peu de temps pour me familiariser avec le déroulement de l'interview. Résidant à ce moment-là à Malicorne, je suis allé chaque soir, pendant une semaine, chez Jeanne Guillier (4), laquelle, fidèle auditrice, me donnait tous renseignements sur cette émission qu'elle aimait et suivait régulièrement.

Dans cet intervalle, nouvel appel téléphonique du secrétariat de Jacques Chancel me demandant de faire choix de trois chansons (ou morceaux de musique), au cas où quelque "trou" se produirait. J'indiquai le *Credo du paysan*, le "tube" de mon père, *La Mer* de Charles Trenet, que j'aime beaucoup, et enfin l'air de *la Tosca* : « Le ciel luisait d'étoiles », entendu — comme je l'ai déjà écrit — à l'Opéra-Comique le soir où, pour la première fois, je découvrais Paris.

En fait, il n'y eut aucun trou dans le dialogue, de sorte que je n'eus pas l'occasion de réentendre le refrain : « Je crois en toi, maître de la nature » — disque que l'on a eu beaucoup de mal à se procurer et qui, immanquablement, m'aurait amené la larme à l'œil en ce moment exceptionnel.

*(1) Éd. France-Loisirs.*

*(2)* Paris-Match, *n° 1734, 20 août 1982.*

*(3) Toute personne ayant l'esprit de dénigrement pourrait conclure : « La vengeance est un plat qui se mange froid. »*

*(4) Épouse de notre ingénieur Gérard Guillier.*

# « Radioscopie » de Jacques Chancel

Le "grand soir" arrive. J'emporte une serviette, bourrée de documentation et de nombreuses photos. En arrivant une heure à l'avance, j'espère "coincer" mon interlocuteur et obtenir de lui une discussion préalable de mise au point. Peine perdue : pendant une heure, je reste assis dans le couloir circulaire de la Maison de la radio, parmi le va-et-vient incessant des techniciens de tout poil qui se croisent (1) et s'interpellent... Mais pas de Chancel à l'horizon...

Seize heures cinquante (pour 17 h)... le voilà, tout sourire... enfin ! Poignée de main, quelques mots. Je découvre ses yeux bleu acier qui me font immédiatement penser au regard pénétrant de ma mère. Des yeux qui "parlent"... Le choc... Puis : « J'arrive dans un instant. » C'est tout !

Juste deux ou trois minutes avant l'entrée en scène, réapparition : nous franchissons la porte du studio. Le temps d'examiner très rapidement les photos... et la musique du générique se déclenche. Puis l'annonce : « Radioscopie », à laquelle je réponds : « Georges Delbard » et mon hôte : « Jacques Chancel ».

J'avais rédigé un aide-mémoire, que je place à ma droite, mais que je n'ai jamais pu consulter, car assis en face de vous, le micro près de la bouche, un homme souriant (toujours) vous regarde fixement et constamment les yeux dans les yeux. On commence (2).

*Jacques Chancel* : Georges Delbard, pour vous l'important c'est la rose, et plus encore la fleur, et mieux encore les plantes. Alors quelles couleurs ont le cœur et l'esprit d'un pépiniériste comme vous ?

Première question piège embarrassante, inattendue, à laquelle — surpris — je n'ai pu en retour que bredouiller quelques phrases sans intérêt. Plutôt mal parti !

Puis vient le dialogue sur l'amour de la terre, déjà cité p. 23.

On continue...

*J.C.* : Estimez-vous que votre réussite est tout à fait normale, ou est-ce qu'elle est au contraire le "fruit" d'un grand travail ?

*G.D.* : Ce que je peux dire, c'est qu'elle est inespérée. Jamais, lorsque je quittai à vingt-deux ans ma petite bourgade de Malicorne et que ma mère me conduisait à la gare de Commentry avec le vieux cheval, en disant à toutes les personnes connues que nous rencontrions : « Mon gars s'en va à Paris, mon gars est perdu », jamais je n'aurais pensé parvenir à ce résultat qui nous fait nous rencontrer. Mais certainement le travail y est aussi pour quelque chose...

*J.C.* : J'ai devant moi cette photo qui montre une maison de paysan avec les vaches qui sortent le char, et il y a devant un petit garçon. C'est sans doute vous ?

*G.D.* : C'est moi en effet.

*J.C.* : Quel chemin parcouru ! On pourrait imaginer qu'une réussite comme celle-là n'existait qu'autrefois : un cadet qui montait à Paris et devenait duc ou cardinal... Donc c'est un grand espoir. Sans diplôme... parce que vous n'avez que le certificat d'études...

A ce stade — comme on dit familièrement —, je commençais à me sentir bien dans ma peau. Malgré le flot des questions chamboulant le déroulement logique de ma vie (3), malgré les questions chausse-trapes provoquées par la saisie au vol d'un élément de réponse, le dialogue devint par la suite facile et agréable, parce que touchant à ma profession.

Quelques moments d'intense émotion lorsque les demandes se rapportaient à ma mère, et aussi à mes fils.

*(1) Figurez-vous l'affluence de la correspondance de la station du métro Châtelet à 18 h.*
*(2) J'ai fais repasser plusieurs fois la cassette pour m'assurer de l'authenticité du compte rendu qui suit.*
*(3) J'ai cru utile de regrouper ci-après les principales.*

En une heure d'entretien, on raconte énormément de choses... Pour donner une idée du déroulement de l'"interrogatoire" de Jacques Chancel, je me contenterai de citer les questions ou remarques qui ont ponctué les temps forts de cette émission — dont je lui ai dit qu'elle s'apparentait à celle d'un "confessionnal public"...

— Votre honneur : fils d'agriculteur.

— Une mère admirable qui faisait tout (1).

— L'instituteur et le curé ont joué un rôle déterminant pour l'épanouissement de votre vocation.

— Avez-vous conscience que, passer d'un hectare de pépinière en 1947 à cinq cents aujourd'hui, cela a été fait en une seule génération ? Les raisons, qui me paraissent simples, du succès : la ténacité, la curiosité, un esprit aventureux, et surtout savoir s'adapter.

— De l'artisanat à l'industrie, ne perd-on pas l'amour de la terre ?

— Parlez du travail en laboratoire.

— On pourrait engendrer un monstre ?

— La rose bleue est-elle un mythe ?

— Vos débuts chez Truffaut ?

— Que vous ont appris les fleurs ?

— Quels sont les grands horticulteurs qui vous ont marqué (2) ?

— Un jardin fleuri toute l'année, est-ce que ça pourrait se concevoir ?

— Les fleurs peuvent-elles changer la vie et le monde ?

— Revanche sur vous-même : les fils à l'Université ?

— Votre livre *Les Beaux Fruits de France*. La réussite ?

— Qu'êtes-vous : apôtre, technicien ?

— A soixante-dix ans, pourriez-vous encore faire une vente à la sauvette ?

— Parlez-nous du marché de l'Iran, de l'U.R.S.S. Etes-vous jalousé ?

— Un moment heureux de votre activité internationale (3) ?

— Votre affaire pourra-t-elle rester longtemps dans les mains de votre famille (4) ?

— Vos deux fils qui vous succèdent, réagissent-ils comme vous ?

— Votre troisième travaille au S.M.I.C. comme éducateur dans un foyer de jeunes délinquants : n'est-ce pas celui qui est le plus près de vous (5) ?

— Qu'est-ce que les fils pensent du père ?

Cette question insidieuse me gêne terriblement. Je tente une échappatoire : « Il faudrait le leur demander. » Puis me revient à l'esprit le compliment de mon fils Henri à la fin de ma conférence de Bucarest : « Papa, tu as été brillant ! » (6).

Sur ce rappel agréable, Jacques Chancel clôt l'entretien : « Merci Georges Delbard... ». Une chute inattendue qu'on aurait pu croire préparée...

*(1) Ici, les larmes aux yeux, en évoquant son travail de forçat pendant la guerre.*
*(2) Là, un trou de mémoire effroyable, situation bien pénible. Impossible de trouver le nom — pourtant archi-connu — de Victor Lemoine, le plus génial hybrideur de tous les temps, horticulteur nancéen dont je voulais exposer les réussites dans l'obtention de nombreuses plantes ornementales nouvelles.*
*(3) Cette question m'a permis de rapporter la repartie de Mohamed, déjà citée au chapitre de l'Algérie : « Tu es le médecin des arbres. » On verra, par la suite du récit, que cette réponse n'est pas passée inaperçue d'une auditrice.*
*(4) Idée prémonitoire, puisque, sept ans après, en 1982, nous nous sommes associés à Moët-Hennessy.*
*(5) Question embarrassante, pénible.*
*(6) Cf. chapitre « Roumanie », p. 531.*

# Les retombées de l'audiovisuel

On évoque souvent l'impact de l'audiovisuel sur le grand public. Les retombées en sont peut-être encore plus spectaculaires qu'on ne l'imagine... Pour mon cas personnel, de nombreux messages me sont parvenus, qui exprimaient la satisfaction des auditeurs. Je me contenterai de conter trois anecdotes révélatrices.

Parmi le courrier reçu, une lettre émanait d'une dame de Cavalaire. C'était en 1975. Ma correspondante, après m'avoir jeté quelques "fleurs", poursuivait : « Vous qui êtes "médecin des arbres", venez donc chez moi. Mon défunt mari m'avait offert deux beaux pins maritimes qui sont en train de mourir, et, comme j'y tiens beaucoup, je vous appelle en consultation pour les sauver. »

Cette lettre arrivait quelques jours avant notre départ pour de courtes vacances que nous avions décidé — ma femme et moi — de passer à Saint-Tropez. Etant donné la proximité des deux stations, je projette de rendre une visite impromptue à ma correspondante.

Dès notre arrivée sur la Côte je lui téléphone, m'annonçant : « Ici le médecin des arbres. » Étonnement de la dame, manifestement désorientée sur le coup, mais qui se ressaisit vite et rétorque : « Mon petit-fils viendra vous prendre après-demain matin. » Arrive un beau et sympathique garçon de vingt-cinq - trente ans, qui, en cours de route, nous brosse le portrait de sa grand-mère. « Elle a quatre-vingt-deux ans, dit-il, mais chaque matin, alors que je suis souvent transi, donc pas tellement décidé et ravi, il faut que je l'accompagne, même en cette saison froide, pour le bain matinal... Vous allez voir : grand-mère, c'est un cas. » Et c'était ma foi vrai. Dire le plaisir que nous avons eu de connaître cette femme joyeuse, surprenante de vitalité, cordon bleu accompli, aux attentions amicales touchantes, est difficilement exprimable.

Malheureusement, malgré toute la reconnaissance que je lui devais, je ne pus, faute de remède-miracle, sauver ses pins (1)... mais on a passé une sacrée journée !

Voici les deux autres anecdotes, assez étonnantes.

Peu de jours après cette « Radioscopie », je prends un taxi devant mon magasin. La conversation s'engage avec le chauffeur, lequel, apprenant qui je suis, s'exclame : « Oh ! combien j'ai apprécié votre entretien avec Jacques Chancel ! » Et cet homme qui, en stationnement ce jour-là, avait eu tout le loisir d'écouter l'intégralité de l'émission, se met à me réciter presque mot pour mot les questions et mes réponses. Quel intérêt pour l'horticulture, mais aussi quelle mémoire !...

Autre trait concernant un chauffeur de taxi : quelque temps après, je revenais en avion d'un congrès horticole à Budapest, portant sur la protection des nouveautés végétales. Au retour, à Orly, je fais monter dans mon taxi le directeur de l'Agriculture du Sénégal.

Mon passager, que j'avais reconduit à son hôtel, se confond en remerciements. En entendant mon nom, le chauffeur m'interpelle : « C'est bien vous Georges Delbard ? Ah ! c'est formidable cette rencontre, je vous ai écouté avec attention, lors de la « Radioscopie » de Jacques Chancel. Comme vous, j'aime passionnément la terre. Je suis tellement heureux de vous connaître, permettez-moi de vous offrir la course ! »... Et nous venions d'Orly !... Il a fallu que j'insiste pour régler...

Malgré tout, c'est encore la belle lettre de Mme Alice Pierron (reproduite p. 107) qui a constitué pour moi, et pour tous les miens, la retombée la plus touchante de cette série d'amicales manifestations "post-radioscopie".

*(1) Atteints d'une maladie des seuls pins maritimes, d'origine inconnue à l'époque par le service des Eaux et forêts, et qui décimait les plantations de la côte d'Azur.*

# *En guise de post-scriptum...*

# En guise de post-scriptum...

Il me faut bien mettre un point final à mon récit.

A cet instant précis, un doute m'envahit. N'ai-je pas été trop prolixe? S'il en était ainsi, une seule excuse : la passion, que tout lecteur — cela j'en suis sûr — aura perçue en tournant les pages. J'en apporte le témoignage : au départ, en 1980, je pensais bien écrire ma biographie en un seul volume. Emporté par mon sujet, j'ai assez vite réalisé, au fur et à mesure de la rédaction, que deux tomes seraient nécessaires. C'est pourquoi j'ai volontairement axé cette première partie sur l'arbre fruitier, qui a représenté l'essentiel de notre activité à mes débuts d'horticulteur-pépiniériste.

Les rosiers ont été associés à part entière à nos productions dès 1954. Le second tome reprendra donc toutes choses les concernant à partir de cette année-là : c'est à cette date, en effet, qu'après avoir embauché André Chabert comme hybrideur, j'ai fait l'acquisition à Évry de la ferme (ayant appartenu à la Montespan) où nous créons depuis lors les variétés nouvelles de roses.

La rose est devenue, en effet, une grande affaire pour notre firme. Son histoire fera l'objet de développements substantiels relatifs à l'hybridation, au parfum, au nom et au baptême, aux concours internationaux et aussi à l'utilisation des rosiers. L'annonce des variétés pouvant se passer sans dommage de traitements fongicides sera une révélation.

Vous le voyez, un chapitre passionnant et agréable à rédiger que celui réservé à la "reine des fleurs", et auquel je compte apporter toute mon attention.

Je songe aussi, dans le second tome, à donner mes impressions sur les personnalités d'exception qu'il m'a été donné d'approcher dans ma carrière, tels : le duc et la duchesse de Windsor ; le comte de Paris ; Mme de Gaulle, fidèle cliente du samedi à notre magasin de Paris. Des artistes aussi : Mme Segond-Weber et Denis d'Inès de la Comédie-Française, Joséphine Baker, Pierre Fresnay, et particulièrement Maurice Chevalier, qui fut un grand et sincère ami. Mais combien d'autres encore, amateurs souvent anonymes dont la sympathie touchante, l'attachement à notre firme ont constitué continuellement pour nous le dopage excitant et salutaire pour l'amplification de notre mission horticole.

J'évoquerai également l'importance de notre participation aux expositions horticoles.

Enfin ma collaboration et mon apport dans le cadre de l'organisation de la profession.

•

Alors que le premier tome a été en grande partie le reflet de ma carrière personnelle, le second fera connaître plus spécialement les retombées de la gestion de mes trois fils, lesquels, depuis plusieurs années, portent — aidés de collaborateurs de premier plan — l'affaire Georges Delbard au niveau international. Partant de bases professionnelles et familiales solides, reçues en héritage, prenant appui sur une formation universitaire adaptée, tous trois sont armés pour mener à bien cette action exaltante que notre "mariage" — parfaitement réussi — avec Moët-Hennessy leur permet d'intensifier (1).

Je me réjouis chaque jour que M. Alain Chevalier, président-directeur général de Moët-Hennessy en soit foncièrement convaincu, puisque, en 1984, Henri a été nommé chairman et François administrateur de la grande firme américaine « Armstrong Nurseries ». Cette association avec le deuxième producteur de rosiers et d'arbres fruitiers aux États-Unis nous classe dorénavant leader mondial dans ces deux spécialités horticoles.

*(1) Cette opération fera l'objet d'une chronique détaillée dans le second tome.*

# En guise de post-scriptum

La raison de cette envolée professionnelle et scientifique de nos établissements résulte avant tout de notre engagement — courageux — dans la nouvelle technique de la multiplication en laboratoire des végétaux ligneux par culture de tissus (culture *in vitro*).

L'application aux rosiers, aux arbres fruitiers, à la vigne (et à bien d'autres végétaux) de ce procédé, qualifié bien souvent de " révolutionnaire" (1), évoqué au début de cet ouvrage, sera largement développée dans le second tome. Il est prévisible que nous pourrons révéler en même temps les retombées de la grande aventure qu'autorisent les voies de la biotechnologie. Nos chercheurs, que j'ai appelés « les nouveaux jardiniers en blouses blanches », désirent, en effet, aller plus loin encore dans la recherche fondamentale et appliquée grâce aux possibilités accélérées des tests qu'offre l'acquis actuel *in vitro*.

Ils sont encouragés dans cette voie audacieuse de la "connaissance fine du vivant" par la collaboration confiante qui s'est établie avec leurs homologues, scientifiques français (2) et mondiaux les plus en vue, dont le colloque international des 23 et 24 avril 1985 à Paris, organisé par Moët-Hennessy : « Amélioration de la vigne et culture *in vitro* », est le plus spectaculaire exemple (3). Essayons ici d'en schématiser les perspectives.

*La culture de tissus méristématiques*

C'est un nouveau "plus" important que nous avons franchi dans la qualité des productions végétales qu'apporte déjà la culture *in vitro*. Dans ce cas, au lieu d'entreprendre la multiplication à partir d'un bourgeon, spécialement choisi et bien constitué, mais dont on n'est pas absolument sûr qu'il soit exempt de viroses (4), on part, pour la propagation du *cultivar* (5), d'une structure beaucoup plus juvénile, qu'on nomme *méristème*.

Qu'est-ce que le méristème ?

Il s'agit d'un amas de cellules constituant l'extrémité apicale, le sommet du bourgeon. Cône "infiniment petit" de quelques dixièmes de millimètre (6). Ce méristème est d'un très grand intérêt, car, à ce tout premier stade de juvénilité, il est doté d'une immunité totale vis-à-vis des virus — et des champignons : donc absolument sain. Son utilisation comme point de départ pour la multiplication d'une espèce ou variété permet donc une régénération complète du végétal dont il est issu et la constitution d'un clone de très haute qualité sanitaire.

*La culture de cals*

Le *cal* résulte d'une prolifération anarchique de cellules dont l'ensemble présente un aspect chancreux. Un certain nombre de ces cellules, subissant des modifications génétiques, donnent parfois naissance à *des plantes différentes de la variété d'origine*. De ce fait, il est vraisemblable que dans cette population on puisse trouver certains sujets présentant des caractères améliorants qui, après sélection, pourront être utilisés comme têtes de famille pour la propagation de nouvelles variétés intéressantes.

*(1) L'honnêteté me conduit à rappeler à nouveau ici l'aide précieuse, fondamentale, que nous a apportée le professeur Claude Martin de l'I.N.R.A.-Dijon.*
*(2) Au nombre desquels il faut citer les scientifiques du laboratoire Moët-et-Chandon.*
*(3) Ce colloque a réuni 200 participants enthousiastes à la Maison de la Chimie. Savants français et étrangers ont fait des communications sur l'avancement de leurs travaux de recherche dans les différents axes de la biotechnologie. Le qualificatif "magique" a été utilisé plusieurs fois pour en faire ressortir les perspectives étonnantes.*
*(4) Comme cela se produit dans le greffage classique.*
*(5) Type végétal résultant d'une sélection, d'une mutation ou d'une hybridation (naturelle ou provoquée) et cultivé pour ses qualités agricoles (G.D.E.L., t. 3).*
*(6) Lorsque la partie prélevée présente, en plus du méristème, des ébauches foliaires, elle porte le nom d'*apex.

A ***terme, nos objectifs sont beaucoup plus audacieux encore :***

*La culture de gamètes*

Avec d'autres scientifiques, nous tentons, en effet, de maîtriser la culture de *gamètes* ou cellules sexuelles (grains de pollen, ovules). Les plantes obtenues à partir de ces cellules sont dites *haploïdes* — c'est-à-dire ne comportant que la moitié du stock chromosomique — lequel doit être doublé pour conduire à la création de lignées pures. L'hybridation sexuée — classique — réalisée en partant de ces lignées pures permettra d'orienter les croisements avec plus de précision, et partant, plus de chances dans leurs aboutissements heureux.

*Le génie génétique*

N'est-il pas déjà question, dans ce domaine, de transfert "d'information génétique" dans une cellule végétale ? Parmi les possibilités qui paraissent nous être offertes, citons, par exemple, l'introduction du gène du parfum dans une belle rose qui en est dépourvue : un résultat qui comblerait de joie de nombreux amateurs ! Et si, dans ce domaine, on allait jusqu'à isoler le gène du bleu ?

Mais si les idées "germent" vite, si l'ambition des chercheurs est sans bornes, la maîtrise des techniques est une tout autre affaire, surtout lorsqu'on doit la projeter au stade de la production industrielle.

Dans sa préface, le Professeur Jean Bernard écrit que « les grandes découvertes du génie génétique... lorsqu'il s'agit de l'homme... permettront de limiter le malheur des grandes maladies héréditaires, mais elles poseront de sérieux problèmes d'éthique. Dans le monde végétal, les conséquences heureuses de ces découvertes l'emporteront de beaucoup sur leurs éventuels inconvénients ». Cette vision réaliste d'un grand savant est encourageante. Si donc ce secteur de recherche — complexe — qu'est la biologie végétale doit être entrepris avec courage et confiance, il me semble nécessaire d'y ajouter néanmoins une certaine dose de modestie.

Voici, en tout cas, dévoilés pour votre information, les objectifs de la course effrénée que, avec d'autres scientifiques, nous menons vers l'approche des "technologies du vivant" (du végétal) et de ses applications éventuelles chez un pépiniériste d'avant-garde.

Ayant lu ce livre — et spécialement cette dernière prospective réalisée avec l'aide de nos collaborateurs biologistes — vous êtes à même d'apprécier, amis lecteurs, combien personnellement je peux être heureux... Quel suprême bonheur, en effet, pour le père (et grand-père) que de voir son œuvre continuée, amplifiée scientifiquement par sa descendance... Un proverbe affirme : « Est heureux qui sait qu'il est heureux »... Alors oui, c'est vrai, *je suis vraiment heureux* parce que, moi, je le sais !

Me remémorant ces perspectives scientifiques étourdissantes, chaque fois que je passe devant la petite ferme paternelle, toujours debout, je me demande si je ne rêve pas... Quel chemin parcouru en soixante-dix années, depuis le jour où s'est éveillée en moi, en ce lieu modeste, une passion dévorante pour l'horticulture ! Je n'étonnerai personne en affirmant que j'en remercie chaque jour la Providence. Puisse-t-elle me permettre de franchir sans embûches les étapes que je me suis fixées comme jalons sur le bout de chemin qui me reste à parcourir :

— d'abord la réédition des *Beaux Fruits de France*, avec un additif de mise à jour, ouvrage que beaucoup de lecteurs attendent ;

— ensuite la rédaction et la publication du second tome de *Jardinier du Monde*.

Pourquoi pas ? Après tout, je n'ai que quatre fois vingt ans, et ce m'est encore une nouvelle et grande joie que de pouvoir associer au bonheur professionnel et familial celui d'écrire : douce félicité !

# REMERCIEMENTS

La rédaction comme l'illustration d'un tel ouvrage font nécessairement appel à une coopération efficace et de qualité.

A toutes les personnes de bonne volonté qui m'ont prodigué leurs conseils, apporté leur soutien éclairé, amical, désintéressé, j'exprime ici ma gratitude.

*Et plus particulièrement à* :

— M. le Professeur Jean Bernard dont la préface si pertinente, alliant simplicité et profondeur, constitue une caution morale de grande valeur.

— MM. Vincent Taroni, Alfred Pujos, Mme Raymonde Truptin-Dupré qui ont bien voulu lire mon manuscrit.

— M. Patrick Chaussé qui a reproduit les photographies, et M. Fernand Brosset («La Créathèque») qui en a assuré la mise en page.

— Mes premiers collaborateurs dont je fais part des témoignages émouvants.

— Le cercle familial, et spécialement mon épouse, pour son appui constant et affectueux.

— Enfin, les Editions Hachette, pour leur collaboration enthousiaste et efficiente à la réalisation et à la diffusion de cet ouvrage.

L'heureux aboutissement de tous ces efforts témoigne qu'on ne peut bâtir une œuvre que dans un contexte chaleureux.

L'Auteur

TABLE

# RÉFÉRENCES PHOTOGRAPHIQUES

Le nombre, à la suite du nom, est celui de la page. Lorsqu'il existe plusieurs provenances de clichés dans une même page, nous avons adopté les abréviations suivantes : Haut = H ; Bas = B ; Haut gauche = Hg ; Haut droite = Hd ; Bas gauche = Bg ; Bas droite = Bd ; Milieu = M.

**J.-C. Picoche :** 286 Bd. **A.F.P. :** 10, 628. **Michel Desnoyers :** 28, 29. **De Villèle :** 50 H. **L'Illustration :** 226. **Vincens :** 234. **Michel Rolland :** 311. **Keystone :** 252 B, 276 H. **Jean Maurice :** 474, 476. **Lucien Gondor :** 484. **Alfred Pujos :** 486, 488. **Dumontier :** 542 B. **Actualités Mondial Photo :** 646, 648. **Robert Delbard :** 26 H, 40 B, 130, 356 B. **Éditions d'Art Lys :** 148, 162, 164, 166, 168. **Jacques Denimal :** 172, 266, 268. **Draeger :** 12 Hg, 296, 298. 306. **Favroult :** 426, 428, 430, 431, 448. **Fradier :** 410, 411, 413, 432, 434, 435, 436. **Roget Viollet :** 24 Bg, 175, 184, 186, 250, 284 Hd, 287 H, 325. **Page :** 348, 349, 410, 411, 414, 416, 418, 419, 424, 444. **Case :** 76, 96, 98, 106, 108, 110 H, 116, 126, 136, 244. **Dubure :** 188, 190, 195, 196, 198, 202, 224, 236, 238, 240, 264, 283. **Roger Brun :** 37 B, 50 B, 52, 54 H, 58, 119, 133, 318, 356 Hg Hd, 446, 461, 463, 464, 465, 595, 596. **Rapho :** 249, 252 H, 253, 254, 256, 258, 260, 262, 270, 272, 274 H, 284 Hg M Bg Bd, 286 Hg Hd Bg, 287 B, 288, 309. **Patrick Chaussé :** 12, 14, 16, 18, 26 Bg Bd, 36, 37 Hg Hd, 38, 42, 43, 46 Hd, 73, 169, 235, 346, 366, 394 B, 396, 397. **Photothèque de l'auteur :** autres documents.

Portrait de couverture : **Jacky Redon.**

Ce volume a été imprimé
par l'Imprimerie Brodard Graphique à Coulommiers
Photocomposition : Charente-Photogravure à Angoulême
Photogravure : Vernon à Montrouge
Reliure : Arts Graphiques Modernes à Forges-les-Eaux

*Imprimé en France*
Par Brodard Graphique Coulommiers
N° d'edition : 88011-286 - N° d'impression : HM/7453/2
Dépôt légal N°7812, Février 1988
ISBN 2-01-01952-5
23-28-4163-02/4